CW00857664

HISTOIRE DE LA FRANCE
AU XXᵉ SIÈCLE

Pour en savoir plus
sur les Editions Perrin
(catalogue, auteurs, titres,
extraits, salons, actualité…),
vous pouvez consulter notre site internet:
www.editions-perrin.fr

collection tempus

Serge BERSTEIN
Pierre MILZA

HISTOIRE DE LA FRANCE AU XXe SIÈCLE

III. 1958 à nos jours

PERRIN
www.editions-perrin.fr

tempus est une collection des éditions Perrin.

AVANT-PROPOS

Avec la chute de la IVe République le 13 mai 1958 et l'arrivée au pouvoir de Charles de Gaulle, c'est incontestablement une rupture politique de grande ampleur qui s'opère dans l'histoire nationale. Le 13 mai met fin à une histoire politique de la France organisée autour de la conception parlementaire de la République, née en 1877, et poursuivie, au-delà de la parenthèse vichyste, sous la République restaurée en 1944. Le tournant du 13 mai remet en question une conception des institutions qui paraissait solidement installée. Non que le parlementarisme soit jeté aux orties puisqu'en théorie le régime qui naît à l'automne 1958 se veut parlementaire. Mais, face au Parlement, représentant de la nation souveraine qui, dans la conception «républicaine», constituait l'organe suprême et nécessairement omnipotent des institutions, se dresse désormais un pouvoir exécutif fort aux mains d'un président de la République aux pouvoirs étendus. Et surtout, au-delà des textes, il y a la pratique, une pratique qui fait du chef de l'Etat la clé de voûte des institutions et, pour tout dire, un souverain temporaire soumis à la seule sanction du suffrage universel à travers le référendum et, bientôt, sa désignation au suffrage universel. Avec Charles de Gaulle, puis son successeur Georges Pompidou, se modèle l'image d'un pouvoir exécutif fort qui fait du Président français le personnage aux pouvoirs les plus considérables dans toute l'Europe de la démocratie libérale. A beaucoup d'égards, la Ve République fait ainsi passer dans les faits les anticipations audacieuses des théoriciens de la réforme de l'Etat des années trente, dont les vues ont été rejetées à la Libération comme suspectes de fascisme ou d'autoritarisme et qui remportent, sous la Ve République, une victoire longtemps différée. Avec le recul du temps ce bouleversement institutionnel prend figure de modernisation politique et marque ainsi une étape essentielle dans l'aventure de la France au XXe siècle.

C'est d'ailleurs sous le signe de la modernisation que se place la France des années 1958-1974. Avec cette nuance que, dans les autres domaines que le champ du politique, la modernisation fait moins figure de rupture que de poursuite des innovations antérieures. C'est vrai du domaine économique où la Ve République va construire sur les fondements posés par le précédent régime. Non que son œuvre soit négligeable, mais, dans ce domaine, les transformations structurelles de base ont été opérées. Il reste que, de 1958 à 1974, la république gaullienne s'efforce de faire disparaître les blocages de tous ordres qui pèsent sur l'économie française pour poursuivre la modernisation entreprise et lui permettre d'affronter à armes égales la concurrence internationale. C'est vrai du social où les mutations inaugurées par la IVe République se poursuivent et où, à la faveur de la croissance, naît, non sans douleurs et sans difficultés, une société nouvelle qui est fondée sur l'augmentation permanente des revenus et qui connaît une révolution de son existence quotidienne. La croissance de la consommation se traduit par la mise à la disposition des Français de logements, d'automobiles, d'appareils électro-ménagers, par l'augmentation du niveau d'éducation de la masse de la population, par une course aux loisirs et aux vacances, qui amènent une transformation totale des mentalités et des réactions. On ne s'étonnera pas que ces bouleversements aient leur répercussion sur la culture, qu'il s'agisse de la création ou des comportements de la société. C'est une culture de la croissance qui se met en place, éclairée par des préoccupations et des recherches nouvelles et qui traduit à sa manière les réactions de la société française à la période d'exceptionnelle prospérité qu'elle enregistre.

Il reste que, pour les gouvernants de la France des années 1958-1974, cette évolution heureuse fondée sur une conjoncture mondiale favorable et sur une habile politique doit moins avoir pour objet d'accroître les possibilités de consommation des Français que de mettre la France en mesure de jouer un rôle mondial de premier plan. Comment parvenir à ce résultat quand le pays n'est plus à l'évidence qu'une puissance moyenne face aux «Super Grands» qui dominent la planète ? Ce sera l'œuvre de Charles de Gaulle que d'inventer, dans cette conjoncture, une stratégie internationale pour la France fondée sur la liquidation des hypothèques qui pèsent sur la liberté d'action du pays, l'acquisition des moyens de l'indépendance et une pratique qui consiste à se faire le porte-parole d'un monde muet ou passif pour dénoncer les dysfonctionnements du système international. Même si le verbe l'emporte souvent sur les réalités et si le comportement des gouvernants français irrite fréquemment leurs partenaires, la France de la Ve République occupe une place importante dans le monde des années soixante et contribue à remettre en cause un ordre international que la Seconde Guerre mondiale paraissait avoir figé.

Si bien qu'au total, c'est cette modernisation, recherchée en vain à travers des pratiques différentes depuis le début du siècle, que la Ve République paraît avoir réussi à réaliser durant les années 1958-1974 qui se révèlent *a posteriori* une des périodes les plus stables et les plus prospères de la France du XXe siècle.

I

LA FONDATION
DE LA Vᵉ RÉPUBLIQUE
ET LE TEMPS
DU GAULLISME TRIOMPHANT
(1958-1968)

Le ministère de Gaulle

De juin 1958 à janvier 1959 se déroule une phase de transition entre la IVᵉ et la Vᵉ République. Durant cette période, le général de Gaulle est président du Conseil de la IVᵉ République, les institutions de 1946 demeurant en place, tout au moins formellement et René Coty restant chef de l'Etat. Cependant, il est évident que la IVᵉ République est appelée à disparaître puisque le vote du 3 juin a donné au gouvernement le pouvoir de rédiger une nouvelle Constitution. Au demeurant, le Parlement qui avait été la clé de voûte du régime est en vacances et il est clair qu'il ne se réunira plus puisque les pleins pouvoirs permettent au général de Gaulle de gouverner à sa guise.

Si ces circonstances donnent le sentiment d'une situation extraordinaire qui voit la légalité républicaine formellement respectée, mais violée dans son esprit puisque la République s'identifie au parlementarisme pour la

11

majorité des Français, la composition du gouvernement de Gaulle est faite pour rassurer. Si on se fie aux apparences, il ne comprend que deux gaullistes, le sénateur Michel Debré, rédacteur d'un périodique extrêmement violent à l'égard de la IVe République, *Le Courrier de la colère*, qui est ministre de la Justice, et l'écrivain André Malraux qui est en charge de l'Information. En revanche, toutes les grandes familles politiques sont représentées au sein du gouvernement (sauf les communistes), si bien que l'équipe réunie autour du général de Gaulle a une coloration d'union nationale. Quatre ministres d'Etat entourent le président du Conseil et lui apportent l'appui des principales forces politiques, Guy Mollet (socialiste), Pierre Pflimlin (MRP), Louis Jacquinot (Indépendant) et Félix Houphouët-Boigny (Rassemblement démocratique Africain, apparenté à l'UDSR). Les grands partis reçoivent les portefeuilles auxquels ils sont traditionnellement attachés: le modéré Antoine Pinay est ministre des Finances, le radical Berthoin est à l'Education nationale, le MRP Bacon détient le portefeuille du Travail. Pour souligner ce caractère d'unanimité de son gouvernement, le général de Gaulle aurait déclaré, non sans ironie, lors de la réunion du premier Conseil des Ministres: «Messieurs, nous sommes au grand complet, il ne manque que MM. Thorez, Poujade et Ferhat Abbas» !

En réalité, l'union nationale et la participation de tous les partis ne sont qu'apparences. En fait, le gouvernement de Gaulle est un ministère où les politiques ont un rôle plus décoratif qu'effectif. Pratiquement, le général de Gaulle décide seul des grandes questions avec ses experts et ses conseillers. Il est caractéristique que les ministères essentiels à ses yeux aient été confiés à des techniciens et non à des politiques, le diplomate Couve de Murville aux Affaires étrangères, le préfet Pelletier à l'Intérieur, le polytechnicien Guillaumat aux Armées.

Même là où des politiques sont formellement en charge des ministères, c'est ailleurs que se prennent les décisions. Un plan d'assainissement économique et financier est préparé par l'économiste Jacques Rueff et imposé par le général de Gaulle à Antoine Pinay réticent; il deviendra le «plan Pinay-Rueff» sans que le premier ait vraiment pris part à l'élaboration et aux décisions. Enfin, pour le domaine-clé qui est la préparation des nouvelles institutions, le général de Gaulle a confié le ministère de la Justice à un de ses fidèles, le Républicain-Social Michel Debré.

La préparation des nouvelles institutions et le référendum de septembre 1958

Outre l'affaire algérienne (que le général de Gaulle se réserve et qui sera étudiée dans le prochain chapitre), la tâche essentielle du gouvernement de Gaulle est de préparer une nouvelle Constitution, puisque c'est à cette condition expresse que le général de Gaulle est revenu au pouvoir. Le maître d'œuvre en est le ministre de la Justice, Michel Debré qui, jadis, dans la Résistance, avait mis au point avec Emmanuel Monick un projet de Constitution, le projet «Jacquier-Bruère» (du nom du pseudonyme des deux auteurs dans la clandestinité) destiné à renforcer le pouvoir exécutif en le confiant à un président de la République, véritable «monarque temporaire» désigné par élection. Autour de Michel Debré, un groupe de juristes rédige le nouveau texte constitutionnel en s'inspirant des grands principes juridiques français, des idées de Michel Debré, des lignes de force définies par le général de Gaulle dans son discours de Bayeux de 1946, mais aussi des remarques des ministres chefs de parti. En effet

13

un Comité ministériel examine avec attention les projets des juristes et fait adopter de nombreux amendements, tout particulièrement le socialiste Guy Mollet qui joue un rôle extrêmement actif dans ce comité ministériel. Le texte est enfin soumis au Comité Consultatif Constitutionnel formé de parlementaires sous la présidence du modéré Paul Reynaud. Ainsi élaborée, la Constitution est adoptée le 3 septembre 1958 par le Conseil des Ministres. Le général de Gaulle la présente symboliquement à la nation place de la République à Paris, le 4 septembre 1958, jour anniversaire de la proclamation de la IIIe République. Pour qu'elle entre formellement en application, il lui faut encore être adoptée par le peuple, qui doit être consulté par référendum le 28 septembre 1958.

La campagne pour le référendum qui s'ouvre aussitôt révèle l'ampleur des soutiens dont dispose le général de Gaulle. Sauf le parti communiste, tous les grands partis préconisent le «oui», le MRP, la SFIO (qui réunit pour la circonstance un congrès extraordinaire), le parti radical-socialiste, les Indépendants, les Républicains-Sociaux. Si on met à part Pierre Poujade, dont le mouvement est d'ailleurs en plein déclin, les appels au vote négatif viennent pour l'essentiel de la gauche. En premier lieu du parti communiste qui mobilise ses militants dans une vigoureuse campagne pour le «non». Ensuite des hommes de gauche qui ont fait campagne contre la guerre d'Algérie ou ont soutenu le mouvement méndésiste et qui se rassemblent dans une nouvelle organisation, l'*Union des Forces démocratiques* (UFD): syndicalistes de la CGT et surtout de la CFTC, aile gauche de la SFIO qui fait scission au congrès extraordinaire de septembre 1958 pour constituer le *Parti socialiste autonome* (PSA) avec Edouard Depreux, Daniel Mayer, André Philip, Alain Savary, Robert Verdier, radicaux qui suivent Pierre Mendès France et qui seront exclus du parti radical pour leur appartenance à l'UFD, UDSR entraînés par François

14

Mitterrand, chrétiens de gauche de la *Jeune République*, militants de la Ligue des Droits de l'Homme … L'échec des adversaires de la nouvelle Constitution est très net. Le 28 septembre, la Constitution est adoptée par 79,25 % des voix. Le nouveau régime est fondé et peut désormais se targuer d'une très large légitimité démocratique. La gauche qui l'a combattu s'est effondrée puisque la coalition des communistes et de l'UFD (à laquelle il faudrait joindre quelques suffrages d'extrême-droite) rassemble à peine 20 % des votes.

On passe désormais à la mise en place des nouvelles institutions.

La mise en place des nouvelles institutions

En novembre 1958 ont lieu les élections à l'Assemblée nationale. En octobre, le Conseil des ministres a décidé de substituer au scrutin proportionnel utilisé sous la IVe République le scrutin uninominal majoritaire à deux tours par circonscription (celui que nous connaissons toujours), réputé créateur de majorités stables. La campagne électorale voit toutes les grandes formations politiques se réclamer du gaullisme, depuis le parti socialiste jusqu'à l'*Union pour la nouvelle République* (UNR), créée à la veille des élections pour rassembler les gaullistes, jusqu'alors dispersés entre diverses obédiences. Seuls prennent nettement parti contre le gaullisme le parti communiste et les candidats de l'*Union des Forces démocratiques*.

Du premier tour des élections, on peut tirer quatre conclusions.

1) Une assez forte abstention (environ 23 %) qui révèle que l'opinion publique demeure très méfiante envers les

partis politiques, alors qu'elle fait une large confiance au général de Gaulle (il n'y a eu que 15 % d'abstentions au référendum de septembre).

2) Une lourde défaite des adversaires du gaullisme, à gauche comme à droite. Le poujadisme et l'extrême-droite qui avaient effectué une percée en 1956 s'effondrent, ne rassemblant que 2,6 % des suffrages (dont 0,5 % pour les candidats se réclamant de Pierre Poujade). Le parti communiste qui n'était jamais descendu au-dessous de 25 % sous la IVe République tombe à 19,2 %, perdant ainsi le tiers de ses électeurs. Quant à l'Union des Forces démocratiques, en dépit du prestige de ses dirigeants, elle connaît une déroute totale qui vaut condamnation politique avec 1,2 % des voix.

3) Les partis qui s'étaient identifiés à la IVe République connaissent la stagnation ou l'effondrement, stagnation pour la SFIO (15,7 %) ou le MRP (11,1 %), effondrement pour les radicaux (7,3 %).

4) Enfin les élections manifestent une forte poussée à droite parmi les partis qui semblent le mieux s'identifier au mouvement gaulliste. Les Indépendants remportent un succès spectaculaire avec 22,1 % des voix, cependant que l'UNR, inconnue quelques jours auparavant, rassemble plus de 20 % des suffrages exprimés.

Le second tour des élections amplifie les résultats du premier, comme il est de règle avec le scrutin majoritaire, puisque le candidat arrivé en tête bénéficie du désistement des autres candidats de sa tendance. En outre, dans le cas de 1958, cet effet est accentué par trois facteurs qui jouent tous dans le même sens: l'amplification par l'opinion de la poussée gaulliste du premier tour, la volonté de l'UNR d'apparaître comme un vaste parti centriste et rassembleur plutôt que comme un parti de droite, l'isolement du parti communiste avec lequel aucun parti ne conclut d'accord de désistement, ce qui défavorise la gauche. Si bien que les résultats enregistrent une hécatombe de sortants qui se traduit par l'effondrement de la représentation parlementaire des partis qui avaient dominé la IVᵉ République. Dans l'Assemblée élue en 1958 il ne reste plus que 10 communistes, 44 socialistes, 23 radicaux, 57 MRP. La gauche et le centre sont littéralement balayés. En revanche les vainqueurs du premier tour sont les triomphateurs du second: l'UNR fait élire 198 députés et ses alliés de la droite classique, les Indépendants 133. L'Assemblée de 1958 est ainsi fortement marquée à droite, cependant que quelques-uns des personnages-clés de la IVᵉ République disparaissent de la représentation parlementaire: Pierre Mendès France, François Mitterrand, Robert Lacoste, Edgar Faure, Joseph Laniel, Gaston Defferre, etc.

Qui sont les nouveaux élus? Aux yeux de l'opinion publique, l'Assemblée possède une forte majorité de droite qui se rassemble sur le thème de «l'Algérie française». L'impression est particulièrement forte pour l'UNR, d'autant que Jacques Soustelle fait figure de chef de file du mouvement. Mais les études de Jean Charlot (*L'UNR, étude du pouvoir au sein d'un parti politique*, A. Colin, 1967) ont montré qu'il n'en était rien. En fait, les leviers de commande de l'UNR sont tenus par les anciens «Républicains-Sociaux» soutenus par le général de Gaulle, qui entravent les initiatives «Algérie française» de Soustelle. Les investitures pour les élections de 1958 sont distribuées par un triumvirat de Républicains-Sociaux, Roger Frey, Jacques Baumel, Jacques Marette qui choisissent des gaullistes de longue date. Ce sont les gaullistes «historiques», ceux de la Résistance, qui constituent le gros des élus et des cadres du nouveau parti. Son ciment n'est nullement l'«Algérie française» mais la fidélité au général de Gaulle, et Soustelle apparaîtra bien vite marginalisé au sein du mouvement. Caractéristique de la volonté des gaullistes de constituer le levain d'un régime nouveau autour du général de Gaulle est l'élection en décembre 1958 à la présidence de la nouvelle Assemblée nationale du gaulliste historique Jacques Chaban-Delmas contre Paul Reynaud, cependant discrètement appuyé par le général de Gaulle mais qui, aux yeux des nouveaux élus, rappelle trop les IIIe et IVe Républiques.

Le 21 décembre 1958 a lieu l'élection du président de la République par le collège de 80 000 notables, prévu par la Constitution. Le général de Gaulle est élu sans surprise par 78,5 % des suffrages contre 13,1 % au communiste Georges Marrane et 8,4 % au doyen Chatelet, un universitaire, candidat de principe présenté par l'Union des Forces démocratiques.

En janvier 1959, le général de Gaulle prend ses fonctions de président de la République et nomme comme nouveau Premier ministre Michel Debré, le principal rédacteur de la Constitution, qui a désormais pour charge de la mettre en pratique.

Les pouvoirs publics seront enfin complétés par l'élection du Sénat en avril 1959 et à cette occasion, nombre d'hommes politiques battus en novembre 1958 retrouvent une tribune parlementaire. C'est le cas d'Edgar Faure, Gaston Defferre, François Mitterrand.

Quelles sont les nouvelles institutions qui vont régir la Ve République ainsi créée?

La constitution de la Ve République: un Président aux prérogatives renforcées

Elle est fondée sur quelques idées simples, et résulte d'un compromis entre les conceptions du général de Gaulle exprimées dans le discours de Bayeux en 1946 et les vues des hommes de la IVe République qui ont négocié

18

avec le général de Gaulle son retour au pouvoir et ont joué un rôle important au comité ministériel chargé d'examiner la Constitution (Guy Mollet surtout, mais aussi Pierre Pflimlin). Le général de Gaulle a exigé que la Constitution s'inspire du principe de la séparation des pouvoirs afin de renforcer l'autorité du pouvoir exécutif et en particulier celle du chef de l'Etat; les dirigeants des partis politiques ont combattu pour le maintien en France d'un régime parlementaire qui laisserait le gouvernement responsable devant l'Assemblée nationale. Ces deux principes, sans être réellement contradictoires, peuvent aboutir à des régimes très différents; si l'accent est mis sur le premier, on assiste à la mise en place d'un régime présidentiel à l'américaine où l'essentiel du pouvoir est aux mains de l'Exécutif; si c'est le second qui l'emporte on en revient à un régime proche de celui des IIIᵉ et IVᵉ Républiques qui réduit le président de la République à un rôle honorifique. En 1958, la tendance va incontestablement dans la première direction, et le texte constitutionnel s'en ressent. Mais en la matière, des évolutions sont possibles et le résultat est largement fonction du rapport des forces.

La clé de voûte du renforcement du pouvoir exécutif est l'importance nouvelle donnée au président de la République dans les institutions. Sans doute la définition de son rôle innove-t-elle peu par rapport à la tradition fixée par les IIIᵉ et IVᵉ Républiques. Il veille au respect de la Constitution. Il assure, par son arbitrage, le fonctionnement régulier des pouvoirs publics. Il est le garant de la continuité de l'Etat, de l'indépendance nationale, de l'intégrité du territoire.

Mais, plus que l'énoncé de ses fonctions, ce qui est nouveau c'est son mode de désignation et les armes dont il dispose pour imposer ses vues.

Le général de Gaulle entendait que le chef de l'Etat soit soustrait à la pression du Parlement et, pour ce faire, il considérait que le meilleur moyen était qu'il n'en émane pas. Aussi, comme il l'avait préconisé à Bayeux, inscrit-il dans la nouvelle Constitution l'élection par un collège comprenant certes députés et sénateurs, mais qui se trouvent noyés dans la masse des conseillers généraux et des représentants des conseils municipaux, un collège somme toute assez proche de celui des délégués sénatoriaux où les notables locaux constituent l'écrasante majorité des quelque 80 000 membres qui le composent.

Le Président ainsi désigné par la France des notables, et non par les parlementaires, dispose d'armes puissantes pour remplir le rôle que la Constitution lui assigne.

— Il nomme le Premier ministre et, sur proposition de celui-ci, nomme les autres membres du gouvernement et met fin à leurs fonctions.

— Il possède le droit de dissolution sans autre condition que de consulter le Premier ministre et les présidents des deux Chambres (mais sans aucune obligation de suivre leur avis).

— Il peut recourir au référendum en posant des questions au suffrage universel, ce qui lui permet de passer par-dessus la tête des parlementaires en s'adressant directement au peuple — toutefois cette procédure est en principe limitée à des questions concernant l'organisation des pouvoirs publics.

— Enfin, l'article 16 prévoit l'octroi de pouvoirs exceptionnels au président de la République si les institutions de la République, l'indépendance de la nation ou l'intégrité de son territoire sont menacées.

Ces pouvoirs sont considérables, mais ils seront encore largement dépassés par la pratique du général de Gaulle. Sa personnalité, la légitimité historique dont il se prévaut depuis 1940 et les circonstances historiques particulières que constituent les événements d'Algérie conduiront le Président à occuper dans les institutions une place sans commune mesure avec celle, déjà considérable, que lui octroie le texte constitutionnel.

Ce que le pouvoir exécutif gagne en puissance, le Parlement le perd. Constitué de deux Chambres, comme sous les IIIe et IVe Républiques, il voit ses prérogatives étroitement limitées.

L'*Assemblée nationale* est élue pour cinq ans au scrutin uninominal majoritaire à deux tours. Les députés sont confinés dans leurs rôles législatif et budgétaire et voient leurs initiatives limitées et leur contrôle sur le gouvernement sévèrement réglementé. Ils ne peuvent proposer un texte qui aurait pour effet de diminuer les ressources publiques ou d'aggraver les charges. Les interpellations sont supprimées. Le gouvernement ne peut être renversé que par une motion de censure rassemblant la majorité absolue des députés (les abstentions étant considérés comme des votes favorables au ministère) ou par le rejet d'une question de confiance posée par le Premier ministre (mais cette procédure ne sera qu'exceptionnellement utilisée, et là aussi, les abstentions sont assimilées aux votes en faveur du gouvernement). Enfin, l'Assemblée nationale n'est maîtresse ni des dates de ses sessions (elles sont fixées par une loi), ni de son ordre du jour (c'est le gouvernement qui l'établit dans la pratique).

Le *Sénat* qui retrouve son nom de la IIIe République est toujours désigné au suffrage indirect par des collèges formés dans chaque département par les élus, députés, conseillers généraux, représentants des Conseils municipaux. Elus pour neuf ans et renouvelables par tiers, les Sénateurs n'ont qu'un rôle très restreint de confirmation des lois. En cas de désaccord entre l'Assemblée nationale et le Sénat, les lois font deux «navettes» entre les Assemblées. Après quoi, si le désaccord persiste, une Commission mixte paritaire tente de dégager un texte commun.

En cas d'échec, le dernier mot appartient à l'Assemblée nationale.

On peut se faire une idée du poids relatif du Président et du Parlement dans la vie politique en examinant le statut du gouvernement.

Nommé par le président de la République, mais responsable devant l'Assemblée nationale, le gouvernement se trouve à la charnière des deux pouvoirs. Ses attributions sont capitales puisque la Constitution dispose qu'il «détermine et conduit la politique de la Nation». En fait, appuyé sur une majorité à l'Assemblée nationale, on pourrait concevoir que le Premier ministre, se prévalant du texte constitutionnel, impose une politique qui n'aurait pas l'agrément du chef de l'Etat. Ce risque de pouvoir à deux têtes, de «dyarchie» est un risque permanent des institutions de la Ve République et rend compte du soin jaloux que les chefs d'Etat successifs ont mis à confiner leurs Premiers ministres dans un rôle d'exécution de décisions prises par eux. Quoi qu'il en soit, le texte constitutionnel mais aussi la pratique font du gouvernement une émanation du président de la République beaucoup plus que du Parlement.

C'est le président de la République qui, nous l'avons vu, nomme le Premier ministre et les ministres et met fin à leurs fonctions. En fait, le général de Gaulle change quand il lui convient le Premier ministre comme les ministres, la démission du premier ou sa proposition en cas de changement de ministres apparaissant de pure forme. On demande seulement à l'Assemblée nationale d'approuver le programme du gouvernement (avec menace de dissolution si elle refuse). Par ailleurs la Constitution prévoit l'incompatibilité entre fonction ministérielle et fonction parlementaire, ce qui oblige les parlementaires nommés ministres à démissionner de leurs fonctions électives et distend les liens entre Parlement et gouvernement puisque, par définition, les ministres ne font plus partie du Parlement. Enfin, le recours systématique à des fonctionnaires ou à des personnalités non parlementaires pour exercer des fonctions gouvernementales accroît encore l'indépendance du ministère par rapport à l'Assemblée.

Entre 1958 et 1969 s'impose en France la tradition de voir le gouvernement dépendre directement du chef de l'Etat, véritable chef du pouvoir exécutif, le contrôle du Parlement tendant à se restreindre.

Sur le modèle de la Cour suprême américaine, la Ve République a créé un Conseil constitutionnel chargé de veiller à la constitutionnalité des lois. Formé de neuf membres, nommés pour neuf ans et renouvelables par tiers tous les trois ans, il est désigné par les trois premiers personnages de l'Etat, le président de la République, le président de l'Assemblée nationale, le président du Sénat qui, tous les trois ans, choisissent chacun un membre du Conseil. Il est à la fois le juge suprême des élections et le gardien de la Constitution et son rôle ne cesse de s'accroître depuis 1958.

Les institutions mises en place en 1958 sont justifiées aux yeux de ceux qui les ont établies par la nécessité de donner au pays un gouvernement stable capable d'affronter les problèmes de toutes sortes qui se trouvent posés au pays et que la faiblesse des gouvernements successifs de la IVe République n'ont pas permis de résoudre de manière valable. De tous ces problèmes, le plus grave est précisément celui qui a provoqué la chute de la IVe République et conduit au pouvoir les nouveaux dirigeants, la guerre d'Algérie. De 1958 à 1962 c'est elle qui domine la vie politique française et constitue la priorité fondamentale de l'action gouvernementale. Mais elle-même infléchit le devenir de la Ve République et joue un rôle essentiel dans la pratique institutionnelle qui fait du président de la République le dépositaire principal du pouvoir.

L'évolution politique du général de Gaulle sur l'affaire algérienne

Ramené au pouvoir par l'émeute algéroise du 13 mai, le général de Gaulle a en quelque sorte pour mission fondamentale de mettre fin au conflit algérien. Mais alors que les activistes attendaient de lui qu'il débouche sur une solution conforme aux vœux des partisans de l'Algérie française, c'est finalement à l'indépendance de l'Algérie que conduira la politique qu'il mène. Cette évolution pose un problème historique: le général était-il convaincu dès son arrivée au pouvoir qu'il n'était pas d'autre issue possible, comme il l'affirmera dans ses *Mémoires d'espoir* (Paris, Plon, 1970) ou bien au contraire espère-t-il maintenir l'Algérie sous souveraineté française? Le sentiment prévaut qu'en 1958 il n'a pas d'avis arrêté sur la solution à apporter au conflit. Les interlocuteurs qu'il reçoit avant son arrivée au pouvoir retirent de leurs entretiens avec lui des impressions contradictoires, les libéraux revenant convaincus qu'il est disposé à négocier avec le FLN, les tenants de l'Algérie française affirmant de leur côté que lui seul saura trouver les moyens de maintenir la présence française. En fait, le Général va adopter une ligne pragmatique, s'efforçant de préserver au maximum la place de la France dans les départements d'Algérie, mais en s'adaptant sans cesse aux circonstances. Or celles-ci évoluent dans un sens défavorable à l'Algérie française, marqué par un durcissement permanent du FLN qui ne cesse d'affirmer sa détermination à ne discuter que de l'indépendance, par un désaveu de plus en plus net de la politique française en Algérie par l'opinion internationale, enfin en France même par l'opposition croissante de l'opinion publique à la poursuite d'une guerre qui semble sans issue. L'adaptation du général de Gaulle à cette situation va prendre la forme d'une série de discours et de déclarations qui marquent le cheminement de ses convictions et constituent une pédagogie politique à l'usage de l'opinion publique nationale et internationale, de l'armée et de la population européenne d'Algérie, illustrant ce que le journaliste Pierre Viansson-Ponté a appelé le «gouvernement de la parole». On peut ainsi suivre de déclaration en déclaration les étapes qui marquent l'évolution du général sur l'affaire algérienne.

Dès le 4 juin 1958, le lendemain de son investiture et de la loi qui lui donne le pouvoir de préparer une nouvelle Constitution, le général de Gaulle se rend à Alger et déchaîne l'enthousiasme de la foule en lançant la formule ambiguë «Je vous ai compris...». Au cours de ce voyage il criera, à Mostaganem, «Vive l'Algérie française». Sans prononcer le mot d'intégration, il accorde aux musulmans le collège unique et, tout en renforçant l'action militaire française, annonce le *Plan de Constantine* qui prévoit un développement économique de l'Algérie. Il semble donc que cette première phase soit orientée par le souci de donner une réponse positive aux colons d'Algérie, ce que semble confirmer la conférence de presse du 23 octobre 1958 dans laquelle le général de Gaulle n'offre d'autre perspective au FLN qu'une reddition honorable, la «paix des braves». En fait le FLN ne répondra même pas à cette offre ou du moins lui apportera une réponse négative en constituant en décembre au Caire le *Gouvernement provisoire de la République algérienne* (GPRA) sous la présidence de Ferhat Abbas, affirmant ainsi le caractère politique de sa revendication alors que le Général ne parlait que de reddition militaire. Il est vrai qu'au même moment le président de la République démantèle les pouvoirs parallèles nés du 13 mai en remplaçant le général Salan dont le rôle avait été particulièrement ambigu par un haut fonctionnaire, Paul Delouvrier, cependant que dans son rôle de commandant en chef il est remplacé par le général Challe.

La seconde étape débute en septembre 1959. Prenant acte de son échec de 1958, le général de Gaulle proclame dans une conférence de presse le 16 septembre le droit de l'Algérie à l'autodétermination, affirmant qu'une fois le cessez-le-feu intervenu les Algériens se verront offrir le choix entre trois solutions, la sécession, la francisation, la constitution d'une Algérie gouvernée par les Algériens, mais liée à la France. Cette position inquiète les partisans de l'Algérie française, mais elle est une incontestable ouverture politique. Celle-ci se trouve confirmée en juin 1960 par une offre de négociation faite au FLN. Mais la rencontre qui a lieu à Melun fin juin 1960 entre représentants du gouvernement français et du GPRA tourne court, sans qu'aient pu être abordés d'autres points que les conditions de déroulement des pourparlers.

En novembre 1960 s'ouvre la troisième étape, la plus difficile, au cours de laquelle le général de Gaulle passe d'une position de maintien de la présence française à l'acceptation d'une Algérie indépendante. Dès mars 1960 lors d'une tournée en Algérie pour prendre contact avec l'armée (la «tournée des popotes»), il avait évoqué l'idée d'une «Algérie algérienne liée à la France» qui avait suscité nombre de spéculations, les commentateurs insistant tantôt sur le premier terme de la formule tantôt sur le second. Mais le 4 novembre 1960, lors d'une conférence de presse télévisée, le général de Gaulle parle d'une «République algérienne». Comme pour souligner que c'est bien une politique nouvelle qui est mise en œuvre, le général de Gaulle remplace M. Delouvrier, délégué général, par un autre fonctionnaire M. Morin, mais qui est placé sous l'autorité d'un ministre d'Etat chargé des

Affaires algériennes, Louis Joxe. Ce tournant, entériné par un référendum sur l'autodétermination provoque une vive agitation en Algérie et débouche sur une tentative de putsch militaire à Alger en avril 1961. Le 20 mai 1961 s'ouvrent à Evian des négociations avec le FLN rompues dès le 13 juin sur le problème du statut du Sahara que les négociateurs du GPRA exigent de voir reconnu comme partie intégrante du futur Etat algérien.

La quatrième phase ouvre une période trouble de vive agitation en métropole et en Algérie. Pendant ce temps, en sous-main se poursuivent des négociations avec le GPRA (à la présidence duquel Ferhat Abbas a été remplacé par Ben Khedda en août 1961) qui aboutissent à l'aplanissement du contentieux existant par la reconnaissance du caractère algérien du Sahara et le statut des Européens d'Algérie qui renoncent à former une communauté protégée. De leur côté les Algériens prennent des engagements sur les liens économiques, militaires, culturels, qui lieront, après l'indépendance, la France et l'Algérie. Le 21 février 1962, l'essentiel étant réglé sur le fond, les négociations officielles reprennent à Evian. Le 18 mars au soir, un cessez-le-feu est conclu, valable à partir du lendemain, Ben Bella est libéré et le *Journal Officiel* publie la substance des accords. Moins de quatre ans après le 13 mai et l'arrivée au pouvoir du général de Gaulle, l'Algérie est devenue un Etat indépendant.

Toutefois, une évolution aussi radicale ne s'est pas faite sans heurts et la solution gaulliste de la guerre d'Algérie a entraîné de profonds remous en Algérie et en métropole.

Les retombées politiques de l'évolution du général de Gaulle sur l'Algérie

L'évolution du général de Gaulle a d'abord des répercussions considérables en Algérie même où les activistes civils et militaires qui considèrent que c'est leur action qui a ramené de Gaulle au pouvoir pour maintenir l'Algérie française vont se considérer comme trahis par lui et apparaître progressivement comme des adversaires du régime. Le tournant s'opère dès le discours de septembre 1959 sur l'autodétermination, considéré (avec raison) comme une menace pour les thèses de l'Algérie française. Dès lors, les activistes rêvent d'un nouveau 13 mai, qui se ferait cette fois contre le général de Gaulle. Dans cette rupture progressive des activistes avec de Gaulle, trois temps forts qui ramènent le spectre de la guerre civile, du putsch militaire pour instaurer un régime fasciste, dont la crainte n'a cessé de hanter l'esprit des Français durant la guerre d'Algérie.

En janvier 1960, c'est la *Semaine des barricades d'Alger*. Le prétexte en est la décision du chef de l'Etat de relever de son commandement le général Massu après sa déclaration à un hebdomadaire allemand qui affirme le soutien de l'armée aux thèses de l'Algérie française. Une manifestation se produit le 24 janvier 1960 qui, comme le 13 mai, tourne à l'émeute. Des réduits se constituent aux Facultés d'Alger sous la direction de Pierre Lagaillarde et dans le centre de la capitale sous le commandement d'Ortiz. L'armée les isole sans les attaquer. Durant quelques jours, la situation reste bloquée. Elle est résolue le 29 janvier par un discours très ferme du général de Gaulle qui affirme sa volonté de poursuivre la politique d'autodétermination définie en septembre 1959 et appelle l'armée à respecter la discipline. A la différence du

13 mai, l'armée ne bascule pas et le mouvement se liqué-
fie sans drame.

Beaucoup plus grave est, en avril 1961, *le putsch des
généraux*. Quatre officiers généraux dont deux anciens
commandants en chef en Algérie, Salan et Challe, le
commandant de l'aviation, Jouhaud, né en Algérie et
l'ancien chef d'état-major de l'armée de terre, Zeller
décident de prendre le pouvoir à Alger. Ils trouvent
l'appui d'un certain nombre d'officiers de carrière et
d'unités de la Légion étrangère ou des parachutistes.
Mais le mouvement est purement militaire, sans participation des organisations civiles activistes qui sont sympathiques au mouvement, mais dont les généraux putschistes se méfient. Le *pronunciamento* trouve très vite ses
limites: refus d'adhésion de nombreux généraux peu
désireux, quand bien même ils partagent les vues des
dirigeants du putsch, de risquer leur carrière dans une
aventure qui paraît bien hasardeuse, attitude très ferme
des recrues du contingent informées par l'écoute des
transistors de ce qui se passe en métropole et qui refusent
d'obéir aux officiers putschistes, enfin absence d'écho au
mouvement en métropole. Après avoir attendu quelques
jours pour laisser jouer les hésitations qui gagnent l'armée, le général de Gaulle va mettre fin au putsch par une
très ferme allocution télévisée qu'il prononce en uniforme et à l'issue de laquelle il annonce qu'il met en application les pouvoirs spéciaux que lui attribue dans des
circonstances graves l'article 16 de la Constitution. Appel
qui provoque une mobilisation en métropole pour s'opposer à une tentative éventuelle de débarquement de
parachutistes et une grève des syndicats qui manifestent
leur opposition au putsch. Le 25 avril, trois jours après
la proclamation des généraux, le mouvement, dépourvu
d'assises solides, s'effondre.

Désormais, pendant que se poursuivent les négociations avec le FLN, l'initiative passe aux activistes civils

qui ont constitué dans l'hiver 1960-1961 l'*Organisation Armée Secrète* (OAS). Celle-ci se trouve renforcée d'officiers putschistes passés à la clandestinité après l'échec du mouvement d'avril 1961, entre autres les généraux Salan et Jouhaud. Elle va pratiquer une activité terroriste en s'appuyant sur la population européenne d'Algérie qui voit en elle la dernière barrière contre un abandon de l'Algérie par la métropole. Par une série d'attentats contre des personnalités politiques (à commencer par le général de Gaulle lui-même qui échappe à un attentat à Pont-sur-Seine le 9 septembre 1961), l'OAS s'efforce d'empêcher l'aboutissement d'un accord avec le FLN. Une fois acquis l'accord d'Evian, l'OAS se lance dans une série d'actions aveugles et désespérées afin de rendre impossible l'application de l'accord. Lorsqu'il s'avère que cette tactique est vaine, elle lance comme mot d'ordre une campagne de destructions systématiques afin de rendre l'Algérie au FLN dans l'état où les Français l'ont trouvée 130 ans plus tôt. Faisant agir la foule européenne qu'elle entraîne dans de grandes manifestations, elle va rendre impossible toute coexistence entre les communautés européennes et musulmanes après l'indépendance. Ses mots d'ordre vont conduire à de dramatiques affrontements au cours desquels l'armée, prise à partie par la population, fait usage de ses armes, provoquant des morts et des blessés (fusillade de Bab-el-Oued à Alger le 26 mars 1962). A mesure qu'approche la date prévue pour l'indépendance, les Européens, épouvantés, regagnent la métropole, malgré les menaces de mort de l'OAS contre ceux qui quitteraient le pays. C'est un tragique exode de 700 000 Européens qui quittent avec déchirement et en abandonnant l'essentiel de leurs biens une terre où ils sont nés pour affronter un difficile reclassement en métropole. Quant à l'OAS, traquée par la police, elle n'a plus comme objectif que la vengeance contre le général de Gaulle: le 22 août 1962, elle manque de peu son assassinat, lors de l'attentat du Petit-Clamart.

La politique algérienne du général de Gaulle a aussi de profondes répercussions au sein des forces politiques en métropole. Tout d'abord sur les forces de droite ou d'extrême-droite qui ne se sont ralliées au général de Gaulle en mai 1958 que parce qu'elles voyaient en lui le mainteneur de l'Algérie française. On assiste à une prise de distance progressive de cette droite qui a le sentiment d'avoir été flouée. Dès 1959, elle s'abstient ou refuse de prendre part au vote sur l'autodétermination. En 1960, 75 députés refusent d'approuver le vote de pouvoirs spéciaux au lendemain de l'affaire des barricades, cependant que Jacques Soustelle qui avait manifesté sa compréhension envers les émeutiers, est exclu du gouvernement. Cette opposition de droite ne cesse de se durcir jusqu'aux accords d'Evian, certaines personnalités politiques comme Georges Bidault ou Jacques Soustelle gagnant même la clandestinité, de crainte d'être arrêtés en raison de leur sympathie pour la cause de l'Algérie française désormais assumée par l'OAS. En mars 1962, le général Salan, chef de l'OAS décide la création d'un Conseil National de la Résistance en métropole, à la présidence duquel on place Georges Bidault, le président du CNR de l'époque de l'occupation. Pour la droite, le général de Gaulle devient l'adversaire.

A gauche, la situation est beaucoup plus ambiguë. Les socialistes ont rejoint les communistes dans l'opposition au régime de la Ve République dès 1959, mais force est de constater que le général de Gaulle fait dans l'affaire d'Algérie la politique que la plupart d'entre eux souhaitent, mais qu'ils ont été incapables d'imposer lors de leur passage au pouvoir en 1956-1957. Aussi, si les communistes se maintiennent dans une opposition dont ils ne sortent que rarement, les socialistes sont infiniment plus embarrassés, rejoignant le gouvernement dans les votes sur l'Algérie et préconisant des réponses positives aux deux référendums portant sur la question. Plus que les partis politiques, ce sont les syndicats qui vont tenter d'exercer une action distincte de celle du pouvoir sur l'évolution de la guerre d'Algérie. Lors du putsch d'avril, les syndicats organisent une grève qui a pour objet d'opposer un barrage populaire aux activistes. Le général de Gaulle, peu soucieux de se lier les mains en s'appuyant sur des forces qui ne sont guère sympathiques au régime, ne les encourage pas dans cette voie. Aussi désormais, la gauche va-t-elle jouer un rôle autonome par rapport au pouvoir, s'opposant à l'action de l'OAS et réclamant la paix en Algérie par la négociation avec le FLN. Son moyen d'action consiste en vastes mobilisations populaires, en particulier durant l'hiver 1961-1962 où des dizaines de milliers de ses partisans manifestent, souvent malgré l'interdiction du gouvernement. Certaines de ces manifestations tournent au drame, comme celle du métro Charonne à Paris où huit personnes meurent étouffées à la suite de charges de police contre une foule bloquée par les grilles tirées de la station de métro. Certains vont plus loin. En septembre 1960 est publié le «Manifeste des 121» où un certain nombre d'écrivains (dont Jean-Paul Sartre) et d'enseignants lancent un appel à l'insoumission en Algérie.

D'autres, comme le philosophe Jeanson, organisent des réseaux d'aide au FLN. Au total, tout en s'indignant des lenteurs de la négociation et en préconisant un mouvement populaire qui imposerait la paix immédiate, la gauche approuve la politique gouvernementale, tout en blâmant les méthodes employées, et le régime lui-même.

C'est que la guerre d'Algérie a pour résultat de provoquer un profond infléchissement du régime dans le sens du renforcement du pouvoir exécutif.

La guerre d'Algérie et l'évolution des institutions françaises de 1958 à 1962

Le poids déterminant de la guerre d'Algérie dans la vie politique française a pour effet de renforcer considérablement l'autorité du général de Gaulle. Les partis politiques, fort réservés à son égard et qui contestent la dérive présidentielle des institutions, ne songent pas à le mettre en difficulté, ni à provoquer son départ, parce qu'ayant fait l'expérience de la difficulté du problème à la fin de la IVe République, ils n'ont nulle envie d'avoir à le remplacer dans une tâche que la plupart tiennent pour impossible. Seul de Gaulle, estiment-ils, est en mesure d'imposer l'autorité de l'Etat à l'armée et de mettre au pas les activistes d'Alger. Sans doute estiment-ils qu'il n'est guère acceptable de laisser le président de la République gouverner à sa guise, mais il est tacitement entendu que les comptes seront réglés après la guerre d'Algérie, lorsque le chef de l'Etat aura débarrassé la France du conflit.

L'une des raisons qui poussent à la prudence les forces politiques est l'extraordinaire popularité dont jouit le général de Gaulle du fait de sa politique algérienne. La pratique des étapes progressives qu'il a choisie répond à l'évolution de l'opinion sur la question. Même chez les moins politisés, la lassitude de la guerre s'accroît. Elle touche nombre de Français puisque tous les conscrits doivent accomplir une grande partie de leur temps de service militaire en Algérie; or la guerre fait des morts et des blessés et suscite les inquiétudes des familles. Par ailleurs, beaucoup constatent que le conflit entraîne un blocage économique et interdit à la France de participer pleinement à la grande vague de croissance qui atteint le monde industriel. Enfin, il détériore l'image de la France dans le monde et place le pays en posture d'accusé sur

33

la scène internationale. Aussi l'opinion approuve-t-elle la démarche du général de Gaulle. Elle lui fait d'autant plus confiance que la crainte d'un putsch militaire fascisant parti d'Algérie ne cesse de hanter les esprits et que le général de Gaulle apparaît dans cette éventualité comme le seul dirigeant capable de faire échec à une tentative dictatoriale. A la différence de la IVe République qui s'est effondrée le 13 mai, le fondateur de la Ve République a montré son autorité aussi bien en janvier 1960 qu'en avril 1961. Cette confiance quasi aveugle que les Français font à de Gaulle sur la question de l'Algérie est perceptible lors des référendums de janvier 1961 sur l'approbation de l'autodétermination et d'avril 1962 sur les accords d'Evian. 75 % des Français dans le premier cas, 90 % dans le second répondent positivement.

Appuyé sur un large consensus populaire, bénéficiant de la paralysie de l'opposition partisane, le général va utiliser la conjoncture pour donner des institutions une interprétation fort éloignée de ce qu'avaient imaginé certains des rédacteurs du texte de 1958, en particulier Guy Mollet et Pierre Pflimlin.

Investi de la confiance des Français, le général de Gaulle est conduit à prendre une série de décisions qui vont toutes dans le sens d'un renforcement du rôle du Président dans les institutions, au détriment du gouvernement, qui fait de plus en plus figure de rassemblement de techniciens, et du Parlement qui a le sentiment d'être réduit à la situation d'une Chambre d'enregistrement. Comment se marque cette évolution des institutions?

D'abord par l'idée qu'il existe un «domaine réservé» au président de la République. L'expression, qui n'a rien d'officiel, et que le général de Gaulle et ses Premiers ministres ont toujours contestée, serait due à Jacques Chaban-Delmas qui l'aurait employée lors des Assises de l'UNR en novembre 1959. Ce domaine réservé serait celui des «grandes questions nationales». Et Chaban-Delmas de citer en 1959 la défense nationale, la diplomatie, l'Algérie, la Communauté. Mais il est entendu qu'il peut s'élargir selon les circonstances. Même s'il ne fait pas l'objet d'une doctrine, il correspond à une réalité, selon laquelle il appartient au président de la République de prendre en main et de régler les questions-clés qui conditionnent le destin de la nation.

En conséquence se constitue à l'Elysée d'un véritable super-cabinet de conseillers, de comités, d'experts, «l'entourage», chargé d'informer le chef de l'Etat, de préparer les dossiers, d'éclairer les décisions, de suivre l'exécution. La puissance de ce groupe qui se trouve au contact du principal centre de décision est telle qu'elle dépossède inévitablement d'une partie de leurs attributions les ministres concernés. Ceux-ci deviennent des exécutants chargés de mettre en œuvre une politique décidée ailleurs et à l'élaboration de laquelle ils n'ont pas nécessairement participé.

Ce rôle subordonné du gouvernement est d'ailleurs souligné par les conditions de sa formation et de son fonctionnement. Le Premier ministre est l'homme du président de la République. La Constitution lui donne d'ailleurs la prérogative de le choisir, mais il est entendu qu'il doit en outre bénéficier de la confiance de l'Assemblée ce qui, en théorie, limite l'initiative présidentielle. En fait, le général de Gaulle considérera toujours cette limitation comme secondaire. En nommant Michel Debré en 1958, c'est d'abord un fidèle qu'il choisit, qu'il contraindra à mettre en œuvre l'indépendance de l'Algérie, contre sa conscience, car Debré figure parmi les fermes partisans de l'Algérie française. Si bien que la politique du gouvernement est moins celle de l'équipe réunie par le Premier ministre que celle décidée par le chef de l'Etat. D'ailleurs le général de Gaulle révoque les ministres comme il l'entend, la proposition du Premier ministre étant purement formelle. C'est ainsi qu'en janvier 1960, il renvoie sans ménagement M. Pinay en désaccord sur la politique industrielle et commerciale suivie par le ministre Jean-Marcel Jeanneney et qui s'était plaint d'être insuffisamment informé de la politique étrangère suivie. En février 1960, c'est le tour de MM. Soustelle et Cornut-Gentile en désaccord avec la politique algérienne du gouvernement.

Le Parlement n'est guère mieux traité. Le général de Gaulle s'attribue à son détriment, en tant que gardien de la Constitution, le droit d'interpréter celle-ci. C'est ainsi qu'en mars 1960 la majorité des députés ayant demandé la convocation du Parlement (et elle est alors de droit d'après la Constitution), le chef de l'Etat refuse de le convoquer, jugeant que la décision a été prise sous la pression des organisations agricoles qui constituent un groupe d'intérêts particuliers.

Et surtout le chef de l'Etat montre une propension à gouverner en vertu de pouvoirs spéciaux qui donnent aux parlementaires le sentiment d'être dessaisis. Ainsi en février 1960, après la semaine des barricades, le gouvernement fait-il voter une loi lui permettant de légiférer par ordonnances. En avril 1961, après le putsch d'Alger, le Général prend les pouvoirs spéciaux en application de l'article 16 de la Constitution, et il les conserve jusqu'au 30 septembre 1961, ce qui lui permet de prendre des mesures d'autorité en Algérie, alors que les parlementaires estimaient qu'il devait y être mis fin sitôt la situation rétablie à Alger.

L'amertume des parlementaires se trouve enfin exacerbée par les pratiques de démocratie directe adoptées par le président de la République, qui marginalisent un peu plus les élus et le gouvernement, et donnent le sentiment d'un dialogue direct entre le chef de l'Etat et le peuple dont les parlementaires seraient exclus. Le pouvoir s'exerce en effet, pour ce qui est des grandes décisions, à travers les déclarations du général de Gaulle au pays. Les modalités de ce «gouvernement de la parole», pour être multiples, vont toutes dans le même sens: déclarations à la radio et à la télévision, conférences de presse, voyages dans les diverses régions de France où le chef de l'Etat s'adresse au pays et, par-dessus tout, pratique des référendums qui apparaissent comme les éléments-clés de la conception gaulliste des institutions. Ils constituent en effet tout à la fois des questions posées aux Français sur des problèmes fondamentaux, dépassant d'ailleurs souvent les problèmes d'organisation des pouvoirs publics à quoi les limite la Constitution, et des renouvellements périodiques de légitimité pour un pouvoir qui se veut fondé sur l'appui permanent du suffrage universel. C'est pourquoi l'opposition dénonce comme des plébiscites les référendums répétés qui rythment, de 1958 à 1969, l'histoire de la République gaullienne.

Cette pratique du pouvoir qui réduit sans cesse le rôle du Parlement, et, de ce fait, celui des partis dont il est le lieu naturel d'expression, est d'autant plus mal supportée par ceux-ci qu'elle contraste violemment avec la puissance qui était la leur naguère sous la IVe République. Seule la guerre d'Algérie empêche l'éclatement d'un conflit entre eux et le président de la République. Mais dès les lendemains des accords d'Evian, l'affrontement, jusque là différé, se noue. L'année 1962 marque un tournant capital pour le régime qui lui donne sa véritable nature.

La situation en avril 1962

La fin de la guerre d'Algérie entraîne une nouvelle orientation de la politique française. L'hypothèque que constituait le conflit est désormais levée. L'irritation que la politique du général de Gaulle suscite au sein des partis politiques peut dorénavant se donner libre cours et il fait peu de doute qu'un conflit couve entre les diverses formations et le chef de l'Etat. Progressivement, en effet, le très large soutien dont il bénéficiait s'est effrité, et une grande partie du monde dirigeant traditionnel se situe désormais dans une opposition plus ou moins ouverte au chef de l'Etat. Les socialistes affirment leur désaccord dès fin 1958 lorsqu'est discuté en Conseil des ministres le plan Pinay-Rueff et ce n'est que sur l'insistance du général de Gaulle que Guy Mollet accepte de rester au gouvernement jusqu'à la nomination d'un nouveau ministère en janvier 1959. Mais dès la formation du gouvernement Debré, les socialistes se retirent et évoluent vers une opposition de plus en plus radicale au Président, sauf sur la question d'Algérie, d'autant que Guy Mollet reproche au général de Gaulle de trahir l'esprit des institutions par la note présidentielle qu'il donne au régime. Dès 1959-1960, les radicaux, d'ailleurs pratiquement écartés du pouvoir, s'affirment à leur tour comme une force d'opposition. Si la gauche, vaincue aux élections de 1958 et réduite à un rôle de figuration, gagne ainsi très rapidement l'opposition, la droite ou le centre-droit, cependant proches du général de Gaulle, font de même. Le renvoi du gouvernement de M. Pinay ulcère les Indépendants, qui prennent leurs distances dès janvier 1960 et montreront une réticence, que le général de Gaulle ne leur pardonne guère, à soutenir sa politique algérienne. Plus généralement, tous ceux qui, à l'UNR ou à droite se sont montrés les fidèles de l'Algérie française, ont rompu dès 1960-1961 et les députés d'Algérie, les dissidents de l'UNR (une trentaine de députés), une partie des modérés constituent une opposition de droite au régime.

A cette addition de mécontentements qui s'explique par des griefs très précis à l'encontre du chef de l'Etat, il faut ajouter, même parmi ceux qui continuent à voter pour le gouvernement (membres du MRP, Indépendants par exemple), le malaise des parlementaires devant une pratique institutionnelle qui les marginalise si évidemment. Dans ces milieux, la tentation est forte de se joindre aux opposants déclarés pour faire sentir au régime le poids d'un Parlement qu'il néglige et le ramener dans les voies traditionnelles, celles de «l'esprit républicain» qui implique la souveraineté du pouvoir législatif. Tant que la guerre d'Algérie rend le général de Gaulle indispensable, l'explication est différée. Mais il est clair que la fin de la guerre d'Algérie rend possible ce qui ne l'était pas jusqu'alors. Le Premier ministre Michel Debré en est si conscient qu'il propose au général de Gaulle une stratégie: dissoudre l'Assemblée nationale et, dans le sillage des succès que constituent la paix en Algérie et le référendum triomphal d'avril 1962 qui l'approuve, faire de nouvelles élections qui ramèneraient à l'Assemblée nationale une majorité fermement décidée à appuyer la politique du général de Gaulle. Non moins convaincu que son Premier ministre du caractère inéluctable de l'affrontement, le général de Gaulle choisit une autre stratégie: la multiplication des défis au Parlement afin de laisser à l'Assemblée l'initiative de la rupture. C'est cette stratégie qui se développe d'avril à octobre 1962.

Les défis du général de Gaulle

Premier défi lancé aux parlementaires, le général de Gaulle change de Premier ministre sans que l'Assemblée ait à en connaître. Alors que M. Debré avait toujours eu une majorité, le général de Gaulle «accepte» sa démission le 14 avril 1962. En fait, il considère qu'en mettant en œuvre la politique qui a conduit à la paix en Algérie, le Premier ministre a rempli la tâche qui lui avait été assignée. Pour la nouvelle phase politique qu'il entend aborder, le chef de l'Etat veut un homme neuf. C'est dire de la manière la plus claire ce qui n'était pas aussi évident dans la Constitution, à savoir que le Premier ministre procède du chef de l'Etat et que son unique mission est de mettre en pratique la politique dont lui-même a tracé les grands traits. A ce que le Parlement ne peut considérer que comme une nouvelle entorse à la pratique parlementaire, s'ajoute un second défi: à Michel Debré, sénateur, habitué des luttes parlementaires, le président de la République donne comme successeur un inconnu, Georges Pompidou. Ce n'est ni un homme politique, ni un parlementaire, ni même une personnalité connue. Normalien, professeur, n'ayant jamais adhéré à aucun parti, il est devenu en 1944 membre du cabinet du général de Gaulle, chargé de travaux techniques; il lui reste fidèle après son départ du pouvoir en dirigeant son cabinet jusqu'en 1954. Le retour au pouvoir du général de Gaulle l'arrache à la banque Rothschild où il faisait carrière pour lui faire retrouver le poste de directeur du cabinet du nouveau président du Conseil. Nommé en janvier 1959, membre du Conseil constitutionnel, il se charge de diverses missions secrètes pour le général de Gaulle. Sa nomination comme Premier ministre signifie à l'évidence que le général de Gaulle entend prendre en charge directement les affaires du pays, accentuer la tonalité présidentielle des institutions et gouverner par Premier ministre interposé puisqu'il choisit pour cette fonction son collaborateur personnel, qui est dépourvu, face aux députés comme au pays, de toute autorité autre que celle que lui confère le chef de l'Etat. Bien qu'il constitue un gouvernement où les parlementaires sont plus nombreux que dans le ministère Debré (UNR, membres du Centre national des Indépendants et surtout, 5 MRP derrière Pierre Pflimlin et

Maurice Schumann, et en dépit d'un réel effort d'ouverture vers l'Assemblée, celle-ci n'accorde sa confiance à Georges Pompidou qu'avec répugnance. 259 députés votent en sa faveur le 26 avril, 128 prennent parti contre lui et 119 s'abstiennent. Les trois quarts des Indépendants, la moitié du MRP se sont joints à l'opposition de gauche et de droite pour refuser un gouvernement qui prend la signification d'un désaveu du Parlement.

Cette étroite marge de confiance va fondre très rapidement en raison des attitudes politiques du général de Gaulle qui accroissent la colère des parlementaires.

Le 15 mai 1962, dans une conférence de presse qui a un écho considérable, il affirme son choix d'une Europe des Etats qui maintiendrait la souveraineté nationale et brocarde cruellement toute idée d'Europe supranationale, couvrant de sarcasmes ceux qui pensent qu'il est possible de s'exprimer en «*quelque espéranto ou volapük intégré*». Atteints dans leurs convictions les plus profondes, Pierre Pflimlin et ses collègues du MRP donnent leur démission. L'Europe va désormais constituer un des fondements de l'opposition du MRP au gaullisme, mais aussi des modérés, des socialistes, des radicaux qui avaient fait dans les années 50 le choix de l'intégration.

A cette opposition des partis de la IVe République qui s'étaient ralliés au général de Gaulle en 1958, s'ajoute l'exaspération des tenants de l'Algérie française durant la période qui va de la signature des accords d'Evian en avril à l'indépendance de l'Algérie début juillet. Pendant que l'OAS multiplie les exactions, provoquant les chocs entre l'armée et la population dont on a parlé précédemment, le pouvoir met méthodiquement en œuvre le processus de l'indépendance en préparant le référendum qui, le 1er juillet, ratifie le nouveau statut de l'Algérie à la quasi-unanimité des votants. Dans le même temps le haut tribunal militaire condamne à mort le général Jouhaud et à la réclusion à perpétuité le général Salan auquel sont reconnues des circonstances atténuantes (le général de Gaulle dissout d'ailleurs cette instance qu'il accuse d'indulgence pour la remplacer par une Cour militaire de Justice). Enfin, l'exode des Européens d'Algérie qui fuient en abandonnant tous leurs biens et connaissent des conditions difficiles à leur arrivée en métropole accroît encore la colère de ceux qui considèrent qu'ils ont été trompés par le chef de l'Etat sur ses intentions. C'est à partir de cette situation que germent, chez quelques marginaux, des projets d'assassinat du président de la République qui aboutiront à l'attentat du Petit-Clamart. De manière plus politique, l'opposition de la droite et de l'extrême-droite prend la forme d'une motion de censure proposée par les députés d'Algérie le 6 juin et qui est votée par 113 élus dont une bonne partie du groupe des Indépendants.

Loin de choisir l'apaisement face à cette fronde montante, le général de Gaulle va répondre par un nouveau défi. Dès l'été 1962 courent des rumeurs de réforme constitutionnelle (on songe alors surtout à l'institution d'une vice-présidence). Profitant de l'émotion créée par l'attentat du Petit-Clamart (le 22 août), le général de Gaulle décide, au Conseil des Ministres du 12 septembre, de proposer un référendum sur l'élection du président de la République au suffrage universel. Cette décision, dans l'atmosphère du moment, fait l'effet d'une déclaration de guerre aux partis politiques qui voient dans le référendum une menace destinée à renforcer encore le pouvoir présidentiel sans qu'ils soient en mesure d'en discuter eux-mêmes.

La rupture:
la motion de censure d'octobre 1962

La décision du général de Gaulle provoque un tollé général qui porte aussi bien sur la finalité de la réforme que sur la procédure choisie.

En ce qui concerne le premier point, le général de Gaulle tranche ainsi en faveur de la lecture présidentielle l'interrogation sur la nature de la Constitution qui demeurait depuis 1958. Il est en effet évident que le chef de l'Etat désigné par le suffrage universel se prévaudra désormais d'une autorité telle que tous les autres pouvoirs apparaîtront insignifiants. Les accusations de pouvoir personnel fusent à gauche, mais aussi à droite. L'élection du président de la République au suffrage universel signifie la fin de la prédominance parlementaire, avec laquelle la République s'est longtemps confondue. Elle provoque la colère des Républicains de tradition: au congrès radical de Vichy en septembre, le président du Sénat, Gaston Monnerville, parle de violation de la Constitution et accuse le Premier ministre de «forfaiture», qualificatif que le général de Gaulle ne lui pardonnera jamais. Plus directement, tous les partis politiques annoncent d'emblée leur intention de voter «non» au futur référendum. C'est évident pour le parti communiste qui entame une ardente campagne pour une réponse négative. Par ailleurs, les socialistes, les radicaux, le MRP, les Indépendants décident de se regrouper dans un «Cartel des non» qui défendra les «principes républicains», c'est-à-dire parlementaires contre la tentative de «pouvoir personnel» du général de Gaulle. Le vieux parlementaire modéré qu'est Paul Reynaud en prend la tête.

Pour ce qui est de la procédure, la critique porte sur le dessaisissement du Parlement. Les parlementaires font remarquer qu'il existe une procédure de révision constitutionnelle par les deux Chambres et que le général de Gaulle aurait pu l'utiliser, au lieu de passer par-dessus leurs têtes pour s'adresser directement au peuple. Une fois de plus, le Parlement a le sentiment d'être traité en quantité négligeable. En fait, ce référendum sur l'élection du président de la République au suffrage universel est perçu comme la déclaration de guerre du chef de l'Etat aux partis politiques. Ceux-ci, qui dominent l'Assemblée nationale, vont répondre en utilisant l'arme qui leur reste, la motion de censure.

Le 5 octobre, à la suite de Paul Reynaud, des représentants de tous les groupes votent une motion de censure qui accuse le président de la République d'avoir violé la Constitution en soumettant au référendum le projet de révision avant de l'avoir proposé aux Chambres, motion de censure qui vise le gouvernement, constitutionnellement responsable devant l'Assemblée nationale (à la différence du président de la République). Adoptée par 280 voix (la majorité absolue étant de 241), elle aboutit au renversement du gouvernement Pompidou. Le général de Gaulle réplique aussitôt en décidant la dissolution de l'Assemblée nationale, le gouvernement restant en fonction pour expédier les affaires courantes. Le référendum doit avoir lieu le 28 octobre, les nouvelles élections législatives le 25 novembre.

Le référendum du 28 octobre: la victoire de la lecture présidentielle de la Constitution

L'enjeu du référendum du 28 octobre n'est pas sans rappeler celui du 16 mai 1877. Si le président de la

République l'emporte, la prépondérance du pouvoir exécutif exercé par le chef de l'Etat est définitivement affermie. Si, au contraire, les «non» obtiennent la victoire, on en revient à la conception parlementaire qui avait été celle de la IIIᵉ et de la IVᵉ République, le Premier ministre redevenant l'émanation de la majorité de l'Assemblée et le Président se trouvant réduit bon gré mal gré à un rôle honorifique. Or, dans la partie qui se joue en octobre 1962, les chances peuvent paraître inégales. Le général de Gaulle a contre lui *tous* les partis politiques, qu'ils soient unis comme ceux du *Cartel des non* ou isolés comme le parti communiste. Seul, dans le jeu des formations politiques, le parti gaulliste, l'UNR s'est prononcé pour le «oui». Les «non» peuvent compter sur les organisations syndicales et sur presque toute la presse. Les juristes se rangent dans leur camp, car le Conseil d'Etat, consulté par le gouvernement, appuie la thèse selon laquelle la révision aurait dû s'opérer par la voie parlementaire et non par la voie référendaire. C'est bien la grande bataille entre le chef de l'Etat et les partis, c'est l'explication, retardée depuis 1958, entre les tenants du parlementarisme et ceux d'une République dans laquelle la primauté appartiendrait au pouvoir exécutif. Mais le général de Gaulle dispose d'un atout essentiel, son immense popularité après la fin de la guerre d'Algérie et l'avertissement sans équivoque donné aux électeurs: son retrait en cas de réponse négative ou même faiblement positive.

Le 28 octobre 1962, la bataille s'achève à l'avantage du général de Gaulle: 62,25 % des électeurs ont voté «oui», 37,75 % «non», mais il y a 23 % d'abstentions. Le général de Gaulle l'a emporté clairement sur la coalition de tous les partis politiques. Sa victoire est d'ailleurs renforcée par l'analyse détaillée du scrutin. Outre les bastions traditionnels de la droite, l'Est et l'Ouest, c'est la France du Nord et les grandes villes, c'est-à-dire les régions dynamiques du pays qui ont donné la plus nette au majorité au «oui». Le «non» l'a emporté en revanche au sud de la Loire, en particulier dans le Sud-Ouest, région de tradition républicaine et radicale, mais qui apparaît comme une zone moins engagée dans les mutations économiques modernes que la France du «oui». La netteté de la victoire du général de Gaulle et le prestige d'avoir été acquise par un vote populaire massif la rend irréversible aux yeux de tous, même si certains, tel Pierre Mendès France, refusent toujours d'accepter une modification constitutionnelle qu'ils considèrent «antirépublicaine». En fait, cette attitude les marginalisera, tant la réforme correspond aux vœux d'une population qui éprouve une sympathie modérée pour la classe politique.

Désormais, la Constitution, telle que l'avait souhaitée le général de Gaulle est complète. Tous les Français peuvent se porter candidats à l'élection présidentielle, à condition d'être présentés par cent citoyens, élus nationaux ou locaux ou membres du Conseil économique et social, recrutés dans au moins dix départements. Le scrutin est à deux tours, séparés l'un de l'autre par quinze jours. Au premier tour, seul peut être élu le candidat ayant recueilli la majorité absolue des suffrages. En cas de second tour, ne peuvent se maintenir que les deux candidats ayant recueilli le plus de voix au premier, après désistement éventuel de ceux qui le souhaitent.

Le général de Gaulle l'ayant emporté contre les partis dans la querelle sur les institutions, il lui reste à parachever sa victoire en ramenant du scrutin législatif des 18 et 25 novembre une majorité vraiment gaulliste.

L'écrasement des partis politiques traditionnels

Le scrutin des 18 et 25 novembre prend toute sa signification à la lumière du discours du 7 novembre du général de Gaulle qui le présente clairement comme une explication entre la nouvelle République et les partis du passé. Dans ces conditions, la simplicité de l'enjeu entraîne un certain nombre de regroupements au sein des deux camps.

Dans celui du général de Gaulle, André Malraux crée une *Association pour la Ve République* qui donne l'investiture aux candidats soutenant le général de Gaulle. A l'occasion du scrutin, les gaullistes de gauche groupés dans l'*Union démocratique du Travail* (UDT) ont fusionné avec l'UNR, les deux partis oubliant les querelles qui les divisent dès lors que le sort du régime paraît se jouer.

Le Cartel des non a conclu des accords qui aboutissent dans de très nombreux cas à l'unité de candidature entre socialistes, radicaux, MRP et Indépendants. Si le parti communiste qui est tenu à l'écart, ne participe pas à cet accord, du moins passe-t-il avec les socialistes des accords de désistements réciproques pour le second tour. Si bien que, en dépit des nuances, on peut considérer qu'il y a deux camps, celui des gaullistes et celui des anti-gaullistes. On peut cependant se demander si l'isolement dans lequel se trouvent les gaullistes, abandonnés par les Indépendants, ne va pas peser plus lourd aux législatives que lors du référendum.

Les résultats du premier tour, au soir du 18 novembre, montrent qu'il n'en est rien. Malgré les 31 % d'abstentions, les gaullistes remportent une écrasante victoire. Avec 32 % des suffrages exprimés, ils établissent un record historique dans l'histoire parlementaire de la France, aucune formation n'ayant jamais franchi la barre des 30 %. Le parti communiste, qui, pour la première fois depuis 1947, est sorti du ghetto politique dans lequel il était confiné, refait un peu du terrain perdu en 1958 en passant de 19 à 22 % des suffrages. En revanche, les partis du *Cartel des non* subissent une écrasante défaite allant du recul (les socialistes perdent 3 % des suffrages) à l'effondrement (les modérés perdent un tiers de leur électorat, le MRP achève son déclin en tombant à moins de 9 %). C'est l'effondrement du jeu des partis politiques tel qu'il avait été replâtré sous la IVe République et que la Ve République disloque définitivement après la longue crise qu'il a subie depuis les années cinquante.

Le second tour, le 25 novembre ne fait qu'amplifier les enseignements du premier. La victoire gaulliste est accentuée. L'UNR-UDT rassemble désormais 233 députés et frôle de peu la majorité absolue dans la nouvelle Assemblée. Elle l'obtient en fait en ajoutant à ses élus le nouveau groupe des «Républicains-Indépendants» qui compte 36 députés et qui a été fondé précipitamment entre les deux tours par Valéry Giscard d'Estaing avec des modérés ralliés au gaullisme, qui se séparent par conséquent du Centre national des Indépendants acquis à l'opposition. Mais l'essentiel de cette opposition est désormais représentée par la gauche. Grâce aux accords de désistement qui les unissaient, communistes et socialistes ont considérablement accru leur représentation parlementaire, le parti communiste la quadruplant, la SFIO l'augmentant de 50 %. Entre les deux grandes forces que sont le gaullisme et la gauche, ceux qui se réclament du «centrisme» font pâle figure. Les radicaux et l'UDSR de M. Mitterrand, avec 39 élus, forment un groupe de centre-gauche, le *Rassemblement démocratique*, proche de l'opposition de gauche. Mais les grands vaincus sont le centre-droit et la droite classique. Des 133 modérés de 1958 ne subsistent qu'une cinquantaine d'élus dont la majorité sont des Républicains-Indépendants. Les Indépendants opposants ne sont plus qu'une quinzaine, pour la plupart non-inscrits ou figurant dans le groupe du *Centre démocratique* qui réunit une quarantaine de MRP derrière M. Pflimlin et des libéraux qui suivent René Pleven. La droite classique a payé le prix de ses hésitations dans la guerre d'Algérie ou de sa rupture avec le gaullisme. Elle disparaît, absorbée par celui-ci ou vaincue.

Au soir du 25 novembre 1962 le général de Gaulle a remporté sa seconde grande victoire sur les partis politiques. Il est désormais maître du jeu, au zénith de sa popularité et a les mains libres pour exercer l'action de son choix jusqu'à la prochaine grande échéance électorale, l'élection présidentielle de décembre 1965, à laquelle nul ne doute qu'il se présentera et que chacun s'attend lui voir gagner dès le premier tour. La Ve République a pris son tournant définitif. La crise de 1962 la fonde une seconde fois.

Les belles années de la République gaullienne (1962-1968)

Jusqu'à la crise de 1968 et en dépit d'alertes et de déconvenues qui témoignent de la persistance d'un sourd mécontentement, la République gaullienne va pouvoir développer pratiquement sans entraves la politique souhaitée par le général de Gaulle. Débarrassé d'une opposition condamnée pour longtemps à demeurer minoritaire, le chef de l'Etat peut poursuivre une politique économique destinée à utiliser la croissance pour moderniser le pays (chapitre III), bénéficier de l'achèvement de la décolonisation pour conduire enfin la politique planétaire qu'il appelle de ses vœux (chapitre VI), permettre aux

Français d'accroître leur niveau de vie (chapitre IV) et d'accéder aux formes multiples de la culture qu'autorise une société de consommation (chapitre V). L'ensemble de cette politique est placée sous le signe de la modernité («*La France a épousé son siècle*» déclare le Général lors d'une de ses conférences de presse). Mais la modernité touche aussi le domaine politique et, sur ce point, la Ve République propose aux Français un régime nouveau qui a, sur ses prédécesseurs, l'immense avantage d'être marqué du sceau de la stabilité.

La IVe République avait été le régime de l'instabilité chronique et des chutes répétées de gouvernement. Face à cette caractéristique dénoncée par le Général durant la période 1946-1958 comme la tare propre au régime des partis, la Ve République peut effectivement se prévaloir d'une remarquable stabilité des gouvernements. En onze années de présidence, le général de Gaulle n'a que trois Premiers ministres, Michel Debré (1958-1962), Georges Pompidou (1962-1968), Maurice Couve de Murville (1968-1969). De cette longévité des Premiers ministres résulte une possibilité de continuité de l'action gouvernementale (l'impulsion qui s'exerce au sommet étant durable et toujours orientée dans le même sens), une bonne connaissance des dossiers, un suivi de l'action du pouvoir. Cela est d'autant plus vrai que la stabilité vaut aussi pour certains titulaires de portefeuilles ministériels qui se maintiennent à leurs postes pour une durée inaccoutumée dans l'histoire de la République.

C'est le cas de Maurice Couve de Murville, ministre des Affaires étrangères sans discontinuer de 1958 à 1967 ou de Pierre Messmer, ministre des Armées de 1960 à 1969.

Mais les deux cas qui viennent d'être cités concernent précisément deux ministères tenus par le général de Gaulle pour des départements fondamentaux, inclus dans son domaine réservé, et dont les titulaires apparaissent comme ses collaborateurs directs. Si, passant des Premiers ministres et des titulaires des grands ministères qui contrôlent la diplomatie ou l'armée, aux autres postes ministériels, on observe la succession des ministres, on ne constate guère une stabilité identique. C'est ainsi que des ministères fondamentaux comme les Finances, la Justice et l'Agriculture ont eu successivement cinq titulaires, l'Education Nationale battant une sorte de record avec huit titulaires en onze années. La stabilité des chefs de gouvernement ne peut dissimuler le maintien d'une instabilité ministérielle, résultat des difficultés, voire des crises qui atteignent les secteurs concernés.

Si le général de Gaulle donne volontiers comme explication de l'apparente stabilité du pouvoir l'excellence des institutions mises en place, une analyse historique du phénomène conduit à considérer que deux facteurs fondamentaux ont joué, dont aucun n'est inscrit de manière indélébile dans les institutions.

Le premier est la prépondérance du Président dont nous avons vu qu'elle est un fait de pratique beaucoup plus que de texte constitutionnel. La Constitution pouvait instaurer une «dyarchie» entre un président de la République irresponsable, mais pouvant se prévaloir de l'autorité du suffrage universel pour définir les grandes orientations politiques, et un Premier ministre responsable devant le Parlement et pouvant s'appuyer sur la majorité qu'il dirige et dont la confiance le maintient au poste où le Président l'a nommé. A cet égard, l'ambivalence du texte constitutionnel ne permet pas d'exclure l'existence de conflits entre ces deux pouvoirs. Or, le général de Gaulle va résoudre le problème d'une manière originale; il fait du Premier ministre l'homme du Président, chargé de la gestion d'une politique définie à l'Elysée. Dans une conférence de presse du 31 janvier 1964, le général de Gaulle va d'ailleurs écarter définitivement l'idée même d'une dyarchie en faisant du Président le dépositaire privilégié de la souveraineté nationale:

«L'esprit de la Constitution nouvelle consiste, tout en gardant un Parlement législatif à faire en sorte que le pouvoir ne soit plus la chose des partisans, mais qu'il procède directement du peuple, ce qui implique que le chef de l'Etat élu par la nation, en soit la source et le détenteur... Le Président est évidemment seul à détenir et à déléguer l'autorité de l'Etat... Mais s'il doit être évidemment entendu que l'autorité indivisible de l'Etat est confiée tout entière au Président par le peuple qui l'a élu, qu'il n'en existe aucune autre, ni ministérielle, ni civile, ni militaire, ni judiciaire qui ne soit conférée et maintenue par lui, enfin qu'il lui appartient d'ajuster le domaine suprême qui lui est propre avec ceux dont il attribue la gestion à d'autres, tout commande, dans les temps ordinaires, de maintenir la distinction entre la fonction et le champ d'action du chef de l'Etat et ceux du Premier ministre...»

De fait, le Premier ministre apparaîtra bien comme l'homme de la gestion quotidienne des temps ordinaires, amené à s'effacer dès lors que le Président entend occuper le devant de la scène ou modifier sa politique. Si Michel Debré est poussé à se retirer après la fin de la guerre d'Algérie parce que le général de Gaulle entend signifier qu'une page est tournée, Georges Pompidou sera démissionné en plein triomphe et vraisemblablement à cause de celui-ci, parce qu'il apparaît désormais que ses succès risquent de remettre en cause la prépondérance absolue du chef de l'Etat. Si on comprend que des hommes, dont l'existence en tant que Premiers ministres doit tout à l'initiative du Président, aient accepté de s'effacer dès lors que celui-ci le leur demandait, cette attitude supposait une condition fondamentale, l'existence d'une majorité docile.

La stabilité à base de prépondérance présidentielle telle

que la concevait le général de Gaulle n'était possible que pour autant que la majorité de l'Assemblée n'y fasse pas obstacle, puisque la motion de censure lui en donne les moyens. Or, la chance historique de la «République gaullienne» a été que les consultations électorales successives aient sans cesse donné au parti qui se réclamait du général de Gaulle et à ses alliés une majorité suffisante pour gouverner. Là encore, si le système électoral majoritaire explique en partie ce résultat, le texte institutionnel lui-même n'y est pour rien.

On conclura donc sur ce point que la stabilité gouvernementale (valable seulement pour les Premiers ministres et les grands départements politiques) à laquelle l'opinion a été sensible s'explique moins par les institutions elles-mêmes que par l'interprétation qu'en a donnée le général de Gaulle et par la chance qu'a constitué l'existence permanente d'une majorité.

Il reste que, jusqu'à la crise de 1968, l'autorité du général de Gaulle paraît inentamée et que l'existence d'une majorité qui lui est toute dévouée, d'un Premier ministre qui n'a d'autre possibilité d'action que de mettre en œuvre la politique du Président permet à celui-ci de faire, dans tous les domaines, triompher ses vues sans que l'opposition ait la moindre chance de s'y opposer. Si bien qu'au lendemain de sa double victoire électorale de 1962 sa popularité apparaît au zénith et que sa réélection en 1965 lors de la future désignation du chef de l'Etat au suffrage universel paraît une simple formalité.

Or, les années 1962-1967 sont celles où naît dans l'opinion un climat de désenchantement qu'espère exploiter une opposition en voie de réorganisation.

La montée des mécontentements et la réorganisation de l'opposition

Quelles sont les causes du désenchantement des Français dans une période que les historiens tiennent pour une des plus fastes qu'ait connues le pays au cours du XXe siècle?

Les unes tiennent à la politique étrangère et provoquent le détachement de toute une partie de l'opinion attachée à l'Europe supranationale (c'est la conférence de presse du 15 mai 1962, celle du «*volapük*»), à l'élargissement de la Communauté (à quoi le général de Gaulle répond par la conférence de presse de 1963 sur le refus d'élargissement du Marché Commun), à l'alliance américaine (le retrait de la flotte française de l'OTAN en 1963 et la reconnaissance de la Chine Populaire en 1964) (chapitre VI).

Les autres sont d'ordre économique et social et provoquent une conjonction de mécontentements. Certaines proviennent des agriculteurs qui acceptent mal la politique de modernisation mise en œuvre par la loi-cadre Pisani, laquelle tranche avec la politique de subventions et de maintien du statu quo qui a été la règle dans ce secteur, souvent pour des raisons électorales (chapitre III). D'autres sont la conséquence du mécontentement des fonctionnaires et des salariés du secteur public et nationalisé devant la moindre augmentation de leurs salaires par rapport à ceux du secteur privé, entraînant les grandes grèves de 1963-1964 (chapitre IV). Enfin, les effets du Plan de stabilisation de Valéry Giscard d'Estaing entretiennent dans l'opinion un mécontentement diffus lié à l'arrêt provisoire de la croissance (chapitre III).

Tous ces éléments pris en ordre dispersé n'apparaissent certes pas de nature à menacer un régime qui vient d'être consolidé par les consultations de 1962, mais ils entretiennent un climat de lassitude et de mécontentement qui est d'autant moins négligeable que l'opposition, taillée en pièces en 1962, cherche des voies nouvelles qui lui permettront de jouer un rôle face à un pouvoir omnipotent.

Ecrasée en 1962, vaincue sur le plan de ses conceptions institutionnelles, l'opposition semble hors d'état de se relever d'une défaite qui paraît avoir condamné le régime traditionnel des partis politiques. Sa situation est d'autant plus difficile que la prochaine échéance politique, prévue pour décembre 1965, est l'élection présidentielle au suffrage universel contre laquelle se sont prononcées toutes les grandes forces politiques. Devant cet effondrement général, c'est du centre de l'échiquier politique que vont venir plusieurs initiatives qui témoignent de la volonté des formations de trouver les voies d'un certain renouveau. Entre les deux tours des élections de 1962, Maurice Faure, président du parti radical, appelait de ses vœux un rassemblement des partis démocratiques du centre et de la gauche, capable de dépasser les clivages traditionnels pour constituer un vaste ensemble entre la majorité et les communistes. A cet appel répond, après les élections, la constitution du *Rassemblement démocratique* qui regroupe autour de Maurice Faure des hommes du centre-gauche, André Morice, fondateur du Centre républicain, François Mitterrand et Edouard Bonnefous, venus de l'UDSR ou d'ex-radicaux tels que Jacques Duhamel et Bernard Lafay. Une étape supplémentaire est franchie avec le congrès de La Baule du MRP en 1963 où les nouveaux dirigeants du mouvement, son président Jean Lecanuet, son secrétaire général Joseph Fontanet acceptent l'idée de la fusion de leur parti dans un grand rassemblement centriste. En avril 1963 cette initiative aboutit à la naissance du *Comité de Liaison des Démocrates* où se retrouvent dirigeants du rassemblement démocratique, du MRP, mais aussi des Indépendants, des syndicalistes de la CGC, de la CFTC, de la FNSEA. On tente d'y jeter les bases d'un grand parti centriste, dont le grand problème est de savoir s'il comprendra les socialistes SFIO malgré les réticences de leur secrétaire général Guy Mollet.

A cette démarche traditionnelle de forces politiques qui tentent de se fédérer pour accroître leurs forces, s'oppose l'initiative toute différente de l'hebdomadaire *L'Express*. Se plaçant dans la nouvelle logique institutionnelle qui fait de l'élection présidentielle l'acte majeur de la vie politique française, cet hebdomadaire lance, fin 1963, l'idée de l'élaboration du portrait-robot du candidat idéal de l'opposition pour les élections présidentielles de 1965, M. X... De semaine en semaine, le portrait de M. X. se précise pour faire progressivement apparaître les traits du député-maire socialiste de Marseille, Gaston Defferre. Dès lors, le candidat lancé par *L'Express* va s'efforcer de faire coïncider sa démarche présidentielle avec la démarche partisane centriste en rassemblant derrière lui comme force de soutien à sa candidature les parties prenantes du Comité de Liaison des Démocrates et le parti socialiste au sein d'une «Grande» *fédération démocrate-socialiste*. Les conversations qui ont lieu le 13 mars 1965 pour tenter de rassembler le centre et la gauche achoppent sur l'incompatibilité entre les vues socialistes et celles du MRP qui ne peut accepter ni l'épithète socialiste, ni la référence à la laïcité, ni les conversations avec le parti communiste, toutes conditions posées par Guy Mollet pour faire échouer le projet.

A quelques mois des élections présidentielles, le thème du rassemblement centriste qui avait occupé le devant de la scène depuis 1962 s'effondre en même temps qu'échoue la candidature Defferre. Le renouvellement de l'opposition par la voie partisane ou par le rassemblement autour d'un candidat-président ont pareillement achoppé sur la puissance inentamée des patriotismes de partis.

La crise permanente des forces politiques à la fin de la IVᵉ République et au début de la Vᵉ République a eu pour résultat de faire naître, puis de développer d'assez nombreux clubs, en particulier dans les milieux de l'opposition. Rassemblant de petites minorités de hauts fonctionnaires, de cadres, d'intellectuels méfiants envers l'action politique immédiate, ils se veulent des sociétés de pensée à la recherche d'un programme politique capable d'exprimer les aspirations de la France dans le monde du XXᵉ siècle sans retomber dans les ornières des idéologies tradidionnelles qui semblent désavouées par les électeurs. D'une manière générale, même lorsqu'ils refusent de se qualifier politiquement, ces clubs sont plus proches de l'opposition que de la majorité qui trouve son expression politique naturelle dans l'UNR ou les groupes qui gravitent autour d'elle. Ces clubs, s'ils entraînent derrière eux peu d'adhérents jouent cependant un rôle politique qui n'est pas négligeable à deux niveaux. D'une part, ils constituent un laboratoire d'idées où l'opposition va trouver les voies d'une incontestable modernisation de ses thèmes, de son discours, de ses programmes. D'autre part, les clubs font naître une élite politique qui va permettre, au moment où la Vᵉ République paraît s'essouffler, de dégager de nouveaux cadres prêts à entrer dans les formations d'opposition. Il est caractéristique que ce soit entre 1958 et 1962 que se multiplient les créations de clubs, même si certains sont plus anciens comme le *Club des Jacobins* fondé par Charles Hernu en 1950 et qui avait été, dans les milieux radicalisants, un des creusets du mendésisme. En 1958 est fondé le plus important de ces clubs, le *Club Jean-Moulin* qui rassemble d'anciens élèves de l'ENA, des universitaires, des cadres et des membres des professions libérales. Le Club publie des dossiers et des études très approfondies et il soutient en 1963 la candidature Defferre qui porte ses espoirs. En 1959, François Mitterrand dont les dirigeants du PSA rejettent la demande d'adhésion crée à son tour un club, la *Ligue pour le Combat républicain*. En 1960 les chrétiens du mouvement *Vie nouvelle*, issu du scoutisme, fondent le club *Citoyens 60*. Il faudrait y ajouter des clubs de moindre importance ou à audience plus locale, comme le *Cercle Tocqueville* à Lyon ou *Démocratie nouvelle* à Marseille.

Longtemps cantonnés dans une pure activité de réflexion, ces clubs deviennent à partir de 1962, lorsque s'impose l'urgence d'un renouvellement de la vie politique, le creuset d'une véritable résurrection de l'opposition, prête à déboucher sur une action politique concrète, comme le prouve l'adhésion du *Club Jean-Moulin* à la candidature Defferre. C'est surtout à gauche que s'opère ce mouvement. Ainsi en 1964 les clubs républicains et radicalisants se rassemblent autour de François Mitterrand : le *Club des Jacobins* et la *Ligue pour le Combat républicain* fusionnent au sein du *Centre d'Action institutionnelle*. Peu après en juin 1964, celui-ci absorbe d'autres groupes de pensée de même idéologie, l'*Atelier*, le *Club Robespierre*, le *Centre Montaigne* pour donner naissance à la *Convention des Institutions républicaines*. Parallèlement, mais dans une perspective assez largement rivale, les groupes de pensée modernistes comme le *Club Jean-Moulin*, les adhérents du PSU (créé en 1960 par la fusion du PSA et de l'Union de la Gauche socialiste rassemblant des chrétiens de gauche et des lecteurs de l'hebdomadaire *France-Observateur*), les catholiques lecteurs de *Témoignage chrétien*, des intellectuels se rassemblent en 1966 au *colloque de Grenoble* pour poursuivre la réflexion sur un programme de gauche adapté au monde de la croissance.

Tous ces mouvements retiennent peu l'attention de l'opinion, car ils ne concernent que des groupes aux effectifs restreints ou des intellectuels. Mais ils témoignent d'une fermentation de l'opposition, d'un effort de renouvellement qui montrent que la majorité ne détient plus seule l'initiative. C'est la révélation de ce renouvellement lors des élections présidentielles de 1965 qui constitue le premier témoignage d'une certaine usure du pouvoir gaulliste.

Les élections présidentielles de 1965

De 1963 au printemps 1965, le terrain politique a été occupé par la candidature Defferre fondée sur un projet d'union de l'opposition centriste et de la gauche non communiste. Le projet a échoué sur la force des appartenances partisanes, mais aussi sur l'impossibilité de faire coïncider les vues idéologiques des deux composantes centriste et de gauche, impossibilité mise en évidence par le secrétaire général de la SFIO, Guy Mollet. C'est en se fondant sur ce constat d'échec qu'au début du mois de juillet la *Convention des Institutions républicaines* propose une formule rassemblant les hommes de la gauche non communiste, socialistes, radicaux, membres des clubs, qui pourrait désigner un candidat commun acceptant les principes socialistes, la laïcité et l'idée de conversations avec les communistes. On s'achemine ainsi vers l'idée de la division en deux groupes de la défunte «Grande fédération», les socialisants d'un côté, les centristes de l'autre présentant chacun leurs candidats.

A gauche, devant la répugnance des dirigeants des grands partis politiques à entrer en lice ès qualité après avoir rejeté la procédure d'élection au suffrage universel, on cherche un candidat libre d'attaches à l'égard des grands partis. Brusquant les choses, François Mitterrand décide de poser sa candidature le 9 septembre 1965. Il reçoit l'appui du parti socialiste SFIO, de la Convention des Institutions républicaines, de la Ligue des Droits de l'Homme, des radicaux. Le PSU, assez réservé sur une démarche qu'il juge électoraliste, finit par se rallier. Mais, surtout, le parti communiste, qui ne tient pas à aller isolé à cette bataille et qui cherche à consolider sa sortie du ghetto politique commencée en 1962, décide fin septembre de soutenir la candidature Mitterrand.

Cet appui lui fait perdre définitivement (mais son programme l'excluait en fait) tout espoir de voir les centristes se rallier à lui. Après avoir en vain tenté de provoquer la candidature de M. Pinay, le MRP et le Centre national des Indépendants, mais aussi certains radicaux comme Maurice Faure, président du parti jusqu'en octobre 1965, décident de soutenir l'initiative de Jean Lecanuet, jusqu'alors président du MRP, qui a décidé le 19 octobre de se porter candidat.

Le général de Gaulle qui, pour ménager ses effets, a retardé le plus possible l'annonce de sa candidature fait connaître à son tour le 4 novembre qu'il se présentera tout en mettant en garde les Français contre l'inévitable retour au désordre que pourrait signifier son échec (ce discours a été résumé par la formule «*Moi ou le chaos*»).

A ces trois candidatures principales s'ajoutent celles du dirigeant d'extrême-droite Jean-Louis Tixier-Vignancour, du sénateur de la Charente Pierre Marcilhacy qui entend incarner le courant libéral et d'un particulier, Marcel Barbu qui ne représente aucune force politique, mais a recueilli les cent signatures d'élus nécessaires pour se présenter.

Au demeurant, toutes ces candidatures apparaissent aux yeux de l'opinion comme des candidatures-témoignages qui permettront surtout d'user de la télévision, tant il apparaît certain que le général de Gaulle sera réélu dès le premier tour.

La campagne électorale va remettre en cause ces certitudes. Pour la première fois, deux éléments-clés vont intervenir et infléchir sensiblement les prévisions. Le premier est la télévision. L'apparition publique et répétée des leaders de l'opposition qui en étaient pratiquement exclus et qui vont avoir le temps, soir après soir, de présenter leurs idées et de se faire connaître a, pour l'opinion publique, un effet de choc dont le général de Gaulle va faire les frais. Les dirigeants de l'opposition séduisent une partie du public par leur jeunesse et par leur conviction, par la nouveauté de leur langage, alors que le général de Gaulle qui a 75 ans et dont les idées et les thèmes sont ressassés par les médias officiels depuis 7 ans apparaît du coup comme moins moderne que ses rivaux. La propagande de MM. Mitterrand et Lecanuet insiste d'ailleurs également sur la nécessité de donner un président jeune à une France moderne.

Les effets de cette campagne télévisée peuvent être suivis dans les sondages qui sont utilisés pour la première fois à grande échelle et permettent de juger semaine après semaine de l'évolution de la position des candidats. Mais comme toujours, le sondage n'est pas un élément neutre et les tendances qu'il révèle infléchissent à leur tour le jugement des électeurs. Or le mouvement révélé par les sondages est clair. Ils mettent en évidence une assez nette progression de François Mitterrand, candidat unique de la gauche, qui passe de 22 à 27 % des intentions de vote, mais surtout une percée spectaculaire de Jean Lecanuet qui, parti de 5 % des intentions en début de campagne, achève celle-ci à 20 %. Cette poussée du candidat centriste qui mord sur l'électorat du général de Gaulle engendre un rapide effritement des positions de celui-ci. Crédité en octobre 1965 de 69 % des intentions de vote, en détenant encore 61 % début novembre, il tombe dès la seconde quinzaine de novembre au-dessous de la barre des 50 %

et à la veille même du scrutin 43 % seulement des électeurs sont décidés à voter pour lui au premier tour.

Dans ces conditions, au soir du 5 décembre le premier tour du scrutin qui voit la mise en ballotage du général de Gaulle ne constitue qu'une demi-suprise. Les sondages l'annonçaient, mais la réputation d'invulnérabilité du général de Gaulle était telle que l'opinion était demeurée incrédule. Quoi qu'il en soit, ce résultat montre l'usure du gaullisme dans l'opinion et apparaît comme une victoire spectaculaire pour les oppositions, l'opposition centriste d'une part qui, grâce à une percée spectaculaire s'affirme comme une force avec laquelle il faut compter, l'opposition de gauche de l'autre qui, avec François Mitterrand, a réalisé un score inespéré et qui reste en lice pour le second tour.

La loi électorale disposant que seuls les deux candidats arrivés en tête peuvent se maintenir au second tour, celui-ci se joue entre François Mitterrand et le général de Gaulle. Le premier, qui bénéficie du désistement effectif de MM. Barbu et Tixier-Vignancour et du désistement implicite de MM. Lecanuet et Marcilhacy qui invitent leurs électeurs à ne pas voter pour le général de Gaulle, se présente comme le «candidat de tous les Républicains» et va très largement développer des thèmes unificateurs et anti-gaullistes. Le général de Gaulle, de son côté mène une campagne habile, faite d'entretiens où il apparaît comme un personnage proche des préoccupations des Français plutôt que comme le dirigeant olympien qu'il avait joué au premier tour.

Annoncés par les sondages, les résultats sont sans surprise. Le général de Gaulle l'emporte par 54,5 % des voix contre 45,5 % à son compétiteur. Il a bénéficié du report des voix de la plus grande partie de l'électorat centriste, mais aussi d'un nombre important d'électeurs de gauche (on évalue ce nombre à trois millions). Il n'en reste pas moins que cette victoire est perçue par l'opinion comme un demi-échec et que, de fait, le paysage politique français s'en trouve durablement bouleversé. La mise en ballotage du général de Gaulle est un incontestable affaiblissement pour l'homme qui a remporté sans coup férir toutes les consultations électorales depuis 1958. Le Président a été contesté, a dû courtiser les suffrages des électeurs. Il cesse d'être le personnage hors du commun qu'il était depuis son retour au pouvoir. L'opposition écrasée en 1962 retrouve dès 1965 une crédibilité certaine puisque, rassemblée, elle a réuni plus de 45% des voix. Enfin, en quelques semaines, des hommes peu connus du grand public sont devenus des leaders de premier plan, éclipsant les appareils des partis, et apparaissant aux yeux de l'opinion comme ayant vocation à rassembler les forces politiques dont ils ont été les champions. François Mitterrand à gauche, Jean Lecanuet au centre-droit sont devenus les dirigeants naturels de l'opposition pour les combats futurs.

Or les enseignements inattendus des élections présidentielles de 1965, la révélation de la fragilité du pouvoir gaulliste, la remise en selle de l'opposition accroissent l'enjeu de la consultation électorale à venir, celle des élections législatives de 1967.

La réorganisation des forces politiques en vue des élections législatives de 1967

Dès les lendemains de l'élection présidentielle de 1965 commence la préparation des législatives prévues pour mars 1967 et considérées comme le «troisième tour» de l'élection présidentielle.

La majorité tente de tirer les leçons de la mise en ballotage du général de Gaulle et de la sous-estimation de l'opposition qui a été l'origine de la déconvenue du 5 décembre 1965. Pour tenter de répondre aux réserves qui se sont manifestées à ce moment, un élargissement du gouvernement est tenté. Pour l'essentiel, le gouvernement Pompidou est remanié. On y fait entrer deux personnalités du centre-gauche, issues des milieux radicalisants, l'ancien président du Conseil Edgar Faure qui devient ministre de l'Agriculture et le professeur Jean-Marcel Jeanneney chargé des Affaires sociales. Leur tâche sera d'une part de ramener au gaullisme les paysans tentés par le centrisme d'opposition et qui ont donné une de ses bases électorales à Jean Lecanuet, et de tenter de maintenir grâce à une politique sociale ouverte l'électorat populaire qui s'est porté sur le général de Gaulle de l'autre. Dans la même optique, Valéry Giscard d'Estaing est écarté du ministère des Finances, le plan de stabilisation et la politique libérale qu'il a fait prévaloir étant jugés responsables de la mise en ballotage du général. Le leader des Républicains-Indépendants est remplacé par Michel Debré, beaucoup plus dirigiste et réformateur que son prédécesseur. Mais Valéry Giscard d'Estaing ayant refusé un ministère de l'Equipement et quitté le gouvernement apparaît désormais comme un allié beaucoup moins solide du gaullisme. Il fonde d'ailleurs en juin 1966 la Fédération des Républicains indépendants qui se distingue des gaullistes en s'affirmant libérale, centriste et européenne. Mais le Premier ministre Georges Pompidou n'entend pas laisser se développer une fronde au sein de la majorité. Dès le mois de mai 1966 il impose l'idée d'une candidature unique de la majorité dans toutes les circonscriptions au lieu des «primaires» voulues par Valéry Giscard d'Estaing et, pour préparer les élections, il constitue sous sa direction le *Comité d'Action pour la V*^e *République* chargé de distribuer les investitures. En dépit de cette rigoureuse prise en main de la majorité par le Premier ministre, l'ancien ministre des Finances marque ses réserves par rapport au gaullisme en définissant sa position par le célèbre: «Oui, mais...» lors de sa conférence de presse de janvier 1967.

Dans l'opposition de gauche, les choses sont plus claires. En posant sa candidature en septembre 1965, François Mitterrand a exigé que les forces qui le soutiennent s'unissent au sein d'une *Fédération de la Gauche démocrate et socialiste* (FGDS) rassemblant la SFIO, les radicaux et la Convention des Institutions républicaines et préparent ensemble les élections législatives. Malgré les rivalités des trois formations, il est entendu qu'il y aura un seul candidat fédéré par circonscription. Dans cette perspective, M. Mitterrand décide en mai 1966 de créer une «équipe formatrice du contre-gouvernement» sur le modèle du shadow-cabinet britannique. L'initiative est malheureuse, car l'inclusion dans cette équipe d'hommes politiques peu populaires, à l'exemple du socialiste Guy Mollet ou de technocrates inconnus du grand public provoque une certaine déception de ceux qui s'étaient attendus à l'apparition d'un courant vraiment novateur. L'archaïsme de la démarche est d'ailleurs souligné par la tenue au même moment — mai 1966 — du colloque de Grenoble où le PSU, le club Jean-Moulin, les syndicalistes, des intellectuels réunis autour de Pierre Mendès France débattent d'un programme neuf pour l'opposition. Toutefois, la mise au point par la FGDS d'un programme commun publié en juillet 1966 et l'accord électoral signé avec le parti communiste en décembre font de la gauche non communiste une force politique crédible, d'autant que le PSU qui s'était tenu à l'écart, décide en janvier 1967 de se rallier à l'accord électoral de désistement PC-FGDS.

Enfin, de son côté, le centrisme d'opposition qui avait soutenu la candidature de Jean Lecanuet en 1965 décide de se rassembler autour de celui-ci. Dès le lendemain du premier tour des présidentielles de 1965, le candidat centriste avait proposé de regrouper dans un *Centre démocrate* les forces qui ont soutenu sa candidature. Celui-ci est constitué le 2 février 1966 et rassemble pour l'essentiel le MRP, le Centre national des Indépendants et Paysans et quelques radicaux qui suivent Maurice Faure, mais qui, sur injonction de leur parti, engagé dans la FGDS, se retireront rapidement. Le *Centre démocrate* est ainsi fortement marqué au centre-droit.

Ces regroupements font bien des législatives de 1967 la prolongation des élections présidentielles de 1965.

Les élections de mars 1967: un nouvel affaiblissement du gaullisme

Marqué par une très forte participation (plus de 80 % des inscrits se rendent aux urnes), le premier tour des élections législatives permet de tirer quatre leçons:

— en premier lieu, le gaullisme accentue son emprise sur le corps électoral en établissant un nouveau record qui dépasse celui des élections de 1962. Les candidats de la Ve République recueillent 37,8 % des suffrages exprimés, même si ce score résulte du fait que les Républicains-Indépendants et un certain nombre de non-inscrits de 1962 ont cette fois rallié la majorité. Celle-ci s'affirme bien comme la première force politique française, mais elle n'est pas majoritaire dans le corps électoral, si on considère que l'ensemble des autres forces s'oppose à elle;

— le parti communiste, sorti de son ghetto politique, ayant joué loyalement le jeu de l'union de la gauche lors des présidentielles de 1965 et accepté de passer des accords de désistement avec les autres forces de gauche améliore nettement ses résultats de 1962 avec 22,5 % des voix, progressant en particulier dans les régions ouvrières touchées par la récession qui est la conséquence du Plan de stabilisation.

— la Fédération de la Gauche démocrate et socialiste ne réalise pas la percée électorale attendue par François Mitterrand. Avec 18,7 % des voix, elle enregistre une stabilité par rapport à l'addition des voix obtenues en 1962 par les forces qui la composent. On ne saurait dire que cette initiative enthousiasme l'opinion publique.

— enfin, le Centre démocrate connaît un très net échec. Avec 13,4 % des voix, il est très en deçà du score de Jean Lecanuet aux présidentielles de 1965 et ne réalise pas cette percée qui aurait pu en faire l'arbitre du jeu politique français.

On est donc tenté de parler de stabilité à propos des élections de 1967 et de déception pour les adversaires du gaullisme qui espéraient capitaliser l'audience acquise par les champions de l'opposition aux présidentielles de 1965. En fait, la configuration politique de la France paraît figée.

Or, contre toute attente, le second tour va provoquer la surprise. Alors qu'on considérait que les scores enregistrés auraient dû conduire à un nouveau succès très net de la majorité en vertu des règles du scrutin majoritaire, plusieurs éléments vont intervenir pour déjouer ces pronostics. En premier lieu, l'alliance électorale PC-FGDS va jouer à plein, et de manière encore plus favorable à la gauche que celle-ci ne l'espérait: des communistes arrivés devant les candidats de la FGDS se retirent en faveur de ces derniers dont ils considèrent qu'ils ont plus de chances de l'emporter. De surcroît, devant le sentiment d'une écrasante victoire des gaullistes, une partie de l'électorat centriste reporte ses suffrages sur les candidats de la gauche afin de donner un avertissement sans frais au pouvoir.

Le résultat est inattendu: il s'en faut de peu que la

majorité ne perde sa prédominance à l'Assemblée nationale. Sur 487 sièges, la majorité n'emporte que 245 élus et ne conserve — d'une courte tête — l'avantage que grâce au vote de l'outre-mer qui lui donne l'appoint d'élus nécessaires pour ne pas se retrouver en minorité. La gauche est la grande triomphatrice des élections de 1967 puisque les communistes ont 73 députés, la FGDS 120, le centrisme d'opposition apparaissant pour sa part comme le grand vaincu avec une quarantaine de députés.

Après sa déception des élections présidentielles, et en dépit de son score du premier tour, la majorité a frôlé de peu une défaite historique et la crise de régime. L'atmosphère politique va s'en ressentir.

La double déconvenue pour la majorité que constituent les consultations de 1965 et de 1967 donne le sentiment d'un affaiblissement du pouvoir, qui se trouve désormais à la merci du premier incident venu. C'est ce qu'exprime Pierre Mendès France en déclarant au soir des élections que le second tour ne clôt pas l'affrontement entre la Ve République et ses adversaires. De fait, l'opposition encouragée par la fragilité révélée du pouvoir va accentuer son action hostile au gouvernement. Elle le montre sur le plan parlementaire en conduisant une offensive acharnée contre la procédure des ordonnances décidée par le gouvernement pour prendre des mesures d'ordre économique et social, procédure contre laquelle la gauche dépose trois motions de censure qui n'échouent qu'à quelques voix. Parallèlement, les syndicats mènent une lutte très vive contre la politique sociale du gaullisme, organisant des grèves et des manifestations qui connaissent un certain succès. L'opposition de gauche (car les centristes sont divisés entre les opposants déterminés dirigés par Jean Lecanuet et Pierre Abelin et une tendance gestionnaire tentée par le ralliement à la majorité et conduite par Jacques Duhamel, président du groupe *Progrès et Démocratie moderne* et par Joseph

Fontanet) sentant le pouvoir ébranlé accentue donc ses efforts pour le déstabiliser.

De son côté, le général de Gaulle, considérant que seule l'élection présidentielle décide des grandes options politiques et refusant d'admettre que les législatives puissent la remettre en cause, va raidir son attitude en montrant ostensiblement qu'il ne tient pas compte du scrutin de mars 1967. Il maintient au gouvernement des ministres battus aux élections comme Maurice Couve de Murville ou Pierre Messmer. Par la procédure des ordonnances, il défie une Assemblée où les opposants tentent de gêner le pouvoir. Enfin, et surtout, en 1967 il va prendre sur les problèmes de politique étrangère des positions qui montrent qu'il n'entend tenir aucun compte des vues du monde politique, fussent-elles celles de la majorité. En juin 1967, lors de la «Guerre des Six jours», il condamne l'agression israélienne et décide l'embargo sur les armes à destination du Proche-Orient (c'est-à-dire essentiellement d'Israël) alors que l'opinion publique française est, dans sa grande majorité, favorable aux Israéliens. En juillet, lors d'un voyage officiel au Canada, il lance à Québec le cri: «*Vive le Québec libre!*», se ralliant ainsi aux thèses indépendantistes, à la grande colère du gouvernement fédéral. En novembre 1967, lors d'une conférence de presse il parle d'Israël comme d'un «*peuple d'élite, sûr de lui-même et dominateur*», expression qui est interprétée comme une déclaration anti-israélienne, en même temps qu'il rejette une nouvelle fois l'entrée de la Grande-Bretagne dans le Marché Commun. Ces prises de position qui n'ont fait l'objet d'aucune discussion au sein de la majorité provoquent un malaise. Valéry Giscard d'Estaing qui s'efforce de se situer à mi-chemin de la majorité et de l'opposition dénonce alors «l'exercice solitaire du pouvoir» auquel se livrerait le général de Gaulle.

A l'issue des années 1963-1967 on constate une incontestable usure du pouvoir gaulliste après son écrasante victoire de 1962. Alors que l'opposition encouragée par les résultats électoraux de 1965 et de 1967 a le vent en poupe, la majorité, en perte de vitesse, est inquiète sur son avenir et des divisions sont perceptibles dans ses rangs. En novembre 1967, pour reprendre l'initiative, Georges Pompidou réorganise le parti majoritaire aux Assises de Lille en transformant l'UNR en une *Union des Démocrates pour la Ve République*, remplaçant les cadres issus du gaullisme historique par une nouvelle génération de dirigeants souvent issus (comme lui-même) de la période du RPF et qui lui doivent leur promotion. En fait, cette réorganisation s'explique parce que le gaullisme est désormais sur la défensive et paraît à la merci d'un incident qui pourrait transformer son affaiblissement en échec. C'est le cas de figure que semble réaliser la crise de 1968, qui ne doit rien par ses origines aux phénomènes politiques mais qui va devenir une crise politique en raison de la fragilité du régime.

Les élections législatives (1958-1967)

(% des suffrages exprimés au premier tour et nombre de députés au second tour)

PARTIS \ SCRUTINS	PARTI COMMUNISTE	EXTRÊME GAUCHE OU DIVERS GAUCHE	PARTI SOCIALISTE SFIO	RADICAUX ET ASSIMILÉS	MRP	MODÉRÉS	GAULLISTES	EXTRÊME DROITE
23-30 novembre 1958	19,2 % 10	UFD 1,2 % –	15,7 % 44	7,3 % 23	11,1 % 57	22,1 % 133	20,4 % 198	2,6 % –
18-25 novembre 1962	21,7 % 41	2,4 % –	12,6 % 66	7,5 % rassemblement démocratique 39 (dont 26 radicaux)	8,9 % centre démocratique 55 (dont 40 MRP)	*Rép. ind.* 4,4 % 36	31,9 % 233	0,9 % –
5-12 mars 1967	22,4 % 73	2,2 %	fédération de la gauche démocrate et socialiste 18,7 % 121		centre démocrate 13,4 % 41	comité d'action pour la Ve République 37,7 % 200 — 44		divers droites 8,8 % non inscrits 8

71

Les élections présidentielles de 1958 et 1965

ELECTION DU 21 DÉCEMBRE 1958

Charles de Gaulle	78,5 %
Georges Marrane (PC)	13,1 %
M. Chatelet (UFD)	8,4 %

ELECTION DES 5 ET 19 DÉCEMBRE 1965
(au suffrage universel)

1e tour: 5 décembre

Abstentions	14,9 %
Charles de Gaulle	43,7 %
François Mitterrand	32,2 %
Jean Lecanuet	15,8 %
Jean-Louis Tixier-Vignancour	5,2 %
Pierre Marcilhacy	1,7 %
Marcel Barbu	1,1 %

2e tour: 19 décembre

Abstentions	15,4 %
Charles de Gaulle	54,5 %
François Mitterrand	45,4 %

Les Premiers ministres

Charles de Gaulle, Président du Conseil	Juin 1958-Janvier 1959
Michel Debré, Premier ministre	Janvier 1959-Avril 1962
Georges Pompidou, Premier ministre	Avril 1962-Juillet 1968

Les référendums sous la Ve République
1958 et 1965

Référendum du 28 septembre 1958
Adoption de la Constitution de la Ve République

Abstentions	15,06 %
oui	79,2 %
non	20,7 %

Référendum du 8 janvier 1961
Approbation de l'autodétermination en Algérie

Abstentions	23,5 %
oui	75,2 %
non	24,7 %

Référendum du 8 avril 1962
Approbation des accords d'Evian

Abstentions	24,4 %
oui	90,6 %
non	9,3 %

Référendum du 28 octobre 1962
Approbation de l'élection du président de la République
au suffrage universel

Abstentions	22,7 %
oui	61,7 %
non	38,2 %

II

La crise du gaullisme
et le quinquennat
de Georges Pompidou
(1968-1974)

Avec le recul du temps, la crise multiforme de 1968 apparaît aujourd'hui comme un tournant majeur dans l'histoire de la Ve République. En dépit des apparences de restauration de l'état de choses antérieur que revêt son issue en juin 1968, rien ne sera plus jamais comme avant et le régime gaulliste est frappé d'un coup qui finira par s'avérer décisif. Et pourtant, la crise de 1968 n'apparaît pas fondamentalement comme un phénomène politique. Elle est avant tout une crise de la société dans ses profondeurs qui met en jeu les bases sur lesquelles s'est reconstruite la France de l'après-guerre et les valeurs fondamentales qu'elle a adoptées. Ce n'est que par ses conséquences qu'elle débouche dans le champ politique, parce que, d'une manière ou d'une autre, c'est dans le langage politique que s'articulent en démocratie les aspirations d'une société. A ce moment, la crise débouche sur une très profonde remise en question du régime gaulliste dont celui-ci sort vainqueur après avoir été sur le point de sombrer.

Il est devenu classique aujourd'hui de diviser la crise

de 1968 en trois phases successives, du 2 mai au 23 juin 1968:

   du 2 au 12 mai   : la phase étudiante,
   du 13 au 27 mai   : la phase sociale,
   du 27 mai au 23 juin : la phase politique.

En fait, on parle de phase politique pour la troisième séquence puisque c'est durant cette période que le pouvoir est remis en question. Mais dans les deux phases précédentes où le pouvoir ne semble pas menacé, la crise fait apparaître de nouveaux thèmes, des problèmes inédits, un questionnement imprévu pour lequel les forces et les idéologies politiques n'ont pas de réponse adéquate et qui, en les prenant à contre-pied, apporte la révélation d'une distorsion entre structures politiques et aspirations sociales.

La phase étudiante de la crise de mai 1968

Elle n'est que l'aspect français d'un mouvement international qui n'a épargné aucun des grands pays industriels et qui a affecté, avant la France, les Etats-Unis, le Japon et l'Allemagne fédérale. Ce mouvement résulte de l'interrogation sur la validité de la société de consommation qui s'est instaurée dans les pays industriels au lendemain de la Seconde Guerre mondiale et qui développe une société sans valeurs autres que la rentabilité financière, tout en laissant susbsister de profondes inégalités, à l'intérieur même des pays concernés ou dans le reste du monde, en compromettant le cadre de vie du fait de la pollution, en aliénant l'homme dans une idéologie productiviste. Ce mouvement qui est la réaction de sociétés affrontées au problème nouveau de la croissance est particulièrement marqué dans les milieux intellectuels et spécifiquement étudiants. Il est caractéristique que les étudiants de sociologie dont l'une des fonctions est précisément de réfléchir sur l'organisation sociale et sur ses justifications ont été, pratiquement partout, à la pointe de ce mouvement de contestation.

En ce qui concerne le cas français, le seul qui nous intéresse ici, le mouvement prend naissance à la Faculté de Nanterre, inaugurée en 1963, pour déconcentrer une Sorbonne hypertrophiée. Cette localisation n'est sans doute pas le fait du hasard. Symbole de l'expansion universitaire qui est l'un des aspects de la croissance française, la Faculté de Nanterre a été érigée au milieu d'un immense bidonville où s'entassent les immigrés qui vivent dans des conditions difficiles. Elle symbolise ainsi les contrastes jugés insupportables d'une société qui ne se soucie que de profits et ignore l'homme et ses besoins. La première manifestation du mouvement de contestation est l'occupation, le 22 mars 1968, de la salle du Conseil de la Faculté par des étudiants d'extrême-gauche, conduits par un étudiant en sociologie, Daniel Cohn-Bendit qui a suivi avec intérêt le mouvement qui, depuis 1967, atteint les universités allemandes. A la suite de cette manifestation, ces étudiants révolutionnaires (anarchistes, trotskystes, maoïstes, ...) se fédèrent dans le *Mouvement du 22 mars*. Le but de ces étudiants est nettement politique et l'Université ne les intéresse guère. Il s'agit de lancer un mouvement qui, parti de l'Université, transformera la société en bouleversant ses structures, en jetant bas les valeurs de consommation, en contestant l'Etat pour faire naître une société libertaire aux traits assez vagues où l'homme pourrait trouver individuellement son accomplissement au sein d'un ensemble où le pouvoir serait décentralisé, démocratiquement exercé et cesserait d'imposer à l'individu des contraintes insupportables qu'il s'agisse de celles de l'Etat, de la famille, de la religion, de la morale. Inspirés des thèses marxo-freudiennes du philosophe germano-américain Herbert Marcuse et de l'Ecole de Francfort, ces étudiants rêvent en fait d'une profonde révolution sociale.

Si la réforme de l'Université leur paraît dérisoire et inutile, ils estiment cependant que le milieu universitaire constitue un point de départ utile pour gagner l'ensemble de la société. D'abord parce qu'il est constitué d'intellectuels dont l'activité est la pensée. Ensuite parce que les problèmes sont nombreux dans une institution conçue pour s'adresser à une mince élite et qui doit affronter une arrivée massive d'étudiants du fait de la démocratisation des études supérieures qui résulte de la croissance. Les amphithéâtres surchargés, le manque de contacts entre enseignants et étudiants, la passivité engendrée par les cours magistraux apparaissent comme autant de problèmes susceptibles de mobiliser les étudiants dans des mouvements de contestation contre l'institution universitaire. Mais si la grande masse des étudiants songe surtout à réformer celle-ci, ce n'est pas le cas des «gauchistes». Il s'agit pour eux non de transformer, mais de jeter bas l'institution universitaire tenue pour l'un des cadres de la société capitaliste. Dans cette optique leur but est de faire prendre conscience à la masse des étudiants du rôle que jouerait l'Université comme dispensatrice d'une forme de savoir qui préparerait ceux qui le reçoivent à exploiter les travailleurs au bénéfice des riches, à devenir les «chiens de garde du capitalisme». Le but ultime est de faire des étudiants des révolutionnaires qui se joindraient aux «travailleurs en lutte», non des syndicalistes attachés à la réforme de l'Université.

Cette stratégie, même si elle ne porte que sur des petits groupes minoritaires d'activistes, suffit à paralyser l'activité universitaire. Devant l'impossibilité d'assurer le déroulement normal des cours, le doyen de la Faculté des Lettres décide le 2 mai 1968 la fermeture de Nanterre. Cette décision va transporter le mouvement au centre de

Paris et transforme l'agitation nanterroise en émeute parisienne. Le phénomène paraît avoir si peu de gravité que le Premier ministre Georges Pompidou quitte Paris ce même 2 mai pour un voyage de dix jours en Afghanistan. Ne pouvant développer leur activité à Nanterre, les étudiants «gauchistes» se transportent à la Sorbonne le 3 mai et en occupent la cour. A la demande du recteur, la police les en expulse, faisant 500 arrestations. Il en résulte une émeute qui dure une partie de la nuit, les manifestants dressant des barricades, la police faisant usage de gaz lacrymogènes et de matraques. C'est le début d'un processus de dégradation de la situation qui dure jusqu'au 11 mai: cortèges étudiants dans Paris, répression policière, le tout culminant le 10 mai dans une nuit d'émeute où de véritables combats de rues se déroulent entre étudiants et forces de l'ordre, où des voitures sont incendiées, des rues dépavées, des vitrines brisées. Lorsque le 11 mai Georges Pompidou revient à Paris, la situation s'est envenimée au point de devenir incontrôlable et les décisions libérales qu'il prend (réouverture de la Sorbonne, libération des étudiants emprisonnés) sont impuissantes à arrêter un mouvement qui va trouver des relais dans le monde politique et syndical.

Jusqu'au 11 mai, le mouvement étudiant s'est déroulé dans l'isolement le plus total. Le parti communiste condamne sévèrement les étudiants gauchistes de Nanterre (qui dénoncent le stalinisme en termes très vifs), les autres forces politiques sont déconcertées et rebutées par un désordre dont elles voient mal la signification et qui leur paraît disproportionné par rapport à son objet (les difficultés de l'Université). Quant à la masse de l'opinion, d'abord hostile à l'agitation étudiante, elle montre plutôt de la sympathie envers les manifestants en réaction à une répression policière qu'elle condamne. C'est cette évolution qui va donner à la crise étudiante une nouvelle tonalité. Le lundi 13 mai, les organisations syndicales, jusqu'alors très réservées déclenchement une grève générale et un défilé dans Paris de la République à Denfert-Rochereau pour protester contre la répression policière. Pour la première fois, dirigeants étudiants et syndicalistes défilent côte à côte à la tête d'un rassemblement de 200 000 personnes.

La phase sociale de la crise

Pendant que le général de Gaulle, qui refuse de considérer l'événement comme important, prend le 14 mai l'avion pour la Roumanie, l'attention est désormais portée sur le mouvement de grèves qui prend le pas sur le mouvement étudiant. Non que celui-ci ait cessé; les étudiants occupent progressivement leurs facultés où les cours s'arrêtent, remplacés par des «Assemblées générales» qui sont le lieu de fiévreuses discussions, où, selon les cas, on reconstruit le monde ou on réforme l'Université. Mais cette activité n'occupe plus le devant de la scène. En revanche, la vague de grèves qui va progressivement paralyser le pays durant la seconde quinzaine de mai revêt aux yeux des Français une autre gravité que le mouvement universitaire. Les grèves débutent le 14 mai à l'usine Sud-Aviation de Nantes, selon un scénario qui va bientôt devenir classique: les locaux sont occupés, le directeur et les cadres séquestrés. Le lendemain, la grève gagne les usines Renault de Boulogne-Billancourt sans que les syndicats l'aient déclenchée (ils donneront un mot d'ordre officiel le 16 mai). Puis, progressivement, jusqu'au 22 mai, sans mot d'ordre national, les grèves gagnent l'ensemble du pays, atteignant 10 millions de salariés et bloquant toute l'activité nationale.

Les grèves de mai 1968 revêtent un caractère inédit dans l'histoire sociale française et font davantage penser à un immense psychodrame qu'à un classique mouvement revendicatif. Ce sont des grèves spontanées que les organisations syndicales tentent d'encadrer *a posteriori*. Elles concernent tous les domaines d'activité, le secteur public et les entreprises privées, la fonction publique comme les activités de service, les ouvriers et les cadres. Leurs motivations sont nouvelles et les demandes d'augmentations de salaires y tiennent une place mineure à côté de revendications «qualitatives» très différentes d'un secteur à l'autre, d'une entreprise à l'autre, mais qui portent surtout sur les conditions de travail. Ce qu'exigent les grévistes, c'est souvent une modification des rapports dans l'entreprise qui donnerait aux salariés une responsabilité, qui remettrait en cause les liens hiérarchiques fondés sur l'autorité au profit de décisions collectives, qui prendrait en compte les aspirations des travailleurs à saisir la signification de leur travail... Revendications de type nouveau (qui n'excluent pas ici ou là des demandes classiques d'augmentation de salaires) qui traduisent les frustrations et les difficultés morales d'une société.

En face de ces caractères nouveaux de la crise sociale de 1968, le pouvoir et les organisations syndicales n'ont à apporter que des réponses classiques qui, de ce fait, paraissent sans effet et contribuent à donner le sentiment que la situation est insaisissable. Revenu de Roumanie, le 18 mai, le général de Gaulle annonce une reprise en main par la célèbre formule: «*La réforme, oui, la chienlit, non*». En fait, la seule réponse qu'il donne aux aspirations des Français dans un discours prononcé le 24 mai est l'annonce d'un référendum qui paraît fort éloigné des préoccupations des grévistes et est sans aucun effet sur le mouvement. Plus proche des réalités est l'attitude du Premier ministre Georges Pompidou qui décide de réunir rue de Grenelle une conférence rassemblant, sous sa présidence, le CNPF et les représentants des principaux syndicats ouvriers. Mais ceux-ci font de la situation une analyse différente. La CGT et son secrétaire général Georges Séguy sont désireux, comme le Premier ministre, de mettre fin le plus rapidement possible à un mouvement qu'ils ne contrôlent pas et ils préconisent les remèdes classiques: augmentation des salaires, nouveaux droits syndicaux etc. En revanche la CFDT (née en 1964 de la déconfessionnalisation de la majorité de la CFTC) souhaite au contraire tirer toutes les conséquences du mouvement en obtenant une profonde réforme des structures et des conditions de travail dans les entreprises. Georges Pompidou choisit de s'appuyer sur la CGT, le premier syndicat français, et de céder sur les salaires ce qui lui paraît moins engager l'avenir que les transformations structurelles souhaitées par la CFDT. Le 27 mai à l'aube, les négociations de Grenelle s'achèvent sur un accord qui prévoit une augmentation de 35 % du SMIG, une augmentation de 10 % des salaires en deux étapes, une diminution du ticket modérateur de la Sécurité sociale, des droits syndicaux dans l'entreprise. Mais lorsqu'à la fin de la matinée, Georges Séguy soumet aux grévistes de Renault les Accords de Grenelle, il se heurte au refus de la «base» de les entériner et de cesser la grève.

Le pouvoir semble avoir brûlé ses dernières cartouches et n'avoir plus rien à proposer, les syndicats ont démontré qu'ils ne contrôlaient pas le mouvement. La crise passe sur le terrain politique et atteint un régime qui ne parvient plus à contrôler la société qu'il est supposé diriger.

Le pouvoir gaulliste dans la tourmente

Le double échec du discours du général de Gaulle le 24 mai et des négociations sociales de son Premier ministre le 27 donne le sentiment d'une véritable vacance du pouvoir et dans les heures et les jours qui suivent des solutions alternatives sont proposées au peuple comme issue à l'impasse politique désormais révélée. C'est tout d'abord le 27 mai la virtualité révolutionnaire qui se manifeste. Deux des mouvements qui jouent dans la crise un rôle moteur, le syndicat étudiant, l'UNEF, et le PSU convoquent au stade Charléty une grande manifestation qui a l'appui de la CFDT. Les animateurs du mouvement de mai y affirment la possibilité d'une solution véritablement révolutionnaire. Ils semblent même avoir un leader à mettre à la tête du mouvement, Pierre Mendès France, présent à la manifestation de Charléty, mais qui reste silencieux.

Seconde solution qui se profile à l'horizon le 28 mai, celle de la gauche non communiste. François Mitterrand, président de la FGDS, constate la vacance du pouvoir et préconise pour y mettre fin la formation d'un gouvernement provisoire placé sous la direction de Pierre Mendès France, lui-même se déclarant candidat à la présidence de la République. Le lendemain, Pierre Mendès France fait connaître qu'il est prêt à exercer le mandat que lui proposerait la gauche tout entière.

Mais ce même 28 mai, le parti communiste lance un appel à un gouvernement populaire dont nul ne sait exactement en quoi il consiste.

L'impression d'une vacance du pouvoir dont il est urgent de prévoir le remplacement est encore accentuée en cette journée du 29 mai par l'annonce de la disparition du général de Gaulle. Les rumeurs les plus folles courent sur cette disparition, depuis le suicide jusqu'au départ pour l'exil, sans oublier le retrait à Colombey. En fait, le général de Gaulle est allé à Baden-Baden où il a rencontré le général Massu, commandant des forces françaises en Allemagne. Les raisons de cette visite demeurent toujours controversées: volonté de s'assurer de l'appui de l'armée au cas où les choses dégénéreraient? Crise de découragement? Goût de la mise en scène destinée à inquiéter l'opinion pour donner plus de portée au discours qu'il médite?

Quoi qu'il en soit, le 30 mai au soir, après le Conseil des Ministres, le général de Gaulle prononce une allocution radiodiffusée qui est celle de la reprise en main. Il y annonce une série de décisions: sa volonté de se maintenir et de conserver le Premier ministre, la dissolution de l'Assemblée nationale et la tenue de nouvelles élections, sa détermination d'user de moyens exceptionnels au cas où la situation se dégraderait et il termine par un appel à l'action civique des Français afin de soutenir son action. Appel qui est aussitôt suivi d'effet. Une manifestation soigneusement organisée par les dirigeants gaullistes rassemble aux Champs-Elysées 4 à 500 000 personnes derrière les fidèles du Général, André Malraux, François Mauriac, Michel Debré, etc. Pour la première fois depuis le début mai, ce n'est pas la gauche qui est dans la rue, mais les amis du pouvoir. Alors que celui-ci semblait la veille au seuil de l'effondrement, la situation se retourne brusquement.

Le 31 mai, Georges Pompidou remanie son gouvernement dont sont exclus les ministres qui, à un titre ou à un autre, ont eu une responsabilité dans les événements soit en raison de leurs décisions, soit pour n'avoir pas su les prévoir, soit pour avoir par leurs maladresses laissé la situation se dégrader. Quittent ainsi le pouvoir le ministre de l'Education Nationale Alain Peyrefitte, Louis Joxe, Premier ministre par interim pendant le voyage afghan de G. Pompidou, Christian Fouchet, ministre de l'Intérieur, François Missoffe, ministre de la Jeunesse, Jean-Marcel Jeanneney, ministre des Affaires sociales.

Les élections de juin 1968
et la consolidation du gaullisme

La décision d'organiser de nouvelles élections a pour effet de couper l'herbe sous le pied des révolutionnaires. Du jour au lendemain, syndicats et partis politiques se consacrent aux échéances électorales, préparant la campagne et les listes de candidature et se gardant de tout ce qui pourrait apparaître comme une entrave au fonctionnement normal de la démocratie. La lassitude d'un vaste mouvement de défoulement collectif, mais qui paraît sans issue, les difficultés de l'existence quotidienne dues à la prolongation des grèves expliquent que le mouvement s'effiloche, que, durant le mois de juin, le travail et la vie quotidienne reprennent progressivement leurs cours. Du même coup ceux qui entendent continuer le mouvement, étudiants gauchistes et syndicalistes qui dénoncent dans les élections une trahison, sont désormais isolés et sans prise sur une réalité sociale qu'ils ont déterminée un mois durant.

Les mesures symboliques prises à la mi-juin, dissolution de divers mouvements gauchistes, évacuation de l'Odéon et de la Sorbonne, sans susciter d'autre réaction que des protestations de principe, montrent que le mouvement de mai appartient déjà au passé.

La campagne électorale du mouvement gaulliste qui a pris le nom nouveau d'UDR (Union pour la défense de la République) est tout entière orientée autour de la volonté de maintenir l'ordre contre une conjuration dénoncée comme un «complot communiste» (contre toute réalité). En revanche, les autres forces politiques sont nettement moins à l'aise. Seul le PSU fait campagne sur les thèmes propres au mouvement de mai. Mais la FGDS, le parti communiste et les centristes sont fort embarrassés et leur propagande tente tout à la fois de rassurer les électeurs en affirmant leur volonté de maintenir l'ordre et la légalité et de faire leur part à certaines des préoccupations qui se sont manifestées lors des grèves ou des mouvements étudiants.

A cette campagne, la réponse des électeurs sera sans ambiguïté. Les élections de 1968 apparaissent comme des élections de la peur. Peur devant le désordre, la subversion, l'aventure, la remise en cause des avantages acquis grâce à la croissance. Sans doute cette peur est-elle celle de la majorité silencieuse qui ne s'est pas exprimée en mai et a assisté avec épouvante au basculement de la société et des pouvoirs établis. Mais elle est aussi celle de participants du mouvement de mai qui ont, comme d'autres, exprimé leurs aspirations ou leur mécontentement, mais n'entendent pas pour autant aller trop loin dans une voie révolutionnaire dont on ne sait où elle conduira, qui donne le vertige et effraie. Le résultat du premier tour (voir tableau p. 120) est un triomphe de la majorité qui rassemble 46 % des suffrages, cependant que les communistes, la FGDS, les centristes perdent des voix, l'opinion les considérant comme complices du mouvement révolutionnaire ou complaisants à son égard.

Le second tour accentue encore l'impression d'écrasante domination des gaullistes. A elle seule, l'UDR avec 294 députés sur 485 conquiert la majorité absolue. Avec ses alliés Républicains-Indépendants, elle rassemble les trois quarts des députés. Les communistes qui passent de 72 à 34, la FGDS de 121 à 57 élus sont écrasés. Quant aux centristes, ils sont une nouvelle fois laminés et n'ont plus que 32 élus.

Menacé d'effondrement fin mai 1968 par un mouvement de contestation qui ne le vise pas spécifiquement mais sur lequel il est sans action, le gaullisme remporte un mois plus tard une stupéfiante victoire électorale, la plus spectaculaire depuis son arrivée au pouvoir en 1958, victoire qui constitue un record historique sans précédent dans le passé parlementaire et sans égal depuis lors. En apparence, il se trouve consolidé et le général de Gaulle peut se targuer d'avoir une nouvelle fois victorieusement franchi une passe difficile et dramatique. En fait, l'écrasante victoire électorale de 1968 soulève autant de problèmes qu'elle en résout. La «Chambre introuvable» de 1968 est constituée d'élus conservateurs, désignés par un électorat épouvanté, pour maintenir l'ordre contre les velléités révolutionnaires. Elle va se montrer sensiblement plus conservatrice que le chef de l'Etat et méfiante envers des initiatives qui apparaissent comme audacieuses. Par ailleurs, si le corps électoral a réagi massivement à la peur de voir compromis les acquis de la croissance, aucun des problèmes antérieurs à 1968 et qui avaient fragilisé le gaullisme et provoqué les déceptions électorales de 1965 et de 1967 n'est vraiment résolu. Les élections passées, les problèmes vont rejouer et il apparaît que l'Assemblée élue en 1968 constitue moins une aide pour le pouvoir qu'une entrave à un certain nombre de ses initiatives. Si bien que la consolidation du pouvoir du général de Gaulle en juin 1968 n'est qu'apparente. Neuf mois plus tard une nette défaite devant le suffrage universel conduit le général de Gaulle à la démission et met fin à la «République gaullienne».

Le gouvernement Couve de Murville

Au lendemain de la crise de mai 1968 dont il est finalement sorti vainqueur, le général de Gaulle entend reprendre les choses en main. On en a la preuve lorsque, début juillet, le chef de l'Etat décide «d'accepter la démission» du Premier ministre Georges Pompidou. Sans doute celui-ci lui a-t-il, à diverses reprises, offert de se retirer, en particulier durant la crise de mai, mais le président de la République a décliné cette offre. Or, la crise surmontée largement grâce à l'énergie du Premier ministre qui n'a cessé d'être sur la brèche durant les événements, il semble au contraire que la position de Georges Pompidou, qui a prouvé dans la tourmente ses qualités d'homme d'Etat, soit plutôt consolidée. Et ce d'autant plus qu'il a organisé et conduit la majorité durant la campagne électorale et remporté à sa tête une victoire historique. Au demeurant, beaucoup d'élus de juin 1968, désignés ou confirmés comme candidats par Georges Pompidou, le tiennent pour le véritable chef de la majorité, davantage que le général de Gaulle qui semble un personnage bien lointain et fort à l'écart de la politique quotidienne.

Il semble d'ailleurs bien que ce soit cette exceptionnelle réussite de Georges Pompidou qui explique son retrait. Au-delà des justifications avancées sur la nécessité de changer de Premier ministre au bout de quelques années — Georges Pompidou occupe ce poste depuis plus de six ans —, sur l'usure du pouvoir ou sur des divergences de vues quant aux réponses à donner à la crise de mai — le président de la République songeant à une relance réformatrice et le Premier ministre se montrant plus conservateur —, la réponse la plus convaincante à la question posée sur les raisons du départ du Premier ministre semble résider dans le refus de la dyarchie: dès lors que

le Premier ministre dispose d'une forte position personnelle, il cesse d'être l'homme-lige du président de la
République et risque de l'éclipser, perspective insupportable dans le cadre d'un régime fondé sur la prépondérance présidentielle. Toutefois, le Général assortit sa décision de propos flatteurs pour le Premier ministre sortant,
propos qui semblent de plus lui ouvrir un avenir politique
puisqu'après avoir déclaré qu'il le mettait «en réserve de
la République», le Général l'invite à se préparer «à tout
mandat que la nation pourrait un jour lui confier».

A Georges Pompidou, le général de Gaulle donne pour
successeur Maurice Couve de Murville, l'inamovible ministre des Affaires étrangères des années 1958-1967 dont
il a apprécié l'efficacité et la discrétion à la tête de la
diplomatie française. Pour le reste, l'ossature du dernier
gouvernement Pompidou est maintenue. Seul le ministère des Finances, occupé jusqu'alors par le nouveau Premier ministre reçoit un nouveau titulaire, François-
Xavier Ortoli. Les deux nominations les plus caractéristiques sont cependant celles qui ont trait aux attributions
des deux hommes entrés au gouvernement en 1966 pour
y mettre en œuvre l'ouverture souhaitée par le chef de
l'Etat. Edgar Faure devient ministre de l'Education nationale et est chargé de rebâtir un système scolaire et
universitaire qui a volé en éclats durant la crise de mai
et qui n'est plus qu'un champ de ruines. Jean-Marcel
Jeanneney est nommé ministre d'Etat chargé des réformes institutionnelles. C'est sur ces deux hommes que le
général de Gaulle entend s'appuyer pour apporter sa
réponse à la crise de mai 1968.

Cette réponse se caractérise d'un mot: la participation.
Le président de la République a analysé — non sans
lucidité — la crise de mai comme la revendication d'une
population lasse d'être conduite et qui entend participer
aux décisions prises en ce qui la concerne. Aussi décide-t-
il de faire droit à cette aspiration en plaçant la Ve Répu-

blique consolidée par les élections de juin sous le signe de la participation. Cette participation, il entend l'appliquer dans deux domaines où il lui semble que la demande en est forte: d'abord l'Université où elle s'est exprimée avec force pendant la crise de mai, et c'est là la tâche du nouveau ministre de l'Education nationale; ensuite l'organisation administrative de la France, avec la volonté de rapprocher des citoyens les centres de décision en mettant en œuvre la régionalisation et d'associer à cette décision, comme il l'avait envisagé dans le discours de Bayeux «les forces vives de la nation», réforme confiée à M. Jeanneney.

La réforme universitaire d'Edgar Faure

Nommé ministre de l'Education nationale, Edgar Faure se trouve contraint par l'urgence d'agir rapidement. La crise de mai a interrompu l'année universitaire, les examens n'ont pas été passés et il semble impossible d'envisager une rentrée sans promettre une réforme universitaire qui donnerait des satisfactions à la majorité des étudiants et isolerait les gauchistes qui attendent la fin des vacances pour reprendre leur action dans les universités. Entouré d'une équipe active et constituée d'universitaires aux idées avancées, souvent proches de la gauche, Edgar Faure jette durant l'été 1968 les bases d'une réforme qui, annonce-t-il, fera l'objet d'une loi-cadre soumise au Parlement. Adoptée le 19 septembre par le Conseil des Ministres, présentée au Parlement convoqué en session extraordinaire le 24 septembre, elle fait l'objet de discussions durant le mois d'octobre pour être définitivement adoptée le 12 novembre 1968.

La *loi d'orientation de l'enseignement supérieur* qui

sera mise en œuvre dans les années qui suivent s'appuie sur deux grands principes qui constituent effectivement une réponse aux vœux de la plus grande partie de la communauté universitaire, même si elle suscite les réserves des éléments les plus conservateurs et la franche hostilité des étudiants gauchistes qui dénoncent et redoutent son réformisme.

Tout d'abord la *participation* qui consiste à donner la gestion des universités et des Unités d'enseignement et de recherche qui les composent à des conseils élus où l'ensemble de ceux qui travaillent à l'université sont représentés: enseignants des différents grades, personnel administratif et de service, étudiants. C'est la fin de la direction exclusive des facultés par les professeurs et nombre de ceux-ci n'envisagent pas sans hostilité une réforme qui remet en cause leur pouvoir.

Le second principe affirmé par la loi d'orientation est celui de l'autonomie des universités. Elle doit permettre aux universités de mettre en œuvre des formations nouvelles fondées sur la pluridisciplinarité, d'innover en matière de programmes et de méthodes pédagogiques d'autant que la substitution du système très souple des unités de valeur représentant des acquis pouvant faire l'objet de multiples combinaisons se substitue à l'organisation rigide en certificats ou années universitaires. Toutefois le maintien de diplômes nationaux et le refus de donner aux universités l'autonomie financière apparaissent d'emblée comme d'importantes restrictions au principe de l'autonomie.

En dépit d'un certain nombre de séquelles de l'agitation de mai, la loi d'orientation est assez bien accueillie dans les universités qui vont progressivement se consacrer à sa mise en œuvre. Elle peut aussi être considérée comme un succès politique. Elle a été votée à l'Assemblée nationale par 441 voix contre 0 et 39 abstentions (les communistes et 6 UDR) et adoptée au Sénat dans des conditions tout aussi favorables. En fait, c'est un triomphe en trompe-l'œil. Les discussions sur la loi d'orientation ont relevé la différence d'attitude entre un ministre réformateur qui peut se prévaloir de l'appui total du chef de l'Etat et une majorité qui juge qu'on fait la part trop belle aux revendications des gauchistes, qu'on leur livre l'université et qui ne dissimule pas sa préférence pour une reprise en main autoritaire. Si la majorité vote finalement la loi d'orientation, c'est sous la pression du général de Gaulle et ce premier clivage entre le chef de l'Etat et la majorité de juin 1968 est révélateur. Au demeurant, faute de pouvoir critiquer le président de la République, l'aile la plus conservatrice de la majorité va s'attaquer aux ministres qui mettent en œuvre la politique de réforme. Edgar Faure constitue la cible de choix de ces *Comités de défense de la République* (CDR) qui rassemblent depuis la crise de mai les éléments les plus conservateurs du gaullisme et qui reconnaissent souvent en Georges Pompidou leur chef. Lorsque le 27 décembre 1968 le CDR de Dijon attaque vivement le ministre de l'Education nationale, parlant de «bluff» à propos de sa politique, les observateurs s'interrogent pour savoir si l'ancien Premier ministre n'est pas derrière cette offensive.

La réforme régionale
de Jean-Marcel Jeanneney

A la différence de la réorganisation universitaire que les circonstances imposaient, la réforme régionale et la réforme constitutionnelle qui la suit ne sont nullement imposées par la situation. Elles apparaissent plutôt comme un terrain délibérément choisi par le chef de l'Etat pour provoquer un référendum qui lui permettrait, après la crise de mai, de renouveler sa légitimité devant le suffrage universel. L'annonce du référendum date du 24 mai. Après les élections le Général ne cesse de l'évoquer. Seul manque le terrain et le général de Gaulle charge Jean-Marcel Jeanneney de le préparer.

Deux textes vont être soumis au référendum le 27 avril 1969.

Le premier prévoit la création de régions, administrées par des conseils. Ces conseils régionaux comprennent pour les 3/5 des conseillers désignés par les conseils généraux ou municipaux parmi leurs membres et les députés de la région. Les 2/5 restants sont les représentants des «forces vives» économiques, sociales, culturelles désignés par les organisations professionnelles, chambres de commerce, syndicats, associations diverses.

Le second prévoit le remplacement du Conseil économique et social et du Sénat par un Sénat consultatif qui comprendrait 173 représentants des collectivités territoriales de métropole et d'outre-mer (c'est le rôle traditionnel du Sénat) élus pour six ans dans le cadre de la région et 146 représentants des activités économiques, sociales et culturelles désignés par les organisations nationales représentatives. Il est clair que ce second texte aboutit à priver le Sénat de toute attribution législative, même modeste, et il est reçu comme la volonté du président de la République de réduire le rôle d'une assemblée qui s'est sans cesse opposée à lui depuis 1958. Aussi ce second texte provoque-t-il une très vive opposition de la part des sénateurs et plus généralement des élus locaux qui y voient une volonté de suppression de l'Assemblée qui les représentait.

Si le général de Gaulle a choisi de livrer le combat politique sur la réforme régionale et celle du Sénat, c'est qu'on est bien ici dans le cadre de l'organisation des pouvoirs publics pour lesquels le référendum s'impose. Or il est de fait que les transformations proposées entraînent une modification de divers articles de la Constitution, l'article 72 qui traite des collectivités territoriales (il faudra y ajouter la région), et surtout l'ensemble des articles qui portent sur le Parlement puisque le Sénat, nouvelle formule, cesserait d'en faire partie. Mais dans l'esprit du général de Gaulle, la participation ne se limitera pas à l'Université et aux régions. Il entend qu'elle s'étende, une fois le principe approuvé par le référendum, à l'ensemble de la vie économique et sociale, et, en particulier, il songe très précisément à un projet de loi qui établirait la participation dans l'entreprise, aux applaudissements des gaullistes de gauche (spécifiquement du ministre de la Justice René Capitant).

La conjonction des oppositions au général de Gaulle en avril 1969

On ne peut comprendre l'échec du général de Gaulle au référendum du 27 avril 1969, échec qui va mettre fin à son rôle historique, sans examiner l'ensemble de la situation de l'opinion publique au printemps 1969 et faire l'inventaire des mécontentements de tous ordres qui vont se coaliser contre le président de la République.

Dans la campagne électorale qui s'ouvre, le général a la gauche contre lui. Il n'y a là aucune nouveauté. Mise à l'écart du régime depuis 1958, la gauche est structurellement une opposition qui rejette les projets du pouvoir. De surcroît, le référendum est pour elle une occasion d'en appeler de sa lourde défaite électorale de juin 1969. Alors qu'elle avait éprouvé entre 1965 et 1967 la fragilité du régime, elle n'a pas su tirer profit de la contestation de mai 1968 et lorsqu'elle a tenté de le faire, à la fin du mois, son initiative s'est retournée contre elle, puisqu'elle a paru avoir partie liée avec les gauchistes au moment même où l'opinion manifestait sa lassitude de l'agitation et souhaitait un retour à l'ordre. A cette hostilité habituelle de la gauche politique s'ajoute celle des syndicats. La forte poussée inflationniste qui a suivi les Accords de Grenelle a eu pour résultat d'annuler l'effet des hausses de salaires de mai 1968. Les syndicats ont obtenu une nouvelle négociation d'ensemble avec le patronat; mais la «conférence de Tilsitt» s'est achevée sur un échec, en partie du fait de la volonté du gouvernement de «tenir» les salaires pour bloquer l'inflation. Il en résulte une profonde amertume des syndicats ouvriers qui tend à aigrir le climat social et à accroître l'hostilité au pouvoir de l'électorat populaire.

A cette opposition de milieux où le gaullisme ne trouve qu'un électorat marginal s'ajoute celle de la clientèle traditionnelle de la majorité. Il s'agit tout d'abord de l'agitation des milieux du commerce et de l'artisanat. La croissance économique et la modernisation de l'appareil productif et des formes de distribution ont pour résultat, comme en 1950-1953, de menacer la survie de petites entreprises peu compétitives et mal adaptées au marché. Cette situation se solde par une cascade de faillites, de démêlés avec le fisc, de saisies qui entretiennent la colère et le désir de réaction de la classe moyenne indépendante. Cette agitation néo-poujadiste des années 1968-1969 trouve un leader en Gérard Nicoud qui s'oppose violemmeet au pouvoir coupable de ne pas défendre avec une vigueur suffisante les petits entrepreneurs. Moins visible, mais non moins redoutable est le sourd mécontentement des milieux économiques les plus performants qui acceptent mal la politique économique pratiquée par Michel Debré dont le dirigisme les inquiète. En particulier, ils admettent très mal la pression fiscale décidée par le ministre des Finances qui augmente les tranches supérieures de l'impôt sur le revenu et les droits de succession. Il en résulte une fuite des capitaux français à l'étranger (le contrôle des changes a été supprimé en septembre 1968) et des manœuvres spéculatives contre le franc. Les milieux d'affaires souhaitent d'ailleurs une dévaluation qui permettrait de donner aux produits français une prime à l'exportation rattrapant l'alourdissement des coûts liés aux concessions salariales de 1968. Alors qu'on s'attend à une dévaluation du franc en novembre sous l'effet de ces pressions conjuguées, le général de Gaulle s'oppose vigoureusement à cette mesure, à la grande fureur des milieux patronaux.

Plus larvée encore est la dernière forme d'opposition, politique celle-là et venue des rangs de la majorité. C'est en premier lieu celle des Républicains-Indépendants. Ecarté du pouvoir, Valéry Giscard d'Estaing multiplie les critiques voilées de la pratique du général de Gaulle, de son autoritarisme et s'applique à présenter de lui-même et de ses amis une image plus ouverte et moderniste. Les gaullistes supportent mal cette attitude et la lui font payer en le mettant en échec lors du vote pour la présidence de la Commission des Finances de l'Assemblée nationale où est élu l'UDR Jean Taittinger. Du coup, les Républicains-Indépendants accentuent leurs distances à l'égard du pouvoir. Il faut noter enfin le malaise de nombreux députés UDR face à l'action réformatrice que conduit le général de Gaulle dans le cadre de la politique de participation. Elus par un électorat conservateur, ils ne peuvent assister avec plaisir à une politique qui tente de changer en profondeur la société française. Leurs réserves, exprimées seulement à demi-mot, traduisent celles de leurs électeurs. Et beaucoup d'entre eux regardent avec nostalgie vers Georges Pompidou, député du Cantal, en songeant au destin national que semble lui avoir promis le général de Gaulle en juillet 1968. Or le 17 avril lors d'un voyage à Rome, l'ancien Premier ministre fait une déclaration inexactement rapportée par les médias et selon laquelle il sera, le moment venu, candidat à la présidence de la République. Un très sec communiqué de l'Elysée faisant savoir que le général de Gaulle entend remplir son mandat jusqu'au bout, une mise au point de M. Pompidou donnant de ses propos une interprétation beaucoup plus floue, un dîner à l'Elysée de M. et Mme Pompidou, n'empêchent que, désormais, dans l'esprit de nombreux Francais de la majorité, l'ancien Premier ministre est prêt à assurer la succession du général si celui-ci était conduit à se retirer. L'ensemble de ces positions vont peser sur le référendum de 1969.

L'échec du référendum et la démission du général de Gaulle

Le référendum va voir se multiplier les désaveux du général de Gaulle par l'ensemble des forces d'opposition. Comme il était prévisible, la gauche se prononce pour le «non», mais le camp des adversaires du Général s'élargit considérablement. Il se renforce à droite, comme en 1962, des ex-partisans de l'Algérie française qui, à la suite de Jacques Soustelle, prennent parti contre le Général. Allant au bout d'une opposition, larvée depuis plusieurs années, Valéry Giscard d'Estaing rejoint l'opposition en préconisant un vote négatif. Il est suivi dans cette attitude par les centristes, aussi bien Jean Lecanuet, opposant de longue date, que Jacques Duhamel tenté par un ralliement au pouvoir. Enfin, une grande partie des sénateurs se rassemble derrière le président du Sénat, Alain Poher qui va, dans la bataille, servir de chef de file au centrisme. Sans doute Georges Pompidou se prononce-t-il pour le «oui» et entame-t-il une campagne nationale en faveur d'une réponse positive, mais à la limite cette attitude loyale ne sert pas le général de Gaulle car elle rappelle Georges Pompidou à l'attention des Français et leur fait souvenir qu'il est un successeur possible.

Le 27 avril 1969, les «non» l'emportent par 11 945 000 (52,41 %) contre 10 512 000 (47,59 %). La défaite du Général est nette: 71 départements ont voté en majorité pour le «non» contre 24 pour le «oui». Les études faites sur le scrutin du 27 avril montrent que c'est l'électorat centriste, les modérés, partisans de Valéry Giscard d'Estaing qui ont mis le Général en échec. Sociologiquement, les agriculteurs, les commerçants, les cadres ont basculé dans le camp antigaulliste.

Le 28 avril, le général de Gaulle donne sa démission.

C'est la fin de la République gaullienne.

Les élections présidentielles de 1969

La démission inattendue du général de Gaulle fait jouer la procédure de succession prévue par les institutions de la Ve République. Pendant que le gouvernement Couve de Murville reste en place pour gérer l'Etat et organiser l'élection présidentielle, le président du Sénat Alain Poher, l'un des adversaires du général de Gaulle en avril 1969 assure l'interim de la présidence de la République. Mais la grande affaire, c'est évidemment la nouvelle élection présidentielle qui va désigner le successeur du général de Gaulle. A cet égard, il fait peu de doute que Georges Pompidou, qui, dès janvier avait fait connaître ses intentions en se présentant comme l'héritier présomptif du Général, sera candidat. Il le confirme d'ailleurs dès le 29 avril, plaçant d'emblée sa campagne sous le double signe de la continuité (et la promesse vise aussi bien les gaullistes que l'électorat conservateur de la majorité qui s'était reconnu dans son attitude de mai 1968) et du changement, ouverture directe aux modérés qui avaient abandonné de Gaulle en avril 1969 ou aux centristes qui l'avaient combattu. Tactique qui apparaît couronnée de succès puisque le candidat reçoit aussitôt l'appui de Valéry Giscard d'Estaing et des Républicains Indépendants, et d'un certain nombre de centristes qui abandonnent l'opposition comme MM. Duhamel, Pleven et Fontanet. Face à ce candidat dont l'élection est plus que probable, la gauche qui avait menacé le général de Gaulle en 1965, apparaît divisée et impuissante: les socialistes présentent Gaston Defferre qui fait savoir qu'en cas d'élection, il prendra comme Premier ministre Pierre Mendès France, le parti communiste lance Jacques Duclos dans l'arène, le PSU engage M. Michel Rocard et les trotskystes de la Ligue communiste M. Alain Krivine. C'est en fait du centrisme d'opposition que va venir pour Pompidou le véritable danger. L'issue du référendum et l'interim qu'il exerce ont fait connaître dans l'opinion M. Alain Poher qui bénéficie rapidement d'un grand capital de sympathie et évoque irrésistiblement, avec sa rassurante bonhomie, les présidents méridionaux de la IIIe République, les Loubet, Fallières, Doumergue. Au demeurant, avant même qu'il se déclare, M. Alain Poher dispose d'une forte position dans les sondages où il talonne M. Pompidou. Derrière lui se rangent non seulement les opposants modérés ou centristes au gaullisme, mais une notable partie de la gauche non communiste décidée à voter utile dès le premier tour et qui constate rapidement que la gauche n'a aucune chance de l'emporter. Toutefois, la déclaration de candidature de M. Poher va amener un tassement des intentions de vote en sa faveur, la nécessité où il se trouve de préciser ses conceptions politiques aboutissant à écarter de lui un certain nombre d'électeurs de gauche qui semblent reporter leur suffrage sur le candidat commu-

niste Jacques Duclos, lequel conduit une campagne rassurante et bonhomme.

Le premier tour de scrutin, le 1er juin 1969 ne fait que
confirmer la quasi-certitude de l'élection de Georges
Pompidou qui écrase tous ses adversaires:

G. Pompidou	43,9 %
A. Poher	23,4 %
J. Duclos	21,5 %
G. Defferre	5,1 %
M. Rocard	3,7 %
A. Krivine	1,1 %

Les résultats du premier tour laissent peu de doute sur
l'issue du second qui place face à face Georges Pompidou
et Alain Poher. Comment ce dernier pourrait-il espérer
l'emporter alors que la gauche non-communiste a connu
un véritable effondrement et que le parti communiste
préconise l'abstention?

C'est sans aucune surprise que, le 15 juin 1969, Georges Pompidou est élu président de la République par
57,8 % des suffrages exprimés (10 700 000 voix) contre
42,2 % à Alain Poher (7 900 000).

L'élection qui sacre Georges Pompidou héritier du
général de Gaulle couronne une brillante carrière, mais
que rien ne semblait devoir conduire à la magistrature
suprême. Né le 5 juillet 1911 à Montboudif dans le
Cantal, Georges Pompidou qui parvient à 58 ans à la
présidence de la République n'a, semble-t-il, guère songé
à faire une carrière politique. Issu d'une famille d'instituteurs, élève de l'Ecole Normale Supérieure en 1931,
agrégé de Lettres, il fait jusqu'en 1944 une carrière
classique de professeur, sans jouer de rôle dans le gaullisme de guerre. En octobre 1944, il entre au cabinet du
général de Gaulle comme chargé de mission auprès du
ministre de l'Information. Le départ du pouvoir du
général de Gaulle conduit Georges Pompidou au Conseil

d'Etat où il reste jusqu'en 1954 et qu'il quitte pour occuper de hautes fonctions de direction à la Banque Rothschild. De 1946 à 1958, il ne cesse de conserver d'étroites relations avec le général de Gaulle dont il demeure, dans l'ombre, un des collaborateurs privés sans jamais exercer de fonction politique importante. Directeur du cabinet du Général en septembre 1958, il devient son principal conseiller lorsque celui-ci accède à la présidence de la République, et accomplit pour son compte des missions essentielles. Il n'en reste pas moins que sa nomination à la tête du gouvernement en avril 1962, alors qu'il est un inconnu n'ayant jamais exercé de mandat politique apparaît comme un défi au Parlement, que l'inexpérience du nouveau chef du gouvernement transforme bientôt en franche hostilité. Aussi, pour manifester leur désapprobation de la réforme constitutionnelle sur l'élection du président de la République au suffrage universel, l'Assemblée nationale renverse-t-elle Georges Pompidou, pour la première (et unique) fois sous le Ve République. La victoire électorale des gaullistes en novembre le confirme à son poste, et il va battre un record de longévité ministérielle en restant plus de six ans Premier ministre. Six ans durant lesquels il aura le temps d'acquérir l'expérience qui lui manquait et de gagner ses galons d'homme d'Etat, de chef respecté de la majorité, au point d'apparaître en 1968 comme le véritable meneur de jeu, voire comme un rival en puissance du général de Gaulle. Attendue depuis un an, souhaitée par nombre de gaullistes, soucieux de la pérennité du régime, l'arrivée au pouvoir de Georges Pompidou ne fait pas que couronner une carrière. Elle semble donner pour longtemps à la majorité un nouveau chef compétent, énergique et ouvert. Il reste à Georges Pompidou qui a enfin les coudées franches à confirmer au poste suprême où il a accédé, les espoirs placés dans ses qualités d'homme d'Etat. En fait, il est difficile de juger comme un tout la présidence de Georges Pompidou, tant elle apparaît clairement séparée en deux phases distinctes.

La continuité et l'ouverture: le gouvernement Chaban-Delmas

Le nouveau président de la République entend placer son mandat sous le double signe de la continuité et de l'ouverture dans le droit fil de sa campagne électorale. La continuité est garantie par sa présence à la tête de l'Etat, comme par la prédominance des gaullistes élus en 1968 à l'Assemblée nationale; elle est assurée par le fait que le personnel politique gaulliste demeure la clé de voûte du pouvoir d'Etat. Quant à l'ouverture, elle se fait principalement en direction des centristes et des alliés modérés des gaullistes, ce qui conduit le régime à affirmer un respect plus grand du Parlement, à insister sur ses préoccupations sociales, à s'affirmer libéral et européen. Cette double préoccupation est visible dans la composition du premier gouvernement, comme dans la politique avec l'accord du chef d'Etat.

De la volonté de continuité relève incontestablement la présence à la tête du gouvernement d'un gaulliste historique aux prestigieux titres de résistance en la personne de Jacques Chaban-Delmas (mais ce gaulliste est aussi un homme à la réputation libérale, président de l'Assemblée nationale quasi inamovible depuis 1958 et à la sensibilité de centre-gauche comme en témoigne son ancienne appartenance au parti radical). De même, la présence de nombreux gaullistes de premier plan dans le gouvernement comme MM. Debré, Maurice Schumann, Olivier Guichard atteste que les gaullistes demeurent aux postesclés. Mais à leurs côtés on voit reparaître M. Giscard d'Estaing, qui avait préconisé le «non» au référendum d'avril et qui symbolise la droite d'affaires, et les trois leaders centristes qui avaient rallié M. Pompidou, MM. Duhamel, Fontanet et Pleven. Le même savant dosage préside à la politique suivie par le nouveau gouvernement qui mêle subtilement l'héritage du général de Gaulle à des innovations de forme ou de fond. C'est ainsi que, si, comme du temps du général de Gaulle, la présidence de la République demeure le centre d'impulsion fondamental et, en dernière analyse, le seul centre de décision véritable, le gouvernement conduit par un des meilleurs connaisseurs de la vie parlementaire témoigne d'un respect formel du Parlement (y compris à l'opposition), habitué à être rudoyé par le général. Le Premier ministre veille à faire connaître aux parlementaires les grandes lignes de sa politique et ses déclarations de politique générale constituent des événements. Il ira même, lors d'un malaise du monde politique vis-à-vis de la politique gouvernementale, jusqu'à engager sa responsabilité devant l'Assemblée en mai 1972. Les relations avec l'opposition se détendent et deviennent courtoises. Dans le domaine économique, le retour aux affaires de M. Giscard d'Estaing marque une ouverture vers les milieux libéraux et le retour aux doctrines orthodoxes en matière économique et financière. Le gouvernement, comme le souhaitaient les milieux d'affaires, dévalue le franc de 12,5 % au mois d'août 1969, et sur ces bases nouvelles, M. Giscard d'Estaing va bientôt faire de l'établissement de l'équilibre budgétaire et du refus de «l'impasse» le dogme de sa politique économique. Enfin, dans le domaine des relations internationales, si le président Pompidou et son gouvernement restent fidèles aux grandes orientations du général de Gaulle en ce qui concerne l'indépendance nationale et le refus de l'alignement sur les Etats-Unis, l'ouverture se manifeste par un style moins abrupt et moins froid dans la mise en œuvre de cette politique. Plutôt qu'une politique ombrageuse, le président Pompidou préfère pratiquer l'entente avec toutes les grandes puissances et la politique d'indépendance se marque par l'établissement de relations amicales avec les Etats-Unis comme avec l'URSS. Enfin, donnant ainsi satisfaction aux modérés et aux centristes qu'il a ralliés, le président Pompidou procède à une relance de la politique européenne. Il lève le veto français à l'entrée de la Grande-Bretagne dans le Marché Commun et accepte l'ouverture de négociations sur son élargissement. Enfin, à la grande satisfaction des agriculteurs français, il relance la politique agricole commune. Si la politique extérieure porte incontestablement la marque du président Pompidou qui la considère comme son «domaine réservé», une grande partie de la politique intérieure est visiblement du ressort du Premier ministre Jacques Chaban-Delmas, créateur du thème de la «nouvelle société».

La «nouvelle société»

Chargé de mettre en œuvre la volonté d'ouverture dans la continuité, le nouveau Premier ministre va faire mieux qu'appliquer les idées du chef de l'Etat; il va leur donner une interprétation très large, en faire l'instrument d'un «grand dessein» qui se situe dans le droit fil de l'inspiration du général de Gaulle après 1968, la «nouvelle société». Définie dans le discours-programme du Premier ministre à l'Assemblée nationale prononcé le 16 septembre 1969, elle entend répondre aux problèmes posés par la crise de mai 1968. Celle-ci est interprétée comme la preuve que la société française est une «société bloquée» selon la définition du sociologue Michel Crozier. Pour y remédier, le Premier ministre entend mieux informer les citoyens, repenser le rôle de l'Etat, moderniser l'économie, transformer les structures sociales. Trouvant des accents kennedyens pour proposer à la France les objectifs qu'il définit, M. Chaban-Delmas persuade ses auditeurs, et, au-delà, l'opinion publique, de sa volonté de libéralisme, de modernisme, de dialogue et de politique réformatrice. Toutefois, on peut se demander comment la majorité élue en 1968 pourrait soutenir un tel programme aussi réformiste, et, à cet égard, force est de reconnaître la pertinence de l'argumentation de M. Mitterrand lorsqu'il rétorque au Premier ministre: «*Quand je vous regarde, je ne doute pas de votre sincérité, mais quand je regarde votre majorité, je doute de votre réussite*».

Et cependant, durant trois années, avec l'appui du président de la République, M. Chaban-Delmas va s'efforcer de mettre en application les idées de la «nouvelle société». Entouré d'une équipe recrutée parmi les anciens collaborateurs de Pierre Mendès France, le Premier ministre procède à la libéralisation de la radio-télévision dont l'autonomie est garantie, en particulier par la suppression du ministère de l'Information et la création d'unités autonomes d'information. Reprenant le projet avorté du général de Gaulle en 1969, il procède à une réforme régionale qui n'est assortie, il est vrai, d'aucune réforme du Sénat et dont les modalités sont plus timides que celle de 1969. Plus énergique est l'effort d'industrialisation pour rendre aux entreprises françaises leur compétitivité: le gouvernement encourage industrialisation et concentration et s'efforce de stimuler les exportations. Enfin, la transformation des structures sociales passe par une série de réformes non négligeables: un nouveau régime des conventions collectives, la négociation de contrats de progrès dans les entreprises nationales, et surtout deux mesures fondamentales: la création en 1970 du SMIC qui aligne désormais le salaire minimum, non sur le «minimum vital», mais sur les progrès de la croissance économique; la «politique contractuelle» qui entend associer les syndicats à toute mesure sociale prise par le gouvernement. Il faudrait ajouter à l'œuvre du gouvernement Chaban-Delmas l'insertion dans les préoccupations des pouvoirs publics de quelques-unes des revendications qualitatives formulées en mai 1968 comme celle de la défense du cadre de vie, pour laquelle est créé un ministère de la protection de la nature et de l'environnement.

Ce bilan incontestablement positif qui fait apparaître la nouvelle présidence comme celle de la modernisation de la France et de l'effort d'adaptation aux mutations des mentalités révélées en mai 1968, entraîne un renouvellement considérable de l'audience de la majorité dans le pays. Jacques Chaban-Delmas est le Premier ministre le plus populaire depuis les débuts de la Ve République. Chacune des élections successives (législatives partielles, cantonales, municipales, sénatoriales) se solde par de nouveaux succès de la majorité. L'élargissement de celle-ci devient institutionnelle, le centriste Jacques Duhamel créant le «Centre Démocratie et Progrès» destiné à rassembler les centristes qui se rallieraient à la majorité et ambitionnant d'être l'aile européenne et sociale de la majorité présidentielle. Mais ces succès ont leurs revers. L'un des plus spectaculaires est la remise en cause, dans l'esprit d'une partie de l'opinion publique, de la primauté absolue du président de la République. La «nouvelle société» apparaît comme la politique de Matignon et les Français ont tendance à en attribuer le mérite au Premier ministre. Les institutions évoluent-elles vers une «dyarchie», un pouvoir à deux têtes, où le chef de l'Etat verrait son rôle limité aux grandes orientations et à la politique étrangère, pendant que, dans le domaine intérieur, le Premier ministre responsable disposerait d'une marge d'autonomie très large? Conforme à la lettre de la Constitution, cette interprétation n'est guère dans l'esprit des institutions de la Vᵉ République et elle va vite être insupportable à Georges Pompidou. D'autant que la majorité conservatrice de l'Assemblée nationale éprouve un malaise grandissant devant la politique «de gauche» du Premier ministre.

Le malaise majoritaire et la démission de M. Chaban-Delmas

Depuis 1969, le président Pompidou et son Premier ministre doivent affronter une coalition de mécontentements au sein de la majorité. Trois groupes manifestent leur défiance plus ou moins prononcée à l'égard du nouveau pouvoir. Tout d'abord ceux des gaullistes pour qui l'ouverture voulue par le président Pompidou est assimilée à une trahison des objectifs du gaullisme. C'est le cas de certains gaullistes de gauche de l'UDT qui refusent d'emblée de suivre M. Pompidou comme Louis Vallon. Mais c'est aussi le cas d'un certain nombre de parlementaires qui, pour défendre les fondements de l'inspiration gaulliste contre les possibles déviations du chef de l'Etat, créent l'amicale «Présence et action du gaullisme». Sans doute s'agit-il plus d'un lieu de rencontre et de réflexion que d'un organisme d'opposition, mais certains de ses membres n'hésitent pas à rompre avec la majorité en démissionnant du parti gaulliste, l'UDR et, parmi eux, des personnalités de premier plan comme le beau-frère du général de Gaulle, Jacques Vendroux et les anciens ministres Christian Fouchet et Jean-Marcel Jeanneney. Tout différent est le cas de la seconde tendance, formée d'un grand nombre de députés conservateurs élus dans les rangs du parti gaulliste en 1968 et qui, fidèles au président de la République, s'attaquent en revanche à la politique jugée trop réformiste de M. Chaban-Delmas. Ils protestent contre les mesures libérales, s'indignent du laxisme dont le gouvernement ferait preuve envers le gauchisme et s'en prennent particulièrement à M. Edgar Faure, coupable d'avoir, par la loi d'orientation de l'enseignement supérieur, livré les universités à la loi des gauchistes et des communistes. Exprimée par les Comités de défense de la République, cette opposition au Premier ministre est cautionnée par le secrétaire général de l'UDR, M. René Tomasini, dont les déclarations laissent peu de doute sur sa défiance envers le gouvernement et traduisent le malaise d'une partie des gaullistes. Le troisième souci du pouvoir concerne l'attitude des Républicains-Indépendants incarnant la droite libérale dans la majorité. Interprètes des ambitions de leur chef Valéry Giscard d'Estaing qui s'efforce de se donner une image de marque lui permettant un jour de se porter candidat à la présidence de la République, les Républicains-Indépendants conduisent un jeu difficile: se rangeant sans hésiter derrière le président Pompidou, ils entendent se distinguer à la fois du gouvernement et de leurs alliés de l'UDR. Dans ce domaine s'institue un partage des tâches. Membre éminent du gouvernement, M. Valéry Giscard d'Estaing multiplie les protestations de fidélité; son ami personnel M. Poniatowski, secrétaire général des Républicains-Indépendants, se charge pour sa part de faire connaître les réserves de ses amis envers le gouvernement et son hostilité à l'UDR.

Jusqu'en 1971, ces diverses frondes revêtent peu d'importance, tant le succès de l'équipe au pouvoir est évident. Mais lorsque surgissent les difficultés, Georges Pompidou se montre d'autant plus sensible à l'opinion de ceux qui mettent en cause son Premier ministre que la popularité de celui-ci lui porte incontestablement ombrage en diminuant son autorité. Tout d'abord, à partir de l'été 1971, une série de scandales politico-financiers éclabousse des membres de la majorité, accusés de s'être servis de leur influence politique pour cautionner des affaires douteuses. Le Premier ministre lui-même est l'objet d'une campagne de presse qui l'accuse de s'être servi de dispositions législatives pour ne pas payer d'impôts. Dans la révélation de ces scandales, beaucoup voient la main des collaborateurs de M. Giscard d'Estaing au ministère de l'Economie et des Finances, désireux d'utiliser politiquement des «affaires» qui mettent en cause les hommes de l'UDR.

A ces scandales, un échec politique imputable au président de la République va s'ajouter pour rendre urgente une relance politique. Désireux d'échapper à l'usure qui guette manifestement le pouvoir, de ressaisir l'initiative en empêchant le débat politique de se cantonner aux scandales, le président de la République décide d'organiser un référendum en mai 1971. Il s'agit, selon la lecture gaulliste des institutions, de renouveler la légitimité populaire du chef de l'Etat. Le terrain choisi peut sembler habile: il s'agit en effet de faire approuver par les Français l'élargissement du Marché Commun à la Grande-Bretagne, à l'Irlande, au Danemark et à la Norvège. Or, si les gaullistes, contraints de suivre le chef de l'Etat, rejoindront incontestablement centristes et républicains indépendants dans un vote positif, resserrant ainsi la cohésion de la majorité, socialistes et communistes se sépareront irrémédiablement, les premiers étant européens, les seconds hostiles à l'Europe. Deux faits vont intervenir pour déjouer les calculs de M. Pompidou: le mot d'ordre d'abstention des socialistes, peu désireux de cautionner par un vote positif le pouvoir de la majorité; le peu d'intérêt éprouvé par l'opinion française pour ce qui concerne la construction européenne. Les deux phénomènes se conjuguent pour aboutir, lors du référendum du 23 avril 1972, à 46,6 % d'abstentions et de votes nuls, ôtant toute signification aux 67,7 % de votes positifs au référendum. Cet échec personnel du président de la République s'accompagne en revanche d'un succès tactique de M. Chaban-Delmas. Désireux d'arrêter le sentiment d'une détérioration de la position de son gouvernement, le Premier ministre demande, en dépit des réserves de M. Pompidou, un vote de confiance à l'Assemblée nationale le 24 mai 1972. Il obtient de l'Assemblée un soutien massif: 386 voix contre 96! La perspective de la dyarchie se précise donc, perspective qu'aucun chef d'Etat gaulliste ne peut tolérer. Le 5 juillet 1972, M. Chaban-Delmas donne sa démission, qui est acceptée. Le président de la République entend reprendre en mains la situation ce qu'il fera dans un sens conservateur.

Le gouvernement Messmer et les élections de 1973

Qu'il s'agisse pour le président de la République de reprendre en mains la situation politique et d'affirmer son autorité avant les élections qui doivent avoir lieu en 1973, on ne tarde guère à en avoir la preuve. D'abord par le choix du nouveau Premier ministre, peu susceptible d'apparaître comme indépendant du chef de l'Etat et dont la personnalité rassure à la fois les gaullistes de tradition et les conservateurs. Discret, austère, discipliné, pétri de traditions militaires et considérant le service de l'Etat comme une mission, Pierre Messmer est visiblement dépourvu d'ambition personnelle et ne se considère pas comme un homme politique. Animateur de l'amicale «Présence et action du gaullisme» son arrivée à l'Hôtel Matignon ne peut que rassurer les fidèles du Général sur les intentions du M. Pompidou quant à la continuité.

Enfin, de cet homme de rigueur, les conservateurs de la majorité n'ont visiblement à redouter ni laxisme, ni réformisme. Aussi est-il dès lors évident que Georges Pompidou est désormais, sans aucune ambiguïté, le seul maître du jeu politique.

Les nouvelles règles de ce jeu ne tardent guère à être révélées et permettent de qualifier de tournant conservateur le changement de Premier ministre de juillet 1972. Tout d'abord, le Parlement, ménagé depuis 1969, est totalement tenu à l'écart par le nouveau pouvoir. La révocation de M. Chaban-Delmas quelques semaines après qu'il eut obtenu une large majorité à l'Assemblée nationale, montre le peu de cas qui est fait de son pouvoir. De surcroît, le chef de l'Etat ne juge pas utile de le convoquer pour l'informer des changements survenus à la tête de l'Etat, et M. Messmer néglige, lors de la rentrée d'automne, de soumettre au vote des députés sa déclaration de politique générale. A cette volonté de diminuer le rôle du Parlement s'ajoute la remise en question de la libéralisation de l'information. La radio-télévision perd l'autonomie dont elle jouissait; elle reçoit un président en la personne de M. Arthur Conte, ancien député socialiste passé à la majorité et considéré comme proche de M. Pompidou; les unités autonomes d'information sont supprimées et les membres les plus libéraux des équipes de journalistes et de réalisateurs sont éliminés. Enfin, si le ministère de l'Information n'est pas rétabli, les services de l'information sont rattachés au secrétariat d'Etat à la fonction publique. En fait, tout se passe comme si le chef de l'Etat, en reprenant en mains la majorité, avait décidé de faire cesser l'ambiguïté qui régnait quant aux intentions réelles du pouvoir. Entre les deux termes que MM. Pompidou et Chaban-Delmas avaient tenté de faire prévaloir simultanément, la continuité et l'ouverture, la première est réaffirmée, la seconde abandonnée. A la tête d'une majorité de centre-droit fondée sur les gaullistes, M. Messmer invite au fond l'électorat traditionnel de la majorité à resserrer les rangs en vue des élections de 1973. C'est que, pour la première fois depuis 1958 (si on met à part la surprise des élections de 1967) la gauche présente un réel danger pour le pouvoir. Depuis 1971, le parti socialiste s'est rénové en portant à sa tête François Mitterrand, le candidat unique de la gauche de 1965. Ce parti renouvelé apparaît en outre comme un parti dynamique qui gagne des adhérents et peut-être des électeurs. De surcroît, durant l'été 1972, il a signé avec le parti communiste le programme commun de gouvernement, rendant caduques les affirmations de la majorité sur l'impossibilité pour les deux partis de gouverner ensemble. C'est sans doute la raison pour laquelle le président Pompidou décide personnellement la préparation des élections. Afin d'éviter des querelles entre les trois composantes de la majorité qui risqueraient d'être fatales, il procède lui-même aux arbitrages nécessaires entre les diverses formations quant à la répartition des sièges, donnant aux centristes ralliés et aux Républicains-Indépendants un nombre de circonscriptions suffisantes pour qu'ils ne se sentent pas écrasés par la prépondérance des gaullistes. Enfin, il lance un appel aux centristes d'opposition, les invitant à rejoindre la majorité pour combattre la gauche. Cette tactique semble d'ailleurs couronnée de succès. Les élections des 4 et 11 mars 1973 sont une indéniable victoire pour la majorité qui, avec plus de 9 millions de voix (soit 38 % des suffrages exprimés) l'emporte nettement et s'assure une nette prépondérance en sièges: 278 sur 490 (dont 183 UDR, 55 Républicains-Indépendants et une trentaine de centristes); cependant, si la majorité est victorieuse, elle ne peut ignorer la poussée de la gauche (les communistes ont eu plus de cinq millions de voix, les socialistes et les radicaux de gauche presque autant) même si la traduction en sièges de cette poussée est moins évidente en raison du système majoritaire (73 députés communistes, 102 socialistes et radicaux de gauche).

Mais le président Pompidou, ayant sauvé sa majorité, l'ayant reprise en mains et ramené sur les positions de droite où elle est la plus solide, semble désormais en mesure d'imprimer au septennat sa marque personnelle. Or, on assiste durant quelques mois à un étrange paradoxe: le président ne cesse de renforcer son pouvoir, mais c'est apparemment pour n'en rien faire.

Le septennat interrompu

Au lendemain de la victoire électorale, le président de la République semble vouloir prendre en mains lui-même le gouvernement, par Premier ministre interposé. Si Pierre Messmer est reconduit dans ses fonctions, il est clair que c'est à l'Elysée qu'est dressée la liste des ministres. Des intimes du président accèdent à des postes ministériels, comme M. Michel Jobert qui devient ministre des Affaires étrangères ou M. Maurice Druon, chargé du portefeuille de la Culture. L'entrée au gouvernement comme ministre de la Santé de M. Michel Poniatowski, ami de M. Giscard d'Estaing, doit probablement moins être interprétée comme une volonté d'élargissement que comme résultant du souhait de contraindre au silence l'habituel critique de l'UDR. Les ministres de ce gouvernement tiennent d'ailleurs volontiers un langage énergique destiné à témoigner de leur volonté d'agir. Mais en fait, il est clair désormais que c'est à l'Elysée que tout se règle. Georges Pompidou ne se contente pas, comme le général de Gaulle, de définir les grandes options et de traiter les questions fondamentales du domaine réservé; désormais, toute la vie politique française semble relever du domaine réservé. Aucune décision, aucune nomination ne devient effective avant d'avoir été approuvée par le Président et celui-ci entend régler jusque dans ses détails les plus minces la vie des Français. Une autorité aussi large, mais qui dépossède pratiquement le gouvernement devrait être synonyme d'efficacité, la concentration du pouvoir permettant des décision rapides. Or, c'est le contraire qui se produit. Le gouvernement, dessaisi par l'Elysée, reste incertain devant les événements, attendant que le chef de l'Etat tranche et n'osant intervenir tant que la décision n'est pas prise. L'absence de direction manifeste a pour effet de donner à la vie politique française une allure hésitante et chaotique. Lorsque se produit la très grave crise sociale résultant de la faillite de l'entreprise Lip, occupée par son personnel qui entend remettre en marche l'usine, le gouvernement ne parvient pas à dégager une attitude nette. De même, en dépit de la guérilla qu'entretient M. Michel Jobert à l'encontre des Etats-Unis, la France est absente des grands débats internationaux. Cette passivité, grave en temps normal dans un régime où le pouvoir est concentré entre les mains du chef de l'Etat, devient franchement dramatique à l'automne 1973: la guerre du Kippour provoque la flambée des prix du pétrole, entraînant l'Occident dans une crise économique que l'inflation annonçait de longue date. Or, là non plus. le chef de l'Etat n'intervient pas, et le gouvernement se contente de prendre des mesures ponctuelles. La cohésion du gouvernement ne résiste guère à l'absence de direction politique. Sur toutes les questions du moment, les ministres font des déclarations contradictoires, qu'il s'agisse de l'affaire Lip ou de la limitation de vitesse sur les autoroutes.

En fait cette surprenante abstention d'un chef d'Etat qui concentre tous les pouvoirs a une explication que le monde politique se répète de bouche à oreille malgré les consignes de secret, qui filtre dans les médias, qui arrive à la connaissance de l'opinion publique: le chef de l'Etat est gravement malade. Les démentis de l'Elysée invoquant des «grippes à répétition» pour expliquer l'annulation des rendez-vous et des voyages du Président ne trompent personne. Les dernières apparitions en public du chef de l'Etat révèlent un homme épuisé, physiquement transformé, visiblement hors d'état d'exercer le pouvoir qu'il détient. Dans ces conditions, la réalité du pouvoir est entre les mains, non de l'élu du suffrage universel, mais de ses conseillers, M. Pierre Juillet et Mme Marie-France Garaud, véritables inspirateurs de la politique française.

Celle-ci connaît alors une véritable atmosphère de fin de règne, les formations politiques préparant fiévreusement la succession du président. C'est le cas même de l'UDR qui tient ses Assises à Nantes en novembre 1973 et qui se distancie clairement de l'Elysée comme de Matignon, les sondages révélant à l'envi le mécontentement des Français devant la crise économique. Mettant en avant les thèmes traditionnels du gaullisme abandonnés par le chef de l'Etat, comme la participation, le mouvement, organisé autour de son secrétaire général Alexandre Sanguinetti, fait un triomphe à l'ancien Premier ministre Jacques Chaban-Delmas, véritablement intronisé comme successeur potentiel du président Pompidou, et que les sondages électoraux révèlent en hausse permanente. De leurs côtés, les Républicains-Indépendants reprennent leurs critiques contre la politique du gouvernement dont M. Giscard d'Estaing fait toujours partie, et la publicité qu'il entretient autour de ses faits et gestes en fait à coup sûr un candidat potentiel à l'Elysée.

Pour tenter d'enrayer cette décomposition de l'autorité d'un président que la classe politique s'attend à voir disparaître, l'Elysée décide un remaniement ministériel le 27 janvier. Celui-ci apparaît si peu significatif que chacun se perd en conjectures sur sa portée réelle. Toutefois, une nomination a, au moins, de l'importance et éclaire probablement le remaniement, le passage de M. Jacques Chirac, qui apparaît comme l'homme du président de la République, de l'Agriculture au ministère de l'Intérieur. Plus pompidolien que gaulliste, ne serait-ce qu'à cause de son âge (il est venu au gaullisme à l'époque où celui-ci était pris en mains par la nouvelle génération de l'après-guerre), il sera chargé, à son nouveau poste, de présider à de nouvelles élections.

Après un voyage en Russie en mars 1974, qui révèle son état d'épuisement, Georges Pompidou meurt le 2 avril sans avoir pu donner véritablement sa mesure comme président de la République. Mais, avec lui, l'institution présidentielle s'est encore renforcée, l'autorité du président s'étendant à tous les domaines de la vie publique et restreignant encore la marge d'initiative du gouvernement et du Parlement. Au demeurant, les intentions d'ouverture du Président, et le sort qu'elles ont connu révèlent que la logique des institutions de la Ve République poussent celles-ci dans un sens monarchique qui ne s'accommode ni du maintien d'un pouvoir réel au Premier ministre qui instituerait une dyarchie, ni du rôle du Parlement qui maintiendrait face à celui du chef de l'Etat, un autre centre de pouvoir.

Clôturant seize années de pouvoir gaulliste, la mort de Georges Pompidou incite à s'interroger sur le bilan des deux premiers présidents de la Ve République. Durant les onze années de règne de Charles de Gaulle, la Ve République est apparue à une partie de l'opinion française comme une pure et simple parenthèse dans une histoire politique marquée depuis 1871 par la prépondérance du parlementarisme. A cet égard, pour beaucoup de Français de 1958 pétris de culture républicaine, l'incompatibilité entre la République et un pouvoir fort demeure totale. Sans doute, passées les premières semaines d'exercice du pouvoir par le général de Gaulle, la majorité de l'opinion publique admet-elle volontiers que le pouvoir par le Général n'est ni la dictature ni la tyrannie, mais seuls les zélateurs du nouveau pouvoir le considèrent comme la République. Tout au plus estime-t-on que la nature particulière du régime est liée à la personnalité exceptionnelle de Charles de Gaulle et que sa succession ramènera les choses en leur état normal, c'est-à-dire au parlementarisme classique. Or, à cet égard, l'accession au pouvoir suprême de Georges Pompidou, homme de stature ordinaire succédant à un personnage historique entré vivant dans la légende, est d'une importance exceptionnelle. Que Georges Pompidou ait conservé dans leur intégralité les pouvoirs présidentiels, voire les ait accrus en faisant admettre que le Président est fondé à s'intéresser, quand il le désire, à tous les aspects, fussent-ils secondaires, de la vie de la nation, crée un précédent fondateur d'une tradition politique. Il est désormais établi, et tous les successeurs de Georges Pompidou auront la même conception des institutions, que le Président peut faire jouer à son profit toutes les dispositions de la Constitution qui établissent sa primauté, mais aussi qu'il peut, comme Charles de Gaulle, infléchir par la pratique et en s'appuyant sur une majorité docile, la lettre de la Constitution pour faire triompher ce qu'il estime être, en conscience, l'intérêt national. Georges Pompidou acclimate ainsi à la vie politique pratique de la France les institutions de la Ve République nées en 1958 et donne naissance à une nouvelle tradition politique républicaine qui juge conciliables le régime républicain et un pouvoir exécutif fort. Il est vrai que cette consolidation des institutions a bénéficié d'une conjoncture économique particulièrement favorable et d'une politique économique et sociale qui s'est attachée à la modernisation du pays. Il est peu douteux que ces facteurs ont largement contribué à l'implantation du nouveau régime. Lorsqu'après la mort de Georges Pompidou en 1974, la conjoncture se retourne et que la France doit faire face à la crise, l'existence des nouvelles institutions est déjà largement entrée dans les mœurs et une nouvelle génération arrive à l'âge d'homme qui n'a jamais connu d'autre cadre politique que celui de la Ve République. Le retour à la prépondérance parlementaire, encore réclamé par la gauche, apparaît désormais hors de saison. Face à la crise qui atteint le pays, les institutions de 1958 permettront à la France de traverser les turbulences sans les troubles politiques graves qui avaient affecté les régimes précédents. Mais c'est aussi que la Ve République entre 1958 et 1974 a profondément modifié les structures de l'économie, de la société, voire les mentalités des Français.

Les référendums de 1968 à 1974

Référendum du 27 avril 1969
Approbation de la réforme régionale et de la réforme du Sénat

Abstentions	19,4 %
oui	46,7 %
non	53,2 %

Référendum du 23 avril 1972
Approbation du traité sur l'entrée de la Grande-Bretagne dans le Marché commun

Abstentions	39,5 %
oui	67,7 %
non	32,2 %

L'élection présidentielle de juin 1969

1e tour:	Georges Pompidou	43,9 %	
	Alain Poher	23,4 %	
	Jacques Duclos	21,5 %	
	Gaston Defferre	5,1 %	
	Michel Rocard	3,7 %	
	Alain Krivine	1,1 %	
2nd tour:	Georges Pompidou	57,8 %	(10 700 000)
	Alain Poher	42,2 %	(7 900 000)

Les Premiers ministres de 1968 à 1974

Maurice Couve de Murville	Juillet 1968-Juin 1969
Jacques Chaban-Delmas	Juin 1969-Juillet 1972
Pierre Messmer	Juillet 1972-Mai 1974

Les élections législatives (1968-1973)
(% des suffrages exprimés au premier tour et nombre de députés au second tour)

Partis / Scrutins	Parti Communiste	Extrême gauche ou divers gauches	Parti socialiste (SFIO jusqu'en 1970)	Radicaux et assimilés	MRP	Modérés	UDR	Extrême droite
23-30 juin 1968	20 % 34	PSU 3,9 %	FGDS 16,5 % 57		Centre progrès et démocratie moderne 10,3 % 32	46 % 64	294	divers droites 1,8 %
4-11 mars 1973	21,4 % 73		rad. de gauche 20,71 % 102	réforma-teurs 12,88 % 34	Union Centriste 30	Union des républicains de progrès 34,02 % Républ. Ind. 55	UDR 183	

III

CROISSANCE ET MODERNISATION DE L'ÉCONOMIE FRANÇAISE (1958-1974)

La période qui débute avec l'arrivée au pouvoir du général de Gaulle en mai 1958 et s'achève au début de 1974 avec la mort de son successeur Georges Pompidou est, pour la France, une période de mutations considérables au cours de laquelle le pays réalise sur le plan de ses institutions politiques, de sa place dans le monde, de la vie quotidienne de ses habitants, de ses mentalités et de ses manières de vivre, les transformations les plus radicales de son histoire. Mais il apparaît à l'évidence que l'ensemble de ces modifications souvent bouleversantes sont fonction d'un phénomène qui commande et détermine très largement la vie de la France durant ces seize années et qui est celui de la croissance économique. C'est en fonction de celle-ci et de la modernisation des structures économiques de la France qui en est la conséquence que naissent et se développent les mutations de grande ampleur qui, sur la lancée des novations dont la IVe République avait été le théâtre, placent la France au premier rang de cette modernité qu'elle poursuit avec des bonheurs divers depuis le début du siècle, illustrant des capacités d'adaptation et des ressources qu'on avait souvent tendance à lui dénier par comparaison avec les plus dynamiques des pays étrangers. Sans doute faudrait-il se garder de considérer que, ce faisant, la France opère une rupture avec la situation qui était la sienne jusqu'alors et que la croissance est un fait spécifique de la Vᵉ République. Même si, comme on le verra, le rôle du pouvoir est loin d'être négligeable, la croissance française a commencé dès 1945 (ce n'est pas sans raison que Jean Fourastié a dénommé «les Trente Glorieuses» la période 1945-1975) et s'est poursuivie sous des gouvernements faibles et instables (voir le tome II de *l'Histoire de la France au XXᵉ siècle*). Il n'en reste pas moins que c'est sous les présidences successives de Charles de Gaulle et de Georges Pompidou que la croissance française atteint son apogée et que les transformations qu'elle entraîne sont génératrices d'une véritable révolution dans les conditions d'existence des Français et, de ce fait, dans l'ensemble de leurs comportements, y compris politiques. Pour aboutir à ce résultat, outre les facteurs d'ensemble qui conditionnent la croissance mondiale de la période, il est nécessaire de voir sur quel socle s'est développée la croissance de la Vᵉ République et en fonction de quels choix de la part de gouvernants qui ont désormais les mains beaucoup plus libres que tous leurs prédécesseurs.

L'héritage de la IVᵉ République

L'idée selon laquelle la IVᵉ République aurait laissé au général de Gaulle une économie délabrée qu'il aurait été nécessaire de reconstruire de fond en comble est, on l'a vu dans le tome II de cet ouvrage, une idée fausse représentant l'extrapolation abusive à l'ensemble de l'économie de la crise qui frappe les seules finances publiques, crise très réelle celle-là.

Dans ce domaine, le passif est évident et rend compte de la phrase du général de Gaulle évoquant la situation financière à son arrivée au pouvoir: «*J'ai trouvé les caisses vides!*» De fait, le déficit budgétaire, lié aux dépenses de reconstruction, puis de modernisation de la France est permanent depuis 1949, date à laquelle la production a retrouvé approximativement son niveau de 1930 et a même tendance à s'accroître jusqu'en 1952. Stabilisé entre 1952 et 1954, il se trouve relancé à partir de cette date par les nécessités du financement de la guerre d'Algérie et frôle les 5 % en 1956 et 1957. Pour y faire face, le gouvernement a dû s'endetter, chargeant le pays d'un lourd service qui limite sa marge de manœuvre. A ce délabrement des comptes intérieurs s'ajoute la situation précaire des comptes extérieurs. La balance commerciale de la France est en déficit permanent et ni les revenus du capital ni ceux des services ne parviennent à rééquilibrer la balance des paiements. Jusqu'en 1956 l'aide américaine permet de combler ce déficit des paiements courants. Mais à partir de cette date, le déficit des paiements extérieurs ne cesse de s'accroître, atteignant 1,2 % du PNB en 1956 et 2,4 % en 1957. Dans ces conditions, le franc perd sens cesse de sa valeur et le gouvernement doit périodiquement le dévaluer. L'ensemble de ces déséquilibres aboutit à une situation de crise en 1957-1958. L'indice des prix à la consommation s'élève brutalement de 16 %, la production industrielle tombe de 3 % et, pour la première fois depuis 1949 le produit intérieur marchand chute. Sans doute, pour tenter d'éviter l'effondrement de la balance des paiements et limiter les importations, le gouvernement tente-t-il une dévaluation déguisée de 20 %, mais si celle-ci parvient à limiter le déficit de la balance commerciale, elle entraîne un ralentissement d'activité qu'accompagne (à la différence des pays étrangers où ce ralentissement se constate également) une forte hausse des prix (voir sur ce point Jean-Marcel Jeanneney, «L'économie française pendant la présidence du général de Gaulle», *De Gaulle en son siècle, 3 - Moderniser la France*, Paris, La documentation française — Plon 1992).

Toutefois, cette crise des finances publiques de la IVe finissante ne doit pas faire oublier que l'héritage comporte aussi, à côté de ces difficultés conjoncturelles, bien des apports positifs qui vont incontestablement servir de soubassement à la remarquable croissance dont peut, à bon droit, s'enorgueillir la Ve République de 1958 à 1974. La Ve République hérite ainsi d'un important secteur public, résultat des nationalisations de 1944-1946 qui ont mis entre les mains de l'Etat une grande partie du secteur du crédit, de l'énergie et des transports, permettant à la puissance publique d'agir directement sur la production et les investissements. Elle trouve dans la succession du régime défunt les institutions et la pratique de la planification qui permet d'assigner à la croissance des buts conformes aux grands intérêts nationaux et de limiter la part du hasard et des phénomènes incontrôlés dans le développement économique. Le Commissariat au Plan, les études statistiques conduites par l'INSEE et qui permettent de mieux connaître les ressorts de l'économie française constituent un legs précieux, de même que la formation d'équipes de hauts fonctionnaires qui se sentent comptables de la modernisation du pays. Plus encore peut-être que les institutions, la IVe République a profondément transformé les mentalités en faisant de notions quasiment étrangères à la France de l'avant-guerre comme l'investissement, la rentabilité, la productivité des soucis permanents des dirigeants de grandes entreprises comme des techniciens modernistes de l'appareil d'Etat. Et surtout, elle a ancré dans les esprits l'idée que l'expansion économique ne saurait se faire par un repli frileux sur un marché protégé, mais par l'acceptation des défis de la concurrence et des risques qu'elle comporte et qui impliquent une adaptation permanente aux règles du marché international. Il faudrait enfin ajouter que la IVe République a aussi créé les conditions sociales d'une intégration, garante de la stabilité de la société, en mettant en place l'institution majeure de la Sécurité sociale, garantie contre les aléas de l'existence pour les plus démunis et qui, à beaucoup d'égards, modifie la condition des Français en les mettant à l'abri en cas de maladie, de vieillesse, de grossesse, d'invalidité, d'une perte de revenus qui les réduirait à la misère. Dans la balance de l'héritage de la IVe République, le général de Gaulle trouve certes une situation financière et monétaire difficile. Mais, au total, les atouts structurels que lui a légués le régime défunt l'emportent très largement. Ils ont permis à la France de relever les ruines et les destructions de la guerre et de connaître une croissance économique entre 1949 et 1957, de 4,6 % par an, supérieure à celle des Etats-Unis et du Royaume-Uni et une croissance de la production industrielle de l'ordre de 9,4 % en moyenne annuelle, croissance qui n'est dépassée en Europe occidentale que par l'Allemagne et l'Italie.

Mais il est vrai que là où la IVe République n'avait pu profiter pleinement des progrès accomplis en matière de transformation des structures, en raison du poids des guerres coloniales et de leurs dépenses improductives, et aussi du fait d'une instabilité politique qui interdit de poursuivre des desseins à long terme, la Ve République va bénéficier d'un pouvoir fort, maîtrisant très largement les paramètres divers de la politique économique et capable d'orienter la croissance dans ses axes majeurs. Et le rôle du général de

Gaulle, en ce domaine comme en d'autres, apparaît essentiel.

La politique économique
du général de Gaulle

«*L'intendance suivra.*» Durant longtemps cette phrase apocryphe a servi à illustrer le mépris supposé du général de Gaulle pour les questions économiques. Or nul n'ignore aujourd'hui, et les plus proches collaborateurs du fondateur de la Ve République en ont témoigné, que le Général accordait au contraire aux problèmes économiques et financiers une attention particulière. Non par goût des affaires, comme ce sera le cas d'un Georges Pompidou. Bien au contraire. Par sa formation, son milieu, son système de valeurs, le général de Gaulle se montre méfiant envers l'idolâtrie du profit et la priorité donnée à l'argent sur l'intérêt général. Quand il déclare, dans une phrase célèbre «*la politique de la France ne se fait pas à la corbeille*», il faut y discerner l'héritage de la tradition catholique qui redoute que l'argent pollue la société et ses valeurs et non pas une quelconque méfiance envers les mécanismes de la Bourse ou du marché. Ceci posé, le général de Gaulle ne se montre nullement indifférent à la situation de l'économie nationale. Se fixant comme objectif majeur de rendre à la France sa puissance et son rang international, il n'ignore pas que l'indépendance du pays est largement déterminée par son aptitude à échapper aux contraintes de l'endettement envers l'étranger ou à la sujétion qu'implique inévitablement le recours aux crédits internationaux.

Il serait absurde par conséquent de faire du général de Gaulle un théoricien économique ou de prétendre trancher le débat récurrent qui consiste à savoir si le fondateur de la Vᵉ République se réclamait du libéralisme ou du dirigisme. A ses yeux, l'économie n'est qu'un des moyens de la grandeur et non pas un absolu qui supposerait une attitude dogmatique. Pragmatique avant tout, ses vues en matière économique se réclament d'un ensemble de convictions qui vont largement orienter les pratiques de la France entre 1958 et 1969. D'abord la certitude fortement ancrée que l'Etat possède une responsabilité majeure dans le fonctionnement de la vie économique. Il lui appartient d'en assurer les conditions optimales en veillant au maintien des grands équilibres. En premier lieu, en assurant l'équilibre budgétaire, en supprimant le déficit (ce qui sera accompli en 1965) et en finançant l'impasse éventuelle du budget par l'épargne et non par une création monétaire génératrice d'inflation. En second lieu, l'Etat doit veiller à préserver les comptes extérieurs en préservant l'équilibre de la balance commerciale et surtout de la balance des paiements, condition indispensable pour assurer l'indépendance du pays vis-à-vis de l'étranger. Cette responsabilité s'étend à la garantie de la valeur de la monnaie qui doit inspirer une confiance totale et donner toute garantie en matière de change aux détenteurs de francs. La défense du franc sera l'un des éléments-clés de la politique du général de Gaulle et rendra compte de ses interventions les plus remarquées dans la vie économique et financière, par exemple en 1963 quand il impose au Premier ministre un Plan de stabilisation beaucoup plus rigoureux que celui-ci ne l'avait envisagé ou en novembre 1968 quand il refuse, malgré les pressions des milieux d'affaires, de procéder à une dévaluation du franc.

Mais la responsabilité de l'Etat en matière économique ne se borne pas à ses yeux à la création des conditions qui permettront un développement économique harmonieux. Il a le souci prioritaire de voir la France tenir une place de choix dans la compétition internationale et, pour ce faire, il juge nécessaire une modernisation des structures de l'économie française. C'est ce souci prioritaire qui rend compte du choix qu'il fait en 1958 d'ouvrir le pays aux assauts de la concurrence internationale afin de contraindre les entrepreneurs français à jouer le jeu de l'investissement pour mettre leurs entreprises en état d'affronter la compétition économique. C'est encore elle qui explique que là où il considère qu'un grand intérêt national est en jeu, il appartient à l'Etat de pratiquer ou d'encourager les initiatives qui permettront au pays de ne pas se trouver en retard d'une évolution, de ne pas manquer le train de la modernité. D'où le rôle éminent des pouvoirs publics dans la mise au point de la filière nucléaire civile destinée à doter la France d'une industrie capable de produire de l'énergie nucléaire et de maîtriser les diverses étapes allant de l'extraction de l'uranium au retraitement des déchets. Des exemples analogues pourraient être fournis en ce qui concerne l'industrie aéronautique et spatiale (construction du supersonique Concorde et de l'Airbus), l'informatique (Plan «Calcul» pour les années 1968-1971), le programme spatial des années 1969-1970, le procédé français de télévision en couleur SECAM, etc. C'est aussi dans le cadre des responsabilités de l'Etat que le Général évoquera «l'ardente obligation du Plan», c'est-à-dire, dans la lancée de la IVe République, la fixation d'objectifs quinquennaux, de dégagement de financements permettant de les atteindre et le soutien des entreprises qui s'appliquent à le réaliser. Le troisième plan (1958-1961) qui coïncide avec le retour au pouvoir du général de Gaulle se fixe comme but principal de réduire le déficit des finances publiques et l'inflation. Entre 1962 et 1965, le quatrième Plan qui prend en compte la poussée démographique met l'accent sur le développement des équipement, collectifs. Avec les Ve et VIe Plans (1965-1970 et 1971-1975) c'est la modernisation qui devient le souci prioritaire, en commençant par le secteur industriel d'Etat (pétrole, charbonnages, aéronautique...), mais en encourageant, d'une manière plus globale, la réorganisation des branches-pilotes de l'économie nationale.

Ce rôle important joué par l'Etat, le fait que celui-ci se refuse à abandonner sur l'autel des dogmes du libéralisme économique ses responsabilités en la matière et parfois à la grande colère des milieux d'affaires (voir Henri Lerner, «De Gaulle et le patronat», *De Gaulle en son temps*, *op. cit.* tome 3, pp. 181-194) conduisent-ils à faire du général de Gaulle un dirigiste? Selon ses plus proches collaborateurs, il n'en est rien (André de Lattre, «Introduction aux travaux du groupe ''Politique économique et monétaire''», *De Gaulle en son temps, op. cit.* pp. 17-24 et dans le même ouvrage témoignage de M. Jean-Maxime Lévêque, p. 46). Conseillé par Jacques Rueff, apôtre du libéralisme économique et de l'orthodoxie libérale, le général de Gaulle souhaite que l'économie fonctionne selon les règles du marché. Mais l'Etat doit contrôler, donner l'impulsion et, en dernier ressort, intervenir si les mécanismes naturels ne remplissent pas la fonction attendue. Mais il est clair que la préférence du chef de l'Etat va à une économie qui fonctionnerait sans que l'Etat ait à s'en mêler. Du moins appartient-il à celui-ci de stimuler la prise de conscience, par la communauté nationale, les chefs d'entreprise, les syndicats, de la nécessité de s'adapter à une économie dans laquelle rien ne viendrait fausser le jeu normal de l'activité économique. C'est pourquoi le général de Gaulle créera le comité «Rueff-Armand» chargé de discerner et de proposer des correctifs aux rigidités de tous ordres qui constituent autant d'obstacles à l'adaptation harmonieuse de l'économie française aux conditions du marché.

Dans la mise en œuvre de cette politique, le général de Gaulle joue rarement un rôle direct d'impulsion. On peut discerner son intervention personnelle au moment des grandes difficultés (1958, 1963, 1968) lorsque des choix déterminants s'imposent, le général se contentant alors de fixer les grandes orientations, laissant à ses Premiers ministres successifs, Michel Debré, Georges Pompidou, Maurice Couve de Murville, le soin de mettre en œuvre les décisions prises. Toutefois, on remarque qu'après 1962 et l'arrivée au pouvoir de Georges Pompidou, la pratique des conseils restreints consacrés aux questions économiques tend à se multiplier, impliquant un contrôle plus fréquent de l'Elysée sur ce domaine considéré comme essentiel.

Peut-on discerner, après 1969 et la démission du général de Gaulle un infléchissement sensible de la politique économique suivie sous la présidence de Georges Pompidou ?

Si les équilibres majeurs demeurent, si beaucoup de décisions prises après 1969 ont en fait été préparées dans les années qui précèdent et si l'objectif d'ensemble (assurer grâce à l'économie la puissance de la France et son rôle international) ne se modifie pas, force est cependant de constater que la tonalité a changé. D'abord parce que la personnalité de Georges Pompidou est différente. Le nouveau chef de l'Etat, qui a accompli une grande partie de sa carrière comme fondé de pouvoirs de la banque Rothschild, ne partage pas les préventions du général de Gaulle vis-à-vis des milieux d'affaires, de l'argent et du profit. Beaucoup plus sensible que le général de Gaulle aux sollicitations du patronat, il acceptera en 1969 d'abandonner la rigoureuse attitude de son prédécesseur sur la défense de la monnaie et consentira à dévaluer le franc. En revanche, il se contentera d'accentuer des évolutions qui trouvent leurs origines sous la présidence précédente en poursuivant le retour vers le libéralisme déjà discernable à l'époque du Général de même que l'insistance sur le processus de modernisation et de concentration, également amorcé auparavant. C'est à partir de 1963, avec l'accession au ministère de l'Economie et des Finances de Valéry Giscard d'Estaing que l'on peut discerner un tournant libéral sous la Ve République, inscrit dans les Ve et VIe plans qui encouragent l'investissement privé afin de le substituer dans toute la mesure du possible aux interventions des organismes publics. De la même manière, l'aide de l'Etat aux entreprises publiques est diminuée afin de les mettre en concurrence avec le privé. Enfin, c'est aussi à partir de 1963 que l'intérêt de l'Etat va en priorité au secteur industriel capable d'affronter la compétition internationale. Si bien que, tout en faisant la part des différences dues aux personnalités des deux premiers présidents de la Ve République, on peut admettre que, dans ses grandes lignes, la politique économique poursuivie de 1958 à 1974 s'inscrit largement dans le même axe.

C'est en fonction des priorités indiquées que la Ve République va en premier lieu se préoccuper d'assainir la situation économique et financière laissée par le régime défunt afin d'ancrer sur des bases solides l'élan économique souhaité par le général de Gaulle.

L'assainissement: le plan de redressement de l'économie française

Au moment où le général de Gaulle parvient au pouvoir, il se trouve face à un certain nombre d'urgences. Les unes tiennent à la situation difficile de la trésorerie et à la nécessité pour l'Etat d'alimenter les caisses afin de pouvoir faire face à ses dépenses. Les autres plus structurelles, à la poussée inflationniste que la dévaluation déguisée de 20 % décidée par le gouvernement Félix Gaillard n'a pas résolues. Il s'y ajoute la nécessité de préparer le budget de 1959 et, pour ce faire, de disposer des lignes de force d'une véritable politique économique qui marquerait une rupture nette avec les pratiques précédentes, si fréquemment dénoncées par le Général. Il faut tenir compte enfin des engagements pris dans l'ordre international par la France, c'est-à-dire le retour généralisé des monnaies à la parité externe, la libération des échanges promise par les pays membres de l'OECE et, pour faire bonne mesure, l'entrée en vigueur le 1er janvier 1959 du Traité de Rome.

La nouvelle politique mise en œuvre par le général de Gaulle pour faire face à ces urgences s'inscrit autour de trois pôles. Le premier est d'ordre psychologique et consiste en la nomination au ministère des Finances du modéré Antoine Pinay qui a acquis sous la IVe République une réputation de thaumaturge des finances et est devenu l'idole des petits épargnants. Avec cette nomination, il s'agit d'inspirer confiance à l'opinion et aux milieux d'affaires inquiets de l'interventionnisme supposé du Général et qui n'ont pas oublié les mauvaises relations de 1944-1946. Le second pôle de l'action du Général consiste à faire face aux problèmes les plus urgents. Il s'agit dans un premier temps de donner un peu d'aisance à la Trésorerie pour pouvoir atteindre le nouveau budget en décembre 1958. Un nouvel emprunt Pinay est lancé en juin 1958 pour bénéficier du potentiel favorable créé par la nomination rue de Rivoli de «l'homme au chapeau rond». Il s'agit aussi de tenter de juguler les tendances inflationnistes léguées par le gouvernement précédent en prenant d'emblée des mesures de rigueur qui permettront le redressement escompté: les augmentations déjà annoncées du traitement des fonctionnaires et des prix agricoles sont reportées, les bénéfices commerciaux sont plus lourdement taxés, les impôts sur les sociétés sont accrus, le prix de l'essence est augmenté, enfin des subventions et des crédits sont supprimés. Toutes ces mesures, si elles ont pour objet de juguler l'inflation, de diminuer le déficit budgétaire et de restreindre la consommation au bénéfice des exportations ne sont cependant que des palliatifs.

L'essentiel est ailleurs: il est dans la définition d'une nouvelle politique économique. Las d'attendre que le ministre des Finances lui propose un plan cohérent, le général de Gaulle décide le 30 septembre la création d'une Commission d'experts présidée par l'économiste libéral Jacques Rueff qui dispose de deux mois pour remettre son rapport. Créé sans publication au *Journal Officiel*, fonctionnant dans la plus grande discrétion et quasi clandestinement, le «Comité Rueff», constitué de huit experts remet son rapport le 12 novembre et, en dépit de certaines réticences de M. Pinay, le général de Gaulle décide de l'accepter globalement. Le «plan Pinay-Rueff» (le ministre des Finances, réservé sur un certain nombre de dispositions, va cependant peser de tout son poids pour qu'il soit entériné sans être trop défiguré) se fixe trois objectifs: lutter contre l'inflation, stabiliser la monnaie et libérer les échanges extérieurs. Sur le premier point, le gouvernement doit évidemment agir sur le déficit des finances publiques en diminuant les dépenses et en augmentant les recettes. Pour parvenir à ce résultat, le plan exclut la solution la plus simple, mais la plus impopulaire, les augmentations d'impôts. L'accroissement des recettes résultera donc d'une augmentation de la taxe sur les sociétés et les hauts revenus et de la majoration de diverses taxes (sur les vins et les alcools, le tabac, etc.). Beaucoup plus délicat était le problème des compressions de dépenses. Comme il ne saurait être

133

question de tailler dans les investissements, l'essentiel de l'effort porte sur les diverses subventions accordées au secteur nationalisé et aux entreprises publiques. Au prix d'une hausse de 10 à 16 % des tarifs, le gouvernement diminue la subvention au déficit de la SNCF, celles consacrées à certains secteurs industriels comme la construction navale et aux prix des produits de grande consommation. Les salaires des fonctionnaires voient leur augmentation annuelle limitée à 4 % et le gouvernement décide de ne pas verser en 1959 la retraite des Anciens combattants valides.

Le second volet de l'action gouvernementale préconisée par le plan Pinay-Rueff porte sur la valeur de la monnaie. Pour stabiliser le franc, le gouvernement décide de supprimer toutes les indexations à commencer par celles des salaires et des prix agricoles (sauf en ce qui concerne le SMIG). Mais encore faut-il fixer la valeur du franc de manière à lui rendre sa convertibilité sur les places financières internationales tout en dégageant une marge qui donne aux produits français une compétitivité sur le marché mondial. Une dévaluation de 17,4 % permet de parvenir à ce résultat. Une mesure psychologique complète ces dispositions: la création du «franc lourd» valant 100 anciens francs, ce qui place la monnaie française dans une situation comparable à celle des monnaies de référence du Vieux-Continent, le mark ou le franc suisse.

Peut-être la mesure la plus importante préconisée par le plan Pinay-Rueff est-elle finalement la libération des échanges qui tient, à la grande surprise des pays étrangers, les promesses faites par les gouvernements précédents. Il est décidé que le 1er janvier 1959, 90 % des échanges avec les pays européens seront libérés et 50 % des échanges pratiqués avec la zone dollar. La France de la Ve République inaugure sa politique économique en prenant le pari de l'ouverture sur l'Europe (sur le plan

Pinay-Rueff, voir le témoignage de Roger Goetze «Les caractéristiques du plan de redressement», *De Gaulle en son temps*, *op. cit.*, pp. 51-58).

C'est sur des bases assainies par la mise en application des recommandations du rapport Pinay-Rueff que la Ve République fait entrer la France dans l'ère de la grande croissance et de la modernisation. Mais celle-ci ne saurait s'expliquer ni par l'héritage de la IVe République, ni par la seule politique économique poursuivie. Elle est liée à toute une série de facteurs dont les uns dépendent de la politique gouvernementale, mais dont beaucoup lui échappent assez largement, mais qui lui permettent de donner ses pleins effets.

Les facteurs d'impulsion de la croissance française

Outre la poussée démographique dont a déjà bénéficié la IVe République et qui va jouer sous la Ve en aboutissant à une forte augmentation de la population active qui correspond à partir de 1965 aux besoins de l'économie française, quatre facteurs principaux rendent compte de l'exceptionnelle croissance française des années 1958-1974. Deux de ces facteurs sont d'ordre international: la conjoncture économique mondiale d'une part, le coût décroissant de l'énergie de l'autre.

Il faut en effet noter que la croissance française n'est nullement un phénomène isolé, mais l'aspect français d'une excellente conjoncture internationale qui concerne l'ensemble des pays industrialisés et qui marque une nette rupture avec la situation de la première moitié du siècle.

La croissance au XXe siècle
(taux annuels moyens du PNB)

	1913-1950	1950-1970	1973
Etats-Unis	2,9 %	3,9 %	5,9 %
Royaume-Uni	1,7 %	2,8 %	5,3 %
France	0,7 %	4,3 %	6 %
RFA	1,2 %	5,5 %	5,3 %
Italie	1,3 %	5,4 %	
Japon	4 %	10,9 %	10,2 %

Les choses sont donc claires: la France participe à la croissance générale des grands pays industriels. En moyenne, elle se situe derrière les pays des grands «miracles économiques», le Japon, l'Allemagne et l'Italie, mais elle fait mieux que le Royaume Uni et les Etats-Unis. Toutefois, les chiffres de 1973 montrent qu'elle est en train, à la fin de la période de croissance, de rattraper tous ses concurrents, à la seule exception du Japon.

Cette expansion générale de l'économie mondiale à laquelle la France de la Ve République participe à un rang très honorable s'explique partiellement par un phénomène mondial lui aussi et qui est le coût décroissant de l'énergie, permettant à l'industrie d'abaisser la part de ce facteur dans ses coûts de production. Cette évolution s'explique très largement par la baisse du coût des produits pétroliers. On considère que c'est une diminution de l'ordre de 60 % du prix de la thermie provenant du fuel que l'on constate entre 1958 et 1970. Du même coup, le charbon cesse d'être concurrentiel, son utilisation aboutissant à doubler le coût de l'énergie par rapport à celle issue des hydrocarbures. La conséquence de cette situation est double. D'une part, cette énergie bon marché est largement utilisée, à telle enseigne que la consommation d'énergie en France double entre 1960 et 1973. D'autre part, dans la répartition de la consommation d'énergie, la part du charbon s'effondre, chutant de 75 % environ en 1950 à 17 % en 1973 alors que la part des hydrocarbures passe durant la même période de 18 à 75 % (le reste de l'énergie étant fourni par l'électricité d'origine hydraulique, en décroissance lente et l'électricité d'origine nucléaire qui ne représente encore que 2 % de la consommation d'énergie en 1973).

La France n'étant pas productrice d'hydrocarbures (ou ne l'étant que pour une part négligeable), cette situation aboutit à rendre le pays dépendant des importations étrangères pour près des trois quarts de sa consommation. Les effets de cette dépendance apparaîtront en pleine lumière après 1973 lorsque l'augmentation brutale du prix de l'énergie montrera qu'elle constitue un facteur de vulnérabilité de l'économie française. Mais, dans les années 1960-1973 la dépendance énergétique de la France est délibérément acceptée puisqu'elle permet de se procurer aisément de l'énergie bon marché et, par conséquent, à la production française de demeurer compétitive sur le marché international, ce que ne permettrait pas l'utilisation de l'énergie produite dans le pays. Toute la politique énergétique française est organisée autour de ce choix. Le «Plan Jeanneney» (du nom du ministre de l'Industrie de De Gaulle) prévoit en 1959 la fermeture des mines de charbon les moins rentables. En revanche, l'accent est mis sur l'équipement pétrolier du pays, les industries du raffinage et de la pétrochimie connaissant une remarquable expansion. Les recherches pétrolières sont poursuivies avec ardeur, aboutissant à l'exploitation du gisement de gaz naturel de Lacq découvert en 1957 qui permettra à la France de couvrir en 1973 la moitié de sa consommation de gaz naturel, cependant que l'exploitation du gisement pétrolier d'Hassi-Messaoud et du gisement de gaz d'Hassi R'Mel en Algérie est intensifiée. Par contrecoup, la priorité donnée au pétrole freine les travaux de construction des centrales nucléaires en raison de difficultés techniques, mais aussi du caractère jugé peu concurrentiel de l'énergie nucléaire par rapport à la thermie provenant des hydrocarbures.

Il reste que si la France a pu ainsi bénéficier dans une très large mesure d'une conjoncture mondiale favorable et du facteur exceptionnel que représentait le coût peu élévé de l'énergie, c'est aussi que la politique économique suivie par les gouvernements de la Ve République a permis de faire jouer à plein ces données. A cet égard, deux facteurs sont à retenir qui ne représentent pas une innovation par rapport à la IVe République, mais une amplification de tendances antérieures: le choix de l'ouverture extérieure et l'accent mis sur les investissements.

On a déjà vu que, dès son arrivée au pouvoir, le général de Gaulle avait décidé de respecter les engagements pris par la France lors de la signature du traité de Rome et de jouer le jeu de la libération des échanges projetée par les pays de l'OECE. L'un des volets du «plan Pinay-Rueff» était d'ailleurs destiné à mettre en œuvre cette politique. Or, de 1958 à 1973, cette politique d'ouverture de caractère libre-échangiste est poursuivie avec une grande constance et ses objectifs demeurent identiques: profiter à plein de l'opportunité qu'offre un marché européen considérablement élargi en y imposant les produits français les plus concurrentiels, faire jouer les «économies d'échelle» qui accroîtront la rentabilité des entreprises françaises, enfin contraindre celles-ci, sous le poids de la concurrence internationale, à se moderniser pour affronter leurs rivales, les firmes les moins bien adaptées et qui ne survivent que grâce à l'intervention de l'Etat étant appelées à disparaître. Comme on l'a déja vu, le marché constitue bien le cadre dans lequel se déploie la politique économique de la Ve République, même si l'Etat juge qu'il est de sa responsabilité d'encourager l'adaptation des entreprises nationales à ses règles du jeu.

Le traité de Rome avait prévu la disparition rapide des contingentements qui constituaient autant d'entraves à la liberté des échanges, de même que la diminution progressive des droits de douane entre les pays membres, de manière à aboutir à leur disparition au bout d'une quinzaine d'années. Parallèlement, les pays du Marché commun devaient mettre en place un «Tarif extérieur commun» calculé sur la moyenne des droits pratiqués par les pays membres, ce «Tarif extérieur commun» devant aboutir à une diminution générale des droits de douane dans le monde, négociée dans le cadre du GATT. Pour ce qui concerne la première partie du programme, la France encourage et accélère les étapes prévues. Dès le 1er janvier 1959, elle supprime, on l'a vu, les contingentements de 90 % de ses produits et elle diminue comme prévu ses droits de douane de 10 % sur les échanges mutuels au sein de la CEE. Par la suite, elle accélère le rythme de son ouverture internationale, décidant dès le 1er juillet 1962 d'abaisser de 50 % les droits de douane sur les produits industriels et de les supprimer totalement le 1er juillet 1968, mettant en œuvre, avec une sensible avance sur le calendrier prévu, cette politique de libre-échange que la IVe République avait conçue sans être capable de la réaliser. Il est vrai qu'en échange de sa bonne volonté européenne dans le domaine industriel, la France impose à ses partenaires réticents en 1962 la mise en place du «Marché commun agricole», obtenant ainsi, dans un domaine où la France a une carte majeure à jouer un système de prix garantis et de subventions permettant à ses agriculteurs de bénéficier à leur tour de ce large marché qui a permis aux industriels français de connaître une remarquable expansion depuis les années cinquante. De fait, la France voit (comme les autres pays de la CEE) ses exportations croître et la Communauté occuper une place majeure dans ses échanges extérieurs. Alors que les exportations françaises représentaient en 1960 13 % du

PNB, elles se hissent à plus de 18 % en 1973. Et cette croissance s'accompagne d'une réorientation du commerce extérieur de la France. Au moment où la part des exportations françaises à destination des territoires d'outre-mer s'effondre, chutant de 30 % à 3,9 %, on voit parallèlement les exportations vers les pays du Marché Commun passer entre 1952 et 1970 de 16 % à 50 %. Il est vrai qu'en même temps, la pénétration des importations industrielles en provenance des pays du Marché Commun tend à augmenter, contraignant les producteurs français à s'organiser pour défendre leurs parts de marché et accroître leur compétitivité.

C'est aussi pourquoi l'Etat met l'accent sur la modernisation de l'économie française à travers les Ve et VIe plans et encourage dans les secteurs exposés la constitution de grands groupes de taille internationale, capables d'affronter la concurrence. Dans des domaines-clés comme l'informatique, l'aéronautique, l'espace, cette action revêt un caractère d'incitation où les pouvoirs publics jouent un rôle moteur. Mais l'Etat entend aussi rendre viables grâce à des fusions et des absorptions les industries traditionnelles employant un grand nombre de salariés comme les industries agricoles et alimentaires, la mécanique, l'électronique, la chimie. Pour ce faire, des mesures fiscales encouragent l'investissement, l'achat d'actions et d'obligations, les fusions d'entreprise. Acceptant ainsi toutes les conséquences de l'ouverture extérieure, la France des années 1958-1973 entreprend la modernisation des structures économiques de la France.

Il n'est possible d'envisager cette tâche de grande ampleur qui joue sur le long terme qu'au prix d'investissements massifs qui apparaissent plus encore que sous la IVe République, en raison de la contrainte représentée par l'ouverture extérieure, comme la clé de voûte de la modernisation économique. On a vu que, dès les mois qui ont suivi la Libération l'effort d'investissement avait été considérable par rapport à l'avant-guerre. Or cet effort est poursuivi de manière constante, la croissance des investissements entre 1960 et 1974 étant en moyenne annuelle de 7,4 %, c'est-à-dire qu'elle dépasse la croissance de la production elle-même. Si bien que le taux d'investissement français qui s'établissait à 20 % autour de 1950 atteint 23,5 % en moyenne vers les années 1970 et frôle les 25 % en 1974 (Jean-Charles Asselain, *Histoire économique de la France*, tome 2, Paris, Seuil, 1984). Il s'agit là d'un effort tout à fait remarquable qui témoigne d'une véritable rupture avec les comportements traditionnels des Français. Toutefois, par rapport aux années de la IVᵉ République, il convient de noter une transformation significative de l'origine des investissements qui est la marque de ce retour constant vers les pratiques du libéralisme qui caractérise la France de la Vᵉ République: la part des investissements en provenance des administrations et des entreprises publiques ne cesse de décliner au profit des investissements privés. En 1949-1953, la part des investissements publics est encore de 38,4 % du total; au moment où le général de Gaulle arrive au pouvoir en 1958, elle s'établit à 34,8 %; pour la période 1969-1973, elle tombe à 28,5 %. Non que les entreprises publiques aient diminué leur effort d'investissement, bien au contraire. Celui ne cesse de s'accroître. Mais le relais est pris désormais par les capitaux privés dont la croissance est telle qu'elle relègue en position minoritaire les investissements publics. Même si l'Etat continue à orienter et à donner l'impulsion, à suggérer et encourager, il tend à se dégager progressivement de son rôle économique direct: la part du budget de l'Etat par rapport au PIB tend à diminuer. La charge fiscale indirecte est allégée, l'épargne privée et les investissements privés encouragés grâce à des dispositions fiscales avantageuses. Enfin, les crédits bancaires et les investissements étrangers tendent à prendre la place de l'effort public dans une économie désormais performante.

C'est l'ensemble de ces facteurs qui rend compte de l'ampleur de la croissance française, laquelle constitue le contexte économique de la Ve République jusqu'en 1974.

La croissance française et ses phases (1958-1974)

Les années 1958-1973 sont, dans l'histoire économique de la France, la plus longue période de forte croissance jamais constatée. Le taux de croissance du Produit intérieur brut qui avait été de 1949 à 1958 de 4,6 % en moyenne annuelle monte à 5,5 % par an, atteignant des taux voisins de ceux de l'Allemagne, de l'Italie ou des Pays-Bas et l'emportant nettement sur ceux des autres pays européens. Cette augmentation du taux de croissance amène de nombreux observateurs à considérer que la France des années 1980 sera la première puissance économique d'Europe. Une des preuves de ce dynamisme est fournie par l'augmentation du taux d'investissement précédemment évoqué. Cette croissance française apparaît dans ces années un peu plus forte et surtout plus régulière que celle de l'Allemagne.

Elle est due en partie à l'essor des exportations, conséquence de l'ouverture des marchés. Dans tous les secteurs, la part de la production exportée a fortement augmenté. C'est le cas dans l'agriculture où elle passe de 4 % en 1959 à 14 % en 1972, des industries agro-alimentaires où elle croît de 6 à 10 %, de celles des biens d'équipement (où elle monte de 18 à 26 %). Globalement, la part des produits industriels représente environ

142

les 2/3 des exportations françaises. Toutefois cet essor des exportations dû à l'ouverture des marchés joue aussi pour les importations. Celles-ci connaissent un spectaculaire accroissement, en particulier dans le domaine industriel où le taux de pénétration du marché français par les pays étrangers augmente pour toutes les branches. Si bien que, paradoxalement, alors que les exportations françaises connaissent un essor sans précédent, la part de la France dans les exportations mondiales de produits industriels s'amenuise (de 8,5 à 7 % entre 1961 et 1969) et le taux de couverture des importations industrielles par les exportations industrielles se dégrade, de 20,4 % en 1959 à 98 % en 1969 (Jean-Charles Asselain, *op. cit.*). Ce point noir ne doit cependant pas faire oublier les aspects très positifs de la croissance française des années 1958-1973 qui se réalise dans le respect des grands équilibres: équilibre budgétaire, équilibre de la balance commerciale, équilibre de la balance des paiements courants, équilibre des mouvements de capitaux à long terme. De 1959 à 1962, la France rembourse par anticipation la plus grande partie de sa dette extérieure. Jusqu'en 1968, la croissance se développe donc dans le contexte d'une économie et d'une situation monétaire et financière saine.

Pour autant, on ne saurait considérer que la période de croissance est totalement homogène et les aléas de la conjoncture ou les retombées économiques des événements politiques conduisent à individualiser cinq phases (sur ce point voir Jean-Marcel Jeanneney, «L'économie française pendant la présidence du général de Gaulle», *op. cit.*).

La première phase correspond à la période durant laquelle le général de Gaulle, président du Conseil, prend les mesures d'urgence précédemment indiquées, sans que celles-ci soient capables d'infléchir sensiblement les évolutions antérieures. C'est dire que les tendances léguées par ce que l'on peut appeler la crise économique et financière de 1958 se poursuivent. On constate ainsi une diminution de la production industrielle et du Produit intérieur brut. L'investissement chute de 5 % au total suite à une forte diminution (7,5 %) de l'investissement des ménages que la croissance de l'investissement des administrations (2,7 %) ne parvient pas à compenser. Les gains de productivité sont nuls tandis que le coût de la vie s'élève de 3,7 % en six mois. Du même coup, le salaire réel diminue. Le taux d'épargne des ménages s'effondre. Seul point relativement positif, dû aux mesures d'urgence prises pour stopper l'inflation, la progression de la masse monétaire se ralentit. Cette période s'achève fin décembre 1958 avec la dévaluation du franc.

Commence alors la seconde phase au début de l'année 1959 et qui va se poursuivre jusqu'à la fin de l'année 1963. Elle est marquée par les effets du plan Pinay-Rueff, c'est-à-dire par l'assainissement de l'économie et le stimulant de l'ouverture extérieure. C'est, économiquement parlant, la plus belle période des années 1958-1973, marquée par une forte croissance et une bonne tenue de tous les indicateurs économiques. L'augmentation annuelle du PIB marchand est de 8,1 %, celle de la production industrielle de 7,3 %. La productivité du travail s'accroît de presque 5 % par an, tandis que l'investissement progresse en moyenne de 9,8 % par an, le rôle moteur étant tenu par les administrations et les entreprises. Bien que le pouvoir s'efforce de la contenir, la hausse des prix demeure plus forte en France que chez ses voisins, atteignant 4,2 % par an en moyenne et ayant tendance à s'accroître en 1962 et 1963. Les salaires réels s'accroissent, entretenant une forte demande due à l'augmentation de la consommation des ménages. Mais celle-ci n'empêche pas une forte croissance de l'épargne des ménages qui monte en 1963 à près de 15 % du revenu par an. Quant au nombre de chômeurs recensés, il devient à peu près négligeable se situant en 1963 à un niveau inférieur à 100 000.

En même temps, on constate une forte baisse du déficit budgétaire, une baisse des taux d'intérêt, cependant que le cours des actions s'élève. Les comptes extérieurs deviennent positifs et la balance des paiements devient excédentaire. La consolidation du franc en 1958 et la bonne tenue de l'économie française expliquent l'afflux des capitaux. Les avoirs en or et en devises s'élèvent à 21,8 milliards en 1963 alors qu'ils étaient tombés à 2,7 milliards fin 1957 cependant que les réserves d'or de la Banque de France passent de 500 tonnes à 2 700 tonnes durant la même période.

Cette situation éminemment favorable connaît cependant quelques ombres conjoncturelles à partir de 1961. Les besoins en main-d'œuvre industrielle provoquent une poussée des salaires. Les mesures structurelles prises en faveur de l'agriculture et sur lesquelles nous reviendrons accroissent les charges publiques et les prix agricoles. La hausse des impôts et des cotisations sociales pèse sur les charges des entreprises. Et surtout, le retour en 1962 de 700 000 «pieds-noirs» rapatriés d'Algérie relance brusquement la demande de biens de consommation et d'équipement. Ajoutons que, à l'automne 1962, la reprise des luttes politiques et les deux consultations électorales poussent le Premier ministre Georges Pompidou à relâcher la politique de rigueur en matière salariale pour le SMIG, la fonction publique et les entreprises nationalisées. Les risques de dérapage inflationniste inquiètent les conseillers économiques du général de Gaulle, Jacques Rueff, Jean-Maxime Lévêque et le secrétaire général de l'Elysée, Etienne Burin des Roziers qui poussent le Général à intervenir. Pour répondre à ces inquiétudes, le ministre des Finances Valéry Giscard d'Estaing prend dès septembre 1963 un certain nombre de mesures que le Général juge trop laxistes. Une nouvelle vague de mesures prises en novembre 1963 donne naissance au «Plan de stabilisation» destiné à refroidir une économie française en état de surchauffe: contrôle des prix, restriction du crédit, réduction des droits de douane, etc.

Avec le plan de stabilisation s'ouvre une troisième période dans le développement conjoncturel de l'économie française sous la Ve République qui va durer du début de 1964 à la fin de 1967 et qu'on peut considérer comme une période de consolidation de la croissance à un rythme désormais assagi. La croissance du PIB s'établit à 5,4 % en moyenne, ce qui représente un net ralentissement par rapport à la phase précédente. Il en va de même pour la croissance de la production industrielle (4,3 %), pour celle des investissements, en dépit d'une progression de l'investissement des ménages, surtout consacré à la construction de logements. Cette croissance plus modérée s'accompagne cependant de gains de productivité constants cependant que les budgets de 1964 et de 1965 sont en équilibre et que la hausse des prix se ralentit (à une moyenne de 3 % par an). Enfin la balance commerciale et celle des paiements courants maintiennent un excédent. Si bien qu'au total, la belle période de croissance se poursuit, mais sans les déséquilibres dus à la surchauffe constatés dans la phase précédente. Avec cependant deux périodes de net ralentissement en 1964-1965 (l'effet du plan de stabilisation) et 1966-1967 (conséquence de la récession allemande). Dès fin 1967 la France retrouve une forte croissance.

Celle-ci va se trouver brutalement interrompue par la crise de mai-juin 1968 qui fait sentir ses effets jusqu'à la démission du général de Gaulle en avril 1969. Les grèves de mai-juin 1968 entraînent une chute brutale de la production industrielle, mais dès juillet 1968 et jusqu'en avril 1969 celle-ci redémarre énergiquement, si bien qu'au total la période est marquée par une assez forte augmentation.

Le PIB marchand est lui aussi en forte augmentation et la productivité du travail continue à s'améliorer. C'est essentiellement dans le domaine du budget, des prix et de la balance commerciale que les conséquences de la crise de mai-juin 1968 vont faire sentir leurs effets. Les décisions prises lors des Accords de Grenelle, puis les accords salariaux ultérieurs se traduisent par une forte hausse des salaires (30 % pour le SMIG, 10 % en moyenne pour les autres salaires, la hausse se poursuivant dans les mois qui suivent). Les conséquences sont considérables: une croissance de 19 % de la masse monétaire, une hausse des prix de 7,2 % en un an, un relèvement du taux d'escompte et un plafonnement du salaire réel. Les effets de ces déséquilibres se répercutent sur la balance commerciale qui, d'excédentaire en 1967, devient fortement déficitaire en 1968. Il en résulte un mouvement de fuite des capitaux qui aboutit à la réduction de près de 30 % de l'encaisse-or de la Banque de France et à une importante diminution de ses réserves en devise. Une forte pression s'exerce sur le gouvernement pour qu'il consente à dévaluer la monnaie afin de rattraper les hausses de salaires. A quoi le général de Gaulle, poussé par son ministre d'Etat, Jean-Marcel Jeanneney se refusera avec énergie. Mais, dès 1969 l'effet de ces déséquilibres met en déficit de près de 2 milliards de dollars la balance des paiements courants.

La cinquième phase se situe après la démission du général de Gaulle et couvre les mois allant de juillet 1969 (élection de Georges Pompidou à la présidence de la République) au premier choc pétrolier qui se situe à l'automne 1973 et qui marque l'entrée dans une nouvelle ère économique. Durant cette cinquième phase se conjuguent deux phénomènes différents: l'héritage de la grande croissance et des modifications économiques structurelles établis durant la République gaullienne et la volonté d'apurer les comptes de la crise de 1968. C'est de cette dernière que relève la décision prise en août 1969 de dévaluer le franc de 11 %, c'est-à-dire de répondre au vœu du patronat et du ministre de l'Economie et des Finances Valéry Giscard d'Estaing en acceptant une mesure que le général de Gaulle s'était refusé à prendre. Cette décision a pour effet de relancer la croissance, mais aussi l'inflation. La croissance du PIB marchand dépasse 6 % en moyenne annuelle, l'investissement total croît de 7,2 % par an. Parallèlement les salaires réels augmentent de 4,7 % par an et le coût de la vie de 5,4 % en moyenne. Quant à la productivité du travail, elle poursuit ses progrès. Pour la masse monétaire, elle augmente de 14 % par an. Il est vrai que cette croissance dans l'inflation est partagée par les autres grands pays industriels et qu'elle alimente un essor du commerce extérieur: la France accroît sa part dans les exportations mondiales (de 5,5 % à 6,3 %), et la balance des paiements courants redevient excédentaire dès 1970. En d'autres termes, au-delà des aléas conjoncturels et des dérapages dus aux événements politiques, la période 1958-1974 est celle d'une croissance forte et continue de l'économie française. Mais celle-ci s'accompagne, et en grande partie du fait des impulsions gouvernementales, d'une évidente modernisation des structures économiques. Le fait est particulièrement frappant dans le domaine de l'agriculture.

La révolution silencieuse de l'agriculture

La modernisation la plus spectaculaire est celle qui affecte l'agriculture française qui va, entre 1958 et 1973 connaître une véritable révolution. Non que la Ve République soit l'initiatrice d'une modernisation des campagnes françaises. Celle-ci a débuté dès 1945, sous l'effet des contraintes du marché et on constate que l'utilisation de machines, l'achat d'engrais et de semences sélectionnées, l'amélioration de la productivité se sont considérablement accrus sous la IVe République. Pour autant, dans une France en voie de modernisation, l'agriculture apparaît comme un îlot d'archaïsme, un facteur de blocage de l'ensemble de l'essor économique national. Face au dynamisme du monde industriel ou de celui des services, l'agriculture fait figure d'élément d'inertie. Le rapport Rueff-Armand sur les rigidités de l'économie française opposant des entraves à la croissance ne dénonce-t-il pas dans le monde agricole «des mentalités et des comportements indifférents ou hostiles au changement»? De fait, avec 25 % de la population active employée dans l'agriculture, avec une grande majorité d'exploitations de taille trop exiguë pour que des investissements importants y soient rentables, avec de nombreux chefs d'exploitation âgés et peu désireux de prendre des risques financiers, l'agriculture française en dépit de l'émergence du tracteur reste un bloc conservateur imperméable à la modernisation. Or, à la fin des années cinquante, le poids du monde rural dans les mentalités demeure puissant. Le monde rural français vit sur le prototype de la petite exploitation familiale et la défense de celle-ci, en dépit de son inadaptation aux conditions économiques modernes, demeure un thème majeur de la puissante fédération nationale des syndicats d'exploitants agricoles, des partis politiques de tous bords, des Indépendants, largement implantés dans le monde rural aux communistes qui cherchent à pénétrer le puissant groupe de pression des petits et moyens exploitants en passant par les radicaux, le MRP et les socialistes. En dépit de la volonté de modernisation exprimée par les gouvernements successifs, aucun ministre n'ose affirmer cette vérité d'évidence: la modernisation de l'agriculture passe par la transformation des exploitations en entreprises adaptées au marché et postule la disparition de la petite exploitation familiale traditionnelle selon le modèle français.

C'est cette politique qu'osera entreprendre à partir de 1960 le gouvernement de Michel Debré: moderniser les structures agricoles. Pour y parvenir, il s'appuiera sur le seul élément moderniste du monde rural, le Centre national des Jeunes Agriculteurs (CNJA) formé d'anciens militants de la Jeunesse agricole chrétienne (JAC) et qui, autour de son président, Michel Debatisse, a pris conscience que la survie de la paysannerie française passe par une transformation des structures afin de les adapter au marché. Au demeurant, cette adaptation est indispensable si on veut mettre en place le Marché Commun agricole que les agriculteurs modernistes appellent de leurs vœux et que le gouvernement s'efforce d'organiser. Elle est d'autant plus urgente que les années 1960-1961 sont marquées par de violents mouvements de protestation paysanne résultant de la mévente des produits agricoles en raison de leur surproduction alors que les paysans qui se sont endettés afin de s'équiper pour produire davantage doivent payer les intérêts et l'amortissement de leurs emprunts. A partir de 1960, en s'appuyant sur le CNJA, Michel Debré, puis son ministre de l'Agriculture nommé en 1961, Edgard Pisani, vont s'efforcer de moderniser les structures de l'agriculture française (Bernard Bruneteau, «Mutation politique et mutation agricole: le gaullisme et la révolution silencieuse des paysans», *De Gaulle en son siècle, tome 3: Moderniser la France, op. cit.*). Il s'agit tout à la fois d'encourager le départ des ruraux de la terre afin de constituer des exploitations de taille rentable, d'organiser les marchés et surtout, d'encourager les transformations de la structure des exploitations. Tel est l'objet de la loi d'orientation agricole présentée au Parlement par Michel Debré en 1960 et complétée en 1962 et 1964 par de nouveaux textes d'Edgard Pisani. Des SAFER (Sociétés d'aménagement foncier et d'établissement rural) sont créées et disposent d'un droit de préemption sur l'achat des terres agricoles. Un Fonds d'action sociale pour l'aménagement des structures agricoles est mis sur pied, cependant que les groupements de producteurs et les coopératives sont encouragés. Cette politique qui a le mérite de la cohérence rompait par trop avec les habitudes et les traditions françaises pour ne pas susciter de fortes résistances qui se manifestent par le rejet par le monde rural des transformations entreprises et une opposition de plus en plus marquée au gaullisme. Les choses s'aggravent encore avec la mise en place du Marché Commun agricole en 1962 qui voit la maîtrise du prix de certains produits comme le lait et la viande échapper au gouvernement au profit de la Commission. Et lorsqu'en 1968 le rapport Mansholt (du nom du président de la Commission européenne) préconise une diminution de moitié du nombre des agriculteurs de la CEE en dix ans, un tollé s'élève dans les rangs des paysans. Ceux-ci ne se résignent que très difficilement à n'être plus qu'un groupe marginal dans une société dont ils ont longtemps constitué l'archétype.

C'est ce malaise du monde rural, manifesté par un vote d'opposition lors des élections de 1967 qui poussera Georges Pompidou à appeler au ministère de l'Agriculture l'habile Edgar Faure à la place d'Edgard Pisani, à charge pour lui de poursuivre la même politique, mais en y mettant les formes. Sans rompre avec les lignes directrices de la politique de son prédécesseur, Edgar Faure retrouve, au moins au niveau du discours, les accents traditionnels pour exalter la petite exploitation familiale.

Globalement et en dépit des résistances, la Ve République a réalisé la modernisation des structures du monde rural. En 1972, les paysans ne représentent plus que 12 % de la population active contre 25 % en 1958. Le nombre des exploitations a diminué à un rythme moins rapide (de l'ordre de 2 % par an). Mais il est peu douteux que le processus de concentration des exploitations est en marche dans l'agriculture. Par contre la production agricole est, en 1974, le double de ce qu'elle était en 1946, progression due essentiellement à des gains de productivité. Favorisées par la mise en place du Marché commun agricole, les exportations agricoles ont connu un essor remarquable, le taux de couverture des importations agricoles par les exportations étant passé de 21 % en 1959 à 104 % en 1973. Toutefois cette croissance de la production et de la productivité, cette modernisation des structures n'empêchent pas que la place relative de l'agriculture dans l'économie française a diminué. La production agricole croît deux fois moins vite que la production industrielle ou les services, et l'agriculture ne fournit plus, en 1974, que 5 % du PIB contre 17 % en 1946.

C'est dire que l'aspect majeur de la modernisation de l'économie française concerne l'industrie.

La modernisation industrielle

En matière industrielle, la politique de modernisation est commandée par les choix décisifs de 1958 dans le domaine de l'ouverture des frontières et de leurs conséquences, c'est-à-dire la nécessité d'aider à la mise en place d'une industrie compétitive adaptée à la concurrence internationale. Telle est la philosophie qui se dégage du Ve Plan qui préconise une politique de concentration des structures industrielles pour les secteurs particulièrement exposés à la concurrence. Les divers organismes chargés de définir la politique industrielle de la Ve République (Comité des Entreprises publiques en 1966-1967, Comité de développement industriel en 1966-1968) vont dans le même sens ainsi que les rapports Nora ou Ortoli-Mont-joie. La recommandation de ces derniers est de donner aux entreprises publiques une plus grande autonomie de gestion et de respecter, en ce qui les concerne, la vérité des coûts en mettant fin aux subventions qui les soutiennent. C'est donc bien dans le sens d'une adaptation aux règles du marché et du libéralisme économique qu'est orientée l'industrie française, avec une conséquence majeure sur la structure des entreprises: il s'agit de transformer un pays dont le tissu industriel est formé de petites et moyennes entreprises en un ensemble de grandes entreprises concentrées capables d'agir sur le marché international.

C'est en 1965, avec le Ve Plan, que cette politique d'encouragement systématique à la concentration des entreprises entre en vigueur sous forme d'un ensemble de mesures favorisant les fusions, en particulier la création en 1967 d'un cadre juridique nouveau, celui des «Groupements d'intérêt économique» qui permet aux entreprises de conserver leur indépendance tout en participant à des groupes capables d'affronter la concurrence internationale. Cette politique d'encouragement de l'Etat à la concentration explique l'ampleur des restructurations d'entreprise. Alors que, de 1950 à 1960 s'étaient opérées 850 concentrations de sociétés anonymes, pour la décennie 1961-1970 ce nombre monte à 1 850. Jusqu'en 1964, il s'agit surtout de l'absorption de petites entreprises par des firmes plus grandes, alors que, de 1965 à 1975, on constate que le processus concerne la restructuration de très grosses firmes dans des secteurs essentiels comme la chimie, la sidérurgie, l'industrie électrique (Anthony Rowley, «La modernisation économique de la France», *De Gaulle et son siècle, tome 3: Moderniser la France, op. cit.*, pp. 174-180).

L'action de l'Etat, poursuivie à travers les Ve et VIe Plans porte en premier lieu sur le secteur des biens d'équipement et des biens intermédiaires, l'objectif étant de combler le retard français en matière d'exportations industrielles dans les secteurs les plus modernes et à technologie avancée. L'Etat porte d'abord l'accent sur le secteur public où il est maître d'œuvre. C'est ainsi que sont constitués d'importants groupes dans le domaine du raffinage pétrolier avec la création de l'ERAP, que, dans le domaine bancaire, la fusion de la Banque nationale pour le Commerce et l'industrie et du Comptoir national d'escompte de Paris donne naissance en 1965 à la BNP, que, dans le domaine des moteurs d'avions la SNECMA absorbe Hispano, cependant que Nord-Aviation et Sud-Aviation fusionnent...

L'adaptation du secteur public n'est évidemment qu'un aspect partiel de la politique poursuivie. L'action gouvernementale va, par le biais d'incitations, d'aides, de pressions diverses, encourager la restructuration des branches-pilotes de l'économie française appartenant au secteur privé. De cette action relèvent la convention signée en 1966 par les pouvoirs publics avec la sidérurgie (qui promet l'aide de l'Etat à ce secteur s'il transforme ses structures) et celle de 1968 passée avec la construction navale. En 1968-1970, la volonté de développer une industrie informatique nationale pour ne plus dépendre des Américains donne naissance au «Plan calcul», cependant qu'un programme spatial est mis au point pour les années 1969-1970. Il n'est pas jusqu'aux secteurs traditionnels du textile et de l'ameublement qui ne soient encouragés à moderniser leurs structures pour mieux résister à la concurrence internationale. Politique qui exige des investissements considérables que l'Etat, seul, ne saurait fournir. Si bien que l'une des conséquences de la politique de modernisation systématiquement poursuivie est le rôle croissant joué par les grands groupes financiers dans l'industrie. Suez, Rothschild, Empain-Schneider, Paribas pratiquent massivement l'investissement industriel et prennent en main une notable partie de l'économie française.

Il est peu douteux que cette action de l'Etat, sous ses diverses formes, a abouti à une réelle modernisation de l'industrie française. La part de celle-ci dans la formation du Produit intérieur brut atteint 38,8 % en 1973 (en y incluant l'énergie et les industries agro-alimentaires). Le pourcentage de population active employée dans l'industrie ne cesse de grimper jusqu'en 1962 où il atteint environ 40 %, mais, par la suite, les gains de productivité la font stagner. Le mouvement de concentration aboutit à une diminution très sensible du nombre des petites et moyennes entreprises au profit des grandes. Mais la France n'a pour autant pas véritablement réussi à créer ces grands groupes de taille internationale dont rêvait Georges Pompidou, Premier ministre de 1962 à 1968, puis président de la République de 1969 à 1974. La France ne possède de groupes de taille internationale que dans un nombre limité de secteurs, comme dans celui de l'automobile où Renault et Peugeot-Citroën fusionnent dans les années 1970; mais Renault, premier groupe français n'est qu'au 22e rang mondial. Figurent encore dans ces groupes de taille internationale Michelin pour les pneumatiques, Saint-Godin, Pont-à-Mousson et BSN-Gervais-Danone pour le verre et les matériaux de construction (sans compter l'agro-alimentaire pour la dernière de ces firmes), Péchiney-Ugine-Kühlmann pour l'aluminium, les constructeurs d'avion. La chimie (en dépit d'une tentative de l'Etat rejetée par la profession en 1964-1965 pour la restructurer), l'informatique, la mécanique, le matériel électrique ou la sidérurgie ne possèdent quant à eux aucun groupe de taille internationale.

Il est certain qu'entre 1958-1974, un effort sans précédent de modernisation et d'adaptation de l'industrie française au marché international a été fait. Et il importe d'y signaler le rôle personnel important joué par Georges Pompidou qui, Premier ministre ou chef de l'Etat, placera «l'impératif industriel» au premier plan des préoccupations gouvernementales et marquera son quinquennat d'une série de grands projets industriels confiés soit au secteur public, soit à des entreprises privées liées à l'Etat par contrat pour des objectifs précis.

Le bilan de la modernisation industrielle des années 1958-1973 apparaît ainsi comme incontestablement positif. La France a pris, en 1958, le tournant de l'ouverture des frontières, du jeu de la concurrence internationale et elle a su commencer l'adaptation de son industrie (comme de son agriculture) aux conditions nouvelles ainsi créées. Le pays a dès lors su maintenir sa place de grande puissance économique moderne et, comme on le verra au chapitre IV, cette situation a contribué à une amélioration d'ensemble des conditions de vie de la population, qui représente une véritable révolution sociale. Le tableau n'est pas sans ombres pour autant et la croissance a révélé d'importantes disparités et accentué des déséquilibres structurels.

Les ombres de la croissance: déséquilibres régionaux et déséquilibres sectoriels

La modernisation de l'économie française a fait ressortir par contraste des déséquilibres régionaux dont l'existence est sans aucun doute antérieure à la Ve République, mais que la croissance a accentués. Celle-ci s'opère en effet à partir des régions économiquement les plus dynamiques dont le dynamisme se trouve accru, et au détriment des zones géographiques que la stagnation marquait dès les années antérieures. Globalement les régions bénéficiaires de la modernisation économique sont l'Ile de France, la Provence, la région des Alpes et la vallée du Rhône, alors que l'Ouest, le Sud-Ouest, le Massif central apparaissent en marge de la croissance. En second lieu, celle-ci s'est opérée au profit des villes, en particulier des grandes et des moyennes agglomérations, cependant que le processus de désertification des zones rurales s'est accru, en particulier en raison de l'émigration des jeunes à la recherche d'emplois vers les villes et de la chute du taux de natalité qui en résulte.

La prise de conscience de cette situation est antérieure à l'arrivée au pouvoir du général de Gaulle. Dans un livre au grand retentissement *Paris et le désert français*, le géographe Jean-François Gravier lançait un ri d'alarme dès 1946. Sous la IVe République, des efforts sont entrepris, d'abord d'origine locale, puis à l'initiative des gouvernements Mendès France et Edgar Faure pour tenter de rééquilibrer la croissance sur le territoire national et d'aider à reconvertir les régions dépourvues d'industries (comme l'Ouest) ou celles dont les industries sont en crise (le Nord ou la Lorraine). Sur ce point, la Ve République ne fera que poursuivre et coordonner les efforts antérieurs. Il s'agit de mettre fin à une centralisation excessive qui concentre sur la capitale tous les éléments de dynamisme économique en procédant à une régionalisation. C'est vers 1963-1964 que les premières mesures voient le jour avec la création de la DATAR (Délégation à l'aménagement du territoire) en 1963, administration de coordination et d'impulsion, directement rattachée au Premier ministre, dont le premier titulaire sera Olivier Guichard. En 1963-1964 sont créés les «préfets de région» et les Commissions de développement économique régional (les CODER) qui sont responsables du développement économique des régions dans les vingt-deux «régions de programme» créées en 1957. Jusqu'à la réforme régiona-

157

le préparée en 1969 et qui devait faire l'objet du référendum d'avril, le général de Gaulle, tout en prenant conscience des nécessités de l'aménagement du territoire ne semble nullement avoir fait de celui-ci un thème majeur de son action. Au demeurant, il faut noter que les résultats de cette «géographie volontaire» du développement paraissent avoir été assez limités. C'est que les déséquilibres constatés proviennent de données naturelles ou géographiques sur lesquelles l'action des hommes, sans être nulle, paraît peu déterminante. Tout au plus est-on en présence de tentatives de correction partielle de phénomènes qui échappent très largement à toute action politique.

Il en va largement de même des déséquilibres sectoriels. Un certain nombre d'industries connaissent de graves problèmes, soit du fait de la vétusté de leurs structures (et sur ce point, l'Etat s'efforce de promouvoir une modernisation), soit du fait d'une moindre demande des marchés et d'une concurrence accrue (et dans ce domaine, toute action ne peut avoir que des résultats peu significatifs). C'est très largement le cas du secteur agricole où la très grande majorité des exploitations (1 350 000 sur 1 500 000) est inférieure à 50 hectares, c'est-à-dire située au-dessous de seuil moyen de rentabilité. C'est, bien entendu, vrai pour le domaine du commerce et de l'artisanat. Dans tous ces cas, il s'agit de petites entreprises, condamnées à la disparition lorsqu'elles sont inadaptées aux conditions du marché, mais dont un certain nombre, dans le commerce ou l'artisanat, parviennent à suurvivre en se spécialisant. En revanche, dans le secteur industriel, trois secteurs importants parce qu'ils animent des régions entières et sont gros employeurs de main-d'œuvre apparaissent menacés dans ces années de la croissance. C'est en premier lieu le cas de l'industrie textile, concurrencée par les produits des pays où le coût de la main-d'œuvre est faible (l'Italie d'abord, la Grèce et le Portugal ensuite) et qui connaît une cascade de faillites, en Alsace, dans le Nord du Normandie, avant que le gouvernement n'y encourage une modernisation des structures qui ne résout que très partiellement une crise née des conditions du marché mondial. Du même ordre est la crise qui frappe les charbonnages face à l'irrésistible montée des hydrocarbures dans la consommation énergétique. Le «Plan Jeanneney» prévoit, on l'a vu, la fermeture des puits les moins rentables et pèse comme une menace sur une profession désormais considérée comme condamnée à terme dans sa majorité. La grande grève des mineurs de 1963 sonne comme le cri d'alarme d'une activité économique promise à la disparition. Plus inattendue est la crise de la sidérurgie. Alors que la production de produits sidérurgiques a longtemps été considérée comme un instrument de mesure de la puissance économique d'un Etat, que des installations de «sidérurgie sur l'eau» comme celle de Dunkerque ont été construites pour pouvoir recevoir dans des conditions économiques le minerai de fer importé ou l'énergie à bon marché venue de l'étranger, le marché mondial apparaît tout à coup saturé au milieu des années soixante et les entreprises françaises insuffisamment concentrées pour affronter la concurrence. L'Etat réagit sur ce point en signant en 1966 la convention avec la sidérurgie qui a pour objet de moderniser ses structures et donnera un sursis de quelques années à cette industrie.

Le croissance, pour être un phénomène capital, se révèle ainsi comme un phénomène hétérogène qui ne concerne ni toutes les régions, ni l'ensemble des secteurs et qui produit ainsi des laissés pour compte dont l'amertume est d'autant plus grande que leurs propres difficultés contrastent avec l'insolente prospérité des autres régions ou des autres secteurs. Situation que nous retrouverons avec les tensions sociales des années 1958-1974. Mais la croissance est aussi génératice d'autres déséquilibres, liés à l'inflation et aux faiblesses structurelles d'un commerce extérieur d'autant plus préoccupantes que les exportations sont désormais avec la consommation l'un des moteurs de la croissance.

Les ombres de la croissance: l'inflation et les fragilités du commerce extérieur

L'ensemble de la croissance française se déroule, depuis les années de la Libération, dans un contexte inflationniste. Jugulée par des mesures périodiques d'austérité, l'inflation, à peine ralentie, se trouve aussitôt relancée par diverses causes (pénuries relatives, forte demande, brusque augmentation du pouvoir d'achat...). Au moment où le général de Gaulle arrive au pouvoir, la France connaît ainsi une situation d'inflation liée à la demande résultant de la guerre d'Algérie, laquelle diminue en même temps la main-d'œuvre disponible pour la production. On a vu comment le Plan Pinay-Rueff, complétant les mesures d'urgence prises dès juin 1958 avait fait de la lutte contre l'inflation une de ses priorités. Ses effets permettent, jusqu'à l'automne 1962, de maintenir l'inflation dans des limites modérées ne dépassant pas les 4 % annuels. Mais dès l'automne 1962 la conjonction du retour des pieds-noirs engendrant une forte demande, les tensions sur le marché du travail relançant les hausses de salaire et un relâchement de la rigueur salariale provoquent un retour aux tensions inflationnistes. Comme en 1958, la réponse sera un renouveau de la rigueur avec le Plan de stabilisation mis en œuvre par M. Giscard d'Estaing, dont les effets se font sentir jusqu'en 1966 et qui est relayé par les effets de la crise allemande. En revanche, dès le début de 1968, la forte croissance redonne un élan à l'inflation. La crise de mai-juin et les fortes augmentations salariales qui la suivent emportent toutes les barrières et l'économie française revient à ses démons inflationnistes. Refusant de céder à la facilité préconisée par le patronat, le général de Gaulle rejette la dévaluation et défend une politique de stricte rigueur. Celle-ci n'aura pas le temps de produire des effets. Après la démission du Général, Georges Pompidou décide de dévaluer le franc et il se résignera à maintenir une forte croissance au prix de tensions inflationnistes.

Il faut bien le constater, en dépit d'efforts permanents des gouvernements successifs, l'inflation, même maintenue dans des limites acceptables, baigne la croissance française. Or si les autres pays ont également connu des tendances inflationnistes, celles de la France sont incontestablement plus fortes et plus difficiles à juguler que dans les pays voisins, ce qui implique qu'en dehors des causes conjoncturelles indiquées, il existe des origines structurelles à l'inflation. Les contemporains ont dénoncé les «rigidités» propres à la France: le poids des syndicats et des revendications salariales permanentes qu'ils stimulent, la politique contractuelle qui, dans la fonction publique et les entreprises nationalisées, entraîne des hausses annuelles de salaires et que les pratiques des débuts de la présidence Pompidou ont accentuées en indexant le minimum vital sur la croissance, par l'institution du SMIC et la pratique des «contrats de progrès» qui aboutissent finalement à une indexation générale des salaires, l'importance des prestations sociales, etc. S'y ajoutent les phénomènes psychologiques induits par l'inflation et qui contribuent à l'entretenir, tels que l'anticipation des achats (il s'agit d'acheter avant que les prix ne montent davantage) ou l'anticipation des hausses (la tentation d'augmenter les prix pour gagner davantage avant même d'y être contraint par la hausse des fournitures ou des transports). Mais si l'inflation se maintient si longtemps, c'est aussi que les gouvernements y trouvent, à court terme, des avantages politiques. Elle permet de financer la croissance sans douleur, puisque, même en cas d'augmentation des prélèvements, chacun continue de percevoir des revenus nominaux en hausse, la pression fiscale devenant en partie indolore puisqu'elle ne consiste qu'en une moindre augmentation des revenus nominaux. Et surtout, elle réduit la valeur des dettes, permettant à l'Etat de rembourser ses emprunts, aux chefs d'entreprise de s'acquitter de leurs dettes à bon compte et aux classes moyennes de financer sans difficulté leurs achats de logements. Il est vrai que les inconvénients ne sont pas minces, toute une partie de la population française payant d'une amputation de ses revenus réels le prix de l'inflation: détenteurs de revenus fixes, rentiers souscripteurs des emprunts d'Etat, détenteurs de comptes d'épargne ou d'obligations à intérêts fixes, propriétaires urbains ou ruraux dont les revenus sont fixés par les baux à long terme. Et surtout, en renchérissant les prix français, l'inflation gêne les exportations et favorise les importations de produits étrangers en France, c'est-à-dire qu'elle entraîne un risque de déficit de la balance commerciale.

De fait, celle-ci constitue un souci permanent du gouvernement.

Le choix de l'ouverture extérieure impliquait en effet que la France soit capable d'affronter la concurrence internationale. En 1965 les exportations françaises représentent 10,8 % du PNB, plaçant la France au 4e rang mondial des pays exportateurs. Dès 1959, la balance commerciale de la France devient excédentaire et elle le demeure jusqu'en 1963. Au cours des années qui suivent, on assiste à un accroissement des échanges commerciaux, mais qui s'accompagne d'une fragilité persistante de la balance des paiements due à la structure du commerce extérieur de la France. Les résultats de celui-ci s'améliorent pour les produits agricoles et alimentaires, mais se détériorent dans le domaine de l'énergie pour lequel le pays connaît une dépendance croissante, la part des produits semi-manufacturés dans les exportations diminue, et surtout la dégradation est très forte en ce qui concerne les produits manufacturés. Globalement, la balance commerciale de la France, excédentaire en 1965 encore grâce aux effets du plan de stabilisation tend ensuite à se dégrader et est sans cesse menacée de tomber au-dessous du niveau d'équilibre de 95 %. Après une situation difficile en 1966-1967, la crise de 1968 entraîne pour cette année et 1969 une brusque détérioration qui est en grande partie à l'origine de la dévaluation de 1969.

Même en faisant la part des ombres au tableau que constituent les déséquilibres sectoriels et régionaux, l'inflation et la fragilité du commerce extérieur, le bilan économique des années 1958-1974 est largement positif. La France du général de Gaulle et de Georges Pompidou a accepté le défi de l'ouverture des frontières et de la concurrence internationale, elle a très largement surmonté les handicaps conjoncturels légués par la IVe République finissante et s'est résolument attaquée à la modernisation des structures économiques et à la disparition des rigidités structurelles qui pesaient sur ce pays. De ce fait, elle a connu une remarquable croissance et a enfin pris le virage de la modernité recherchée depuis le début du siècle. Ce faisant, elle a amélioré, dans des proportions sans aucun précédent historique, les conditions de vie quotidienne de ses habitants. La France de 1974 est une des grandes puissances économiques du monde et un des pays les plus évolués de la planète. A cet égard, même si tous les obstacles n'ont pas été surmontés, la Ve République peut se targuer d'un bilan économique incontestable.

IV

Vers la société de consommation

Comme dans la plupart des pays européens dont l'économie a connu au cours des années soixante une très forte croissance, la société française a été l'objet, durant cette période, de mutations profondes. Celles-ci ont affecté non seulement le profil sociologique et professionnel des populations de l'hexagone, mais aussi les mentalités, les modes de vie, les pratiques sociales, les rapports entre les générations et entre les sexes. C'est donc, par rapport aux années du second après-guerre, un tissu social renouvelé — en tout cas très largement modifié — qui va devoir affronter, au milieu de la décennie 1970, les effets déstabilisateurs de la crise.

Croissance démographique et immigration

Entre le début et le milieu du siècle, les effectifs de la population française étaient restés inchangés, ou presque: un peu plus de 38 450 000   habitants en 1901, 39 848 000 en 1946 (sur un territoire agrandi en 1919 de l'Alsace-Lorraine). Dès 1954, les premiers effets du *baby boom*, reliés à ceux de l'entrée en masse de nouveaux migrants ont porté à 42 781 000 le nombre des individus recensés, mais c'est surtout à partir de cette date que s'est affirmé l'accroissement de la population française: 46 460 000 en 1962, 49 655 000 en 1968 et 52 600 000 en 1975, soit un gain de dix millions de personnes en vingt ans.

A l'origine de ce phénomène entièrement nouveau à l'échelle des temps contemporains (entre 1851 et 1946 l'augmentation de population n'avait pas dépassé quatre millions d'individus), il y a tout d'abord l'accroissement naturel résultant du recul de la mortalité — tombée de 16‰ à 11‰ entre 1939 et 1960 — et surtout d'une surprenante reprise de la natalité, conséquence à la fois des mesures en faveur de la famille adoptées par les gouvernements successifs et, semble-t-il, d'un regain d'optimisme manifesté au lendemain des années sombres par les générations en âge de procréer. Toujours est-il qu'entre 1960 et 1974, la France enregistre en moyenne 850 000 naissances par an, avec un taux de natalité qui plafonne en début de période à 18‰ sans jamais retomber au-dessous de 17‰ (contre 15‰ en moyenne dans les années trente). Il en découle un gain annuel d'environ 300 000 personnes, avec une pointe en 1964 (358 000) et l'amorce d'un repli à partir de 1967 qui va s'accélérer au cours des années suivantes (282 000 en 1968, 269 000 en 1969).

Le bilan migratoire positif constitue le second facteur de la croissance démographique française à l'époque des «trente glorieuses». Après 1945, l'immigration de main-d'œuvre étrangère, qui s'était très fortement réduite durant les années du conflit, a repris à un rythme rapide, sans atteindre toutefois celui des années vingt. Il y avait,

*Nombre d'étrangers pour 100 habitants présents
dans chaque département français en 1961
(selon les statistiques du ministère de l'Intérieur)*

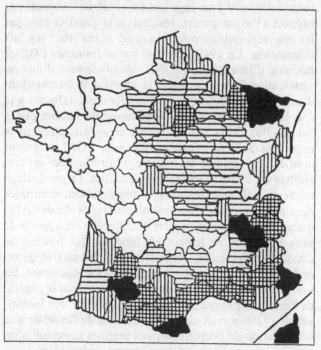

1: moins de 2 %
2: de 2 à 4 %
3: de 4 à 6 %
4: de 6 à 8 %
5: plus de 8 %

en chiffres arrondis, 1 740 000 étrangers en 1946 (contre 2 715 000 officiellement recensés en 1931): il y en aura 1 765 000 en 1954 et 2 170 000 en 1962. La nouveauté, toute relative si l'on juge par les résultats obtenus, par rapport à l'avant-guerre, réside dans la tentative faite par les pouvoirs publics pour organiser et maîtriser les flux migratoires. En 1945 a été créé par ordonnance l'Office national d'immigration (ONI), aboutissement d'une revendication formulée avant la guerre par les partisans d'une véritable politique de l'immigration, refusant à la fois le malthusianisme et la mainmise des intérêt privés sur les flux de la main-d'œuvre étrangère. Prenant le relais des anciens organismes privés, l'ONI se voyait confier le monopole en matière d'introduction des travailleurs et de regroupement des familles. La particularité de la politique française d'immigration, comparée notamment à ce qu'allait devenir plus tard celle de l'Allemagne fédérale, était en effet de concevoir les apports de sang neuf non seulement en fonction des besoins de l'économie française, mais dans une perspective de repeuplement de l'espace hexagonal. En attendant les «quelques millions de beaux bébés» promis par le général de Gaulle, la philosophie qui devait présider aux initiatives de l'Office était claire: il s'agissait de favoriser une immigration de peuplement, aux origines géographiques variées mais qui soit «culturellement assimilable».

A la fin des années cinquante, il est clair que les objectifs fixés à l'ONI n'ont été que très partiellement atteints. Certes, l'immigration réputée aisément assimilable a continué de progresser à un rythme régulier. Il y avait 450 000 Italiens en France en 1946. Ils seront 507 000 en 1954 et près de 629 000 en 1962. Dans le même temps, l'effectif des Espagnols est passé de 302 000 à 441 000. Réunies, ces deux nationalités représentent à peu près la moitié de la population immigrée, le nombre des Polonais ayant fortement régressé pour les raisons politiques que l'on imagine (423 000 en 1946 soit le quart des migrants, 177 000 en 1962). Mais il n'y a pas eu d'immigration européenne de masse. L'opinion n'y était guère favorable. D'autre part, le patronat ne voulait pas d'une immigration sélectionnée à des fins premières de peuplement.

Les entreprises avaient besoin d'une main-d'œuvre abondante, mobile, rapidement disponible, apte à répondre aux besoins du travail posté dans le secteur secondaire. Elles se trouvaient donc gênées par les impératifs démographiques de l'ONI. Pour les contourner, elles se sont servies des failles du dispositif mis en place en 1945.

Les Algériens échappaient au contrôle de l'Office, puisque Français au regard de la loi. Ce sont eux que l'on a fait venir en priorité dans les années cinquante, avec l'accord tacite d'une opinion publique qui, malgré la guerre d'Algérie, pensait confusément que ceux-là au moins ne resteraient pas. Ils étaient 22 114 en 1946: ils sont 211 675 en 1954 et 350 484 en 1962, tandis que stagnent ou régressent les effectifs des autres groupes. Le patronat a par ailleurs organisé ses propres filières, obtenant la régularisation des clandestins, ce qui revenait à subir les flux spontanés, voire à en stimuler l'écoulement, au lieu de les organiser selon les impératifs de la démographie.

Témoins de cet échec: les regroupements familiaux, pierre de touche de la politique de l'ONI. Organisés dès 1947, ils sont passés de 4 930 à cette date à 26 597 en 1949, mais dès 1954 leur nombre est retombé au-dessous du niveau de l'immédiat après-guerre. L'immigration européenne et familiale, dont on rêvait pour repeupler le pays est devenue dans une proportion croissante une immigration de travailleurs célibataires originaires du Maghreb. Les pouvoirs publics laissent faire. Le *baby boom* ne donne pas pour l'instant de signes majeurs d'essoufflement. Les enfants français grandissent. L'immigration à des fins de peuplement ne présente plus la même urgence et l'on se dit qu'il sera temps, plus tard, de faire repartir ces migrants inadaptés. En 1965-1966, 80 % des entrées se feront hors de tout contrôle de l'ONI. Les dispositions communautaires, qui prévoient la libre circulation des travailleurs, et les accords passés avec les anciennes colonies, achèveront de défaire le monopole de l'Office, réduit pratiquement à néant lorsque surgit la crise économique. En 1974, au moment où les frontières se ferment à l'immigration hors CEE, le bilan de cet organisme apparaît donc comme largement négatif. Pourtant le nombre des regroupements familiaux a trouvé un second souffle au cours des *sixties*: on en dénombre 23 000 en 1960, 43 454 l'année suivante, 81 496 dix ans plus tard.

Il faut dire qu'au cours des quinze années qui ont suivi l'avènement de la Ve République, l'origine des populations étrangères s'est profondément modifiée. Si l'on dénombre encore 607 000 Espagnols et 571 000 Italiens en 1968 (soit au total 45 % des migrants), ils ne sont plus respectivement que 497 000 et 462 000 en 1975 (28 %), l'effectif des Polonais étant réduit à cette date à 93 000 personnes. Dans le même temps, le nombre des Algériens est passé de 473 000 à 710 000 (20,6 %), celui des Marocains de 84 000 à 260 000 et celui des Tunisiens de 61 000 à 140 000. Mais surtout, l'élément nouveau au cours de la décennie 1960 est le gonflement rapide de la population portugaise, passée d'un peu plus de 50 000 personnes en 1962 à 296 000 en 1968 et 759 000 en 1975.

Le phénomène est exceptionnel. Aucune autre population étrangère ne s'est, dans l'histoire de l'immigration en France, formée aussi précipitamment, à l'exception peut-être des Polonais. Les causes de l'émigration portugaise ne datent pas de 1962. Ce qui est nouveau, c'est le choix de la France. Pendant les années 1950, les difficultés économiques de ce petit Etat de la périphérie européenne et l'exode rural qui en résulte poussent déjà de nombreux Portugais à s'expatrier. Mais ils préfèrent alors le Brésil, pour d'évidentes raisons de proximité linguistique, et parce que ce pays paraît doté d'un potentiel économique plus grand que les vieux Etats européens. Tout change lorsque le régime salazariste s'engage, en 1963, dans une interminable guerre coloniale contre les mouvements de libération de ses possessions africaines. Les jeunes soldats doivent rester trois ou quatre ans sous les drapeaux et participer à des campagnes pénibles et meurtrières. Aussi les réfractaires vont-ils rejoindre dans l'exil ceux qui partent avec l'espoir d'une vie meilleure. Au Brésil, ils préfèrent la France, plus proche, plus facile d'accès pour les clandestins, grâce aux passeurs portugais et espagnols. La croissance garantit l'emploi, les pouvoirs publics se montrent indulgents pour les sans-papiers. Dès 1968, plus de 100 000 clandestins ont réussi à faire régulariser leur situation.

Au tournant des années 1960 et 1970, les Portugais arrivent au rythme de 150 000 par an. Sur ce total, on compte une bonne moitié de clandestins et un tiers de migrants entrés au titre des regroupements familiaux (47 000 en 1969 et 1970). Aussi faut-il envisager de remplacer l'accord tacite de régularisation par un instrument bilatéral moins précaire. En 1970, le gouvernement de Lisbonne accepte de normaliser la situation des déserteurs afin que leurs familles puissent entrer en France dans des conditions régulières. En juillet 1971, un protocole d'immigration est signé entre les deux gouvernements pour essayer de contrôler les départs et d'organiser la sélection des travailleurs: ce qui va avoir pour effet de tarir les flux. Commence alors pour cette population, qui a largement pris le relais des Italiens et des Espagnols, le temps de l'installation et de l'intégration.

Intégration qui s'est opérée de manière exemplaire. Nombreux surtout en région parisienne (près de la moitié de l'effectif total), les Portugais constituent également des noyaux denses dans le Sud-Ouest, le Centre et la région Rhône-Alpes. Les débuts ont été difficiles. Les Portugais ont partagé avec les migrants du Maghreb les emplois les plus rebutants, souvent au prix d'une déqualification professionnelle. Leurs conditions de vie et d'habitat, dans des cités improvisées et dépourvues de tout confort, ont été aussi déplorables — en pleine euphorie des «trente glorieuses» — que celles des migrants italiens de la «Belle Epoque». A Nanterre, où était situé à la fin des années soixante le plus tristement célèbre de ces «bidonvilles», il semble bien que le spectacle au quotidien des familles entassées dans ce ghetto situé à quelques kilomètres des beaux quartiers n'a pas été pour rien dans le déclenchement des événements du printemps 1968.

Pourtant l'insertion à la société d'accueil s'est faite et elle s'est faite en un temps record de la part d'une population qui a exercé sur elle-même et notamment sur ses jeunes un fort contrôle social. Proches du modèle italien par la nature des emplois que nombre d'entre eux ont occupés et qui les ont amenés à être en contact permanent avec les autochtones — les hommes travaillent souvent dans de petites entreprises du bâtiment, effectuant en dehors de leur activité officielle des tâches «au noir» chez les particuliers, leurs épouses ont remplacé les Espagnoles comme femmes de ménage —, les Portugais ont, plus que les Transalpins, manifesté une grande discrétion et une assez forte malléabilité. La très grande majorité d'entre eux était constituée, rappelons-le, de ruraux et de clandestins: deux traits qui ne les prédisposaient pas à la contestation sociale et politique. Le régime de Salazar qui se méfiait des idées subversives, de la pédagogie des syndicats français et du contact avec la modernité, n'a pas ménagé ses efforts pour pourvoir à l'encadrement religieux des migrants, dépêchant occasionnellement auprès des plus récalcitrants sa redoutable police politique, comme l'avait fait avant lui le fascisme.

Cette vigilance paraît avoir été bien excessive. Les immigrés portugais des années 1960 ne sont guère portés vers l'action politique. Ils sont venus pour gagner de l'argent en un minimum de temps, et ils entendent profiter de la moindre occasion offerte. Compte tenu de leurs origines rurales et de leur faible niveau d'instruction, ils préfèrent les réseaux familiaux ou villageois aux organisations structurées du monde ouvrier.

L'intégration est au contraire extrêmement difficile pour les ressortissants des anciennes possessions françaises d'Afrique du Nord et au premier chef pour les Algériens, de loin les plus nombreux et les plus durement touchés par les effets retardés de la décolonisation. La Ve République n'a pas seulement hérité en effet d'une guerre coloniale que le général de Gaulle mettra encore quatre ans à terminer. Elle doit, sur fond de déchirements interethniques et de conflits meurtriers entre les diverses composantes de la résistance clandestine, gérer la présence dans l'hexagone de plusieurs centaines de milliers d'Algériens. Cela n'ira pas sans débordements de part et d'autre: d'un côté les règlements de comptes entre militants du FLN et du MNA de Messali Hadj et les «cotisations» imposées par ces organisations aux commerçants et même aux ouvriers algériens, de l'autre les ratissages dans les bidonvilles, les interrogatoires «musclés» et les liquidations opérés — à Paris — sous l'égide du préfet Papon par une force de supplétifs musulmans encadrés par des policiers français. Le 17 octobre 1961, à la suite d'une manifestation de plusieurs dizaines de milliers d'Algériens sur les grands boulevards, les affrontements avec les forces de l'ordre, puis la chasse aux Arabes qui leur fait suite donnent lieu à un véritable massacre: 3 morts et 64 blessés selon les autorités, 200 tués selon l'Institut médico-légal, sans parler des disparus.

Au-delà de cette «ratonnade» d'une ampleur inégalée,

la violence a été au quotidien le lot des travailleurs algériens durant cette période tourmentée de notre histoire. Elle a éclipsé les efforts mis en œuvre par les autorités dans le domaine économique et social. Créé en 1958, le Fonds d'action sociale (FAS) a mené une politique active en matière de logement, d'alphabétisation et de formation professionnelle, qui s'est poursuivie après l'indépendance.

Une fois celle-ci acquise, les retours en Algérie seront peu nombreux. Les accords d'Evian garantissaient la libre circulation entre la France et l'Algérie et accordaient aux résidents de ce pays les mêmes droits que les nationaux, à l'exception des droits politiques. Les travailleurs déjà installés pouvaient rester en France sans trop de préjudices et sans renoncer à leur nouvelle nationalité. En fait, cette position n'est guère confortable. Pour les autorités algériennes, ils sont des expatriés temporaires ayant des devoirs envers leur pays, et leurs enfants sont Algériens. En France, ils sont étrangers mais bénéficient d'un statut particulier, et leurs enfants, s'ils sont nés en France, sont Français puisque nés de parents eux-mêmes nés en France lorsque l'Algérie était formée de trois départements français. Aux yeux enfin de l'opinion, ils cumulent les handicaps et sont chargés de tous les péchés. Ils sont au bas de la pyramide sociale, monopolisant les tâches les plus ingrates et les moins bien rémunérées de l'industrie et du tertiaire. Ils vivent dans des conditions déplorables d'habitat et de concentration qui favorisent la délinquance et reproduisent le hiatus avec les autochtones qu'ont connu au cours du premier XXe siècle les Italiens, puis les Polonais. Musulmans, on leur dénie la capacité de s'intégrer à la société française. Algériens surtout, ils subissent les rancœurs accumulées au cours des sept années de guerre.

Pourtant, ceux qui choisissent de revenir sont peu

nombreux, tandis que croît le flux des nouveaux arrivants. Des besoins nouveaux ont surgi, éducatifs, culturels ou de simple consumérisme, que le jeune Etat algérien ne peut satisfaire. Signes d'un choix qui paraît irréversible, les regroupements familiaux s'accélèrent et l'engagement dans la vie politique et syndicale françaises se précise. Les autorités algériennes s'en préoccupent. Elles voient dans une émigration qui perdure et s'amplifie une opposition larvée, un refus du régime, qu'elles tentent d'enrayer en soutenant l'action de l'Amicale des Algériens, fondée en 1962 dans la mouvance du FLN et organisée comme lui en wilayas. Porte-parole de la communauté auprès du gouvernement français, l'Amicale a contribué à stabiliser une communauté en pleine expansion, mal intégrée et en butte à l'hostilité du pays d'accueil. Mais ses liens avec Alger, ses ambitions politiques et son empressement à réaffirmer solennellement son identité algérienne ont vraisemblablement freiné un processus d'intégration qui exigeait sans doute plus de neutralité.

Du côté français, les efforts prodigués pour intégrer les migrants algériens ont également été insuffisants. Pas plus que le gouvernement d'Alger, celui de la République ne souhaite en effet que les flux spontanés continuent de croître, ni surtout que les immigrés fassent souche dans le pays d'accueil. Aussi, l'accord signé entre les deux pays en décembre 1968 fixe-t-il de nouvelles règles du jeu. Désormais, les deux parties établiront chaque année un contingent de salariés autorisés à s'expatrier, le contrôle et la sélection des candidats étant à la charge de l'Office national algérien de la main-d'œuvre. Le passeport et le titre de séjour sont rétablis, sans faire pour autant des Algériens des étrangers de droit commun, comme si la France ne parvenait pas à les considérer comme définitivement indépendants. Cantonnés dans cette zone d'incertitude juridique, ils vont perdre une bonne partie de leurs avantages (notamment en matière de droit social), sans rien gagner, payant ainsi le prix d'un ressentiment historique qui n'ose pas dire son nom.

Les choses sont sensiblement différentes pour les Marocains et les Tunisiens, même si la distinction avec les Algériens ne s'opère pas toujours très nettement dans l'imaginaire social des Français et si les conditions de vie des uns et des autres diffèrent peu. Les premiers ont vu leurs effectifs quadrupler entre 1962 et le début des années 70. La convention signée avec le Maroc en juillet 1963 s'est bien efforcée de canaliser les flux et d'organiser la sélection et l'installation des migrants, mais sans grand résultat. Elle n'a empêché ni le gonflement de l'immigration clandestine, ni la forte croissance des regroupements familiaux, opérés soit par le truchement de l'ONI, soit à travers les filières «touristiques». Il en est de même pour les Tunisiens. Les uns et les autres sont majoritairement regroupés dans les trois pôles privilégiés de l'immigration maghrébine: au moins 45 % dans la région parisienne, de 15 à 18 % dans la région Rhône/Alpes, entre 20 et 22 % dans la région Provence/Côte d'Azur. Ils y occupent des emplois qui se répartissent entre trois secteurs dominants: l'industrie de transformation (notamment l'automobile), le bâtiment et les travaux publics, le commerce et les services où les Tunisiens, généralement plus qualifiés, priment sur les deux autres nationalités du Maghreb.

Les nouvelles structures démographiques

L'appel à la main-d'œuvre étrangère est devenu une nécessité d'autant plus forte dans la France des «trente glorieuses» que la croissance démographique au cours de cette période d'euphorie économique ne s'est pas accompagnée d'une augmentation symétrique de la population active. De 1946 à 1972, la première s'est accrue de 18 %, la seconde de 12 % seulement. Les raisons de cette distorsion croissante sont bien connues. On assiste tout d'abord, conséquence à la fois de l'arrivée de la génération du *baby boom* à l'âge scolaire, de l'amélioration globale du niveau de vie, d'une demande sociale motivée par l'aspiration des catégories moyennes ou modestes à la promotion et à l'«égalité des chances», à un gonflement sans précédent des effectifs scolarisés. Dans le primaire, ils passent de 4,5 millions en 1945 à plus de 6 millions en 1960; dans l'enseignement du second degré, ils doublent puis triplent au cours des vingt années qui suivent la fin de la guerre. Le nombre des bacheliers — bon baromètre, jusqu'au milieu des années 1970, du degré d'instruction d'une population — s'élève en chiffres arrondis de 32 000 en 1950 à 42 000 dix ans plus tard et à 140 000 en 1970.

Pour faire face à ces vagues conjuguées de la population scolaire, les pouvoirs publics doivent improviser des solutions de fortune: bâtir à la hâte des locaux «provisoires», qui continuent aujourd'hui d'abriter les petits-enfants de la génération du *baby-boom*, former sur le tas des enseignants de tous niveaux, tenter d'adapter l'institution scolaire aux besoins nouveaux d'une éducation de masse. Jusqu'à la guerre, le lycée a été le lieu où s'opérait la sélection et la reproduction des élites. La réforme de 1941, conçue par le ministre Jérôme Carcopino pour sauvegarder les humanités classiques et pour débarrasser le secondaire de la concurrence du primaire supérieur, a été l'ultime tentative faite pour conserver au lycée sa fonction reproductrice. Or, comme l'ont montré les travaux d'Antoine Prost (*Education, société et politiques. Une histoire de l'enseignement en France de 1945 à nos jours*, Paris, Seuil, 1992), elle a abouti à un résultat contraire en organisant l'accueil, dans le second cycle du secondaire, des élèves formés par le primaire supérieur. Sous la IVe République, tandis que se réduit la proportion d'enfants des milieux favorisés dans les lycées et que croît celle des fils et filles d'ouvriers (selon A. Prost, celle-ci est passée de 8,7 % en 1947-1949 à 21,5 % en 1962-1964), les «cours complémentaires» des écoles primaires effectuent une percée spectaculaire, le nombre des élèves fréquentant ces établissements passant durant cette période de 152 000 à 410 000. Avec la république gaullienne, les derniers verrous sautent, emportés l'un après l'autre par les réformes successives. Celle de 1959 prolonge de deux ans la scolarité obligatoire, transforme les cours complémentaires en «collèges d'enseignement général» et institue un «cycle d'observation» de deux ans en sixième et en cinquième. Celle de 1963 (dite «réforme Fouchet») reporte en seconde l'orientation vers les filières «longue» et «courte», et surtout elle crée une nouvelle catégorie d'établissements, les CES, qui vont progressivement se substituer aux premiers cycles des lycées. Après la tornade de 1968, le ministre Edgar Faure décide de reporter le début du latin en quatrième, ce qui supprime la section classique. L'ultime étape est celle que conduit René Haby en 1975-1976, avec la suppression des différentes sections des CES.

Désormais, la France possède une «école moyenne» répondant au désir d'égalité formelle de la majorité des citoyens. Que cette évolution, qui coïncide avec les progrès de la démocratie, ait eu pour effet pervers de «primariser» l'enseignement secondaire, cela ne fait guère de doute. Mais elle a en même temps accompagné et canalisé une explosion scolaire qu'aucun gouvernement ne pouvait ni ne voulait endiguer, et elle a fortement concouru — comme le montre Antoine Prost à partir d'indicateurs non discutables — à l'élévation du niveau moyen de formation des Français.

La génération du *baby boom* n'a pas seulement posé aux responsables politiques français des problèmes d'équipement et d'encadrement scolaires. Elle a été la première à se constituer dans les années soixante en un groupe autonome, voire en un véritable «modèle» imposant ses modes, sa culture, sa manière de vivre et de penser à toute une partie du corps social. Etre «jeune» a toujours été dans l'histoire, surtout lors des périodes de mutations rapides, synonyme de révolte, de non-conformisme, d'opposition identitaire aux hiérarchies en place.

En ce sens, la jeunesse des *sixties* ne fait que reproduire les refus et les comportements provocateurs de ses devancières. Ce qui est nouveau pour cette classe d'âge dont l'adolescence et l'arrivée à l'âge adulte coïncident avec l'emballement de la croissance et avec le soulagement qui accompagne la fin de la guerre d'Algérie, c'est le caractère collectif du phénomène. En France, la poussée démographique de l'après-guerre et l'espace qu'occupent concrètement les jeunes dans le paysage social des années soixante y sont pour quelque chose. Mais à la conscience qu'ils ont de leur pesanteur et de leur influence potentielle, s'ajoutent les effets d'un environnement technologique et économique qui nourrit le souci de distinction des *teenagers*.

Disposant, avec l'amélioration générale du niveau de vie, d'une relative aisance, les jeunes deviennent la cible privilégiée d'un système industriel et commercial qui cherche à tirer profit de leurs besoins et de leurs goûts et met à leur disposition les objets symboliques de leur statut: le «tourne-disques», le transistor, le scooter, etc. Au-delà de cette clientèle constamment renouvelée, les bénéficiaires de cette fièvre consommatrice des jeunes touchent d'ailleurs des cercles beaucoup plus larges du corps social, tant est grande l'aspiration des autres générations à se rapprocher d'un mode de vie qui, beaucoup plus qu'une mode, est en passe de devenir un style ou, comme l'écrit Michel Winock, «une exigence pour tous» (*Chronique des années soixante*, Paris, Seuil, édition 1990).

La jeunesse n'est pas la seule fraction du corps social à se constituer en un groupe autonome. Comme dans les autres pays industrialisés jouissant d'un niveau de vie élevé, d'un équipement sanitaire moderne et d'un mode de couverture sociale satisfaisant, la vieillesse a reculé et avec elle la proportion des individus qui continuent d'exercer une activité professionnelle après 65 ans (elle est tombée de 42 % à 19 % entre 1962 et 1975), voire après 60 ans (54 % au lieu de 71 %). Il s'est ainsi dégagé un espace dit du «troisième âge» qui est celui des retraités récents, gros consommateurs de loisirs et de voyages organisés, de lecture, de spectacles, en attendant le recyclage universitaire qui commencera à faire des adeptes à la fin des années 1970.

La difficile maîtrise de l'espace urbain

Jusqu'à la Deuxième Guerre mondiale, la France est restée majoritairement un pays de «ruraux», ce terme étant compris non comme synonyme de travailleur de la terre mais comme relié à la domiciliation hors des agglomérations de plus de 2 000 habitants. En 1946, ces dernières abritent déjà un peu moins de la moitié des habitants de l'hexagone; en 1974, la proportion est tombée à 25 %, le transfert s'opérant surtout au profit des grandes métropoles régionales jusqu'en 1968, puis des villes moyennes (50 000/100 000 habitants) à partir de cette date.

Cette nouvelle explosion urbaine pose aux pouvoirs

publics et aux populations citadines d'immenses problèmes. Le plus préoccupant est celui du logement. Les retards accumulés durant les années vingt et trente, l'arrêt des constructions nouvelles pendant la guerre, les pesanteurs d'une reconstruction qui ne permet guère d'ouvrir de nouveaux chantiers, les effets du retour massif des Français d'Algérie en attendant ceux du *baby boom*, tout cela se traduit par un déficit croissant de logements. Dans la région parisienne, celui-ci s'élève à plus de 500 000 en 1963, 30 % des locaux occupés étant, par ailleurs, considérés comme surpeuplés.

Divers remèdes ont été expérimentés pour tenter de résoudre ce problème majeur. On s'est d'abord efforcé de libérer les loyers afin de susciter un regain d'intérêt de la part des propriétaires pour la construction et l'entretien des locaux d'habitation. Limitée aux logements neufs, cette législation a été étendue par la suite, dans les années soixante, aux locaux anciens présentant certaines garanties de confort. Le résultat fut un engouement général pour le placement des capitaux dans les constructions immobilières et une hausse très forte de certains loyers, absorbant une part importante du revenu des classes moyennes et interdisant l'accès de cette catégorie de logements aux bénéficiaires de revenus modestes. Aussi une autre solution a-t-elle été recherchée dans la constitution par les collectivités locales (conseils généraux, municipalités) d'Offices publics de HLM (Habitations à loyer modéré), les immeubles édifiés par ces sociétés étant généralement destinés à la location. L'Etat surveille leur construction, consent des prêts à taux très bas aux offices de HLM, fixe les prix des loyers (inférieurs de moitié au moins aux prix du marché) et attribue aux familles dont les revenus ne dépassent pas un certain seuil des «allocations de logement». Le IVe Plan réservait aux HLM le tiers de l'effort à accomplir. Une loi-programme de 1962 fixait de son côté à 390 000 le nombre de logements HLM à construire annuellement. Or, dans les faits, la part des HLM a diminué au profit des autres catégories de logements construits comme le montre le tableau ci-dessous.

L'effort des pouvoirs publics a surtout porté sur une formule permettant aux particuliers d'accéder — avec l'aide de l'Etat — à la propriété ou à la copropriété. Dans cette perspective, un dispositif a été mis en place, comportant le versement annuel par l'Etat d'une prime à la construction, des prêts aux particuliers à des taux relativement modérés (6 à 7 %) et de longue durée, ainsi que diverses incitations fiscales dont les principaux bénéficiaires ont été, il est vrai, les investisseurs et les propriétaires de logements construits par des sociétés privées. A partir de 1962, la tendance est donc plutôt, en ce domaine, à un désengagement de l'Etat.

Tableau par catégories de la construction française
de 1959 à 1963

Nature des logements	Nombre				
	1959	*1960*	*1961*	*1962*	*1963*
HLM locataires	82 800	77 000	70 800	67 400	79 300
HLM propriétaires	18 100	18 800	20 700	20 800	22 500
Logements économiques & familiaux	86 600	89 100	98 900	102 100	112 000
Autres logements primés	87 600	87 700	81 400	73 500	79 100
Non primés	28 200	31 300	32 100	35 000	38 700
Reconstructions	17 100	12 700	11 800	8 100	4 000
Totaux	320 400	316 600	315 700	306 900	335 600

Néanmoins, l'objectif minimum de 320 000 logements par an fixé par l'INED dès les années 1950 est à peu près atteint dès le milieu de la décennie suivante. Quantitativement, la politique des divers gouvernements de la IVe et de la Ve République a donc porté ses fruits. Le nombre des familles vivant dans les taudis sordides des périphéries urbaines, sans le moindre confort et dans des conditions d'entassement et de manque d'hygiène déplorables, s'est fortement réduit. Pourtant, la politique du logement est loin d'avoir résolu tous les problèmes.

Celui tout d'abord de l'aménagement de l'espace urbain et péri-urbain. Dans le droit fil de ce qui s'était passé entre les deux guerres, l'espace construit s'est en effet constitué en fonction de l'urgence des besoins et de la rentabilité des opérations. Habitat individuel en zones pavillonnaires et «cités HLM» se sont édifiés là où les terrains étaient disponibles et où les effets de la spéculation immobilière rendaient leur acquisition tolérable, aussi bien pour les particuliers que pour les collectivités locales. Il en est résulté — dans un contexte d'ensemble qui a vu l'espace occupé par les agglomérations urbaines doubler entre 1954 et 1975 — une nouvelle poussée de croissance des banlieues, jusqu'au milieu des années soixante, qui s'est effectuée de façon tout aussi anarchique que la précédente, c'est-à-dire sans grand souci de fournir aux populations concernées les équipements collectifs (voirie, écoles, crèches, transports) que leur implantation massive rendait nécessaire.

La plupart des grandes métropoles françaises ont été confrontées à des problèmes de ce type. Mais c'est en région parisienne qu'ils se sont posés avec une acuité dramatique. La centralisation à Paris des administrations, héritée de l'Ancien Régime, la concentration des industries et des services, due aux facilités pour toute entreprise qui s'installe de trouver capitaux, main-d'œuvre, matières premières et clients nombreux, ont fait de la capitale et de sa périphérie proche le grand pôle attractif de la France contemporaine. En huit ans, de 1954 à 1962, la population de la région parisienne a augmenté d'un million d'habitants, soit le tiers de l'accroissement de la population française. En 1964, elle rassemble 8 millions d'habitants, le quart des salariés de l'industrie et des fonctionnaires, 40 % des étudiants (et même 50 % pour le Droit et les Lettres). Le tiers des banques françaises et des abonnés au téléphone sont domiciliés à Paris où sont distribués le quart des salaires et revenus perçus dans toute la France. Et chaque année, la population de la région s'accroît de 150 000 personnes, pour les trois quarts originaires de la province. Avec tout ce que cela comporte de problèmes en matière de logement, de voierie, d'équipements divers, de transports et d'étouffement de l'espace urbain. Le réseau de rues a été conçu pour 50 000 voitures alors que le parc automobile est de plus d'un million de véhicules en 1962. Les transports publics ne sont utilisés massivement que quelques heures par jour et fonctionnent le reste du temps au ralenti, ce qui rend leur gestion par l'Etat déficitaire et ne permet ni de renouveler le matériel, ni surtout d'investir les sommes nécessaires pour améliorer les déplacements des banlieusards. Les égouts datent du Second Empire et écoulent difficilement les eaux usées de la capitale. 1 200 000 tonnes d'ordures ménagères doivent d'autre part être évacuées chaque année, utilisées souvent comme remblaiement dans les décharges. Le rythme d'évacuation et de destruction suit difficilement l'accroissement de volume de ces déchets, ce qui concourt — avec les fumées industrielles, le chauffage au mazout et les gaz d'échappement des automobiles — à la pollution de l'atmosphère. On a ainsi évalué que, de 1950 à 1955, le taux de mortalité pour maladie des bronches avait augmenté de 38 % à Paris, alors qu'il avait au contraire diminué de 18 % pour l'ensemble de la France.

Dans le cadre de la politique d'«aménagement du territoire», les pouvoirs publics se sont efforcés de remédier aux inconvénients les plus criants de l'urbanisme sauvage. Pour cela, on a conçu de développer à la périphérie des grandes villes de «grands ensembles» planifiés comprenant à la fois de vastes unités d'habitation et les équipements collectifs censés leur conférer une autonomie quasi complète. Après Sarcelles, dans la banlieue nord de la capitale, des réalisations de ce type ont été programmées à Massy, Créteil, Villeneuve-la-Garenne, etc., ainsi que dans la région lyonnaise (Vénissieux) et à Marseille. En 1965 a été élaboré un «schéma directeur de la région parisienne» qui envisageait de créer, sur le modèle des cités-satellites anglaises et nord-européennes, des «villes-nouvelles», situées à une distance suffisante de la capitale pour se constituer en pôles urbains autonomes capables d'attirer des activités économiques secondaires et tertiaires et de maintenir sur place une partie au moins des résidents. Les premières furent Cergy-Pontoise et Evry, respectivement situées au nord et au sud de Paris.

On pensait pouvoir fixer dans ces agglomérations les populations que les «banlieues-dortoirs» de la seconde génération n'avaient pas réussi à sédentariser durablement. Or ni les «grands ensembles» ni les «villes nouvelles» n'ont su répondre aux besoins profonds des nouveaux citadins, ou de ceux que la nécessité de trouver un logement décent pour un prix abordable rejetait à la périphérie des grandes métropoles. Certains problèmes qui s'étaient déjà posés avant la guerre aux habitants de la banlieue sont ainsi réapparus: celui des transports en tout premier lieu, surtout pour les déplacements d'une localité à l'autre de la ceinture péri-urbaine. D'autres ont surgi dès l'éclosion des nouvelles formes d'habitat, liés tantôt à la médiocrité des matériaux employés et à la hâte avec laquelle ont été édifiées les immenses demeures collectives (insonorisation inexistante, chauffage «au sol», étanchéité déficiente, etc.), tantôt à l'isolement des cités dans un environnement semi-désertique et aux effets sur la psychologie des usagers de la monotonie architecturale imposée par les contraintes financières et techniques, de l'absence d'une sociabilité citadine qui a besoin pour s'exprimer de lieux de rencontre et d'animation, donc d'un sentiment de désœuvrement et d'abandon qui se traduit, chez les jeunes, par diverses formes de révolte et de délinquance, chez les femmes encore nombreuses à cette date à demeurer au foyer pour élever les enfants, par une «déprime» parfois baptisée «sarcellite» par référence au grand ensemble de la banlieue-nord.

Les difficultés du monde paysan et du petit patronat

La croissance économique qui caractérise les années de la République gaullienne a bouleversé les équilibres de la société française, qu'il s'agisse des catégories socio-professionnelles ou des groupes qui se définissent par rapport à la nature et à l'importance de leurs revenus, par leur mode de vie et/ou par la conscience qu'ils ont d'appartenir à telle ou telle «classe».

Entre 1958 et le milieu de la décennie suivante, la France s'est «modernisée» à un rythme plus rapide que nombre de ses partenaires européens. Cette mutation s'est traduite par une forte redistribution de la population active entre les divers secteurs qui la constituent. Entre 1962 et 1975, le pourcentage des agriculteurs-exploitants est passé de 15,8 % à 7,7 %, celui des salariés agricoles de 4,3 % à 1,8 %, celui des patrons de l'industrie et du commerce de 10,6 % à 8,7 %. Dans le même temps, la part des cadres supérieurs et des professions libérales s'est élevée de 4 % à 6,9 %, celle des cadres moyens de 7,8 % à 13,8 %, celle des employés de 12,5 % à 16,6 %, tandis que se maintenait la proportion des ouvriers et du personnel de service (respectivement 36,7 % et 37 %; 5,4 % et 6,1 %). Il y a donc eu d'un côté maintien ou expansion, de l'autre au contraire rétraction et concentration, ou si l'on veut des «vainqueurs» et des «vaincus» de la croissance.

Parmi ces derniers figurent les représentants de la paysannerie. Pour cette catégorie sociale, longtemps emblématique de la nation française et des valeurs qui fondaient l'identité de notre pays, la ponction a été particulièrement forte, puisque l'on est passé en deux décennies (de 1954 à 1975) de 26,7 % à moins de 10 % de la population active: ceci pour des raisons qui relèvent à la fois de l'évolution économique de la France et de la politique pratiquée par les gouvernements de la Ve République. Pour adapter l'agriculture hexagonale aux impératifs du marché, ceux-ci ont en effet favorisé la création d'entreprises plus rentables, c'est-à-dire d'un gabarit suffisant (de 20 à 50 hectares) pour que l'investissement engagé dans les achats d'engrais et de matériel mécanique permette de dégager des bénéfices. On a ainsi poussé au remembrement des terres (environ 300 000 hectares par an à partir de 1962) et à la concentration des entreprises. La loi du 19 décembre 1961 a apporté d'importantes réformes au régime de leur transmission successorale, de façon à lutter contre la microparcellisation des terres. Elle a attribué, de préférence à celui des héritiers qui entendait demeurer à la terre, les bâtiments d'exploitation et lui a donné, pendant une durée de cinq ans, un droit de priorité pour racheter ou louer les terres échues aux autres héritiers. La loi d'orientation agricole a prévu en 1960 la définition, pour chaque région et pour chaque type d'exploitation, de la superficie considérée comme viable. Un Fonds d'action sociale et d'amélioration des structures agricoles (FASASA) a été créé, avec pour mission de favoriser le départ des agriculteurs âgés en leur allouant un complément de retraite, et l'installation des agriculteurs quittant une région surpeuplée pour s'installer dans une zone déficitaire. Enfin les SAFER (Société d'aménagement foncier et d'établissement rural) ont été chargées de préempter les terres mises en vente et de les céder ensuite soit à de petits cultivateurs soucieux d'accroître leur lot, soit à de nouveaux exploitants, de manière à favoriser la constitution d'unités de production d'une taille suffisante.

Ces diverses mesures ont donné un nouveau coup d'accélérateur à l'exode rural, nombre de salariés agricoles et d'exploitants modestes choisissant de quitter la terre pour chercher, en ville, un emploi relevant du secteur industriel ou du tertiaire. Ceux qui sont restés ont vu globalement leurs revenus croître durant les années soixante, en partie en fonction des gains de productivité dus à la mécanisation et à l'emploi massif des engrais, en partie grâce à la mise en œuvre de la politique agricole commune. Toutefois cette amélioration d'ensemble recouvre d'importantes disparités de revenus. Parmi ceux que les impératifs de rentabilité n'ont pas purement et simplement condamnés à disparaître, on peut en effet distinguer deux grandes catégories d'exploitants: les agriculteurs capitalistes possesseurs de grandes unités de production — particulièrement dans les plaines céréalières du Bassin parisien —, qui dégagent des bénéfices importants en partie réinvestis dans l'entreprise, qui pratiquent une agriculture scientifique suivant les fluctuations du marché et disposent de revenus élevés leur permettant un haut niveau de consommation; et la masse des cultivateurs moyens. Ces derniers ont dû s'endetter pour rendre leurs exploitations compétitives, et parfois simplement pour survivre. Au prix d'un travail considérable, mobilisant tous les membres d'une même famille, ils ont réussi à améliorer sensiblement leurs conditions d'habitat et à entrer, eux aussi, dans le monde de la consommation. La plupart d'entre eux ont acquis des biens semi-durables et les objets-symboles de la société d'abondance (automobile, instruments électro-ménagers, télévision). Quand ils en avaient les capacités, leurs enfants ont, comme ceux des classes moyennes urbaines, investi l'enseignement secondaire et commencé à fréquenter les bancs de l'université. Tout cela cependant, dans une grande précarité, le niveau de vie de cette catégorie de ruraux dépendant étroitement du marché. C'est elle qui, dans le souci d'exercer une pression sur les pouvoirs publics et sur la Commission de Bruxelles — afin que les prix soient maintenus à un niveau suffisant — a formé les gros bataillons du syndicalisme agricole, adhérant soit à la Fédération nationale des syndicats d'exploitants agricoles (FNSEA), soit au Centre national des jeunes agriculteurs (CNJA), ce dernier plus combatif et orienté vers des actions plus spectaculaires et parfois plus violentes: marches d'agriculteurs, barrages de tracteurs, manifestations devant les préfectures, etc.

Un autre groupe social qui avait constitué, lui aussi, l'une des assises de la société française jusqu'aux années trente a subi de plein fouet les effets de la croissance. Celui des représentants de la classe moyenne indépendante: petits patrons d'industrie, artisans et boutiquiers que les contraintes du marché, la concurrence des grandes entreprises et la mise en place de nouveaux circuits de distribution ont contraints à cesser leurs activités. Jusqu'au milieu des années cinquante, les séquelles des pénuries du temps de guerre leur ont permis de se maintenir à la surface, mais à partir de cette date nombre d'entre eux doivent renoncer à une compétition que l'exiguïté de leurs affaires et l'archaïsme de leurs méthodes ne les autorise plus à poursuivre.

Il en résulte une forte rétraction du nombre des chefs d'entreprise recensés dans ce secteur, au demeurant très activiste. Se sentant à la fois menacés par la concentration capitaliste et par des revendications salariales qui, relayées par les grandes centrales syndicales, aboutissent à l'alourdissement de leurs charges, ils militent activement au sein de la Confédération générale des petites et moyennes entreprises, fondée par Léon Gingembre pour défendre leurs intérêts face aux puissantes organisations ouvrières et patronales (CNPF). Au-delà de cette réaction purement corporatiste, ils ont constitué, dans les années cinquante, les gros bataillons du poujadisme et apporteront plus tard leur soutien à Gérard Nicoud et au CID-UNATI une dizaine d'années après.

Une «nouvelle classe ouvrière»?

Les bouleversements économiques et la forte concentration qui caractérisent les années de la République gaullienne n'ont pas modifié quantitativement la place que le monde ouvrier occupait depuis la guerre dans la société française. De 7 millions en 1958, celui-ci est passé à un peu plus de 8 millions en 1975. En pourcentage, l'effectif plafonne à cette date à 37,7 % contre 33,8 % en 1954. Toutefois, au-delà de ces statistiques globales traduisant une grande stabilité des effectifs, on constate d'importants changements dans la composition de cette catégorie sociale. Des années trente aux années cinquante, ce qu'il était convenu d'appeler la «classe ouvrière» offrait un visage relativement structuré et homogène. Avec la décennie 1960 s'amorce une désagrégation qui va s'accélérer avec la crise.

Les mutations technologiques qui ont affecté les diverses branches de l'industrie ont eu d'abord accrû la demande de qualification. La «nouvelle classe ouvrière», décrite par Serge Mallet dans un livre publié sous ce titre en 1963, englobe de nouvelles couches de professionels dont la formation exige un solide bagage scolaire, un apprentissage sophistiqué et de réelles aptitudes intellectuelles. Techniciens, ingénieurs de fabrication, dessinateurs industriels, personnel des bureaux d'études se situent ainsi à mi-chemin des classiques ouvriers qualifiés et du personnel technique d'encadrement. Ce sont les «ouvriers en blouse blanche» dont le nombre augmente durant cette période tandis que diminue au contraire, du moins dans les grandes unités de production, celui des travailleurs manuels à haute qualification: tourneurs, fraiseurs, ajusteurs, outilleurs, metteurs au point, etc.

Dans le diagnostic qu'il formulait à l'heure de l'émergence de cette catégorie nouvelle, Serge Mallet imaginait qu'elle allait peu à peu supplanter les autres composantes du monde ouvrier, l'automatisation libérant les travailleurs des tâches les plus ingrates et la sophistication croissante du travail industriel faisant que l'on devrait de plus en plus recourir à des individus dotés d'une formation associant qualification technique et capacité d'initiative. Or s'il est vrai que le nombre des techniciens et des ouvriers en blouse en blanche a augmenté de manière significative durant cette période, tandis que reculait celui des «métallos» et des «gueules noires», les travaux durs, salissants et dangereux sont loin d'avoir disparu de l'univers industriel. A la fin des années soixante, les ouvriers spécialisés (OS) représentent encore en effet 57 % de l'ensemble des effectifs ouvriers. Simplement, les postes de travail qu'ils occupent tendent de plus en plus à être monopolisés par les femmes (80 % d'OS parmi celles qui travaillent dans les industries de consommation) et par un sous-prolétariat immigré dont les représentants viennent, d'une décennie à l'autre, combler les postes laissés vacants par ceux qui, appartenant à la vague précédente, ont commencé à gravir les premiers échelons de l'échelle sociale. D'autre part, l'image futuriste et quelque peu irénique d'une classe ouvrière enfin libérée du «bagne» industriel n'a pas résisté bien longtemps à l'examen de la réalité. Certes le recul progressif des travaux manuels exigeant plus de force physique et de résistance que de qualification ne peut être nié, mais il est clair qu'il n'a pas fait disparaître de l'atelier ou de la chaîne de montage l'aliénation produite par le travail parcellaire. Ajoutons que, même là où l'automatisation a progressé, il y a moins eu homogénéisation de la condition ouvrière que déplacement et rédéfinition des différences.

Néanmoins les transformations enregistrées dans les structures du monde ouvrier, notamment l'accroissement du nombre des techniciens et des petits cadres aux dépens de l'effectif des travailleurs manuels, ont eu des conséquences importantes sur le mode de vie et sur le comportement syndical et politique de cette fraction du corps social. De moins en moins, on peut parler d'une «classe ouvrière» constituant, par son statut dans la société, ses revenus, son mode de vie, sa conscience d'appartenir à une catégorie sociale radicalement différente des autres, une entité homogène. D'un côté, on voit émerger de nouvelles couches qui ne se distinguent guère de la classe moyenne citadine: employés, salariés du tertiaire, cadres moyens, petits fonctionnaires, enseignants, etc. Ils résident dans les mêmes quartiers et les mêmes banlieues, parfois dans les mêmes immeubles acquis en copropriété avec l'aide de l'Etat, fréquentent les mêmes lieux de loisirs et de villégiature (la Costa Brava, le «Club Med», les stations de sports d'hiver), envoient leurs enfants dans les mêmes écoles. D'autre part, il se maintient un pourcentage non négligeable, aussi bien dans le secteur artisanal que dans l'industrie, de travailleurs manuels qualifiés, dont le mode de vie et la culture restent ceux des précédentes générations, et surtout une proportion importante d'OS qui continuent de vivre et de travailler dans des conditions pénibles: semaines de 48 heures, travail parcellisé et chronométré, tâches épuisantes et salissantes, salaires réduits au «minimum vital», logement en «cités» HLM ou dans les «grands ensembles», déplacements interminables, difficulté à faire sortir leurs enfants d'un parcours scolaire aboutissant à l'enseignement «court» et au «préapprentissage».

Il résulte de cette évolution à deux vitesses, à laquelle s'additionnent d'autres clivages découlant de l'opposition des générations, de l'implantation plus ou moins récente dans les zones urbaines, de la domiciliation dans les grandes villes ou dans des agglomérations plus modestes, de la taille des entreprises, etc., une division du monde ouvrier entre ceux qui rejettent globalement la société telle qu'elle est et aspirent à un bouleversement radical du système, et ceux qui, au contraire, entendent s'intégrer à celui-ci et dont les revendications portent à la fois sur une répartition plus juste des fruits de l'expansion et sur des progrès d'ordre qualitatif: réduction du temps de travail, reconnaissance des droits des salariés dans l'entreprise, participation au processus décisionnel et à la gestion, etc.

Or cette évolution ne se traduit pas, sur le plan syndical, par une progression parallèle des choix réformistes aux dépens des traditions et du discours révolutionnaires: ce qui, a pour effet d'entraîner une lente mais inéluctable désaffection du monde ouvrier envers des organisations que leurs clivages idéologiques et stratégiques divisent profondément. Certes, on voit se développer durant cette période des initiatives, impulsées par l'Etat, pour tenter de placer sur une base contractuelle les rapports entre les principaux acteurs sociaux. Le rapport Toutée de 1964, qui envisage de lier l'accroissement des salaires dans le secteur nationalisé aux résultats de l'entreprise (contrats de progrès), la création la même année de commissions salariales mixtes dans la fonction publique, celle en 1967 de l'Agence nationale pour l'emploi où sont associés, sous l'égide de l'Etat, les représentants du patronat et ceux des syndicats, relèvent de la volonté qu'ont les gouvernements de la Ve République de favoriser les procédures de conciliation entre les détenteurs du pouvoir économique et le monde du travail. Mais cette tendance se trouve contrariée par les réticences qui règnent dans les deux camps: celui du patronat, très méfiant envers tout ce qui est censé porter atteinte aux lois du marché, celui également des syndicats, traditionnellement hostiles en France à l'intervention du politique, et surtout rivaux en surenchères verbales dès lors qu'il s'agit de dénoncer les méfaits du réformisme et de la «collaboration de classe».

Seule des grandes centrales syndicales, Force ouvrière paraît prête à jouer le jeu de l'institutionnalisation des conflits du travail. Mais, née en 1947 de la guerre froide — elle a été fondée à cette date à la suite d'une scission au sein de la CGT et a longtemps bénéficié du soutien de certains syndicats américains — et violemment anticommuniste, elle offre à toute une partie du monde ouvrier l'image, au demeurant tout à fait abusive, d'un syndicat lié au patronat et au gouvernement. De là son implantation modeste en dehors de quelques secteurs géographiques (le Nord en particulier), de certaines branches du tertiaire (les banques) et de la fonction publique.

L'essentiel de la clientèle ouvrière syndicalisée se partage entre la CGT, d'obédience communiste, et la Confédération française des travailleurs chrétiens (CFTC), devenue en 1964 Confédération française démocratique du travail (CFDT). La première n'a cessé depuis la Libération de resserrer ses liens avec le PCF dont de nombreux représentants, à commencer par le secrétaire général (Benoît Frachon jusqu'en 1967, puis Georges Séguy) siègent dans les instances dirigeantes de la centrale. Forte des deux millions de salariés dont elle revendique l'appartenance au début des années 1960, et des positions majoritaires qu'elle continue d'occuper dans la plupart des élections professionnelles, la CGT affiche sinon sa relation privilégiée avec le PC, du moins une identité marxiste et révolutionnaire qui incline ses dirigeants à refuser toute conciliation avec le patronat et à rejeter le principe de la contractualisation des rapports sociaux. Son arme de prédilection demeure la grève de masse, mobilisant un ou plusieurs secteurs d'activité et visant autant à l'ébranlement du pouvoir qu'à la satisfaction des revendications présentées par les travailleurs.

La grève générale des mineurs de 1963 traduit à la fois la puissance apparente de la CGT, la montée en force de sa principale concurrente, et l'incapacité de ces deux centrales à freiner la tendance à l'institutionnalisation des conflits sociaux. Engagée à la suite du refus par la direction des Charbonnages de France d'augmenter de 11 % les salaires des mineurs, nourrie du ressentiment qui affecte cette profession menacée et qui se sait condamnée à terme (le Plan Jeanneney de 1960 prévoyait la fermeture des puits non rentables), la grève qui a commencé le 1er mars s'est vite transformée en épreuve de force, le général de Gaulle décidant de réquisitionner le personnel des Houillères et ce dernier refusant de se plier à cette décision. Quelques jours après le commencement de la grève, le mouvement a gagné d'autres branches du secteur nationalisé (SNCF, EDF, Air-France, etc.) agissant par solidarité avec les «gueules noires» et au nom de la défense du droit de grève. Le 24 mars, sur la base du rapport établi par un «comité des sages» présidé par Pierre Massé, la direction des Charbonnages de France accepte, à la demande du gouvernement Pompidou, d'engager des négociations avec les grévistes. Début avril, celles-ci aboutissent à un accord qui satisfait les revendications salariales des mineurs et les gratifie au passage d'une quatrième semaine de congés payés.

Apparemment, les travailleurs de la mine ont gagné. L'équipe dirigeante n'a pas voulu livrer un assaut frontal contre une catégorie socio-professionnelle qui jouit dans l'opinion d'un prestige immense. La cote du général de Gaulle dans les sondages n'a-t-elle pas perdu cinq points au cours des quinze premiers jours de grève? Pourtant le succès retentissant des mineurs fait un peu figure de victoire à la Pyrrhus, tant paraissent irrémédiables le déclin de la consommation charbonnière (75 % de l'énergie consommée en France en 1950, 48 % en 1963), donc l'avenir de la profession.

La grève des Houillères a révélé que la force apparente de la CGT ne pouvait ni enrayer une évolution qui allait dans le sens de la contractualisation des rapports sociaux — le «rapport Massé» a été rédigé par Jacques Delors en collaboration avec les syndicats —, ni empêcher que se développent de nouvelles formes d'action ouvrière avec notamment la constitution de comités intersyndicaux à la base. Elle a également souligné le rôle de la Confédération française des travailleurs chrétiens (CFTC), devenue depuis la guerre — avec près de 800 000 adhérents et 20 % des suffrages dans les élections professionnelles — la seconde centrale syndicale. Cette progression s'est accompagnée d'une transformation profonde, opérée sous l'égide d'une minorité dynamique de catholiques de gauche, rassemblée notamment autour du Syndicat général de l'Education nationale (SGEN). L'action menée durant la guerre d'Algérie en faveur d'une solution négociée a hâté le mouvement et, en novembre 1964, la majorité des représentants au congrès de la CFTC a décidé de déconfessionnaliser la centrale et de transformer son nom en celui de Confédération française démocratique du travail (CFDT).

Sous l'impulsion de son dynamique secrétaire général, Eugène Descamps, la CFDT adopte aussitôt une stratégie de rupture avec le système en place, prônant l'établissement du «pouvoir ouvrier» dans l'entreprise et privilégiant, dans cette perspective révolutionnaire et «autogestionnaire», l'action à la base sur les initiatives élaborées par les directions nationales des grandes fédérations. Ses dirigeants développent en même temps une philosophie des finalités des mouvements sociaux dénonçant les excès du consumérisme et mettant l'accent sur les aspects qualitatifs des revendications ouvrières. Cette évolution très contestataire de l'ancienne centrale catholique n'est pas acceptée par tous ses adhérents. Une centaine de milliers d'entre eux décident de se séparer de la nouvelle confédération, de conserver — avec le sigle CFTC — la référence au christianisme et de se maintenir sur des positions résolument réformistes.

Bien qu'un pacte d'unité d'action mêlant de classiques revendications salariales et des mots d'ordre qualitatifs (conditions de vie et de travail, extension des droits syndicaux, garantie du droit à l'emploi, etc.) ait été signé en janvier 1966 entre la CGT et la CFDT, il est clair que la situation du mouvement syndical traduit, à la veille de l'explosion de 1968, les incertitudes et les contradictions du monde ouvrier. Eclaté entre quatre confédérations jugées représentatives par les pouvoirs publics — CGT, FO, CFDT, CFTC—, il paraît inadapté aux besoins et aux attentes d'une catégorie sociale qui ne coïncide plus que partiellement avec la culture produite par les générations précédentes. Même une organisation comme la CFDT, dont le discours semble plus proche des aspirations de la «nouvelle classe ouvrière» que celui des autres centrales, se trouve entraînée par la surenchère verbale avec sa principale concurrente sur le terrain d'une contestation radicale du capitalisme que nombre de ses adhérents potentiels ne sont pas prêts à entreprendre. Le grand ébranlement de mai ne fera que révéler et accentuer l'inadaptation du syndicalisme français aux nouvelles données économiques et sociales.

La classe dirigeante

En termes de délimitation, de stratification interne et d'effectifs, le groupe qui occupe la position dominante dans la société française n'a pas radicalement changé depuis la «Belle Epoque». Peut-être le nombre des familles qui se rattachaient au début du siècle à ce que nous avons défini comme la «bonne bourgeoisie» (Cf. Tome I, pp. 113-116) a-t-il un peu diminué, mais ce terme ne recoupe pas tout à fait ce que nous entendons aujourd'hui par «classe dirigeante». Selon les estimations de M. Parodi (*L'économie et la société française depuis 1945*, Paris, Colin, 1981, p. 221), celle-ci aurait compté au début des années soixante une centaine de milliers de personnes: grands propriétaires fonciers (environ 30 000), dirigeants et gros actionnaires des grandes entreprises industrielles, commerciales et financières, membres de la haute administration, détenteurs du pouvoir politique, représentants des professions libérales reliés aux milieux d'affaires (agents de change, avocats d'affaires, directeurs de cabinets d'études, promoteurs immobiliers), personnalités reconnues du monde intellectuel et artistique, etc.

Le principal changement intervenu depuis la guerre concerne la substitution progressive d'un patronat de gestionnaires salariés aux anciennes dynasties d'entrepreneurs capitalistes. Certes, ces dernières n'ont pas complètement disparu, aussi bien dans le domaine industriel (avec les Michelin, de Wendel, Peugeot, Béghin, etc.) que dans celui des banques privées (Rothschild). Mais, de plus en plus, les représentants de ce capitalisme familial ont dû s'allier avec les groupes financiers et passer le relais de la direction de leurs entreprises à des *managers* recrutés pour leur compétence. Cela ne signifie pas que le pouvoir économique a complètement changé de mains. Les *managers* sont en effet, pour la plupart, issus des couches dirigeantes, et ceux qui, venus de catégories plus modestes — un Francis Bouygues dans les travaux publics, un Edouard Leclerc dans la grande distribution — se sont hissés au tout premier rang sont relativement peu nombreux.

L'accès aux postes de commande passe en effet par des voies étroites qui sont celles d'une formation de haut de gamme dispensée de manière extrêmement sélective. Le tri s'opère dès la fin du premier cycle du secondaire, avec la reconnaissance tacite d'une filière «noble» à dominante mathématique conduisant au bac C et aux «classes préparatoires» des lycées (Hypokhâgne et Khâgne pour les littéraires, «Math sup» et «Math spé» pour les scientifiques), ou encore à l'Institut d'Etudes politiques de Paris. Les meilleurs éléments, recrutés par concours, sont finalement admis dans l'une des «grandes écoles» où ils reçoivent une formation spécialisée: Polytechnique, Centrale ou les mines pour les ingénieurs, l'ENA pour les hauts cadres de la fonction publique, HEC ou l'ESSEC pour les *managers*, les Ecoles normales supérieures pour les futurs universitaires, etc. Parcours difficiles exigeant de la part de ceux qui l'accomplissent de grandes qualités intellectuelles et un immense effort prolongé, mais aussi des conditions de vie et de travail, un suivi familial, une aisance dans le maniement des outils de la communication, bref un arrière-plan socio-culturel que les enfants de la bourgeoisie trouvent plus facilement que ceux des autres catégories sociales. Il en résulte un phénomène de reproduction des élites, générateur d'une certaine sclérose, qui constitue à la fin des années soixante et au début de la décennie suivante l'un des grands thèmes de la contestation du système (Cf. P. Bourdieu et J.-C. Passeron, *Les héritiers, les étudiants et la culture*, Paris, Ed. de Minuit, 1964).

Qu'ils soient de simples héritiers des grandes dynasties bourgeoises, ou qu'ils aient accédé aux fonctions de direction et de gestion par la voie des «grandes écoles», les «décideurs» appartiennent donc pour la plupart à une même classe dirigeante qui se renouvelle peu. Sans doute, la fortune a-t-elle cessé d'être la clé essentielle de l'appartenance à l'élite, même si survit, en marge, un *establishment* de riches rentiers et de patrons de droit divin. Mais le mérite et la compétence qui caractérisent majoritairement cette élite s'acquièrent plus aisément en son sein que dans les autres fractions du corps social. De toutes les catégories qui forment la société française, la classe dirigeante est celle qui a, semble-t-il, le mieux résisté aux bouleversements de la croissance. Tout au plus peut-on dire qu'elle s'est adaptée au changement en investissant les nouvelles voies d'accès aux postes de décision et en s'agrégeant des éléments particulièrement performants issus de milieux moins favorisés.

Faut-il admettre pour autant que la «bourgeoisie» présente une plus grande homogénéité que les autres groupes sociaux? Bien évidemment non, que les ressemblances et les dissemblances s'évaluent en fonction des revenus, des pratiques sociales ou des choix idéologiques et politiques. Le patronat lui-même se structure en fonction de son appartenance à la catégorie des entreprises modernes dotées d'une forte productivité et tournées vers l'exportation — un millier environ au milieu des années 1970 sur un total de 60 000 — et celle des entreprises traditionnelles. Ce sont les premières qui, dirigées par des *managers* performants, très intégrés dans le circuit international des affaires, exercent une influence déterminante sur le Centre national du patronat français (CNPF). Mais elles doivent en même temps tenir compte des intérêts et des vœux des chefs d'entreprise plus modestes. Ceux-ci sont en général étroitement protectionnistes et attendent du CNPF qu'il exerce sur les pouvoirs publics une pression dans ce sens. En revanche, ils sont résolument hostiles à tout ce qui peut limiter leur liberté de mouvement et leur pouvoir dans l'entreprise, donc à toute ingérence de l'Etat dans la gestion des conflits sociaux. La «charte» adoptée par le CNPF en janvier 1965 insiste, dans cette perspective très conservatrice, sur la nécessité de préserver la «fonction patronale».

De plus en plus, les dirigeants et les gros actionnaires des entreprises privées voient ainsi leur influence contrebalancée par les «technocrates» qui pilotent la machine administrative, et par les politiques qui engagent les choix décisifs de la nation. Il faut souligner toutefois qu'issus pour une bonne part du même milieu et formés dans le même moule, *managers* privés et décideurs publics ont en commun des intérêts et une culture qui les rendent solidaires les uns des autres et qui transcendent parfois les clivages idéologiques et politiques. Ceci d'autant plus qu'il existe une osmose très grande entre les trois secteurs considérés. Entre le monde politique et l'administration, assez nettement séparés sous la IIIe et la IVe République la fusion n'a cessé de progresser durant les années de la République gaullienne, près du tiers des ministres provenant, en fin de période, de la haute fonction publique (Cf. P. Birnbaum, *Les sommets de l'Etat. Essai sur l'élite du pouvoir en France*, Paris, Seuil, 1977). Entre les dirigeants politiques et administratifs d'une part, les détenteurs des leviers de commande de l'économie d'autre part, la mobilité s'est également accélérée, nombre d'anciens énarques ayant ou non transité par les cabinets ministériels choisissant de «pantoufler» dans le secteur privé, de même que d'anciens ministres et des militaires de haut rang ayant quitté le service actif.

Une catégorie en expansion:
la classe moyenne salariée

Contrairement aux représentants des catégories intermédiaires exerçant une activité indépendante, qui comptent nous l'avons vu parmi les vaincus de la croissance, la masse des salariés dont le statut ne peut être relié ni au monde ouvrier ni à la classe dirigeante connaît un essor sans précédent. Au milieu des années 1970, elle représente près de 45 % de la population active de la France, alors que le pourcentage des individus appartenant à la classe moyenne indépendante est tombé à 15 %.

Là encore, l'hétérogénéité est la règle, aussi bien en termes de niveaux de revenus que de positionnement social, tant est grande la distance qui sépare les catégories les plus modestes (employés de commerce, personnel de service) des plus favorisées (cadres supérieurs, ingénieurs). Il existe pourtant entre les individus et les groupes qui composent cette nébuleuse des éléments qui les rendent solidaires et qui concourent à donner une relative cohésion à la classe moyenne salariée. Le sentiment en tout premier lieu, partagé avec les membres de la classe moyenne indépendante, d'appartenir à des couches intermédiaires entre le monde ouvrier ou paysan, dont beaucoup sont issus, et la bourgeoisie que l'on aspire plus ou moins confusément à rejoindre. Le mode de vie et les pratiques sociales d'autre part, mesurés en terme de consommation et d'acquisition d'objets symboliques de l'ascension sociale — l'appartement confortable situé en dehors des zones dortoirs, l'automobile, la télévision, les instruments du confort ménager, voire la résidence secondaire —, de loisirs (vacances d'été et d'hiver, séjours en «clubs», pratique de sports autrefois réservés à l'élite comme le tennis ou l'équitation, etc.), ou encore de demande d'éducation pour les enfants. Enfin une conscience aiguë de la précarité du statut social obtenu en une ou deux générations, qui influence cette large fraction de la société française à rejeter les modes d'action revendicative susceptibles de porter atteinte à la prospérité de l'économie, ainsi que les politiques sociales visant à écraser la grille hiérarchique des salaires.

Telle est du moins l'orientation majoritaire de cette catégorie coincée entre deux modèles et deux cultures. Elle génère des comportements individualistes et un conformisme qui constituent de puissants moteurs de la croissance. La conquête des «marqueurs» sociaux qui témoignent aux yeux des autres de la plus ou moins grande réussite de chacun est en effet un enjeu inépuisable — et continûment renouvelé par la publicité — qui nourrit la propension à consommer des représentants de la classe moyenne salariée. Joue en ce sens la reconnaissance d'un archétype de la réussite qu'incarne durant cette période le «jeune cadre dynamique», gros consommateur d'objets à forte charge symbolique (la «voiture de sport») et figure emblématique d'un bonheur défini par l'avoir et le paraître.

Aussi prégnant que soit ce modèle dans la France des années soixante, il n'est pas exclusif d'autres comportements motivés soit par un positionnement moins favorable dans la répartition des fruits de la croissance, soit par des choix idéologiques affirmés, contestataires de l'ordre existant et de la logique du système, soit encore par la juxtaposition de ces deux mobiles. Il en est ainsi par exemple d'une partie des enseignants, à tous les niveaux, de nombreux étudiants, de représentants du monde des arts, des lettres, du spectacle, bref des «intellectuels», passés de la contestation des guerres coloniales à la critique globale du capitalisme «impérialiste» et consumériste incarné par les Etats-Unis.

La «société de consommation»

Dès la fin des années cinquante, à contre-courant sans doute de l'aspiration générale, mais avec une remarquable prémonition des événements de 1968, certains observateurs du changement social formulaient un diagnostic sévère sur le futur de ce que l'on commençait tout juste à appeler la «société de consommation». Ainsi Edgar Morin dans l'hebdomadaire *France-Observateur:*

> «De plus en plus — écrivait-il — apparaîtront aux sociétés évoluées, si elles continuent leur course à la prospérité, l'irrationalisme de l'existence rationalisée, l'atrophie d'une vie sans communication véritable avec autrui comme sans réalisation créatrice, l'aliénation dans le monde des objets et des apparences. Les crises de fureur des jeunes gens, les tourments existentiels des intellectuels, les névroses spiritualistes des bourgeoises de Passy sont déjà les symptômes d'une crise qui se généralisera sans doute un jour.»
>
> («Sociologie d'un échec», *France-Observateur*, 5 novembre 1959).

Le monde des objets et des apparences est également celui que décrit avec un humour corrosif Georges Perec dans *Les Choses*, un récit publié et couronné par le prix Renaudot en 1965, dans lequel l'écrivain évoque la frénésie de consommation qui a saisi ses contemporains depuis le milieu de la décennie précédente.

Deux faits expliquent ce bond en avant de la consommation des ménages. D'une part, les gains de productivité obtenus dans l'industrie grâce à l'extension et au perfectionnement du travail parcellisé et automatisé, de l'autre la formidable croissance du revenu par tête des Français. Durant les années de la République gaullienne celui-ci a, exprimé en francs constants, augmenté de 50 %. Si l'on ajoute à cela, la diffusion du crédit à court terme appliqué à l'équipement du foyer en outils électroménagers ou à l'achat d'une automobile, et la révolution dans la distribution qu'a représenté l'essor des grandes surfaces commerciales, on comprend que le niveau et le mode de vie des habitants de l'hexagone aient subi de profondes transformations pendant cette période.

On constate ainsi une redistribution sensible des postes dans les budgets des ménages. L'alimentation qui mobilisait encore plus de 34 % des dépenses en 1959 n'en représente plus que 23,9 % en 1975, tandis que l'habillement maintient ses positions autour de 8 ou 9 %. Autrement dit, ce qui avait été durant des siècles la préoccupation majeure des Français tend sinon à devenir marginal, du moins à passer au second rang de leurs préoccupations. En revanche, les dépenses de logement et d'équipement du foyer progressent, passant (si l'on regroupe ces deux postes) de 22 à 26 %. On est de plus en plus souvent propriétaire de son appartement (20 % des 40 ans et plus en 1955, 50 % en 1978), et l'on s'applique à le doter de toutes les commodités offertes par l'«électroménager». En 1975, le pourcentage des ménages disposant d'un réfrigérateur est supérieur à 90 %: il n'était que de 10 % au début de l'ère gaullienne. Dans le même temps, le pourcentage passait de 15 % à 80 % pour les récepteurs de télévision, de 10 % à 70 % pour les machines à laver.

Trois postes sont également en progrès, bénéficiant des disponibilités fournies par la diminution du poste alimentaire. Les dépenses de santé passent de 7,2 % en 1959 à

11,8 % en 1975. Celles consacrées aux transports s'élèvent durant la même période de 8,9 % à 11,7 %, chiffres qui traduisent mal la véritable révolution que constitue, pour la vie quotidienne des Français, la diffusion de l'automobile. Un peu plus de 20 % des chefs de famille en possédaient une en 1953, ils sont 70 % vingt ans plus tard et nombreuses sont les familles qui disposent de deux voire de plusieurs véhicules motorisés. Quant aux loisirs et à la «culture», leur part dans la consommation des ménages croît de 50 % entre 1958 et 1975, période au cours de laquelle le pourcentage de Français partant en vacances passe de 31 % à 62 %.

A la veille du grand chambardement de 1968, plus de la moitié des ménages français se trouvaient ainsi en possession des quatre produits symboles de l'ère nouvelle: le réfrigérateur, la machine à laver le linge, la télévision et l'automobile, cette dernière constituant à la fois la locomotive de la croissance et un objet de reconnaissance, érigé en mythe social. De cette diffusion du «confort», certains observateurs du paysage social ont conclu un peu vite à l'uniformisation des modes de vie et à l'«embourgeoisement» des classes populaires. Or ces deux notions prêtent à discussion.

L'uniformisation tout d'abord. S'il est vrai que la télévision, la publicité, l'extension des «grandes surfaces», la fabrication en séries d'objets à bon marché, concourent à divers titres au gommage des différences et au développement d'un conformisme «culturel», il n'en est pas moins vrai que la production de masse permet une diversité des produits consommés que ne connaissaient pas les générations précédentes, qu'il s'agisse par exemple du vêtement ou même de l'alimentation. «Le postulat — écrit justement Dominique Borne — consistant à affirmer que la possession des mêmes types de consommation entraîne une uniformisation des comportements serait à examiner de près: en quoi la possession d'un réfrigérateur provoque-t-elle une uniformisation plus grande que la pratique antérieure du garde-manger?» (*Histoire de la société française depuis 1945*, Paris, A. Colin, Coll. «Cursus», 1988, p. 132).

Plus discutable encore est la notion d'embourgeoisement des catégories à la base de la pyramide sociale. Pour celles-ci, comme d'ailleurs pour la majorité des Français, l'âge d'or des années soixante constitue plutôt une reconstruction de l'esprit, une relecture du passé effectuée *a posteriori*, par comparaison avec les temps difficiles qui ont suivi, qu'une donnée dont ils ont eu conscience: l'équivalent, si l'on veut de la «Belle Epoque» pour la génération des rescapés de la guerre, ou de la «prospérité» pour les témoins de la grande dépression. Tous les sondages réalisés entre 1959 et 1969 font état d'une dissymétrie entre les opinions favorables à l'évolution politique du régime (majoritaires) et le jugement négatif porté par les personnes interrogées sur la situation économique de la France et sur leur propre niveau de vie. Contre toute raison, les Français estiment que celui-ci a régressé depuis les années cinquante, sans doute parce que nombre d'entre eux jugent moins l'évolution de leur «standing» par rapport à ce qu'ils ont vécu dix ou quinze ans plus tôt, que par référence à celui des catégories les plus favorisées.

Or, il est vrai que les fruits de la croissance n'ont pas profité à tous de la même façon. Les détenteurs d'avoirs susceptibles d'être investis dans des entreprises rentables ou placés dans l'immobilier — lequel connaît un boom spectaculaire à Paris — ont été largement bénéficiaires de l'expansion, et ceci d'autant plus que le système fiscal français ponctionne moins les revenus du capital que ceux du travail. Ont tiré profit de cette situation d'une part les «possédants» — 5 % des Français se partagent encore à cette date 45 % du patrimoine national —, et les titulaires de très hauts revenus (8 000 foyers fiscaux ont déclaré en 1970 un revenu supérieur à 400 000 francs à l'administration), d'autre part les cadres supérieurs et les membres des professions libérales disposant de ressources suffisantes pour en investir une partie dans l'achat de biens immobiliers ou de valeurs mobilières. Le phénomène a même eu tendance à s'étendre à des catégories moins fortunées de la classe moyenne salariée.

La croissance en effet a fortement ouvert l'éventail des salaires, les besoins de l'économie en cadres, techniciens supérieurs, ingénieurs, gestionnaires, etc., tirant vers le haut les rémunérations les plus élevées. Au contraire, les bas salaires stagnent et ne doivent d'être réajustés périodiquement (et avec retard) au coût de la vie qu'au souci qu'ont les gouvernements de ne pas laisser s'aggraver des inégalités qui pourraient être à la longue génératrices d'explosion sociale. Cette volonté n'a pas empêché les écarts de la grille des salaires de se creuser. Entre 1955 et 1970, ceux des cadres supérieurs sont passés de l'indice 100 à l'indice 376, tandis que, dans le même temps, le salaire minimum (le SMIG jusqu'en 1969) atteignait seulement l'indice 276, soit un décalage de 100 points par rapport aux rémunérations les plus hautes.

Or tous les Français sont loin de disposer à la fin des années soixante du salaire minimum «garanti». On évalue à environ 5 millions de personnes (soit près de 10 % de la population totale) ceux qui perçoivent un revenu inférieur à ce qui peut être considéré comme le «seuil de pauvreté»: personnes âgées, chômeurs de longue durée, malades, travailleurs immigrés employés illégalement et soumis par leurs employeurs à des conditions léonines, salariés et petits exploitants agricoles, etc. D'autre part, des catégories moins défavorisées mais dont les rémunérations progressent moins vite que celles du secteur privé parce que, dépendant de l'Etat, elles ne s'inscrivent pas dans la logique du marché — il en est ainsi des fonctionnaires et du personnel des entreprises nationalisées — se trouvent également en décalage par rapport aux principaux bénéficiaires de la croissance. Il en résulte, dans ce secteur comme dans les branches en perte de vitesse du secteur privé, une agitation sociale plus ou moins sporadique qui peut, comme dans le cas des mineurs en 1963, déboucher sur des mouvements de grande amplitude.

Pour pallier ces effets pervers de la croissance, les gouvernements procèdent, par le jeu de la progressivité de l'impôt, des équipements collectifs (crèches, hôpitaux, stades, bibliothèques, etc.), de «prestations sociales» (Sécurité sociale, allocations familiales, allocations de logement et primes diverses) qui finiront par représenter en 1970 plus de 20% du revenu national, à une redistribution partielle de ce dernier. Il n'en reste pas moins qu'en fait de «société de consommation», la propension à consommer diffère beaucoup d'un groupe à l'autre. Si l'automobile, la télévision, l'équipement électro-ménager sont désormais présents dans la plupart des ménages — au prix d'un endettement qui grève fortement les budgets modestes —, de grandes disparités apparaissent dans des postes tels que la santé, les loisirs et la culture. A la fin de la période, 80 % des cadres supérieurs et des membres des professions libérales prennent des vacances, contre moins de 50 % des ouvriers. Seule une élite fréquente le théâtre, les musées, les expositions de peinture, les salles de concert et voyage — en France ou à l'étranger — dans des conditions qui n'ont pas grand-chose à voir avec les pratiques du tourisme de masse. Enfin, si le cursus scolaire et universitaire est en principe accessible à tous et, si les gouvernements de la Ve République ont fait de réels efforts pour démocratiser l'enseignement, l'accès de fait aux études ouvrant les postes supérieurs d'encadrement reste limité pour les enfants des milieux modestes.

Faut-il admettre dans ces conditions que les mutations qui ont affecté la société française durant les années de forte croissance qui ont coïncidé avec l'ère gaullienne n'ont en rien modifié les hiérarchies sociales? Cela serait sans doute excessif. Toutefois, l'examen des statistiques montre que la mobilité apparente de cette période correspond davantage à des changements catégoriels liés à la redistribution de la population active entre les principaux secteurs d'activité qu'à une véritable promotion sociale. Le fils d'agriculteur est devenu ouvrier d'usine, celui du boutiquier employé de commerce, mais ni l'un ni l'autre n'ont gravi le ou les degrés qui leur auraient permis de changer de «classe», ou plutôt rares sont ceux qui ont réussi à le faire. Selon les chiffres fournis par l'INSEE pour 1970, plus de 80 % de fils d'agriculteurs sont eux-mêmes devenus agriculteurs (45 %) ou ouvriers (35 %), 65 % de fils d'ouvriers occupent un emploi semblable, tandis que 60 % des fils de cadres moyens et 52 % des fils de cadres supérieurs reproduisent le statut de leurs pères. A la même date, on compte 5,9 % de fils d'agriculteurs, 13 % de fils d'ouvriers et 9,6 % de fils d'employés à l'université, ce qui est très inférieur au pourcentage représenté par ces catégories dans la population active française. Pourtant, il y a eu progression en dix ans, notamment pour les fils d'ouvriers qui n'étaient que 5,5 % en 1961. La question, on le voit, est complexe, et les réponses qui lui sont données dépendent fréquemment des orientations idéologiques de ceux qui les fournissent.

Plutôt que d'une «société bloquée» dans laquelle la mobilité ascendante serait, à chaque niveau, réduite à des transferts quasi marginaux, on peut parler semble-t-il pour cette période d'une mobilité à deux vitesses: relativement rapide du bas de l'échelle aux premières strates de la classe moyenne, puis aux franges supérieures de cette nébuleuse, beaucoup plus lente pour l'accès à l'élite dirigeante, le phénomène de «reproduction» jouant principalement à ce niveau. On peut se demander, s'interrogeaient les auteurs d'un ouvrage paru en 1970 pour tirer les conclusions d'une grande enquête de l'INED portant sur l'évolution de la population scolaire des années soixante, «si les concours d'admission aux Grandes Ecoles n'ont pas pour fonction de sélectionner, parmi les adolescents issus des milieux culturellement favorisés, les plus "doués", en y admettant également les "surdoués" issus de milieux défavorisés et étant parvenus à surmonter le handicap de leur "malédiction originelle" en menant à son terme — et brillamment — leur "scolarité secondaire"» (*La population et l'enseignement*, Paris, PUF/INED, 1970) [1].

---

[1] Citation tirée de G. Vincent, *Les Français, 1945-1975. Chronologie et structures d'une société*, Paris, Masson, 1977, p. 289.

V

CRÉATION, PRATIQUES CULTURELLES
ET CULTURE DE MASSE
À L'ÉPOQUE DE LA CROISSANCE

Les quelque quinze années qui s'écoulent entre l'avènement de la République gaullienne et la fin de règne tragique de Georges Pompidou sont-elles révélatrices d'une quelconque unité ou cohérence dans l'ordre du culturel ? Y a-t-il une «culture de guerre froide» qui prend fin avec la IVe République et à laquelle succéderait une «culture de la croissance», puis une «culture de la contestation»? Et si cela était, compte tenu des inévitables chevauchements et résurgences, de quel côté faudrait-il placer l'ébranlement qu'ont provoqué, dans le champ culturel français, le conflit algérien et ses retombées métropolitaines? Ultime avatar de la bipolarisation des élites et des créateurs? Premiers signes d'une remise en cause générale des pratiques et des valeurs liées aux sociétés industrielles et à la croissance? Quelle importance attribuer d'autre part à ces facettes émergentes de la culture — le terme s'appliquant ici, comme dans les autres séquences de l'histoire du XXe siècle français évoquées dans cette série d'ouvrages, à l'ensemble de la production et de la consommation d'objets symboliques

213

—, en regard de tendances lourdes, inscrites dans la longue durée et peu affectées par les ondes de choc du combat politique ou les simples frémissements de la mode?

Ce type d'interrogation n'est en rien spécifique de la période considérée ici. Nous nous sommes en gros posé les mêmes problèmes à propos de la «Belle Epoque», des «années folles» [1], pour à chaque fois leur apporter la même réponse: à savoir que s'il existe dans un champ temporel donné une ou des tendances dominantes, celles-ci ne sont en quoi que ce soit pas exclusives de lignes de force orientées dans d'autres directions. Ce qui interdit d'appliquer à cette séquence délimitée par un bornage essentiellement politique (1958: la naissance de la Vᵉ République — 1974: l'élection présidentielle qui inaugure une nouvelle phase de son histoire) une grille de lecture unique du fait culturel propre aux *sixties*.

Les années algériennes

Jusqu'au milieu des années cinquante, les producteurs de culture ont vécu à l'ombre du «grand schisme»: intellectuels engagés «à leur créneau» dans tous les combats de la guerre froide, aussi bien que simples spectateurs appliqués à dissocier leur art des pesanteurs du politique. Or, si la guerre froide est un phénomène mondial qui ne prend fin — dans sa forme la plus aiguë — qu'au début de la décennie suivante, elle se trouve relayée dans l'hexagone par un événement qui a tôt fait de reléguer au

[1] Cf. S. Berstein & P. Milza, *Histoire de la France au XXᵉ siècle*, Paris, Perrin, coll. tempus, 2009, tome I, *1900-1930*, chapitres III et IX ; tome II, *1930-1958*, chapitres II et X.

second plan les aspects culturels de l'affrontement bipolaire. «Ce n'est pas de gaieté de cœur, dira Simone de Beauvoir dans *La Force des choses* (publiée l'année qui a suivi les accords d'Evian) que j'ai laissé la guerre d'Algérie envahir ma pensée, mon sommeil, mes humeurs.»

Jean-François Sirinelli a expliqué dans ses travaux[2] que la très relative détente internationale consécutive à la mort de Staline avait été suivie en France d'une véritable «dépression idéologique»: crise sinon du marxisme, du moins de son audience dans toute une partie de la «haute intelligentsia», vide doctrinal d'un molletisme incapable de surmonter ses contradictions, silence de la droite intellectuelle, encore mal remise du discrédit qui l'a frappée à la Libération, et plus généralement incapacité des idéologies et des formations classiques à répondre aux besoins et aux attentes de la jeune génération. Avant même que s'engage la bataille pour ou contre l'indépendance de l'Algérie, le «mendésisme» a servi pendant quelque temps de pôle d'attraction aux déçus et à quelques exclus des grandes familles idéologiques: des jeunes pour la plupart, mais aussi des représentants des générations précédentes comme François Mauriac, des transfuges du PCF et de la SFIO comme des catholiques de gauche et des libéraux en quête d'une «troisième voie», plus efficace et plus humaine que celle dont les «modérés» se faisaient jusqu'alors les paisibles champions.

Le déclenchement, et surtout l'intensification de la

---

[2] Cf. P. Ory & J.-F. Sirinelli, *Les intellectuels en France de l'Affaire Dreyfus à nos jours*, Paris, A. Colin, 1986, chapitre 9; — J.-F. Sirinelli, *Intellectuels et passions françaises. Manifestes et pétitions au XXe siècle*, Paris, Fayard, 1990; et du même auteur: «Les intellectuels français en guerre d'Algérie», in *La guerre d'Algérie et les intellectuels français*, sous la direction de J.-F. Sirinelli et J.-P. Rioux, Bruxelles, Complexe, 1991.

guerre d'Algérie à partir de 1956, allait vite combler cette vacuité idéologique. La guerre d'Indochine, trop lointaine pour mobiliser les foules, trop exclusivement menée par des militaires de carrière pour inquiéter la masse des Français, n'avait guère remué la conscience nationale qu'au moment du drame final de Diên Biên Phû. Les événements qui ont commencé sur l'autre rive de la Méditerranée à la Toussaint 1954 sont au contraire au cœur des préoccupations hexagonales. L'Algérie, ce sont «trois départements français», a-t-on appris à l'école primaire. Un million d'habitants d'origine européenne y ont pris racine et ont importé dans cette ancienne province de l'Empire turc *la* civilisation. Enfin, la défense de l'Algérie française passe par l'envoi et le maintien sur place des soldats du contingent, donc par un bouleversement radical — et d'autant plus insupportable à beaucoup que la France est alors le seul pays européen à payer de ce prix le maintien de sa présence outre-mer — de la vie familiale, professionnelle, sentimentale de toute une génération.

Le tournant est pris dès 1955 lorsque commencent à filtrer les premières informations concernant l'emploi de la torture par certaines unités de l'armée française. Les premières condamnations viennent des hebdomadaires qui vont devenir les organes de la «nouvelle gauche»: *France-Observateur*, dans lequel Claude Bourdet dénonce la «Gestapo d'Algérie» (n° 244, 13 janvier 1955) et *L'Express* qui publie deux jours plus tard un «papier» retentissant signé de François Mauriac intitulé «La Question». Suivent des prises de position individuelles et des engagements collectifs s'exprimant à travers des meetings et surtout des pétitions regroupant des personnalités de sensibilité très diverses. Le Comité d'action contre la poursuite de la guerre en Afrique du Nord, qui se constitue quelques mois plus tard, réunit des signatures relevant d'une nébuleuse idéologique composite: à côté de celles d'Edgar Morin, de Sartre , de Dionys Mascolo, de Frédéric Joliot, d'André Breton, on trouve en effet les noms de Jean Cassou, Roger Martin du Gard, Jean Guéhenno, Jean Rostand, Jacques Madaule, Jean Cocteau, Claude Lévi-Strauss, Georges Gurvitch, Jean-Louis Barrault, etc.

Jean-François Sirinelli, à qui nous devons une étude minutieuse et riche d'enseignement sur la fièvre pétitionnaire qui s'est emparée du monde intellectuel français pendant la guerre d'Algérie (*Intellectuels et passions françaises, op. cit.*, chapitre 9), a montré que ces premières prises de position collectives étaient encore très modérées. On appelle à la «cessation de la répression» et à l'«ouverture de négociations». On dénonce la torture et la «discrimination raciale», mais il n'est fait mention d'aucune solution politique à apporter à la guerre, à commencer par celle de l'indépendance. Il existe donc encore une forte connexion entre le petit monde des intellectuels que révoltent certains aspects de la répression et la majorité des Français qui aspire à la fois au retour à la paix et au maintien de l'Algérie dans la mouvance de la République.

Les choses changent à partir de 1956 avec l'intensification de la guerre, impulsée — contre toute attente — par un gouvernement de gauche présidé par un socialiste. D'une part, le fossé se creuse entre les pétitionnaires réclamant une solution négociée et les partisans de la guerre à outrance. D'autre part, la gauche se scinde entre ceux qui, pour des raisons éthiques et par fidélité aux principes de la démocratie, font passer la justice avant les contraintes de la «pacification», et ceux qui, au contraire, défendent au nom des mêmes principes la nécessité absolue de maintenir en Algérie une présence française érigée en rempart contre le communisme totalitaire et l'obscurantisme. Parmi ces derniers, on trouve des hommes comme Paul Rivet et Paul Bayet, nullement suspects l'un et l'autre de sympathies pour les solutions musclées et dont les positions sur la question algérienne ne sont pourtant pas très éloignées de celles de la droite intellectuelle. Certains, parce que trop impliqués dans le conflit, en même temps que trop intimement liés à la culture politique de la gauche pour trancher aisément, se réfugieront dans le silence: tel Camus, après sa «sortie» à Stockholm en décembre 1957, à l'occasion de la remise de son prix Nobel: «Je crois à la justice, mais je défendrai ma mère avant la justice».

Divisions à gauche donc, et qui vont s'accentuer avec la poursuite de la guerre, mais aussi divisions chez les catholiques et les libéraux. En témoignent d'un côté l'engagement de Mauriac et celui d'Henri-Irénée Marrou, auteur d'un article publié dans *Le Monde* en avril 1956, «France, ma patrie», dans lequel le grand historien des temps paléo-chrétiens dénonce les «laboratoires de torture», ou encore ce manifeste des intellectuels catholiques portant entre autres signatures celles de Marrou, Mauriac, Pierre-Henri Simon, Jean Delumeau, Jean Lacroix, Georges Suffert, René Rémond, et dans lequel on peut lire ces lignes: «Il faut que les catholiques sachent qu'ils peuvent 'voter à gauche'... Nous souhaitons avant tout être le grain de sable qui bloque l'engrenage de la violence préparé par des fanatiques, des inconscients et des myopes à l'usage des habiles» (*Le Monde*, 23 décembre 1955, cité par J.-F. Sirinelli, «Les intellectuels et Pierre Mendès France: un phénomène de génération?», in *Pierre Mendès France et le mendésisme*, sous la direction de et J.-P. Rioux, Paris, Fayard, 1985). De l'autre côté, pour ne citer que cet exemple, la légion composite des collègues d'Henri Marrou, tous professeurs en Sorbonne et pour nombre d'entre eux de fibre républicaine et catholique, qui publient, six semaines après le texte du «cher professeur» (selon la formule ironique de Maurice Bourgès-Maunoury), un appel approuvant la politique gouvernementale et «leur adhésion réfléchie à l'effort militaire qui est demandé au pays» (*Le Monde*, 23 mai 1956).

Du refus opposé par nombre de militants et de symphatisants de la gauche aux organisations traditionnelles de cette famille politique — à l'exception du parti communiste, dont l'engagement en faveur de la négociation et de l'indépendance a peut-être freiné le déclin, du moins dans le milieu intellectuel, après le grand exode de 1956 — est née, à la charnière de la IVe et de la Ve République, une «nouvelle gauche» dont la caractéristique majeure a été précisément de se nourrir des désillusions et de la volonté de changement de la nouvelle génération intellectuelle, confrontée aux problèmes posés par la guerre d'Algérie. Ses vecteurs, en attendant la naissance du PSA, puis du PSU: l'UNEF, où les minoritaires prennent le pouvoir en 1956, et le SGEN, le syndicat enseignant de sensibilité chrétienne qui est à l'origine de la CFTD, ainsi que des revues engagées de longue date dans le chemin du non-conformisme idéologique mais auxquelles le combat anticolonialiste va donner un second souffle — *Esprit* et *Les Temps modernes* — et des trois hebdomadaires qui doivent leur percée à la guerre d'Algérie: *L'Observateur*, fondé par Claude Bourdet, Roger Stéphane et Gilles Martinet en 1950 et devenu *France-Observateur* quatre ans plus tard, *L'Express*, apparu en 1953 et porteur pendant quelques années des espérances «mendésistes», *Témoignage Chrétien* enfin auquel ses origines clandestines confèrent un grand prestige au-delà des cercles du catholicisme de gauche. Il faut y ajouter le journal *Le Monde*, principal véhicule au quotidien des écrits et des manifestes émanant des intellectuels favorables à une solution «progressiste» du problème algérien, tandis que *Le Figaro* sert de point de rencontre aux clercs de sensibilités diverses, partisans de l'Algérie française.

Naissance d'une «nouvelle gauche» donc, qui donnera

vie quelques années plus tard au PSU, avant de se développer en courant rénovateur au sein même de la vieille maison SFIO. Mais aussi renaissance d'une extrême gauche, marginalisée par le PCF depuis la guerre et à laquelle le conformisme du «parti de la classe ouvrière» permet de retrouver un espace et une clientèle. Vétérans du trotskysme et de la gauche révolutionnaire des années trente, neutralistes et non-conformistes du temps de la guerre froide, appartenant ou non à la famille sartrienne, dissidents communistes sortis par vagues successives de la forteresse stalinienne, sont alors rejoints par de jeunes intellectuels dont beaucoup sont eux-mêmes en rupture avec le PC, à commencer par le groupe des étudiants communistes de la Sorbonne d'où surgiront quelques-uns des leaders étudiants de 68. Le «gauchisme» qui fleurira à cette date prend sa source dans la contestation de la guerre coloniale et forge ses premières armes dans les combats pour l'Algérie algérienne.

La phase «gaullienne» de la guerre, et notamment les deux dernières années du conflit voient les positions se durcir dans les deux camps. L'année 1960 est celle de la «guerre des manifestes». En octobre commence à circuler un texte signé par un certain nombre de personnalités représentatives des divers cercles de l'extrême gauche non communiste (le PCF se hâte d'ailleurs de le désavouer): c'est la «Déclaration sur le droit à l'insoumission dans la guerre d'Algérie», plus connu sous le nom de «Manifeste des 121». Il porte, entre autres signatures, celles d'écrivains comme Jean-Paul Sartre, Simone de Beauvoir, André Breton, Claude Roy, Claude Lanzman, André-Pieyre de Mandiargues, Vercors , Alain Robbe-Grillet, Nathalie Sarraute, Marguerite Duras, Claude Simon; de représentants du monde théâtral et cinématographique comme Arthur Adamov, Alain Resnais, Claude Sautet, Simone Signoret, Alain Cuny; d'éditeurs comme Jérôme Lindon (Editions de Minuit), François Maspero, Eric

Losfeld; de journalistes et essayistes comme Jean-François Revel et Jean-Louis Bory; d'universitaires comme Pierre Vidal-Naquet, Henri Lefebvre et René Zazzo, etc. Le dernier paragraphe de l'appel — dont la publication est interdite mais dont le texte est vite connu — provoque un véritable scandale:

> «— Nous respectons et jugeons justifié le refus de prendre les armes contre le peuple algérien.
> — Nous respectons et jugeons justifiée la conduite des Français qui estiment de leur devoir d'apporter aide et protection aux Algériens opprimés au nom du peuple français.
> — La cause du peuple algérien, qui contribue de façon décisive à ruiner le système colonial, est la cause de tous les hommes libres.»

En réplique au «Manifeste des 121», paraît — en octobre 1960 également — un «Manifeste des intellectuels français» qui assimile les signataires du texte sur le droit à l'insoumission à «une cinquième colonne qui s'inspire de propagandes étrangères», et les accuse d'être les instruments d'une «guerre subversive, entretenue, armée et financée par l'étranger sur notre territoire — tendant à la désagrégation morale et sociale de la nation». Parmi ceux qui dénoncent ainsi «les professeurs de trahison», on trouve un certain nombre d'universitaires de droite, qui ont eu l'initiative de la riposte (Jacques Heurgon, Guy Fourquin, Roland Mousnier, Raoul Girardet, François Bluche, Charles et Gilbert Picard), mais aussi des écrivains comme Roger Nimier, Antoine Blondin, Roland Dorgelès, Pierre Nord, Jules Romains, Michel de Saint-Pierre, des journalistes, artistes, médecins, avocats, ainsi que le maréchal Juin.

C'est également dans le vivier des intellectuels d'extrême gauche que vont se recruter les «porteurs de valises».

Accusés d'avoir aidé dans leurs entreprises des militants du FLN, une vingtaine d'entre eux seront déférés en septembre 1961 devant le tribunal militaire pour atteinte à la sûreté extérieure de l'Etat. Le chef du réseau, Francis Jeanson, sera condamné par contumace tandis que plusieurs membres de l'organisation seront frappés de lourdes peines de prison (Cf. H. Hamon & P. Rotman, *Les porteurs de valises. La résistance française à la guerre d'Algérie*, Paris, Albin Michel, 1979). A l'audience, est lue une lettre de Jean-Paul Sartre se déclarant solidaire des accusés.

Aussi intense qu'ait été leur action, l'influence des intellectuels sur l'opinion des Français à propos de la guerre d'Algérie est difficile à mesurer. Vilipendés par la presse et par les hommes politiques de droite et d'extrême droite («La France, déclare Jean-Marie Le Pen en décembre 1955, est gouvernée par des pédérastes: Sartre, Camus, Mauriac»), les pétitionnaires de la «nouvelle gauche» et de l'extrême gauche ont été sévèrement jugés par les détenteurs du pouvoir, aussi bien sous la IVe finissante (Bourgès-Maunoury ironisant sur les «chers professeurs») que sous la République gaullienne. Le public a dans l'ensemble suivi la condamnation de la généreuse utopie, voire celle de la trahison des clercs, renvoyant à leurs livres et à leurs cafés-crème les «cousins Saint-Germain» (*Paris-Presse — l'Intransigeant*, 24 septembre 1960). Pourtant, les revues et les journaux dans lesquels ils ont écrit — et qui sont des revues et des journaux d'intellectuels — ont eu sur l'évolution du sentiment collectif un impact non négligeable. Les textes de Mauriac et de Françoise Sagan dans *L'Express* dénonçant la torture en Algérie, ceux de Jean Cau stigmatisant les «ratonnades» opérées par les paras dans l'est de la France, les innombrables textes parus dans la presse de gauche après le drame du métro Charonne, n'ont pas été sans écho dans l'opinion. Il y a bien eu, durant les huit années qu'a duré le conflit, une «bataille de l'écrit» dont les partisans les plus résolus de l'Algérie française ont jugé la pression assez forte pour tenter, en fin de parcours, d'en éliminer les acteurs. Parmi les cibles de l'OAS-métropole au début de 1962, figurent en bon rang des intellectuels progressistes et des lieux de diffusion de leurs libelles: des journalistes du *Monde* et son directeur Hubert Beuve-Méry, la librairie Maspero au Quartier Latin, la revue *Esprit*, sont ainsi victimes d'attentats au plastic.

En sens inverse, la guerre d'Algérie a profondément marqué toute une génération intellectuelle. Trop jeune pour participer aux combats de la Résistance et aux affrontements de la guerre froide, celle-ci s'est forgée une conscience et une culture politiques à travers l'engagement qu'elle a pris pour ou contre l'Algérie française. Sa vision du monde, son rapport à la morale et à la *Realpolitik*, son système de références, le souvenir qu'elle a conservé d'événements vécus en commun, tout cela a concouru à façonner chez beaucoup de ceux qui ont été étudiants — et/ou combattants outre-mer — entre le milieu des années cinquante et le début de la décennie suivante une identité collective qui distingue cette génération née autour de 1935-1940 de celle de l'immédiat après-guerre et de la génération 68.

Quant à la création (littéraire, artistique, etc.) directement liée au conflit algérien, elle est — si l'on se place dans la contemporanéité de la guerre — à peu près inexistante. Différence fondamentale avec la guerre américaine au Viêt-nam, dont on sait à quel point elle a servi de matériau brûlant aux créateurs: écrivains, peintres, cinéastes, auteurs de «polars» et de «BD», et ceci dès la début du conflit ou à peu près. En France, interdits judiciaires et autocensure ont conjugué leurs effets inhibiteurs pour gommer les événements du Maghreb dans le paysage culturel des années cinquante et soixante. A l'écran, on n'aborde généralement le sujet que par allusion ou comparaison, comme le fait Marcel Camus dans *Mort en fraude:* la toile de fond est l'Indochine des derniers temps de la domination française, mais le spectateur de 1957 y perçoit la pesanteur du présent et d'ailleurs, les nervis d'extrême droite qui provoquent des incidents dans les salles ne s'y trompent pas. Seul Godard prend le risque dans *Le Petit soldat* (1960) de mettre en scène un déserteur français réfugié à Genève pendant la guerre d'Algérie, renvoyant dos à dos tueurs du FLN et activistes tortionnaires. Il faudra attendre une dizaine d'années pour voir des réalisateurs comme René Vautier, avec *Avoir vingt ans dans les Aurès* (1971) et Yves Boisset, avec *RAS* (1973) faire de la guerre menée par les soldats du contingent le sujet de leurs films.

Il en est de même de tous les genres littéraires — nobles et mineurs — et, pour l'essentiel, des principaux vecteurs de la culture de masse, à l'exception peut-être de la chanson, encore que, pour être entendus — et d'abord tolérés —, ceux qui usent de ce moyen d'expression doivent jouer avec l'ambiguïté ou l'intemporalité des textes: on peut entendre à domicile Yves Montand chanter «La Butte Rouge» et «Giroflée/Girofla» dans un 33 tours consacré aux «vieilles chansons françaises» qui contient également «Le Temps des cerises» et le «Chant des partisans», mais Boris Vian et Mouloudji avec «Le déserteur», ou Francis Lemarque et son «Quand un soldat part à la guerre» sont interdits sur les ondes. Au total, la moisson est maigre. «Qu'est donc — écrit Jean-Pierre Rioux — cette guerre, sans nom mais peuplée de tant de visages défaits, qui n'a fait naître aucun *Temps retrouvé* et aucun *Guernica?*» («La guerre d'Algérie dans l'histoire des intellectuels», in *La guerre d'Algérie et les intellectuels français, op. cit.*, p. 53).

Coup de jeune

La fin de la guerre d'Algérie est contemporaine à la fois de l'accélération de la croissance et de la constitution en «classe d'âge» de la génération du *baby boom*. Les quelques millions de «beaux bébés» nés dans les années de l'immédiat après-guerre entrent en adolescence quand cesse l'ultime conflit de la décolonisation française. L'heure n'est plus au tragique, à l'attente plus ou moins consciente et angoissée, du séjour dans les djebels. Pour les *teenagers* — les moins de vingt ans — elle est à l'affirmation d'une identité qui se cherche à travers un rejet collectif des modèles imposés par leurs aînés. Le phénomène n'est pas nouveau. Les «zazous» des années d'occupation, la génération «be-bop» de l'immédiat après-guerre se sont également sentis et voulus en rupture avec les pratiques et les valeurs du monde des adultes. Mais il ne s'agissait que de petits cercles, géographiquement et sociologiquement très circonscrits. Ce qui fait l'originalité des *sixties*, c'est l'émergence d'une culture qui, à des degrés divers, irrigue sinon toute la «jeunesse», du moins une fraction importante de la classe d'âge considérée, et qui de surcroît tend à se constituer elle-même en modèle pour d'autres segments du corps social.

Les avancées technologiques et la sensible amélioration du niveau de vie général qui caractérisent les années soixante sont à la base de cette mutation. Le transistor, l'électrophone, le microsillon qui se répandent dès le début de la décennie dans toutes les couches de la société offrent aux professionnels de la radio, du disque et de la presse spécialisée — en attendant l'explosion télévisuelle — un formidable marché sur lequel ont commencé à opérer dès la fin des années cinquante les observateurs les plus perspicaces du bouleversement en cours. Dès 1959,

Daniel Filipacchi et Frank Ténot ont lancé sur Europe 1 une émission — *Salut les copains!* — explicitement destinée au jeune public des «fans» de la nouvelle vague musicale. Le succès croissant de ce rendez-vous quotidien avec les *teenagers* donne à Filipacchi l'idée de prolonger et d'exploiter l'audience de l'émission en lançant un magazine qui paraît sous le même titre à partir de juillet 1962 et qui, dès l'année suivante, tire malgré la multiplication des hebdomadaires concurrents à plus d'un million d'exemplaires. C'est à l'initiative de son fondateur qu'a lieu, le 22 juin 1963 à la Nation, la première grande messe en plein air du culte *rocker*, version «yé-yé»: 150 000 jeunes y applaudissent Johnny Hallyday, Sylvie Vartan, Richard Anthony, les Chats sauvages, etc.

«Quand le jazz est là, la java s'en va», dit une chanson de Claude Nougaro, interprétée par Yves Montand. La formule résume assez bien la mutation qui s'accomplit au tout début de la décennie 1960. Encore que ce ne soit déjà plus le jazz proprement dit qui substitue sa suprématie à celle du «musette» ou de la classique chanson populaire, mais plutôt une forme commerciale et hybride du blues et de la *country music:* le *rock and roll*, apparu aux Etats-Unis au milieu des années 1950 et popularisé, sous une forme originelle plutôt lénifiante mais avec un immense succès, par des chanteurs tels qu'Eddy Cochran, Elvis Presley et Paul Anka.

Bénéficiant de la diffusion du transistor et du microsillon, le rock a fait une entrée fracassante en Europe aux environs de 1960. En Angleterre, où il trouve son premier public de masse et ses premiers adaptateurs, il se transforme en musique de contestation sociale. Né dans les milieux populaires des grandes métropoles industrielles, il exprime, avec les Beatles et les Rolling Stones, la fureur de vivre d'une génération perturbée par les effets déstabilisateurs de la croissance, alors que le rock américain première manière se voulait plutôt porteur d'un message intégrateur et consensuel. La vogue des rockers d'outre-Manche déferle vite sur la France, mais c'est surtout la musique et la gestuelle des Beatles et de leurs épigones qui déchaînent l'enthousiasme des fans. Le goût du jeune public va plutôt en effet vers une forme très assagie du genre, s'agissant de textes qui ne s'éloignent guère de la thématique sentimentale traditionnelle. Le style «yé-yé» fera ainsi la renommée des officiants du concert de la Nation, et de quelques autres stars du rock francisé: les «Chaussettes noires», Eddy Mitchell, Dick Rivers, etc.

Les générations précédentes s'interrogent sur la signification d'une mode qui conjugue niaiserie et violence. On oppose les caciques de la «chanson française» — ancienne et nouvelle — aux stars déchaînées de la guitare électrique. On oublie qu'on a pris longtemps Trenet pour un fou et qu'il a fallu des années à Brassens pour s'imposer. On ne veut plus se souvenir de la débilité des textes qui ont bercé pendant des décennies les danseurs du samedi soir. Plus près temporellement des jeunes gens qui brisent les sièges de l'Olympia, ceux qui ont eu leur âge dix ans plus tôt n'ont pas toujours gardé un souvenir très vif d'exploits de la même nature: par exemple les sièges cassés et le bar mis à sac lors du concert donné à la salle Wagram par Sydney Bechet et Claude Bolling, pour la «nuit du bac 1950».

Ce ne sont pas seulement les goûts musicaux des jeunes que l'on brocarde, ni leurs violences épisodiques qui inquiètent une bonne partie de leurs aînés. Ce sont aussi leur langage, leurs gestes, leurs choix vestimentaires, leur manière de vivre au quotidien et surtout le rejet des valeurs traditionnelles qu'affichent les plus émancipés. Bref, toute une culture qui se dessine en creux par rapport à celle des générations en place, y compris les plus proches chronologiquement. Dans *Rendez-vous de juillet*, sorti sur les écrans en 1949, Jacques Becker dépeignait une jeunesse avide de vivre et peu respectueuse des structures familiales mais authentique et somme toute «positive». Dans *Avant le déluge*, réalisé en 1953, André Cayatte mettait en scène des «J3» tragiques, que la menace de guerre et la veulerie des adultes poussaient au crime, les véritables responsables du drame étant les parents. Au contraire les personnages de jeunes bourgeois germano-pratins que Michel Carné prend comme cible dans *Les Tricheurs* en 1958 incarnent tous les péchés d'une génération qui ne pense plus qu'à s'étourdir et à jouir du présent. Une génération sans idéal et sans mémoire, telle que la représente en 1963, à travers une dizaine d'interviews soigneusement sélectionnées, Bertrand Blier dans *Hitler connais pas*.

Et pourtant «le temps des copains» a tôt fait de déborder sur d'autres tranches d'âge. Peu à peu les signes vestimentaires et langagiers de la jeunesse, ses goûts — ils ne sont pas tous «mauvais», comme en témoigne le succès retardé des œuvres romanesques de Boris Vian —, sa désinvolture apparente, son refus des conformismes vont être érigés par beaucoup en nouvelles normes sociales. «Etre jeune», «rester jeune» devient un impératif prioritaire dans une société qui privilégie, on l'a vu, le dynamisme et les facultés d'adaptation à un monde en pleine mutation. «Toute poussée juvénile — écrit Edgar Morin — correspond à une accélération de l'histoire: mais plus largement, dans une société en évolution rapide, et surtout dans une civilisation en devenir accéléré comme la nôtre, l'essentiel n'est plus l'expérience mais l'*adhérence au mouvement*» (*L'Esprit du temps, op. cit.*, p. 206). Et il ajoute: «La vieillesse est dévaluée. L'âge adulte se juvénilise. La jeunesse, de son côté, n'est plus à proprement parler la jeunesse. *L'adolescence surgit en tant que classe d'âge dans la civilisation du XXe siècle...* Ainsi la culture de masse désagrège les valeurs gérontocratiques, elle accentue la dévaluation de la vieillesse, elle donne forme à la promotion des valeurs juvéniles, elle assimile une partie des expériences adolescentes» (*ibid.*, p. 219).

Les corps constitués de l'Etat et de société civile vont devoir compter avec le poids de ce nouvel acteur social. L'Eglise catholique et le PC tentent de canaliser les aspirations des jeunes en développant des entreprises de presse qui sont censées leur répondre: *Nous les garçons et les filles, Bonjour les amis,* etc., sans réussir à entamer les positions du groupe Filipacchi. Les gouvernements de la Ve République développent une politique d'«éducation populaire» qui va connaître ses beaux jours avec les Maisons des Jeunes et de la Culture (un millier environ en 1966). Pourtant, comme le fait remarquer Pascal Ory, les crises à venir sont en germes à l'époque dans le décalage existant entre le projet progressiste des MJC et un discours gouvernemental qui met en avant la nécessité de lutter contre le «désarroi» des jeunes et leur engouement «pour une certaine philosophie de l'absurde» (P. Ory, *L'Aventure culturelle française, 1945-1989,* Paris, Flammarion, 1989, p. 156).

Nouveaux regards

Le temps de la juvénilité est aussi celui de la «nouveauté» recherchée, affichée, ou simplement proclamée par les distributeurs d'étiquettes qui, par médias interposés, font et défont les modes intellectuelles et artistiques.

Nouveauté en littérature avec l'apparition, à la charnière des années cinquante et soixante, d'une production romanesque orientée dans deux directions différentes. D'un côté, prenant le relais de la vague «existentialiste» et du roman social en vogue au temps de la guerre froide, l'innovation vient de jeunes auteurs dont le succès provient de leur aptitude à exprimer les nouvelles valeurs libérées des contraintes de la tradition: Françoise Mallet-Joris (*Le rempart des béguines*), et surtout Françoise Sagan (*Bonjour tristesse*, 1954, *Un certain sourire*, 1955, *Aimez-vous Brahms?*, 1959). De l'autre, l'école du «nouveau roman», pour laquelle l'œuvre romanesque devient à la fois un jeu de langage et une recomposition du réel, un peu à la manière dont opèrent les peintres cubistes.

Publiés essentiellement aux éditions de Minuit par Jérôme Lindon, les auteurs que la critique a rassemblés sous cette étiquette — Alain Robbe-Grillet, Claude Simon, Michel Butor, Robert Pinget, Nathalie Sarraute, Claude Ollier et Jean Ricardou — ne constituent en fait une «école» que par le rapprochement qui a été fait entre leurs œuvres respectives de l'extérieur et *a posteriori*. «Pas de chef, écrira Jean Ricardou, de revue, de manifeste» (*Le Nouveau Roman*), ce qui n'est pas tout à fait exact. L'histoire littéraire associe surtout semble-t-il le nom de Robbe-Grillet (*Les gommes*, 1953) à l'émergence de ce que Roland Barthes a appelé «à chaud» (ses premiers commentaires critiques datent de la même époque) «littérature objective» ou «littérature littérale», et c'est le même Robbe-Grillet qui publiera en 1963 un receuil de textes dont le caractère de manifeste ne fait guère de doute: *Pour un nouveau roman*.

Là où l'existentialisme avait privilégié le «message» en littérature et favorisé un type de discours «engagé», les protagonistes du Nouveau Roman refusent d'entrée de jeu de confondre le projet littéraire et l'engagement de l'écrivain. Non par souci de rester dans leur tour d'ivoire. L'équipe des éditions de Minuit a pris une part très active aux combats menés par les intellectuels pendant la guerre d'Algérie (notamment au moment du «Manifeste des 121»). Mais l'on se méfie du bavardage et des «idées» et l'on revendique pour l'écriture le droit de n'être «pour-chasseuse que d'elle-même» (Barthes).

Seconde ligne de rupture avec le romanesque tradition-nel, la remise en cause de l'«illustration représentative» selon laquelle le roman ne serait que le reflet du monde réel. «Le monde — écrit Robbe-Grillet — n'est ni signi-fiant ni absurde, il est tout simplement.» Le roman n'a pour but ni de raconter une histoire ni de faire vivre des personnages: il est — écrit Michel Butor — «le domaine phénoménologique par excellence, le lieu par excellence où étudier de quelle façon la réalité nous apparaît ou peut nous apparaître; c'est pourquoi le roman est le laboratoi-re du récit». De là l'importance accordée au formel, à la description minutieuse des formes et des choses telle que la pratiquent Robbe-Grillet dans *Le Voyeur* (1955), Bu-tor dans *La Modification* (prix Renaudot 1957) ou Na-thalie Sarraute dans *Le Planétarium* (1956). De là égale-ment la volonté de reconstruire subjectivement le monde extérieur. «Chaque homme, dit encore Robbe-Grillet, à son tour, doit réinventer les choses autour de lui. Ce sont les vraies choses, nettes, dures, brillantes, du monde réel. Elles ne renvoient à aucun autre monde. Elles ne sont le signe de rien d'autre que d'elles-mêmes. Et le seul contact que l'homme puisse entretenir avec elles, c'est de les imaginer.» De là enfin le souci de rendre au langage son autonomie, de substituer à l'écriture narrative un langage fragmentaire, hésitant, volontiers elliptique, le seul qui soit à même de reconstruire, à travers le tissu serré de la conversation, la complexité et la subsistance des cons-ciences: une technique que Nathalie Sarraute a expéri-mentée de bonne heure. En intitulant, dès 1938, son premier roman *Tropismes*, elle a inventé un mot qui allait faire fortune pour définir un type d'exploration scriptu-rale par touches et imperceptibles mouvements de la pensée.

Si les principaux représentants du Nouveau Roman

ont en commun une structure narrative qui les différencie des formes ordinaires de la littérature romanesque, ils se distinguent néanmoins les uns des autres par l'accent mis sur tel ou tel aspect de la recherche. La prégnance du temps chez le Michel Butor de *La Modification* (24 heures de la vie d'un homme reconstituées dans les moindres détails pour éclairer une décision intérieure), de *L'Emploi du temps* (1956) et de *Degrés* (1960). La reconstruction de la mémoire dans l'ordre du langage chez Claude Simon (*La Route des Flandres*, 1961 — *Le Palace*, 1962 — *Histoire*, 1967), l'invention d'un «ton» chez Robert Pinget *L'Inquisitoire*, 1962), l'alliance de la pratique scripturale et de l'analyse théorique chez Jean Ricardou. On ne peut d'autre part limiter la mouvance du Nouveau Roman à l'équipe des éditions de Minuit. Des écrivains comme Jean Cayrol et Claude Mauriac (*Le Dîner en ville, L'Agrandissement*) ont été pendant quelque temps très proches de l'«école du regard». Raymond Jean (*La Conférence*, 1961) et Georges Perec (*Les Choses*, 1965) en ont fortement subi l'influence, de même que Marguerite Duras (*Les Petits chevaux de Tarquinia*, 1953 — *Moderato Cantabile*, 1958 — *L'Amante anglaise*, 1967, etc.).

Stricto sensu, l'aventure littéraire du Nouveau Roman coïncide avec les années de la guerre d'Algérie et avec celles de la République gaullienne. Lucien Goldmann a pu ainsi la mettre en relation avec les transformations rapides d'une société de consommation dans laquelle, les individus devenant de plus en plus passifs, les «choses» prenaient le pas sur les hommes. En fait, ce qui a été fondamental dans la recherche accomplie pendant une quinzaine d'années par les «nouveaux romanciers», c'est la conscience qu'ils ont eue, et qu'ils ont fait prendre à beaucoup d'autres (Philippe Sollers, Jean Thibaudeau, Jean-Pierre Faye, etc.) du rôle des formes et du langage dans la création romanesque. L'œuvre de Marguerite Duras, qui ne s'inscrit que marginalement dans les frontières du Nouveau Roman, a puisé dans celui-ci une partie de ses éléments novateurs (traitement des personnages, déconstruction du récit, renouvellement des formes scripturales, etc.).

La recherche formelle, l'accent mis sur l'autonomie du langage et la centralité des objets, le rejet des notions traditionnelles d'«intrigue» et de «personnages», pour certains (pas tous) le refus de l'engagement politique, tous ces traits qui caractérisent le Nouveau Roman s'appliquent également à ce que l'on a baptisé non pas «nouveau théâtre» mais «anti-théâtre» ou «théâtre de l'absurde». L'événement fondateur en a été la pièce de Samuel Beckett (né en Irlande de 1906 mais dont les œuvres sont directement écrites en français): *En attendant Godot*, créée en 1953 au Théâtre de Babylone. L'œuvre théâtrale de Beckett (*Fin de partie*, 1957 — *Oh! les beaux jours!*, 1963 — *L'Acte sans parole*, 1957 et 1966), comme celle d'Eugène Ionesco (*La Cantatrice chauve*, 1953 — *Tueurs sans gages*, 1957 — *Rhinocéros*, 1958 — *Jeux de massacre*, 1970, etc.), d'Arthur Adamov (*Tous contre tous*, 1953) et de Roland Dubillard (*Naïves hirondelles*, 1961) mettent en scène des individus entre lesquels règne une totale incommunicabilité. Dans «Godot» de Beckett, deux demi-clochards attendent un hypothétique visiteur (Godot, déformation dérisoire de God?) en poursuivant un dialogue incohérent. Dans *Naïves hirondelles* de Dubillard, les personnages parlent pour ne rien dire et se livrent à des activités gratuites. «Parler pour ne pas penser», pour ne pas agir, en attendant, face à la béance du temps, le silence définitif, tel est le rôle que Beckett assigne à ses misérables «héros». Son théâtre, écrit Ludovic Janvier, «mince de poids mais lourd de paroles, est avant tout celui du dernier mot, du dernier souffle, du dernier accord de la voix humaine proféré avec maîtrise et dignité à la veille de se taire pour toujours».

L'innovation scénique ne se réduit pas au «théâtre de l'absurde». Elle est également présente chez un auteur comme Jacques Audiberti (*L'Effet Glapion*, 1959 — *La Fourmi dans le corps*, 1962) dont la dramaturgie baroque se marie avec un langage libéré de toutes les entraves, et surtout chez Jean Genet. Ce dernier, ancien pupille de l'Assistance publique, ancien repris de justice devenu bouquiniste avant d'être découvert par Cocteau et quasiment «statufié» par Sartre (*Saint Genet comédien et martyr*, 1952), a touché à tous les genres littéraires. Dans les œuvres qu'il a écrites pour le théâtre — *Les Bonnes*, 1947 — *Le Balcon*, 1956 — *Les Nègres*, 1959 — *Les Paravents*, 1961), Genet rejette toutes les conventions scéniques pour représenter le réel tel qu'il apparaît dans le jeu de miroirs déformants que constitue le fait théâtral. Créés en 1966 au Théâtre national de l'Odéon dont Jean-Louis Barrault est alors le directeur, *Les Paravents* (qui avaient déjà été montés en Allemagne) font scandale. La guerre d'Algérie est encore toute proche et, à la suite d'un article de Jean-Jacques Gautier dans *Le Figaro*, la critique bien pensante se déchaîne contre une pièce dans laquelle elle ne voit qu'une grossière caricature de l'armée et de la colonisation françaises, alors qu'elle fustige globalement une humanité en déroute, tout entière tournée vers le mal. Un député demande la suppression des subventions accordées à l'Odéon mais André Malraux, alors ministre de la Culture, prend la défense de l'auteur et du metteur en scène (Roger Blin) au nom de la liberté d'expression. Parmi les auteurs qui cherchent à concilier recherche dramaturgique et engagement politique, il faut enfin citer Fernando Arrabal, un antifranquiste espagnol en exil en France et qui écrit en français à partir de 1955 des pièces baroques dans lesquelles il met en scène, lui aussi, une humanité sinistre.

C'est également à la charnière des années 1950 et 1960 que se produit le grand tournant du cinéma français. Il a lieu à un moment où se conjuguent les effets de la croissance, de la stabilisation politique et de la guerre d'Algérie pour donner naissance au phénomène de la «nouvelle vague». Si l'on considère généralement que ce label ne s'applique qu'aux films sortis sur les écrans à partir de la fin de 1958 — le premier du genre étant *Les Amants* de Louis Malle — il est clair que le mouvement a des précurseurs dont l'œuvre s'inscrit elle aussi à contre-courant d'un conformisme formel qui est un peu la contrepartie de la «qualité française» en matière cinématographique: le Jacques Becker de *Casque d'or* (1952) et du *Trou* (1959), le Robert Bresson du *Journal d'un curé de campagne* 1950), le Jacques Tati des *Vacances de Monsieur Hulot* (1953) et de *Mon oncle* (1958), le Max Ophüls de *La Ronde* (1950) et de *Lola Montès* (1955). L'explosion annoncée de la «nouvelle vague» se situe d'autre part au point d'aboutissement de la réflexion critique entreprise au début des années cinquante par la petite équipe réunie autour des *Cahiers du cinéma:* réaction contre la tendance à la commercialisation de la production cinématographique, visant à substituer un «cinéma d'auteur», réalisé avec des petits budgets, aux productions industrielles, standardisées et essentiellement récréatives qui paraissent devoir l'emporter avec l'essor de la société de consommation.

La «nouvelle vague» proprement dite a ainsi été précédée par le «cinéma d'auteur». Dès 1948, Alexandre Astruc énonçait en ces termes les canons de la «nouvelle avant-garde»:

> «Le cinéma est en train tout simplement de devenir un moyen d'expression, ce qu'ont été tous les autres arts avant lui... il devient peu à peu un langage. Un langage, c'est-à-dire une forme dans laquelle et par laquelle un artiste peut exprimer sa pensée, aussi abstraite soit-elle, ou traduire ses obsessions exactement comme il en est ajourd'hui de l'essai

ou du roman. C'est pourquoi j'appelle ce nouvel âge celui de la caméra-stylo. Cette image a un sens bien précis. Elle veut dire que le cinéma s'arrachera peu à peu à cette tyrannie du visuel, de l'image pour l'image, de l'anecdote immédiate, du concept, pour devenir un moyen d'écriture aussi souple et aussi subtil que celui du langage écrit» (*L'Ecran français*, n° 144, 30 mars 1948).

Ces règles, il est vrai, ne seront guère suivies que par un petit nombre de réalisateurs, au premier rang desquels figurent Astruc lui-même (*Le Rideau cramoisi*, 1952 — *Les Mauvaises rencontres*, 1955) et surtout Agnès Varda, ancienne photographe au TNP à qui l'on doit, dès 1954, la réalisation d'un premier long métrage — *La Pointe courte* — mêlant l'histoire d'un couple en train de se séparer et la vie des habitants d'un quartier de Sète, en passant constamment d'un sujet à l'autre de façon à déconcerter le spectateur et à empêcher toute identification. Le genre n'est pas encore prêt à trouver un public: le film reste sans distributeur et le second projet de long métrage de son auteur n'obtient pas le financement nécessaire à sa réalisation. Ce n'est qu'en 1961, avec *Cléo de 5 à 7*, qu'Agnès Varda accède enfin à la consécration.

Dans l'intervalle, le séisme a commencé à ébranler le monde des salles obscures et de la critique cinématographique. En 1958, Louis Malle ouvre la voie avec *Les Amants*, un film brûlant dont la séquence centrale, que François Truffaut qualifiera de «première nuit d'amour du cinéma», est dénoncée par la presse catholique pendant le festival de Venise et dont la sortie commerciale bénéficie d'un gros succès de scandale. Suivent en 1959 les deux premiers longs métrages de Claude Chabrol, avec le tandem Gérard Blain/Jean-Claude Brialy, *Le Beau Serge* et *Les Cousins, Moi un noir* de Jean Rouch, *Les Quatre cents coups* de Truffaut et *Hiroshima mon amour* d'Alain Resnais. Viendront ensuite en 1960 *L'eau à la bouche* de Jacques Doniol-Valcroze, rédacteur en chef des *Cahiers du cinéma, Le Bel âge* de Pierre Kast et *A bout de souffle* de Jean-Luc Godart, dont l'écriture cinématographique (déconstruction des personnages et de l'intrigue, banalité recherchée du dialogue, insistance mise sur les objets) n'est pas sans correspondance avec le Nouveau Roman; en 1961 *Lola* de Jacques Demy, et *Paris nous appartient* de Jacques Rivette; en 1962 *Le Signe du lion* d'Eric Rohmer, *Cléo de 5 à 7* d'Agnès Varda et *Le Combat dans l'île* d'Alain Cavalier ; en 1963 enfin *Adieu Philippine* de Jacques Rozier.

L'année 1965 marque la fin de la nouvelle vague en tant qu'«école» cinématographique, encore qu'en fait d'école il en est de ce jeune cinéma d'auteurs comme des mouvements qui agitent au même moment le monde du roman et celui du théâtre. L'hétérogénéité en est grande et les sensibilités qui la composent extrêmement diverses. Du pôle «nouvelle vague» du début des années soixante vont diverger dès le milieu de la décennie des destins cinématographiques aussi dissemblables que ceux d'Alain Resnais et de Jacques Demy, de Jean-Claude Chabrol et d'Eric Rohmer, de François Truffaut et Jean-Luc Godard, tous promis à une longue et prolifique carrière. Mais déjà, en 1960 ou 1961, il pouvait paraître abusif de classer sous une même étiquette un cinéma de facture classique comme celui de Louis Malle et les recherches formelles auxquelles s'adonnaient des réalisateurs tels que Godard et Rivette.

Avec le recul du temps, il apparaît que la nouvelle vague n'a pas été porteuse d'une véritable révolution de l'esthétique cinématographique. Elle tranche néanmoins avec la production de la période précédente par un certain nombre de traits. D'abord le renouvellement du personnel: réalisateurs, techniciens, acteurs et actrices (Belmondo, Jean-Pierre Léaud, Gérard Blain, J.-C. Brialy, Jeanne Moreau, Emmanuelle Riva, etc.). En second lieu le style : les films sont tournés en extérieur, sans éclairage additionnel, ce qui donne aux œuvres un ton plus simple et plus léger que celles confectionnées en studio. Les sujets également changent: anecdotes quotidiennes plutôt que les vastes sujets affectionnés par le cinéma «de qualité française». La technique y est moins prisée dès lors que l'on privilégie le réalisme et non l'esthétique fabriquée des studios. On a dit des réalisateurs de la nouvelle vague qu'ils étaient «davantage des hommes de lettres que des cinéastes... des écrivains qui se servent de la caméra» (Raoul Mille). Comme les praticiens du Nouveau Roman et les dramaturges de l'«anti-théâtre», leur art est principalement un art du regard.

Avant-gardes

Domaines privilégiés depuis le début du siècle des mouvements avant-gardistes, les arts plastiques et la musique dont la musique dite «contemporaine» n'échappent pas au syndrome de la «nouveauté» qui caractérise — dans tous les secteurs de la culture — le discours critique des *sixties*. Pourtant, si innovation il y a durant cette période, la France est loin d'en être l'épicentre. On observe au contraire un assagissement qui tranche avec certaines expériences étrangères, notamment anglo-saxonnes.

Dans le champ de la peinture tout d'abord, la tendance est à la fois à la consécration, voire à la statufication des grands maîtres du non-conformisme d'hier — Clouzot consacre un film au *Mystère Picasso*, Matisse et Léger, morts respectivement en 1954 et 1955, laissent derrière eux d'authentiques musées —, et au retour du «réel».

Cette réaction réaliste, qui n'a pas grand-chose de commun avec les entreprises des disciples français de Jdanov durant les années de la guerre froide, doit également assez peu au *Pop Art* anglo-américain. Celui-ci s'est développé au même moment des deux côtés de l'Atlantique, à Londres d'abord, à la suite de l'exposition à la Whitechapel Art Gallery (*This is tomorrow*, 1956), puis aux Etats-Unis (Andy Warhol, Jamesquist), dans une perspective visant à appréhender la réalité à travers le quotidien et dans un souci de récupération du matériel iconographique véhiculé par la culture de masse (affiches publicitaires, images télévisuelles, photographies de presse, bandes dessinées, etc.).

C'est en avril 1960 que le critique Pierre Restany publie à Milan son *Manifeste du nouveau réalisme*. La peinture de chevalet, estime-t-il, a fait son temps. Il faut que «désormais la vision des choses s'inspire du sens de la nature moderne, qui est celle de la ville et de l'usine, de la publicité et des mass media, de la science et de la technique». Pas d'autre style donc que celui qui réside dans la réalité brute de la rue. Quelques jours plus tard se constitue le groupe des Nouveaux Réalistes. Il comprend des artistes tels qu'Yves Klein, Arman, César, Raymond Hains, Martial Raysse, Daniel Spoerri, Jean Tinguely, Jacques Mahé de La Villeglé, rejoints un peu plus tard par Niki de Saint-Phalle, Christo et Gérard Deschamps. En mai 1961 a lieu à Paris la première grande exposition du groupe: *Quarante degrés au-dessous de Dada*. Elle sera suivie d'autres manifestations; toutefois, à partir de 1963 les activités collectives se raréfient et, en 1970, l'école célèbre publiquement sa dissolution au cours d'une fête organisée à Milan.

Retour au réalisme donc, mais non au figuratif. Réalistes, les peintres et les sculpteurs qui se rassemblent autour du manifeste de Restany ne le sont, comme leurs homologues et contemporains de la *pop culture*, que par les emprunts qu'ils font, pour construire leurs œuvres, à la panoplie d'objets qui peuplent notre environnement citadin, mais le collage ainsi réalisé à partir d'éléments disparates est en fait une pure construction de l'esprit. Hains et Mahé de La Villeglé composent leurs toiles avec des fragments d'affiches lacérées. Arman utilise les objets de manière répétitive ou des débris d'objets préalablement détruits. César procède à des «compressions» (d'automobiles par exemple transformées en balles rectangulaires) ou à des «expansions» (coulées de matière plastique répandues sur le sol). Jean Tinguely confectionne ses sculptures dynamiques avec des pièces de récupération. Daniel Spoerri colle directement sur le support de son ouvrage des objets représentatifs d'un moment et d'un lieu (par exemple ceux qui se trouvent sur la table d'une chambre d'hôtel).

Bien qu'il appartienne en principe, en cette ultime phase de sa brève existence (1928-1962), à l'école du Nouveau Réalisme, Yves Klein se situe en fait très en marge. Poussant à ses limites la logique de l'abstrait, il a présenté en 1958 à la galerie Iris-Clert son *Exposition du vide*, de grands espaces blancs exprimant sa quête du vide et de l'immatériel. Les œuvres qui suivent la naissance du groupe — les *Cosmogonies* qui utilisent des éléments naturels (pluie, foudre, etc.), les *Anthropométries*, empreintes sur la toile de modèles nus féminins enduits de bleu, les «peintures de feu», etc. — visent moins à représenter le «réel» qu'à exprimer une sorte d'angoisse existentielle devant le mystère du futur.

Dans le domaine musical, y compris dans ses formes les plus novatrices et les plus futuristes, l'Ecole de Paris a continué au contraire à jouer un rôle pionnier. Les années soixante voient la «musique concrète» — qui avait connu de beaux succès au cours de la décennie précédente avec les œuvres composées par Pierre Schaeffer et Pierre Henry — se muer en «musique électro-acoustique». Au sein de la Radio-télévision française se constitue un Groupe de recherches musicales (GRM) qui donne en 1963 son premier concert public. Y collaborent des musiciens comme François Bayle, Luc Ferrari, François-Bernard Mâche, Michel Philippot, Ivo Malec, Guy Reibel, dont le style se démarque des travaux de Schaeffer. Les uns et les autres vont donner au cours des années suivantes des œuvres poétiques et intimistes qui tranchent assez nettement avec le reste de la production européenne: *Espaces inhabitables* de François Bayle — principal animateur du GRM en 1968 —, *Hétérozygote* (1964) de Luc Ferrari, *Cantate pour elle* (1966) d'Ivo Malec, *Violostries* (1964) de Bernard Parmegiani, etc. Quant à Pierre Henry, qui poursuit ses recherches solitaires dans une direction également très différente de celle du maître Schaeffer, il donne en 1967 au festival d'Avignon une *Messe pour le temps présent*, composée avec Michel Colombier pour le Ballet du XXe siècle de Maurice Béjart et qui obtient un très vif succès.

L'autre versant de l'innovation musicale se situe dans le droit fil du «sérialisme intégral», utilisé et diffusé en France par l'un des meilleurs disciples d'Olivier Messiaen: Pierre Boulez. Celui-ci mène depuis le milieu des années cinquante une carrière parallèle de compositeur (*Soleil des eaux*, 1950, *Le Marteau sans maître*, 1955), de chef d'orchestre (il dirige en 1963 à l'Opéra de Paris le création d'un *Wozzeck* mis en scène par Jean-Louis Barrault), d'enseignant et de chercheur (à la tête de l'IRCAM, le département musical du Centre Georges Pompidou). C'est dans la mouvance du Domaine musical, que Boulez anime depuis 1954, que se développent dans les années soixante de nouvelles formes de musique contemporaine, utilisant comme le fait Iannis Xenakis les ressources conjuguées des mathématiques, de la physique (la théorie cinétique des gaz) et de l'ordinateur.

L'architecture française des années soixante est fille d'une nécessité que lui imposent la croissance démographique et l'explosion urbaine. C'est dire que l'espace y est rare pour les tendances avant-gardistes. Le Corbusier meurt en 1965, sans avoir beaucoup marqué, depuis les années trente, le paysage urbanistique français. Les deux «unités d'habitation à grandeur conforme» qui lui ont été concédées une dizaine d'années plus tôt (Marseille et Rezé-lès-Nantes) n'ont guère d'autre signification que celle de «buttes-témoins» dans des ensembles résidentiels dépourvus d'unité et de logique. Son rêve urbanistique, Le Corbusier ne pourra le réaliser qu'hors de France, et même hors d'Europe, en dessinant les plans de la lointaine Chandigarh, au Pendjab. Lui disparu, la France de la croissance va devoir se rallier aux solutions fonctionnalistes de l'avant-guerre, mais, comme l'écrit Pascal Ory, «ce sont celles du Bauhaus simplifiées et industrialisées par les agences américaines, où Mies et Gropius sont devenus des sortes de superproducteurs de prestige, inspirant les travaux de vastes équipes et les exercices d'application de maints artisans plus ou moins talentueux» (*L'Aventure culturelle française*, op. cit., p. 175).

L'heure est à l'urgence dans la cité. Le rythme de la construction urbaine et péri-urbaine s'accélère jusqu'à atteindre 500 000 logements pour la seule année 1969. Les ZUP (zones à urbaniser en priorité), créées en 1958, donnent lieu à un urbanisme de «barres» et de «tours», où le béton est roi et dont les effets sur la santé et la sécurité des habitants sont catastrophiques. A partir de 1967, quelques tentatives sont faites pour tirer parti des nouveaux plans d'occupation des sols et pour mettre en place un «habitat intermédiaire» moins inhumain: ainsi le groupement de petits immeubles collectifs et de logements individuels que Jacques Bardet réalise dans le Val d'Yerres. Mais la tendance lourde reste celle des «grands ensembles», en attendant les «villes nouvelles» des années soixante-dix.

A défaut d'urbanisme d'avant-garde, Paris se dote néanmoins des signes de la modernité. Dès 1958, de vastes opérations de rénovation sont lancées dans la capitale: l'aménagement du «Front de Seine» par Raymond Lopez, Henry Pottier et M. Proux; celui du XIIIe arrondissement («Olympiades» et «Italie-Gobelins»), l'opération Maine-Montparnasse entreprise par Eugène Beaudouin, Raymond Lopez, Urbain Cassan, etc., et qui s'achève en 1973 par la réalisation d'une tour d'acier et de verre haute de 220 mètres. Plusieurs édifices de grand gabarit se voulant représentatifs de leur temps sont édifiés pendant la première décennie de la République gaullienne: l'aérogare d'Orly, à l'esthétique sobre conçue par André Vicariot (1961), le siège de l'UNESCO (1963-1969), près du Champ-de-Mars, dont le plan en Y, l'ossature en béton et les façades en pans de verre signées par Jean Prouvé n'obtiendront que tardivement l'adhésion du public, les Abattoirs de La Villette (1964), aujourd'hui démolis et qui ne sont restés dans les mémoires que par le scandale financier auxquels ils ont donné lieu; enfin et surtout la Maison de la RTF (1963), un immense ensemble circulaire où le concepteur, Henry Bernard, a su tirer un excellent parti de l'alliance du verre et de l'aluminium.

C'est cependant l'aménagement du quartier de la Défense, prolongement vers l'ouest de l'axe Louvre/Etoile/Porte Maillot, qui constitue le projet urbanistique le plus ambitieux et le plus audacieux de l'après-guerre. Décidé sous la IVe République (1956), il a donné lieu, dès 1958, à la construction du palais du CNIT (Centre national des industries et des techniques), avec son immense voûte d'arête de 22 000 mètres carrés. Ont ensuite été édifiés la tour Nobel de Jean de Mailly et Depussé, les tours Aquitaine, Europe, Charras et une trentaine d'autres immeubles d'une hauteur moyenne de 100 mètres qui font de ce quartier futuriste une sorte de petite Manhattan et un véritable laboratoire de l'architecture de pointe de facture hexagonale.

Permanences

Nouveau Roman, Nouvelle Vague, Nouveau Théâtre, Nouveau Réalisme, tous ces mouvements qui se réclament d'une modernité poussée sur le terreau de la croissance ne représentent, comme les minces légions avant-gardistes des décennies précédentes, que la partie émergée d'un immense archipel que l'innovation affecte peu et qui, en tout cas, constitue l'essentiel de la nourriture culturelle des Français.

Cette nourriture de l'esprit est plus abondante que par le passé. Elle passe, nous l'avons vu (*cf.* Tome II, chapitre X) par la démocratisation du système scolaire, l'amélioration du niveau de vie, la multiplication des équipements culturels (bibliothèques, salles de théâtre, de cinéma, de concert), ainsi que par un certain nombre de vecteurs et d'institutions (presse, radio, télévision, associations culturelles, ciné-clubs, TNP, etc.). Autant d'agents et de médiateurs qui ne cessent d'accroître leur audience au cours de la décennie 1960. Les «collections de poche» et les «livres-clubs» — le plus souvent distribués par *mailing* — ont permis aux tirages de croître dans des proportions jamais atteintes et à nombre d'écrivains — français et étrangers — d'atteindre une audience qui recouvre désormais de larges secteurs du corps social.

La politique culturelle engagée par la IVe République

a été poursuivie et amplifiée par les gouvernements de la Vᵉ. Un ministère de la Culture est créé et confié à André Malraux qui occupe ce poste de 1959 à 1969. S'adressant aux députés en octobre 1966, l'auteur de *La Condition humaine* résume en ces termes son programme d'éducation populaire permanente: «Autant qu'à l'école, les masses ont droit au théâtre, au musée. Il faut faire pour la culture ce que Jules Ferry a fait pour l'instruction.» Vaste projet, qu'il n'est guère facile de mener à bien avec un budget qui n'atteint pas 0,50 % du budget national, mais qui reçoit néanmoins un début de réalisation avec la création des Maisons des jeunes et de la culture: les MJC, conçues comme des centres polyvalents et des lieux de sociabilité, avec bibliothèque, discothèque, salle de lecture, théâtre, cinéma, etc. Malraux crée également la Caisse nationale des Lettres, le Théâtre de l'Est parisien, le système d'avances sur recette pour le financement du cinéma de qualité. Il confie le Théâtre national de l'Odéon à Madeleine Renaud et Jean-Louis Barrault. Dans leur ouvrage célèbre publié en 1963, *Les Héritiers*, Pierre Bourdieu et J.-L. Passeron dénonçaient la reproduction d'un système qui faisait de la culture — au sens noble du terme — le privilège d'une élite bourgeoise. La politique culturelle de la République gaullienne n'a pas aboli ce privilège. Du moins a-t-elle impulsé un mouvement d'accompagnement de la démocratisation culturelle qui sera poursuivi, avec une intensité diverse et des résultats inégaux, après 1969 et jusqu'à nos jours.

La diffusion par les éditions de poche, le disque, les reproductions d'œuvre d'art, etc., favorisent les créateurs dont la réputation est déjà faite: qu'ils s'agisse des classiques de la littérature — on n'a jamais autant lu *Madame Bovary* et *Le Rouge et le noir* —, ou d'auteurs contemporains qui ont fait leurs preuves et ont fidélisé un large public. Parmi ces derniers, Sartre et Camus continuent d'occuper une place de choix sur les rayons des librairies, le premier pour son œuvre romanesque et théâtrale des années de la guerre et de l'après-guerre plutôt que pour ses écrits les plus récents, le second «profitant» en quelque sorte de l'effet de mode qui suit sa disparition dans un accident de voiture en janvier 1960. Les tirages de *L'Etranger* et de *La Peste* vont connaître en effet une courbe ascendante qui culminera dans les années 1970 à plusieurs centaines de milliers d'exemplaires chaque année. Quant aux deux grands survivants de la génération littéraire des années trente, s'ils continuent d'écrire beaucoup, ce n'est pas pour prolonger un cycle romanesque qui paraît achevé, mais pour tirer de leur expérience des leçons qu'ils essaient de communiquer aux autres: François Mauriac en se faisant journaliste (le «Bloc-notes» de *l'Express*), critique littéraire (*Le Romancier et ses personnages*, 1953) et mémorialiste (*Mémoires intérieurs*, 1959 et 1965), André Malraux en devenant historien et psycho-sociologue de l'art (*Musée imaginaire*, 1952, *Métamorphose des Dieux*, 1957) ou en recueillant pour la postérité les dernières pensées du général de Gaulle (*Les Chênes qu'on abat*, 1971).

Au-delà de ces caciques et de quelques autres (Aragon, Giono, Simone de Beauvoir, Paul Morand, Montherlant, Anouilh, etc.), les goût du public vont à une production littéraire qui ne s'aventure guère sur les chemins de l'avant-garde. Il y a certes, hors de la mouvance du Nouveau Roman, des exceptions qui font recette, parfois à titre posthume comme Boris Vian. Jusqu'à sa mort en 1959, cet ancien ingénieur centralien devenu une figure du Saint-Germain-des-Prés de l'époque héroïque, écrivain, poète, joueur de trompette, compositeur de chansons, cinéaste, ami de Sartre et de Queneau a produit quelques romans d'inspiration surréaliste qui n'ont trouvé de lecteurs que dans les cercles étroits du Paris «existentialiste»: *L'Automne à Pékin* et *L'Ecume des jours* en 1947, *L'Herbe rouge* en 1950, *L'Arrache-Cœur* en 1953.

Soixante-huitard avant l'heure, l'onde de mai va faire de lui un des auteurs les plus lus — notamment par les jeunes — de la décennie 1970.

Pour le reste, la tendance est à la permanence des genres et à une relative sagesse de l'écriture: romans d'analyse personnelle comme ceux de Paul Guimard (*Les Choses de la vie*, 1967), Jacques Laurent (*Les Bêtises*, prix Goncourt 1971), Kléber Haedens (*Adios*, 1974) et François Nourrissier (*Bleu comme la nuit*, 1958, *Un Petit bourgeois*, 1963, *Une Histoire française*, 1965, *La Maître de maison*, 1968); romans anecdotiques d'une Edmonde Charles-Roux (*Oublier Palerme*, 1966), d'un Pierre-Jean Rémy (*Le Sac du Palais d'été*, Prix Renaudot, 1971) ou d'un Hervé Bazin (*Au nom du fils*, 1960); romans de «mœurs» et d'analyse sociologique signés Christiane Rochefort (*Les Stances à Sophie*, 1963, *Les Petits enfants du siècle*, 1961), Romain Gary/Emile Ajar (*Les Racines du ciel*, 1956, *La Vie devant soi*, 1975) ou René-Victor Pilhes (*L'Imprécateur*, 1974); récits autobiographiques à la manière de Claude Roy (*Moi, je*, 1969); récits sur fond légendaire ou historique avec Michel Tournier (*Le Roi des Aulnes*, 1970) et Marguerite Yourcenar (*Mémoires d'Hadrien*, 1951, *L'Œuvre au noir*, 1968); romanesque inclassable enfin d'un Albert Cohen (*Belle du Seigneur*, 1968), d'un J.-M.G. Le Clézio (*Le Procès Verbal*, prix Renaudot 1963) ou d'un Julien Gracq (*Le rivage des Syrtes*, prix Goncourt 1951, *Un Balcon en forêt*, 1958). La liste, on s'en doute, est loin d'être close.

Crise du religieux

Parmi les tendances lourdes de la période, il faut également citer la crise que traversent les églises constituées, à commencer par celle qui rassemble en France le plus grand nombre de fidèles: l'Eglise catholique. Les années soixante sont celles du concile Vatican II et des retombées post-conciliaires. Le concile œcuménique qui s'est tenu à Rome d'octobre 1962 à décembre 1965 a eu pour effet d'opérer l'*aggiornamento* de l'Eglise en affirmant le reconnaissance du pluralisme, à l'intérieur et à l'extérieur de l'institution ecclésiale, en proclamant la liberté religieuse, la primauté donnée à la destination commune des biens sur la propriété privée, l'épuration du concept de tradition qui n'est plus confondu avec le respect aveugle du passé, en reconnaissant le rôle essentiel du gouvernement des évêques, enfin en instituant une réforme liturgique qui a substitué l'usage des langues nationales au latin et cherché à obtenir une participation plus active des fidèles aux offices religieux.

Les retombées de cet immense tournant réformiste ont été, en France comme ailleurs, considérables. Encore qu'il ne faille pas attribuer au seul concile des phénomènes qu'il ne fait qu'accentuer et qui relèvent davantage de l'évolution générale des mœurs et de la crise des pratiques religieuses et des croyances qui affecte depuis le siècle précédent le monde industrialisé. La rapide croissance de la décennie 1960 et la déstructuration du corps social qui en est le corollaire se traduisent toutefois par un effondrement de l'appareil clérical et par un spectaculaire recul de la pratique que soulignent toutes les études de sociologie religieuse.

Le nombre des ordinations, qui avait connu une relative stabilisation en amont et en aval du deuxième conflit mondial — on en compte encore 500 par an au début des années cinquante — plonge dès le début de la décennie 1960. Ce ne sont d'ailleurs plus les mêmes prêtres qui s'engagent dans le sacerdoce. Ils se veulent résolument dans le siècle et rejettent les aspects les plus visibles de la présence cléricale dans la société. La plupart d'entre eux troquent la soutane contre le polo et le blouson. Ils cessent, avec la complicité d'une majorité de fidèles, d'organiser les manifestations les plus voyantes du culte, en particulier les grandes processions de la Fête-Dieu et des Rogations. Un certain nombre d'entre eux vont plus loin: ils jugent insuffisantes les réformes introduites par Vatican II et réclament l'abrogation du célibat, le droit d'exercer une activité salariale et celui de s'engager politiquement dans la voie du socialisme. Beaucoup moins nombreux que dans le passé, ils cessent d'apparaître comme les intermédiaires entre Dieu et les hommes et tendent à se fondre dans le corps social.

Du côté de la fréquentation religieuse, la débandade est tout aussi manifeste. La pratique dominicale, qui n'avait baissé que de trois points entre 1948 et 1961 en perd dix au cours des cinq années suivantes: 34 % en 1961 contre 24 % en 1966, conséquence en tout premier lieu du déclin d'un France rurale qui avait depuis un siècle servi de vivier pour les vocations et aussi, s'agissant des régions de l'Ouest, de l'Est et du Centre, de bastions résiduels pour la pratique. Sans doute, plus de 80 % des Français se disent encore catholiques et restent attachés aux pratiques liées aux grands événements de la vie familiale. Il reste que, dès 1970, 20 % d'entre eux optent pour des obsèques civiles et que le nombre de ceux qui s'avouent «incroyants» ne cesse de croître.

La baisse de la fréquentation s'accompagne toutefois, pour ceux qui continuent de se rendre à l'église, d'un approfondissement de leur foi et de l'adoption d'une conception moins formaliste de la pratique. D'autre part, l'Eglise post-conciliaire a favorisé le retour au pluralisme des options politiques et le glissement vers la gauche d'une partie des catholiques: la conversion de la CFTC en CFDT, l'émergence du PSU dans les années soixante, le rajeunissement et le renouvellement doctrinal du Parti socialiste au début de la décennie suivante, le renversement de la conjoncture électorale dans certaines régions de forte pratique en 1981, sont des phénomènes qui, en tout ou en partie, sont liés à cette ouverture de l'institution ecclésiastique et aux changements qui ont affecté la mentalité des croyants dans le sens de la tolérance, de la justice sociale et des libertés.

Cette mutation affecte assez peu le champ culturel. Les grands noms de la littérature catholique — les Péguy, Claudel, Bernanos, Mauriac, Maritain — n'ont pas d'équivalent dans la période post-conciliaire. Gilbert Cesbron poursuit une œuvre estimable de pourfendeur des tares et des injustices sociales (*Chiens perdus sans collier*, 1954, *Libérez Barabbas*, 1957, *Il est plus tard que tu ne penses*, 1958). Henri Queffélec exalte l'homme en communion avec Dieu au travers d'une nature tourmentée (*Un Royaume sous la mer*, 1960). Enfin et surtout, Julien Green rend sensible la présence de Dieu et du Mal dans ses pièces de théâtre (*Sud*, 1953, *L'Ennemi*, 1954) et dans ses romans (*Moïra*, 1950, *Chaque homme dans sa nuit*, 1960).

Si, dans l'ensemble, la communauté protestante épouse — en termes de vocations et de pratique religieuse — la même courbe descendante que la communauté catholique, le judaïsme français a été renouvelé par l'arrivée de 300 000 juifs séfarades à la fin de la guerre d'Algérie, et modifié dans le sens d'un plus grand attachement à la tradition (apprentissage de l'hébreu, retour aux pratiques traditionnelles, etc.).

Génération 68

La poussée de croissance des années soixante a donné naissance à la fois à une sorte de philosophie de la modernité, faite de pragmatisme, de confiance dans le procès, de volonté réformiste, et symétriquement au refus radical d'un modèle de société, fondé sur le consumérisme et la soumission de la planète aux impératifs du capitalisme.

Sur le versant moderniste et productiviste, les intellectuels ne se bousculent pas. On y trouve le Raymond Aron des *Dix-huit leçons sur la société industrielle* (1962) et des *Trois essais sur l'âge industriel* (1966) et un Jean Fourastié qui n'a pas attendu l'essor des *sixties* pour développer ses vues prospectives et optimistes. *Le Grand Espoir du XXᵉ siècle, Machinisme et bien-être, L'Histoire de demain* ont été publiés dans les années quarante et cinquante, de même que le célèbre «Que-sais-je?» *La Civilisation de 1960* (1947), devenu «de 1975» en 1953 et «de 1995» en 1970. On y rencontre également une petite cohorte d'économistes de réputation internationale, quelques sociologues comme Michel Crozier, quelques politistes également que le séjour outre-Atlantique n'a pas convaincus de la perversité du modèle de développement américain. Au niveau des décideurs politiques, des managers, et semble-t-il de l'opinion majoritaire, l'air du temps est au néo-scientisme et au culte de la déesse croissance. En témoigne le ralliement quasi général de tous ceux qui ont leur mot à dire dans l'aménagement du système scolaire à l'impérialisme des mathématiques.

L'autre versant est plus animé. S'y croisent, après la pause qui a suivi la guerre d'Algérie, de petits groupes d'intellectuels officiant principalement dans le secteur des sciences sociales et les poissons-pilotes d'une génération lycéenne et étudiante qui a grandi avec la croissance et qui, en même temps que le «vieux monde», en répudie les effets pervers. L'Amérique est, dans les deux cas, au centre de leurs préoccupations: en tant que principal acteur d'une histoire au présent qui, pour beaucoup, est celle de l'hégémonie imposée au Tiers Monde par la superpuissance atlantique — le manifeste du «tiers-mon-disme» militant, *Les Damnés de la terre*, de Frantz Fanon, est publié en 1961 avec une préface de Jean-Paul Sartre —, en tant que modèle d'organisation sociale débouchant sur la massification, l'uniformisation et l'aliénation des individus, et aussi parce que c'est d'Amérique que viennent, en partie du moins, les outils conceptuels de la contestation.

Sciences humaines et sciences de la société ont en France le vent en poupe depuis le milieu des années cinquante. Dans la mouvance institutionnelle de l'ethnologie, l'«anthropologie sociale» a pris son essor avec les écrits fondateurs de Claude Lévi-Strauss, directeur d'études à l'Ecole pratique des hautes études depuis 1950: *Structures élémentaires de la parenté* (1949), dans lequel Lévi-Strauss montre comment les rapports de parenté, dont le rôle est central dans les sociétés primitives, s'ordonnent selon des règles symboliques dont la signification varie d'une société à l'autre. Les textes qui suivent, *Tristes Tropiques* (1955), *Anthropologie structurale* (tome I, 1958), *La Pensée sauvage* (1962) mettent l'accent sur les «structures» des groupes humains étudiés, c'est-à-dire sur les liaisons inapparentes mais cohérentes qui régissent la vie de leurs membres. Ce «structuralisme», dont les outils sont largement empruntés à la linguistique et qui occupe bientôt le centre du débat intellectuel, débouche chez certains sur un déterminisme absolu. Le langage devenant le phénomène culturel par excellence et les lois de la pensée s'avérant identiques aux lois de l'univers, il ne peut plus être question pour l'homme de se choisir. On arrive ainsi à un discours philosophique qui se situe, et de manière radicale, à l'opposé de la thématique de la liberté, développée par Sartre.

Sans doute est-il abusif de placer sous la même et commode étiquette du «structuralisme» les entreprises intellectuelles des principaux maîtres à penser de la décennie 1960: Claude Lévi-Strauss, Louis Althusser, Roland Barthes, Michel Foucault et Jacques Lacan. Chacun a eu semble-t-il, même s'il récuse l'appartenance, au moins sa saison structuraliste. Tous ont en commun d'avoir été partie prenante dans un mouvement de la pensée qui, en privilégiant les structures profondes des agglomérats sociaux, évacue l'homme en tant qu'individu libre et agissant.

Il est vrai que l'humanisme issu des Lumières, donc «bourgeois», n'a pas très bonne presse dans l'intelligentsia d'avant-garde. L'heure est au décapage et à la mise à nu des mécanismes et des illusions qui assurent le fonctionnement et la reproduction de nos sociétés d'abondance et d'aliénation. Pour ce faire, les maîtres à penser de la nouvelle génération intellectuelle disposent de deux outils jusqu'alors jamais utilisés de concert et dont on s'efforce précisément de concilier et de conjuguer les usages: la pensée de Marx, saisie dans sa forme originelle et riche d'interprétations multiples, et celle de Freud brusquement ressurgie sur la scène intellectuelle européenne. On vendait, chaque année depuis les années trente, un millier d'exemplaires de l'*Introduction à la psychanalyse*, et voilà que de 1962 à 1967 les ventes annuelles tournent autour de 25 000.

Parmi les philosophes et les spécialistes des sciences sociales qui s'appliquent ainsi à relier Marx à Freud, il faut d'abord citer Louis Althusser. Né en Algérie en 1918, dans une famille de moyenne bourgeoisie catholique, lui-même fortement marqué dans sa jeunesse par le militantisme «thala», Althusser occupe dans les années soixante une position stratégique très forte dans le modelage de la jeune génération intellectuelle en tant que directeur d'études à l'Ecole normale de la rue d'Ulm. Agrégé de philosophie, entré au parti communiste au temps de la guerre froide, il enseigne à l'ENS une lecture de Marx (*Pour Marx*, 1965, *Lire Le Capital*, 1966-1968), qui, sans sortir complètement de l'orthodoxie, répudie certains dogmes dépassés (*Réponse à John Lewis*, 1973). Son influence sur plusieurs strates de disciplines qui vont, d'une manière ou d'une autre, jouer un rôle important dans les événements de 1968 et au cours des années suivantes — les Balibar, Macherey, Lecourt, Linhart, Régis Debray, etc. — a été considérable.

Dans un autre registre, celle du psychanalyste Jacques Lacan, a été également importante. Installé par Althusser dans les locaux de la rue d'Ulm en 1964, son séminaire — qui drainera pendant quelques années, comme jadis les cours de Bergson au collège de France, le tout Paris des mondanités culturelles — porte sur une lecture des écrits freudiens à travers une grille de lecture linguistique. L'accent est mis sur les lois du langage qui président au destin des hommes, dès leur naissance et avant leur naissance (l'enfant étant déjà présent dans le discours des parents), et qui gouvernent leurs névroses.

De proche en proche, la lecture corrosive du système qui ressort des écrits d'Althusser et de Lacan, aussi bien que de ceux de Roland Barthes ou de Michel Foucault, l'un et l'autre appliqués à pister le «signifiant» et à opérer ce que le second appelle «archéologie du savoir», se diffuse dans une intelligentsia à vrai dire très «parisienne» mais qui s'élargit peu à certains secteurs du monde universitaire. Lecture et corrosion effectuées au demeurant en des lieux idéologiquement très divers, où marxistes, structuralistes et sartriens se croisent et croisent volontiers le fer. Lorsque Foucault publie *Les Mots et les choses* (1966), Sartre déclare dans un entretien avec Bernard Pingaud «C'est le marxisme qui est visé. Il s'agit de constituer une idéologie nouvelle, le dernier barrage que la bourgeoisie puisse dresser contre Marx» (Numéro spécial de *L'Arc*, cité *in* Didier Eribon, *Michel Foucault*, Paris, Flammarion, 1989, p. 192). C'est une façon de rejeter Foucault «à droite», comme le font au même moment les intellectuels orthodoxes du PCF. «Le préjugé anti-historique de Michel Foucault — écrit par exemple Jacques Milhau dans les *Cahiers du communisme* — ne tient que sous-tendu par une idéologie néonietzschéenne qui sert trop bien, qu'il s'en rende compte ou non, les desseins d'une classe dont tout l'intérêt est de masquer les voies objectives de l'avenir.» L'auteur des *Mots et les choses* devra se défendra avec énergie contre la condamnation de son livre par toute une fraction de la haute intelligentsia de gauche. Dans une interview publiée en Suède en mars 1968, opposant le marxisme «mou, fade, humaniste» défendu par Garaudy au marxisme dynamique et rénovateur d'Althusser et de ses élèves, il proclame sa parenté avec le philosophe de la rue d'Ulm: «Vous comprenez en quoi consite la manœuvre de Sartre et Garaudy quand ils prétendent que le structuralisme est une idéologie typiquement de droite. Cela leur permet de désigner comme complices de la droite des gens qui se trouvent en réalité sur leur gauche». Et il est vrai que ses écrits et sa pensée connaissent un vif succès dans les cercles qui gravitent autour d'Althusser et qui vont devenir le noyau fondateur de l'extrême gauche «maoïste».

Ces mouvements concoctés dans les petits cénacles de l'intelligentsia parisienne se développent en même temps que la vague de fond qui, venue d'outre-Atlantique, déferle sur l'Europe de l'Ouest un peu après le milieu de la décennie. La fin de la guerre d'Algérie avait été suivie d'une forte baisse d'intensité du militantisme intellectuel, «les oscillations de l'encéphalogramme de l'intelligentsia française épousant — écrit Jean-François Sirinelli — celles de l'électrocardiogramme du corps civique tout entier» (*Les intellectuels en France, op. cit.*, p. 204). La guerre américaine au Viêt-nam va brusquement ranimer le paysage intellectuel et, dans la bataille qui s'engage autour de 1965, ce sont les jeunes, issus de la génération du *baby boom* ou de leurs aînés — qui vont occuper le premier rang.

Le mouvement de contestation du capitalisme technocratique et de la «société de consommation» qu'incarne prioritairement le modèle américain a commencé à se développer aux Etats-Unis dès les années cinquante (mouvement *beatnik*), mais c'est surtout à partir de 1964-1965 qu'il a pris l'importance, par réaction à un conflit opposant la nation la plus riche et la plus puissante du globe à un peuple pauvre en révolte contre les séquelles de l'«impérialisme». Partie des universités californiennes et des milieux intellectuels de la côte Est, la remise en cause de l'ordre mondial de l'après-guerre et de ses fondements économiques et idéologiques s'est vite étendue à d'autres secteurs de l'opinion américaine, trouvant son principal vecteur dans toute une partie de la jeunesse. Elle a ensuite gagné d'autres parties du monde et notamment l'Europe de l'Ouest.

Ici, comme aux Etats-Unis, la vague contestataire trouve un terrain propice, la prospérité et la liberté dont jouissent les pays de l'Ouest européen paraissant aller de soi pour une génération qui n'a connu ni les privations de la guerre, ni la pesanteur morale de l'occupation, ni même le climat d'insécurité de la guerre froide. Une génération dont la soif d'absolu qui caractérise la prime jeunesse se traduit par d'autres formes de mobilisation et d'engagement que celles de ses aînés. Ses maîtres à penser, elle les trouve chez les représentants les plus en vue de la science sociale américaine ou parmi les grands noms de la sociologie gauchisante qui s'est développée autour de l'Ecole de Francfort: les Marcuse, Adorno, Horkheimer, Habermas, Wilhelm Reich, etc. L'Allemagne va d'ailleurs servir de relais à un mouvement qui, dès 1967, gagne, sous des formes diverses, le Royaume-Uni, l'Italie et bien sûr la France.

Le «gauchisme» qui surgit au-devant de la scène au

printemps 1968 prend en fait ses racines dans le mouvement d'opposition à la guerre d'Algérie qui a agité la jeune génération intellectuelle à la charnière des années cinquante et soixante et qui a conduit certains de ses membres à flirter avec les réseaux de soutien au FLN. Il s'est prolongé, on l'a vu, dans un tiers-mondisme auquel la guerre du Viêt-nam fournit brusquement une audience accrue. Dès l'automne 1965, se déroulent à Paris et dans quelques villes de province les premières manifestations contre l'«impérialisme américain». L'année suivante un Comité Viêt-nam national est créé: il assure la coordination des «comités Viêt-nam de base» qui se constituent dans les universités et les lycées et où nombre de jeunes gens vont faire leur apprentissage politique. Ils serviront souvent de noyaux de contestation lors des événements qui préludent au grand ébranlement de mai-juin 1968.

Jean-Paul Sartre, que l'émergence du structuralisme et le succès rencontré par les nouveaux caciques de la philosophie et des sciences sociales avaient un peu marginalisé, effectue un retour en force spectaculaire en se mettant à l'écoute de la nouvelle classe d'âge et en se faisant le porte-parole du tiers-mondisme militant. Il participe en 1966 au «tribunal Russell», un rassemblement d'intellectuels pour juger les «crimes de guerre» dont les Américains se rendent coupables en Asie du Sud-Est. L'année suivante, il dénonce les bombardements «terroristes» contre le Viêt-nam du Nord et parle de «génocide» pour qualifier l'action des B 52. Il soutient avec éclat la cause de tous les peuples en lutte pour leur indépendance: de l'Amérique latine à l'Asie et de l'Afrique du Sud au Moyen-Orient. Le refus, par l'auteur des *Chemins de la liberté*, de son prix Nobel en 1964 lui confère un grand prestige au sein de la jeune intelligentsia contestataire.

L'heure est à la substitution de la lutte des classes traditionnelle par une lutte des classes planétaire opposant pays riches dominateurs et Tiers Monde «prolétaire». Dans la bataille à laquelle participent nombre de lycéens, d'étudiants, de bons élèves des classes préparatoires (la *Khâgne* de Louis-le-Grand constitue l'un des principaux viviers du gauchisme naissant), les textes de référence sont signés Sartre, Régis Debray ou Frantz Fanon, et les signes rassembleurs sont les drapeaux du Viêt-nam et de Cuba: ce sont eux qui flotteront sur la Sorbonne en mai 68.

Dans ce bouillonnement qui agite la jeune génération intellectuelle, l'ennemi n'est pas seulement le capitalisme et l'impérialisme *made in USA*. Ce sont les fondements même de la société industrielle qui sont dénoncés — le modèle de développement adopté depuis le XIXe siècle et que les Soviétiques se sont empressés de copier, la consommation effrénée et ses instruments incitateurs et aliénateurs (publicité, télévision), et avec eux les tendances au contrôle bureaucratique du corps social. La contradiction fondamentale n'est plus celle qui oppose, comme chez les marxistes orthodoxes, capitalisme et «socialisme», mais celle qui existe entre riches et pauvres, impérialistes et anti-impérialistes, Nord et Sud, l'URSS «révisionniste» et bureaucratique étant mise dans le même sac que les Etats-Unis et leurs alliés. De là la fascination qu'exerce sur cette génération la Chine de Mao et le transfert affectif qui s'opère à son profit parmi d'anciens militants du PCF. Pays pauvre en passe de devenir le porte-parole des «damnés de la terre» à l'échelle du monde dominé, la Chine a commencé à expérimenter un nouveau modèle de communisme, un nouveau modèle de développement équilibré entre villes et campagnes, un nouveau modèle révolutionnaire privilégiant la paysannerie et la conquête du champ culturel, comme le recommandait l'Italien Gramsci que redécouvrent au même moment les disciples d'Althusser. Un an avant l'explosion de mai, Jean-Luc Godard évoque en images dans *La Chinoise* cet attrait de la jeune génération d'extrême

258

gauche pour la formule maoïste. Deux organisations politiques s'en réclament: l'Union des jeunesses communistes marxistes-léninistes et le Parti communiste marxiste-léniniste.

La floraison des groupuscules, qui précède les événements de mai-juin 1968, ne s'opère pas seulement dans la mouvance maoïste. Un certain nombre de jeunes communistes ayant rompu avec l'UEC après la guerre d'Algérie, comme Alain Krivine, Pierre Goldmann, Serge July, Alain Forner, Bernard Kouchner, et beaucoup d'autres, vont se retrouver dans des formations qui s'affirment «trotskystes» — c'est le cas de la Jeunesse communiste révolutionnaire, fondée en 1966 — par référence aux thèses défendues trente ans plus tôt par l'ancien adversaire numéro un de Staline: le rejet de la bureaucratie, la révolution permanente, le refus de l'isolement stalinien, etc. Leur fidélité au marxisme, donc à une forme autoritaire de pouvoir prolétarien, éloigne d'eux ceux qui répudient, avec la bureaucratie, toute forme de totalitarisme et d'autoritarisme.

A côté de la composante marxiste, qui occupe le devant de la scène avant le déclenchement de la révolte étudiante, s'est ainsi dévloppée une tendance libertaire qui va, à bien des égards, donner sa tonalité au mouvement de mai et qui doit beaucoup à l'influence du gauchisme allemand, tel qu'il s'est structuré autour des universités de Francfort — où enseignent quelques-uns des grands noms de la sociologie contestataire (Horkheimer, Adorno, Habermas, etc.) — de Göttingen et surtout de l'université libre de Berlin, véritable épicentre de la contestation. De nombreux étudiants de cette université sont venus soit de la République fédérale pour échapper au service militaire, soit de RDA. Ces derniers représentent au milieu des années soixante 5 % de l'effectif total, mais il s'agit d'étudiants fortement politisés qui ont éprouvé une double déception: celle du communisme dans leur prime jeunesse et celle du capitalisme à leur arrivée à Berlin-Ouest. Aussi, rejetant tous les conformismes idéologiques, ils sont à la recherche d'un socialisme «humain» et volontiers libertaire qui imprime sa marque à l'ensemble du mouvement étudiant.

De la critique universitaire («amphis» surchargés, manque d'enseignants et de moyens, méthodes pédagogiques archaïques, contenu des cours, etc.), ils passent très vite — comme leurs homologues américains et comme le feront leurs épigones parisiens — à la mise en accusation globale du système social fondé sur le consumérisme et l'autorité. Porteurs des aspirations de toute une génération à laquelle le «miracle économique» ne suffit plus et qui refuse toute entrave à sa liberté, les plus déterminés de ces contestataires, pour la plupart enfants gâtés de l'*establishment*, classiquement en rupture avec leur milieu et avec sa morale, vont se regrouper dans ces îlots d'émancipation que veulent être, au sein de la «société répressive», les communautés marginales qui vont prendre le nom de *Kommune I,* puis de *Kommune II:* attitude marginale qui conduira dans les années 1970 un certain nombre d'entre eux à l'action directe et au terrorisme et qui, chez beaucoup d'autres, ne se manifestera que par une transformation radicale du comportement social (mouvement «alternatif», contestation «verte», féminisme militant).

En attendant, le mouvement se sera donné des structures politiques radicales avec le SDS, la Fédération des étudiants socialistes, dissidente du SPD et divers groupuscules, et il aura exercé une influence tout autre que négligeable sur le gauchisme français. Daniel Cohn Bendit, l'un des premiers «enragés» nanterrois, devenu pendant les journées de mai-juin 1968 pour l'opinion bienpensante le symbole même de la «chienlit» gauchiste, arrive tout droit de l'université de Francfort. Ce qui ne veut évidemment pas dire (on l'a pourtant dit à l'époque) qu'il y ait eu en quoi que ce soit un «complot» fomenté outre-Rhin pour déstabiliser la République gaullienne et/ou le parti communiste. Simplement, l'antériorité du mouvement allemand joue à fond sur un contexte fait des mêmes aspirations (à une plus grande liberté des mœurs, à plus de justice sociale), des mêmes revendications universitaires et d'une identique remise en question de l'ordre social et de l'ordre politique national et international.

Les idées de mai forment ainsi un alliage composite où coexistent, contre toute attente, un marxisme il est vrai revu et corrigé par les analyses althussériennes et un anarchisme diffus, sans projet politique, mais qui irrigue en profondeur l'action et le discours des jeunes gens en révolte. La tendance est en effet au refus de l'autorité et au rejet des contraintes opposées à la liberté et à l'épanouissement de l'être par les institutions en place (Etat, patronat, armée, parents, professeurs, églises, etc.) et par les morales traditionnelles. Cette volonté de défoulement et de rupture avec les valeurs «bourgeoises», qui relève en partie d'un classique conflit de génération — étendu il est vrai à toute une classe d'âge, ce qui en fait la nouveauté — recherche moins sa légitimation du côté de Marx que de Freud, ou plutôt de ses épigones américains ou germano-américains: Herbert Marcuse (*Eros et Civilisation*, 1955 — *L'Homme unidimensionnel*, 1964) ou Wilhelm Reich. Elle se manifeste dans les slogans affichés sur les murs: «Jouissez sans entraves!», «Faire l'amour c'est faire la révolution», dans les actions (le refus de la ségrégation entre les sexes dans les résidences universitaires) et dans un comportement social qui vise à faire sauter barrières et conformismes en tout genre.

Au chapitre du politique, deux faits sont à considérer. D'une part, nous l'avons vu, une contestation globale du système qui relie la critique du capitalisme et de la démocratie libérale à la mise en cause du productivisme et à la volonté de préserver la personne humaine des aliénations provoquées par la société de consommation. D'autre part une exigence d'autonomie du mouvement qui a pris naissance dans les universités: autonomie à l'égard des formations politiques classiques, mais aussi de groupes gauchistes jugés trop dépendants des idéologies traditionnelles, fussent-elles «révolutionnaires». Exemplaire à cet égard a été l'entreprise du mouvement «situationniste», apparu une dizaine d'années plus tôt aux Pays-Bas, implanté en France au milieu des années soixante (notamment à Strasbourg) et dont le «Questionnaire», paru en août 1968 dans la revue *Internationale situationniste* définit la nature et les objectifs. Le mot situationniste, est-il dit dans ce texte,

«définit une activité qui entend *faire* les situations, non les *reconnaître* comme valeur explicative. Ceci à tous les niveaux de la pratique sociale, de l'histoire individuelle. Nous remplaçons la passivité existentielle par la construction des moments de la vie... Puisque l'homme est le produit des situations qu'il traverse, il importe de créer des situations humaines. Puisque l'individu est défini par sa situation, il veut le pouvoir de créer des situations dignes de son désir... Les mots 'mouvement politique' recouvrent aujourd'hui l'activité spécialisée des chefs de groupes et de partis, puisant dans la passivité organisée de leurs militants la force oppressive de leur pouvoir futur. L'IS ne veut rien avoir de commun avec le pouvoir hiérarchisé, sous quelque forme que ce soit. L'IS n'est donc ni un mouvement politique, ni une sociologie de la mystification politique. L'IS se propose d'être le plus haut degré de la conscience révolutionnaire internationale» (*Internationale socialiste*, n° 9, août 1968, p. 24).

Nous verrons plus loin quelles ont été, du lendemain des événements de mai à la fin de la décennie suivante les retombées de cette «révolution introuvable»: reflux du gauchisme «généraliste» (P. Ory), développement au contraire d'un gauchisme «spécialisé», ciblant ses attaques sur les nouveaux enjeux de société (l'autogestion ouvrière, le combat des femmes, l'action régionaliste, la défense des minorités sexuelles et bien sûr l'écologie), transfert d'une partie des «idées de mai» sur une large fraction du corps social et récupération de leur capacité novatrice par une société de consommation qu'elles se proposaient de détruire, production enfin d'une culture plus ou moins directement reliée à ces idées et aux événements qui leur sont associés.

Pratiques sociales et culture de masse

Les années de la croissance coïncident avec un formidable bouleversement des pratiques sociales et culturelles des Français. Dans une société dont le pouvoir d'achat moyen ne cesse de croître, où les chômeurs sont peu nombreux, la part des budgets familiaux consacrée à la satisfaction des besoins immédiats (alimentation, logement, vêtement) moindre que par le passé, le «temps de vivre» moins compté que pour les générations précédentes, l'éducation et les loisirs sont devenus prioritaires. C'est en 1962 que le sociologue Joffre Dumazedier publie *Vers une civilisation des loisirs*. L'idée de «loisir», explique-t-il, n'est possible que dans une civilisation qui s'éloigne de ses racines paysannes. Le monde rural est le monde de la «fête», c'est-à-dire d'une activité qui tranche avec la grisaille ou avec la peine de l'existence quotidienne mais qui n'est pas moins intégrée à celle-ci. Le loisir au contraire fait partie de l'univers du citadin, il est le produit d'un mode de vie qui segmente le temps en séquences bien distinctes les unes des autres; il est — écrit Dominique Borne — «revanche du travail subi» et «symbole d'une autre vie» (*Histoire de la société française depuis 1945*, Paris, A. Colin, 1988).

La pratique du *week end* se répand. Peu nombreux encore certes sont ceux qui possèdent une «résidence secondaire» proche de la ville. Mais les moyens de passer une fin de semaine à la campagne ne manquent pas: petits hôtels et «locations» à la journée, camping, caravaning, visites rendues à des parents ou à des amis, etc. La forte présence du *week end* dans la vie sociale des *sixties* et de la décennie suivante transparaît d'ailleurs à travers les produits culturels du temps: le cinéma notamment, du très symbolique et énigmatique *Week end* de Godard (1967) aux productions du «cinéma-miroir des classes moyennes» réalisées par Claude Lelouch (*Un homme et une femme*, 1966) et Claude Sautet.

Pour ceux qui n'ont pas la possibilité de l'évasion à la campagne, ou lorsque la saison ne se prête pas aux escapades prolongées, le dimanche est par excellence le temps du «loisir». Un jour chômé dont la signification et la fonction ont considérablement changé depuis le début du siècle, comme l'explique le sociologue Paul Yonnet:

«En dernier lieu, le temps non travaillé est soumis à une véritable épuration interne. Celle-ci touche essentiellement le dimanche — traditionnellement consacré aux cérémonies du temps contraint — et ne s'applique pas aux congés annuels, initialement vides et comme tels, effectivement, loisir pur.

L'évidement du dimanche, sa naissance au loisir moderne, se dessine également dans les années cinquante. Le dimanche devient peu à peu le jour du libre-vouloir, en temps de libre activité — qui peut être le temps du «rien faire-rien penser» — et sur l'utilisation duquel aucune obligation ni contrainte ne doit peser. Cette évolution se traduit par une baisse sensible de la fréquentation religieuse (temps contraint) et par la dépolitisation du dimanche, qui devient une durée blanche et neutralisée, inscrite entre parenthèses dans la vie sociale. L'un des phénomènes les plus caractéristiques de la société des loisirs est l'apparition, dans les années cinquante, du dimanche anomique. Le dimanche évidé devient un jour de cafard («Je hais les dimanches», chante alors Juliette Gréco, chanson inconcevable trente ans plus tôt...» (P. Yonnet, *Jeux, modes et masses*, Paris, Gallimard, 1985, pp. 71-72).

Le tiercé, lancé par le PMU en 1954 et dont la mise annuelle est passée en vingt ans de 18 millions à plus de 6 milliards de francs, le «foot» et le *footing* (devenu un peu plus tard *jogging* sans beaucoup changer de nature), le déjeuner chez les parents, les soins donnés à la «bagnole» avant la sortie de l'après-midi, la «télé» remplaçant peu à peu le «ciné de quartier», telles sont pour des millions de familles citadines les séquences de cet espace privilégié de la «société des loisirs».

Les vacances en sont une autre manifestation. Nous avons vu (Chapitre IV) qu'entre 1958 et 1975 le nombre des Français partant en congé était passé de 31 % à 62 % soit un doublement en un peu plus de quinze ans. Vacances d'été tout d'abord qui drainent vers les plages françaises, mais aussi italiennes et espagnoles, des foules de plus en plus nombreuses, qu'attirent, pour les uns, les possibilités d'activité physique et de gardiennage des enfants qu'apportent les jeux de la plage, pour d'autres les longues séances de «bronzage» qu'exigent les canons de la «beauté» stéréotypée, tels que les véhiculent l'image publicitaire et le message des magazines. Là encore, les modalités du séjour estival varient à l'infini, au gré des possibilités financières et des goûts des intéressés: du village de toile aux «quatre étoiles» de la Riviera, en passant par la location d'un meublé ou par les vacances «à la carte» qu'offrent les promoteurs et les «gentils organisateurs» du Club Méditerranée. Créé en 1950, le «Club Med» a pris son essor avec l'arrivée dans l'affaire de Gilbert Trigano, un marchand de toiles de tente qui en a fait en quelques années un véritable mythe hédoniste, un lieu de sociabilité et de permissivité prioritairement destiné à la nouvelle classe moyenne. Entre 1960 et 1970, l'effectif de ses adhérents passera de 60 000 à près de 400 000.

Vacances d'hiver également, pour toutes les bourses (ou presque) et pour tous les âges, le goût de la «glisse» étant communiqué de bonne heure aux générations montantes, avec la complicité des pouvoirs publics et la multiplication des «classes de neige». De la nécessité d'accueillir, été comme hiver, des foules toujours plus nombreuses de vacanciers, est née toute une infrastructure: «autoroute du soleil» doublant la mythique «nationale 7» (titre d'une chanson de Charles Trenet), stations de sports d'hiver poussées comme champignons sur les pentes du Jura et des Alpes (Tignes, Avoriaz, La Plagne, Chamrousse) et pour lesquelles promoteurs et collectivités locales ont fait appel à des architectes de talent (Michel Bezançon, Marcel Breuer, Jean Labro, l'équipe UA 5 de Strasbourg, etc.), villages de vacances sur le modèle de ceux édifiés entre 1963 et 1965 à Cap Camarat-Ramatuelle et à Port-Grimaud, ou encore vastes ensembles dessinés à l'échelle d'une ville comme celui que Jean Balladur a conçu pour La Grande-Motte (1965-1969). Ceci, au prix d'une profonde modification de l'environnement et parfois de la destruction du cadre naturel.

Du loisir de masse à la «culture de masse», la distance est courte et le cheminement passe par un certain nombre de médias dont l'importance et la hiérarchie évoluent également très vite au cours de la période considérée. La presse tout d'abord qui, après avoir été jusqu'au milieu des années cinquante le véhicule privilégié de l'information, connaît depuis cette date un déclin régulier, conséquence à la fois de l'émergence de l'audio-visuel, de la raréfaction ou de la disparition de certains lieux de sociabilité (le café, le cercle, etc.), du recul de l'intérêt pour l'écrit, et aussi de nouvelles contraintes économiques. En effet, la révolution technique des procédés de fabrication (photocomposition, recours à l'informatique, *offset*, etc.) ne s'est pas accompagnée, comme dans d'autres domaines, d'une réduction des coûts, car il s'agit de procédés onéreux, vite dépassés et exigeant des investissements considérables. D'autre part, l'organisation très forte des métiers de l'imprimerie et leur traditionnelle combativité ont empêché les entreprises de presse de comprimer autant qu'elles l'auraient souhaité leurs effectifs.

Il en est résulté, dès cette période, un déficit croissant des budgets de fonctionnement des journeaux, de plus en plus difficilement comblés par l'augmentation du prix de vente et le recours à la publicité. Nombre de titres issus de la période héroïque de la Résistance et de l'immédiat après-guerre, comme *Franc-Tireur*, disparaissent, tandis que certaines feuilles d'information à grand tirage (*Paris-Presse* par exemple) commencent à éprouver quelque difficulté pour retenir leurs lecteurs. Les quotidiens régionaux — *Ouest-France, La Dépêche, Nice-Matin*, etc.), dans lesquels l'information locale retient en priorité l'attention du public, résistent mieux, de même que les hebdomadaires politico-culturels. Ces derniers connaissent une forte mutation au milieu de la décennie 1960. C'est à l'automne 1964 que paraissent, prenant le relais de *France-Observateur*, les premiers numéros du *Nouvel Observateur*. Comme *L'Express* nouvelle formule, qui accomplit sa mue au même moment, le «Nouvel Obs» s'inspire du modèle des «news magazines» américains (*Time, Newsweek*) ou allemands (*Der Spiegel*). La culture, sous toutes ses formes, avec une prédilection pour les sciences humaines, y occupe un espace au moins aussi

267

important que la politique, et c'est ce dosage qui attire et fidélise un lectorat nouveau: moins d'intellectuels classiques (étudiants, enseignants, professionnels des arts et du spectacle) et davantage de cadres auxquels les diverses rubriques de ces publications fournissent un *digest* culturel intelligemment dosé.

Avec la diffusion du transistor, la radio connaît une seconde jeunesse. Certes, elle occupe dans le système médiatique une place très différente de celle qui avait fait son succès entre les deux guerres et jusqu'au milieu des années cinquante, lorsque la «TSF» trônait au milieu des pièces de séjour et occupait les soirées familiales. Désormais, la mobilité et le faible encombrement des récepteurs permet d'étendre l'écoute à toutes les heures du jour: celles passées à domicile mais aussi à l'atelier, pour les professions n'exigeant pas une attention soutenue, et sur les parcours accomplis en voiture grâce l'«auto-radio». Il en résulte des changements importants dans la nature des émissions: le théâtre et les «feuilletons» radiophoniques disparaissent peu à peu, concurrencés par les produits similaires que fournit la «petite lucarne». Il en est de même des émissions de variété. En revanche, la radio conserve un rôle important pour les informations (plus détaillées que celles de la télévision) et les reportages sportifs. Surtout, elle constitue le véhicule principal d'une subculture «musicale» où coexistent, en proportions inégales, classique et «musique légère», chanson de qualité et romances populaires, jazz, musique «pop» importée ou non d'outre-Manche et, bientôt distillés à hautes doses, produits stéréotypés du «yé-yé». Relayée par le disque et par les *shows* télévisés, elle concourt très fortement au succès des idoles de la nouvelle génération — les Johnny Halliday, Eddy Mitchell, Richard Anthony, Sheila, Sylvie Vartan, etc. —, ainsi qu'à celui (tout aussi considérable) des représentants de la chanson poétique, et souvent engagée: Charles Trenet, qui poursuit une carrière entamée avant la guerre et constitue toujours un modèle pour les auteurs-compositeurs des générations suivantes, Georges Brassens, Léo Ferré, Jean Ferrat, Claude Nougaro, Francis Lemarque, auxquels il faut ajouter, parmi les interprètes les plus écoutés, Yves Montant et Edith Piaf.

Si la radio réussit à maintenir ou à élargir son audience en occupant les quelques espaces laissés vacants par la télévision, il est clair que cette dernière constitue, à partir du milieu de la décennie 1960, l'instrument médiatique dominant. Son envol coïncide à peu près exactement avec les débuts de la République gaullienne: il y avait en 1958 un peu moins d'un million de récepteurs équipant seulement 9 % des ménages. Sept ans plus tard, on dénombre 5 millions d'appareils (42 % des foyers), 10 millions en 1969 (plus de 60 %). A cette date, les téléspectateurs consacrent déjà 22 heures par semaine à ce qui est devenu pour nombre d'entre eux leur principale activité de loisir.

L'Etat, par le truchement de la RTF puis de l'ORTF, exerce sur ce nouveau média un monopole absolu qui n'est pas sans effet sur l'orientation des programmes et surtout sur la manière dont est choisie, présentée et commentée l'«information», sur la chaîne unique — jusqu'en 1964 — puis sur les deux chaînes du réseau. Contrôle donc, de la part des pouvoirs publics, et par conséquent risque de conformisme, tant politique que culturel. Mais ce contrôle génère aussi un souci du service public qui est une garantie de la qualité des programmes. Certes, tous n'est pas d'égale facture dans les productions de la «télé» des années soixante. La publicité y fait une entrée discrète en 1969. Les «variétés» (le *Palmarès des chansons* et les «jeux» (*Intervilles*) trouvent en Guy Lux leur animateur de choc: l'équivalent des Jean Nohain et Jean-Jacques Vital de la radio des années cinquante. Les «feuilletons» y drainent un public de plus en plus nombreux, qu'ils soient américains (*Les Incorruptibles, Au nom de la loi,*

Les Envahisseurs, etc.) ou français (*Thierry la fronde, La Caravane Pacouli, Chambre à louer, Janique aimée*). Les intellectuels rechignent devant ce qu'ils considèrent comme une machine à conditionner et à abêtir les masses, et ceci d'autant plus que le «message» télévisuel dispose de nombreux relais dans la presse: pages spécialisées des quotidiens et des hebdomadaires et surtout organes particuliers. Lancé en 1960, *Télé 7 jours* dépasse déjà les deux millions d'exemplaires cinq ans plus tard.

Querelle des anciens et des modernes? Pas tout à fait semble-t-il car, si la «télé» est capable du pire, elle peut aussi avoir vocation à produire et à diffuser le meilleur ou le passable. En octobre 1961, Jean Prat obtient un très vif succès avec son adaptation des *Perses* d'Eschyle. De grands magazines d'actualité comme *Cinq colonnes à la une* (Pierre Dumayet, Pierre Lazareff, Pierre Desgraupes), des émissions historiques de haute tenue comme *La Caméra explore le temps* (Stellio Lorenzi, André Decaux, André Castelot), des «dramatiques» confectionnées par des réalisateurs de talent (Stellio Lorenzi, Marcel Bluwal, Jean Prat), des émissions culturelles (*Lectures pour tous, Terre des arts*), retiennent devant le petit écran des publics qui ne sont pas seulement composés d'enseignants et d'individus ayant poursuivi des études supérieures.

La télévision concourt ainsi à forger une sorte de *vulgate* culturelle commune, où les Français puisent leurs références et leurs modèles d'identification. Ceux-ci peuvent être des vedettes de l'écran, les héros des feuilletons ou les stars du *show biz*. Ils peuvent aussi appartenir à l'élite du sport-spectacle en ces années d'expansion et de «grand dessein» qui constituent un temps faste pour de nombreuses disciplines du muscle. La troisième place de la France à la Coupe du monde de football à Stockholm (1958), les succès récurrents du Quinze de France dans le Tournoi des cinq nations (commentés par Roger Couderc, jusqu'à son limogeage en 1968: «Allez les petits!»), ceux des skieurs «tricolores» lors des Jeux d'Hiver à Grenoble en 1968 (Jean-Claude Killy, Marielle Goitschel), les exploits accomplis par Christine Caron en natation (record du monde du 100 mètres dos en 1964), Colette Besson (médaille d'or du 400 mètres aux Jeux de Mexico en 1968), Michel Jazy en athlétisme (jusqu'à sa défaillance au 5 000 mètres des JO de Tokyo en 1964, transformée en déroute nationale par les commentateurs du petit écran), Jacques Anquetil et Raymond Poulidor en cyclisme, etc., tous ces événements ont eu, grâce à la «télé» un écho qui n'a pas été sans effet sur le façonnement d'un certain consensus français en regard de la politique de «grandeur» impulsée par le général de Gaulle.

VI

LE «GRAND DESSEIN» PLANÉTAIRE
DU GÉNÉRAL DE GAULLE
ET SES ALÉAS
(1958-1974)

La présence du général de Gaulle à la tête d'une France modernisée et dotée d'institutions solides s'inscrit dans un contexte international qui est à la fois celui de l'apogée des «trente glorieuses» et, à partir de 1963, celui de la «détente» entre l'Est et l'Ouest: deux conditions éminemment favorables, que le fondateur de la Ve République va mettre à profit pour tenter d'imposer à ses partenaires occidentaux sa propre conception de l'alliance et l'idée qu'il se fait de la construction de l'Europe.

Une fois réglés — non sans difficulté — les problèmes posés par la seconde vague de la décolonisation, il va engager la France dans une voie qui, en donnant la priorité à l'affirmation de son indépendance nationale, n'est pas sans effet sur l'évolution de l'Europe. Politique que va poursuivre, avec quelques correctifs, son successeur Georges Pompidou.

La France et le monde dans la vision du général de Gaulle

Indépendance et souveraineté, tels sont les deux maîtres mots du discours gaullien en matière de politique internationale. «Il n'y a rien de plus constant — affirmet-il dans sa conférence de presse du 28 octobre 1966 — que la politique de la France. Cette politique, en effet, à travers les vicissitudes très diverses que nous présentent notre temps et notre univers, tend à ce que la France soit et demeure une nation indépendante» (*Discours et messages*, Paris, Plon, V, p. 97).

Ainsi la politique étrangère doit-elle poursuivre un objectif majeur, celui d'assurer non seulement la simple survie de la nation — mission à laquelle n'ont pas failli les gouvernements de la IVe République —, mais son indépendance et sa «grandeur». Une telle conception s'inscrit, chez le général de Gaulle, dans une philosophie de l'histoire fondée sur le primauté de l'Etat-nation, seule entité vivante et durable de la société internationale, forgée par un passé commun, définie par des valeurs et une culture spécifiques et maintenue soudée par des épreuves, des projets, une volonté d'appartenance vécus collectivement. De là, la mission historique qui s'impose aux gouvernants, et en particulier au chef de l'Etat: le général de Gaulle le dit clairement dans sa conférence de presse du 9 septembre 1965:

> «Dès lors qu'une nation est formée, qu'à l'intérieur d'ellemême des données fondamentales, géographiques, ethniques, économiques, sociales, morales sont la trame de sa vie, et qu'au-dehors elle se trouve en contact avec les influences et les ambitions étrangères, il y a pour elle en dépit et au-dessus de ses diversités, un ensemble de conditions essentiel à son action et, finalement, à son existence,

qui est l'intérêt général. C'est d'ailleurs l'instinct qu'elle en a qui cimente son unité et c'est le fait que l'Etat s'y conforme ou non, qui rend valables ou incohérentes ses entreprises politiques. Dans une démocratie moderne, tournée vers l'efficacité, et, en outre, menacée, il est donc capital que la volonté de la nation se manifeste globalement quand il s'agit du destin. Telle est bien la base de nos présentes institutions.»

(*Discours et messages, op. cit.*, IV, p. 388.)

La Constitution de 1958 marque-t-elle en ce domaine une rupture avec celles de 1875 et de 1946? Dans une certaine mesure non. Elle stipule en effet, comme celle qui a donné naissance à la IIIᵉ République, que «le président de la République négocie et ratifie les traités», et «est informé de toute négociation tendant à la conclusion d'un accord international non soumis à ratification». Si elle précise d'autre part, en son article 5, que le chef de l'Etat est «le garant de l'indépendance nationale, de l'intégrité du territoire, du respect des accords de Communauté et des traités», et en son article 15 qu'il est «le chef des armées» présidant «les conseils et comités supérieurs de la Défense nationale», elle ne lui confère en principe aucun monopole dans la conduite de la politique étrangère. En effet, selon les articles 20 et 21, c'est le gouvernement qui «détermine et conduit la politique de la nation»; c'est lui qui «dispose de la force armée», et c'est le Premier ministre qui «dirige l'action du gouvernement» et est «responsable de la défense nationale».

Comment a-t-on pu parler dans ces conditions de «domaine réservé» pour qualifier l'action du Président dans le domaine extérieur? Sans doute faut-il y voir un abus de langage de la part d'adversaires politiques qui, une fois parvenus au pouvoir, ont poursuivi les mêmes buts et utilisé les mêmes pratiques que l'ancien chef de la France libre. Il est clair toutefois que, dans les faits sinon dans la lettre de la constitution, les contrepoids au pouvoir présidentiel sont, en ce domaine, de peu de d'importance. Le parlement, surtout après la réforme instituant en 1962 l'élection du chef de l'Etat au suffrage universel, n'a qu'une faible prise sur la conduite et le contrôle des affaires extérieures. Le gouvernement et le Premier ministre sont — et ils le resteront jusqu'à la «cohabitation» de 1986 — choisis par le président au sein d'une majorité stable se réclamant des grandes options présidentielles. Les titulaires du Quai d'Orsay — Maurice Couve de Murville de 1958 à 1968, puis Michel Debré jusqu'à la retraite du général, Maurice Schumann et Michel Jobert sous la présidence de Georges Pompidou — sont des fidèles du général, tout comme Pierre Messmer, ministre des Armées de 1960 à 1969. Enfin le développement de l'arme nucléaire a fortement favorisé la concentration et la personnalisation du pouvoir présidentiel dans tous les domaines liés à la diplomatie et à la défense. Le responsable des destinées du pays, élu par les citoyens, n'est-il pas investi en effet de la responsabilité suprême que lui confère le choix éventuel d'engager ou non la France dans un conflit nucléaire?

L'«idée de la France» qui nourrit le discours et l'action du général de Gaulle implique tout d'abord qu'aucune restriction ne soit apportée au principe de la souveraineté de la nation. Il y a là un postulat fondamental qui a guidé jusqu'à nos jours tous ceux qui se réclamaient du gaullisme historique et qui explique les résistances que certains d'entre eux opposent aujourd'hui encore à toute avancée européenne allant dans le sens de la supranationalité. La conception gaullienne de l'Etat-nation se traduit d'autre part par de vives réticences envers les entraves à la souveraineté, qui peuvent résulter des engagements que la nation dû souscrire pour faire face aux défis de la guerre froide. Non pas que le général de Gaulle soit hostile à l'alliance elle-même: il le montrera lors des graves crises internationales du début des années soixante. Mais il entend que la France reste maîtresse de son destin et s'oppose à tout ce qui, dans l'organisation et le fonctionnement du traité de l'Atlantique Nord, limite sa marge d'action et subordonne les choix imposés par la défense commune aux décisions de la superpuissance tutélaire.

Il ne s'agit pas seulement de restituer à la France l'indépendance que lui a fait perdre le «régime des partis»: il faut encore restaurer sa position mondiale, lui «rendre son rang». On a beaucoup glosé à l'époque sur le caractère jugé dérisoire par certains de la politique de «grandeur» que le général entendait mener à l'échelle planétaire, comme s'il avait nourri l'illusion de voir notre pays faire jeu égal avec les superpuissances de l'heure. Il avait trop le sens du réel pour ne pas voir que la France était devenue une puissance moyenne que la montée de nouveaux pôles condamnait, à terme, à un relatif déclin. Ce qu'il voulait, c'était enrayer ce déclin amorcé au lendemain du premier conflit mondial et accéléré, selon lui, par le «régime des partis». La France ne serait sans doute plus jamais une très grande puissance. Mais elle pouvait aspirer à figurer au premier rang des puissances de moindre envergure. Il lui en avait donné, estimait-il, les moyens institutionnels et militaires. Il fallait encore qu'elle en eût la volonté. Le «grand dessein» planétaire ne visait ainsi à rien d'autre qu'à mobiliser les Français, à les rassembler autour d'un projet commun, à leur redonner confiance en la destinée de leur pays. De là l'impatience avec laquelle de Gaulle s'est emparé des premiers signes du «redressement» pour convaincre ses compatriotes de l'utilité des efforts qui leur étaient demandés. Ainsi dans sa conférence de presse de septembre 1965:

«Sans doute, l'inconsistance du régime d'hier avait-elle contrarié le redressement national. Mais celui-ci est maintenant évident, voire impressionnant. Nous sommes un peuple qui monte, comme montent les courbes de notre population, de notre production, de nos échanges extérieurs, de nos réserves monétaires, de notre niveau de vie, de la diffusion de notre langue et de notre culture, de la puissance de nos armes... Nos pouvoirs publics font preuve d'une stabilité et d'une efficacité que, depuis bien longtemps, on ne leur avait pas connues. Enfin, dans le monde entier, les possibilités de la France, ce qu'elle fait, ce qu'elle veut faire, suscitent à présent une attention et une considération qui tranchent avec l'indifférence ou la commisération dont, naguère, elle était trop souvent entourée. Bref, nous pouvons et nous devons avoir une politique qui soit la nôtre.»

(*Discours et messages, op. cit.*, IV, p. 383.)

Certains ont voulu voir dans le projet volontariste du général de Gaulle, appliqué à la politique étrangère, un moyen de forger un consensus pour surmonter les clivages traditionnels de la vie politique et de la société françaises. Telle est la thèse avancée dans un ouvrage récent par Philip G. Cerny (*Une politique de grandeur*, Paris, Flammarion, 1986): le projet planétaire conçu par de Gaulle n'aurait pour cet auteur qu'une signification métaphorique, l'objectif réel étant d'ordre intérieur et visant à rétablir l'unité de la nation. Or, s'il est incontestable que la politique extérieure gaullienne a recueilli une large approbation dans les diverses couches de la population française — 50 % de satisfaits entre juin 1965 et décembre 1968 contre moins de 20 % de mécontents et 30 % de sans avis —, il est beaucoup moins sûr que tel ait été le but principal du fondateur de la Ve République. Tout ce que nous savons de lui, tout ce qu'il a écrit et dit à ce sujet incline au contraire à penser que la politique extérieure était pour de Gaulle la seule qui ait une importance véritable. Que le consensus ait été nécessaire à sa réussite, et que le discours mobilisateur du Général ait concouru à son élargissement, tant mieux. Mais il s'agissait davantage d'un moyen que d'une fin. De même, la politique économique, la politique sociale, la politique culturelle de la Ve République visaient avant tout à donner à la France les moyens d'exercer son action dans le monde, de reconquérir son rang, de figurer parmi les puissances indépendantes et souveraines, bref d'«être à nouveau la France».

Pour cela, il importe d'abord de parer au plus pressé. Lorsque le général de Gaulle reprend en main la direction des affaires, la position internationale de la nation est fortement dégradée. Si les gouvernements précédents ont réglé sans trop de heurts les questions tunisienne et marocaine, le problème algérien paraît engagé dans une impasse dont les retombées internationales entravent l'action de la France et ternissent son image de puissance moderne et respectueuse des droits de l'homme. Sa situation financière catastrophique la met à la merci de ses créanciers étrangers. Sa dépendance militaire à l'égard de la superpuissance atlantique — seule capable en cas de conflit de relever le défi nucléaire soviétique — rend sa souveraineté illusoire, ou du moins limite fortement son autonomie politique. Aussi, les premières années de la République gaullienne vont-elles être consacrées à la liquidation de ce passif et à la mise en place des moyens jugés nécessaires pour que soient réalisés les objectifs d'indépendance nationale et de reconquête du rang fixés par le chef de l'Etat.

La difficile levée de l'hypothèque algérienne

L'immense majorité des Français qui ont approuvé par leurs suffrages le retour au pouvoir du général de Gaulle l'ont fait avec l'espoir d'une fin prochaine de la guerre d'Algérie. Simplement, tous ne concevaient pas de la même manière le scénario du rétablissement de la paix. Pour les «pieds noirs», comme pour la majorité des habitants de l'hexagone, celle-ci ne peut être que le résultat d'une victoire sur le terrain ou d'une négociation en position de force qui obligerait le FLN à accepter la solution de l'intégration. 52 % des personnes interrogées, selon un sondage de l'IFOP, se déclarent favorables à cette solution, contre 41 % seulement de partisans de l'«Algérie algérienne». Ceux-ci ne cessent toutefois d'élargir leur audience au sein d'une opinion qui souhaite avant tout la fin des combats et le retour dans leurs foyers des hommes du contingent.

Entre ces impulsions contradictoires, le général de Gaulle ne peut que rechercher une voie de compromis. De ce qu'il pense lui-même de l'avenir de l'Algérie, nous ne savons pas encore grand chose aujourd'hui. A-t-il été conscient depuis 1955 ou 1956, comme l'affirment certains, de l'inéluctabilité du processus de décolonisation, y compris pour cette terre conquise de longue date, dotée d'un statut particulier et sur laquelle a fait souche une importante minorité européenne? A-t-il au contraire piloté à vue, sans projet véritablement arrêté au départ, en épousant en quelque sorte le fil des événements et l'évolution des esprits? Des deux hypothèses, la seconde paraît la plus vraisemblable.

Quelles que soient ses préférences initiales, de Gaulle se garde bien de se découvrir. Certes, lorsqu'il se rend en Algérie pour la première fois après son retour au pouvoir, en juin 1958, il paraît incliner du côté des défenseurs de l'Algérie française. Le fameux «Je vous ai compris» lancé à la foule algéroise le 4 juin n'est pas très explicite, mais à Mostaganem il s'est laissé aller à crier «Vive l'Algérie française!» et les termes qu'il emploie dans son allocution radio-diffusée du 13 juin ne disent guère autre chose: «Pacifier l'Algérie. Faire en sorte qu'elle soit toujours, de corps et d'âme, avec la France.» Les décisions qui suivent, politiques et militaires, paraissent confirmer ces paroles prononcées dans la chaleur du contact avec ceux qui attendent de lui un engagement total dans la lutte contre l'ALN. Elu président de la République, il fait appel pour diriger le gouvernement à Michel Debré dont les interventions à la tribune du Sénat et les articles du *Courrier de la colère* ont fait l'un des chefs de file de l'Algérie française. Le 3 octobre, à l'occasion d'un quatrième voyage, il présente les grandes lignes d'un plan quinquennal destiné à rallier les masses algériennes à la solution française. Ce «plan de Constantine» prévoit en effet la redistribution aux indigènes de 250 000 hectares de terres cultivables enlevées aux colons, la création de 400 000 emplois nouveaux, la mise en place d'une industrie sidérurgique et d'une industrie chimique, la scolarisation de toute la jeunesse algérienne, le développement de l'équipement sanitaire et des transports, et prend l'engagement de réserver aux musulmans le dixième des postes administratifs, etc. Le coût prévu est de l'ordre de 2,5 milliards de francs: on voit mal comment un tel effort financier pourrait être consenti s'il ne correspondait pas à la volonté de maintenir l'Algérie dans le giron de la France.

Il en est de même des efforts militaires. En décidant de substituer au «quadrillage» des zones contaminées par la rébellion des opérations offensives dirigées contre l'ALN, solidement implantée en Kabylie, dans la région de Tlemcen, les Aurès et les Nementchas, le général de Gaulle et son principal exécutant sur le terrain, le général

Challe, paraissent signifier qu'ils ont choisi de détruire intégralement les forces rebelles. En fait, cette satisfaction donnée aux militaires vise au moins autant à les rassurer, à leur rendre confiance de façon à reprendre en main une armée que les déboires subis en Indochine et dans le Maghreb ont conduite au bord de la dissidence.

Tel est le contexte dans lequel de Gaulle va offrir aux chefs de la rébellion une reddition honorable. Ignorant la constitution en septembre 1958 au Caire d'un Gouvernement provisoire de la République algérienne, présidé par Fehrat Abbas, il lance dans sa conférence de presse du 23 octobre la formule de la «paix des braves»: «Que ceux qui ont ouvert le feu le cessent et qu'ils retournent sans humiliation à leurs familles et à leur travail». Les libéraux français qui voient dans cette perche tendue aux rebelles une perspective de négociation accueillent favorablement le propos du chef de l'Etat. Les partisans de l'Algérie française manifestent au contraire leur scepticisme et leurs inquiétudes. Quant au FLN, il refuse tout net d'envisager un «cessez-le-feu» préalablement à l'ouverture de négociations.

Or, s'il est militairement affaibli, le FLN ne cesse de marquer des points sur la scène internationale et de cela, le général de Gaulle, très soucieux de l'image de la France dans le monde, ne peut se désintéresser. En août 1959, le GPRA a été admis à la conférence de Monrovia qui réunit les premiers pays indépendants d'Afrique, et il s'est vu promettre par ses partenaires une aide politique et militaire (sous forme de livraisons d'armes). A l'ONU, où l'Assemblée générale doit se saisir à l'automne du dossier algérien, les pays du Commonwealth ont fait savoir qu'ils s'abstiendraient ou voteraient contre la France. Aux Etats-Unis se manifeste un fort courant en faveur d'une solution négociée. Bien qu'il entende ne céder à aucune pression étrangère, le chef de l'Etat perçoit bien que l'opinion internationale désavoue de plus en plus nettement la politique algérienne française et cette condamnation d'une attitude colonialiste dépassée contrarie les objectifs de sa politique étrangère. A cela s'ajoute la montée des oppositions à la guerre en France même où la gauche n'est plus seule à réclamer l'ouverture de négociations. Un sondage de mai 1959 révèle que 71 % des Français sont désormais favorables à cette solution.

Jusqu'à l'automne, le général de Gaulle paraît encore hésiter entre les deux voies possibles: la négociation avec le GPRA ou la guerre à outrance contre la rébellion. Tenant deux fers au feu, il ne décourage ni ceux de ses interlocuteurs qui lui demandent d'assurer par les armes la survie de l'Algérie française, ni les éléments libéraux l'incitant à agir dans l'autre sens, y compris dans les rangs du gouvernement (Pierre Sudreau, Jean-Marcel Jeanneney, André Boulloche, Paul Bacon). Finalement, le 16 septembre 1959, il annonce, dans une allocution radiotélévisée, la nouvelle donne de sa politique algérienne. Il reconnaît le droit des Algériens à l'autodétermination, avec la faculté de choisir entre la «francisation» — c'est-à-dire l'intégration à la métropole, à laquelle il ne croit guère —, la «sécession» (autrement dit l'indépendance, qu'il assimile au chaos) et l'autonomie dans l'association, ses préférences allant de toute évidence à cette troisième voie. Mais il pose deux conditions au FLN: le maintien du Sahara hors de la mouvance algérienne et la cessation des combats.

Pourtant la guerre va durer encore trente mois. Une guerre de «routine» principalement axée sur le maintien du «quadrillage» et la surveillance des frontières, mais également ponctuée d'opérations sporadiques dans les zones montagneuses servant de refuges à l'ALN et d'actes terroristes entraînant représailles et emploi de la torture. Pour la mener à bien les Français ont fait appel à des unités indigènes, les *harkas*, sortes de milices villageoises qui servent de force supplétive à l'armée et qui soulèvent une haine très vive de la part de leurs compatriotes passés à l'ALN ou simplement sympathisants de la rébellion. Parallèlement aux opérations de maintien de l'ordre, on s'est efforcé sur le terrain de rallier à la cause de la «francisation» une partie de la population musulmane. De jeunes officiers SAS (de carrière ou issus du contingent) ont ainsi reçu pour mission de protéger les indigènes, et aussi d'exercer auprès d'eux une œuvre d'alphabétisation et d'action sanitaire et sociale. Beaucoup l'accompliront avec une grande abnégation, ralliant des villages entiers à la cause de l'Algérie française, sans réussir cependant à faire basculer de ce côté des masses algériennes pour lesquelles l'action de l'ALN représente le combat pour la liberté et la dignité. La rigueur et l'aveuglement manifestés dans certaines actions de représailles — moins nombreuses et moins sanglantes qu'on l'a dit parfois mais néanmoins brutales et peu compatibles avec l'image que la France entendait donner d'elle-même — ont fait le reste.

L'allocution du 16 septembre 1959 ne règle rien dans l'immédiat. Du côté du FLN, on reste ferme sur le principe de la négociation préalable au cessez-le-feu. Des contacts sont noués en mars 1960 entre le chef de la wilaya 4 (l'une des provinces militaires du FLN) et des représentants du gouvernement français, puis repris en juin avec l'envoi d'une délégation de la rébellion à Melun et un projet de voyage en France de Fehrat Abbas, mais ils achoppent du fait des divisions internes du FLN et de l'intransigeance de ses interlocuteurs.

Du côté des partisans de l'Algérie française, la proclamation du droit des Algériens à l'autodétermination a marqué le début de la rupture avec le général de Gaulle. En France même, si un homme comme Michel Debré, dont l'attachement à la présence française en Algérie ne fait pourtant aucun doute, choisit la fidélité au chef de la France libre et le respect d'un Etat républicain qu'il a fortement contribué à restaurer, des hommes politiques et des intellectuels venus d'horizons divers (le gaulliste Jacques Soustelle, le démocrate-chrétien Georges Bidault, les socialistes Robert Lacoste et Max Lejeune, etc.) optent pour la résistance à la politique gaullienne: les uns par simple réflexe nationaliste, les autres parce qu'ils se sentent héritiers d'une culture républicaine pour laquelle la France, pays-phare de la civilisation, se doit d'apporter aux peuples d'outre-mer protection et «progrès». En face d'eux, outre la masse de ceux qui approuvent la politique du chef de l'Etat ou qui souhaiteraient qu'elle soit plus rapidement mise en œuvre (c'est le cas de la majorité réformiste de la SFIO), se dressent les représentants de l'opposition de gauche, communistes en tête, et les gros bataillons des intellectuels qui militent en faveur de la négociation et de l'indépendance. Des hebdomadaires comme *L'Express* et *France-Observateur*, des livres comme *La Question*, d'Henri Alleg, dénoncent la torture et les méthodes répressives de l'armée. Des manifestes et des contre-manifestes circulent: celui des «121» signé en septembre 1960 par un groupe d'intellectuels parmi lesquels figurent Jean-Paul Sartre, Françoise Sagan, Marguerite Duras, Simone Signoret, défend le droit à l'insoumission pour les jeunes du contingent appelés à combattre en Algérie, ou celui que paraphe quelques jours plus tard un petit groupe d'intellectuels de droite rassemblés autour de Roger Nimier, Antoine Blondin, Roland Dorgelès, Jules Romains et Michel de Saint-Pierre pour dénoncer les «professeurs de trahison». On voit même s'organiser des réseaux de soutien au FLN, comme le Réseau Jeune Résistance de Francis Jeanson.

En Algérie, les partisans de la négociation ne représentent qu'une mince frange de la population européenne, acquise dans sa grande masse aux thèses de l'Algérie française. Sans doute les «activistes» qui militent dans divers mouvements extrémistes — le MP 13 de Robert Martel, le Front national français de Jean-Jacques Susini et Joseph Ortiz, etc. —, ne représentent-ils qu'une minorité bruyante dont l'objectif est de substituer une dictature «de salut public» au régime en place à Paris, mais dans les conditions dramatiques que connaît l'Algérie leurs voix ne sont pas sans écho, aussi bien dans la masse des «petits Blancs» qui ont tout à perdre de la «sécession» d'un pays où ils sont nés et qu'ils considèrent comme leur patrie, que parmi les membres de la classe moyenne et dans les rangs des étudiants algérois. L'armée pour sa part est divisée entre ceux qui, par fidélité, par tradition d'obéissance ou par souci de leur carrière font passer ces considérations avant leur attachement à l'Algérie française, et ceux qui — nombreux surtout parmi les colonels et les capitaines ayant combattu en Indochine — vont choisir de franchir le Rubicon, les uns pour des raisons idéologiques, les autres parce qu'ils s'estiment détenteurs d'une légitimité historique qu'ils ne manquent pas de comparer à celle dont le général de Gaulle s'est lui-même réclamé en juin 1940.

Considérant que l'ancien chef de la France libre doit son retour au pouvoir à son engagement tacite en faveur de l'Algérie française, les uns et les autres ont le sentiment d'avoir été bernés. Dès l'automne 1959, ils rêvent d'un nouveau 13 mai qui se ferait cette fois contre le général de Gaulle et porterait au pouvoir un groupe de militaires décidés à mettre fin à la rébellion. A deux reprises, les partisans les plus résolus de l'Algérie française se vont ainsi engager l'épreuve de force avec Paris.

Du 24 janvier au 1er février 1961, à la suite de la destitution du général Massu — auteur d'une interview accordée à un journal allemand, dans lequel l'ancien vainqueur de la «bataille d'Alger» faisait état du divorce intervenu entre l'armée et le pouvoir —, les activistes algérois tentent de soulever la population civile et d'entraîner les militaires: c'est la «semaine des barricades» qui ébranle un moment le gouvernement mais échoue en raison de la fermeté manifestée par de Gaulle et du loyalisme affiché par le haut commandement. Il suffit d'une apparition du chef de l'Etat en uniforme sur les écrans de la télévision, le 29 janvier, pour que les choses rentrent dans l'ordre. Les gendarmes mobiles entourent les réduits retranchés que les étudiants de Pierre Lagaillarde et les militants extrémistes ont édifiés à Alger, sans qu'il soit nécessaire de donner l'assaut. Privé de perspectives politiques et abandonné à ses seules forces, le mouvement s'est effondré de lui-même.

L'alerte est plus sérieuse en avril 1961. Le pourrissement de la situation sur le terrain et la montée du courant indépendantiste en France ont amené le général de Gaulle à relancer la dynamique de la négociation. De discours en conférences de presse, il en est venu à préciser les notions d'autodétermination et d'«Algérie algérienne». Dans l'allocution radiotélévisée prononcée le 4 novembre 1960, il a pour la première fois parlé d'une «République algérienne» qui aurait «son gouvernement, ses institutions et ses lois» et «où les responsabilités seront aux mains des Algériens». Autrement dit, il a fait savoir aux Français des deux rives de la Méditerranée et à leurs interlocuteurs musulmans, en même temps qu'à l'ensemble de la société internationale, qu'il ne s'opposerait pas à la constitution d'un Etat indépendant. Lors de l'ultime voyage qu'il a fait en Algérie, du 9 au 13 décembre, il a pris le pouls des populations concernées, et il n'a pu que constater leur division et leur radicalisation. A Alger, les 9, 10 et 11 décembre, des heurts violents ont opposé les «pieds noirs» aux forces de l'ordre, puis aux manifestants indépendantistes.

Tel est le contexte dans lequel s'est déroulée la campagne pour le référendum sur l'autodétermination et l'organisation provisoire des pouvoirs publics en Algérie. Prévu pour le 8 janvier 1981, celui-ci visait très clairement à ratifier les orientations de la politique algérienne du Général et à lui donner l'autorité nécessaire pour négocier directement avec le FLN. Or il s'est traduit en métropole par un raz-de-marée des «oui»: 75 % des suffrages exprimés contre 25 % à un cartel des «non» regroupant les communistes, les radicaux, l'extrême droite et diverses personnalités irréductiblement attachées à la défense de l'Algérie française, parmi lesquelles Jacques Soustelle et le maréchal Juin. En Algérie, où les deux communautés étaient invitées à exprimer leur avis, il n'y a eu au total que 30 % de suffrages négatifs, mais à Alger-Ville la proportion des «non» a atteint 72 %. Les partisans de l'Algérie française se trouvent donc le dos au mur quand s'amorce la négociation avec le GPRA.

Dans la nuit du 21 au 22 avril 1961, les hommes du 1er REP s'emparent des points stratégiques d'Alger sans rencontrer de résistance sérieuse et arrêtent le général Gambiez, commandant en chef, le préfet de police de la ville et quelques autres personnalités qui ont tenté de s'interposer. Les généraux Challe, Jouhaux et Zeller, rejoints le 23 par le général Salan, venu d'Espagne, prennent la tête de la rébellion contre Paris et envisagent une action aéroportée en métropole. Le refus des soldats du contingent de suivre les putschistes, une série d'arrestations dans les milieux activistes métropolitains et une très ferme intervention télévisée du chef de l'Etat suffisent à provoquer en quelques jours la désintégration du mouvement. Poussé par les Européens d'Algérie à se joindre aux militaires rebelles, le gros de l'armée n'a pas suivi, incliné à l'obéissance par le sang-froid et l'autorité du Général: «Au nom de la France, j'ordonne — a déclaré celui-ci — que tous les moyens, je dis tous les moyens soient employés pour barrer partout la route à ces hommes-là, en attendant de les réduire. J'interdis à tout Français, et d'abord à tout soldat, d'exécuter aucun de leurs ordres».

On ne pouvait être plus clair. Conscient de l'importance de la partie qui se joue, non seulement pour l'avenir du régime qu'il a instauré trois ans plus tôt, mais pour celui de la France et pour le rôle qu'il souhaite lui voir tenir dans un monde qu'a stupéfié l'annonce du putsch, le général de Gaulle a pris le risque d'un affrontement direct avec les unités rebelles. Sa détermination a fait que le pire a été évité. Dès le 25 avril, les généraux Challe et Zeller choisissent la voie de la reddition, tandis que Salan, Jouhaud et les colonels organisateurs du putsch prennent le chemin de l'exil. La voie est libre pour l'ultime étape.

Depuis la rencontre de Melun, en juin 1960, toutes les tentatives faites pour engager un véritable dialogue avec le FLN ont échoué. La négociation n'a pu s'engager qu'à partir du moment où de Gaulle eut accepté les trois conditions posées par ses interlocuteurs: cessez-le-feu, maintien de la souveraineté algérienne sur le Sahara — dont la France souhaitait garder le contrôle en raison de ses ressources en hydrocarbures — et règlés de l'attribution aux Français d'Algérie de la double nationalité. Le Général ayant cédé sur le second point, des entretiens secrets peuvent être engagés en Suisse en février 1962, suivis de négociations officielles qui commencent le 7 mars à Evian.

En Algérie, les derniers mois de la guerre sont marqués, de part et d'autre, par une escalade de la violence qui frappe indistinctement les combattants et les populations civiles. Groupés depuis l'hiver 1960-1961 dans une organisation paramilitaire clandestine qui s'est donné pour objectif d'empêcher par tous les moyens que l'Algérie cesse d'être française — l'Organisation Armée secrète (OAS) —, les activistes ont commencé, après l'échec du putsch, à multiplier les attentats terroristes, en Algérie comme en métropole. Du côté du FLN, on a conscience de la hâte du général de Gaulle d'en finir avec une guerre qui l'empêche de réaliser son programme de politique étrangère et trouble fortement la conscience collective des Français (la manifestation du 8 février au métro Charonne, à Paris, a fait huit morts). On cherche donc à faire pression sur le gouvernement français en provoquant sur place une aggravation irréversible de la situation, d'une part en intensifiant l'action militaire, d'autre part en accélérant le rythme des attentats.

C'est dans ce climat que se déroulent à partir du 7 mars les discussions finales d'Evian. Les accords auxquels elles aboutissent le 18 mettent fin à la guerre, en même temps qu'à 130 ans de souveraineté française en Algérie. Un cessez-le-feu doit intervenir dans les 24 heures. En attendant le scrutin d'autodétermination, qui aura lieu dans les trois mois, un Exécutif provisoire de 12 membres (dont 9 musulmans), nommé par Paris, exercera le pouvoir. Il est placé sous la présidence du nationaliste modéré Abderhamane Farès. Les combattants et détenus politiques devront être libérés dans les vingt jours. L'armée française a trois ans pour évacuer le pays, à l'exception de la base de Reggane au Sahara et de celle de Mers el-Kébir (respectivement conservées pour une durée de cinq et quinze ans). L'Algérie reste dans la zone franc et reçoit l'aide prévue par la France dans le cadre du plan de Constantine. Les Français doivent choisir, dans les trois ans, entre l'une ou l'autre nationalité, ceux qui souhaitent conserver la nationalité française et rester en Algérie jouissant d'un statut privilégié. Une coopération économique et culturelle est prévue. En apparence, les accords d'Evian rendent possible le régime d'association souhaité par le général de Gaulle. En fait, le FLN a obtenu l'essentiel de ce qu'il exigeait, la France devant se contenter de garanties précaires pour un temps limité.

L'application des accords implique d'une part qu'ils soient ratifiés par les populations intéressées, d'autre part que les deux parties respectent leurs engagements, à commencer par celui qui consiste à faire taire les armes. Sur le premier point, la réponse est sans ambiguïté. Le 8 avril, 90 % des suffrages exprimés par les électeurs français (il y a 24,4 % d'abstentions) vont au «oui» à la ratification. Le 1er juillet, 99,7 % des Algériens ayant pris le chemin des urnes (91,2 % des inscrits) approuvent l'accession de leur pays à l'indépendance.

En revanche, la proclamation du cessez-le-feu ne met pas fin à la tuerie. L'OAS tente en effet de rendre impossible l'application des accords d'Evian en pratiquant le terrorisme à grande échelle et en essayant d'entraîner la population européenne dans une insurrection générale. Cette tactique s'étant avérée vaine, elle lance comme mot d'ordre de rendre l'Algérie au FLN dans l'état où elle se trouvait 130 ans plus tôt, et elle s'engage dans une campagne de destructions systématiques, approuvée par la majorité des «pieds noirs». Ces consignes, en même temps que le désespoir d'une population qui se sent lâchée par la métropole et menacée de quitter une terre qu'elle considère comme sienne, vont conduire à de dramatiques affrontements au cours desquels l'armée doit faire usage de ses armes. Le 26 mars, il y a 46 morts à Alger à la suite d'une manifestation organisée par l'OAS.

La coexistence des communautés prévue par les accords d'Evian s'avère donc impossible. En prenant l'initiative d'une action terroriste généralisée, l'OAS a déclenché un processus que plus personne ne peut contrôler et qui a fait basculer dans le cauchemar la population européenne. Terrifiée par les attentats et les menaces de vengeance, se sentant obligée de choisir «entre la valise et le cercueil», celle-ci quitte massivement et avec déchirement une terre où elle est née, abandonnant l'essentiel de ses biens pour affronter un difficile reclassement en métropole. Quant à l'OAS, pourchassée par la police, elle ourdit de multiples complots pour assassiner le chef de l'Etat, ce dernier échappant de peu à celui du Petit-Clamart, le 22 août 1962.

La décolonisation en douceur de l'Afrique Noire

Ultime convulsion tragique de la décolonisation française — elle a fait quelque 500 000 morts, provoqué l'exode d'un million d'Européens et de 150 000 harkis, coûté à la France de 40 à 50 milliards de francs, — la guerre d'Algérie a laissé des cicatrices profondes dans les cœurs et dans les esprits.

Aussi dramatique qu'il soit, son achèvement marque néanmoins la fin d'un cauchemar collectif et va permettre au général de Gaulle de mettre enfin en œuvre son programme international. Ceci d'autant plus que, dans l'intervalle, il a réglé sans heurt majeur les problèmes posés par la décolonisation de l'Afrique subsaharienne.

La loi-cadre Deferre de 1956 avait préparé l'évolution de l'Afrique noire vers une certaine autonomie et le général de Gaulle était bien décidé à poursuivre dans la même voie, conscient qu'il était de l'inéluctabilité du processus de décolonisation et de l'impossibilité dans laquelle se trouvait la France d'affronter en même temps plusieurs guerres d'émancipation. Dès son arrivée au pouvoir, ses intentions sont claires sur ce point: «En reprenant la direction de la France — écrira-t-il dans les *Mémoires d'espoir* — j'étais résolu à la dégager des contraintes, désormais sans contrepartie, que lui imposait son Empire» (T. 1, *Le Renouveau*, p. 49).

Dans les territoires francophones situés au sud du Sahara, les problèmes à résoudre sont, il est vrai, moins ardus que ceux auxquels il a fallu faire face en Indochine et dans le Maghreb. Pas de mouvements nationalistes aussi anciens, ni surtout aussi puissants que dans ces deux secteurs de l'Empire. Pas davantage de fortes minorités européennes, pesant sur les choix gouvernementaux et constituant un enjeu difficilement contournable. En revanche, les élites locales fortement francisées exercent ici une influence sur les autochtones qui favorise le maintien de liens privilégiés avec la métropole. Si bien que l'essentiel a pu se jouer entre un petit nombre d'acteurs: les cadres des partis politiques organisés, des groupes numériquement faibles de colons rarement implantés de manière durable et les représentants des instances gouvernementales françaises.

Le système mis en place par la loi-cadre Defferre fonctionnait dans l'ensemble de manière satisfaisante. Il généralisait le suffrage universel et fusionnait les deux collèges destinés à élire les assemblées territoriales, désormais autorisées à voter le budget et à légiférer sur des matières locales. Elle créait dans chaque territoire un exécutif élu par l'assemblée territoriale et présidé par le gouverneur, mais dont le vice-président, issu des rangs de l'assemblée, était en général une personnalité prestigieuse: Houphouët-Boigny en Côte d'Ivoire, l'abbé Fulbert Youlou au Congo, Sékou Touré en Guinée, etc. Enfin, elle ouvrait largement l'accès de la fonction publique aux indigènes.

Ces réformes démocratiques n'ont pas détourné les leaders africains de l'aspiration à l'indépendance. Les deux grandes formations politiques, le Rassemblement démocratique africain (RDA) d'Houphouët-Boigny et le Parti du regroupement africain (PRA) du Sénégalais Léopold Senghor, la réclament avec insistance dès 1957, le premier concevant l'association avec la France dans un cadre fédéral, le second se prononçant pour la création d'une «confédération multinationale de peuples libres et égaux». L'un et l'autre refusent le projet initial du général de Gaulle, à savoir un simple statut d'autonomie interne.

C'est le texte même de la constitution de 1958, rédigé en collaboration avec certains dirigeants africains, qui va permettre de résoudre le problème. A l'Union française est substituée la Communauté, qui regroupe la métropole et les territoires d'outre-mer et dont la compétence s'étend aux domaines de la politique économique, de la monnaie, de la politique étrangère et de la défense. Elle a à sa tête un Exécutif qui comprend le président de la République, le Premier ministre, les ministres français des affaires communes et les chefs de gouvernement des Etats-membres. Le législatif est confié à un Sénat qui compte 186 délégués français et 98 délégués représentant les treize autres Etats: son rôle est essentiellement consultatif. Enfin, une Cour arbitrale de sept juges nommés par le président de la Communauté est chargée de régler les éventuels litiges entre les membres.

Le projet de Communauté laisse donc à la France l'essentiel du pouvoir dans une Confédération dont tous les éléments ne sont pas sur un pied d'égalité. Tel qu'il est, il est à prendre ou à laisser, l'article 86 de la Constitution donnant à chaque Etat le pouvoir de modifier son statut par un vote de l'assemblée législative confirmé par un référendum local, autrement dit de sortir à sa convenance de la Communauté. Soumis à l'approbation des populations africaines par le référendum du 28 septembre 1958, il apparaît comme un franc succès pour le chef de l'Etat: entre 78 % (au Niger) et 99,9 % (en Côte d'Ivoire) de «oui». Seule la Guinée de Sékou Touré a choisi à 95% d'émettre un vote négatif. Conséquence immédiate: elle est exclue de la Communauté et se voit refuser par le général de Gaulle le statut d'association prévu par l'article 88 de la Constitution.

Il ne faudra que deux ans pour que vole en éclats le bel édifice communautaire. Les premiers à réclamer leur indépendance sans rupture avec la Communauté seront le Sénégal et le Soudan de Mobido Keita, fusionnés en janvier 1959 en une République du Mali. Influencé par Michel Debré à adapter la Communauté plutôt que de la voir se dissoudre, le général de Gaulle finit par accepter cette solution et par en étendre le bénéfice à Madagascar. Les autres Etats réclamant l'un après l'autre d'accéder à l'indépendance dans les mêmes conditions, la loi constitutionnelle du 4 juin 1960 ajoute à l'article 86 un alinéa prévoyant que tout membre peut, «par voie d'accords, devenir indépendant, sans cesser de ce fait d'appartenir à la Communauté». Tous vont opter pour cette formule, signer avec la France des accords bilatéraux de coopération et devenir membres de l'ONU. En 1961, les institutions communautaires disparaissent.

La France conserve pourtant une forte influence dans les pays de l'Afrique francophone. Si ses rapports avec eux sont du ressort ordinaire du Quai d'Orsay et du ministère de la Coopération, il se constitue à l'Elysée un secrétariat général pour la Communauté et les Affaires africaines et malgaches, dirigé par Jacques Foccart et qui place ce secteur de la politique internationale dans la mouvance directe du président. Par son intermédiaire, le chef de l'Etat coordonne et contrôle l'action africaine des divers ministères intéressés et négocie avec les chefs d'Etat africains. Le but est d'apporter un soutien systématique aux jeunes Etats francophones: aide financière, assistance technique par l'envoi de fonctionnaires et surtout d'enseignants (10 000 personnes au total à la fin des années 1960), aide militaire également destinée non seulement à protéger les nouveaux Etats contre une éventuelle agression extérieure, mais aussi à mettre les régimes en place à l'abri d'un putsch ou d'une révolution. Le président gabonais M'Ba en février 1964, le Tchadien Tombalbaye en août 1968 bénéficieront ainsi d'une intervention de l'armée française qui leur permettra de conserver leur pouvoir.

L'aide accordée aux anciennes colonies africaines a coûté cher à la France, suscitant parfois de vives critiques de la part d'hommes politiques et de journalistes prônant une attitude frileuse de repli sur l'hexagone («Plutôt la Corrèze que le Zambèze!»). Elle a aussi permis au commerce extérieur français de conserver et parfois d'élargir ses marchés extra-européens. Mais surtout, la politique africaine du général de Gaulle et de son successeur a rempli deux fonctions essentielles: elle a concouru au maintien d'une relative stabilité politique au sud du Sahara, et elle a fourni à la France le moyen d'asseoir son rayonnement culturel et de donner un contenu aux ambitions mondialistes affichées par le chef de l'Etat. Achevée en Algérie dans le chaos et le drame, l'aventure impériale a trouvé ici une issue honorable que l'opinion française a largement approuvée, 54% des personnes interrogées par l'IFOP en décembre 1962 jugeant positif le bilan de la décolonisation en Afrique noire, contre 13 % d'avis contraire. Succès donc pour le général de Gaulle qui, l'hypothèque coloniale étant levée, va pouvoir consacrer tous ses efforts à son «grand dessein» international.

L'OTAN contestée

Le premier volet de la «grande politique» gaullienne concerne les rapports que le fondateur de la Vᵉ République entend entretenir avec les Etats-Unis. Pour lui, les engagements que la France a pris en 1949 en adhérant au pacte atlantique — engagements qu'il a, à l'époque, approuvés — ne correspondent plus à la situation de l'Europe et du monde à la fin des années cinquante. La menace communiste s'éloigne et, dès lors, la nécessité de subordonner la politique française à la protection du «parapluie nucléaire» américain ne s'impose plus. Elle s'impose d'autant moins qu'à une époque où les Soviétiques ont eux-mêmes acquis les moyens de riposter aux armes de l'Apocalypse que leurs adversaires potentiels étaient jusqu'alors les seuls à détenir, il est devenu illusoire de croire que les deux superpuissances se frapperaient directement en cas de conflit.

L'arrivée à la Maison Blanche de John F. Kennedy au début de 1961 n'a-t-elle pas eu pour conséquence un changement radical de la doctrine stratégique américaine? Aux «représailles massives» dont était menacé l'adversaire en cas d'aggression contre les Etats-Unis et leurs alliés, l'équipe dirigée par le secrétaire à la Défense McNamara a substitué l'idée de la «riposte flexible», laquelle prévoit qu'avant d'en venir à l'usage des missiles nucléaires à longue portée, les Américains utiliseraient l'arsenal conventionnel de l'alliance, puis les armes nucléaires à courte et moyenne portées, l'«escalade» pouvant à chaque étape être interrompue par une négociation directe entre les décideurs suprêmes des deux camps (rendue possible par l'installation du «téléphone rouge» en 1963). Du coup, l'Europe apparaît comme la cible privilégiée d'un éventuel affrontement Est-Ouest et la moindre des choses serait qu'elle ait son mot à dire dans les décisions dont dépendent sa liberté et sa survie. En tout cas, s'agissant de la France, il ne saurait être question pour de Gaulle de voir plus longtemps son sort relever de décisions prises par le seul président des Etats-Unis. Ni le réalisme politique, ni l'éthique de l'Etat-nation souverain qui forme le substrat de la pensée gaullienne, n'autorisent le chef de l'Etat à prolonger une situation héritée de la guerre froide.

Quelques semaines après son arrivée au pouvoir, l'occasion est dónnee au général de Gaulle de poser la question du rôle tenu par la France dans le fonctionnement de l'alliance. Le 3 juillet 1958 un accord est en effet signé entre Washington et Londres sur l'échange d'informations confidentielles dans le domaine nucléaire et la vente au Royaume-Uni de sous-marins atomiques et d'uranium 235. Le lendemain, le secrétaire d'Etat Foster Dulles rencontre le Général à Paris et lui refuse l'aide nucléaire demandée aussi longtemps qu'il n'acceptera pas lui-même, en France, le déploiement de missiles stratégiques à moyenne portée (IRBM), en application d'une décision de l'OTAN. Devant la perspective d'un directoire anglo-américain, de Gaulle adresse le 17 septembre au général Eisenhower et au Premier ministre Macmillan un mémorandum dans lequel il réclame une direction tripartite de l'OTAN (Etats-Unis, Grande-Bretagne et France) qui impliquerait la définition et la mise en œuvre d'une stratégie politique et militaire commune, le contrôle collectif des armes atomiques et la mise en commun des secrets nucléaires. L'ultimatum est clair: la France — écrit le chef de l'Etat — «subornerait» sa participation à l'OTAN à la reconnaissance de ses «intérêts mondiaux» et à son «égale participation» à une stratégie globale.

Dans la réponse très ferme qu'il adresse au fondateur de la Ve République le 20 octobre, le président américain fait valoir que si la menace exercée par l'URSS est bien une menace «globale», la seule manière d'y répondre est celle des pactes régionaux, lesquels fonctionnent sur la base de la consultation entre les alliés. Il adjure de Gaulle «d'éviter tout ce qui pourrait faire obstacle à la confiance grandissante en ces consultations entre membres de l'OTAN, ou la détruire». «Nous ne sommes pas à même d'adopter un système, précise Eisenhower, qui donnerait à nos autres alliés ou à d'autres pays du monde libre l'impression que des décisions fondamentales affectant leurs propres intérêts vitaux sont prises sans leur participation.» Autrement dit, il s'agit d'une fin de non-recevoir catégorique aux demandes formulées par le chef du gouvernement français: la mise en place d'une direction politique tripartite à la tête de l'OTAN et la revendication du *veto* sur l'emploi de la force de dissuasion américaine, demande exorbitante si l'on songe qu'à cette date la France n'avait pas encore fait exploser sa première bombe atomique. On en reste là, l'Algérie absorbant alors toute l'attention du général de Gaulle.

Lorsque l'affaire rebondit, quatre ans plus tard, la France est à la fois débarrassée de l'hypothèque algérienne et dotée d'un embryon de force nucléaire de dissuasion. C'est en effet en juillet 1962 que le successeur d'Eisenhower, John F. Kennedy propose à ses alliés européens le «grand dessein» qui lui a été en partie inspiré par Jean Monnet et qui envisage une redéfinition complète des rapports entre les Etats-Unis et l'Europe de l'Ouest. Au *leadership* de Washington serait substitué un *partnership* atlantique reposant sur deux «piliers» égaux, sauf sur un point essentiel: les Américains garderaient le monopole de la force nucléaire, à laquelle seraient intégrées celle du Royaume-Uni ainsi que la toute jeune «force de frappe» française. Au moment où le Pentagone adoptait la doctrine stratégique de la «riposte flexible», il ne pouvait y avoir, selon Kennedy et son secrétaire à la Défense, Robert McNamara, «qu'un seul doigt sur la détente».

A la fin de 1962, le «grand dessein» du président américain va recevoir une formulation plus concrète avec le projet de «force multilatérale», accepté par le Premier ministre britannique Macmillan lors d'une entrevue avec Kennedy à Nassau (Bahamas). Des navires de guerre dont l'équipage serait binational seraient équipés d'armes nucléaires fournies par les Américains. Il faudrait l'accord des deux pays pour lancer les missiles. En même temps, les Etats-Unis décident unilatéralement de renoncer à la production de fusées *Skybolt* qui devaient servir à propulser les armes atomiques anglaises, et proposent de mettre en échange, à la disposition des Etats européens, des missiles *Polaris* à la condition qu'ils soient intégrés à l'OTAN et que leur mise à feu soit subordonnée à la décision du chef de la Maison Blanche. Dans sa conférence de presse du 14 janvier 1963, de Gaulle refuse tout net. Il ne peut, affirme-t-il, accepter une «affaire» qui «ne répond pas au principe... qui consiste à disposer, en propre, de notre force de dissuasion. Verser nos moyens, dans une force multilatérale, sous commandement étranger, ce serait contrevenir à ce principe de notre défense et de notre politique». Pour les mêmes raisons, il refuse de parapher à l'automne 1963 le traité interdisant les expériences nucléaires dans l'atmosphère.

Dans l'intervalle, la France gaullienne a commencé à prendre ses distances vis-à-vis de l'OTAN. Le 3 novembre 1959, dans une allocution prononcée à l'Ecole militaire, de Gaulle a énoncé clairement sa conception de l'Alliance: «Il faut, a-t-il dit, que la défense de la France soit française. Un pays comme la France, s'il lui arrive de faire la guerre, il faut que ce soit sa guerre... Naturellement, la défense française serait, le cas échéant, conjuguée avec celle d'autres pays... mais il est indispensable qu'elle nous soit propre, que la France se défende par elle-même, pour elle-même et à sa façon... Le système appelé 'intégration' a vécu... Notre stratégie doit être conjuguée avec la stratégie des autres. Mais que chacun ait sa part à lui.»

Déjà, le général a en tête ce qui va devenir la doctrine stratégique de la France, à savoir une dissuasion assurée par elle-même et dont il va s'avérer de plus en plus évident au cours des années suivantes qu'elle s'inscrit dans une autre logique que celle du Pentagone. C'est pourquoi il a été décidé en février 1959 que la flotte française de Méditerranée serait soustraite en temps de guerre au commandement intégré de l'OTAN. Il en sera de même quelques années plus tard de la flotte de l'Atlantique (juin 1963). Viendront ensuite le retour sous contrôle national des moyens de défense aérienne, l'interdiction faite aux Américains d'introduire en France des bombes atomiques, le refus de participer en septembre 1964 aux manœuvres navales de l'OTAN et en mai 1965 aux exercices stratégiques «Fallex».

Finalement la décision majeure est signifiée par de Gaulle au président Johnson dans un message personnel du 7 mars 1966. Une quinzaine de jours plus tôt, le chef de l'Etat a laissé clairement entendre dans une conférence de presse que les conditions nouvelles de la vie internationale impliquaient pour la France une redéfinition de sa participation à l'Alliance. La menace russe s'estompe. «Voici que des conflits où l'Amérique s'engage dans d'autres parties du monde, comme avant-hier en Corée, hier à Cuba, aujourd'hui au Viêt-nam, risquent de prendre, en vertu de la fameuse escalade, un extension telle qu'il pourrait en sortir une conflagration générale. Dans ce cas, l'Europe, dont la stratégie est, dans l'OTAN, celle de l'Amérique, serait automatiquement impliquée dans la lutte lors même qu'elle ne l'aurait pas voulu.» (Conférence de presse du 21 février 1966). Au président américain, le général de Gaulle annonce que la France resterait membre de l'Alliance conclue en 1949 et qu'elle n'a pas l'intention de dénoncer le traité dans les trois ans, comme elle est autorisée à le faire en vertu de l'article 13 du Pacte atlantique. «A moins d'événements qui, au cours des trois prochaines années, viendraient à changer les données fondamentales des rapports entre l'Est et l'Ouest, elle serait en 1969 et plus tard résolue, tout comme aujourd'hui, à combattre aux côtés de ses alliés au cas où l'un d'entre eux serait l'objet d'une agression qui n'aurait pas été provoquée.» En revanche, «la France se propose de recouvrer sur son territoire l'entier exercice de sa souveraineté, actuellement entravé par la présence permanente d'éléments militaires alliés ou par l'utilisation qui est faite de son ciel, de cesser sa participation aux commandements intégrés, et de ne plus mettre de forces à la disposition de l'OTAN».

Décision approuvée le 9 mars par le conseil des ministres et qui sera appliquée dans les douze mois suivants. Le 1er juillet 1966, les représentants de la France quittent les organismes militaires de l'OTAN, et le 1er avril 1967 toutes les bases américaines et canadiennes sont évacuées. Ce choix, que la France gaullienne est seule à faire parmi les pays membres de l'OTAN, va poser de nombreux et graves problèmes, non seulement aux Etats-Unis mais aux alliés européens, en ce sens qu'il ouvre une brèche dans le dispositif occidental de défense. Aussi la réaction des divers gouvernements sera-t-elle très vive. On parviendra toutefois à trouver un *modus vivendi* sur deux questions essentielles: le survol du territoire français par les appareils alliés (l'autorisation étant désormais donnée non plus pour un an mais pour trente jours) et le stationnement des forces françaises en Allemagne. Mais le caractère unilatéral de la décision française choque profondément les décideurs et les opinions publiques des pays alliés, à commencer par l'Allemagne dont le général avait choisi de faire la partenaire privilégié de la France.

Le retrait de l'OTAN ne signifiait nullement que la France, ayant recouvré sa pleine souveraineté militaire, allait s'engager dans la voie du neutralisme, encore moins qu'elle s'apprêtait à opérer un renversement d'alliance. Au cours des années précédentes, nombreuses ont été en effet les occasions pour de Gaulle d'affirmer sa solidarité de fait avec les Etats-Unis et avec les partenaires européens de la France. En novembre 1958, lorsque Khrouchtchev a menacé de modifier unilatéralement le statut de Berlin, il s'est aussitôt prononcé pour un énergique refus commun (en plein accord avec Adenauer et à l'opposé du gouvernement britannique qui paraissait incliner vers une solution de compromis). En mai 1960, lors de la conférence au sommet de Paris, il a mis en garde Eisenhower contre toute concession faite au numéro un soviétique à la suite de l'affaire de l'U2 : l'avion espion abattu au-dessus du territoire de l'URSS. Enfin, lors de la crise provoquée à l'automne 1962 par l'installation de missiles soviétiques à Cuba, le président français a encore une fois manifesté à l'égard de son homologue d'outre-Atlantique une solidarité sans faille.

La France continue donc d'honorer ses engagements envers l'Alliance atlantique. Elle reste présente dans le Conseil de l'Atlantique Nord, organisme politique et instance de décision suprême de l'OTAN, ainsi que dans les organismes de recherche liés à la technologie militaire. Elle participe au système de détection aérienne et à diverses manœuvres militaires et navales de l'organisation atlantique. Enfin en avril 1969, quelques jours avant de démissionner de ses fonctions de chef de l'Etat, le général de Gaulle décide de reconduire le Pacte.

Le défi technologique et économique

L'indépendance militaire recouvrée n'a de sens que si la France est capable d'assurer seule sa défense et de résister aux pressions économiques, financières et techniques dont la superpuissance atlantique dispose pour imposer ses vues à ses partenaires européens. De cela, de Gaulle a conscience comme il a conscience du risque que fait courir à l'identité des nations européennes une certaine «américanisation» de leurs modes de vie et de leurs cultures. Aussi, est-ce pour enrayer cette évolution qu'il va s'efforcer d'agir dans un domaine, celui de l'économie et de la technique, où le volontarisme au sommet ne suffit pas à inverser les tendances, mais où les impulsions données par l'Etat peuvent concourir à créer une dynamique nouvelle.

Motivée également par les impératifs de l'édification d'une «force de frappe nucléaire» et par le souci de produire à l'extérieur une image positive du savoir français, la politique industrielle du général de Gaulle vise en premier lieu à opérer un certain rééquilibrage technologique avec les Etats-Unis. En 1967, Jean-Jacques Servan-Schreiber publie *Le Défi américain*, un ouvrage dans lequel le directeur de *L'Express* fait le constat de l'avancée effectuée en Europe par les investissements et par la technologie d'outre-Atlantique. Dans quinze ans, explique-t-il, «la troisième puissance industrielle mondiale, après les Etats-Unis et après l'URSS, pourrait bien être... non pas l'Europe mais l'industrie américaine en Europe» (*Le défi américain*, Paris, Denoël, 1967, p. 17). Le livre est un immense succès éditorial dont les sondages effectués la même année (46 % des personnes interrogées par l'IFOP estiment que la France a des intérêts fondamentaux différents ou très différents de ceux des Etats-Unis, contre 29 % d'avis contraires) indiquent qu'il répond en ce domaine à une certaine inquiétude de l'opinion.

Répondre au «défi américain» constitue donc pour le général de Gaulle une nécessité évidente qui est de donner à la France les moyens de son indépendance, tout en contribuant au renforcement du consensus dans un pays où l'antiaméricanisme est devenu quasiment structurel et où l'on supporte mal le mépris ou l'ignorance avec lesquels sont accueillis de l'autre côté de l'Atlantique les avancées technologiques françaises. De là le soutien et la publicité donnés par les gouvernements de la Ve République à quelques grands projets d'audience internationale: l'avion de transport supersonique *Concorde*, préféré pour des raisons de prestige au plus raisonnable «Supercaravelle» et fabriqué en collaboration avec la Grande-Bretagne, le procédé français de télévision en couleurs SECAM, l'adoption d'une filière française d'enrichissement de l'uranium, le lancement en mars 1967 du *Redoutable*, premier sous-marin nucléaire français, la mise en place du «Plan Calcul» pour la production d'un matériel informatique sophistiqué après le refus opposé en 1963 par les Etats-Unis à la vente d'un ordinateur jugé indispensable à la réalisation de la force de dissuasion. Dans tous les cas il s'agit de faire au moins aussi bien que les Américains.

La contre-offensive technologique voulue par le général de Gaulle se double d'une action entreprise dans le but de freiner, ou du moins de canaliser, l'afflux des investissements américains dans l'hexagone. «L'Europe du Marché commun, écrit Jean-Jacques Servan-Schreiber, est devenue pour les hommes d'affaires américains un nouveau Far West, et leurs investissements se traduisent moins par de larges transferts de disponibilités que par une *prise de pouvoir* au sein de l'économie européenne» (*op. cit.*, p. 23). JJSS n'est pas suspect d'antiaméricanisme primaire et ses propos, partagés par nombre de technocrates et d'hommes politiques, ne sont pas le reflet de purs fantasmes. On ne comptait en 1957 que 1 200 filiales de sociétés américaines, alors qu'il y en a plus de 4 000 dix ans plus tard. La valeur des investissements directs effectués en France par des détenteurs de capitaux d'outre-Atlantique est passée de 464 millions de dollars en 1957 à 1 240 millions en 1963 et à près de 2 milliards de dollars en 1968.

Il y a à cela des conséquences positives pour l'économie

française. Les investissements américains sont destinés à créer ou à développer des entreprises en principe génératrices d'emplois. Leur implantation favorise les exportations, et un accroissement plus rapide de la productivité, du produit national et de la prospérité du pays d'accueil. Mais la médaille a son revers. Ouvertures et fermetures d'usines s'accomplissent en regard de critères de rentabilité qui font bon marché de l'intérêt des autochtones et des impératifs de l'aménagement du territoire. Les stratégies d'ensemble développées par les firmes concernées jouent sur des variations d'amplitude de la production dont les conséquences sur le marché du travail peuvent être localement considérables. La possibilité donnée à chacune de marchander la création et le maintien de postes de travail contre des avantages divers offre à leurs dirigeants des moyens de pression difficilement supportables. Enfin l'utilisation par ces entreprises hautement compétitives d'une technologie sophistiquée importée de l'étranger rend la France dépendante en ce domaine, ce qui va à contre-courant des efforts déployés par ailleurs.

Jusqu'en 1962-1963, les avantages paraissent l'emporter sur les inconvénients et la question des investissements étrangers ne pose pas de véritable problème. Les choses changent cependant lorsque surgissent à cette date les premiers signes négatifs: des licenciements dans certaines filiales de firmes américaines (réfrigérateurs General Motors à Gennevilliers, machines à écrire Remington à Caluire) et des prises de participation dans des secteurs jugés stratégiques (l'informatique par exemple avec les tentatives d'absorption de la société Bull par la General Electric) ou à haute charge symbolique (le contrôle de Simca par Chrysler). Dès lors, la doctrine française se modifie. Georges Pompidou explique aux responsables d'outre-Atlantique que si le gouvernement français demeure favorable aux investissements américains, il ne sauraient tolérer qu'ils aboutissent à placer tel ou tel secteur économique ou géographique entre des mains étrangères. Il en résulte l'adoption d'une politique sélective appliquée avec plus ou moins de rigueur jusqu'en janvier 1967. A cette date, un décret est adopté, qui soumet la constitution d'investissements étrangers directs à une déclaration effectuée auprès du ministère de l'Economie et des Finances et autorise ce dernier à prononcer dans les deux mois l'ajournement de l'opération envisagée.

Mais c'est surtout dans le domaine monétaire que le différend avec les Etats-Unis se manifeste avec le plus d'ampleur. Dans sa conférence de presse du 4 février 1965, le général de Gaulle s'en prend directement au système instauré par les accords de Bretton Woods et qui fait du dollar une monnaie de réserve, convertible en or et utilisée par tous pour solder les échanges internationaux. Tant que l'émission de dollars s'est trouvée garantie par des réserves métalliques suffisantes, le système monétaire international a pu fonctionner normalement. Mais la croissance du déficit commercial et la nécessité pour le Trésor américain de financer des dépenses publiques grandissantes, du fait de l'engagement tous azimuts de la République Impériale et du poids de la guerre en Asie du Sud-Est, ont incliné les dirigeants de Washington à émettre des quantités de dollars sans rapport effectif avec les stocks d'or entreposés à Fort Knox. Pour de Gaulle, les Etats-Unis retirent des avantages considérables de cette situation hégémonique, à commencer par celui de «s'endetter gratuitement» en soldant le déficit de leur balance des paiements avec des signes monétaires dont l'acquisition ne leur demande d'autre effort que celui de mettre en route la planche à billets.

La solution de rechange, c'est celle dont Jacques Rueff, conseiller économique du Président, s'est fait l'apôtre. «La France, explique le général de Gaulle dans sa conférence de presse de février 1965, préconise que le système international soit changé. Nous tenons donc pour nécessaire que les échanges internationaux s'établissent... sur une base monétaire indiscutable et qui ne porte la marque d'aucun pays particulier... Quelle base? En vérité, on ne voit pas qu'à cet égard il ne puisse y avoir de critère, d'étalon autre que l'or.» Bien que la France ne soit suivie dans cette voie par aucune de ses partenaires européennes, l'irritation est grande outre-Atlantique où l'on estime que la politique monétaire pratiquée par de Gaulle témoigne d'un antiaméricanisme dont les sondages indiquent qu'il coïncide assez bien avec l'état moyen de l'opinion. Interrogés en mai 1965 par l'IFOP, 50 % des Français ne jugent-ils pas «comme il faut» la politique de leur président à l'égard des Etats-Unis, contre respectivement 16 % et 6 % qui la trouvent «trop dure» ou au contraire «trop conciliante»?

Cette approbation ne peut qu'encourager le chef de l'Etat à poursuivre son offensive contre le dollar. En juin 1967, la France qui a commencé à convertir ses dollars en or, entamant ainsi les réserves américaines, quitte le «pool de l'or». Cet organisme avait été mis en place en 1961 avec la RFA, le Royaume-Uni, la Belgique, l'Italie et la Suisse pour travailler à la stabilisation du marché de l'or, et si la France s'en retire c'est largement pour faire pièce à l'engagement pris par la Bundesbank de ne pas convertir ses dollars en or. Washington ne peut y voir qu'un geste d'hostilité, de même que dans le refus de la France d'accepter, en novembre 1967, le principe des droits de tirage spéciaux (DTS), mécanisme destiné à remplacer l'or comme garantie des monnaies et considéré par de Gaulle comme un nouvel instrument de l'hégémonie américaine en matière financière et monétaire.

Les retombées de la crise de mai-juin 1968 auront raison de cette politique. La forte hausse des salaires intervenue à la suite des «accords de Grenelle» et la fuite des capitaux à l'étranger vont rendre inévitable une dévaluation du franc que le général de Gaulle se refuse toutefois d'opérer en novembre 1968, mais à laquelle son successeur Georges Pompidou ne pourra pas échapper. Au moment où se termine le règne du fondateur de la Ve République, les bases sur lesquelles reposait la volonté offensive de la France en matière monétaire sont fortement ébranlées. Les réserves en or de la Banque de France, passées de 1,6 milliard en 1960 à 5,2 milliards de dollars en 1967, sont retombées deux ans plus tard à 3,5 milliards: celles de Fort Knox ont vu au contraire leur décrue se ralentir: 17,8 milliards de dollars en 1960, 12,1 milliards en 1967, 11,9 milliards en 1969.

L'outil militaire

La constitution d'une force nucléaire autonome est le résultat d'une série de décisions auxquelles le général de Gaulle a fini par donner une cohérence et une finalité qu'elles n'avaient pas au départ, mais dont la source remonte aux dernières années de la IVe République.

Dès mars 1952 en effet, dans son rapport au chef d'état-major général de l'armée de terre, le colonel Ailleret, responsable de la toute récente sous-direction des armes spéciales, concluait à la nécessité de doter au plus vite la France d'armes nucléaires stratégiques: thèse dont il a par la suite précisé les contours et souligné les avantages (en matière d'efficacité et de coût) dans divers articles de la *Revue de la Défense nationale* (Cf. J. Doise & M. Vaisse, *Diplomatie et outil militaire*, Paris, Imprimerie nationale, 1987, p. 474-475). Sans que son propos déborde beaucoup de l'audience des cercles militaires spécialisés.

C'est en 1954 qu'intervient le tournant décisif. D'une

part, le plaidoyer pour l'arme nucléaire gagne d'autres milieux que celui, au demeurant très divisé sur ce point, des officiers d'état-major en exercice. René Pleven, ministre de la Défense nationale dans le cabinet Laniel, puis le général de Gaulle lui-même (dans sa conférence de presse du 7 avril 1954) se prononcent en ce sens. D'autre part, une première décision tangible est prise, en octobre de la même année, par le gouvernement de Pierre Mendès France: elle se traduit par la mise en place d'un comité des explosifs nucléaires. Le général Buchalet est chargé de préparer une unité spéciale de recherche sur l'arme atomique dans le cadre du CEA, tandis que le président du Conseil se déclare favorable au lancement d'un programme d'études et de prototype d'arme nucléaire et d'un sous-marin nucléaire. Le branle est donné, mais Mendès France est renversé avant que soit définie une véritable politique en matière d'armement et de stratégie nucléaires.

Deux faits ont probablement pesé lourd dans ces décisions préliminaires. D'une part le désastre de Diên Biên Phû et la prise de conscience de la dépendance absolue de la France en matière d'armement atomique. L'issue de la bataille n'était-elle pas directement liée au refus américain d'apporter un soutien aérien et nucléaire aux forces françaises encerclées par les hommes de Giap? D'autre part, le réarmement de l'Allemagne et son entrée dans l'OTAN ont réveillé de vieux réflexes de peur face à la renaissance possible du militarisme allemand. De là, la préoccupation de donner à la France les moyens d'éviter une nouvelle humiliation outre-mer et d'assurer sa sécurité en Europe par la possession d'une arme dont la production et la détention étaient interdites à sa voisine d'outre-Rhin.

La seconde étape importante se situe sous le gouvernement Guy Mollet. La crise de Suez, et la menace d'intervention nucléaire brandie à cette occasion par le maréchal Boulganine ont achevé de convaincre les dirigeants français de l'impossibilité pour la France de résister, le cas échéant, au chantage atomique. Aussi est-il décidé à la fin de 1956 d'accélérer le programme nucléaire français par la construction de centrales et d'une usine de séparation isotopique. Un comité présidé par le général Ely, est mis en place, tandis que l'armée de l'air est invitée à préparer un projet de «force de frappe» aérienne. Enfin, dans le courant de l'année 1957, le CEA commence à construire les premiers engins expérimentaux. On choisit le site de Reggane, au Sahara, pour une première explosion dont la date est fixée en avril 1958 au premier trimestre 1960 par le gouvernement de Félix Gaillard.

Le général de Gaulle n'hérite donc pas, en arrivant au pouvoir, d'un dossier vide. Simplement, ce qui n'avait été jusqu'alors que décisions ponctuelles et désordonnées devient avec lui un projet cohérent dont il va faire la clé de voûte de sa politique d'indépendance nationale. Témoignent notamment de sa volonté de faire de la «force de frappe» nucléaire la priorité majeure en matière de défense, la désignation comme ministre des Armées de Pierre Guillaumat, commissaire à l'Energie atomique, et le rôle désormais dévolu à la tête des forces armées aux théoriciens du nucléaire comme le général Ailleret. Le 13 février 1960, la première bombe A française est expérimentée avec une pleine réussite à Reggane au Sahara. «Hourra pour la France! Depuis ce matin, elle est plus forte et plus fière. Du fond du cœur, merci à vous et à ceux qui ont, pour elle, apporté ce magnifique succès»: tel est le texte du télégramme que le chef de l'Etat adresse à Pierre Guillaumat, ministre des Armées et responsable de l'opération «Gerboise bleue». Et il s'applique aussitôt à faire accélérer les recherches en vue de la mise au point de l'arme thermonucléaire. Il faudra néanmoins plus de huit ans à la France pour que la première bombe H soit expérimentée à Mururoa dans le Pacifique (août 1968).

Si le président de la République attache une telle importance à l'arme nucléaire, ce n'est pas seulement parce qu'elle constitue à ses yeux, comme la force blindée une trentaine d'années plus tôt, l'élément-clé de la défense de la France. Mais parce qu'il voit en elle un moyen d'atteindre ses objectifs de politique étrangère. L'existence d'une «force de frappe» autonome confère en effet à la France un poids dans l'Alliance, qui permet à de Gaulle de contester l'hégémonie américaine et de réclamer une place au moins équivalente à celle de la Grande-Bretagne. Elle met notre pays à l'abri d'une menace extérieure directe, voire d'un simple chantage nucléaire, et elle constitue un contrepoids au moins symbolique à la montée en force de l'économie allemande. Surtout, elle est plus que tout autre instrument de puissance, l'outil par excellence de l'indépendance, le signe du rang que le général de Gaulle entend redonner à la France. Encore faut-il qu'elle soit crédible, autrement dit qu'elle soit capable de dissuader un adversaire potentiel, ce qui implique d'une part que soit atteint rapidement un seuil quantitatif minimum de charges nucléaires utilisables, d'autre part que l'on dispose pour transporter celles-ci de «vecteurs» aussi nombreux et aussi peu vulnérables que possible, enfin que soient posées et explicitées les règles du jeu, en matière d'emploi des armes de l'Apocalypse.

La tâche la plus urgente consiste à doter la force nucléaire française des engins porteurs destinés à frapper l'auteur d'une éventuelle agression. La France ne disposant pas d'engins balistiques appropriés, c'est à l'armée de l'air qu'il incombe dans un premier temps d'assumer cette mission. La «force de frappe» proprement dite comportera, en 1967, 62 appareils Mirage IV, construits par la société Marcel Dassault, répartis entre neuf bases aériennes reliées au poste de commandement de Taverny et capables de transporter des bombes A de 60 kilotonnes chacune. Quatre ans seulement après l'explosion de Reggane, les forces aériennes stratégiques (FAS) sont déjà opérationnelles, et s'il est toujours de bon ton de railler la «bombinette» dans certains milieux d'opposition et à l'étranger, il est clair que, d'année en année la dissuasion devient plus crédible.

Mais le vecteur aérien choisi a ses limites. Il est précis, il permet d'envisager des frappes «chirurgicales», il peut être rappelé à tout moment en cas d'erreur d'appréciation sur les intentions de l'adversaire. Mais il est vulnérable et son rayon d'action est relativement faible (3 000 kilomètres). Aussi commence-t-on dès 1960 les études d'un missile sol-sol-balistique-stratégique (SSBS) qui ne deviendra opérationnel, il est vrai, qu'après le départ et la mort du général de Gaulle (en 1971). C'est également en 1960 que débutent les études en vue de la construction d'un sous-marin nucléaire équipé de seize missiles mer-sol d'une portée de 2 500 à 3 000 kilomètres, possédant chacun une tête nucléaire de 500 kilotonnes: arme absolue de la dissuasion nucléaire, en ce sens qu'il est à peu près impossible de la détecter. Premier de la série, *Le Redoutable* est lancé en mars 1967, suivi deux ans plus tard du *Terrible*, puis du *Foudroyant*. Dès le début des années soixante-dix, la France dispose donc d'un armement stratégique à trois composantes — les Mirage IV, les fusées SSBS entreposées dans les silos du plateau d'Albion et les missiles MSBS embarqués sur les deux sous-marins nucléaires en service — qui font d'elle la troisième puissance nucléaire du monde.

L'accent mis sur la «force de frappe» nucléaire a donc favorisé l'armée de l'air et la marine aux dépens des forces terrestres. L'armée française voit ainsi ses effectifs passer d'un million d'hommes environ au cours des dernières années de la guerre d'Algérie à 500 000 hommes en 1970, dont 330 000 seulement pour l'armée de terre qui en comptait 830 000 dix ans plus tôt. L'arme nucléaire étant considérée d'autre part comme un instrument essentiellement politique, son emploi et par voie de conséquence le maniement de l'outil militaire dans son ensemble sont de plus en plus étroitement soumis aux directives du pouvoir civil. Définie par l'ordonnance du 7 janvier 1959 comme englobant «en tous temps, en toutes circonstances et contre toutes les formes d'agression» tous les secteurs de la vie du pays, la défense est désormais rattachée au Premier ministre. Le ministre de la Défense disparaît de la nomenclature officielle au profit d'un ministre des Armées, chargé de mettre en œuvre la politique du gouvernement avec l'aide du chef d'état-major des Armées, conseiller militaire du gouvernement et non chef des Armées. Quant au président de la République, dont l'article de la Constitution dit qu'il est «chef des Armées», il se voit attribuer par un décret en date du 14 janvier 1964 la responsabilité suprême de la mise en œuvre de la force aérienne stratégique. C'est à lui qu'il incombe de mettre en œuvre, le cas échéant, la stratégie dissuasive élaborée par les théoriciens du «*deterrent*» nucléaire.

Jusqu'au milieu des années 1970, la doctrine stratégique française est en effet fondée sur le principe de la dissuasion, le but étant non pas de *gagner* une guerre atomique — qui peut prétendre gagner quoi que ce soit dans l'Apocalypse déclenchée par le feu nucléaire? — mais de rendre impossible la guerre entre des puissances nucléaires. Critiquant en 1964 dans la *Revue de la Défense nationale* la nouvelle doctrine américaine de la riposte flexible, le général Ailleret écrivait ceci: «La dissuasion réciproque entre les blocs occidental et soviétique résulte de l'action nucléaire immédiate qui pourrait être consécutive à une agression. C'est cette action qui reste le meilleur gage de l'élimination de la guerre extérieure comme moyen de la politique».

Autrement dit, il s'agit d'appliquer classiquement la doctrine qui a fait les beaux jours des stratèges américains durant la phase la plus dangereuse de la guerre froide, à savoir celle des «représailles massives». Vue d'Europe, toute autre hypothèse s'avère à la fois peu crédible et éminemment dangereuse pour la survie du vieux continent. Peu crédible en ce sens qu'on ne voit pas très bien comment les Américains pourraient, en cas de conflit avec l'URSS, prendre le risque d'une riposte nucléaire à une attaque soviétique effectuée sur leur propre territoire pour défendre l'Europe en usant d'une première salve d'engins stratégiques. Dangereuse et même mortelle parce que, en supposant qu'ils le fassent après avoir franchi les diverses étapes de l'«escalade», le déclenchement en Europe d'une guerre nucléaire généralisée ne pourrait avoir d'autre effet que la destruction assurée de cette partie du monde. L'Europe, et avec elle la France, deviendraient ainsi — l'expression est du général Gallois — le «terrain de parcours» des deux Grands, et c'est contre cette éventualité sinistre que se développe un discours stratégique qui rejette la riposte flexible et fonde sa logique sur le principe de la «dissuasion du faible au fort».

En effet, à ceux qui font valoir que la force de frappe française ne représente pas grand-chose, comparée à l'arsenal nucléaire des deux Grands, le général de Gaulle rétorque dans sa conférence de presse du 23 juillet 1964: «Sans doute les mégatonnes que nous pourrions lancer n'égaleraient pas en nombre celles qu'Américains et Soviétiques sont en mesure de déchaîner. Mais, à partir d'une certaine capacité nucléaire et pour ce qui concerne la défense directe de chacun, la proportion des moyens respectifs n'a plus de valeur absolue. En effet puisqu'un homme et un pays ne peuvent mourir qu'une fois, la dissuasion existe dès lors qu'on a de quoi blesser à mort son éventuel agresseur, qu'on y est très résolu et que lui-même en est bien convaincu» (*Discours et Messages*, t. IV, p. 233).

C'est dans cette optique reposant sur le principe du «pouvoir égalisateur de l'atome» qu'a été conçue et réalisée au début des années 1960 la force nucléaire française. Moins sans doute à cette date pour défendre le territoire national contre une invasion que pour le mettre à l'abri d'une destruction nucléaire ou d'un chantage à la destruction nucléaire, tel que celui que Khrouchtchev et Boulganine avaient pratiqué en 1956 lors de la crise de Suez. Par la suite, c'est-à-dire après son retrait des organismes intégrés de l'OTAN, la France est allée beaucoup plus loin. Elle a en effet adopté une doctrine de représailles massives et de sanctuarisation absolue de son territoire que l'on peut résumer de la façon suivante: pas de riposte tant que l'ennemi n'envahit pas son territoire; riposte nucléaire totale dès lors qu'il en franchit les limites et application d'une stratégie anticités.

Encore faudrait-il préciser qui est l'ennemi. En principe, on s'accorde dans les milieux politiques et militaires à considérer qu'il est à l'Est. En fait, la politique d'indépendance prônée par le chef de l'Etat implique que la force nucléaire soit — comme le dira le général Ailleret (dans un article publié en décembre 1967 dans la *Revue de la Défense nationale*) — «capable d'intervenir partout». On a vu alors dans cette option stratégique «tous azimuts» le signe d'une tentation neutraliste dont le chef d'état-major des armées se serait fait le porte-parole, sans que ses déclarations engagent en quoi que ce soit le président de la République. En fait, nous savons aujourd'hui que l'idée avait été suggérée au général Ailleret par de Gaulle lui-même, et ceci dans le droit fil d'une pensée qui ne relevait en rien du neutralisme mais visait à promouvoir une totale souveraineté de la France en matière de choix défensifs. Elle n'annonçait pas un renversement des alliances, mais elle concrétisait une volonté de négocier souverainement et sur un plan de parfaite parité des accords avec les partenaires militaires de la France, tels ceux qui seront réalisés en août 1967 avec le général Lemnitzer, commandant en chef des forces de l'OTAN, pour envisager en cas de conflit l'engagement des forces militaires françaises en coopération avec les unités intégrées de l'organisation atlantique. N'est-ce pas cette parité que réclamait de Gaulle en 1958?

Europe intégrée ou Europe des Etats?

En arrivant au pouvoir en 1958, le général de Gaulle trouve un autre héritage qui est celui du traité de Rome, paraphé l'année précédente par les responsables de la diplomatie française et ratifié par les assemblées. Les institutions des deux Communautés qu'il a créées — CEE et Euratom — sont en place depuis plusieurs mois. Trois représentants de la France sont appelés à y jouer un rôle décisif: Robert Marjolin à la vice-présidence de la Commission de Bruxelles (dont le président est l'Allemand Walter Hallstein), Louis Armand à la tête de la Commission de l'Euratom et Robert Schuman à la présidence de la nouvelle Assemblée européenne, installée à Strasbourg. Le processus destiné à créer l'économie communautaire, première étape de la «construction européenne», est entamé, et le fondateur de la Ve République paraît résolu à en jouer le jeu. Dès le 1er janvier 1959, un premier abaissement des droits de douane à l'intérieur du Marché commun est appliqué.

Est-ce à dire que le général de Gaulle s'est rallié à l'idée d'intégration progressive des Etats membres de la Communauté dans un ensemble «supranational», idée dont les «pères fondateurs» de l'Europe, les Monnet, Schuman, Spaak et autres Joseph Luns s'étaient fait les apôtres depuis l'institution de la CECA au début des années cinquante? Assurément pas. Sa vision de «l'Europe», qu'il lui arrivera de définir comme une entité géographique allant «de l'Atlantique à l'Oural», mais qu'il rattache le plus souvent à une «communauté de destins», s'inscrit en effet à contre-courant de tout ce qu'ont pensé et fait les promoteurs de la Communauté à Six en jetant les bases d'une union qui se construirait progressivement, par le jeu d'institutions supranationales élargissant peu à peu leurs attributions et de projets communs nourrissant une solidarité de fait. A cette idée d'une construction reliant l'économique au politique, qui transcenderait les frontières et la souveraineté des Etats et qui, étroitement liée aux Etats-Unis et à l'OTAN, s'efforcerait de s'intégrer le Royaume-Uni, de Gaulle oppose en effet sa propre conception d'une «Europe des patries», totalement indépendante des deux blocs, et au sein de laquelle chaque Etat-nation conserverait sa souveraineté et son identité. Que serait, déclare-t-il dans sa conférence de presse du 15 mai 1962, une Europe «intégrée», «dès lors qu'il n'y aurait pas de France, pas d'Europe, qu'il n'y aurait pas une politique, faute qu'on puisse en imposer une à chacun des six Etats»? Car, précise-t-il, «Dante, Goethe, Chateaubriand... n'auraient pas beaucoup servi l'Europe s'ils avaient été des apatrides et s'ils avaient pensé, écrit, en quelque 'esperanto' ou 'volapuk' intégrés.»

Pas d'Europe intégrée donc dans un ensemble supranational géré par des «technocrates apatrides» (l'expression aura la vie dure!), mais une confédération des nations, dans laquelle chacune resterait maîtresse de son propre destin: tel est le projet que le fondateur de la Ve République oppose aux tenants d'une Europe à vocation fédérale, évoluant vers une supranationalité dont l'instrument serait la Commission de Bruxelles et le principe directeur la règle de la majorité dans les votes au Conseil de la CEE. Pour battre en brèche cette conception de l'Europe, et pour faire prévaloir sa propre vision de l'avenir, le général de Gaulle va obtenir de ses partenaires que soit mise sur pied en 1961 une commission chargée de poser les bases d'une Europe politique et présidée par le Français Christian Fouchet. Présenté en octobre 1961, le «plan Fouchet» propose que soit mise en place une «union des Etats» ayant une politique étrangère commune, une politique de défense commune en coopération avec les autres nations libres, une politique culturelle commune également, mais dont le Conseil — organe exécutif composé des chefs d'Etat ou de gouvernement — fonctionnerait selon la règle de l'unanimité. Autrement dit, on envisageait de constituer une Confédération dont Pierre Gerbet a raison de dire qu'elle «ne dépassait pas le stade d'une organisation internationale de type classique.» (*La Construction de l'Europe*, Paris, Imprimerie nationale, 1983, p. 281).

On conçoit que le projet ait rencontré peu d'échos auprès des partisans de l'Europe supranationale. Après d'interminables discussions et des marchandages très serrés, le «plan Fouchet» paraît néanmoins sur le point d'aboutir, Allemands, Italiens et Luxembourgeois acceptant en fin de compte de se rallier aux propositions françaises, mais l'intransigeance de Paul-Henri Spaak et du Néerlandais Joseph Luns d'une part, le raidissement de la position gaullienne d'autre part aboutissant, en janvier 1962, à la présentation d'un nouveau texte en retrait sur le précédent (peut-être faut-il voir là la conséquence de l'offensive atlantiste engagée à cette date par le président Kennedy) entraînent quelques mois plus tard l'échec de l'union politique, version Charles de Gaulle. Le 15 mai 1962, la conférence de presse dans laquelle ce dernier énonce qu'«il n'y a pas et ne peut y avoir d'autre Europe possible que celle des Etats, en dehors, naturellement, des mythes, des fictions, des parades», et couvre de sarcasmes les «apatrides», marquent l'enterrement définitif du projet et entraîne aussitôt le retrait des ministres MRP du gouvernement.

Ce raidissement de la position française se trouve confirmé, l'année suivante, avec le refus que le Général oppose à la demande d'adhésion de la Grande-Bretagne au Marché commun. Celle-ci a été présentée par le gouvernement britannique le 2 août 1961, mais, au fur et à mesure que se précise l'accord entre Washington et Londres à propos des armements nucléaires et de la «force multilatérale», le président français manifeste un scepticisme croissant quant à la conversion européenne des Britanniques. Le Premier ministre Harold Macmillan a beau l'assurer de ses sentiments communautaires lors de l'entrevue de Rambouillet, le 15 décembre 1962, de Gaulle ne se laisse pas fléchir. Pour lui, il est clair que le Royaume-Uni, naturellement tourné vers le «Grand large» et solidaire des Etats-Unis, ne peut être que le «cheval de Troie» des Américains dans la Communauté élargie et le fossoyeur de l'Europe des Six. Lors de la conférence du 14 janvier 1963, il rend publique sa décision de s'opposer à la candidature anglaise: démarche unilatérale et qui choque profondément les partenaires de la France dans la CEE qui avaient, de leur côté, émis un avis favorable. Il en sera de même lorsqu'en 1967 le Premier ministre travailliste Harold Wilson, poussé par le secrétaire au *Foreign Office*, George Brown, reviendra à la charge. Une fois encore, et pour les mêmes raisons, la candidature britannique sera repoussée par un général naviguant à contre-courant de ses partenaires européens, lesquels en concevront une amertume tenace.

Cette crise larvée entre la France gaullienne et ses partenaires de la CEE va se transformer en crise ouverte en 1965. A l'origine du conflit, il y a d'une part les difficultés qui se font jour dans la Communauté en matière de financement de la politique agricole commune — que la France juge fondamentale mais qui suscite les réticences des autres Etats membres —, et d'autre part la nouvelle offensive des partisans de l'intégration. Ces derniers soutiennent les efforts déployés par Walter Hallstein pour donner un véritable rôle politique à la Commission et pour appliquer intégralement les articles du traité de Rome qui donnent au Conseil des ministres, fonctionnant selon la règle de la majorité, un véritable pouvoir de décision. Face à ce qu'il considère comme une menace directe contre sa propre conception de l'Europe, le général de Gaulle va brusquement dramatiser le débat. Le 1er juillet 1965, le Conseil des ministres français fait le constat de l'échec des négociations en cours et décide de rappeler à Paris son représentant auprès des Communautés. C'est la «politique de la chaise vide». Elle va durer six mois, entraîner un blocage complet du fonctionnement de la CEE et la menacer d'éclatement.

Finalement, le président français aura gain de cause sur toute la ligne. En janvier 1966, la France reprend sa place à la Commission de Bruxelles après avoir obtenu l'essentiel de ce qu'elle exigeait, tant en matière de financement de la politique agricole commune que de procédure décisionnelle. Le «compromis de Luxembourg» stipule en effet que la règle du vote à l'unanimité s'impose dès lors qu'un Etat juge que ses intérêts essentiels sont en jeu. Autrement dit, chaque pays dispose d'un droit de *veto* qui n'est guère dans l'esprit du traité de Rome. La marche vers la supranationalité est donc cassée pour longtemps. Le lien établi par les fondateurs de l'Europe des Six entre l'intégration économique et la future union politique supranationale est coupé au profit de la vision gaullienne d'une «Europe des patries» dont la direction serait assurée par la France.

Car c'est bien, ici que réside la signification profonde

de la politique «européenne» du Général. Que l'Europe se fasse, pourquoi pas? Si dans la configuration projetée, l'identité française ne se trouve pas dissoute, et si, par Europe interposée, la France peut conserver ou recouvrer son influence planétaire. «Il parle de l'Europe, mais c'est de la France qu'il s'agit», écrira Macmillan, parlant de la visite que le général de Gaulle lui a rendue à Birch Grove en 1961 (*Mémoires*, VI, *Pointing the Way*, Londres, Macmillan, 1972, p. 427).

A trente années de distance, on ne peut que porter un jugement nuancé sur cette politique. A court terme et si l'on se place dans la perspective de la construction d'une Europe politique, le bilan peut paraître désastreux. En revanche, on peut se demander si, en faisant échouer au début des années 1960 le projet élaboré par les partisans de la supranationalité, le général de Gaulle ne l'a pas involontairement servi. Peut-être, en effet, était-il un peu tôt pour que le grand dessein d'union politique supranationale intégrant le Royaume-Uni, conçu par les Monnet, Schuman, Spaak, etc., prît corps, sans qu'il y eût, comme le redoutait l'ancien chef de la France libre, un risque sérieux de dilution de la Communauté dans un vaste ensemble atlantique dominé par les Etats-Unis. En ce sens, le freinage exercé par le président français, au nom de principes de philosophie politique qui étaient ceux du XIXe siècle, et aussi il faut le reconnaître d'une vision réaliste de l'environnement international du moment, a peut-être été un bien.

De là à faire du général de Gaulle, comme l'ont fait sans complexe ses admirateurs posthumes à l'occasion de la commémoration du centenaire de sa naissance, une sorte de visionnaire de l'Europe en avance d'une génération sur ses contemporains, il y a un pas que l'on peut difficilement franchir. On voit mal en effet quel aurait pu être concrètement — à supposer que le plan Fouchet ait été adopté et que l'«Union des Etats» ait vu le jour au début des années soixante — le destin de la politique extérieure commune de l'Europe des Six à l'heure de la remise en cause du *leadership* américain et du rejet de l'OTAN par la France. Si certains Européens ont eu alors un quart de siècle d'avance sur les hommes de leur génération, c'est sans doute du côté des champions de la supranationalité qu'il faut les chercher, non parmi les chantres de «l'Europe des patries».

Et pourtant, aussi négative qu'elle soit en apparence, l'action de ces derniers a eu le mérite de poser des garde-fous et d'établir des principes qui ont empêché une dérive atlantique trop accentuée de l'Europe de l'Ouest, avec le risque majeur de voir se dissoudre non, comme le redoutait de Gaulle, la forte identité de chaque Etat-nation, mais la fragile identité naissante du pôle communautaire. Aujourd'hui, dans une Europe économiquement forte, face à une superpuissance dont le poids a beaucoup diminué tandis que l'autre disparaissait en tant que telle, et dans un monde où s'effacent les déchirures de la guerre froide, l'évolution de l'Europe vers la supranationalité — au demeurant fort lente — ne présente pas les mêmes dangers qu'au lendemain de la «crise des fusées».

Le «couple France-Allemagne»

L'évocation de la politique européenne du général de Gaulle serait incomplète si l'on omettait de souligner l'importance qu'ont eue, dans sa vision de l'Europe, les rapports privilégiés qu'il s'est efforcé d'établir avec l'Allemagne. Là encore, c'est au regard du moyen et du long terme qu'il faut apprécier l'amitié nouée par le Général avec son homologue ouest-allemand Konrad Adenauer,

323

la forte image des deux hommes côte à côte dans la nef de la cathédrale de Reims en juillet 1962, lors du voyage du chancelier en France, la signature en janvier 1963 du traité franco-allemand instituant des rencontres périodiques entre les chefs d'Etat et de gouvernement des deux pays, la naissance en juillet de la même année de l'Office franco-allemand de la jeunesse, etc. De la main tendue à l'ancienne ennemie, de Gaulle attendait que l'axe Paris-Bonn pût servir de clé de voûte à son projet d'Europe des Etats. Or, dans ce domaine également la situation n'était pas mûre pour que la RFA acceptât de troquer la protection américaine contre une hypothétique défense européenne dans laquelle la France, puissance nucléaire encore balbutiante, aurait sur elle suffisamment de prise pour imposer ses vues et trop peu de poids par rapport à l'URSS pour offrir une garantie véritable.

S'ajoute à cela le fait que si le vieux chancelier — qui abandonne d'ailleurs le pouvoir à la fin de 1963 — avait pour le général de Gaulle une forte sympathie, il était loin d'en être de même pour l'ensemble de la classe politique allemande. Adenauer parti, son successeur Ludwig Ehrard, qui s'intéressait peu aux affaires internationales, a laissé la bride sur le cou au ministre des Affaires étrangères Gerhard Schröder, à qui le Général inspirait une vive antipathie et qui allait s'appliquer à prendre le contrepied des positions françaises dans des domaines aussi divers que le refus d'un accord avec la France sur le procédé de télévision en couleurs, la Force multilatérale ou l'attitude adoptée à l'égard de l'engagement américain au Viêt-nam.

A l'échelle de son règne, le fondateur de la Ve République a donc surtout engrangé des déconvenues dans sa politique de rapprochement avec l'Allemagne. Là encore cependant, c'est à l'échelle du temps long qu'il faut la juger. Or, il est incontestable que le rôle que le général de Gaulle a personnellement joué pour réconcilier les deux anciennes ennemies et pour établir entre elles des procédures régulières de concertation a été capital pour l'avenir de la construction européenne. Probablement était-il également trop tôt — compte tenu de l'intransigeance des deux partenaires sur un certain nombre de points et des séquelles encore tangibles de la guerre froide — pour que l'axe Paris-Bonn pût effectivement servir de moteur au processus d'intégration. Il faudra pour cela que les mentalités évoluent, notamment en France, que la pesanteur du passé se fasse moins prégnante, et que la «détente» offre à leur action un cadre propice. Le mérite de la politique «allemande» du général — et il est considérable — est d'avoir préparé le terrain, et d'avoir conçu, dans une perspective certes toute différente de celle de Schuman et de Monnet, que l'Europe, quelle que soit la façon dont on envisageait de la construire, ne pourrait exister hors de l'amitié franco-allemande.

Une politique mondiale

Débarrassée de l'hypothèque coloniale, dotée d'un armement nucléaire qui lui permet de parler d'égal à égal avec les «Grands» et d'affirmer son indépendance et sa souveraineté, engagée dans un processus d'association avec les Etats libres de l'Europe, la France se doit, estime le général de Gaulle, de jouer à l'échelle planétaire un rôle qui soit conforme à son «destin». Cela implique d'abord qu'elle prenne position sur tous les problèmes qui agitent le monde, non en tant qu'acteur secondaire, subordonné aux intérêts et aux choix politiques de la superpuissance dominant le «camp» dans lequel la force des choses l'a obligée à se ranger, mais comme membre autonome et souverain d'une société internationale que

325

le président français voudrait voir sortir de la logique des «blocs».

Toute sa politique va tendre ainsi à se démarquer du système bipolaire dans lequel le monde évolue depuis la guerre et dont de Gaulle fixe la naissance à Yalta. Ecarté de la conférence de Crimée, le chef de la France libre a conçu une rancune tenace envers ceux qui l'ont exclu du règlement provisoire du conflit et qui se sont, estime-t-il, «partagé» le monde en toute bonne conscience. On sait que les choses n'ont pas été aussi simples et qu'en février 1945 Roosevelt et Churchill n'ont rien concédé à Staline qu'il n'ait déjà conquis par les armes. Peu importe, dès lors que le mythe du «partage» est solidement ancré dans la pensée du chef de l'Etat, comme dans celle de nombreux Français, «Yalta» est devenu le symbole de l'âpreté des puissants à se partager les dépouilles du vaincu, en même temps que celui de l'humiliation de la France.

De ce «partage» et des tensions qui l'ont suivi serait issu le monde des «blocs» dont le général de Gaulle conteste la pérennité, comme il conteste la prétention des Américains à parler au nom du «monde libre» dans le dialogue qu'ils ont engagé avec les Soviétiques au début des années 1960. Tel est le sens d'une «politique à l'Est» qui comporte en fait deux volets: un rapprochement avec l'URSS opéré hors de toute considération idéologique (pour de Gaulle l'idéologie et les régimes politiques sont des éléments éphémères, seule l'identité de la nation s'inscrit dans le temps long: il parle d'ailleurs de la «Russie»), et un contact direct établi avec les pays de l'Est européen.

C'est à partir de 1963, une fois dissipées les retombées des crises de Berlin et de Cuba — au cours desquelles rappelons-le, le Général a manifesté une grande fermeté envers Moscou — que s'effectue le grand dégel des relations franco-soviétiques. En juin 1966, le président français se rend en URSS où il signe des accords commerciaux, économiques, techniques et scientifiques dont l'application est placée sous le contrôle d'une commission mixte permanente franco-soviétique. «En ma personne, déclare-t-il à cette occasion, le peuple français salue le grand peuple soviétique. Vive la Russie!» Une ligne téléphonique reliant le Kremlin à l'Elysée et permettant aux deux principaux décideurs d'entrer en communication directe en cas de crise, est installée sur le modèle du «télétype rouge» qui relie Moscou à Washington. Il n'en faut pas beaucoup plus pour que, du côté des atlantistes purs et durs — que ce soit aux Etats-Unis, chez nos partenaires européens ou en France même — on dénonce la dérive «neutraliste» du Général, voire son intention cachée de procéder à un renversement des alliances. Il n'en est évidemment rien. En se rapprochant des «Russes», le chef de l'Etat cherche moins à renouer avec une tradition géopolitique aussi ancienne que la diplomatie française qu'à trouver un contrepoids à l'influence de la toute-puissante Amérique. André Fontaine rapporte que lors d'un entretien avec Brejnev, le Général aurait lancé à celui-ci: «Ah! monsieur le secrétaire général, comme nous sommes heureux de vous avoir pour nous aider à résister aux pressions des Etats-Unis...»; pour aussitôt corriger: «... de même que nous sommes bien contents d'avoir les Etats-Unis pour nous aider à résister aux pressions de l'Union soviétique» (A. Fontaine, *Histoire de la «détente»*, Paris, Seuil, 1984, p. 76).

L'autre aspect de l'ouverture à l'Est concerne les rapports avec les démocraties populaires. Non que dans son désir de voir se modifier l'ordre planétaire figé, selon lui, par les accords de Yalta, de Gaulle ait eu l'intention de pousser à la déstabilisation du glacis soviétique. Il a trop conscience des réalités du rapport de force pour s'aventurer dans une voie aussi dangereuse. Mais il croit possible une évolution des régimes communistes dans le sens de la libéralisation intérieure et extérieure, et dans cette perspective il entend ménager l'avenir en établissant avec les pays concernés des relations amicales. De là l'image d'une Europe future allant «de l'Atlantique à l'Oural», telle qu'elle a été évoquée à plusieurs reprises par l'homme du 18 juin. Et aussi ces propos tenus en 1965 au cours d'un voyage dans l'ouest de la France:

> «Vers l'est de l'Europe, nous reprenons et nous resserrons des liens qui sont bien anciens, qui sont traditionnels. Vous savez combien de fois nous avons pensé, nous Français, à l'alliance, la vieille alliance franco-russe. Il ne s'agit plus de cela aujourd'hui, puisque le danger n'est plus du tout le même. Mais il s'agit dans la mesure où ces peuples de l'Est commencent à échapper à l'idéologie totalitaire, et à l'esprit de domination qui les avaient quelque temps entraînés, il s'agit que l'on reprenne avec eux des rapports féconds, dans leur intérêt, dans le nôtre et dans celui de la paix universelle» (discours de Mayenne, cité in J. Lacouture, *De Gaulle, 3. Le souverain*, Paris, Seuil, 1986, p. 400).

Il est arrivé cependant que le général de Gaulle s'écarte de cette réserve prudente, pour inciter les peuples et les dirigeants de l'Est à se montrer moins dépendants du «grand frère». Ainsi en Pologne, en septembre 1967, où en dépit des réserves de Gomulka il invite les Polonais à «voir loin» et «grand». Et plus nettement encore en Roumanie l'année suivante lorsqu'il rejette avec énergie la sujétion des Etats qui, «répartis entre deux blocs opposés, se plient à une direction politique, économique et militaire provenant de l'extérieur, subissent la présence permanente des forces étrangères sur leur territoire». Néanmoins, ce qu'il condamne avant tout dans la situation faite depuis la guerre aux pays situés au-delà du rideau de fer, c'est une fois encore le «partage» opéré à Yalta en 1945 et perpétué depuis cette date par le consentement mutuel des deux Grands. Lors de l'invasion de la Tchécoslovaquie par les forces du pacte de Varsovie, en août 1968, de Gaulle désapprouve certes le geste soviétique, mais dans des termes qui dénoncent clairement la coresponsabilité des superpuissances dans la pérennisation du *statu quo* hérité de la guerre: «L'intervention armée de l'Union soviétique en Tchécoslovaquie — est-il dit dans un communiqué de la présidence de la République — montre que le gouvernement de Moscou ne s'est pas dégagé de la politique des blocs qui a été imposée à l'Europe par l'effet des Accords de Yalta qui est incompatible avec le droit des peuples à disposer d'eux-mêmes et qui n'a pu et ne peut conduire qu'à la tension internationale.»

Le refus de la politique des blocs, conjugué avec un anti-américanisme qui est, en France, assez largement répandu, mais qui chez de Gaulle se nourrit du souvenir des humiliations subies durant la guerre, incline le fondateur de la Ve République à contester de plus en plus ouvertement le *leadership* des Etats-Unis et à prendre, un peu partout dans le monde, le contrepied de leur politique. En janvier 1964, il décide de reconnaître la Chine communiste. En mai 1965, le représentant de la France à l'ONU condamne devant le Conseil de Sécurité le débarquement des *marines* à Saint-Domingue pour empêcher le retour au pouvoir de l'ex-président Juan Bosch, suspect de «sympathies pour le communisme». En septembre 1966, en visite au Cambodge, le général prononce à Phnom-Pehn un discours retentissant, dans lequel il critique vivement l'intervention américaine au Viêt-nam, rejette sur les Américains la responsabilité du conflit et leur suggère d'évacuer l'Indochine et d'engager des négociations avec le Viêt-cong. Si son propos irrite profondément les dirigeants d'outre-Atlantique, de Gaulle en retire une immense popularité dans le Tiers Monde, et lorsqu'en mars 1968 le président Johnson se résout finalement à cesser les bombardements sur le Viêt-nam du

Nord et à engager des pourparlers avec Hanoï et avec le FNL, c'est à l'hôtel Kléber, à Paris, que s'ouvrent les négociations.

Plus provocatrices encore à l'égard de la superpuissance atlantique sont les démarches que le président accomplit en 1964 et en 1967 dans l'hémisphère occidental. La première en Amérique latine, où le Général se rend à deux reprises dans le courant de l'années 1964, provoquant des tempêtes d'acclamations lorsqu'il évoque l'indépendance des Etats et l'aspiration des peuples à résister aux hégémonies. La seconde durant l'été 1967 au Canada. Le 24 juillet, du balcon de l'Hôtel de Ville de Montréal, il lance devant une population francophone enthousiaste et auprès de laquelle il veut témoigner du soutien de la France un «Vive le Québec libre!» qui entraîne aussitôt une très vive protestation du gouvernement d'Ottawa et amène le général de Gaulle à écourter son séjour.

Jusqu'alors, les Français ont en majorité approuvé la politique extérieure du chef de l'Etat, y compris dans la direction qu'il a donnée aux relations avec Washington. Or, l'année 1967 marque en ce domaine un reflux du consensus. Interrogés en août par l'IFOP sur l'opportunité du geste accompli à Montréal, 45 % des Français désapprouvent, contre 18 %, ce qui apparaît à beaucoup comme un acte gratuit et dangereux. Mais c'est surtout l'attitude nouvelle adoptée par la France à l'égard du conflit israélo-arabe qui va modifier en profondeur l'idée que de nombreux Français se font des choix de politique étrangère du général.

L'amitié franco-israélienne, qui avait été une constante durant le précédent régime et que de Gaulle lui-même célébrait encore en juin 1961, dans un toast porté à Ben Gourion, «notre ami et notre allié», subit à partir de 1962 les effets d'une double série de contraintes. Celles tout d'abord qui tiennent à la réorientation de la politique française vis-à-vis du monde arabe. Longtemps contrariée par la guerre d'Algérie, celle-ci peut, après les accords d'Evian, se redéployer dans un sens plus conforme aux traditions de la diplomatie hexagonale et aux impératifs de notre approvisionnement en pétrole. Celles d'autre part qui relèvent des options tiers-mondistes de la France et du grief que celle-ci fait à l'Etat hébreu d'évoluer sans complexe dans l'orbite américaine. Dans le conflit armé qui s'annonce au printemps 1967, à la suite de la décision prise par Nasser d'interdire l'entrée du golfe d'Akaba à tout navire israélien et à tout bateau transportant des produits stratégiques (dont le pétrole) à destination d'Israël, le gouvernement français marque d'entrée de jeu sa neutralité. «La France, précise-t-il le 2 juin, n'est engagée à aucun titre avec aucun des Etats en cause. De son propre chef, elle considère que chacun de ces Etats a le droit de vivre. Mais elle estime que le pire serait l'ouverture des hostilités. En conséquence, l'Etat qui, le premier et où que ce soit, emploierait les armes, n'aurait ni son approbation, ni, à plus forte raison, son appui.»

Une fois la «guerre des Six jours» engagée, le général de Gaulle maintient sa position, proclamant l'embargo sur les livraisons de matériel militaire aux «pays du champ de bataille»: une décision qui ne touche en fait qu'Israël, à qui la France avait fourni depuis toujours une partie importante de ses armes, à commencer par les avions avec lesquels il venait de remporter une victoire décisive sur les forces conjuguées de ses voisins arabes. Le 21 juin, une déclaration du gouvernement «condamne l'ouverture des hostilités par Israël», ajoutant que la France «ne tient pour acquis aucun des changements réalisés sur le terrain par l'action militaire», et à l'ONU le représentant français vote une motion yougoslave qui exige le retrait des troupes israéliennes. L'opinion française, aussi bien au sein de la majorité que dans l'opposition, se trouve passablement décontenancée par ce revirement du chef de l'Etat et qui suscite des troubles dans les consciences jusque dans l'entourage proche du Général. Elle le sera davantage lorsque, dans sa conférence de presse du 27 novembre 1967, ce dernier dressera en ces termes un réquisitoire en bonne et due forme contre la façon dont s'était opérée la colonisation juive en Palestine.

> «On pouvait se demander... si l'implantation de cette communauté sur des terres qui avaient été acquises dans des conditions plus ou moins justifiables et au milieu des peuples arabes qui lui étaient foncièrement hostiles n'allait pas entraîner d'incessants, d'interminables frictions et conflits. Certains même redoutaient que les Juifs, jusqu'alors dispersés, mais qui étaient restés ce qu'ils avaient été de tous temps, c'est-à-dire un peuple d'élite, sûr de lui-même et dominateur, n'en viennent, une fois rassemblés dans le site de leur ancienne grandeur, à changer en ambition ardente et conquérante les souhaits très émouvants qu'ils formaient depuis dix-neuf siècles.»

Malgré l'évocation des «abominables persécutions» que les Juifs avaient subies pendant la Seconde Guerre mondiale, nombreux sont ceux qui retiendront surtout dans le propos gaullien la formule du peuple «sûr de lui-même et dominateur», ainsi que l'allusion aux «malveillances qu'ils provoquaient, qu'ils suscitaient plus exactement», et ils verront un relent d'antisémitisme dans ce qui n'était probablement — si l'on se réfère à l'immense masse des écrits du Général — qu'un propos maladroit. Le sondage effectué en décembre 1967 par l'IFOP n'en indique pas moins un net fléchissement des avis favorables à sa politique étrangère, 33 % des Français désapprouvant son attitude dans le conflit israélo-arabe, contre 30 % d'approbations: fléchissement que confirme un autre sondage réalisé en janvier 1969.

Ainsi, deux ans avant de quitter ses fonctions, l'ancien

chef de la France libre est-il amené à faire le constat d'une certaine désaffection des Français à l'égard de ses options de politique étrangère, ou du moins de certaines d'entre elles. En osmose avec leur président tant qu'il s'agit de l'indépendance et de la souveraineté de la France, de la construction européenne, de la contestation de la tutelle américaine, voire d'un certain rééquilibrage du système international, ils se montrent plus hésitants dans le jugement porté sur la légitimité et l'efficacité de l'arme atomique, et majoritairement hostiles à une *Realpolitik* qui ne tiendrait compte que des contraintes de l'économie et de la stratégie. Et ceci d'autant plus que la fin du règne s'accomplit dans un environnement international qui trahit le faible poids de la France dans la conduite de la destinée des peuples. Les Américains poursuivent *leur* guerre au Viêt-nam et engagent avec les Soviétiques un dialogue visant à une cogestion des affaires mondiales. Brejnev envoie ses chars à Prague pour y restaurer l'ordre socialiste et proclame l'irréversibilité des «conquêtes du socialisme». Le logique des blocs continue de peser sur le déclenchement et le règlement des conflits.

Faut-il parler d'un échec du «grand dessein» conçu par le général de Gaulle? Oui, si l'on s'en tient aux résultats tangibles, mesurés en termes de *Realpolitik*. Non, si l'on veut bien se souvenir dans quel état de dépendance et d'aliénation il a trouvé la politique extérieure de la France en arrivant aux affaires. Non encore, si l'on juge son action, comme il le fait lui-même, à l'aune d'un volontarisme fondé sur la conscience et le refus du déclin:

> «J'ai tenté de dresser la France contre la fin d'un monde. Ai-je échoué? D'autres verront plus tard. Sans doute assistons-nous à la fin de l'Europe...
>
> ... L'Europe, vous le savez comme moi, sera un accord entre les Etats, ou rien. Donc rien. Nous sommes les derniers Européens de l'Europe, qui fut la chrétienté. Une

Europe déchirée, qui existait tout de même. L'Europe dont les nations se haïssaient avait plus de réalité que celle d'aujourd'hui. Oui, oui! Il ne s'agit plus de savoir si la France fera l'Europe, il s'agit de comprendre qu'elle est menacée de mort par la mort de l'Europe...

Bien entendu, il y a une autre question qui domine tout: dans la première civilisation sans foi, la nation peut gagner du temps, le communisme peut croire qu'il en gagne. Je veux bien qu'une civilisation soit sans foi, mais je voudrais savoir ce qu'elle met à la place, consciemment ou non. Bien sûr, rien n'est définitif...

Tout de même, cette fois-ci, il se peut que l'enjeu la concerne à peine. Enfin! j'aurai fait ce que j'aurai pu. S'il faut regarder mourir l'Europe, regardons, ça n'arrive pas tous les matins» (A. Malraux, *Les chênes qu'on abat*, Paris, Gallimard, 1971, pp. 226-229).

La succession

L'homme qui succède au général de Gaulle en 1969 n'a pas eu les mêmes rendez-vous avec l'histoire que l'ancien chef de la France libre. «Je souhaiterais, déclarait-il peu de temps après son élection à la présidence de la République, que les historiens n'aient pas trop de choses à dire sur mon mandat.» On ne passe pas pour autant, Alfred Grosser a raison de le souligner, «de Don Quichotte à Sancho Pança» (*Affaires extérieures. La politique de la France, 1944-1984*, Paris, Flammarion, 1984, p. 231). Il est discret mais sa parole a du poids. Il n'aime pas les éclats mais il est capable de décisions brusques, comme celle d'interrompre son séjour aux Etats-Unis en 1970. Il est solidement ancré dans son terroir auvergnat et préoccupé de concret, mais «l'homme de la banque Rothschild» est aussi un homme de culture: ancien normalien, il est agrégé des lettres, nourri d'humanités classiques et passionné d'art contemporain. Sa longue pratique des affaires l'a familiarisé avec le monde économique international et son expérience de Premier ministre avec les dirigeants politiques européens et extra-européens. Pour l'assister dans la conduite des Affaires extérieures, il choisit dans un premier temps l'affable et expérimenté Maurice Schumann (il a été secrétaire d'Etat), puis à partir d'avril 1973, le secrétaire général de l'Elysée Michel Jobert qui va se révéler, à la faveur de la maladie présidentielle, intransigeant sur le fond et passablement provocateur sur la forme.

Pris entre sa fidélité aux principes de politique étrangère énoncés par le général de Gaulle et les nécessités de l'heure, qui sont principalement d'ordre économique, Georges Pompidou va devoir choisir. D'abord entre le «constat de la valeur réelle du franc» (déclaration à l'issue du Conseil des ministres du 8 août 1969) et les impératifs du prestige et de la grandeur, il opte pour la dévaluation que de Gaulle avait refusée en novembre. Ensuite entre la «petite Europe» à six et l'Europe élargie à dix, il se déclare sans enthousiasme excessif pour la seconde. Pas plus que son prédécesseur en effet, il n'est un partisan convaincu de l'Europe supranationale. Mais là où le fondateur de la Ve République voyait dans l'Europe une simple possibilité, et surtout un moyen de la politique française, son ancien Premier ministre croit fermement à la nécessité de la construction européenne et se rend compte que l'approfondissement des liens entre les Etats membres passe paradoxalement par l'élargissement de la Communauté, et en tout cas par son ouverture à la Grande-Bretagne.

Georges Pompidou se trouve d'ailleurs incliné dans cette voie par les engagements qu'il a pris, lors de la campagne présidentielle, pour ne pas paraître en retrait par rapport à son concurrent du second tour Alain Poher, ancien collaborateur de Robert Schuman et lui même «Européen» convaincu. Le choix de Jacques Chaban-Delmas comme Premier ministre et de Maurice Schumann comme ministre des Affaires étrangères, tous deux gaullistes mais favorables à l'élargissement, l'entrée dans le gouvernement de quatre membres du Comité d'action de Jean Monnet (Valéry Giscard d'Estaing, René Pleven, Jacques Duhamel, Joseph Fontanet) ont tôt fait de confirmer la volonté d'ouverture du président. Dès le 10 juillet 1969, celui-ci déclare dans sa première conférence de presse: «Nous n'avons pas d'objection de principe à l'adhésion de la Grande-Bretagne ou de tel autre pays à la Communauté», et il suggère que des réunions de chefs d'Etat ou de gouvernement discutent des problèmes posés par la demande d'adhésion du Royaume-Uni, de l'Irlande, du Danemark et de la Norvège.

L'accord s'étant fait entre les six Etats membres de la CEE, des négociations peuvent s'engager en juillet 1970 avec les Etats demandeurs. Elles aboutiront aux traités d'adhésion signés à Bruxelles le 22 janvier 1972 et que ratifieront sans difficulté la Grande-Bretagne (où la ratification n'est tributaire que d'un vote des Communes), l'Irlande (83 % de «oui»), le Danemark (89,4 %) et la France (68 % de «oui» mais avec près de 40 % d'abstentions et 7 % de votes blancs ou nuls). Seule la Norvège, où une coalition hétéroclite réunissant l'extrême gauche, une partie de la gauche hostile à «l'Europe du grand capital», et les milieux nationalistes et traditionalistes s'est prononcée pour le rejet du traité. La Communauté des Six se transforme ainsi officiellement en une Communauté des Neuf le 1er janvier 1973, avec à sa tête une Commission élargie à treize membres et présidée par François-Xavier Ortoli.

Pour le reste, la politique étrangère de Georges Pompidou s'inscrit dans le droit fil de celle de son prédécesseur. Les relations avec l'URSS demeurent excellentes, comme en témoigne la fréquence des rencontres entre les deux chefs d'Etat. Le président français se rend en URSS en octobre 1970, janvier 1973 et mars 1974. Leonid Brejnev est l'hôte de la France en octobre 1971 et en juin 1973. Les conversations portent principalement sur la «coopération et la sécurité en Europe» et sont empreintes d'une grande cordialité. Ce qui n'empêche pas le successeur du général de Gaulle de rester ferme sur les principes et de rejeter la proposition d'un traité d'amitié en bonne et due forme avec l'URSS.

Pas davantage de bouleversement majeur dans les rapports avec les Etats-Unis. Certes, le voyage effectué en Amérique en février-mars 1970 par le chef de l'Etat laissera un très mauvais souvenir au couple présidentiel. A Chicago, des manifestants hostiles à la politique française à l'égard d'Israël envahissent l'hôtel où est donné un dîner officiel, bousculant et insultant le Président et son épouse, et provoquant leur retour anticipé en France. Il n'empêche que, jusqu'à la guerre du Kippour, les relations avec le grand allié occidental demeurent sereines. Georges Pompidou, il est vrai, se fait une règle de ne rencontrer Nixon qu'en dehors du territoire américain et ne le reçoit pas en France, mais lors des entrevues qu'il a avec l'hôte de la Maison Blanche — en décembre 1971 aux Açores et en mai 1973 à Reykjavik — l'accord se fait sans grande difficulté, aussi bien sur les questions monétaires que dans le domaine de la défense.

Le quatrième conflit israélo-arabe marque le retour à une attitude moins coopérative dans les rapports avec Washington. Dès son arrivée à l'Elysée, Georges Pompidou a nettement manifesté son intention de poursuivre au Moyen-Orient la politique inaugurée en 1967 par le général de Gaulle. En fait, désireux de mener une «politique méditerranéenne» cohérente, il va de plus en plus nettement marquer ses distances envers l'Etat israélien, soutenu et parfois précédé dans cette voie par son ministre des Affaires étrangères Michel Jobert. C'est ainsi que l'embargo sur les livraisons d'armes à Israël, qui avait été décidé au moment de la Guerre des Six jours, se trouve renforcé en janvier 1969 à la suite du bombardement de l'aéroport de Beyrouth par l'aviation israélienne. Désormais ne seront plus livrés à l'Etat hébreu ni matériel militaire ni pièces de rechange indispensables à la maintenance de ce matériel, ni même les armements déjà commandés et payés, telles ces cinq vedettes construites par les chantiers de Cherbourg et qui, dans la nuit du 24 au 25 décembre, prendront clandestinement la mer pour rejoindre le port d'Haïfa.

Cette intransigeance appliquée à l'un des protagonistes du conflit, de surcroît ancien allié de la France, est d'autant plus mal perçue en Israël et aux Etats-Unis qu'elle s'accompagne d'une moindre vigilance envers les livraisons d'armes à destination des pays arabes. Sous prétexte que la Libye du colonel Kadhafi n'est pas «pays du champ de bataille», le gouvernement français accepte en effet de lui livrer une centaine d'avions de combat, dont 50 Mirage V qui seront mis en 1973 à la disposition de l'Egypte et de la Syrie au moment de la guerre du Kippour.

Deux considérations motivent la position de la France. D'une part son souci de se démarquer radicalement de la politique américaine au Moyen-Orient. D'autre part la volonté affichée par ses dirigeants de mener une véritable politique méditerranéenne. «La France, déclare Michel Jobert devant l'Assemblée nationale, a une longue pratique des Etats arabes... La France a des intérêts tout autour de la Méditerranée... et les liens traditionnels qu'elle a eus avec l'Islam ont été perturbés un moment, et même sérieusement perturbés, par les incidents graves, regrettables pour beaucoup d'entre nous, qui se sont produits en Algérie» (Cité in A. Grosser, *Affaires exté-*

rieures, op. cit., p. 251). On peut admirer l'aisance avec laquelle le ministre français pratique l'art de la litote. Son propos n'en indique pas moins de quel côté penche désormais la diplomatie hexagonale: celui des amitiés «traditionnelles»: des amitiés qu'il est devenu d'autant plus utiles de faire revivre qu'elles se situent dans le camp des pays gros exportateurs de pétrole. Or, depuis le début des années 1970, l'OPEP multiplie les initiatives visant à réajuster le prix du brut, fixé jusqu'alors par les grandes firmes multinationales et resté quasiment inchangé depuis plusieurs décennies. En pleine guerre du Kippour, les 16 et 17 octobre 1973, les ministres des pays arabes membres de cette organisation, réunis à Koweït, ont décidé d'augmenter unilatéralement le prix du brut — première étape d'une escalade qui, en deux mois, aboutira au quadruplement du prix du pétrole — et en même temps de réduire chaque mois de 5 % leur production de pétrole «jusqu'à ce que les Israéliens se soient complètement retirés des territoires occupés et que les droits légitimes du peuple palestinien aient été restaurés».

La France, dans cette affaire, va bénéficier à court terme du choix qu'elle a fait depuis 1967 d'une politique visant à reconquérir une partie de son influence dans le monde arabe et à contrer l'hégémonie américaine dans la région. Les positions qu'elle a prises à l'ONU à l'égard du problème des territoires occupés par Israël durant la Guerre des Six jours — en donnant de la résolution 242 du Conseil de sécurité une interprétation rigoureuse fondée sur la version française de ce texte (retrait exigé *des* territoires occupés par l'armée israélienne et non *de* territoires occupés comme le dit de manière ambiguë le texte anglais) — lui ont permis d'engranger des sympathies arabes dont elle a tiré un avantage immédiat lors de la guerre d'octobre, en évitant le boycott qui a frappé les Etats-Unis et les Pays-Bas. En décembre 1973, elle obtient de l'Arabie Saoudite — au prix fort il est vrai — un accord lui assurant des livraisons particulières de brut.

A cette date, le pétrole représente plus de 72 % de notre consommation énergétique, et il est clair que les dirigeants français ne peuvent pas ne pas tenir compte de certaines des exigences des l'OAPEP (l'Organisation arabe des pays exportateurs de pétrole qui regroupe l'Arabie Saoudite, l'Irak, le Koweït, Abu Dhabi, le Qatar, la Libye et l'Algérie). Mais il y a deux manières de le faire: en ordre dispersé, en négociant au coup par coup avec les intéressés, ou en parlant «d'une seule voix» avec les autres pays membres de la CEE, tous (à l'exception peut-être de la Grande-Bretagne qui commence à exploiter ses ressources pétrolières de la mer du Nord), étroitement dépendants des livraisons de brut en provenance du golfe Persique. Dans un premier temps, il semble que Paris soit prêt à jouer le jeu du front uni. Lors du sommet des Neuf à Copenhague, en décembre 1973, s'engage un dialogue euro-arabe, au demeurant passablement faussé par les négociations parallèles que mènent en coulisse les représentants des divers Etats membres de la Communauté avec les ministres des Affaires étrangères de certains pays arabes. Là où la France se sépare de ses partenaires européens, c'est lorsque ces derniers manifestent leur intention d'agir de concert avec l'allié américain. Lors de la conférence qui se tient à Washington en février 1974, Georges Pompidou envoie non pas son ministre des Finances, comme l'ont fait les autres Etats membres de la CEE (Valéry Giscard d'Estaing étant jugé trop conciliant), mais l'hôte du Quai d'Orsay, Michel Jobert, dont l'hostilité envers les Etats-Unis, les positions favorables aux Arabes dans le conflit du Moyen-Orient et les excès de langage, sont connus, surtout depuis que la maladie du chef de l'Etat lui a conféré une marge d'autonomie qu'il n'avait pas en début de règne. Lâché par ses collègues, Michel Jobert ne peut empêcher que soit créé lors de cette conférence, où la France s'est trouvée complètement isolée, un groupe de coordination dont naîtra l'Agence internationale de l'énergie.

Face à une Europe qui n'a su ni affirmer son identité, ni même «parler d'une seule voix» à propos d'une question aussi vitale que ses approvisionnements énergétiques, les Etats-Unis ont ainsi mis à profit la crise pétrolière pour rétablir leur position dominante sur le vieux continent. Les dirigeants français ne peuvent qu'en faire le constat amer, sans autre recours que le choc des mots et le jeu des images. Michel Jobert dénonce à la tribune de l'Assemblée nationale le «condominium américanosoviétique». Il parle de «non-personne» pour désigner la façon dont Washington a considéré ses alliés européens lors de la guerre du Kippour. Il engage contre Henry Kissinger une guérilla verbale qui n'a d'autre effet que d'accroître l'irritation de l'opinion américaine à l'égard de la France. Sur le fond, la crise pétrolière et la crise monétaire indiquent clairement quelles sont les limites de l'indépendance proclamée par les dirigeants politiques français. La contrainte énergétique veut que ce qui est refusé à Washington soit accepté des pays membres de l'OAPEP. Le chacun pour soi européen a fait qu'aucune solution de rechange n'a été trouvée au vétuste et inique système monétaire international conçu à Bretton Woods à la fin de la guerre. La France pompidolienne a dû s'y résoudre, comme l'avait fait la France gaullienne en des temps moins troublés. Même sur une question aussi «intime» que ses relations avec Bonn, Paris a dû tabler sur la grande alliée atlantique lorsque s'est profilé, suite à l'*Ostpolitik* de Willy Brandt, le spectre d'une dérive à l'Est de la RFA. Que celle-ci ait été largement mythique n'a pas empêché les dirigeants français de s'inquiéter et de faire part de leurs inquiétudes à Washington, où elles ont rencontré un écho. Tout cela fait que les derniers mois de la présidence de Georges Pompidou se sont écoulés, malgré les gesticulations de son ministre des Affaires étrangères, dans un relatif apaisement. Au moment où apparaissent les premiers signes d'un grave dérèglement de l'économie mondiale, il est clair que la «grande politique» voulue et expérimentée par le général de Gaulle a fait long feu.

VII

LA CRISE FRANÇAISE DEPUIS 1974 :
ASPECTS ET PROBLÈMES

Au moment où meurt Georges Pompidou en avril 1974 se produit un retournement dramatique de la conjoncture économique. Alors que le monde industriel vivait depuis 1945 dans un contexte de forte croissance, que l'économiste Jean Fourastié a baptisé les « trente glorieuses », c'est désormais une situation nouvelle qui s'installe, marquée par le ralentissement de la production de biens et des services, voire par leur recul certaines années. Cette « crise » apparaît désormais comme le phénomène dominant qui atteint la France comme le reste du monde, mettant fin à l'illusion entretenue depuis la fin de la Seconde Guerre mondiale d'une croissance indéfinie de l'économie soutenant un progrès constant des sociétés. En fait, la durée du phénomène exclut l'idée même de crise conjoncturelle, d'autant que les observateurs identifient désormais des phases successives marquées par de brèves périodes de reprise. On est bien en présence d'une de ces grandes périodes cycliques de dépression comme le monde en a connu au cours du XIXe siècle, de 1873 à 1896 ou au XXe siècle avec la crise de 1929 à laquelle met fin la

Seconde Guerre mondiale, c'est-à-dire à un phénomène de mutation structurelle de l'économie mondiale lié à la chute de rentabilité des grandes industries qui avaient constitué le moteur de la croissance et à la lente mise en place d'une nouvelle civilisation où les activités tertiaires et la révolution informatique modifient les conditions de vie et de travail dans la France du XXᵉ siècle. Quelle que soit la signification de cette mutation, elle devient de fait le grand problème national qui détermine la vie politique depuis 1974. Mais parce que ses manifestations s'inscrivent dans une chronologie rigoureuse, marquée par des alternances de pessimisme (les séquences de la crise) et d'espoir (la sortie de crise), parce que la perception des phénomènes économiques varie au sein de l'opinion en fonction des moments, force est de considérer la manière dont la crise est vécue par les Français depuis vingt ans.

Un phénomène mondial

De même que la croissance en France avait été l'aspect national d'un phénomène mondial, de même la France subit-elle de plein fouet en 1974 les effets d'une récession qui concerne l'ensemble de la planète. Cette situation s'explique aisément par l'intégration de plus en plus forte du pays dans l'économie mondiale, accélérée en particulier par l'ouverture des frontières et le désarmement douanier que l'entrée de la France dans la construction européenne a provoqués. La place de plus en plus grande tenue par les échanges extérieurs dans le PNB, les mouvements de capitaux internationaux au sein desquels elle est insérée lui ont permis de tirer des bénéfices considérables de la croissance mondiale et de moderniser son appareil de production.

Mais, du même coup, il lui est impossible d'échapper aux effets d'une récession mondiale, comme de mener une politique à contre-courant de celle des autres grands pays industriels. Or au moment où les premiers craquements dans la croissance mondiale se font sentir, la France continue à courir sur l'aire de la croissance et même, elle a tendance à en accélérer les effets.

C'est en effet au milieu des années 1960 que se manifestent les premiers symptômes de la crise à travers une série de déséquilibres dont les manifestations les plus visibles sont d'ordre monétaire. À partir de 1967, on constate en effet un ralentissement de la croissance du PNB américain et de la productivité du travail aux États-Unis, cependant que la hausse des prix a tendance à s'y accélérer. Sous l'effet de la guerre du Viêtnam, le budget fédéral américain enregistre un déficit record et les capitaux ont tendance à fuir les États-Unis. Servi par la situation hégémonique du dollar, monnaie des échanges internationaux, le gouvernement américain finance son déficit commercial international par des émissions de dollars sans contrepartie, entretenant ainsi un climat inflationniste. Il en résulte une accumulation de dollars à l'étranger, qui, depuis 1960, est supérieure au stock d'or officiel de la Réserve fédérale américaine sur la base de l'évaluation qui sert de fondement au système monétaire international (35 dollars l'once). C'est dire que les bases même de ce système, c'est-à-dire la convertibilité du dollar en or ne sont plus qu'une fiction puisqu'il est impossible désormais de procéder à cette conversion. Pour contraindre les États-Unis à freiner une inflation qui leur est hautement profitable puisqu'elle leur permet d'investir à l'étranger, certaines banques centrales (la Banque de France en particulier) exigent la conversion en or de leur stock de dollars. Ce faisant, elles atteignent non seulement la position dominante des États-Unis, mais aussi le climat inflationniste qui avait favorisé la croissance. Les turbulences du marché de l'or, puis des manœuvres spéculatives contre les monnaies les plus faibles, en particulier la livre sterling, aboutissent à la dévaluation de celle-ci en novembre 1967.

Dans les années qui suivent, les contradictions économiques et monétaires ne cessent de s'amplifier. En 1968, les États-Unis décident de supprimer la convertibilité de leur monnaie en or pour les détenteurs privés et, pour soulager la pression pesant sur le dollar, font décider la création de nouvelles liquidités internationales avec les Droits de tirage spéciaux. Pour tenter de sauver le système monétaire international, l'Allemagne accepte en octobre 1969 de réévaluer le deutsche mark. Inquiètes des signes de déséquilibre qui se multiplient, les banques centrales décident dès 1969 de freiner une croissance qui a tendance à s'emballer dans un contexte inflationniste : la République fédérale d'Allemagne augmente ses taux d'intérêt, les États-Unis et le Japon restreignent le crédit.

La situation semble se détériorer encore en 1970-1971. Les États-Unis connaissent une récession cependant que la croissance se ralentit en Europe et au Japon. Les réajustements monétaires se multiplient : réévaluation du deutsche mark, des monnaies néerlandaise, autrichienne, suisse... Ce qui n'empêchera pas le président Nixon de dévaluer le dollar de 7,9 % en 1971, sans rétablir sa convertibilité par rapport à l'or, puis, devant une nouvelle poussée inflationniste, de décider une nouvelle dévaluation de 10 % en février 1973, la plupart des pays choisissant alors de laisser flotter leur monnaie pour éviter de coûteuses et inutiles interventions sur les marchés des changes. C'est dire qu'à ce moment le système monétaire mondial mis en place à Bretton Woods n'existe plus. La disparition des taux de change fixes entrave les échanges internationaux, entretenant un climat de méfiance qui se traduit par la diminution de la production industrielle dès l'été 1973, par exemple aux

États-Unis et en République fédérale d'Allemagne (J. Adda, R. Colin, G. Collange, M. Fouet, « La mise en cause des équilibres d'après-guerre », in J.M. Jeanneney, *L'Économie française depuis 1967, la traversée des turbulences mondiales*, Paris, Seuil, 1989).

Or, force est de constater qu'alors que se manifestent ces perturbations de l'économie mondiale poussant les grands pays industriels à lutter contre la surchauffe en freinant une expansion de caractère inflationniste, la France, alors gouvernée par le président Pompidou, choisit une tout autre voie. Sans doute a-t-elle à régler des problèmes qui lui sont propres, liés aux conséquences de la crise de 1968. Pour assainir la situation, Georges Pompidou a décidé durant l'été 1969 de dévaluer le franc. Mais il choisit ensuite un taux de croissance élevé ayant incontestablement l'avantage de permettre la modernisation de l'appareil industriel de la France qui est une de ses préoccupations fondamentales et de dégager un excédent de croissance dont le partage rendra plus aisée la solution des problèmes sociaux posés par la crise de 1968. C'est grâce à cette forte croissance, supérieure d'environ un point à celle des autres grands pays industriels, que peuvent être prises des mesures comme la mensualisation des salaires ou la mise en place la « nouvelle société » dont le Premier ministre Jacques Chaban-Delmas se fait le chantre. Ce faisant, la France entre dans un processus de forte inflation (entre 5 % et 6 % par an) et paraît s'installer dans un climat de croissance indéfinie alors que les autres pays du monde mènent une politique de freinage général. Sans doute serait-il excessif de dire que, dans un contexte de politique déflationniste, la France mène seule une politique de croissance inflationniste, mais il est vrai qu'elle ne réagit que tardivement et timidement à une conjoncture dont tous les autres États industriels ont perçu depuis longtemps la gravité et à laquelle ils ont tenté de faire face. Il faut attendre septembre 1973 pour que quelques mesures anti-inflationnistes soient prises comme l'augmentation du taux d'escompte de la Banque de France, porté à 11 %, et l'augmentation du coefficient des réserves obligatoires des banques. À quelques nuances près, il est donc exact de dire que la crise frappe de plein fouet en 1974 une économie française fondée sur des perspectives de forte croissance et qui vient de créer avec la « nouvelle société » un modèle social adapté à la croissance (S. Berstein et J.-P. Rioux, *La France de l'expansion 2-L'apogée de la croissance française*, Paris, Seuil, 1994).

Le premier choc pétrolier et la récession économique de 1974-1975

Si les mécanismes de déréglement des équilibres économiques internationaux se trouvent bien en place dès 1973, un phénomène conjoncturel va brusquement les aggraver, provoquer la rupture brutale de la croissance, au point qu'il apparaîtra dans un premier temps comme la cause de la crise, alors qu'il n'est que le catalyseur de son déclenchement. À l'origine de ce retournement, un fait politique, la guerre du Kippour, c'est-à-dire l'attaque lancée par l'Égypte et la Syrie contre les territoires occupés par Israël en 1967. Finalement en position de remporter la victoire, l'armée israélienne doit consentir le 22 octobre 1973 à un cessez-le-feu. Mais dès le 17 octobre, sous la pression de l'OPAEP (Organisation des pays arabes exportateurs de pétroles), l'OPEP (Organisation des pays exportateurs de pétrole) a décidé d'augmenter de 70 % le prix du baril de pétrole brut, de réduire la production de 5 % chaque mois jusqu'à ce qu'Israël restitue tous les territoires occupés, et de frapper d'embargo pétrolier les États clairement liés à Israël, comme l'Afrique du sud, les États-Unis, le Portugal et les Pays-Bas. Décision qui, outre son aspect circonstanciel, s'explique par le long conflit qui oppose les pays producteurs de pétrole aux compagnies pétrolières mondiales, mais aussi par une conjoncture particulièrement favorable, marquée par la hausse du prix des matières premières depuis 1972 et par des tensions sur le marché pétrolier liées à l'accélération de la consommation mondiale de pétrole et à la rareté de la découverte de nouveaux gisements. C'est le début d'un phénomène de hausse accélérée des prix du pétrole qui va aboutir, entre octobre et décembre 1973 à un quadruplement des prix du brut, le coût du baril passant de moins de 3 dollars à 11,65, voire à 19,35 dollars sur le marché libre (Yves Gauthier, *La Crise mondiale de 1973 à nos jours*, Bruxelles, Éditions Complexe, 1989).

Le choc pétrolier va aboutir dans l'ensemble du monde à un phénomène inédit, celui de la *stagflation*, c'est-à-dire à la combinaison de la stagnation de la production avec une forte inflation, contrastant ainsi avec le schéma habituel des crises cycliques au cours desquelles la chute de la production entraînait *ipso facto* une chute des prix. Contre toute attente, on voit en effet l'inflation se poursuivre, entraînée par l'augmentation du prix du pétrole qui pèse sur les coûts de fabrication d'un grand nombre de produits pour lesquels les hydrocarbures servent soit de matière première, soit de source d'énergie, comme sur les coûts de transport. Il en résulte de fortes hausses des prix à la consommation qui atteignent 25 % au Japon en 1974, 11 % aux États-Unis, près de 10 % en France et seulement 7 % en Allemagne fédérale. Comme les salaires sont, dans tous les pays industriels, pratiquement indexés sur les prix, les coûts salariaux s'accroissent à leur tour, d'autant que les salariés obtiennent, comme la pratique s'en est instaurée depuis la fin de la Seconde Guerre mondiale, le maintien voire la poursuite de l'accroissement de leur pouvoir d'achat. L'augmentation des prix du pétrole a donc pour effet d'accentuer le climat inflationniste qui s'était installé avant 1973.

Mais elle a aussi pour résultat d'accentuer les phénomènes de récession que les tentatives déflationnistes des années 1967-1973 avaient provoqués dans certains pays et de faire naître la récession dans ceux (comme la France) qui avaient choisi de poursuivre une politique de forte expansion. La première cause en réside dans la ponction opérée par la « facture pétrolière » sur la richesse nationale des pays importateurs : 1,5 % du PNB pour les États-Unis, 2,5 % pour l'Allemagne, 3 % pour la France, 4,5 % pour le Royaume-Uni. De surcroît, si un certain nombre de pays, comme les États-Unis ou l'Allemagne fédérale, sont en mesure de compenser ces dépenses par la vente de biens d'équipement aux pays enrichis par la rente pétrolière tels l'Arabie saoudite ou le Koweit, ce n'est pas vrai de pays comme la France qui n'ont d'autre choix que de réduire leurs importations de pétrole, au détriment de leur production industrielle qui repose sur l'énergie produite par les hydrocarbures, et de tenter de comprimer la consommation intérieure pour augmenter leurs exportations. Le mécanisme de la crise est ainsi bien en place, aboutissant à la réduction de la production et de la consommation.

Or ces effets du premier choc pétrolier, s'ils touchent l'ensemble du monde, sont particulièrement marqués dans un pays comme la France. En premier lieu, parce qu'au cours des années de la croissance, le choix a été fait de fonder celle-ci sur l'énergie bon marché des hydrocarbures. En 1973, ceux-ci représentent les 3/4 de la consommation énergétique de la France. Comme cette dernière ne produit pratiquement pas de pétrole, il faut importer la totalité de celui-ci et le poids du financement de ces importations sur la balance des paiements de la France va s'avérer insupportable, conduisant le pays à tenter de diminuer ses achats d'hydrocarbures. L'effet inflationniste se trouve en outre accentué en France par la politique mise en œuvre depuis le début des années 1950 et qui consiste à indexer la hausse des salaires sur celle des prix, puis, en 1969, sur la croissance. Le poids des syndicats et de l'opinion va conduire à contraindre les gouvernements à s'engager au maintien et même à l'augmentation du pouvoir d'achat, alors que la croissance qui en était le moteur a disparu. Ces phénomènes s'installent entre novembre 1973 et août 1974, marqués dans un premier temps par un ralentissement de la croissance qui se poursuit légèrement en raison de la date tardive de mise en place en France des mesures de stabilisation, puis, à partir de l'été 1974 et jusqu'au début de 1975, par un recul de la production industrielle de l'ordre de 12 % entre le 3e trimestre de 1974 et le 3e trimestre de 1975. Provoquée par la chute de la demande, la réduction de la production apparaît d'autant plus brutale que les stocks des entreprises sont à saturation et qu'il faut les écouler.

Évolution de la production industrielle
(Base 100 en 1970)

Années	France	RFA	GB	USA	JAPON
1973	120	113	110	120	127
1974	123	111	105	120	127
1975	112	105	102	109	110
1976	124	114	102	122	125

Le recul de la production industrielle se traduit par une sous-utilisation des capacités productives des entreprises qui, en 1975, ne sont plus utilisées en France qu'à 70 % de leur potentiel, ce qui atteint la rentabilité de celles-ci et les plonge dans d'incontestables difficultés financières. La courbe des faillites déclarées en témoigne : en France, elle atteint 17 224 en 1975 soit une augmentation d'un tiers par rapport à 1973. Ce sont les petites et moyennes entreprises, les moins bien adaptées aux conditions du marché, qui représentent 80 % de ces faillites. Pour les autres, la solution la plus immédiate permettant d'éviter le dépôt de bilan est le « dégraissage » des effectifs, c'est-à-dire le licenciement d'une partie du personnel. Le chômage, dont les chiffres avaient tendance à augmenter depuis le milieu des années 1960, connaît une brusque poussée et devient la plaie sociale de la crise, la manifestation de celle-ci à laquelle les opinions prêtent la plus grande attention, tant chacun vit dans la crainte d'être touché à son tour. Avec le retour du spectre du chômage, c'est toute la société née de la mise en place depuis 1945 de l'État-providence qui voit ses fondements mis en cause. Dès 1974, la France compte 420 000 chômeurs, et la courbe du chômage qui s'accélère brusquement en 1975, avant de connaître un léger ralentissement à l'automne, ne va plus cesser de croître. Alors qu'une sortie de crise paraît s'esquisser en 1976-1977, le nombre des chômeurs indemnisés atteint un million en 1977.

Parallèlement, et comme nous l'avons dit, la crise n'entraîne aucune baisse de prix, mais s'accompagne au contraire d'une inflation particulièrement forte en 1974-1975. Bien qu'il existe des écarts considérables d'un pays à l'autre, la France figure dans la liste des pays fortement inflationnistes (moins, il est vrai, que le Royaume-Uni ou l'Italie) et, dès 1974, la hausse des prix dépasse le seuil critique des 10 % par an, « l'inflation à deux chiffres ». Les effets de cette situation sont ravageurs. Ils provoquent une forte hausse des taux d'intérêt, puisqu'il convient de rémunérer l'épargne au-dessus du taux d'inflation, renchérissant le crédit et freinant l'activité économique. Ils détournent les capitaux de l'investissement au profit des spéculations à court terme. Ils perturbent les relations entre les monnaies qui flottent les unes par rapport aux autres et encouragent les dépréciations compétitives afin de relancer les exportations, faisant des taux de change une arme manipulable dans la guerre économique

Taux d'augmentation annuelle
à des prix à la consommation
(Pourcentage de variation par rapport à l'année précédente)

Pays	1973	1974	1975
États-Unis	2 %	11 %	9 %
RFA	6,9 %	7 %	6 %
Royaume-Uni	9,2 %	16 %	24,2 %
France	7,3 %	13,7 %	11,8 %
Italie	10,4 %	19,4 %	17,2 %
Japon	11,7 %	24,5 %	11,8 %

Cette situation préoccupante de l'économie française se trouve cependant corrigée par la croyance générale en une crise conjoncturelle de l'économie mondiale, qui, une fois effacées les conséquences du choc pétrolier, pourrait retrouver les rythmes de croissance antérieurs. De fait, des signes de reprise paraissent se manifester en 1976-1979, marqués par un redémarrage de l'activité industrielle, un retour de la croissance du PNB, cependant qu'on constate une légère décélération de l'inflation. Toutefois, l'espoir de retrouver une croissance forte est assez rapidement déçu. Sans doute l'augmentation de la production est-elle réelle, mais après une nette reprise en 1976 permettant de rattraper le terrain perdu en 1974-1975, la croissance s'essouffle et devient chaotique et irrégulière.

Croissance du produit intérieur brut
(Pourcentage de variation par rapport à l'année précédente)

Pays	1976	1977	1978	1979
USA	4,9 %	4,5 %	5,2 %	2 %
Japon	4,8 %	5,3 %	5,1 %	5,2 %
RFA	5,4 %	3 %	2,9 %	4,2 %
France	5,2 %	3,1 %	3,8 %	3,3 %
GB	3,8 %	1,1 %	3,5 %	2,2 %
Italie	5,9 %	1,9 %	2,7 %	4,9 %

Et surtout, malgré le retour de la croissance, le taux de chômage ne diminue nullement, non plus que la situation d'inflation. La croissance du chômage se poursuit régulièrement, les entreprises réagissant à la baisse de rentabilité qui les frappe en modernisant leurs appareils productifs par la mise en œuvre de nouvelles technologies qui aboutissent à l'automatisation de nombreuses tâches et à la réduction des effectifs salariés dans les secteurs manufacturiers. Comme cette tendance coïncide avec l'arrivée de nombreux jeunes issus de la génération du « baby boom » sur le marché du travail, le chômage se trouve gonflé en particulier pour nombre de jeunes et de femmes. Enfin, l'inflation, en dépit des mesures prises pour la freiner, se maintient autour de la barre des 10 %. En d'autres termes, il apparaît bien que dans le maintien des phénomènes de stagflation se profilent d'autres causes que le choc pétrolier. Sans doute les effets de celui-ci ont-ils aggravé la situation, mais il devient évident que le choc pétrolier a servi à masquer d'autres facteurs de déséquilibres économiques, structurels ceux-là, qui se faisaient jour depuis 1967. L'idée commence à poindre que c'est bien à une mutation structurelle de l'économie mondiale qu'est due la crise. La reprise de celle-ci en 1979-1980 va confirmer cette analyse en mettant brutalement fin à la timide reprise qui s'esquissait depuis 1976.

Le second choc pétrolier
et les nouvelles conditions économiques
(1979-1981)

Les caractères revêtus par la seconde phase de la crise économique tiennent essentiellement à trois facteurs qui en modifient profondément le caractère par rapport à la période précédente : le renouveau du libéralisme, la nouvelle politique monétaire américaine et enfin le second choc pétrolier. (Yves Gauthier, *La Crise mondiale de 1973 à nos jours*, *op. cit.*)

Le retour au libéralisme s'explique par la critique de l'État-providence qui provoquerait de trop lourds prélèvements sur la richesse nationale, conduirait le secteur public tenu en main par l'État à une inefficacité économique génératrice de déficits placés à la charge des finances publiques, mènerait enfin à des politiques anti-cycliques maladroites entraînant l'inflation sans provoquer la reprise. Ce renouveau libéral, manifesté par l'attribution en 1974 du prix Nobel d'économie à l'économiste autrichien Hayek et par l'exaltation de l'entrepreneur se traduit concrètement par une volonté de voir les prix réguler désormais l'économie sans intervention de l'État et par le rôle fondamental de la monnaie dans ces mécanismes de régulation, défendu par l'économiste américain Milton Friedmann (prix Nobel d'économie en 1976) et par l'école de Chicago. C'en est fini du règne sans partage du néo-libéralisme interventionniste de Keynes qui avait dominé le monde depuis 1945. Désormais, le rôle de l'État doit se limiter à contrôler l'évolution quantitative de la masse monétaire, laissant aux mécanismes du marché le soin d'ajuster, avec l'évolution des taux d'intérêt, l'offre à la demande. C'est fondamentalement en Angleterre avec l'arrivée au pouvoir de

Mᵐᵉ Thatcher en 1979 et aux États-Unis avec Ronald Reagan, élu président en novembre 1980, que ces nouvelles conceptions vont trouver leurs lieux d'élection, mais il va de soi que la mondialisation de l'économie ne permet à aucun pays, France comprise, d'échapper à ce nouveau courant. C'est dire que, là comme ailleurs, la préservation de la valeur de la monnaie (avec l'entrée de la France dans le système monétaire européen qui établit des possibilités de fluctuation très limitées entre les monnaies à partir du 1ᵉʳ mars 1979), le rétablissement des finances publiques par la réduction du déficit budgétaire obtenu essentiellement par une diminution des dépenses de l'État, l'allègement des charges pesant sur les entreprises du fait de la fiscalité ou du poids des salaires, la libération des prix deviennent les éléments majeurs de la politique économique des gouvernements.

C'est en fonction des thèses monétaristes de Milton Friedmann que le nouveau directeur de la réserve fédérale américaine, Paul Volcker, nommé par Jimmy Carter fin octobre 1979, prévoit de réorienter la politique financière des États-Unis. Il s'agit de mettre fin à l'énorme déficit budgétaire du pays, à son considérable déficit commercial et à la dangereuse dépréciation du dollar. Les taux d'intérêt américains connaissent une véritable flambée (près de 20 % en 1981), les dépenses sociales subissent des coupes sombres, une déréglementation bancaire démantelant les dispositions prises en 1933 se met en place. Si les mesures prises ne parviennent nullement à réduire le déficit budgétaire américain, compte tenu de la croissance vertigineuse des dépenses d'armement à l'époque de la présidence Reagan, l'augmentation des taux d'intérêt attire les capitaux étrangers et pousse le dollar à la hausse.

Les conséquences de cette situation sur le reste du monde sont catastrophiques. La hausse des taux d'intérêt américains en provoquant un phénomène d'attraction sur les capitaux étrangers oblige les autres États du monde à augmenter à leur tour leurs taux, renchérissant le crédit et entravant l'activité économique. Le drainage des liquidités vers les États-Unis détourne les détenteurs de capitaux privés et les entreprises de l'investissement dans leur pays d'origine pour souscrire aux Bons du Trésor fédéral, grassement rémunérés. Les capitaux fuient le Japon et les pays européens, ainsi fragilisés, pour s'investir aux États-Unis, cependant que les importations de ces pays, libellées en dollars, se trouvent renchéries d'autant (H. Bourguinat, *L'Économie mondiale à découvert*, Paris, Calmann-Lévy, 1985).

C'est dans cette situation de limitation du rôle de l'État et de fragilisation financière que la France, comme le reste du monde, subit le second choc pétrolier. À la différence du premier, celui-ci n'est nullement dû à une tension entre un accroissement de la demande pétrolière et une relative stagnation des capacités de production existantes. Bien au contraire, la croissance de la production dans les zones échappant au contrôle de l'OPEP comme la mer du Nord, le Mexique ou les pays socialistes, et la stabilisation de la consommation due à la fin de la croissance, allègent les pressions sur le marché pétrolier. Le second choc pétrolier s'explique donc par des phénomènes psychologiques de panique devant la crainte d'une rupture des approvisionnements et par un stockage spéculatif du pétrole par les pays de l'OPEP afin d'obtenir une augmentation des cours. À l'origine, la révolution iranienne contre le Shah qui, de l'automne 1978 qui voit les troubles compromettre la production et l'exportation du pétrole, à l'arrivée au pouvoir de l'ayatollah Khomeiny en février 1979, prive le marché international de 6 millions de barils par jour. Or loin de compenser le manque à produire iranien les pays de l'OPEP, poussés par l'Irak, la Libye, l'Algérie et l'Iran de Khomeiny, laissent monter les prix, en dépit des efforts de l'Arabie saoudite pour les limiter. Les prix du baril, fixés en 1978 à environ 13 dollars passent à 24 dollars en décembre 1979, à 32 dollars en décembre 1980 cependant que sur le marché libre, ils frôlent les 40 dollars. En deux ans, les prix ont triplé ; ils ont décuplé par rapport à 1973. Les conséquences de cette flambée des prix du pétrole apparaissent redoutables pour l'économie mondiale, à court terme et à long terme.

Les conséquences du second choc pétrolier

Comme lors du premier choc pétrolier, les effets immédiats de l'accroissement brutal du prix du baril ont pour effet de relancer l'inflation en accroissant le prix de la facture énergétique et d'entraîner une sévère récession. L'inflation se trouve relancée à l'évidence par la nécessité où se trouvent les pays importateurs, dont la France, de débourser des sommes importantes pour payer leur énergie. Cette dernière qui dépensait ainsi 83 milliards de francs en 1979 pour financer ses importations énergétiques doit payer 178 milliards de francs en 1982. Il est vrai que, dans ce doublement de la facture pétrolière intervient non seulement l'augmentation du prix du brut, mais également la hausse du dollar due à la nouvelle politique financière américaine puisque les transactions internationales demeurent libellées en dollars. Or celui-ci ne cesse d'augmenter passant de 1980 à 1985 de 4 à 10 francs français. Il en résulte un surcroît d'inflation estimé à 2 ou 3 % qui annule les effets de la politique de désinflation tentée par les gouvernements et conduit à une hausse des prix qui, de 11,8 % par an en 1978, atteint progressivement plus de 14 % en 1981.

L'inflation dans les grands pays industriels
(1973-1981)

Pays	1973	1974	1975	1976	1977	1978	1979	1980	1981
France	8,1 %	15,2 %	11,7 %	9,6 %	9,6 %	11,8 %	13,4 %	13,6 %	14,1 %
GB	9,8 %	17,1 %	24,2 %	16,5 %	15,9 %	11,2 %	17,2 %	18 %	11,7 %
RFA	6,6 %	6,9 %	6 %	4,5 %	4 %	2,4 %	5,4 %	5,5 %	6,7 %
Italie	11,4 %	19,3 %	17 %	16,5 %	17 %	13,3 %	21,4 %	21,2 %	18,6 %
USA	7,8 %	11,8 %	9,1 %	5,8 %	6,5 %	9 %	13,3 %	13,5 %	10,2 %
Japon	11,3 %	25 %	11,8 %	9,3 %	8,1 %	3,5 %	5,8 %	8 %	4,1 %

Parallèlement se produit à partir de 1980 une rechute dans la récession de l'économie des grands pays industriels qui va durer jusqu'en 1982. Pour un indice 100 en 1967, la production industrielle française qui avait repris sa croissance après le premier choc pétrolier et était parvenue en 1979 à l'indice 162,3, stagne en 1980 et décline ensuite en permanence jusqu'en 1982, tombant à l'indice 157,5 à cette dernière date.

Indice de la production industrielle
(100 en 1967)

Années	France	RFA	USA	Japon	GB
1973	144,5	145,1	134,7	192	120,7
1974	148,2	142,7	134,2	184,7	118,3
1975	137,2	133,3	122,3	165,2	111,8
1976	149	143,5	135,4	183,2	115,5
1977	151,8	146,7	143,3	190,9	121,5
1978	155,5	149	151,7	202,6	125,1
1979	162,3	156,9	158,3	217	129,9
1980	162,3	156,9	152,7	227	121,3
1981	159,9	154,9	156,6	229,3	116,9
1982	157,5	149,8	143,9	230,1	119,1
1983	158,7	151	153,2	238,3	123,7
1984	161,5	155,7	170,6	264,4	125,2
1985	161,5	163,9	174,2	276,3	131,2

Si la chute de la production industrielle apparaît relativement moins marquée en France que dans la plupart des grands pays de structure similaire (à l'exception du Japon qui poursuit sa croissance), c'est en raison de la politique anti-cyclique menée à partir de 1981 par les socialistes au pouvoir et sur laquelle nous reviendrons au chapitre 3. Sans doute, tous les secteurs ne connaissent-ils pas un recul identique. Celui-ci frappe particulièrement la sidérurgie qui, dès 1971, manifeste son essoufflement, l'industrie textile qui connaît un véritable effondrement à partir de 1973, enfin les industries mécaniques qui, à partir de 1975, sombrent à leur tour. Au contraire, la crise révèle la forte résistance de secteurs comme la chimie, moins la chimie de base qui connaît un recul, que des activités comme la pharmacie, cependant que le matériel de transport ou le matériel électrique continuent à enregistrer de bons résultats. Globalement, entre 1980 et 1985, la France est le seul pays du monde industriel à voir le volume de sa production diminuer.

Comme en 1974-1975, c'est par le biais de la montée du chômage que la société prend conscience de la crise. Sans doute le chômage n'a-t-il jamais cessé de croître depuis le premier choc pétrolier, même si cette croissance connaît un certain ralentissement depuis 1976, puisqu'il n'atteint la barre du million qu'en 1977. Mais, avec le second choc pétrolier, il connaît une brusque accélération, puisqu'il atteint le million et demi en 1980, les deux millions en octobre 1981. À cette date, 8,9 % de la population active sont au chômage. Désormais, sauf de brèves périodes de ralentissement, le chômage en France poursuit une progression inexorable, dépassant vers 1985 les 10 % de la population active, atteignant en février 1993 la barre des trois millions et poursuivant ensuite sa montée. Ce chômage frappe particulièrement les régions d'industries anciennes, désormais mal adaptées au marché, en raison de la concurrence de pays du Tiers-Monde qui développent ce type d'industries avec des coûts de main-d'œuvre très faibles en raison du bas niveau de la vie de la population et de l'absence de protection sociale. Il atteint particulièrement certaines catégories de la population dont les taux de chômage excèdent de très loin la moyenne nationale, les femmes, les jeunes âgés de moins de vingt-cinq ans, nouveaux venus sur le marché de l'emploi où ils ne trouvent pas leur place, les travailleurs non qualifiés que l'automatisation des processus de production rendent moins nécessaires. C'est la première fois que la France connaît une aussi longue période de sous-emploi, qui semble imperméable à la fois à l'évolution de la conjoncture (la reprise relative qui se manifeste de 1983-1984 à 1990) et aux politiques gouvernementales de lutte contre le chômage qui paraissent impuissantes à enrayer le phénomène. La gravité de cette situation qui place la société française en risque permanent de rupture a conduit à s'interroger sur les causes spécifiques de ce chômage dans lequel on a voulu voir un effet des « rigidités » que connaîtrait l'économie française du fait de l'intervention de l'État : existence d'un salaire minimum, réglementation du droit de licenciement, large indemnisation du chômage, rigidité de l'éventail des salaires, faible mobilité du travail etc. Une telle analyse devait tout naturellement conduire à des tentatives de déréglementation permettant, selon les conceptions libérales, aux forces du marché de s'exercer librement et de permettre ainsi aux régulations naturelles de s'opérer. Depuis 1982, l'économie française s'engage donc dans la voie de la réglementation, de la désindexation des salaires, du rétablissement des marges de profit des entreprises, sans que pour autant la courbe du chômage soit infléchie dans un sens favorable.

Force est donc de s'interroger pour savoir si le maintien et la progression du chômage ne résultent pas d'un choix politique strictement inverse de celui qui a été fait à l'époque de la grande croissance où dans un cadre keynésien, les gouvernements choisissent la croissance et le plein emploi au risque de l'inflation. Dans le contexte libéral et monétariste qui l'emporte désormais, le choix est fait de l'équilibre extérieur et de la désinflation au détriment de la croissance et de l'emploi. La mondialisation des économies impose d'ailleurs un tel choix à partir du moment où des économies dominantes comme celles des États-Unis ou de l'Allemagne les pratiquent. On en aura la preuve lorsque le gouvernement socialiste français des années 1981-1982 tentera de pratiquer une politique opposée. Mais dans la mesure où tous les pays du monde s'engagent dans la même voie, la conséquence inéluctable en est la paralysie du commerce international puisque tous les participants choisissent une compétitivité dont les effets s'annulent (Gérard Cornilleau, Jean-Paul Fitoussi, Michel Forsé, « Emploi et chômage », in J.-M. Jeanneney, *L'Économie française depuis 1967*, *op. cit.*). De fait, on constate en 1980 un fort ralentissement de la croissance du commerce international (1,5 % contre 6 % en 1979) et dès 1981 une diminution de 1 %. Cette situation qui se prolonge en 1982 entraîne des comportements protectionnistes qui prennent la forme de barrières non tarifaires entravant les échanges de biens manufacturés.

Or on constate que, lors même que se produit progressivement à partir de 1983 une timide reprise économique, celle-ci n'affecte nullement la poussée du chômage, mais fait triompher la désinflation et l'expansion financière, témoignant ainsi des choix libéraux des grandes nations qui dominent l'économie mondiale et auxquels la France est tenue d'adhérer.

Une reprise marquée par la désinflation et l'expansion financière (1983-1990)

C'est à partir de 1983-1984 que se manifestent dans le monde les premiers signes de reprise, marqués par une énergique relance de l'économie américaine dont les importations (qui augmentent de 23 % en 1984) stimulent des échanges internationaux en pleine atonie. Il est vrai que cette reprise est fortement différentielle selon les zones économiques concernées et que, si elle est nettement marquée aux États-Unis ou dans la zone Pacifique dominée par le Japon, elle l'est beaucoup moins sur le continent européen. Celui-ci connaît un régime de croissance lente, particulièrement en France où la progression de l'indice industriel entre 1980 et 1986 ne dépasse pas 2 % sur les six années, soit une quasi-stagnation, cependant que, comme on l'a vu, le chômage poursuit inexorablement sa progression. Ce n'est guère qu'en 1987-1988 que se produit un redémarrage industriel qui se poursuit jusqu'en 1990 et qui est dû à deux facteurs nouveaux : le contre-choc pétrolier et la baisse du dollar.

Le second choc pétrolier, dont on a vu les caractères, ne pouvait prétendre, comme c'était le cas du premier, rétablir l'équilibre entre le prix du pétrole et les conditions du marché mondial. Par son caractère excessif, il aboutit donc à trois résultats : une chute de 20 % de la consommation pétrolière des pays industrialisés génératrice de récession, mais aussi l'accélération de la recherche d'énergies de substitution aux hydrocarbures (en particulier en France, un vaste programme de construction de centrales nucléaires), enfin le très large appel à des sources de production pétrolière échappant au contrôle de l'OPEP (hydrocarbures américains dont l'exploitation est désormais rentable, pétrole de la mer du Nord, pétrole du Mexique). Dans ces conditions, les pays de l'OPEP voient la maîtrise du marché pétrolier leur échapper. Pour éviter un effondrement des cours, ils sont contraints de réduire leur production, utilisant ainsi comme une arme défensive l'arme offensive qu'ils avaient choisi d'utiliser en 1979 pour faire monter les prix : entre 1978 et 1985 leur part dans la production mondiale tombe de 50 à 30 %, essentiellement du fait de l'Arabie saoudite qui accepte de diminuer sa production des deux tiers. En dépit de quoi, l'OPEP doit consentir en 1983 à faire tomber le prix du baril de brut de 34 à 29 dollars et à imposer à ses membres des quotas de production. Le fait que les pays membres ne respectent pas ces derniers oblige l'Arabie saoudite à réduire encore sa propre production qui, en 1985, ne correspond plus qu'au quart de ses capacités. C'est une situation intenable qui rend compte de la décision prise à l'été 1985 de faire reprendre la production pétrolière saoudienne et de laisser s'effondrer les cours pour gêner les concurrents de l'OPEP : le baril tombe en un an de 28,5 dollars à 10 dollars. Il sera finalement stabilisé en 1986 autour de 18 dollars, mais désormais les nouveaux caractères du marché de l'énergie font qu'il est orienté à la baisse : c'est le « contre-choc pétrolier » qui allège la facture énergétique de tous les pays importateurs.

Parallèlement, un second élément va jouer dans le même sens de l'allègement des charges des pays industriels, la politique concertée de dépréciation du dollar engagée fin février 1985 avec comme but de stabiliser la croissance aux alentours de 3 %. Profitant de ces deux facteurs, les grands pays industriels se lancent dans de vigoureuses politiques anti-inflationnistes dont les résultats sont vite spectaculaires puisque dès 1986, le Japon, la RFA, la Suisse et les Pays-Bas éliminent toute hausse des prix. La France qui partait de plus loin s'engage dans la même voie et parvient en 1986 à réduire l'inflation à 2,7 %. Mais ce résultat n'a pu être obtenu, outre les conditions générales indiquées, que par une maîtrise des coûts salariaux à laquelle la France elle-même, pourtant gouvernée par les socialistes, adhère à partir de 1982. La nouvelle phase de croissance lente inaugurée depuis 1983 coïncide donc avec une désinflation spectaculaire.

Elle coïncide également avec une phase de remarquable expansion financière qui contraste avec la faible croissance économique et la poussée du chômage et qui apparaît comme la conséquence des choix libéraux faits par les gouvernements des pays industriels. On assiste donc à un phénomène inédit dans l'histoire : alors que les finances jouaient jusqu'alors un rôle moteur dans l'économie par les investissements et le crédit, tout se passe désormais comme si elles obéissaient à leur propre logique et avaient conquis un champ d'autonomie à l'intérieur duquel elles évoluaient sans souci de l'économie. Cette situation s'explique par une série de mutations qui ont profondément transformé les marchés financiers. Ceux-ci se sont internationalisés avec l'action des grandes firmes multinationales d'origine américaine, européenne et surtout japonaise qui interviennent désormais dans le monde entier à la recherche de placements fructueux ou d'opérations de prise en main d'entreprises jugées rentables, par le biais d'achat massif d'actions (les « Offres publiques d'achat », OPA). Ce rôle nouveau des marchés financiers les conduit à se substituer aux banques en proposant de nouveaux instruments financiers aux entreprises dans une perspective parfois spéculative avec la négociation à terme de contrats ou d'options. Il est facilité par les progrès de la télématique qui permet la transmission instantanée des informations ou des ordres et le fonctionnement continu des Bourses qui peuvent poursuivre leurs cotations sans interruption et par la déréglementation des marchés boursiers aux États-Unis et au Royaume-Uni, voie dans laquelle l'Europe ne s'engage après 1990 qu'avec une extrême prudence. Ces nouvelles conditions rendent les marchés financiers à peu près incontrôlables, permettant des restructurations au sein du monde industriel et la spécialisation des firmes dans les secteurs où leur vocation est le plus nettement affirmée, mais multipliant également les risques liés à des opérations spéculatives dans lesquelles se spécialisent des « raiders » à la recherche de proies qui permettront une rentabilité financière immédiate sans souci de logique économique.

Ce sont ces caractères nouveaux et difficilement contrôlables des marchés financiers qui rendent compte du « krach boursier » d'octobre 1987. Le 19 octobre, la Bourse de New-York chute de 22,6 % en une seule séance (contre seulement 12 % lors du « jeudi noir » de 1929), entraînant à sa suite toutes les bourses mondiales dont celle de Paris qui recule de 9,3 %. Cet effondrement est suivi ensuite d'une cascade de séances de baisse de très grande ampleur. Au total, le 12 novembre, la Bourse de Paris a perdu 38 % par rapport à son meilleur indice de l'année. Le « CAC 40 » qui atteignait l'indice 460,40 le 26 mars tombe le 29 janvier 1988 à 251,3. L'explication par un phénomène de correction d'une spectaculaire progression boursière depuis 1982, si elle vaut partiellement, apparaît cependant globalement insuffisante. Plus convaincante est l'analyse qui combine un phénomène de méfiance lié à la hausse des taux d'intérêt allemands et américains qui détourne les acheteurs des actions pour les reporter sur les obligations (qui bénéficient du relèvement des taux d'intérêt) et l'effet amplificateur des méthodes modernes et sophistiquées de gestion des marchés financiers, les ordinateurs ayant massivement analysé les conséquences des décisions financières prises et ayant poussé les opérateurs à vendre non moins massivement. Une telle situation aurait pu conduire à une rechute grave dans la crise. Or, si certaines entreprises ont subi des pertes réelles, rien de tel ne se produit. Pour éviter la dépression, la Réserve fédérale américaine injecte massivement des liquidités dans le circuit économique, si bien que dès le début de 1988, c'est la crainte de l'inflation, et non de la récession qui domine

(H. Bourguinat, *Les Vertiges de la finance internationale*, Paris, Economica, 1987).

Jusqu'en 1990 se poursuit donc une lente croissance, accompagnée d'une forte poussée du chômage, cependant que l'inflation est en voie de disparition, évoluant en France entre 2 et 3 % par an et que l'expansion financière se poursuit, les bourses comblant rapidement les pertes subies en 1987.

Rechute ou crise structurelle de l'économie française (depuis 1990)

À partir de 1983, et de manière de plus en plus nette à partir de 1985, le retour de la croissance, même lente, conforte les analyses sur la fin de la crise. Or, dès le second semestre 1990, ces prévisions optimistes se trouvent démenties. Comme en 1973 et 1979 avec les chocs pétroliers, un événement politique va servir de détonateur à la troisième phase de la crise : l'invasion de l'émirat pétrolier du Koweit par les Irakiens de Saddam Hussein, l'ultimatum de l'ONU enjoignant à l'Irak, sous peine de sanctions, d'avoir à évacuer le Koweit puis, devant le refus de cet État, la préparation d'une intervention internationale qui fait redouter une guerre longue et pleine d'aléas. Il n'en sera rien, la victoire des Alliés sur l'Irak s'avérant en quelques jours écrasante, mais dans le contexte de fragile reprise que connaissait le monde industriel depuis 1983 s'installe un nouveau climat de méfiance et de crainte de l'avenir. L'une des manifestations en est la chute des investissements : dès 1991 ils diminuent pour l'ensemble des entreprises françaises de 2,8 % par rapport à 1990, la baisse ne cessant de s'accentuer les années suivantes (- 6,1 % en 1992 ; - 9 % en 1993). Tout naturellement, la croissance annuelle de la production chute dans d'importantes proportions, passant de 2,4 % en 1990 à 0,6 % en 1991, puis après une faible remontée à 1,2 % en 1992, tombant enfin à - 0,8 % en 1993. En d'autres termes, l'année 1993 a été en France, après une lente dégradation, une année de récession au cours de laquelle elle a perdu 70 milliards de francs de richesse. Cette dégradation s'est traduite par une nouvelle poussée du chômage dans l'ensemble du monde industriel à laquelle la France paie son tribut : après avoir connu une très légère décélération en 1989-1990, le chômage reprend sa progression dès 1991 atteignant trois millions d'actifs dès février 1993, soit 11 % de la population active. Si on observe que sur ces trois millions de chômeurs plus du tiers (37 %) sont en chômage de longue durée, c'est-à-dire excédant une année, que le chômage des jeunes de moins de 25 ans représente 20 % du total, on constate une aggravation des tendances antérieures, faisant peser l'épée de Damoclès de la « fracture sociale » sur la société française.

Mais, parallèlement, la désinflation se poursuit, les années 1992 et 1993 étant marquées par une hausse de prix de détail qui se maintient à 2 %, encore l'augmentation des taxes fiscales étant pour une grande part responsable de cette hausse. De la même manière, la forte pression des autorités françaises sur ses partenaires européens, l'Allemagne en particulier, permet d'obtenir, afin de lutter contre la récession, une forte baisse des taux d'intérêt (près de 3 %) sur les emprunts à court terme et à long terme. Stimulée par la perspective de taux d'intérêt bas, la Bourse de Paris bat de véritables records surtout en 1993 l'année la plus noire pour la production et le chômage. Alors qu'en 1992, la Bourse n'avait progressé que de 5 % sur l'année, elle gagne 22 % en 1993. L'indice CAC 40 qui avait atteint un record historique en mai 1992 à 2 077,49 points, mais qui, ensuite connaît une baisse continue jusqu'en octobre où il descend à 1 611 points, montre ainsi une insolente santé, parvenant fin décembre 1993 au nouveau record de 2 268,22 points, résultats spectaculaires qui s'expliquent par le train quasi-continu de privatisations, l'arrivée au pouvoir d'un gouvernement de droite décidé à jouer la libéralisation de l'économie et surtout la baisse des taux d'intérêt. De même, le commerce extérieur paraît manifester une belle vitalité puisqu'après un excédent de 30 milliards en 1992, il enregistre un solde positif de 70 milliards en 1993. Il est vrai qu'une des explications est probablement la diminution des importations du fait de la récession française.

Il reste que cette troisième phase de la crise accentue jusqu'à la caricature les traits enregistrés lors de la seconde phase, c'est-à-dire le contraste existant entre d'une part la stagnation ou la chute de la production et la croissance inquiétante du chômage qui menace la stabilité sociale, et, de l'autre, la belle santé financière d'un certain nombre d'entreprises, la solidité de la monnaie et l'envol de la Bourse. Il est clair qu'on ne saurait expliquer par de simples faits conjoncturels (chocs pétroliers, guerre du Golfe, crise yougoslave, réunification allemande…) une situation qui dure depuis 1974 avec de brèves périodes de lente rémission. À l'évidence, l'explication de la crise repose sur des phénomènes structurels de grande ampleur qui se situent à l'échelle mondiale et à l'intérieur desquels s'inscrivent les évolutions nationales.

Selon un certain nombre d'économistes, les premiers éléments de déséquilibre constatés depuis 1967 et les phases successives de la crise survenues ensuite représenteraient la difficile adaptation du monde industriel à une mutation technico-économique, l'essoufflement des vieilles activités nées de la première et de la seconde révolution industrielle et la percée des nouvelles technologies qui font naître une troisième révolution industrielle. En d'autres termes, les innovations nées de la seconde révolution industrielle et qui ont soutenu la grande croissance des années 1960, en particulier les méthodes d'organisation scientifique du travail ont atteint à la fin des années 1960 les limites de leurs effets stimulants sur l'économie mondiale. La rentabilité économique des grands secteurs industriels tend à diminuer et exige d'importants efforts de restructuration. En même temps se met en place une troisième révolution industrielle fondée sur de nouvelles formes d'énergie (le nucléaire et les énergies renouvelables), de nouvelles industries motrices (l'électronique), de nouvelles normes de production et de consommation conduisant à une conception différente de l'entreprise, de nouvelles formes d'organisation du travail (Jacques Marseille, « 1873, 1929, 1973 : la crise économique est-elle cyclique ?, *L'Histoire*, n° 172, décembre 1993). Comment inclure dans des structures économiques, sociales et mentales qui sont celles de la seconde révolution industrielle et qui représentent encore l'essentiel de l'activité d'un pays comme la France et emploient la majorité de la main-d'œuvre ces nouveautés perturbantes ? Or la mutation s'est avérée d'autant plus difficile que des événements conjoncturels comme les chocs pétroliers sont venus ponctionner les disponibilités financières des grands États industriels ou contraindre certains États (comme la France précisément) à consacrer à la production d'énergie nucléaire des sommes considérables pour parvenir à couvrir grâce à elle les 2/3 de ses besoins d'électricité.

Dans ces conditions, on comprend que les principales victimes de la crise soient les industries anciennes des vieux pays industriels, grandes utilisatrices de main-d'œuvre et dont les tentatives (parfois vaines) de rénovation ont absorbé beaucoup d'énergie et de capitaux. Parmi elles, les industries textiles, la sidérurgie dont l'effondrement en 1978 fait de la Lorraine une région sinistrée, les constructions navales qui disparaissent pratiquement en France durant la crise, et l'automobile elle-même, industrie-reine des grandes années de la croissance qui connaît un véritable essoufflement et ne survit que par des restructurations drastiques qui ne laissent subsister que deux grands groupes nationaux (Renault et Peugeot-Citroën-Talbot) et au prix d'une modernisation et d'une automatisation de la production entraînant une forte réduction du personnel. En revanche, la troisième révolution industrielle se manifeste par la percée des industries de pointe, fortes consommatrices de capitaux et de matière grise pour la recherche-développement qui lui est indispensable, mais nécessitant peu de main-d'œuvre traditionnelle : l'énergie nucléaire, les industries aérospatiales, la filière électronique dont l'ordinateur est le symbole, la chimie fine, les applications industrielles de la biologie. Cette troisième révolution industrielle n'exigeant qu'une main-d'œuvre réduite s'accompagne en revanche d'un glissement croissant de la population active vers les activités de service qui représentaient en France en 1990 65 % des actifs et un pourcentage équivalent du PIB. On assiste ainsi, dans le sillage de la troisième révolution industrielle, à une « tertiarisation » de l'économie dans les grands pays industriels. Mais ce secteur à son tour subit les effets de la modernisation par l'informatisation qui a pour effet de diminuer là aussi les besoins en main-d'œuvre. Il semble donc que le processus de modernisation en cours en faisant disparaître ou se modifier considérablement les vieilles industries utilisatrices de main-d'œuvre tout en assurant la promotion de nouvelles formes d'activité où la main-d'œuvre ne joue qu'un rôle limité fasse naître une forme de chômage structurel qui risque de menacer gravement les équilibres économiques et sociaux et dont les solutions ne peuvent résider que dans une reprise forte et durable de la croissance, dans une révision du partage du temps social entre travail et loisir ou dans un découplage entre travail et revenu, ces diverses solutions paraissant échapper à la volonté des hommes ou heurtant trop profondément les mentalités pour pouvoir être pratiquées dans un avenir proche. Ajoutons que, de surcroît, la crise produit des effets différents dans les grandes aires du monde industriel. Si les États-Unis ou le Japon (entraînant avec lui certains pays du Pacifique) paraissent réussir assez bien leur adaptation aux nouvelles conditions technico-économiques (en dépit de la grave crise que traverse le Japon en 1993), il n'en va pas de même de l'Europe qui paraît bien être la grande victime de la crise de la fin du XXe siècle : la désindustrialisation frappe de plein fouet un continent qui a fondé sa puissance sur la croissance industrielle ; le ralentissement démographique, la résistance de structures vétustes, le poids important des vieilles industries, les coûts sociaux le placent dans une situation difficile qu'accroissent encore le cloisonnement du continent et les difficultés d'une construction communautaire partielle et inachevée qui se heurte à de fortes résistances nationales. Longtemps considéré comme la locomotive économique de l'Europe, l'Allemagne est handicapée depuis 1990 par la nécessité d'intégrer sa fraction orientale sortie de l'expérience communiste avec un appareil industriel particulièrement obsolète. Atteinte par une crise profonde qui se marque par l'existence de quatre millions de chômeurs en 1993, elle a perdu le dynamisme qui lui permettait d'être ce facteur de reprise que l'Europe attend avec angoisse.

Or toute l'évolution de la fin du XXe siècle a pour effet d'aggraver les difficultés structurelles et les retombées sociales de celles-ci sur l'économie française. S'opérant dans un contexte libéral, supposé accroître la prospérité générale, elle débouche sur l'ouverture du marché français à la concurrence européenne et mondiale. D'une part, la construction européenne a abouti à la libre circulation des biens, des marchandises, des hommes et des entreprises au sein de la Communauté européenne. Or l'entrée en 2004 de dix nouveaux pays où le niveau de vie de la population est très inférieur à celui des Quinze, et par conséquent les salaires beaucoup plus bas, constitue une incitation pour les chefs d'entreprises à délocaliser celles-ci vers les pays concernés pour abaisser le coût de la main-d'œuvre tout en vendant leurs produits dans les pays à haut niveau de vie, donc à accroître considérablement leurs marges bénéficiaires. D'autre part, la Commission de Bruxelles, gagnée elle aussi aux idées libérales, veille avec un soin jaloux à interdire aux gouvernements des pays membres toute mesure de protection de leurs entreprises, que ce soit sous forme de subvention à la production nationale ou d'entraves réglementaires à la concurrence ou au rachat d'entreprises.

Un phénomène du même ordre, mais de plus grande ampleur, résulte de la globalisation de l'économie mondiale. L'Organisation mondiale du commerce (OMC), nouveau nom de l'ancien GATT qui réglait les rapports commerciaux entre États d'économie libérale depuis la fin de la Seconde Guerre mondiale, vise à la suppression progressive de toutes les barrières douanières et des quotas, de façon à permettre la libre circulation des marchandises. Or l'économie mondiale est de plus en plus dominée par les entreprises multinationales qui déplacent capitaux et entreprises vers les zones où la main-d'œuvre est la moins exigeante et où le marché apparaît en pleine expansion. Dans ces conditions l'Europe (et la France en particulier), desservie à la fois par des lois sociales très protectrices qui renchérissent le coût de la main-d'œuvre et par une démographie peu dynamique voit nombre de ses entreprises délocalisées vers l'Asie où les promesses d'avenir sont plus larges. Il en résulte, pour de vieux pays industriels très développés, comme la France ou l'Allemagne, un important chômage que les gouvernements ne parviennent pas à juguler.

Car l'exemple des pays européens qui sont parvenus à trouver des remèdes à la crise n'est pas de nature à enthousiasmer les Français et se heurte à une opposition politique déterminée dans la mesure où il remet en cause les acquis sociaux de la seconde moitié du XXᵉ siècle. Il s'agit en effet de favoriser l'embauche par la flexibilité du travail, c'est-à-dire par une très large liberté laissée aux entreprises quant aux horaires, aux conditions de travail, aux possibilités de licenciement, en d'autres termes d'abandonner la protection sociale et de revenir à la précarité de l'emploi. Il s'agit aussi d'accepter une limitation, voire, dans certains cas, une diminution des salaires pour permettre aux entreprises d'accroître leurs gains de productivité, seul moyen pour elles de résister à la concurrence des entreprises fixées dans les pays à bas niveau de vie.

La France, comme une large partie de l'Europe, se trouve donc entraînée par la mondialisation et la construction européenne à choisir entre deux maux : la désindustrialisation, les délocalisations d'entreprise et un chômage tournant autour de 10 % de la population active d'une part, ou l'abandon progressif de la protection sociale, le retour à la précarité de l'emploi et la baisse des revenus de ses salariés de l'autre.

C'est donc cette crise grave qui sert de toile de fond à la vie politique française depuis 1974, la politique économique comme les mesures sociales constituant l'essentiel des préoccupations d'une population sévèrement atteinte par ses effets. Or, comme on l'a vu, le caractère structurel de cette crise dont les causes s'évaluent à l'échelle mondiale, réduit considérablement la marge de manœuvre des gouvernants français puisque la plus grande partie des leviers qui permettraient de redresser la situation échappe à leur initiative. Il en résulte, à la fin du XXᵉ siècle et au début du XXIᵉ siècle, le sentiment diffus d'un déclin français, alimentant une forme de dépression nationale et un pessimisme ambiant. Comment gouverner un pays en état de malaise permanent aux causes mal discernables par la population et dont les remèdes échappent aux gouvernements ? Telle est la gageure qui marque la vie politique française à l'aube du XXIᵉ siècle.

De la crise structurelle
à la tornade financière mondiale de 2008

En mai 2007, Nicolas Sarkozy, candidat de la majorité sortante de droite est élu président de la République sur un programme économique fondé sur le volontarisme et la fidélité aux dogmes du libéralisme économique. Son succès est largement dû à sa critique à peine voilée de l'immobilisme et de la résignation au déclin français qui aurait été le fait de son prédécesseur Jacques Chirac et à sa double promesse d'aller chercher la croissance par tous les moyens et d'être « le président du pouvoir d'achat ». Quant aux moyens d'y parvenir, ils reposent sur la poursuite de la dérégulation permettant aux entreprises de développer sans entrave leurs initiatives économiques, sur la baisse de la pression fiscale des entreprises et des particuliers conduisant à libérer des capitaux pour l'investissement économique et sur la possibilité de « travailler plus pour gagner plus » par l'assouplissement des règles sur la durée effective du travail et le recours aux heures supplémentaires, défiscalisées, afin d'encourager les entreprises et les salariés à y recourir largement.

Toutefois, dès l'été 2007, la conjoncture mondiale vient contrarier les projets présidentiels en interdisant aux mesures prises de produire leurs effets en raison de modifications structurelles des données économiques internationales qui échappent à l'action gouvernementale.

En premier lieu, cette mutation se manifeste par une hausse brutale du coût des matières premières, et tout spécialement des matières premières agricoles. Celles-ci enregistraient depuis de longues années une baisse permanente en raison d'une situation de surproduction endémique. Mais à partir de 2005 elles connaissent une pénurie relative qui se traduit par une brutale envolée des prix, provoquant à son tour une véritable crise alimentaire mondiale. En bref, contrairement à la situation antérieure l'offre ne couvre plus la demande, l'augmentation de la production mondiale de céréales, par exemple, étant entre 2005 et 2007 de 50 % inférieure à l'accroissement de la consommation. D'autres éléments s'ajoutent à cette constatation : les cours élevés du pétrole pèsent sur les coûts de production, la croissance démographique mondiale augmente le nombre de consommateurs, la modification des pratiques alimentaires dans les pays émergents débouche sur l'accroissement de la consommation de viande, la demande de grains pour la production d'agrocarburants diminue les quantités de céréales disponibles...

Des facteurs voisins jouent pour expliquer l'augmentation concomitante des matières premières industrielles. L'apparition dans le monde de nouvelles puissances industrielles provoque là aussi une pénurie relative se traduisant par des hausses rapides du prix des métaux non ferreux, du fait de la forte demande de pays comme la Chine, l'Inde ou le Brésil qui appuient sur l'industrie leur très forte croissance.

Ce qui vaut pour les matières premières est *a fortiori* valable pour l'énergie et en particulier pour le pétrole. Après les deux premiers chocs pétroliers de 1973-1974 et de 1979-1980, le cours du pétrole, pour lequel les mouvements spéculatifs s'ajoutent aux effets de l'offre et de la demande, avait connu une certaine stabilisation autour de 20-25 dollars le baril entre 1986 et 2003 (avec une chute brutale à 10 dollars le baril en 1998). Mais à partir de 2003, les besoins croissants des pays émergents, en particulier la Chine, l'Inde, les pays du Moyen-Orient augmentent considérablement la demande, tirant à nouveau les prix vers le haut. Des événements politiques qui font craindre une brusque diminution de la production pétrolière au Nigéria (qui connaît des troubles intérieurs) ou en Iran (du fait des

tensions qui opposent ce dernier pays à l'Occident en raison de son programme nucléaire) ajoutent leurs effets à ce
déséquilibre et favorisent des mouvements spéculatifs.
Enfin, la nouvelle politique des membres de l'Organisation
des pays exportateurs de pétrole qui refusent d'augmenter
leur production pour faire baisser les cours, de manière à
préserver une ressource non renouvelable et à profiter de
la manne qu'elle représente afin de diversifier leurs économies, interdit d'espérer agir sur la hausse des prix des
produits pétroliers par l'accroissement de l'offre. Le
11 juillet 2008, le cours du brut atteint un sommet :
147 dollars le baril ! Si, dans les semaines qui suivent, le
prix du baril descend lentement pour se stabiliser autour de
100-110 dollars à la fin de l'été 2008, il n'en reste pas
moins qu'il a pratiquement triplé depuis 2003. Or le coût
des hydrocarbures, principale source d'énergie utilisée dans
le monde, pèse sur l'ensemble des prix, dans la mesure où
le pétrole intervient dans la production et dans le transport
de la plupart des produits commercialisés.

Le principal effet de la forte hausse des matières premières, des produits industriels, des produits agricoles et
de l'énergie est de nourrir l'inflation. Pratiquement jugulée
en France à partir de 1983 et maintenue à un taux annuel
oscillant autour de 2 % du Produit intérieur brut depuis
plus de vingt ans, elle connaît une brusque flambée, atteignant en rythme annuel 3,7 % en mai 2008. Or si les effets
de l'inflation peuvent être bénéfiques à court terme pour
certaines catégories de la population, par exemple les agriculteurs ou les emprunteurs, pour beaucoup d'autres, les
aspects négatifs l'emportent. Pour lutter contre l'inflation,
la Banque centrale européenne est conduite à augmenter
ses taux directeurs, ce qui a pour effet d'alourdir la charge
de la dette et d'accroître les taux des crédits. Et surtout,
les salariés voient augmenter leurs dépenses courantes
de transport, d'alimentation, de logement, sans que leurs

salaires suivent, la France comme la plupart des autres pays européens ayant de longue date supprimé l'indexation des salaires sur les prix. Il en résulte une perte de pouvoir d'achat des salariés, particulièrement sensible pour les plus modestes d'entre eux, et qui contredit les promesses électorales du président Sarkozy.

Dès la fin de l'été 2007, on considère que la France est entrée dans une phase de récession économique du fait d'une conjoncture mondiale particulièrement défavorable qui a conduit à connaître deux trimestres de recul du PIB, prenant à contre-pied la stratégie économique du président qui avait parié sur une relance libérale sur la base d'allégements fiscaux et d'augmentation du temps de travail. La crise est bien présente avec son cortège de fermetures d'entreprises, de délocalisations, de plans sociaux et d'augmentation du chômage. Ce dernier, en recul jusqu'au printemps 2008, il n'a plus dépassé 7 % de la population active, repart désormais à la hausse.

À ce stade, les années 2007-2008 apparaissent comme la poursuite de la crise structurelle subie par la France dans le cadre de la mondialisation de l'économie intervenue depuis 1990, aggravée par les nouveaux éléments qui résultent de l'irruption sur la scène de l'économie globalisée des pays émergents dont la croissance entraîne pour une large part les dysfonctionnements signalés plus haut au détriment des pays anciennement industrialisés, désormais condamnés à de faibles taux de croissance. Dans cette situation, la France subit le contrecoup d'une situation mondiale sur laquelle elle paraît sans action. Toutefois, des pays comparables, comme le Royaume-Uni ou l'Allemagne, semblent avoir des possibilités d'adaptation à cette nouvelle conjoncture qui manquent à la France et c'est la raison pour laquelle le président Sarkozy a fondé son programme électoral sur la réforme nécessaire des structures économiques et sociales de la France afin de faire disparaître les blocages qui apparaissent comme autant de verrous à l'adaptation du pays. Mais, alors qu'il met en œuvre les mesures annoncées durant sa campagne électorale, se lève outre-Atlantique une tempête financière qui gagne l'Europe à la fin de l'été 2008 et qui remet en cause non seulement le mouvement d'adaptation de la France à l'économie mondialisée, mais aussi les certitudes sur lesquelles était fondée la globalisation économique depuis trois décennies.

À l'origine de la crise de 2008 se trouvent les effets pervers du capitalisme financier sans régulation qui apparaissait comme la loi suprême de l'économie mondiale depuis les années 1980. La crise naît du marché des « subprimes », crédits hypothécaires accordés par des établissements bancaires américains à des ménages aux revenus modestes, en estimant leur solvabilité à hauteur, non de leurs capacités de remboursement, mais de la valeur du bien acheté. Le système fonctionne tant que le marché immobilier américain est orienté à la hausse. Mais, à partir de 2007, la conjoncture se retourne, l'immobilier baisse, et les ménages qui ont emprunté se trouvent dans l'impossibilité de rembourser. Du même coup, les établissements de crédit qui avaient accordé les prêts connaissent des difficultés et certains sont menacés d'effondrement. C'est le cas en juillet 2007 des deux fonds d'investissement de la banque d'affaires américaine Bear Sterns. En octobre 2007 la banque Citigroup annonce une chute de 57 % de son bénéfice le 1er octobre et n'est sauvée que par l'intervention de fonds souverains de l'émirat d'Abu Dhabi.

Or, cette crise se propage à l'ensemble du système financier mondial par le biais de la « titrisation », technique financière consistant à transformer des prêts bancaires en obligations vendues dans le monde entier, la France n'étant évidemment pas à l'abri du processus. En août 2007, la banque BNP Paribas annonce ainsi le gel de trois de ses fonds, exposés au marché des « subprimes ». Désormais, le monde bancaire vit dans la crainte d'un effondrement général du système bancaire et financier mondial, d'autant qu'il est malaisé de connaître les risques réels pris par les établissements bancaires dans l'achat des valeurs titrisées, dont nul ne sait exactement ce qu'elles valent. Dans ces conditions, c'est l'ensemble du marché des crédits titrisés qui se trouve atteint, bien au-delà des « subprimes ». La méfiance prévaut, les banques répugnant à se prêter des liquidités, de crainte de les voir s'évanouir dans une faillite retentissante. La restriction globale du crédit agit ainsi comme un élément paralysant de l'économie mondiale, menaçant de transformer la crise financière en crise économique comparable par son ampleur à celle de 1929. Sans doute les banques françaises sont-elles jusqu'à un certain point protégées par le fait que leurs activités sont diversifiées, que toutes ont une activité de banque de détail qui demeure très rentable et que la loi les contraint à posséder des fonds de solvabilité qui les exposent moins que les banques d'investissement des pays anglo-saxons. Pour autant, elles ne sont pas complètement à l'abri de pertes liées à des investissements sur le marché des « subprimes ».

C'est à partir du début 2008 que les choses se précipitent. L'annonce en janvier de pertes considérables de la grande banque américaine Merryll Lynch, l'intervention en mars de la Réserve fédérale américaine pour obtenir le sauvetage de la banque Bear Sterns, la mise sous tutelle par le Trésor américain en septembre de deux établissements de refinancement hypothécaire, Freddie Mac et Fannie Mae, détenteurs de 5 400 milliards de crédits hypothécaires, puis la faillite de la banque d'affaires Lehman Brothers, cinquième banque des États-Unis que le gouvernement fédéral refuse d'aider, avant qu'il intervienne quelques jours plus tard pour sauver le premier assureur mondial AIG, jalonnent les étapes de la tempête financière. Au Royaume-Uni, le gouvernement doit nationaliser la banque Northern

Rock en février 2008 pour éviter son effondrement. En dépit de ces mesures ponctuelles de sauvetage, la crise est bien présente, menaçant les bourses mondiales qui connaissent des chutes brutales et répétées durant la première quinzaine d'octobre 2008. La crainte est désormais réelle de voir, comme dans les années qui ont suivi le krach de 1929, l'économie entrer dans une phase de récession de longue durée entraînant avec elle faillites d'entreprises et chômage de masse à l'échelle mondiale.

Or cette profonde crise de l'économie mondialisée, qui ne laisse à l'abri aucun des pays du monde à cause de l'interpénétration des économies, contraste avec la difficulté d'apporter des solutions en raison du fait que les marchés paraissent bien incapables d'opérer un redressement par leurs propres moyens et qu'il appartient à l'État, dont l'intervention est vilipendée depuis des décennies par les milieux économiques au nom des principes libéraux, de porter secours à un système victime de ses propres excès. De surcroît, le cadre étatique n'est pas le mieux adapté pour prendre des mesures efficaces, sa juridiction étant limitée à ses frontières, alors que c'est l'économie mondiale qui est en cause. Dans un premier temps, et parant au plus pressé, les États se soucient de rétablir la confiance en injectant des liquidités dans le système économique, mais ils le font en ordre dispersé et sans réel effort de coordination. Aux États-Unis, État-phare du libéralisme économique, le gouvernement met en œuvre à l'automne 2008, un plan d'aide de 700 milliards de dollars pour éviter l'effondrement des banques. Au Royaume-Uni, le gouvernement décide de nationaliser les banques en difficulté et l'Allemagne prend en octobre 2008 une décision du même ordre. Dans de nombreux pays, l'État s'engage à garantir en tout ou en partie les dépôts bancaires des citoyens pour éviter la panique. Toutefois, à la mi-octobre, la réunion du G7 (les sept pays les plus riches du monde), les recommandations de Dominique Strauss-Kahn, directeur du Fonds monétaire international, les efforts de Nicolas Sarkozy, président en exercice du Conseil européen durant le second semestre 2008, aboutissent à des politiques coordonnées pour juguler la crise boursière et ses probables effets économiques. Les États de la zone euro et le Royaume-Uni s'engagent à garantir les prêts interbancaires afin d'enrayer la crise des liquidités et ils promettent d'assurer la solvabilité des banques en les recapitalisant. Cette garantie prendra la forme d'une assurance souscrite auprès de l'État et sera valable jusqu'à la fin de l'année 2009. En contrepartie, l'État exercera un contrôle sur la gestion des banques souscrivant cette assurance. Au total, 1 800 milliards d'euros seront consacrés en Europe à ce sauvetage du système bancaire, chaque État adaptant à son cas propre le principe ainsi décidé. Pour la France, ce sont 320 milliards d'euros qui seront consacrés à cette garantie publique du système bancaire français, et 40 milliards d'euros pourront éventuellement servir à recapitaliser les banques qui en auraient besoin, en échange d'une participation de l'État au capital de celles-ci.

Au-delà des dommages que la crise ne peut manquer de causer à l'économie mondiale, le déclenchement et les conséquences de la tornade de 2008 posent le problème du modèle économique qui a servi de cadre à la mondialisation. Alors que les pratiques keynésiennes de régulation de l'économie sous le contrôle de l'État, garant de l'intérêt général, avaient permis aux grands pays industrialisés du monde de connaître l'ère de prospérité des « Trente Glorieuses », synonyme de croissance économique et de progrès social sous l'arbitrage de l'État, la crise des années 1970 a profondément changé le paradigme économique. Sous l'influence de Margaret Thatcher au Royaume-Uni, de Ronald Reagan aux États-Unis, l'heure est désormais à l'affirmation que les mécanismes naturels du marché doivent être les seuls régulateurs de l'économie et que toute intervention de l'État ne saurait que perturber l'harmonie du système. La révélation dans les années 1980 de l'inefficacité et de la sclérose du système d'économie administrée des pays communistes, l'effondrement de l'URSS, lié en partie à son échec économique, font le reste. Le libéralisme devient le maître mot de toute politique économique, chaque renonciation de l'État à son pouvoir de contrôle est saluée comme un progrès sur la voie de la prospérité et la globalisation de l'économie aidant, la délocalisation des entreprises constitue désormais l'arme suprême pour contraindre l'État à lever tout contrôle qui constituerait une entrave possible à la liberté d'agir des directions. L'un des effets les plus visibles de ce nouveau cours économique est l'accentuation de cette « fracture sociale » que dénonçait Jacques Chirac dans sa campagne électorale de 1995, sans qu'il ait été en mesure de la combler le moins du monde durant ses deux mandats Par rapport à la période d'intervention régulatrice de l'État, les conséquences de la phase libérale ont été une précarisation de la condition salariale, une désindustrialisation du pays, un amenuisement sous l'effet des contraintes budgétaires de la protection sociale. Par contraste, la prospérité des entreprises s'est développée de façon exponentielle dans le cadre de la mondialisation et souvent grâce aux délocalisations. Il en est résulté des distributions fastueuses de dividendes aux actionnaires et, en rapport avec ces résultats, des rémunérations astronomiques des dirigeants et des cadres supérieurs qui, à des traitements déjà fort élevés mais dont on pouvait admettre qu'ils représentaient la reconnaissance de leurs compétences et des risques encourus, ont ajouté des « stock-options », des distributions d'action et des indemnisations pharaoniques en cas de départ ou de démission, les fameux « parachutes dorés ». Concevables en cas de résultats très positifs dont ils auraient constitué la contrepartie, ces rémunérations devenaient véritablement scandaleuses lorsqu'elles étaient versées à des dirigeants d'entreprises bancaires ou industrielles dont les performances étaient franchement négatives. Or, mises en œuvre au nom de la liberté de gestion des entreprises, ces pratiques avaient pour résultat de pousser les dirigeants à prendre des risques inconsidérés pour obtenir des résultats spectaculaires augmentant leur propre valeur marchande. C'est le processus qui a conduit, à travers la crise des « subprimes », au déclenchement de la tempête financière de 2008 qui atteint non seulement les entreprises responsables, mais également une grande partie de la population mondiale par ses effets induits sur l'économie. Une fois de plus, la croyance en la « main invisible » de l'autorégulation automatique des marchés a démontré son inexistence, non sans dommage pour des millions d'hommes. On conçoit que, dans ces conditions, des voix s'élèvent, non pour remettre en question les principes de l'économie de marché, fondés sur la propriété individuelle et l'initiative privée, mais pour exiger un retour à des régulations économiques destinées à protéger l'économie mondiale des dangers d'une liberté totale où l'argent serait roi, sans limites, sans contrôle, sans risque pour les apprentis sorciers, mais qui nécessiterait, pour tirer ceux-ci des impasses où ils se sont fourvoyés, des sacrifices de la part de contribuables, souvent lésés d'une manière ou d'une autre par les cataclysmes ainsi déclenchés.

VIII

LE SEPTENNAT DE VALÉRY GISCARD D'ESTAING (1974-1981) : UNE SOLUTION NÉO-LIBÉRALE DE LA CRISE FRANÇAISE ?

L'élection présidentielle de 1974

La mort de Georges Pompidou le 2 avril 1974 ne constitue pas une surprise. La France entière savait le président malade depuis la fin mai 1973 où les chaînes de télévision ont transmis les images du chef de l'État à Reykjavik en Islande où il était allé rencontrer le président Nixon. Mieux informés, les hommes politiques de premier plan, s'ils ignorent le terme de la maladie présidentielle, n'ont aucun doute sur le caractère fatal de son issue et se préparent en conséquence.

Il reste que la disparition de Georges Pompidou, si elle trouve une gauche unie prête à affronter la campagne présidentielle, va au contraire provoquer au sein de la majorité une crise profonde aux conséquences durables. À gauche, en effet, les choses sont simples. Depuis 1971 la majorité des tendances socialistes se sont unies au sein du

Parti socialiste, solidement tenu en main par son premier secrétaire François Mitterrand. En 1972 le PS, le parti communiste et le Mouvement des radicaux de gauche ont signé un programme commun de gouvernement. Sans doute les partis du Programme Commun ont-ils échoué lors des élections législatives de 1973, mais celles-ci ont consolidé l'unité de la gauche. C'est donc sans surprise qu'on apprend le 5 avril que les trois partis du Programme commun désignent François Mitterrand comme candidat unique de la gauche, approuvés par les grandes centrales syndicales CGT, CFDT et FEN, puis, le 7 avril, par le PSU conduit par Michel Rocard. Les candidatures d'Alain Krivine pour le Front communiste révolutionnaire et d'Arlette Laguiller pour Lutte ouvrière sont à l'évidence des candidatures de témoignage qui ne peuvent mobiliser qu'un nombre réduit de suffrages qui se reporteront au second tour sur le candidat unique de la gauche.

Rien de tel à droite. L'UDR a depuis longtemps un candidat déclaré en la personne de Jacques Chaban-Delmas, plébiscité en 1973 par les Assises de Nantes du mouvement gaulliste. Mais il a contre lui de ne pas faire l'unanimité au sein de celui-ci, et, en particulier, d'être en butte à une franche hostilité de la part des proches conseillers du président Pompidou, Pierre Juillet et Marie-France Garaud qui poussent en avant Jacques Chirac, jeune ministre de l'Intérieur du gouvernement Messmer. Redoutant des manœuvres de ses adversaires, Jacques Chaban-Delmas prend les devants : dès le 4 avril, à peine Georges Pompidou inhumé, il fait connaître sa candidature à la présidence de la République. Le 7 avril, le comité central de l'UDR lui apporte son soutien unanime, négligeant les candidatures déclarées le 5 du président de l'Assemblée nationale Edgar Faure et du gaulliste Christian Fouchet qui a rompu avec l'UDR et qui, l'un et l'autre, se retireront quelques jours plus tard. Mais face à Jacques Chaban-

Delmas, l'opinion attend que se déclare le ministre de l'Économie et des Finances Valéry Giscard d'Estaing qui, depuis de nombreuses années, soigne son image dans l'opinion sans dissimuler ses ambitions. Ce n'est que le 8 avril que ce dernier, en soulignant qu'il a respecté le délai de décence nécessaire après le décès du chef de l'État, fait connaître sa candidature.

Par la suite, d'autres candidats entreront en lice, le maire de Tours Jean Royer, ministre du Commerce, fortement marqué à droite, le maire de Mulhouse Émile Muller, champion des réformateurs, Jean-Marie Le Pen au nom du Front national et le dirigeant de la Nouvelle Action Française, Bertrand Renouvin, l'agronome René Dumont défenseur d'une plate-forme écologiste etc. Mais il est clair que l'enjeu des élections est double : qui l'emportera au second tour de François Mitterrand ou du candidat de droite qui lui sera opposé ? Et qui, de l'UDR Jacques Chaban-Delmas ou du républicain-indépendant Valéry Giscard d'Estaing sera désigné au soir du premier tour comme le champion de droite ?

Or, avant que les électeurs ne tranchent, les manœuvres au sein de l'UDR et les sondages vont déterminer l'issue de la compétition. Le 5 avril, le ministre de l'Intérieur, Jacques Chirac a obtenu du gouvernement que la date du premier tour de l'élection soit fixée au 5 mai, c'est-à-dire le plus tard possible, décision généralement interprétée comme résultant de la volonté de trouver un autre candidat que le maire de Bordeaux. Le 9 avril, la manœuvre se précise ; poussé par Jacques Chirac et les conseillers de Georges Pompidou, le Premier ministre Pierre Messmer se propose comme candidat d'union si Jacques Chaban-Delmas et Valéry Giscard d'Estaing acceptent de se retirer. Consulté, ce dernier fait connaître qu'il est prêt à le faire si Jacques Chaban-Delmas renonce (condition qu'il sait évidemment impossible). Le maire de Bordeaux ayant réaffirmé au Premier ministre son intention de poursuivre,

Pierre Messmer retire sa candidature dans l'après-midi du 9 avril. Le bilan de l'opération est de faire apparaître Jacques Chirac comme l'inspirateur moral d'une candidature unique à laquelle Valéry Giscard d'Estaing était prêt à se rallier, et le maire de Bordeaux comme le responsable de la division de la majorité. Les sondages publiés le 12 avril enregistrent les conséquences de la manœuvre. Crédité quelques jours auparavant de 30 % des intentions de vote, Jacques Chaban-Delmas tombe à 25 %, cependant que le ministre de l'Économie et des Finances se maintient à 26 ou 27 %. La décision prise par Jacques Chirac le 13 avril d'enfoncer le clou en publiant un « Appel » signé par 43 membres de la majorité (parmi lesquels 4 ministres et 39 députés dont 33 UDR), déplorant qu'une candidature d'union n'ait pu se réaliser et persistant à la souhaiter, va accentuer ces tendances. Sans doute l'appel ne constitue nullement un ralliement à Valéry Giscard d'Estaing, mais il le sert objectivement en montrant qu'une importante fraction de la majorité – et de l'UDR – refuse d'appuyer le candidat officiel du mouvement (Jean Bothorel, *Le Pharaon, Histoire du septennat giscardien 19 mai 1974-22 mars 1978*, Paris, Grasset, 1983).

Inaugurée avec ce handicap d'un soutien plus que modéré de la famille politique gaulliste et spécifiquement de sa branche pompidolienne, la campagne électorale va se solder par une dégradation relativement rapide de la cote de Jacques Chaban-Delmas. S'il peut compter sur le soutien du Centre Démocratie et Progrès de Jacques Duhamel et Joseph Fontanet, son adversaire républicain-indépendant reçoit l'appui, numériquement plus significatif, des centristes d'opposition de Jean Lecanuet. Mal à l'aise à la télévision, il se fait assister par des gaullistes historiques comme Michel Debré ou André Malraux dont les déclarations paraissent archaïques ou grandiloquentes, alors que Valéry Giscard d'Estaing qui maîtrise parfaitement cet instrument réussit à adopter un style intimiste qui crée l'illusion d'une communication directe avec les Français : « Je voudrais regarder la France au fond des yeux, lui dire mon message et écouter le sien ». La volonté du maire de Bordeaux de capter l'héritage du gaullisme le conduit à s'enfermer dans cette famille, au risque de polariser sur lui les accusations d'être le représentant de « l'État-UDR » dénoncé par le directeur de *L'Express*, Jean-Jacques Servan-Schreiber. Elle le pousse également à brandir l'étendard de l'anticommunisme. Face à lui, Valéry Giscard d'Estaing va se présenter en personnage ouvert, tolérant, modéré illustrant sa formule de naguère : « La France veut être gouvernée au centre ». Il met en avant sa jeunesse : il a 48 ans, une dizaine d'années de moins que ses deux principaux compétiteurs. Et surtout, sans pour autant prendre d'engagement précis, il va savoir présenter sa candidature comme incarnant le « changement sans le risque », allant ainsi au-devant des aspirations d'une opinion qui souhaite un pouvoir moins autoritaire et moins compassé, mais qui redoute les bouleversements qu'entraînerait l'arrivée de la gauche au pouvoir. Supérieurement conduite, la campagne électorale de Valéry Giscard d'Estaing apparaît comme un modèle du genre et annonce son succès sur Jacques Chaban-Delmas (Jacques Berne, *La Campagne présidentielle de Valéry Giscard d'Estaing en 1974*, Paris, PUF, 1981). Si on y ajoute les rumeurs que son entourage laisse complaisamment circuler sur la vie privée, la fortune et le caractère du maire de Bordeaux, le sort de ce dernier semble scellé. Les sondages, largement utilisés comme argument de campagne, soulignent d'ailleurs la dégradation de la position de l'ancien Premier ministre : le 22 avril il n'est plus crédité que de 22 % des intentions de vote contre 26 % au ministre des Finances et, deux jours plus tard, l'écart entre les compétiteurs s'accentue : 18 % contre 31 %. À la veille même du scrutin le maire de Bordeaux voit son capital se réduire à 15 %. L'UDR a perdu la bataille du premier tour et, virtuellement, l'Élysée. Au soir du 5 mai, les résultats ne font que confirmer les indications des sondages.

Élection présidentielle
(1er tour – 5 mai 1974)

François Mitterrand	43,3 %
Valéry Giscard d'Estaing	32,9 %
Jacques Chaban-Delmas	14,6 %
Jean Royer	3,2 %
Arlette Laguiller	2,3 %
René Dumont	1,3 %
Jean-Marie Le Pen	0,7 %
Émile Muller	0,7 %
Alain Krivine	0,4 %
Bertrand Renouvin	0,2 %
Jean-Claude Sebag	0,1 %
Guy Héraud	0,07 %

Si la défaite de Jacques Chaban-Delmas est sans appel, les pronostics du second tour apparaissent très serrés, liés qu'ils sont aux désistements et à la discipline des électeurs. Blessé, Jacques Chaban-Delmas se retire de la compétition sans recommander un vote pour son heureux compétiteur, mais en rappelant son « opposition résolue » à la candidature de François Mitterrand. Le bureau exécutif et le groupe parlementaire UDR décident d'apporter leur soutien à Giscard, mais au milieu des vociférations et des huées hostiles à Pierre Messmer et Jacques Chirac, jugés responsables de la défaite du candidat UDR. Le candidat de droite reçoit par ailleurs l'appoint des voix de Jean Royer, Jean-Marie Le Pen, Émile Muller, le soutien d'Edgar Faure, de Jacques Duhamel et *in extremis* de Jean-Jacques Servan-Schreiber. L'arithmétique électorale ne départage pas les deux candidats et les sondages révèlent qu'ils sont au coude à coude. La campagne du second tour est donc tendue, trouvant son point d'orgue le 10 mai dans un face-à-face télévisé entre François Mitterrand et Valéry Giscard d'Estaing au cours duquel le second paraît l'emporter, ayant réussi à esquiver le duel droite-gauche dans lequel voulait l'enfermer le premier secrétaire du Parti socialiste et étant parvenu, en revanche, à étiqueter ce dernier comme « un homme du passé ».

Le 19 mai, Valéry Giscard d'Estaing est élu d'une courte tête président de la République, battant son compétiteur de 425 599 voix.

Élection présidentielle
(second tour – 19 mai 1974)

Valéry Giscard d'Estaing	50,8 %
François Mitterrand	49,2 %

La France, stupéfaite (et déçue pour une moitié d'entre elle) s'aperçoit qu'elle est passée à deux doigts d'une arrivée de la gauche au pouvoir. Mais si ce n'est pas le bouleversement, c'est au moins une profonde transformation qu'annonce le nouveau président : « Vous serez surpris par l'ampleur et la rapidité du changement » avait-il promis aux Français le 10 mai. Et il salue l'annonce de son élection par une phrase qui en dit long sur ses intentions : « De ce jour date une ère nouvelle de la politique française ».

Une ère nouvelle ?

S'il est deux termes qui peuvent symboliser la volonté d'action du président fraîchement élu, ce sont bien ceux de « nouveauté » et de « changement ». Avant d'être une nouvelle politique, la pratique de Valéry Giscard d'Estaing est un nouveau style qui se veut moins guindé, moins cérémonieux, moins crispé que celui de ses prédécesseurs, plus ouvert sur la jeunesse, les préoccupations quotidiennes des Français. Et les débuts du septennat sont marqués par une forêt de symboles témoignant de cette ère nouvelle annoncée par le président : marche à pied et non en voiture officielle pour la cérémonie aux Champs-Élysées, port du veston et non de la jaquette, refus de porter le lourd collier de grand-croix de la Légion d'Honneur (Valéry Giscard d'Estaing, *Le pouvoir et la vie*, Paris, Compagnie 12, 1988).

De plus grande portée est le choix du Premier ministre. C'est sans surprise que l'opinion apprend la nomination de Jacques Chirac dont les initiatives ont joué un si grand rôle dans l'élection présidentielle et qui, à 42 ans, symbolise cette jeunesse que le président ne cesse d'exalter. Cette nomination soulève nombre de réticences au sein de l'UDR qui voit dans cette promotion la récompense de l'opération menée contre Jacques Chaban-Delmas. Mais elle est peu de chose à côté de la colère qui saisit l'UDR à l'annonce de la composition du gouvernement, opérée directement par le chef de l'État. Sur les 15 ministres, 4 seulement appartiennent à l'UDR et, en dehors de Robert Galley, confiné au ministère de l'Équipement, ce sont tous des personnalités de second plan. Tous les dirigeants du mouvement, les « barons » du gaullisme ont été éliminés. Leur amertume est d'autant plus grande que le gouvernement est peuplé de ministres républicains-indépendants ou réformateurs connus pour leur hostilité marquée à l'UDR comme Michel Poniatowski, ministre d'État, ministre de l'Intérieur, Jean Lecanuet, ministre de la Justice, Pierre Abelin, ministre de la Coopération et, surtout, Jean-Jacques Servan-Schreiber, ministre des Réformes (qui sera d'ailleurs contraint de démissionner dès le 9 juin pour avoir fait connaître son opposition à la poursuite des expériences nucléaires dans le Pacifique). Le gouvernement comprend également des proches du chef de l'État comme Christian Bonnet, ministre de l'Agriculture et Michel d'Ornano, ministre de l'Industrie et quatre non-parlementaires, l'ambassadeur Sauvagnargues aux Affaires étrangères, l'Inspecteur des Finances Fourcade à l'Économie et aux Finances, le recteur Haby à l'Éducation nationale et le magistrat Simone Veil à la Santé. Peut-être, en dehors du choix des hommes qui marque bien la volonté du nouvel élu de s'affranchir de la tutelle de l'UDR, les intentions du nouveau président et sa volonté de novation sont-elles manifestées par la création d'une série de nouveaux secrétariats d'État : à la condition pénitentiaire, à l'enseignement préscolaire, aux travailleurs immigrés, à l'action sociale, et enfin, le 16 juillet, à la Condition féminine, poste confié à Mme Françoise Giroud, directrice de *L'Express* et adversaire déterminée du mouvement gaulliste. (Serge Berstein et Jean-François Sirinelli [dir.], *Les Années Giscard. Valéry Giscard d'Estaing et l'Europe*, Paris, Armand Colin, 2006.)

Or, la tonalité du gouvernement est d'autant plus paradoxale que les élections de 1973 ont porté à l'Assemblée nationale un puissant contingent de députés gaullistes (183) et qu'en ajoutant aux 55 députés Républicains-Indépendants les 34 Réformateurs et les 30 membres de l'Union centriste (encore que certains soient proches de l'UDR), le chef de l'État ne peut guère compter sur la fidélité que d'une centaine de députés. En d'autres termes, sans l'UDR, le président ne dispose plus d'une majorité parlementaire, fait inédit sous la Ve République. Le chef de l'État attend donc de son Premier ministre qu'il lui assure la docilité, voire le ralliement des députés gaullistes, alors que les cicatrices du premier tour sont encore mal guéries et que les plaies viennent d'être rouvertes par la composition du gouvernement.

Car s'il est une évidence qui s'impose avec force, c'est la volonté affirmée du nouveau président de la République de gouverner lui-même en cumulant dans la pratique les fonctions de chef de l'État et celles de chef du gouvernement. La composition du ministère est à cet égard éloquente puisque des postes fondamentaux ont été pourvus par le chef de l'État en faisant appel à des techniciens qui ne sont pas des hommes politiques comme Jean-Pierre Fourcade aux Finances, le diplomate Sauvagnargues aux Affaires étrangères ou le recteur René Haby à l'Éducation nationale. Le président adresse publiquement ses directives au Premier ministre, multiplie la tenue à l'Élysée de conseils restreints où ne sont convoqués que quelques ministres et quelques hauts-fonctionnaires pour régler des problèmes précis, procède à un examen très précis des nominations et des affectations de hauts-fonctionnaires. Cette volonté se marque par une orientation d'ensemble assez nettement différente de celle qui avait prévalu jusqu'alors dans la Ve République et que Valéry Giscard d'Estaing définit comme celle d'une « démocratie libérale avancée », appuyée sur un triptyque qualifié de « libéral, centriste et européen ». (Serge Berstein et Michel Winock [dir.], *La République recommencée*, Paris, Seuil, 2004.) Le problème est de savoir avec quel personnel et avec quelle majorité le nouveau chef de l'État entend pratiquer cette politique dont il estime que le vote des Français lui a donné mandat de la mettre en œuvre.

Le personnel est, à l'évidence, constitué d'hommes jeunes, brillants techniciens, épris d'efficacité, peu engagés ou peu fixés politiquement et qui ont en commun avec le président leur jeunesse et leur formation administrative au sein de l'École nationale d'Administration. Membres de l'entourage présidentiel comme son conseiller Jean Serisé, le secrétaire général de l'Élysée Claude-Pierre Brossolette ou son adjoint Yves Cannac, son conseiller économique, le polytechnicien Lionel Stoleru, membres du gouvernement comme Jacques Chirac ou Michel Poniatowski, l'heure est aux « jeunes loups », même si certains ont assez largement dépassé la quarantaine qui sert d'emblème à cette volonté de rajeunissement du personnel.

Plus difficile est l'opération politique qui doit sous-tendre l'ère nouvelle. Sans doute Valéry Giscard d'Estaing, convaincu, comme il l'exprimera dans son ouvrage *Démocratie française* paru en 1976 que la société française n'est plus celle de la lutte des classes antagonistes, mais constituée d'un vaste « groupe central » de classe moyenne salariée qui aspire à être gouverné au centre, rêve-t-il d'une vie politique apaisée où les débats resteront courtois et dépassionnés, où une atmosphère décrispée présidera à l'exercice d'une démocratie moderne. Mais les gestes nombreux et incontestables qu'il prodigue pour parvenir à faire régner cette atmosphère nouvelle se heurtent à une rude réalité qui échappe à sa volonté (Christian Petitfils, *La Démocratie giscardienne*, Paris, PUF, 1981).

Ainsi en va-t-il de ses contacts avec l'opposition avec laquelle il souhaite dialoguer régulièrement pour évoquer les grands problèmes qui se posent au pays. Mais il se heurte aussi bien à la méfiance de celle-ci qui redoute un piège la contraignant à tempérer le caractère tranché de son hostilité et le rôle d'alternance qu'elle aspire à jouer qu'à l'inquiétude de ses alliés de l'UDR qui s'estiment mal traités et qui le suspectent de méditer un renversement des alliances.

Non moins marqués d'insuccès sont ses efforts pour faire régner entre l'exécutif et le Parlement une ambiance plus confiante et moins tendue. Le gouvernement de Jacques Chirac présente devant les deux assemblées une déclaration de politique générale suivie d'un vote. Le président autorise des séances de « questions d'actualité » permettant aux

395

députés de demander des explications au gouvernement et il flatte et ménage le Sénat. Mais, en dépit de ces gestes de bonne volonté, il ne peut faire que la logique du pouvoir de la Vᵉ République ne réside dans l'exécutif et que les assemblées ne soient le lieu où s'exprime le mécontentement des forces organisées du pays.

Enfin, la « décrispation » s'étend aussi aux relations avec le pays. Décidé à en finir avec le caractère guindé d'un pouvoir coupé du peuple, le président multiplie les gestes qu'il juge démocratiques : « réunions de presse » moins solennelles que les conférences présidentielles d'antan, multiplication des interviews, des apparitions sans décorum à la télévision, voire gestes plus inattendus comme une visite aux détenus d'une prison de Lyon, un contact avec les travailleurs immigrés de Marseille, un petit déjeuner pris avec les éboueurs du quartier de l'Élysée, voire bientôt les dîners pris avec son épouse chez de simples citoyens, autorisés à inviter, s'ils le désirent, le couple présidentiel. Gestes de bonne volonté, mais dont les adversaires du président dénoncent le caractère ostentatoire, l'affectation de simplicité qui fait confondre la démocratie avec une démagogie calculée.

Quoi qu'il en soit de cette volonté de changement de style destinée à marquer « l'ère nouvelle », celle-ci est surtout déterminée dans l'ordre politique par le fait que, pour la première fois dans l'histoire de la Vᵉ République, le président n'a plus de majorité à l'Assemblée si l'UDR lui est hostile. C'est dans ce cadre que s'explique sans doute le choix de Jacques Chirac. Le nouveau président peut à bon droit considérer qu'il vient de créer politiquement son Premier ministre qui n'avait jusqu'alors d'existence dans ce domaine que comme protégé du président défunt. L'avantage est double : en choisissant un homme jeune et que son attitude dans l'élection présidentielle fait suspecter au sein de son propre parti, il peut espérer gouverner à travers un

Premier ministre réduit au rôle de factotum ; en désignant un UDR, il neutralise le principal groupe de la majorité contraint pour respecter la solidarité de celle-ci à passer sous les fourches caudines présidentielles ou à prendre la responsabilité d'ouvrir une crise dont la gauche, battue de peu en 1974, risque cette fois d'être bénéficiaire. Il est donc clair que la tâche principale de Jacques Chirac, dont il va s'acquitter avec conscience, est la prise en main d'un parti gaulliste orphelin de ses dirigeants traditionnels. Dès le 27 avril, la réunion du groupe parlementaire UDR révèle à la fois les difficultés de la tâche et les limites de la marge de manœuvre de l'UDR. Jacques Chirac y est très vivement critiqué et paraît profondément isolé, mais le groupe n'ose aller plus loin et il fera bloc avec les républicains indépendants et les centristes pour approuver à l'Assemblée le programme de Jacques Chirac. Il reste que le danger demeure d'une émancipation par rapport au pouvoir du principal parti de la majorité. Or, dans cette situation confuse, les anciens conseillers de Georges Pompidou, Pierre Juillet et Marie-France Garaud, conscients que Jacques Chirac risque fort d'être marginalisé par le président, vont imaginer de le voir renforcer sa position en arrachant aux « barons » du gaullisme qu'ils détestent une UDR désorientée et incertaine. Pour y parvenir, ils disposent de l'arme redoutable que constitue les moyens d'un Premier ministre, capable de rassurer des élus sur leur réélection (en particulier par le maintien du mode du scrutin), de leur fournir des appuis pour leur permettre de conserver ou de gagner des électeurs, de se proposer comme le chef capable de protéger, de préserver, de maintenir un parti en déshérence. Dès le mois de juillet 1974, l'entreprise prend forme avec le ralliement spectaculaire au Premier ministre du secrétaire général de l'UDR Alexandre Sanguinetti, jusque là homme-lige des « barons ». Elle trouve sa conclusion le 14 décembre au Comité central de l'UDR où Alexandre

Sanguinetti ayant démissionné, Jacques Chirac est élu secrétaire général du mouvement, coupant ainsi court aux ambitions des « barons » qui, deux jours plus tôt, avaient averti le Premier ministre de leur intention de faire élire à ce poste l'un d'entre eux, Olivier Guichard.

Du même coup, le statut de Jacques Chirac se modifie. De simple créature du président, sans aucun appui en dehors de sa confiance, il devient le chef en titre du principal parti de la majorité, l'homme sans qui il n'est plus de majorité parlementaire. À l'horizon, se profile le risque, permanent sous la Ve République, de la dyarchie. En ce mois de décembre 1974, Chirac a renversé l'ordre des facteurs : c'est désormais le chef de l'État qui devient son obligé. Et du même coup se trouve hypothéquée l'intention présidentielle d'exercer seul le pouvoir. (Serge Berstein et Michel Winock [dir.], *La République recommencée, op. cit.*)

Toutefois, l'opinion perpétue l'état de grâce dont bénéficie encore le président qui tente, avec l'accord de son Premier ministre, de faire passer dans les faits le « changement » qu'il entend conduire et qui consiste à la fois en une série de réformes de caractère libéral et en une politique habile de lutte contre la crise.

Le temps des réformes

Les promesses du chef de l'État sur « l'ampleur et la rapidité du changement » paraissent correspondre chez lui à un désir sincère de libéralisation « à l'anglaise » de la vie politique afin de créer un consensus dans l'opinion, mais aussi à une adaptation de la loi à l'évolution des mœurs de la société. Les premières semaines du septennat sont en effet le moment d'une fiévreuse activité réformatrice.

398

Sur le plan politique, après avoir songé à une privatisation de la radio-télévision, à laquelle il renonce finalement, sous la pression de son Premier ministre qui tient au monopole, le chef de l'État décide de faire éclater l'ORTF en sept sociétés autonomes et concurrentes dont quatre géreront la radio et les trois chaînes de télévision. Bien que le président ait affirmé en présentant la réforme aux Français le 8 janvier 1975 qu'il s'agissait de rompre les liens entre l'information et le pouvoir (« les organismes de radio et de télévision ne sont pas la voix de la France. Les journalistes de la télévision sont des journalistes comme les autres »), la réforme paraît avoir pour résultat essentiel d'éliminer des journalistes qui déplaisent et de nommer à la tête des nouvelles sociétés des fidèles du président.

De beaucoup plus grande portée est la réforme, cependant vilipendée sur le moment, de la saisine du Conseil constitutionnel. Depuis sa création en 1958, celui-ci ne pouvait être saisi que par le chef de l'État, le Premier ministre et les présidents des deux assemblées. Or la loi constitutionnelle de 1974 adoptée le 29 octobre par le Congrès réunissant l'Assemblée nationale et le Sénat (c'est la procédure parlementaire de révision constitutionnelle qui est ici utilisée) ouvre la saisine à 60 députés ou 60 sénateurs. Jugée négligeable par la majorité qui la vote par indifférence, inutile par l'opposition qui considère que la composition même du Conseil en fait un organisme lié au pouvoir en place, la loi permet cependant à l'opposition d'en appeler aux juges constitutionnels des décisions de la majorité, et, comme telle, elle donne à la minorité des garanties et au Conseil une influence qui, à l'expérience, se révéleront considérables. Elle accroît en outre le caractère d'État de droit de la France souhaité par les constituants de 1958 en confirmant l'idée qu'au-dessus de la volonté du peuple exprimée lors des élections existent des principes qui règlent la vie nationale.

Il est vrai que l'opinion est beaucoup plus frappée par une série de réformes portant sur l'adaptation de la loi à l'évolution de la société et qui apparaissent comme autant de réponses aux manifestations de ces transformations structurelles qui se sont produites depuis 1968. Quatre textes adoptés entre juillet 1974 et janvier 1975 témoignent de ce remodelage en profondeur de la législation sociale. Le premier, mis en route lors du Conseil des ministres du 10 juin et adopté le 5 juillet abaisse de 21 à 18 ans l'âge de la majorité électorale ou civile. Acceptée par toutes les forces politiques, la réforme apparaît d'autant plus courageuse qu'elle crée 2 400 000 électeurs qui votent majoritairement pour la gauche. Il est vrai que, depuis 1968 et l'irruption de la jeunesse dans un rôle nouveau d'agent historique déterminant, elle était devenue inévitable. On pourrait en dire autant des autres textes réformant les mœurs et où la législation, ouvertement violée ou tournée, apparaît en discordance avec la réalité sociale. Ainsi en va-t-il des textes adoptés en 1974-1975 sur la régulation des naissances qui donnent un statut légal à la contraception, sur le divorce par consentement mutuel, et surtout de la loi Veil de janvier 1975 sur l'interruption volontaire de grossesse. Acquise au terme d'un débat ardent dans lequel interviennent les autorités morales et religieuses, qui ne s'achève positivement que grâce aux voix de l'opposition et alors qu'une grande partie de la majorité vote contre et défère le texte au Conseil constitutionnel suivant la nouvelle procédure de saisine, cette loi adoptée pour cinq ans autorise l'avortement sous certaines conditions. (Serge Berstein et Jean-François Sirinelli [dir.], *Les Années Giscard. Valéry Giscard d'Estaing et l'Europe*, *op. cit.*)

La volonté de réforme présidentielle paraît ainsi introduire dans la majorité composite dont dispose le président un profond clivage. Si l'état-major de l'UDR, désormais rassemblé autour du Premier ministre, a, pour l'essentiel, suivi, nombre de députés gaullistes de base éprouvent un profond malaise et se sentent fort éloignés du nouveau président. Il est vrai que celui-ci est largement attendu par l'opinion sur sa gestion d'une crise économique qui, pour la première fois, depuis trente ans, fait sentir ses ravages (chapitre VII).

La politique de lutte contre la crise (1974-1976)

Spécialiste des questions économiques et financières, le nouveau chef de l'État a confié « son » portefeuille à Jean-Pierre Fourcade, un Inspecteur des finances, ancien membre de son cabinet. Dès le 12 juin 1974, celui-ci présente au Conseil des ministres un plan dont la clé de voûte est la lutte contre l'inflation par les remèdes classiques qui permettent d'obtenir un « refroidissement » de l'économie : majoration de l'impôt sur les revenus des sociétés et des gros contribuables, relèvement du taux d'intérêt de l'épargne, hausse des tarifs publics, strict encadrement du crédit, économies budgétaires, économies d'énergie. Approuvé par le chef de l'État, ce plan de rigueur va déconcerter et décevoir l'opinion (en juillet, l'IFOP révèle que 48 % seulement des Français sont satisfaits du nouveau président) et provoquer une levée de boucliers, en particulier dans les secteurs où la majorité trouve sa clientèle électorale : protestations du monde agricole qui réclame une forte hausse des prix de ses produits, agitation des petits commerçants du CID – UNATI qui mènent la bataille contre les grandes surfaces avec l'appui des députés UDR, colère des petites et moyennes entreprises qui connaissent dépôts de bilan, mises en règlements judiciaires et faillites. Si le président n'a cure de l'agitation de ces catégories qui lui paraissent condamnées par l'évolution économique et dans lesquelles il voit l'effet de « pesanteurs sociologiques », il montre plus d'inquiétude devant les difficultés que connaissent de très grosses sociétés comme Titan-Coder, Citroën, la SNIAS de Toulouse ou devant les mouvements sociaux très durs qui affectent plusieurs semaines durant les PTT à l'automne 1974.

À cette crise, le chef de l'État va apporter dans un premier temps une double réponse : une réponse sociale de type keynésien destinée à proposer une solution des difficultés ménageant les éléments les plus faibles de la société ; une réponse structurelle dont l'objet est de prendre en compte un certain nombre de revendications « qualitatives » restées sans solution depuis 1968. On assiste donc à un véritable projet de société donnant un contenu concret au « libéralisme avancé » dont se réclame Valéry Giscard d'Estaing.

Celui-ci prend en premier lieu la forme d'une redistribution des revenus que ne renieraient nullement les sociaux-démocrates et qui consiste à développer la solidarité nationale en faveur des plus démunis, l'État trouvant les moyens de cette action en augmentant les prélèvements obligatoires, fiscaux ou sociaux. Entre 1974 et 1981, ceux-ci passent de 37 % à 43 % de la richesse nationale, provoquant les protestations des commerçants, des paysans, des dirigeants de petites et moyennes entreprises qui multiplient les doléances sur la lourdeur des charges qui les accablent et dénoncent dans la politique présidentielle une forme de socialisme déguisé. De fait, c'est bien une forme d'accentuation de « l'État-providence » que met en œuvre le nouveau pouvoir au profit des victimes de la crise. Ainsi, des lois de 1974 et 1975 généralisent-elles la Sécurité sociale en l'étendant aux non-salariés. Les licenciements sont rendus plus difficiles par une loi de janvier 1975 qui exige désormais pour les mettre en application une autorisation administrative délivrée par l'Inspection du Travail. Le sort des licenciés pour raison économique est provisoirement garanti par un accord signé en octobre 1974 qui crée « l'Allocation supplémentaire d'attente », permettant aux travailleurs privés d'emploi de conserver un an durant 90 % de leur salaire brut antérieur.

D'autres catégories font l'objet de la sollicitude du pouvoir : des mesures sont prises en faveur des handicapés pour faciliter leur insertion dans la société ; le minimum vieillesse est relevé ainsi que les prestations familiales, ce qui constitue un encouragement à la consommation des moins fortunés ; une attention particulière est portée aux travailleurs manuels dont le président promet d'abaisser l'âge de la retraite et de réduire la durée du travail... Même si l'opposition dénonce une politique au coup par coup, le réformisme social est indéniable et s'inscrit dans le droit fil des politiques de protection poursuivies depuis la fin de la Seconde Guerre mondiale.

Le président de la République s'engage d'ailleurs plus avant. Convaincu que le monde va entrer pour longtemps dans une ère de croissance ralentie où la principale fonction sociale du pouvoir sera de maintenir le plein emploi, il entend agir sur les structures de la société. Toute une série de réformes sont alors entreprises qui traduisent un véritable dessein, mais dont beaucoup ne parviendront pas à se concrétiser. La plus importante est la réforme de l'enseignement secondaire résultant de la loi Haby de juillet 1975. Fondée sur le collège unique, aux sections homogènes qui remplacent les anciens clivages entre sections I, II et III rassemblant respectivement les élèves destinés à poursuivre leurs études jusqu'au baccalauréat, ceux qui s'arrêtent au BEPC et ceux qui s'orientent vers la vie professionnelle, elle se veut une réforme de type égalitaire, donnant à tous les enfants, quelle que soit leur origine sociale, des chances égales jusqu'à la fin du premier cycle du second degré. Si les résultats de la réforme ne sont pas à la hauteur des espérances de ses promoteurs, l'intention démocratique est indéniable. De la même inspiration procède le rapport confié à Pierre Sudreau sur la réforme de l'entreprise qui est remis au chef de l'État en février 1975 : il s'agit dans le cadre de la « participation » d'assurer une représentation minoritaire des salariés dans les conseils de surveillance et dans certains conseils d'administration des entreprises. Accueilli avec hostilité par le patronat qui dénonce une « cogestion » rampante, dénoncé par les syndicats CGT et CFDT comme une forme d'intégration du monde ouvrier au capitalisme, le rapport n'aura aucune suite en raison de l'hostilité de l'UDR qui tient compte de la fureur du petit patronat.

Tel sera aussi, à peu de choses près, le sort de l'imposition des plus-values du capital, proposée par le président en juillet 1974 dans un but de justice sociale. Après l'examen de plusieurs commissions, le texte fait finalement l'objet d'un projet de loi déposé en avril 1976 par le ministre de l'Économie et des Finances Jean-Pierre Fourcade. Soumis aux critiques virulentes de l'UDR, défendu avec réticences par le Premier ministre, il ne sera finalement adopté que sous une forme très édulcorée en juillet 1976.

Il apparaît donc de plus en plus clair que si la volonté réformiste du chef de l'État est réelle et se traduit par de multiples tentatives d'esprit social-démocrate, elle se heurte de façon croissante à des obstacles politiques qui aboutissent à la freiner.

Les difficultés politiques
et la démission de Jacques Chirac

La tentative réformiste de Valéry Giscard d'Estaing apparaît d'autant plus difficile à mettre en œuvre qu'elle s'opère dans un climat de difficultés politiques et sociales liées aussi bien aux suites du mouvement de 1968 qu'aux effets de la crise qui atteint la France. Le gouvernement doit ainsi faire face à une fronde des appelés du contingent qui, avec l'appui des forces politiques de gauche, constituent des syndicats contre lesquels des poursuites sont engagées. En même temps, des manifestations ont lieu contre les expropriations de paysans du Larzac où sont installés des sites militaires et effectuées des manœuvres de grande envergure. La nomination du général Bigeard à un secrétariat d'État à la condition militaire créé en 1975 a pour objet de désamorcer cette contestation naissante. Non moins préoccupantes sont les revendications autonomistes ou séparatistes qui secouent certaines régions françaises, l'Occitanie, la Bretagne et surtout la Corse. Dans ce dernier cas, l'agitation prend tournure dramatique avec la fusillade d'Aléria le 22 août 1975 au cours de laquelle deux membres des forces de l'ordre trouvent la mort, puis l'émeute qui se produit à Bastia cinq jours plus tard. Si le président et son Premier ministre s'opposent à toute régionalisation, le problème est néanmoins posé au niveau de l'opinion.

Enfin, l'agitation sociale ne désarme pas. Le pouvoir doit affronter en 1975 la colère des vignerons du Languedoc, la vague de grèves universitaires provoquée par le projet de réforme du second cycle élaboré par le secrétaire d'État aux Universités, Jean-Pierre Soisson et que son successeur en janvier 1976, Alice Saunier-Séïté entend mettre en œuvre non sans rudesse. Il connaît une multiplicité d'occupations d'entreprises là où menacent les licenciements et le dépôt de bilan.

Si bien que la volonté de décrispation présidentielle se heurte à ce climat troublé et que son parti pris de minoration de l'agitation et des difficultés apparaît comme une forme d'insouciance, de laxisme, voire de fragilité qui exaspère l'aile droite de la majorité, particulièrement active au sein de l'UDR et qui ne dissimule pas son vœu d'une énergique reprise en main et reproche au président d'être plus soucieux de séduire ses adversaires que de donner satisfaction à ceux qui l'ont élu. Il est vrai que le jeu du chef de l'État est rendu difficile par le fait qu'il ne l'a emporté que d'extrême justesse sur la gauche et que celle-ci paraît se renforcer dans les semaines qui suivent l'élection présidentielle.

Ce renforcement est avant tout le fait du Parti socialiste. Le remarquable score au second tour de la présidentielle de son premier secrétaire François Mitterrand a fait de celui-ci, aux yeux de l'opinion, le principal dirigeant de l'opposition. Sa position s'est trouvée encore renforcée par l'adhésion à l'automne 1974 du « courant des Assises », c'est-à-dire de la majorité du PSU avec Michel Rocard et de membres de la CFDT, comme par le rejet dans l'opposition interne au congrès de Pau (janvier-février 1975) du CERES de Jean-Pierre Chevènement, idéologiquement proche du parti communiste. Au demeurant, celui-ci, tout en se montrant concurrent d'un allié socialiste qui semble désormais le dépasser en audience dans l'opposition présente un visage modernisé, capable de désarmer les méfiances. En 1975, il adopte une « déclaration des libertés », abandonne officiellement en 1976 le principe de la « dictature du prolétariat », affirme son indépendance par rapport au parti communiste soviétique et participe avec les partis communistes italien et espagnol à l'exploration des voies d'un « eurocommunisme » à l'usage des pays développés d'Europe occidentale. Entre un Parti socialiste ayant le vent en poupe et s'offrant à pratiquer une alternance sociale et un parti communiste moderne et apparemment converti aux principes de la démocratie libérale, les électeurs n'hésitent plus à voter pour la gauche. On en a la preuve à l'automne 1974 lorque six anciens ministres du gouvernement Messmer tentent de retrouver leurs sièges de députés. Deux d'entre eux, MM. Fontanet et Lecat, sont largement battus par des candidats de l'opposition. Les sondages d'opinion révèlent d'ailleurs que, dès ce moment, la gauche est majoritaire dans le pays. Mais ce sont les élections cantonales des 7-14 mars 1976 qui vont en apporter la confirmation spectaculaire. Au premier tour, les trois partis du programme commun du gouvernement (PC, PS, radicaux de gauche) rassemblent 52,5 % des suffrages, mais la gauche atteint 56,1 % si on lui adjoint les « divers gauche ». Le grand vainqueur est le Parti socialiste qui progresse dans toutes les régions de France, devançant un parti communiste qui se maintient cependant à près de 23 % des suffrages, alors que l'UDR enregistre un net recul. La sanction de ce vote à gauche interviendra au lendemain du second tour : quinze présidences de Conseil général passent à la gauche.

Cette défaite électorale sévère va aggraver la crise larvée de la majorité qui se dessine depuis l'élection présidentielle de 1974. En nommant Jacques Chirac, qu'il sous-estime, comme Premier ministre, le président de la République n'a d'autre objectif que de neutraliser l'UDR. Il ne paraît pas prendre conscience du tournant que représente l'accession de son Premier ministre au poste de secrétaire général de la principale formation politique de la majorité, d'autant que celui-ci adhère à la conception d'un chef de l'État qui gouverne et accepte qu'il forme et remanie le gouvernement, se montrant d'une parfaite loyauté à son égard. Cependant l'autonomie politique dont dispose désormais le Premier ministre va se trouver accentuée par le rôle que jouent auprès de lui les anciens conseillers de Georges Pompidou, Pierre Juillet et Marie-France Garaud qui poussent Jacques Chirac à rendre publiques ses différences avec le président et à manifester sa propre ambition. Cette ligne lui est d'ailleurs dictée par son nouveau rôle de chef de parti, les députés de base du mouvement gaulliste ne dissimulant pas leur exaspération envers la politique du président qui leur paraît se faire contre eux et contre leur clientèle électorale : rien ne peut mieux servir la carrière du Premier ministre que de se faire le porte-parole de ses troupes. Mais une telle attitude est évidemment incompatible avec les responsabilités qu'il exerce.

Or très rapidement, des divergences d'analyse vont se produire entre Valéry Giscard d'Estaing et Jacques Chirac, divergences qui portent sur trois domaines principaux. En premier lieu, dès 1975, le Premier ministre émet les plus vives réserves sur la politique économique et financière conduite par Jean-Pierre Fourcade qui donne la priorité à la lutte contre l'inflation et provoque la colère de l'électorat UDR atteint par les difficultés économiques qui frappent le commerce, la paysannerie, les petites et moyennes entreprises. Il réclame avec ardeur une « relance » que le président répugne à accorder. Il faut attendre l'automne 1975 pour qu'il se résigne à lancer un plan de soutien, aux effets d'ailleurs spectaculaires, mais dont le résultat sera de maintenir une forte inflation, fragilisant l'économie française par rapport à ses partenaires.

Le second élément de la crise tient aux problèmes politiques. Conscient de la poussée de l'opposition de gauche, Jacques Chirac souhaite que l'exécutif adopte une stratégie plus offensive et il s'irrite des ménagements du président envers l'opposition, de ses avances aux « barons du gaullisme », de la politique favorable à la clientèle politique de la gauche qu'il conduit alors qu'il ne paraît guère se soucier de l'électorat de la majorité dans sa politique économique et financière ou dans ses projets sur la réforme de l'entreprise ou l'imposition des plus-values. Les visibles réserves de Matignon quant à ce dernier projet attestent de la faille qui se dessine au sein de l'Exécutif. À ce contentieux, les élections cantonales de mars 1976 ajoutent, aux yeux de Jacques Chirac, la preuve de la nocivité de la politique présidentielle qui conduit tout droit, selon lui, à la victoire des socialistes en 1978. Dans un premier temps, à la demande de son Premier ministre, le président accepte de changer de cap. Son intervention télévisée du 24 mars annonce une neutralisation des réformes, contient une profession de foi sur son attachement à la sécurité et à la morale, confie au Premier ministre une mission de coordonnateur de la majorité. Tout se passe donc comme si, admettant que le combat qui s'ouvre est celui d'une lutte entre la société libérale et la société socialiste, le président acceptait la stratégie de Jacques Chirac. Il faut peu de temps à ce dernier pour s'apercevoir que le président n'a en rien l'intention de renoncer à gouverner lui-même. Dans ces conditions, le Premier ministre adresse au président une lettre dans laquelle il lui propose de prendre de vitesse la progression du Parti socialiste en dissolvant l'Assemblée nationale et en procédant à des élections législatives anticipées. Démarche qui est à l'opposé des vues du chef de l'État, lequel compte gouverner sans coup de théâtre, en respectant les échéances, et en comptant sur les résultats de sa politique et son pouvoir de conviction pour dissuader la majorité des électeurs de l'aventure d'un vote pour les partis du programme commun.

À ces divergences sur la politique économique et financière s'ajoutent celles portant sur les problèmes tactiques, militaires et internationaux, la politique présidentielle heurtant sur ces deux points les sensibilités gaullistes. En juin 1976, le général Méry, chef d'État-major des Armées expose dans la revue *Défense nationale* l'idée qu'en cas de conflit en Europe, les troupes françaises auraient à combattre sur le sol de la République fédérale aux côtés des troupes américaines, perspective qui rend à ses yeux souhaitable l'unification européenne qui donnerait aux pays du continent un poids bien supérieur à celui qui est le leur au sein de l'OTAN. Déclaration approuvée par le président mais qui provoque une tempête chez les gaullistes qui dénoncent un retour à la période pré-gaullienne. Non moins sensible est le rôle que joue le président de la République dans le processus d'approfondissement de la construction européenne. En juillet 1976 les Neuf du Marché commun décident l'élection au suffrage universel direct de l'Assemblée commune des Communautés européennes. C'est face à un Premier ministre réticent que le Conseil des ministres du 15 juillet approuve cette décision. Le 26 juillet, Jacques Chirac adresse sa lettre de démission au président de la République qui lui demande de différer d'un mois son départ. Celui-ci aura lieu le 25 août dans des conditions inhabituelles sous la Ve République puisque le Premier ministre sortant, après avoir donné sa démission au Conseil des ministres, va la commenter pour les Français devant les caméras de la télévision. Tendu, crispé, il fait connaître que la décision de son départ est volontaire, nullement imposée par le chef de l'État, et en fournit les raisons qui sonnent comme un acte d'accusation envers le président : « Je ne dispose pas des moyens que j'estime aujourd'hui nécessaires pour assurer efficacement mes fonctions de Premier ministre ».

Ce même 25 août à 18 heures l'Élysée annonce la nomination comme Premier ministre de Raymond Barre, professeur d'économie politique et ministre du Commerce Extérieur du gouvernement sortant. La première phase du septennat de Valéry Giscard d'Estaing s'achève.

Le gouvernement Barre : une nouvelle
approche des problèmes du pouvoir
(1976-1978)

La nomination de Raymond Barre est une surprise pour l'opinion. Le nouveau Premier ministre est pour elle un inconnu et ce fait donne au changement de gouvernement sa signification. Comme jadis de Gaulle avec Georges Pompidou, Valéry Giscard d'Estaing a choisi en Raymond Barre un homme qui n'a d'existence politique que par lui, signifiant par là que c'est bien le président qui gouverne. À certains égards, il reprend ainsi la tentative manquée avec Jacques Chirac. Toutefois, la différence est sensible sur un point essentiel. Au contraire de son prédécesseur, le nouveau Premier ministre n'est pas, et ne se veut pas un politique, mais un technicien. Professeur d'économie politique, directeur du cabinet de Jean-Marcel Jeanneney, ministre de l'Industrie du général de Gaulle et conseiller économique de celui-ci, il a en outre été vice-président de la Commission des Communautés européennes. Spécialiste des questions économiques, il a été choisi pour ses compétences, et le président fait connaître à l'opinion les raisons de son choix en qualifiant Raymond Barre de « meilleur économiste de France » ou encore de « Joffre de l'économie ». Sa mission est donc claire : il lui appartient de gagner la « Bataille de la Marne » de l'économie française en redressant celle-ci avant l'échéance des élections législatives de 1978. Pour ce faire, Raymond Barre a exigé d'avoir la haute main sur l'ensemble de la politique économique, cumulant les fonctions de Premier ministre avec celles de ministre de l'Économie et des Finances. Évincé de la rue de Rivoli, Jean-Pierre Fourcade devint ministre de l'Équipement. Tout à l'intérêt de la mission qui lui a été confiée, le Premier ministre feint de négliger, voire de mépriser la « politique politicienne ». Tel n'est pas le cas du président, tenu de se préoccuper de la cohésion d'une majorité ébranlée par le coup d'éclat de Jacques Chirac. C'est pourquoi le Premier ministre est flanqué de trois ministres d'État représentant les grandes composantes de la majorité : Olivier Guichard pour l'UDR, Michel Poniatowski pour les républicains-indépendants, Jean Lecanuet pour le centrisme réformateur. Avec Olivier Guichard et Robert Boulin, ministre chargé des relations avec le Parlement, le président, après avoir joué en 1974 Jacques Chirac contre les « barons » du gaullisme, joue désormais les « barons » contre Jacques Chirac. Sous la direction d'Olivier Guichard, les trois ministres d'État sont chargés, avec la collaboration du radical Michel Durafour, ministre délégué auprès du Premier ministre chargé de l'Économie et des Finances de régler les problèmes strictement politiques. Les inconvénients de ce montage apparaissent assez vite, le Premier ministre paraissant confiné dans les tâches économiques, cependant que les déclarations, parfois intempestives, de MM. Lecanuet et Poniatowski constituent une gêne pour son action. Aussi, dès le lendemain des élections municipales de mars 1977, un remaniement ministériel aboutit-il à écarter les trois ministres d'État pour resserrer le gouvernement autour d'un Premier ministre dont l'autorité se trouve ainsi consolidée. (Serge Berstein, René Rémond et Jean-François Sirinelli [dir.], *Les Années Giscard. Institutions et pratiques politiques*, Paris, Fayard, 2003.)

En charge de la politique française, Raymond Barre entend à l'évidence donner une priorité absolue aux questions économiques et financières dont l'urgence est d'autant plus grande que la montée du chômage constitue une préoccupation majeure pour l'opinion. Comment entend-il gérer cette difficile situation ? À l'évidence par une thérapeutique d'inspiration libérale. Pour le Premier ministre, qui se garde cependant bien de se réclamer d'une quelconque théorie politique et de dévoiler ses projets à long terme, la solution de la crise française réside dans la restauration en France d'une véritable économie de marché fondée sur des entreprises dynamiques capables d'affronter la compétition internationale. Un tel projet suppose une monnaie forte, et par conséquent une action énergique contre l'inflation, et un nouveau partage des bénéfices de la production et des services au détriment des salariés, en particulier de ceux dont les salaires sont les plus élevés (les « nantis » selon l'expression de Raymond Barre), et au bénéfice de la trésorerie des sociétés qui pourront ainsi investir. Quant au chômage, il sera vaincu par le rétablissement des grands équilibres et le retour à l'expansion. Pour autant, le libéralisme barriste, s'il peut se caractériser comme une prise de distance par rapport à la pratique keynésienne afin d'adapter l'économie française à la fin de la période de grande croissance ne signifie pas un désengagement de l'État et le retour à une politique de « laissez faire, laissez passer ». L'État, garant de l'intérêt général, doit veiller au retour des grands équilibres et agir pour mettre fin aux « rigidités » qui bloqueraient l'économie française. Toutefois, conscient de la difficulté de la tâche à entreprendre, Raymond Barre va procéder par étapes, ne serait-ce que pour contourner les résistances prévisibles. Aussi le « plan Barre » adopté par le Conseil des ministres du 22 septembre se contente-t-il de proposer trois objectifs dont l'énoncé ne devrait soulever aucune objection : la maîtrise de la hausse des prix, le rétablissement du commerce extérieur, la réduction du déficit budgétaire. Les moyens mis en œuvre n'apparaissent pas comme particulièrement originaux : blocage des prix jusqu'à la fin de l'année 1976 et des tarifs publics jusqu'au printemps 1977 ; réduction temporaire du pouvoir d'achat des hauts salaires et maintien (mais non plus progression) de celui des autres catégories ; impôt complémentaire sur le revenu et majoration de l'impôt sur les sociétés ; augmentation du prix de l'essence et de la vignette automobile ; mesures de redressement de la Sécurité sociale... En dépit des protestations des syndicats et de l'opposition, ces mesures ne sont rien d'autre qu'un plan classique de « refroidissement » de l'économie, tel que les autres pays industriels en ont adopté dans les années antérieures. Le plan est présenté à l'Assemblée nationale en octobre, le Premier ministre recourant pour son adoption à l'article 49-3 de la Constitution qui stipule que le texte est acquis si aucune motion de censure n'est déposée ou si une motion de censure est rejetée. C'est cette dernière hypothèse qui se réalise le 19 octobre, la motion de censure déposée par la gauche ne recueillant que 181 voix au lieu de 242 nécessaires.

Mais si le Premier ministre entend négliger la politique pour se consacrer à sa tâche économique, la politique le rattrape. D'abord parce que les élections partielles confirment l'idée que la gauche est en pleine ascension, ce qui rend toute consultation nationale aléatoire et pleine de périls pour le pouvoir. Ensuite parce que la cohésion de la majorité paraît durablement ébranlée par la rupture entre Jacques Chirac et le président. Si ce dernier avait espéré que le départ de Jacques Chirac de Matignon le rendrait au néant politique dont il l'avait tiré, l'UDR retombant aux mains des « barons » qu'il ménage, il ne tarde pas à apercevoir son erreur. Triomphalement réélu à l'automne 1976 député de la Corrèze, Jacques Chirac appelle à la formation d'un « vaste mouvement populaire » faisant la synthèse de l'héritage gaulliste et d'un projet social qu'il baptise « travaillisme français ». C'est sur cette base que, le 5 décembre 1976, l'UDR disparaît pour donner naissance au RPR (Rassemblement pour la République) dont Jacques Chirac est élu président et dont il va faire un parti puissant, bien organisé, dont les responsables (nommés par lui) lui sont tout dévoués et qui apparaît dès ce moment comme l'instrument de ses ambitions présidentielles. C'est dire que, potentiellement, il apparaît comme concurrent du président de la République. Tenu par la logique majoritaire et la crainte d'une victoire socialiste de ne pas rompre la solidarité qui l'unit aux autres formations de droite à l'Assemblée nationale, il va tout faire pour marquer sa différence avec le président et le gouvernement. Or les élections municipales de 1977 vont lui en fournir l'occasion.

Cette nouvelle consultation électorale est abordée non sans appréhension par le pouvoir. Précédant d'une année les élections législatives de 1978, elles peuvent marquer une nouvelle étape dans la conquête du pouvoir par la gauche. D'autant que les épreuves n'épargnent pas le chef de l'État. En décembre 1976, un intime du président, le prince de Broglie est assassiné et l'enquête (qui n'aboutira jamais) révèle les relations douteuses de la victime et ses opérations financières troubles. De surcroît, le ministre de l'Intérieur, Michel Poniatowski annonce triomphalement dans une conférence de presse l'arrestation des coupables, avant même que la justice ait connaissance du dossier. Autre embarras du pouvoir, l'arrestation en janvier 1977 du terroriste palestinien Abou Daoud soupçonné d'être l'instigateur du massacre des athlètes israéliens aux Jeux Olympiques de Munich en 1972 et sa libération précipitée qui scandalise l'opinion. Dans ce contexte défavorable va surgir en outre un nouvel accroc au sein de la majorité avec l'affaire de la mairie de Paris. Privée de maire au cours de son histoire en raison du rôle particulier qu'elle joue dans l'État et du souvenir de ses multiples insurrections, la capitale a vu son statut transformé par une loi du 31 décembre 1975 qui est prise en plein accord entre l'Élysée et Matignon, alors occupé par Jacques Chirac, et qui décide que Paris aura son maire comme toutes les grandes métropoles. En novembre 1976, le président de la République confie à son ami Michel d'Ornano, maire de Deauville, le soin de conduire les listes de la majorité dans la capitale, ce qui implique sa future élection comme maire de Paris. Or en janvier 1977, Jacques Chirac, nouveau président du jeune RPR, décide de se lancer dans la bataille et de briguer lui aussi la mairie de Paris. La campagne électorale va donc se résumer dans la capitale à un affrontement entre les gaullistes et les giscardiens que la gauche, minoritaire à Paris, risque d'arbitrer. Les résultats des élections municipales apparaissent comme une incontestable défaite pour le chef de l'État, voire pour la majorité tout entière.

Dans l'ensemble du pays, on assiste en effet à une nouvelle poussée de la gauche qui emporte dès le premier tour des municipalités apparemment solidement tenues par la droite comme Brest, Dreux, Angers ou Chartres. La dynamique unitaire joue aussi bien au profit des communistes à Reims, Châlons-sur-Marne ou Montluçon qu'en faveur des socialistes à Angers, Aurillac, Brest ou Valence. Mais globalement, les socialistes apparaissent comme l'élément moteur de la victoire de la gauche. À Paris où il était clair que la gauche ne pouvait l'emporter, Jacques Chirac arrive nettement en tête, condamnant à l'échec le candidat du président, Michel d'Ornano. Le second tour, le 20 mars, confirme le premier. Nettement majoritaire en voix dans les villes de plus de 30 000 habitants, la gauche qui détenait 98 de ces villes sur 221 avant les élections en contrôlera désormais 156 (dont 81 au profit du PS et 72 pour le PC). Le 25 mars, Jacques Chirac est élu maire de Paris.

Entre l'hostilité de la gauche et la concurrence du RPR au sein de la majorité, les élections législatives de 1978 s'annoncent sous de sombres auspices pour le pouvoir. L'alternance politique pointe à l'horizon.

Les élections législatives de 1978

Au lendemain des élections municipales, la situation du président apparaît aussi mauvaise que possible. Les sondages révèlent une détérioration de son image, le nombre des mécontents l'emportant largement sur celui des satisfaits. Quant au Premier ministre Raymond Barre, présenté comme l'homme d'une rigueur anti-sociale, il bat des records d'impopularité cependant que le nombre des chômeurs ne cesse de monter, dépassant désormais la barre symbolique du million. Dans ces conditions, les sondages sur les intentions de vote des Français prédisent une nette victoire de la gauche, créditée en janvier 1978 de 51 % des intentions de vote contre 44 % pour la majorité et 4 % pour les écologistes.

Face à cette situation dramatique, la majorité n'a d'autre choix que de s'organiser. En mai 1977, au congrès de Fréjus, les républicains-indépendants se réorganisent sous le nom de « parti républicain » en incluant diverses formations giscardiennes et se donnent un nouveau secrétaire général en la personne de Jean-Pierre Soisson, Michel Poniatowski étant écarté. En février 1978, le président décide la constitution d'un cartel électoral entre les formations libérales qui le soutiennent, parti républicain, Centre des démocrates sociaux de Jean Lecanuet et parti radical présidé par Jean-Jacques Servan-Schreiber. Ainsi se trouve formée, « L'union pour la démocratie française » (UDF), visiblement destinée à équilibrer le RPR au sein de la majorité. Quant à ce dernier, il accepte l'idée de « primaires » dont il pense à juste titre qu'elles lui seront favorables et il propose un « pacte majoritaire », code de bonne conduite électorale qui sera adopté en juillet 1977 et un manifeste de la majorité, approuvé le 5 septembre. En dépit de tensions entre les radicaux et le RPR, la majorité présente finalement

118 candidatures uniques, cependant que 373 « primaires » seront disputées entre RPR et UDF. Couronnant le tout, le Premier ministre Raymond Barre propose en janvier 1978 un programme d'action à Blois, ville administrée par un maire centriste, Pierre Sudreau.

La véritable question qui est posée à la majorité est celle de savoir quelle sera l'attitude du président en cas de victoire prévisible de la gauche. Sur ce point, la réponse du président de la République est sans ambiguïté. Élu par les Français, il entend accomplir jusqu'à son terme le mandat qui lui a été confié et il refuse de dramatiser l'enjeu des élections comme l'avait fait le général de Gaulle, se réservant toutefois de faire connaître à son heure le « bon choix pour la France ». C'est ce qu'il fait le 27 janvier à Verdun-sur-le-Doubs, mettant les Français en garde contre l'illusion qu'il pourrait, de l'Élysée, empêcher la mise en œuvre du Programme commun de gouvernement si l'électorat donne la majorité aux partis qui s'en réclament.

Mais dès ce moment, l'hypothèse d'une victoire électorale de la gauche qui semblait inéluctable un an plus tôt, paraît compromise. Ce retournement apparaît dû à la nouvelle stratégie du parti communiste. Depuis la signature du Programme commun de gouvernement avec le PS et les radicaux de gauche en 1972, les communistes ont pris conscience que, si la dynamique unitaire profitait à tous, l'équilibre des forces au sein de la gauche tendait à se rompre à leur détriment et au profit des socialistes qui, des élections cantonales de 1976 aux municipales de 1977 en passant par les diverses partielles, ne cessent d'engranger les bénéfices de la stratégie d'union de la gauche. Le risque apparaît grand pour eux, en particulier du fait des effets du scrutin majoritaire, de voir une victoire de la gauche aux législatives, se solder par un triomphe des socialistes, le PC ne constituant plus qu'une force d'appoint promise à la marginalisation, comme c'est le cas dans les pays d'Europe du nord. Face à cette perspective, le parti communiste paraît alors choisir d'affronter son partenaire pour lui imposer ses vues, au risque pleinement assumé de provoquer à court terme la défaite de la gauche. Le vecteur de l'opération sera l'actualisation du Programme commun de gouvernement. Au cours des réunions destinées à mettre en œuvre cette actualisation, le parti communiste fait montre d'une intransigeance totale sur les nationalisations, la politique extérieure ou la politique de défense. En septembre 1977, c'est la rupture entre les partis du Programme commun. Parallèlement, le parti communiste ne cesse de dénoncer le « virage à droite » des socialistes, ses élus dans les municipalités de gauche conduisant une opposition interne contre les maires socialistes. Enfin, décidé à se présenter comme une force révolutionnaire hostile à tout compromis, il multiplie discours tranchants et gestes spectaculaires, souvent mal compris par l'opinion. Si bien qu'à la veille des élections de 1978 l'union de la gauche est brisée et ne constitue plus une alternative crédible à la majorité. Les élections vont donc présenter un cas de figure inédit. À la bataille traditionnelle entre majorité et opposition se surajoute une rivalité interne à chacun des deux camps dont l'enjeu est de savoir qui dominera en cas de victoire, du RPR ou de l'UDF à droite, du PC ou du PS à gauche.

Au soir du premier tour, le 12 mars 1978, rien n'est tranché. La gauche (45,5 %) fait à peu près jeu égal avec la majorité (46,2 %) surtout si on tient compte des 2,2 % de voix écologistes. Néanmoins, le résultat est satisfaisant pour la majorité qui peut constater que l'irrésistible ascension de la gauche annoncée par les sondages a été enrayée. Pour ce qui est de l'équilibre des forces au sein de chacun des camps, le RPR doit à la dynamique campagne de Jacques Chirac de conserver une courte suprématie, mais l'UDF, de création récente, réalise un excellent score qui la met au coude-à-coude du mouvement gaulliste. Plus que jamais, la majorité sortante paraît divisée en deux camps de force sensiblement égales. Il en va différemment à gauche. Le parti communiste enregistre un léger recul (passant, par rapport à 1973 de 21,4 % des voix à 20,6 %), mais ce recul contraste avec la nette progression du Parti socialiste et de ses alliés radicaux de gauche qui par rapport aux mêmes dates de référence voient leur résultat passer de 20,8 % à 24,9 % grâce à une audience croissante dans toutes les régions de France et surclasser ainsi le partenaire rival.

Élections législatives de mars 1978
(1ᵉʳ tour – 12 mars)

Parti communiste	20,6 %
Parti socialiste et rad. de gauche	24,9 %
Écologistes	2,2 %
UDF	21,4 %
RPR	22,5 %
Divers majorité	2,3 %

L'étroitesse de la marge séparant les deux camps les pousse à taire, tout au moins provisoirement, leurs querelles pour tenter de l'emporter. Le RPR et l'UDF s'emploient à aplanir leurs divergences pour éviter le risque d'une victoire des partis du Programme commun. La gauche règle en un tournemain ses conflits apparemment insolubles et décide un désistement automatique pour le candidat le mieux placé. Mais il apparaît que tout est joué. Le résultat de la gauche est à la fois insuffisant pour lui permettre de l'emporter et trop élevé pour ne pas provoquer dans l'électorat une réaction de peur devant l'aventure. Le scrutin majoritaire aidant, la droite l'emporte le 19 mars. Sans doute les partis de gauche ont-ils gagné quelques sièges, mais avec 200 députés sur 491, ils sont loin de réaliser leurs espoirs. Au sein de la majorité, le RPR perd une trentaine de sièges, mais demeure le groupe le plus nombreux, l'UDF avec 124 élus améliorant d'une dizaine de députés l'effectif des partis qui la composent.

Élections législatives de 1978
(2ᵉ tour – 19 mars)

Parti communiste	86 députés
Parti socialiste et rad. de gauche	114 députés
UDF	124 députés
RPR	154 députés
Divers majorité	12 députés

Au total, le président de la République et son Premier ministre l'ont, contre toute attente, emporté. Mais la majorité sur laquelle ils s'appuient demeure tout aussi composite et il leur faut, comme auparavant, compter avec un RPR qui apparaît autant comme un rival que comme un allié contre la gauche. C'est dans ces conditions difficiles que le gouvernement de Raymond Barre va tenter, dans les trois années qui précèdent l'élection présidentielle de 1981 de résoudre les problèmes économiques et politiques qui se posent au pays.

L'échec de la politique de Raymond Barre (1978-1981)

Remanié après les élections législatives, le gouvernement Barre va se fixer comme objectif essentiel de sortir le pays de la crise dans laquelle il est plongé depuis les débuts du septennat. Désormais les ménagements qui paraissaient nécessaires avant les élections de 1978 ne sont plus de mise et le Premier ministre, épaulé par son nouveau ministre de l'Économie, le très libéral René Monory et par l'ancien préfet Papon au Budget peut mettre en œuvre la politique qu'il préconisait depuis 1976 sans avoir jusque-là les coudées franches pour la pratiquer.

Comme on l'a vu, cette politique s'inscrit clairement dans un cadre libéral et, de ce point de vue, le gouvernement (conformément à une tendance qui s'impose dans l'ensemble du monde industriel, comme on l'a vu au chapitre 1) prend un ensemble de mesures qui sont sans équivalent depuis la Libération et qui consistent à placer les entreprises françaises dans le contexte du marché en pratiquant la vérité des prix, afin d'affirmer leur compétitivité. Annoncée à son de trompe comme le début d'une ère nouvelle par René Monory, la nouvelle politique apparaît redoutable aux yeux des Français. Durant l'été 1978 est instaurée la liberté des prix industriels. Les entreprises qui ne subsistaient que grâce à l'aide publique et qui ne paraissent pas capables d'affronter par leurs propres moyens la compétition internationale (les « canards boîteux » selon Raymond Barre) sont abandonnées à leur sort. Les autres sont affranchies des divers contrôles qui limitaient leur marge de manœuvre et invitées à affronter le marché ; pour ce faire, elles se voient désormais libres de fixer les prix de leurs produits en fonction de la concurrence et l'encadrement du crédit est supprimé, les taux d'intérêt fixant désormais le coût de celui-ci. Pour leur permettre d'affronter la compétition internationale, le gouvernement entend leur permettre de reconstituer leur trésorerie afin qu'elles puissent investir, si bien qu'elles sont affranchies d'une partie des charges sociales, mises au compte des salariés ou du budget de l'État. De même, afin d'encourager l'épargne à s'investir dans l'industrie, sont prises diverses mesures, en particulier fiscales, permettant par exemple de déduire du revenu imposable la souscription de SICAV destinées à l'investissement industriel.

Cet ensemble de mesures, marquées du sceau du libéralisme et qui s'éloigne des pratiques de l'État-providence mises en œuvre depuis 1945, a le mérite de la cohérence, à partir du moment où il s'agit de mettre l'économie française en mesure de jouer sa partie dans la compétition internationale. Elles ne signifient cependant pas un désengagement total de l'État dès lors que l'intérêt national est en jeu, comme le prouve par exemple l'intervention de la puissance publique dans un certain nombre de secteurs-clés jugés indispensables à la vie de la nation, et spécifiquement dans le domaine de l'énergie nucléaire où, en dépit des protestations des écologistes et d'une partie de la gauche, le programme d'équipement en centrales nucléaires est poursuivi, afin d'assurer l'indépendance énergétique du pays.

Au demeurant, dans un premier temps, la politique gouvernementale paraît donner quelques résultats. La stabilité de la monnaie (essentiellement par rapport au Deutsche Mark) est acquise et permet la participation de la France au Système monétaire européen mis en route en mars 1979. En 1978 la balance commerciale dégage un excédent. Mais ces premiers résultats vont se trouver compromis par un événement extérieur qui relance la crise, la révolution iranienne de 1979 et le second choc pétrolier qui s'ensuit. Dès lors, la politique économique est condamnée à l'échec et les années 1979-1981 sont celles de l'accumulation des difficultés.

La lutte contre l'inflation dont le Premier ministre avait fait sa priorité est rendue vaine par le retour de la « stagflation ». Stabilisée à 9,6 % en 1977, la hausse des prix atteint 11,8 % en 1978, 13,4 % en 1979, 13,6 % en 1980 et elle dépassera 14 % en 1981, atteignant ainsi son record historique en France sous la Ve République. L'échec ne saurait être plus patent.

Il en va de même en ce qui concerne le chômage. La nouvelle politique économique suivie aboutit à la faillite de nombreuses petites et moyennes entreprises, cependant que l'insistance mise sur la productivité pousse les entreprises les plus performantes à diminuer leur personnel pour restreindre les coûts salariaux. Dans ces conditions, les années 1977-1981 voient la progression du chômage croître dans des proportions spectaculaires passant d'un million à 1 600 000 à la veille des élections de 1981. Le phénomène touche particulièrement les jeunes qui arrivent sur le marché du travail et les pactes nationaux pour l'emploi que le gouvernement conclut avec le CNPF pour tenter d'enrayer le phénomène apparaissent remarquablement inefficaces, de même que la dégressivité de l'indemnisation du chômage, instaurée en 1979 et supposée encourager les chômeurs à rechercher du travail, ou les restrictions à l'accueil des travailleurs immigrés et l'encouragement au départ d'un certain nombre d'entre eux. En fait, la crise s'aggravant, la logique du plan de Raymond Barre attendant de la reprise la solution du problème du chômage, développe ses effets implacables.

On ne saurait s'étonner que, dans ces conditions, la pratique libérale du pouvoir entraîne une agitation permanente. Agitation contre la politique de maîtrise des dépenses de santé par l'augmentation des cotisations et le freinage des dépenses médicales et hospitalières, agitation du monde paysan contre la compression des prix agricoles par la Commission du Marché commun, agitation du secteur public contre le blocage des salaires, occupation par leur personnel des entreprises menacées de fermeture, agitation des sidérurgistes lorrains contre les menaces qui pèsent sur la production française d'acier…

Le président de la République devra affronter les élections de 1981 avec un bilan négatif de lutte contre la crise économique, un Premier ministre dont l'impopularité croît à la mesure de son échec, mais aussi de son assurance dans la légitimité de sa politique et, plus encore, dans une atmosphère de crise politique liée à la rivalité, désormais ouverte qui l'oppose au président du RPR.

La crise politique de la majorité (1978-1981)

Les élections législatives de 1978 ont sur la majorité un effet sécurisant. La gauche qui avait le vent en poupe a été incapable de concrétiser sa victoire et, une fois de plus, le parti communiste s'est avéré le principal obstacle à l'alternance. Dans ces conditions, c'est avec la plus grande confiance que la majorité aborde la nouvelle période, convaincue que rien n'est réellement en mesure de remettre en cause sa suprématie, les Français n'étant pas prêts à tenter l'aventure du Programme commun.

De surcroît, les preuves paraissent abonder de la stagnation de la gauche et des déchirements qui continuent à l'affaiblir. Les premières élections à l'Assemblée européenne au suffrage universel qui ont lieu en juin 1979 montrent en effet que la progression de la gauche, stoppée en 1978, paraît bien définitivement arrêtée. Les deux coalitions font à nouveau jeu égal, autour de 44 % des suffrages, mais le PC stagne à 20,5 % et le PS, uni aux radicaux de gauche, enregistre un recul à 23,7 %. Ce relatif échec alimente les reproches réciproques que s'adressent les deux partis de gauche quant aux responsabilités des défaites successives de 1978 et de 1979, le PC et le PS s'accusant mutuellement d'avoir partie liée avec le président. À cette désunion réaffirmée s'ajoutent les polémiques qui affaiblissent l'un et l'autre parti. Le parti communiste qui, depuis 1978, a amorcé un mouvement de réalignement inconditionnel sur l'Union soviétique de Brejnev voit sa ligne politique contestée par les intellectuels et par les politiques. Sur le premier plan, il doit affronter à la fois les critiques des philosophes marxistes Althusser et Balibar qui lui reprochent d'avoir bradé la doctrine en pratiquant l'union de la gauche et celles de l'historien Jean Ellenstein qui rejette le stalinisme et l'alignement du PC sur l'URSS. C'est aussi la rupture de l'union de la gauche qui provoque la démission du principal dirigeant des communistes parisiens, Henri Fiszbin. Pour faire bonne mesure, M. Marchais qui ne dissimule guère son intention de se porter candidat à la présidence de la République est l'objet d'une vive campagne de presse qui l'accuse de s'être porté volontaire durant la guerre pour aller travailler en Allemagne. Même si les faits sont obscurs, le parti communiste apparaît en pleine crise.

La situation n'est pas plus favorable au sein du Parti socialiste. Au soir même de la défaite de 1978, Michel Rocard avait mis en cause la ligne de François Mitterrand en dénonçant « l'archaïsme » de l'union de la gauche, se posant ainsi en compétiteur du premier secrétaire pour la future présidentielle. Cette rivalité va permettre à Michel Rocard de devenir la vedette des sondages d'opinion qui font de lui le meilleur candidat de la gauche à l'élection présidentielle. Mais elle va avoir pour effet de dresser contre lui une grande partie des socialistes, fidèles de François Mitterrand ou marxistes du CERES qui dénoncent en lui le chef de file de la « gauche américaine », gagnée aux conceptions économiques libérales. Cette rivalité va déboucher sur un affrontement très dur au congrès de Metz d'avril 1979 où la coalition des amis de François Mitterrand (Laurent Fabius, Paul Quilès, Lionel Jospin) et du CERES de Jean-Pierre Chevènement met en minorité Michel Rocard et Pierre Mauroy qui le soutient.

Il n'est pas jusqu'au Mouvement des radicaux de gauche qui ne soit en crise, la démission de son président Robert Fabre, puis la polémique sur l'opportunité du maintien des rapports privilégiés avec les socialistes entretenant le trouble au sein de cette formation dont le nouveau président élu en mai 1978, Michel Crépeau, maire de la Rochelle, décide de poser sa candidature à l'Élysée.

Mais, tout à la satisfaction de voir l'opposition se déchirer, la majorité prend insuffisamment garde à ses propres tensions. Or celles-ci sont envenimées par les ambitions rivales du président qui ne doute guère de sa réélection en 1981 et de Jacques Chirac qui, se fiant à la supériorité numérique de l'électorat RPR et à la meilleure organisation de sa formation, se montre convaincu de sa possibilité de l'emporter sur le président sortant. Le danger de gauche paraissant pour longtemps écarté, les ménagements unitaires de 1978 ne sont plus de mise et le président du RPR pousse aussi loin qu'il est possible son souci de se différencier du président et de l'UDF, la seule limite aux critiques et à la rivalité étant de ne pas aller jusqu'à voter une motion de censure avec l'opposition qui aboutirait au renversement du gouvernement. Mais, dès le lendemain des élections législatives, cette opposition larvée du RPR se donne libre cours. Elle prend la forme d'un nouveau conflit avec le pouvoir pour l'élection du président de l'Assemblée nationale, le RPR soutenant la candidature d'Edgar Faure contre celle de Jacques Chaban-Delmas, pourtant issu de ses rangs, mais appuyé par le président dans le cadre de sa réconciliation avec les « barons gaullistes ». L'élection de ce dernier est un premier échec pour M. Chirac.

Celui-ci subit une nouvelle déconvenue avec les élections européennes de juin 1979. S'appuyant sur les sentiments de méfiance envers la construction européenne d'une grande partie du mouvement gaulliste, en particulier de Michel Debré qui fonde un Comité pour l'indépendance et l'unité de la France, Jacques Chirac va prendre violemment position contre la liste unique de la majorité souhaitée par le président. De l'hôpital Cochin où il a été admis après un accident d'automobile, il lance un communiqué qu'on retiendra sous le nom d'« Appel de Cochin » et qui est une véritable déclaration de guerre aux giscardiens jugés partisans d'une Europe supranationale (ce qui est pour le moins excessif). Dénonçant « l'asservissement économique » qui guette le pays, le président du RPR fustige en termes particulièrement abrupts les intentions qu'il prête au pouvoir : « Comme toujours quand il s'agit de l'abaissement de la France, le parti de l'étranger est à l'œuvre, avec sa voix paisible et rassurante. Français, ne l'écoutez pas ». Le résultat ne sera pas à la mesure de cette volonté de sursaut nationaliste auquel appelle Jacques Chirac. La liste RPR ne rassemble que 16,2 % des suffrages alors que celle qui traduit les options du gouvernement et que conduit Mme Veil remporte un franc succès avec 27,6 % des voix : l'antieuropéanisme s'avère électoralement peu payant.

Désormais entre les deux familles de la majorité, la lutte est quasiment ouverte, exacerbée par les ambitions présidentielles de Jacques Chirac. Le RPR affirme ainsi que les ministres issus de ses rangs ne représentent qu'euxmêmes et n'engagent pas la responsabilité du mouvement. Et surtout, capable de réunir une majorité à l'Assemblée en joignant ses suffrages à ceux de l'opposition, il va systématiquement s'efforcer d'embarrasser le gouvernement. On le voit ainsi exiger au printemps 1979 une session extraordinaire du Parlement, refuser de voter le budget à l'automne 1979, faire connaître son opposition au projet de loi sur le financement de la Sécurité sociale en décembre 1979, s'opposer au renouvellement de la loi Veil sur l'interruption volontaire de grossesse. Impassible, le Premier ministre Raymond Barre neutralise l'opposition larvée du RPR, soit en recourant à la procédure du vote bloqué pour éviter que les textes ne soient vidés de leur substance, soit en faisant appel à l'article 49-3 de la Constitution, mettant ainsi les gaullistes au défi de joindre leurs voix à celles de l'opposition pour faire adopter une motion de censure. Pour autant, cette opposition interne à la majorité ne paraît guère avoir d'effet destructeur pour celle-ci. Sans doute les élections partielles, les élections cantonales de 1979 ou les sénatoriales de 1980 enregistrent-elles une reprise de la progression du PS, mais sans que celle-ci soit spectaculaire. Les sondages révèlent que si le Premier ministre bat ses propres records d'impopularité (fin 1980, 25 % des Français se déclarent satisfaits de son action et 60 % mécontents), le président conserve jusqu'à la fin de 1980 un indice de popularité oscillant autour de 50 % et sa réélection paraît ne faire aucun doute. Les « affaires » qui touchent le pouvoir de plus ou moins près, les dons en diamant que l'ex-empereur de Centrafrique Bokassa aurait fait au président, les obscurités de l'affaire de Broglie, l'assassinat inexpliqué de l'ancien ministre Joseph Fontanet et le suicide du ministre du Travail Robert Boulin ne parviennent guère à émouvoir durablement l'opinion. Au début de l'année 1981, un second mandat du président apparaît comme l'hypothèse la plus vraisemblable.

L'élection présidentielle de 1981 et la défaite de Valéry Giscard d'Estaing

De fait, si le président s'attend à devoir affronter la candidature de M. Chirac, il n'ignore pas qu'à gauche, la situation est loin d'être claire. Outre Michel Crépeau qui a annoncé son intention d'être candidat au nom des radicaux de gauche, Georges Marchais ne fait pas mystère de ses projets qui sont officialisés dès septembre 1980 et il apparaît évident que son intention est de stopper la progression du PS en ôtant un maximum de voix à son candidat. Objectivement, la candidature de Georges Marchais, dirigée contre les socialistes, même si le secrétaire général du PC se présente comme le « candidat anti-Giscard », sert le président. D'autant qu'au sein du PS lui-même, l'unité ne prévaut guère. Dès le 19 octobre 1980, Michel Rocard, de sa mairie de Conflans-Sainte-Honorine, se présente comme « candidat à la candidature », provoquant aussitôt l'entrée en lice de Jean-Pierre Chevènement. La désignation officielle de François Mitterrand par les instances dirigeantes du PS en novembre 1980 fait rentrer dans le rang ses compétiteurs, mais le Premier secrétaire du PS part avec le handicap de son âge, de ses échecs successifs et de la contestation dont il fait l'objet au sein de sa propre famille politique. D'autant que l'extrême gauche présente deux autres candidatures, celles d'Huguette Bouchardeau pour le PSU et d'Arlette Laguiller pour Lutte ouvrière.

Il est vrai que si le président bénéficie d'une rente de situation, l'unité du camp majoritaire n'est pas davantage assurée. Au sein du RPR, si Jacques Chirac attend le 3 février 1981 pour faire connaître une candidature largement attendue, la famille gaulliste sécrète un candidat inattendu et fort respecté dans ses rangs, Michel Debré qui annonce son intention en juin 1980. Des rangs pompidoliens surgit le nom de Marie-France Garaud, ex-conseillère de Georges Pompidou et de Jacques Chirac, qui paraît animé de violents sentiments anti-giscardiens. Enfin, l'écologie aura son candidat en la personne de Brice Lalonde.

La campagne électorale est difficile pour le président sortant qui doit défendre un bilan largement hypothéqué par la reprise de la crise économique et la progression du chômage. De surcroît, il est la cible de ses neuf adversaires et en particulier de Jacques Chirac qui ne dissimule pas son

espoir d'être présent pour le battre au second tour, anticipant dès le premier tour les arguments qu'il compte alors
utiliser. Il est vrai que, dans cette lutte à fronts renversés,
on a souvent le sentiment que Georges Marchais réserve à
François Mitterrand ses coups les plus durs afin de prouver qu'il représente à gauche la seule alternative fiable.
Mêlée confuse qui fait le jeu de François Mitterrand. Prenant comme symbole de sa campagne « la force tranquille », refusant de polémiquer avec le parti communiste
dont il attend de recueillir les voix au second tour, il se
pose d'emblée en président virtuel, sûr de lui, calme et
serein. Or, les sondages du premier trimestre 1981 révèlent
une érosion de l'image du président et une relative démobilisation de son électorat que confirment les résultats du
premier tour de scrutin le 26 avril 1981. Avec un taux de
participation très élevé, le résultat comporte trois enseignements. En premier lieu, Valéry Giscard d'Estaing, président sortant, s'il arrive en tête avec 27,8 % des suffrages
fait beaucoup moins bien que le candidat qu'il était en
1974, ce qui confirme la démobilisation de l'électorat de
droite. François Mitterrand qui réalise un excellent résultat
avec 26 % des voix sera présent au second tour et ses
chances de l'emporter sont réelles, compte tenu des reports
prévisibles des voix des radicaux de gauche, de l'extrême
gauche et d'une partie des suffrages écologistes. En troisième lieu, les compétiteurs des champions de la droite et
de la gauche enregistrent un sévère échec, Jacques Chirac
ne parvenant à rassembler que 18 % des voix et Georges
Marchais connaissant une véritable déroute avec 15,4 %
des suffrages exprimés, ce qui ramène le parti communiste
à ses scores d'avant la Seconde Guerre mondiale.

Élection présidentielle de 1981
(1ᵉʳ tour – 26 avril 1981)

Valéry Giscard d'Estaing	27,8 %
François Mitterrand	26 %
Jacques Chirac	18 %
Georges Marchais	15,4 %
Brice Lalonde	3,9 %
Arlette Laguiller	2,3 %
Michel Crépeau	2,2 %
Michel Debré	1,6 %
Marie-France Garaud	1,3 %
Huguette Bouchardeau	1,1 %

Pour le second tour, dont chacun prévoit qu'il sera très serré, tout va se jouer sur les désistements. Or, tous les candidats de gauche se désistent sans condition pour François Mitterrand, de Michel Crépeau à Huguette Bouchardeau, et d'Arlette Laguiller à Georges Marchais. Quant au candidat écologiste, s'il ne donne pas de consigne de vote, il ne dissimule pas qu'il se juge plus proche du premier secrétaire du Parti socialiste que du président sortant. À droite, les choses sont beaucoup moins claires. Si Michel Debré finit par se désister le 5 mai pour le président, Marie-France Garaud appelle à voter blanc et surtout Jacques Chirac laisse planer l'ambiguïté. Après avoir affirmé que, s'il entend voter personnellement pour Valéry Giscard d'Estaing, il laisse ses électeurs libres de se prononcer selon leur conscience, il attend le 6 mai pour lancer un appel aux Français afin qu'ils barrent la route à François Mitterrand. L'opposition larvée des années 1979-1981 a laissé des traces. Si on ajoute que le duel télévisé entre les deux concurrents qui a lieu le 5 mai tourne plutôt à l'avantage du candidat socialiste qui qualifie le président d'« homme du passif » et apparaît calme et sûr de lui face à un Valéry Giscard d'Estaing qui ne parvient pas à le placer en difficulté, la réélection du président apparaît bien compromise. Au soir du second tour le 10 mai, à la surprise de l'opinion, mais non des observateurs politiques, François Mitterrand est élu président de la République.

Élection présidentielle de 1981
(2ᵉ tour – 10 mai)

François Mitterrand	52,2 %
Valéry Giscard d'Estaing	47,8 %

Plus que d'une victoire du candidat socialiste, il serait plus juste de parler d'une défaite du président sortant, les analyses du scrutin ayant révélé que c'est plus à l'abstention d'une fraction de l'électorat de droite qui a refusé de voter pour le président sortant qu'à une mobilisation de l'électorat de gauche que le Premier secrétaire du PS doit son élection. Comment s'explique cet échec de l'expérience de « libéralisme avancé » qui n'a pas tenu ses promesses de 1981 ? Trois éléments paraissent devoir être pris en compte.

L'explication probablement la plus déterminante tient à la persistance et à l'aggravation de la crise économique. Si le fait est totalement indépendant de la volonté du président et tient à la conjoncture mondiale (chapitre VII), il s'inscrit néanmoins à son passif. Comment une société qui a vécu depuis 1945 à l'heure du plein emploi et de la croissance n'imputerait-elle pas au pouvoir en place la responsabilité de l'arrêt de celle-ci et de la poussée vertigineuse d'un chômage d'une ampleur sans exemple au XXᵉ siècle ? Et ce, d'autant plus que le chef de l'État et son entourage sont ces spécialistes de l'économie à qui les « trente glorieuses » ont valu une réputation de thaumaturges infaillibles ? Si le brillant polytechnicien qui gouverne le pays, si le « meilleur économiste de France » ont échoué, le temps n'est-il pas venu de confier le pouvoir à ceux qui préconisent une rupture avec le capitalisme ?

Mais l'explication ne vaut que pour ceux qui ont apporté leurs suffrages au champion de cette autre politique, François Mitterrand. Si l'élection présidentielle de 1981 est davantage que la victoire de ce dernier la défaite du président sortant qui n'a pas su mobiliser son électorat, c'est dans ce camp qu'il faut chercher les raisons du résultat. Et deux facteurs paraissent alors s'imposer. Le premier tient à la stratégie de Jacques Chirac. En affirmant, parfois avec une grande violence comme lors de l'« Appel de Cochin », sa différence avec le président, il semble avoir franchi à diverses reprises la frontière de la concurrence légitime pour s'aventurer sur le territoire de l'opposition. Concurrent du président sortant, il a fourni à ses partisans un arsenal d'arguments destinés à les convaincre de ne pas voter en sa faveur qui a incontestablement joué au second tour. D'autant qu'en appelant tardivement et visiblement à contre-cœur à voter contre François Mitterrand et non pour le président sortant, il indiquait à mots couverts sa répugnance à préconiser cette solution. En d'autres termes, comme il avait joué un rôle déterminant dans l'échec de Jacques Chaban-Delmas, le président du RPR a non moins clairement contribué à celui de Valéry Giscard d'Estaing. Mais, dans un cas comme dans l'autre, ce choix n'aurait sans doute pas suffi à rendre compte du résultat si l'image du candidat avait imposé sa réélection. Or, il est clair que la personnalité de Valéry Giscard d'Estaing, après avoir séduit l'électorat en 1974 par sa jeunesse et son dynamisme s'est durablement brouillée. Ses apparitions répétées à la télévision dans des émissions sans rapport avec ses fonctions ont déconcerté l'opinion, son refus de la solennité a été perçu comme l'affectation de simplicité d'un homme que ses origines et son milieu éloignaient naturellement des Français, la clarté et le caractère pédagogique de ses exposés sont apparus comme la marque d'une supériorité intellectuelle ostensiblement affirmée. À ces facteurs qui tiennent à la personnalité du président et qui, en dépit de ses efforts, ont maintenu la distance entre les citoyens et le chef de l'État, se sont ajoutées des rumeurs, le plus souvent infondées, mais qui n'ont pris consistance qu'en raison de la représentation que se font les Français de Valéry Giscard d'Estaing, sur ses prétentions monarchiques, sur le cérémonial qui présiderait à sa vie quotidienne, sur l'étiquette instaurée dans les résidences présidentielles...

En rejetant le président sortant, les Français ouvrent la voie à un maelström politique de grande ampleur, le retour de la gauche au pouvoir dans un pays où, depuis vingt-trois ans, elle était rejetée dans l'opposition. Le « libéralisme avancé » ayant échoué, l'heure est à la solution socialiste de la crise.

IX

L'ÉCHEC DE LA SOLUTION SOCIALISTE
À LA CRISE (1981-1984)

L'alternance

L'élection le 10 mai 1981 d'un président de la République socialiste fait figure de véritable tornade dans une Ve République gouvernée à droite depuis sa fondation 23 ans auparavant. La surprise se manifeste par des explosions de joie spontanée à gauche qui donnent lieu à des manifestations à la Bastille et dans un certain nombre de villes de province et par un accablement de la droite qui éprouve à la fois le sentiment qu'elle vient d'être frustrée d'un bien qui lui appartenait et que ses propres divisions en sont responsables. La stupéfaction n'est pas moindre dans les milieux financiers et l'effondrement de la Bourse contraint à la suspension des cotations. Enfin, une grande incertitude marque les milieux diplomatiques devant le sentiment que la France s'engage dans une aventure aux conséquences peut-être incalculables.

L'installation officielle du président élu le 21 mai s'entoure d'une symbolique qui marque les intentions du

nouveau chef de l'État. Outre les rites d'entrée traditionnels à l'Élysée, à l'Arc de Triomphe, à l'Hôtel de Ville
de Paris, François Mitterrand innove en remontant la rue
Soufflot, au cœur de ce Paris intellectuel qui a donné à
la gauche un constant appui, pour se rendre au Panthéon
afin de déposer une rose sur les tombes de Jean Jaurès,
de Jean Moulin et de Victor Schœlcher, plaçant ainsi le
septennat qui s'ouvre sous la triple inspiration du socialisme, de la Résistance et de l'abolition de l'esclavage.
Si, dans son discours à l'Élysée, il appelle au rassemblement de tous les Français, l'analyse qu'il fait de son élection s'inscrit dans la vision d'une société française
marquée par l'affrontement de classes puisqu'il observe
(en contradiction avec toutes les analyses qui attestent du
caractère interclassiste des grandes forces politiques) que
la « majorité politique des Français vient de s'identifier
à la majorité sociale ».

Gestes et propos qui caractérisent à l'évidence les débuts
du septennat. Le nouveau président entend opérer la rupture promise avec la situation précédente, proposer au pays
les solutions socialistes préparées depuis longtemps par lui-
même et ses amis politiques. Encore faut-il qu'il ait les
moyens de mettre en œuvre cette politique. Et d'abord par
la nomination d'un nouveau gouvernement qui partage ses
vues. Raymond Barre ayant démissionné dès le Conseil des
ministres du 13 mai et se contentant d'expédier les affaires
courantes, François Mitterrand lui donne comme successeur dès le 21 mai le député-maire socialiste de Lille, Pierre
Mauroy qui avait été son directeur de campagne pour
l'élection présidentielle. Le choix est habile : il est celui
du gestionnaire d'une grande ville, mais aussi celui d'un
ancien adhérent de la SFIO qui a fait partie de ses tendances novatrices, de l'homme qui incarne sans doute le
mieux la tradition républicaine socialiste par ses idées, son
discours, son enracinement dans un vieux fief socialiste et

son attachement à l'unité d'un PS divisé en tendances rivales. Succédant aux hauts fonctionnaires, aux économistes et aux énarques, c'est un politique au verbe chaleureux dans lequel se reconnaissent les militants qui va symboliser la volonté de changement. Le gouvernement constitué sans ministres communistes présente un savant dosage entre les diverses tendances du PS dont les dirigeants se partagent les ministères d'État, les rocardiens, manifestement sous-représentés, payant le prix de la rivalité de leur chef avec le nouveau président. L'élargissement vers le centre-gauche, limité au Mouvement des Radicaux de gauche et à l'ancien ministre des Affaires étrangères de Georges Pompidou, Michel Jobert, nommé lui aussi ministre d'État, apparaît fort mince. C'est bien le Parti socialiste qui est aux affaires.

Avec quelle majorité ? La gauche ne compte que 200 députés depuis le scrutin de 1978 et François Mitterrand sait que sa politique est condamnée à l'échec si elle doit s'appuyer sur une Assemblée de droite qui n'aura de cesse de la faire échouer. Aussi dès le 22 mai, comme on s'y attendait, le chef de l'État décide-t-il la dissolution de l'Assemblée nationale. La campagne électorale qui s'ouvre oppose une droite vaincue et traumatisée par sa défaite qui s'est unie au sein de l'UNM (Union pour une nouvelle majorité), tentant tardivement d'éviter que le désastre législatif ne suive l'effondrement présidentiel et une gauche qui, du fait de la victoire de son champion le 10 mai, a le vent en poupe et dont les composantes ont conclu pour le second tour un accord de désistement réciproque. Dans ces conditions, le résultat des élections est attendu et la seule interrogation porte sur l'ampleur de la nouvelle majorité qui sortira des urnes. À cet égard, le premier tour des élections législatives annonce une éclatante victoire de la gauche. Les résultats sont en effet marqués par trois traits fondamentaux.

Abstentions	29 %
Extrême gauche	1,33 %
Parti communiste	16,12 %
Parti socialiste et MRG	37,77 %
Divers gauche	0,57 %
Écologistes	1,09 %
RPR	20,91 %
UDF	19,16 %
Divers droite	2,66 %
Extrême droite	0,36 %

La première remarque porte sur le taux élevé d'abstentions, près de 30 %. La nature de cet absentionnisme a
attiré l'attention des observateurs qui sont unanimes à
considérer qu'il a sans doute beaucoup plus touché la
droite que la gauche et explique de ce fait, du moins partiellement, la défaite de la première (voir Jérome Jaffré in
Pouvoirs, n° 20, 1981 et François Goguel, *Chroniques
électorales*, Paris, Presses de la Fondation nationale des
Sciences politiques, t. III, 1983). De fait, le sentiment que
tout était joué après l'élection présidentielle, que l'élection
d'une majorité de gauche était quoi qu'on fasse, inéluctable, a sans doute pesé pour expliquer qu'un grand nombre
des électeurs ait déserté les urnes. Le second fait majeur
est la très nette victoire de la gauche qui accentue encore
le verdict des présidentielles, puisque l'addition des voix
de ses diverses composantes la conduit à plus de 55 % des
suffrages contre moins de 40 % pour le RPR et l'UDF.
Compte tenu des effets du scrutin majoritaire, la majorité
absolue à l'Assemblée nationale ne peut guère échapper à
la majorité présidentielle, ce qui confirme la règle implicite de correspondance entre les deux majorités qui paraît
être celle de la Vᵉ République. En revanche, la répartition
des voix au sein de la gauche apporte un troisième ensei-

gnement. Alors que jusqu'aux élections législatives de 1978 communistes et socialistes restaient au coude-à-coude, même si les seconds disposaient d'un léger avantage, cette fois l'écart se creuse, confirmant celui des présidentielles, au point qu'on peut parler d'un véritable déclin structurel du parti communiste. En rassemblant près de 38 % des voix contre 16 % au PC, le Parti socialiste s'affirme comme le parti de l'alternance. Les craintes des communistes qui expliquaient le retournement de 1978 (voir chapitre VIII) se trouvent ainsi confirmées : au moment où la gauche arrive au pouvoir, le parti communiste se trouve réduit à un simple rôle de force d'appoint sans avoir le poids nécessaire pour pouvoir infléchir une politique.

Les résultats du second tour ne font qu'enregistrer en quelque sorte mécaniquement les effets des indications du premier. Comme on pouvait s'y attendre, la gauche remporte une écrasante victoire, réunissant 68 % des députés élus. Au total, elle dispose de 334 députés sur 491, l'opposition devant se contenter de 157 élus (88 RPR, 62 UDF et 7 divers droite) qui ne peuvent guère peser sur les scrutins de l'Assemblée nationale. Mieux, au sein de la majorité, l'écart des voix du premier tour entre socialistes et communistes a encore été amplifié par les effets du scrutin majoritaire : les socialistes avec 285 élus disposent à eux seuls de la majorité absolue. Les 44 députés communistes ne comptent guère sur le plan législatif.

Élections législatives de 1981
(2ᵉ tour – 21 juin)

Parti communiste	44 députés
Parti socialiste et MRG	285 députés
Divers gauche	5 députés
RPR	88 députés
UDF	62 députés
Divers droite	7 députés

Le 23 mai au soir, Pierre Mauroy qui avait démissionné la veille est chargé de former un nouveau gouvernement. Celui-ci comprend quatre ministres communistes dont un ministre d'État (Charles Fiterman, ministre des Transports), novation sans doute moins due aux résultats électoraux médiocres du PC qu'à la volonté de neutraliser la puissante CGT, susceptible de gêner sur le terrain social le nouveau pouvoir. Par ailleurs, le gouvernement se caractérise par le dosage entre les diverses tendances du PS dont les chefs sont ministres d'État, par la marginalisation de Michel Rocard, ministre d'État chargé du Plan, c'est-à-dire sans prise sur les décisions politiques immédiates et par la présence de non-parlementaires souvent proches du président de la République, comme l'avocat Robert Badinter au ministère de la Justice, le diplomate Claude Cheysson aux Affaires étrangères, l'ancien conseiller de Jacques Chaban-Delmas Jacques Delors à l'Économie et aux Finances, le professeur de droit Jack Lang à la Culture, ou l'ancien PDG de Renault Pierre Dreyfus à l'Industrie. C'est bien un gouvernement du président qui est formé, même si une part a été laissée aux équilibres au sein du PS. Le dispositif sera d'ailleurs complété par l'élection de deux proches du chef de l'État à la présidence de l'Assemblée nationale (Louis Mermaz) et à celle du groupe socialiste (Pierre Joxe).

En cette fin du mois de juin 1981, l'alternance est donc un fait accompli. La nouvelle majorité est à pied d'œuvre et il lui appartient de faire entrer dans la pratique cette rupture promise à la France depuis un quart de siècle.

Le changement

Le changement est d'abord perceptible au niveau de l'exercice même du pouvoir. Le président de la République prend, par rapport à son prédécesseur, une réelle distance par rapport aux problèmes quotidiens, laissant au Premier ministre et au gouvernement la responsabilité de la gestion des affaires courantes et se contentant de fixer des directions d'ensemble. Mais le gouvernement apparaît bien différent par le style de ceux qui l'ont précédé. Alors que les ministres avaient fini par se considérer moins comme des politiques que comme des techniciens chargés de gérer dans les conditions les plus efficaces et avec l'aide de hauts fonctionnaires politiquement neutres les problèmes de leur compétence, ce sont désormais des hommes politiques engagés, férus d'idéologie, qui gouvernent, et qui font connaître leur lecture politique des événements, leurs réticences devant certaines mesures prises, parfois leurs états d'âme. Il en résulte une multiplicité de déclarations, parfois tonitruantes, fréquemment contradictoires, que le Premier ministre justifiera dans la presse en considérant, face aux critiques que suscite cette cacophonie, qu'il convient à la gauche de « gouverner autrement ». Ce sentiment d'un débat permanent ouvert sur la place publique par le nouveau pouvoir est encore accru par le poids du Parti socialiste, propulsé en quelques semaines de la situation de parti d'opposition à celle de parti majoritaire tout-puissant et qui entend faire prévaloir ses vues dans la politique suivie. Son impatience se manifeste par exemple au congrès de Valence d'octobre 1981 où des propos excessifs tenus par des responsables socialistes conduisent à donner l'image d'un parti brûlant de toucher les dividendes de sa victoire en s'emparant de tous les leviers de l'État et de la société.

Si bien que le sentiment prévaut d'une majorité massive, décidée à modifier en profondeur la société française dans le sens des vues idéologiques qu'elle professe et en possédant les moyens. En effet, pour la première fois dans l'histoire française, une expérience de gauche est assurée de la durée dans le cadre des échéances politiques normales. L'élection présidentielle et les législatives de 1981 donnent cinq années à la gauche pour tenter son expérience sans qu'elle ait à redouter de voir son pouvoir mis en cause, les seuls obstacles éventuels à sa toute-puissance étant la possibilité pour l'opposition de saisir le Conseil constitutionnel de mesures qui paraîtraient en contradiction avec la Constitution, l'opposition du Sénat où la droite est majoritaire, mais qui n'est en mesure d'effectuer que des actions de retardement, sauf en matière de révision constitutionnelle où son poids est réel ou les réactions hostiles de l'opinion publique. Dans ces conditions, la gauche se trouve placée au pied du mur et pratiquement contrainte de prouver son aptitude à gouverner selon les lignes qu'elle a définies.

Au demeurant, la volonté des nouveaux gouvernants de modifier en profondeur la société française est en tous points évidente. La France devient en quelques mois un immense chantier où tous les aspects de la vie nationale font l'objet d'un réexamen et de propositions de réformes inspirées des conceptions idéologiques du Parti socialiste, même si certaines d'entre elles ont également pour objet de répondre à des besoins très réels d'adaptation de la société. (Serge Berstein, Pierre Milza et Jean-Louis Bianco [dir.], *Les Années Mitterrand*, Paris, Perrin, 2001.)

De l'idéologie comme de la solution socialiste à la crise relève la politique de nationalisation. Comme en 1945, l'idée selon laquelle seul l'État, à condition qu'il en ait les moyens, a la possibilité de sortir l'économie française de la recrudescence de crise, inspire l'urgence d'une mesure qui s'inscrit par ailleurs dans la conception selon laquelle il est légitime que les secteurs clés de l'économie française, commandant la prospérité de la nation, soient entre les mains de l'État qui la représente, pour servir l'intérêt général et non celui des seuls actionnaires. Selon ces vues, en septembre 1981, le gouvernement décide la nationalisation de cinq grands groupes industriels, les plus performants de l'économie française (Compagnie générale d'électricité, Compagnie de Saint-Gobain, Péchiney-Ugine-Kühlmann, Rhône-Poulenc, Thomson-Brandt), de deux compagnies financières (Compagnie financière de Paris et des Pays-Bas, Compagnie financière de Suez), et de 36 banques d'affaires dont les dépôts dépassent, pour chacune, un milliard de francs et, au total, représentent 95 % des dépôts nationaux. À l'issue d'une longue bataille de procédure dans les deux assemblées et de deux recours au Conseil constitutionnel, la loi est finalement adoptée en février 1982, au prix d'une indemnisation des actionnaires plus large que prévue.

Non moins fondamentales sont les lois de décentralisation auxquelles le ministre de l'Intérieur et de la Décentralisation Gaston Defferre attache son nom. Ralliée de fraîche date à cette profonde transformation des structures administratives et de décision qui était jusqu'alors l'apanage de la droite traditionaliste, la gauche les présente comme une mesure de liberté destinée à rapprocher des citoyens les centres de décision. Là encore, à l'issue d'interminables controverses juridiques sur les modalités de mise en œuvre du principe et de plusieurs recours au Conseil constitutionnel, la loi est adoptée en 1982. Elle donne aux autorités élues des communes, départements et régions, c'est-à-dire les maires et les présidents des conseils généraux et régionaux le pouvoir de faire exécuter les décisions des assemblées qu'elles président, attributions jusqu'alors dévolues aux préfets. Ceux-ci, qui ajoutent à leur titre celui de Commissaire de la République, demeurent toutefois à la tête des services de l'État dans le département.

C'est la volonté d'un contrôle de l'État sur la vie économique du pays qui rend compte du renouveau d'intérêt pour la planification, mise en sommeil du fait de l'évolution libérale des précédents gouvernements, depuis les années 1960. Sous la direction de Michel Rocard, ministre d'État chargé du plan, celui-ci redevient le projet de développement de la France. Un plan intérimaire de deux ans (1982-1983) est jugé nécessaire pour corriger les tendances héritées du précédent septennat, cependant qu'un IXe plan (1984-1988) est préparé pour inscrire dans la réalité économique le projet socialiste. C'est aussi le souci de l'avenir qui conduit le ministre Jean-Pierre Chevènement qui, en juin 1982, ajoute le portefeuille de l'Industrie à celui de la Recherche, à promouvoir un développement de cette dernière pour accélérer la modernisation du pays.

Si nationalisations, décentralisation, planification constituent les grands axes d'une politique qui vise à donner à l'État, représentant de l'intérêt national, la maîtrise de l'avenir, c'est aussi la volonté de moderniser la société dans le sens de la justice, de l'humanisation, du respect des valeurs qui inspire l'ensemble des mesures destinées à modifier en profondeur le visage de la société française. Ainsi en va-t-il de la nouvelle politique de la Santé mise en œuvre par le ministre communiste Jack Ralite qui insiste sur la modernisation des équipements, la réforme des études médicales, supprime la coexistence dans les hôpitaux d'un secteur public et d'un secteur privé, considérée comme une source d'inégalités et prévoit que les chefs des grands services médicaux seront désormais élus par l'ensemble du personnel hospitalier et non par les seuls médecins. Dans le domaine de la justice, le ministre Robert Badinter met l'accent sur l'humanisation des pratiques pénales, fait voter l'abolition de la peine de mort et la suppression de la Cour de Sûreté de l'État, supprime les Quartiers de Haute Sécurité des prisons, en adoucit le régime pénal et enfin, corrige en 1983, la loi « Sécurité et liberté » élaborée sous le septennat précédent par le Garde des Sceaux Alain Peyrefitte et que la gauche juge répressive à l'excès. Sur le plan social, les lois Auroux votées en 1982 concernent les droits des travailleurs dans l'entreprise : possibilité d'une expression directe et collective sur les problèmes du travail, négociation annuelle par branche des minima de salaires, élargissement des attributions et des moyens des comités d'entreprise. Une réforme des organismes de Sécurité sociale accroît la représentation des salariés dans les organismes directeurs. Dans le domaine du logement, la loi Quilliot aménage la législation afin de favoriser les locataires par rapport aux propriétaires. C'est encore la volonté d'élargissement dans un sens démocratique du recrutement de la haute fonction publique qui inspire la décision de création d'une troisième voie d'accès à l'ENA, réservée à ceux qui ont exercé des fonctions politiques ou syndicales. Si l'audiovisuel, réputé déterminant pour le contrôle de l'opinion, fait l'objet dans l'été 1981 de très importants changements parmi les responsables de haut niveau, il faut attendre 1982 pour qu'une nouvelle loi fixe son statut, loi dont la disposition la plus neuve est la création d'une Haute Autorité de l'audiovisuel, désignée selon les mêmes modalités que le Conseil constitutionnel et chargée d'assurer l'indépendance et le bon fonctionnement de la radio et de la télévision. Enfin, le ministre de l'Éducation nationale, Alain Savary fait voter au Parlement en 1983 une loi sur l'enseignement supérieur qui en modifie profondément les missions et les structures, l'objet étant de mieux adapter les universités aux nécessités du développement économique et social du pays, cependant que des commissions préparent des réformes dans les collèges, les lycées ou l'enseignement des diverses disciplines. Mais la grande affaire dans ce secteur est la mise en œuvre de la 90ᵉ proposition du candidat François Mitterrand sur la constitution d'un grand service public unifié et laïque de l'Éducation nationale incluant les établissements privés sous contrat. Ce n'est qu'en décembre 1982 que les propositions du gouvernement sont connues et que commence une longue négociation aux multiples rebondissements sur laquelle nous reviendrons.

La fièvre de transformations qui saisit ainsi le pouvoir socialiste ne laisse guère en dehors de son champ que les questions militaires et internationales qui sont de la responsabilité quasi-exclusive du président de la République et où, comme on le verra au chapitre 7, la continuité paraît largement l'emporter. Mais plus que sur les réformes de structure, souvent souhaitées par les militants et diversement accueillies par l'opinion, c'est sur l'efficacité de leur action contre la crise que les Français entendent juger les socialistes.

Le traitement social de la crise

L'arrivée des socialistes au pouvoir signifie un renversement complet de stratégie dans la lutte contre la crise. Pour l'essentiel, et en se fondant sur les liens étroits de solidarité entre l'économie française et le marché international, les gouvernements précédents avaient préconisé un rétablissement des grands équilibres par la lutte contre l'inflation et les déficits, comptant sur les mécanismes du marché pour provoquer une reprise, dont la diminution du chômage devait être la conséquence. C'est une perspective strictement inverse qu'adopte le gouvernement Mauroy. Il préconise une action volontariste de lutte contre le chômage, une relance de l'économie par la distribution de pouvoir d'achat aux plus démunis, en trouvant les moyens de cette politique par un accroissement des prélèvements sur les plus riches, ce qui aura pour effet de satisfaire en outre la justice sociale que prône la gauche. On devrait donc tout à la fois mettre fin à la crise, en anticipant une reprise économique mondiale et corriger quelque peu l'inégalité des fortunes.

La mise en œuvre de cette politique est quasi-immédiate. Dès juin 1981, le gouvernement procède à une distribution de pouvoir d'achat au profit des familles (les allocations familiales sont relevées de 25 %), des personnes âgées qui voient le minimum vieillesse accru de 20 %, des salariés payés au SMIC dont les réajustements dépassent la hausse du coût de la vie...

Parallèlement, les taux de l'impôt sont augmentés pour les revenus les plus élevés et, mesure symbolique entre toutes, un Impôt sur les grandes fortunes (IGF) est institué sur les patrimoines dépassant 3 millions de francs (ou 5 millions si s'y trouvent inclus des biens professionnels) : 200 000 contribuables, soit 1 % des foyers fiscaux, sont touchés.

Pour favoriser la relance économique, le gouvernement desserre le crédit et abaisse les taux d'intérêt. Mais l'ensemble de mesures le plus spectaculaire est probablement celui qui doit permettre de lutter contre le chômage. Durant les premières semaines de 1982 sont ainsi adoptées des ordonnances instaurant une cinquième semaine de congés payés, créant des contrats de solidarité favorisant des départs anticipés à la retraite en échange du recrutement de nouveaux salariés, facilitant le travail à temps partiel, améliorant la formation professionnelle des jeunes de 16 à 18 ans. Les deux mesures dont l'écho sera le plus considérable dans cette politique destinée à la fois à améliorer le sort des travailleurs tout en luttant contre le chômage sont la diminution de la durée légale hebdomadaire du travail qui passe de 40 à 39 heures sans diminution de salaires, mesure présentée comme le prélude à une semaine de 35 heures et l'abaissement à 60 ans de l'âge possible de la retraite.

L'ensemble de ce dispositif évoque irrésistiblement le dispositif adopté par le Front populaire en 1936 (voir tome II) et dont l'échec avait été de longue date analysé par les spécialistes. La politique de lutte contre la crise de 1981 devait aboutir au même résultat. Dès l'automne 1981, il est évident que les buts recherchés sont loin d'être atteints et que les déséquilibres économiques se trouvent accentués par les mesures adoptées. L'inflation, que le précédent gouvernement n'avait pas réussi à juguler, connaît une nouvelle poussée et atteint le taux-record de 14,1 % pour 1981. Le maintien de la parité du franc qui avait été la priorité de Raymond Barre n'est plus celle du nouveau gouvernement et, dès le 4 octobre, intervient un « réajustement » des monnaies du système monétaire européen qui, au-delà des formules pudiques adoptées pour masquer la réalité, aboutit à une dévaluation de 8,5 % du franc par rapport au Deutsche Mark. Quant au chômage, objet, on l'a vu, de tous les soins du nouveau pouvoir, il atteint fin octobre le chiffre de 2 millions.

Dès ce moment, Jacques Delors, ministre de l'Économie et des Finances, inquiet des évolutions qu'il constate, préconise une « pause » dans les réformes, langage qui évoque irrésistiblement celui des responsables du Front populaire au moment où ils prennent conscience de l'échec de leur politique. Dès ce moment se trouve posée aux yeux de l'opinion, et de nombreux responsables la question de la validité de la solution sociale, de la crise telle que les socialistes ont entendu la mettre en œuvre. Or les choses se présentent de manière d'autant plus délicate que, parallèlement, se manifestent dans la société française des résistances aux réformes de structure que l'opposition politique, qui relève la tête, commence à exploiter.

450

La montée des difficultés

La volonté de modifier en profondeur la société française qui marque l'action du pouvoir socialiste depuis 1981 a pour résultat de manière relativement rapide de susciter dans l'opinion inquiétudes, frustrations et résistances. Si les réformes ont d'abord été bien accueillies par une opinion avide de changement, faisant régner un éphémère « état de grâce » et isolant l'opposition qui, par conservatisme, paraît refuser toute transformation, l'atmosphère se dégrade dès l'automne 1981, et pour des raisons parfois contradictoires. Les militants qui se considèrent comme les acteurs de l'alternance s'irritent d'une activité réformatrice jugée trop lente ou incomplète comme des ménagements du pouvoir vis-à-vis des forces de résistance au changement. Ils trouvent un relais efficace dans le Parti socialiste qui se considère souvent comme l'aiguillon du pouvoir et auquel celui-ci se sent tenu de donner des gages. Mais les surenchères des militants et certaines décisions prises par le gouvernement exaspèrent, non seulement les opposants, mais aussi une partie des électeurs qui ont porté la gauche au pouvoir pour sortir de la crise mais qui n'entendent nullement voir remis en cause des acquis ou admettre que leurs intérêts puissent être lésés. Si le mot d'ordre des socialistes « Changer la vie » a pu séduire, nul n'entend que ce changement s'effectue à son détriment. Du même coup, le gouvernement et le Parti socialiste se trouvent pris entre les surenchères des militants et la résistance de la société. Le choix entre s'appuyer sur les seuls militants au risque de perdre l'appui de l'opinion ou satisfaire le conservatisme de la société en tournant le dos aux promesses électorales, va s'avérer impossible. Si bien que, dans un premier temps, celui du « changement », le pouvoir feint de confondre les vœux des militants avec les aspirations de l'opinion. Le résultat en est une multiplication des mécontentements catégoriels dont les manifestations entretiennent, dès 1982, une atmosphère d'agitation traduisant le refus des réformes engagées et qui entretiennent la colère et l'exaspération d'une partie de l'opinion. L'agitation dans les grands ensembles péri-urbains, à forte population d'immigrés lourdement touchés par la crise économique, fait naître un réflexe d'inquiétude pour la sécurité quotidienne des Français, d'autant que des attentats terroristes ou antisémites paraissent montrer que le pouvoir ne parvient pas à rétablir l'ordre. Commerçants et industriels manifestent pour protester contre la lourdeur des charges sociales. Les paysans entrent en lutte ouverte avec le ministre de l'Agriculture Édith Cresson qui tente sans succès de remettre en cause le quasi-monopole exercé par la FNSEA et son président François Guillaume dans la représentation du monde rural. Les cadres se plaignent à la fois de la pression fiscale qui s'exerce à leur encontre et de la perte d'autorité qui résulterait pour eux de l'adoption des lois Auroux. Les médecins se mobilisent contre les transformations du système hospitalier et la réforme des études médicales. Les professeurs d'université protestent contre les projets prêtés au ministre Alain Savary qui leur paraissent faire passer les considérations politiques avant les exigences scientifiques. Enfin, toujours dans le domaine de l'éducation nationale, les défenseurs de l'école privée, entraînés par les parents d'élèves de l'UNAPEL (Union nationale des associations de parents d'élèves des écoles libres) commencent à organiser de vastes rassemblements dès le printemps 1982 pour intimider un pouvoir qu'ils soupçonnent de vouloir supprimer les écoles libres.

Or si les résistances à l'action du gouvernement venues de la société sont nombreuses et préoccupantes, elles s'accompagnent de causes de faiblesse plus grandes encore, provenant cette fois des milieux favorables à la gauche et qui ont pour point commun l'écart entre les vues idéologiques de cette dernière et les réalités de la pratique du pouvoir. Exemplaires à cet égard sont les motifs de la démission en décembre 1982 du ministre de la Coopération, le rocardien Jean-Pierre Cot, qui constate tout à la fois que c'est l'Élysée qui gère la politique africaine de la France et que, dans cette gestion, la raison d'État l'emporte très largement sur le souci des droits de l'Homme. Non moins éclairante est la crise qui se produit à l'automne 1982 entre le gouvernement et le Parti socialiste à propos de la réintégration, souhaitée par le chef de l'État, des généraux putschistes d'Algérie dans les cadres de réserve de l'armée, réintégration qui sera imposée à la majorité de gauche qui refuse de la voter par le recours à l'article 49-3 de la Constitution, le PS ne pouvant évidemment se résoudre à déposer sur ce point une motion de censure.

Or, ce malaise de la gauche coïncide avec un redressement de l'opposition de droite. D'abord assommée par la lourdeur de sa défaite de 1981, déchirée entre les partisans de Jacques Chirac et ceux de Valéry Giscard d'Estaing qui se renvoient réciproquement la responsabilité de l'échec, elle a, dans un premier temps, pansé ses blessures sans parvenir à engager un véritable combat politique. Mais elle perçoit très vite l'opportunité que lui offre le malaise de l'opinion publique et l'intérêt qu'elle peut trouver à se présenter comme le barrage au bouleversement entrepris par les socialistes. Très minoritaire à l'Assemblée nationale, elle supplée cette faiblesse par la vigueur de son opposition, menant au Parlement de violentes batailles contre les projets gouvernementaux, pratiquant l'obstruction par la multiplication du nombre des amendements, conduisant des manœuvres de retardement en déférant la plupart des nouvelles lois au Conseil constitutionnel, encourageant les protestations catégorielles. Elle se trouve encouragée dans son action par les sondages qui révèlent le recul accentué des socialistes dans l'opinion et surtout par les scrutins qui montrent la désaffection des Français vis-à-vis du nouveau pouvoir et font espérer à la droite la « reconquête » de positions qu'elle ne se pardonne pas d'avoir perdues. Dès janvier 1982, quatre élections partielles dues à des invalidations prononcées par le Conseil constitutionnel ramènent au Palais-Bourbon quatre élus de l'opposition et parmi eux, Alain Peyrefitte, le Parti socialiste perdant en moyenne 6 % des suffrages par rapport à juin 1981. De beaucoup plus grande signification sont les élections cantonales de mars 1982, les premières depuis les lois de décentralisation donnant un pouvoir accru aux présidents de Conseils généraux. Fortement politisées, mobilisant largement les électeurs, elles révèlent un net recul de la gauche et une poussée de la droite, qui va avoir pour résultat de faire perdre à la majorité 8 présidences de Conseils généraux, l'opposition en détenant désormais 59 et la gauche 36. Un an plus tard, les élections municipales de mars 1983 qui se déroulent avec un nouveau mode de scrutin combinant système majoritaire et système proportionnel pour la représentation des minorités, cependant que des maires et des conseillers d'arrondissement sont élus à Paris, Lyon et Marseille, fait plus que confirmer la tendance. Au premier tour, la droite remporte une écrasante majorité rassemblant 53,6 % des suffrages cependant que la gauche ne réunit que 44,2 % des voix. Même si le second tour corrige un peu le premier, la droite remporte les vingt arrondissements de Paris, renforçant ainsi le pouvoir du maire Jacques Chirac, et conquiert trente villes de plus de 30 000 habitants dont Grenoble, Brest, Châlon-sur-Saône, Chambéry, Nantes, Roubaix, Tourcoing, Nîmes, Reims ou Sète.

La défaite de la gauche lors des législatives de 1986 paraît programmée et la crise du pouvoir est telle que la droite se prend à espérer que le chef de l'État soit conduit par la pression de l'opinion à avancer les échéances et à organiser des élections anticipées. Comment s'explique ce rapide détournement qui voit, en deux ans, la gauche perdre l'avantage conquis dans les urnes en 1981 et une droite, condamnée et vaincue, en position de revenir au pouvoir ? Sans doute en partie par la boulimie réformiste et la volonté d'imposer à la société des transformations dont la mise en œuvre est commandée par les postulats idéologiques des militants socialistes. Mais aussi et surtout parce que la politique économique et sociale conduite par le gouvernement socialiste s'avère un échec total.

L'échec économique et le tournant de 1983

Dès l'automne 1981, avec la dévaluation du franc et la poussée du chômage, le Parti socialiste, dont la politique est fondée sur le principe keynésien d'une relance économique par le relèvement des bas salaires, des prestations sociales et des dépenses publiques, paraît s'acheminer à l'échec, du fait de l'absence de cette reprise économique mondiale sur laquelle comptait le gouvernement. Le décalage est d'autant plus grand que la France poursuit seule cette politique d'expansion alors que tous les grands États industriels du monde mettent la priorité sur le rétablissement des grands équilibres en restreignant le crédit et la consommation (chapitre VII). Dans ces conditions, la poursuite de la politique antérieure va, jusqu'en juin 1982, conduire à accentuer les déséquilibres. La relance de la consommation qui résulte de l'injection de pouvoir d'achat profite surtout aux importations, cependant que l'accroissement des charges des entreprises les rend moins compétitives, ce qui atteint les exportations. Il en résulte un déficit croissant du commerce extérieur qui atteint en 1982 d'inquiétantes proportions. À l'intérieur, la hausse du pouvoir d'achat alimente une forte inflation qui conduit à la poursuite de la dépréciation du franc. Enfin, l'augmentation des dépenses publiques creuse le déficit budgétaire que l'État résoud en accroissant son endettement intérieur et extérieur. Très vite, il apparaît que, dans leurs projets économiques, les socialistes ont gravement sous-estimé la nouvelle situation née de l'étroite imbrication de l'économie française dans l'économie mondiale. À partir de là, conduire une politique de croissance de type keynésien dans une conjoncture économique de crise ne pouvait qu'aboutir à un échec. Mais il y a plus grave et qui met en cause le projet socialiste lui-même : reconnaître qu'en raison de l'ouverture de la France sur le monde extérieur il devient impossible de conduire une politique nationale à contre-courant des tendances internationales, c'est remettre en cause toute l'argumentation qui fonde l'identité du Parti socialiste sur la possibilité de mener, en régime économique libéral, une politique économique volontariste sous le contrôle de l'État, condition nécessaire d'une croissance, elle-même clé de voûte de la société plus juste voulue par la gauche. À partir de là, le dilemme socialiste est clair : ou bien, comme le préconise Jean-Pierre Chevènement, la France doit, pour développer son projet, rompre avec l'économie de marché, quitter le système monétaire international, s'entourer de barrières protectionnistes et viser une économie administrée par l'État ; ou bien, il lui faut reconnaître, comme le souhaite Jacques Delors, que la loi du marché s'impose au pays et, dès lors, se plier à ses règles qui consistent à s'adapter à la conjoncture économique, à jouer de la concurrence internationale et, par conséquent, à renoncer à un traitement social de la crise générateur de déséquilibres. Dans les deux cas, le risque est évident : il est celui d'un décrochage par rapport aux grands pays industriels de la planète avec la mise en œuvre d'un processus de moindre développement compromettant l'avenir du pays si la première solution est adoptée ou celui d'une renonciation aux objectifs proclamés de longue date du socialisme, le PS devenant alors le gestionnaire d'une politique identique dans ses principes à celle de la droite libérale, au cas où l'on se rangerait à la seconde solution.

Pris dans cet engrenage, le pouvoir va refuser de choisir jusqu'en mars 1983, la situation connaissant de ce fait une détérioration permanente. En juin 1982, au lendemain d'un sommet des grands pays industrialisés tenu à Versailles où les fastes déployés par le pouvoir ne peuvent faire oublier la gravité de la situation économique, le gouvernement Mauroy annonce une seconde dévaluation du franc depuis juin 1981, la monnaie française se trouvant dépréciée par rapport au Deutsche Mark de 9,5 %. Cette fois il ne semble pas possible de maintenir la même politique, dont l'échec est patent. Le départ du ministre de la Solidarité nationale, Mme Nicole Questiaux qui avait refusé d'être le « ministre des comptes » et avait laissé se développer le déficit de la Sécurité sociale et son remplacement par un proche du chef de l'État, Pierre Bérégovoy, jusqu'alors secrétaire général de l'Élysée, indique clairement que le moment de l'inflexion de la politique économique est venu. De fait, Pierre Mauroy accompagne la dévaluation d'un plan de rigueur, montrant ainsi que le rétablissement des grands équilibres fait désormais partie des préoccupations du gouvernement : compressions budgétaires, redressement des comptes de la Sécurité sociale par l'instauration d'un forfait hospitalier, d'une contribution de 1 % sur les salaires des fonctionnaires pour combler le déficit de l'assurance-chômage et d'une vignette sur les tabacs et alcools, puis d'un relèvement des cotisations, enfin et surtout blocage des prix et des salaires jusqu'à l'automne 1982 et strict contrôle de ceux-ci après la sortie du blocage. Cet infléchissement brutal de la politique suivie depuis juin 1981 alarme les syndicats, le parti communiste, une partie des socialistes. De fait, si le gouvernement ne renonce pas à la lutte contre le chômage, il apparaît évident qu'il place désormais au premier plan le rétablissement des grands équilibres, l'accent étant mis sur le ralentissement de la hausse des prix, le redressement de la balance commerciale, la limitation du déficit budgétaire et l'allègement des charges des entreprises dont on attend en échange qu'elles reprennent leurs investissements. Toute la question est en effet de savoir si le plan de rigueur n'est qu'une parenthèse qui permettra de reprendre sur des bases plus saines la politique socialiste définie en 1981 ou s'il s'agit d'un tournant vers une conception libérale de la politique économique. Or l'ambiguïté demeure, le gouvernement affirmant la continuité de sa politique et n'acceptant visiblement pas le choix que lui imposent les circonstances. On peut cependant noter que, dès la sortie du blocage des salaires et des prix fin 1982, le gouvernement passe une série d'accords contractuels de limitation des hausses de prix et de désindexation des salaires dans le secteur public. C'est bien, en dépit des affirmations officielles, une nouvelle politique économique de nature libérale qui se met en place.

Le choix éludé en juin 1982 va s'imposer en mars 1983, date à laquelle se situe le tournant décisif. En dépit des emprunts répétés du gouvernement, les réserves en devises s'épuisent d'autant plus que les déficits du commerce extérieur et de la balance des paiements alimentent une spéculation contre le franc. En janvier 1983, l'hémorragie de devises rend inéluctables une nouvelle dévaluation et un nouveau plan de rigueur. Au lendemain des élections municipales de mars 1983, catastrophiques pour la gauche, l'heure est venue de la décision que le président de la République retarde durant une dizaine de jours, hésitant entre la sortie du Système monétaire européen, la rupture avec le Marché commun, l'instauration d'un système protectionniste permettant de relancer la consommation et de lutter contre le chômage en acceptant le déficit de la balance commerciale et la détérioration de la monnaie, solution préconisée par Jean-Pierre Chevènement et Michel Jobert, et l'acceptation des contraintes internationales au prix de la rigueur, que soutiennent le Premier ministre Pierre Mauroy, le ministre de l'Économie et des Finances Jacques Delors et le ministre du Budget Laurent Fabius. Finalement, le président de la République tranche en faveur des seconds. Le franc connaît par rapport au mark un nouveau décrochement de 8 % et la rigueur est renforcée : hausse du forfait hospitalier, prélèvement de 1 % sur les revenus imposables de 1982, emprunt forcé sur les contribuables les plus imposés, hausse des tarifs publics, nouvelles compressions budgétaires et renforcement du contrôle des changes. La rigueur n'apparaît plus comme une solution provisoire, mais comme la ligne définitive de la politique gouvernementale.

Le tournant de 1983 marque la reconnaissance de l'échec de la solution socialiste à la crise économique, de l'impossibilité de mettre en pratique, compte tenu des risques encourus, la rupture promise avec le capitalisme et les contraintes du marché. Ce faisant, c'est toute la culture économique du socialisme français depuis le XIXe siècle qui se trouve rejetée. À cet égard, la démission de Jean-Pierre Chevènement, principal dirigeant du CERES est chargée d'une plus grande signification que celle de l'inclassable Michel Jobert, ministre du Commerce extérieur. Avec la décision de mars 1983 s'ouvre la crise d'identité du socialisme français que vient de révéler l'expérience du pouvoir.

Mais en dépit de ce tournant, le chemin de croix des socialistes n'est pas achevé et il va atteindre son point culminant en 1983-1984.

La crise politique et sociale de 1983-1984 et la démission de Pierre Mauroy

Remanié après la crise monétaire de mars 1983, le gouvernement Mauroy va être chargé d'achever le tournant libéral entamé dès juin 1982. À cet égard, autant que les départs de Michel Jobert et de Jean-Pierre Chevènement, les promotions des acteurs essentiels du choix qui vient d'être opéré sont significatives. Si Jacques Delors n'obtient pas le poste de Premier ministre qu'il ambitionnait, le regroupement sous son autorité de l'Économie, des Finances et du Budget en fait l'inspirateur de la politique économique du gouvernement. Un rôle identique est accordé pour le secteur social à Pierre Bérégovoy, ministre des Affaires sociales et de la Solidarité nationale, dont l'autorité s'exerce sur un ministre délégué à l'Emploi et quatre Secrétaires d'État. Enfin, la nomination de Laurent Fabius au ministère de l'Industrie et de la Recherche, celle de Michel Rocard qui quitte le ministère marginal du Plan pour celui, exposé mais important, de l'Agriculture, illustrent la montée en force des partisans d'une social-démocratie à la française.

La mise en œuvre de la nouvelle logique économique décidée en mars ne tarde pas à faire sentir ses conséquences. Pendant que François Mitterrand présente la défense de la nouvelle ligne aux Français et que Laurent Fabius développe un discours surprenant dans la bouche d'un socialiste, prônant la modernisation et l'innovation, l'alourdissement de la rigueur se traduit par une restriction de la consommation des Français, une aggravation de la pression fiscale et la relance du chômage, stoppé au chiffre de deux millions depuis l'automne 1981. En effet, la nouvelle logique implique le refus de continuer à financer sur des fonds publics des industries déficitaires, de manière à consacrer les ressources disponibles aux investissements destinés à moderniser l'appareil industriel. Il en résulte une vague de restructurations dont les conséquences se traduisent par des licenciements, voire des menaces pesant sur l'avenir de régions entières. Pendant que l'accent est mis sur l'informatique, tenue pour la clé du développement futur ou sur les industries chimiques, le gouvernement encourage à l'automne 1983 la restructuration du groupe Peugeot-Talbot, décide de diminuer l'activité des charbonnages et de la sidérurgie, ce qui entraîne fermetures de sites et suppressions d'emploi. Désormais, les entreprises comptent sur la diminution des effectifs pour rétablir leur situation financière. Les socialistes président ainsi à une politique économique tournant le dos aux objectifs sociaux dont ils sont traditionnellement les défenseurs.

Si bien que le gouvernement doit affronter la colère de sa clientèle traditionnelle de salariés et de syndicalistes, qui organisent contre sa politique grèves et défilés de protestations, voire l'inquiétude des régions touchées par une politique d'alignement sur le marché. Le plan acier d'avril 1984 provoque ainsi une marche des sidérurgistes lorrains sur Paris, cependant que le Nord, département du Premier ministre, se mobilise contre les fermetures de sites. Le gouvernement doit compter avec les syndicats qui organisent la riposte ouvrière. Il doit aussi affronter ses adversaires traditionnels du petit patronat dont l'exaspération se manifeste par les grèves-bouchon des transporteurs routiers de janvier 1984 qui font craindre un putsch à la chilienne dans un pays paralysé. Cette politique entraîne de très vives tensions. Au sein même du Parti socialiste, le CERES de Jean-Pierre Chevènement s'oppose à la politique suivie. Le parti communiste, de plus en plus mal à l'aise au sein de la majorité, prend ses distances avec une politique dans laquelle il dénonce une trahison de l'union de la gauche sans oser toutefois rompre la solidarité gouvernementale et majoritaire.

Enfin, le climat de tension est porté à son comble par la querelle de l'école privée. Bien que le ministre Alain Savary ait entamé une longue négociation avec les responsables de l'enseignement catholique pour parvenir à un compromis permettant de créer le « grand service public unifié et laïque de l'éducation nationale », par étapes et sans faire disparaître la spécificité de l'enseignement catholique, les négociateurs sont soumis aux pressions permanentes des extrémistes des deux camps, le Comité national d'action laïque d'une part et son antenne syndicale de la Fédération de l'Éducation nationale, soutenue par le Parti socialiste, et d'autre part l'Union nationale des associations de parents d'élèves des écoles libres proche de l'opposition de droite. Cette récupération politique va contribuer à aigrir le débat et à fragiliser le gouvernement. Les défenseurs de l'école libre parviennent en effet à mobiliser l'opinion, sur le thème de la liberté, contre la volonté supposée du pouvoir de supprimer l'enseignement libre, considéré comme un recours possible par les familles contre l'échec scolaire. Une série de manifestations de plus en plus suivies (il y aura à Versailles le 4 mars 800 000 manifestants) illustre le succès de cette tactique et conduit le camp laïque qui ne parvient pas à susciter un pareil engagement à durcir sa position. Lorsque le 22 mai, le ministre Alain Savary propose à l'Assemblée nationale son projet de loi dont, en dépit de quelques réticences, l'enseignement privé accepte les grandes lignes, on peut penser que la querelle scolaire est peut-être définitivement enterrée en France. Mais les pressions des dirigeants socialistes sur le Premier ministre remettent tout en question. Pierre Mauroy accepte en effet deux amendements proposés par le Parti socialiste qui remettent en cause le compromis négocié. Adopté par l'Assemblée nationale le 24 mai, le texte doit encore être soumis au Sénat. La crise politique qui atteint alors son apogée ne lui en laissera pas le temps.

Pendant que la cote de popularité du président s'effondre, glissant au-dessous de 30 % et que celle du Premier ministre est du même ordre, le pouvoir subit deux échecs cinglants. Le premier est électoral et représente une nouvelle étape de la crise de la gauche avec les élections européennes du 17 juin 1984. 43,3 % des électeurs s'abstiennent et ceux qui votent donnent 43 % des voix à la liste d'opposition conduite par Simone Veil et seulement 33 % à la majorité, le Parti socialiste tombant à moins de 21 % et le parti communiste connaissant un véritable effondrement avec 11 % des suffrages. En outre, le principal enseignement de ces élections est la percée de l'extrême droite représentée par le Front national de Jean-Marie Le Pen qui rassemble plus de 2 200 000 voix, soit 11 % des suffrages (autant que le PC), témoignant ainsi de la radicalisation d'un certain nombre d'électeurs de droite et de l'apparition d'une nouvelle force dans le jeu politique.

Le second échec intervient le 24 juin avec la grande manifestation organisée à Paris par les défenseurs de l'école libre qui rassemble plus d'un million de participants, montrant ainsi de manière éclatante le désaveu par la population du texte voté par l'Assemblée nationale et illustrant de manière flagrante le fossé creusé entre le pouvoir et l'opinion.

Prenant acte de ces échecs et du caractère aigu de la crise qui atteint le pays, le chef de l'État décide de reculer, sanctionnant ainsi, après le tournant de 1983, l'échec de la politique entreprise depuis 1981. Le 14 juillet, il annonce le retrait du projet Savary, provoquant la démission du ministre de l'Éducation nationale qui s'estime désavoué moins par ce geste que par les amendements imposés à son projet. Trois jours plus tard, le président accepte la démission de Pierre Mauroy, le Premier ministre qui incarnait la tradition socialiste. En juillet 1984, une page est tournée qui clôt sur un constat d'échec l'expérience socialiste inaugurée en 1981.

X

LIBÉRALISME OU SOCIAL-LIBÉRALISME ?
ALTERNANCES ET COHABITATIONS
(1984-2002)

Une phase nouvelle de la vie politique française

Depuis la fin de la Seconde Guerre mondiale, la France vivait dans un cadre dominé par l'expansion économique et par la pratique des principes keynésiens d'intervention de l'État dans l'économie et la société, la puissance publique étant chargée, en vertu d'un très large consensus, de la mission de corriger les dysfonctionnements de la conjoncture économique et de procéder par le biais de la fiscalité, des prestations sociales ou familiales, de l'investissement dans les équipements publics à une redistribution limitée des revenus au nom de la solidarité nationale. La crise de 1974 a fait disparaître la croissance, moteur des politiques économiques et sociales pratiquées depuis la Libération sans toutefois remettre en cause les principes fondamentaux de l'interventionnisme d'État, le septennat giscardien se caractérisant, au moins dans sa première phase, par le maintien d'une politique de nature social-démocrate. Celle-ci avait été jugée insuffisant par la gauche, qui, en 1981, avait envisagé d'accentuer le rôle de l'État de manière à en faire l'instrument de la rupture avec le capitalisme promise par la gauche. Les leçons, tirées en 1983-1984 de l'échec de l'expérience, sont lourdes de conséquences. En effet, désormais, à l'exception d'un parti communiste dont l'audience ne cesse de se réduire et d'une extrême gauche marginalisée, aucun parti de gouvernement ne remet plus en cause l'idée selon laquelle il est impossible de conduire une politique économique en dehors des lois du marché et de la concurrence internationale, sauf à accepter de prendre la route du sous-développement. En d'autres termes, la conversion au libéralisme de la pensée économique mondiale, constatée au début des années 1980 (chapitre VII) n'épargne pas la France. Il en résulte, en France comme dans l'ensemble du monde, une résignation à la fatalité des lois du marché, une exaltation de l'entreprise considérée comme la seule source de production de richesse, une volonté de lui laisser les mains libres en l'affranchissant de tout contrôle, la conviction que seule la diminution des coûts salariaux peut lui permettre d'acquérir la compétitivité nécessaire au jeu de la concurrence internationale et, par conséquent, la soumission à l'existence d'un fort volant de chômage dont il s'agit simplement de pallier les conséquences les plus dramatiques afin d'éviter une explosion sociale. En d'autres termes, ce n'est plus l'homme, le salarié, mais l'entreprise qui devient l'objet prioritaire de la politique économique. En dépit de discours lénifiants, ces conceptions sont partagées par la droite (ce qui est conforme à ses traditions) et par la gauche (ce qui représente une conversion radicale au libéralisme). Force est de constater que cette politique largement consensuelle des forces politiques ne parvient en rien à juguler la crise, ce qui rend compte des choix en faveur des forces d'opposition des Français à chaque élection décisive (législative ou présidentielle). C'est l'échec des politiques de lutte contre la crise qui explique ainsi les alternances successives de 1986, 1988, 1993. Or le paradoxe veut que le tournant vers le libéralisme soit pris en 1983-1984 sous une majorité socialiste et que le gouvernement formé en 1984 soit le premier à admettre nettement qu'il tente de mettre en œuvre une gestion libérale de la crise économique.

Le gouvernement Fabius
et les débuts du social-libéralisme (1984-1986)

En acceptant la démission de Pierre Mauroy, il est évident que François Mitterrand entend reprendre en main les rênes politiques alors que se profile à l'horizon l'échéance des élections législatives de 1986. L'ampleur du recul socialiste, mesuré par exemple par le score des élections européennes de juin 1984 laisse prévoir un écrasement historique du Parti socialiste par la droite. Pour éviter une telle issue, le président de la République va jouer le jeu de la novation, rejetant ainsi implicitement la politique de la première phase du septennat.

La novation est d'abord marquée par le changement des hommes. À Pierre Mauroy, symbole de la tradition socialiste, François Mitterrand substitue un homme jeune (il n'a que 38 ans), à la carrière politique brève, tout entière accomplie sous sa tutelle, Laurent Fabius. L'équipe dont il s'entoure est profondément modifiée. D'abord parce que les communistes qui, depuis 1982, se sentaient mal à l'aise dans des gouvernements pratiquant la rigueur de façon de plus en plus drastique, refusent de participer à une équipe qui s'apprête à mettre en œuvre une politique d'inspiration libérale. Ensuite parce que deux des ministres de premier plan souhaitent reprendre leur liberté, Alain Savary qui juge qu'il a été utilisé sans ménagements dans la querelle scolaire, et Jacques Delors, convaincu que la maîtrise de la politique économique et financière lui échappera désormais et qui se voit promettre la présidence de la Commission européenne. Le nouveau gouvernement est organisé autour d'une ossature de fidèles du chef de l'État, de Pierre Bérégovoy, ministre de l'Économie et des Finances à Pierre Joxe, ministre de l'Intérieur en passant par Roland Dumas (Affaires étrangères). Au poste névralgique de ministre de l'Éducation nationale, on enregistre le retour de Jean-Pierre Chevènement, dont la mission principale paraît être d'apaiser la querelle scolaire.

Au demeurant, le nouveau Premier ministre illustre son objectif de reconquête de l'opinion par la double mission qu'il assigne à son gouvernement : « moderniser la France et rassembler les Français ». En d'autres termes, le temps où les socialistes entendaient mettre en œuvre un changement impliquant la rupture avec l'état de choses antérieur est révolu. Il s'agit désormais de gérer en pratiquant l'apaisement pour éviter les polémiques inutiles et d'orienter l'effort de la France, ainsi rassemblée, pour mettre en application la nouvelle politique économique.

La réconciliation des Français est la plus rapide à mettre en œuvre. Elle consiste en un retrait d'une proposition de révision constitutionnelle proposée par le chef de l'État, ayant pour objet de permettre des référendums sur les grands projets de société, mais à laquelle s'oppose le Sénat. Elle passe par des dispositions conciliantes proposées par le Premier ministre pour l'application d'une loi sur la presse qui vise les concentrations opérées dans ce domaine, et spécifiquement par le groupe Hersant, dont les journaux se font les porte-parole de l'opposition. Elle repose surtout sur l'abandon par le nouveau ministre de l'Éducation nationale, Jean-Pierre Chevènement du projet Savary au profit de « mesures simples et pratiques » qui marquent un retour à la loi Debré de 1959 à quoi s'ajoutent des garanties sur le financement des établissements privés. Cet apaisement est complété par l'adoption d'un statut de l'enseignement agricole privé préparé par Michel Rocard qui s'accompagne d'une rénovation de l'enseignement agricole public.

Cet apaisement va de pair avec une volonté de modernisation des structures nationales qui est la marque du gouvernement Fabius et qui suscite l'intérêt de l'opinion. Cette volonté imprègne tous les domaines de la politique gouvernementale. Elle est visible dans le domaine de l'école où le ministre Jean-Pierre Chevènement ne se contente pas de se débarrasser d'une querelle scolaire qu'il juge « archaïque », mais entend faire du système scolaire le « fer de lance » de la modernisation. Se réclamant de l'héritage de Jules Ferry, il affirme que la mission de l'école élémentaire est d'inculquer les connaissances fondamentales. Rejetant les théories pédagogiques des années 1960-1970, il prône une restauration de l'effort et assigne au système scolaire la mission de dégager une « élite républicaine » au prix d'une certaine sélection. Enfin, en accord avec le Premier ministre, il fixe au système éducatif français l'objectif de conduire en l'an 2000 80 % d'une classe d'âge au niveau du baccalauréat, ce qui entraîne une promotion de l'enseignement technologique et professionnel, une réforme des lycées modifiant les filières du baccalauréat et un accent plus important mis sur l'économie, l'étude des problèmes contemporains, voire la formation civique. Si on ajoute qu'en janvier 1985, le gouvernement Fabius décide d'équiper tous les établissements publics d'enseignement d'ordinateurs, on voit la place essentielle tenue par le système d'enseignement au sein du projet modernisateur du Premier ministre.

Dans le domaine économique, la modernisation passe par la mise en œuvre des recettes libérales auxquelles la gauche s'est ralliée. Elle se traduit par la priorité accordée à la lutte contre l'inflation par le ministre Pierre Bérégovoy. Celui-ci est servi par le budget de rigueur préparé pour 1984 par Jacques Delors, mais aussi par la chute du cours du dollar à partir de janvier 1985 et par les effets du contre-choc pétrolier (chapitre VII). Si bien que fin 1985, les résultats obtenus, compte tenu de la nouvelle logique économique sont importants : la désinflation est spectaculaire, la hausse des prix se trouvant limitée à 4,7 % en 1984 et son ralentissement se poursuivant en 1985 et 1986 ; la Bourse connaît un envol considérable en 1985 permettant aux opérateurs de réaliser de spectaculaires bénéfices ; les prix et le contrôle bancaire font l'objet de déréglementations progressives ; les budgets marquent une nette décélération des dépenses de l'État. Si on y ajoute la décision du Premier ministre de limiter l'intervention de l'État dans les entreprises nationalisées, afin de laisser jouer les mécanismes du marché, ses éloges de l'entreprise, de la rentabilité, de la productivité, voire du profit, on constate l'ampleur de la mutation intervenue depuis 1981. Sans doute demeure-t-il des ombres au tableau : l'importance du déficit commercial, la faiblesse de la croissance, le poids de l'endettement extérieur. Mais on conçoit que cette politique puisse valoir au gouvernement un satisfecit de l'ancien Premier ministre de droite Raymond Barre, et qu'à l'inverse, elle provoque incompréhension et amertume dans les rangs des militants socialistes. Tout se passe en effet comme si le gouvernement Fabius entendait couper l'herbe sous le pied de l'opposition en pratiquant d'avance la politique que celle-ci préconise.

D'autant que si la politique de modernisation remporte des succès sur le plan économique, il n'en va pas de même dans le domaine social. Le chiffre des chômeurs atteint les deux millions et demi en 1984-1986, touchant particulièrement les jeunes qui ne trouvent pas place sur le marché de l'emploi. Sans doute le Premier ministre peut-il valablement alléguer que ses efforts de formation, les encouragements donnés à la recherche et à l'investissement répondent à la volonté de résoudre le problème sur le long terme. Mais, à court terme, les restructurations industrielles encouragées par le gouvernement, dans le secteur nationalisé par exemple, se traduisent par des diminutions d'effectifs. La volonté de lutte contre l'inflation exige une stricte austérité en matière de salaires. Enfin, le gouvernement cherche le moyen de faire droit aux exigences du patronat en matière de flexibilité du temps de travail et de suppression de l'autorisation administrative de licenciement sans provoquer une trop vive réaction des syndicats qui veillent jalousement sur les « droits acquis ». Ce n'est qu'en février 1986 que le ministre du Travail Delebarre parvient à faire adopter un texte de compromis qui prévoit que ces mesures seront mises en œuvre par branches industrielles, chacune d'entre elles devenant le lieu d'une négociation spécifique.

Pour le court terme, le gouvernement en est réduit à proposer des expédients destinés davantage à réduire les statistiques du chômage qu'à faire reculer réellement celui-ci, comme les Travaux d'utilité collective, les TUC, rémunérés très au-dessous du SMIC et qui traduisent un fait lourd de conséquences pour la société : l'acceptation par le pouvoir d'un retour à la précarité de l'emploi et à l'abandon des principes du plein emploi et du salaire minimum qui avaient constitué les fondements de l'État-providence. C'est bien un tournant fondamental que, sous la pression des circonstances, doit prendre le gouvernement socialiste. Il fait le sacrifice du progrès social garanti par la loi sur l'autel de la reprise économique, au bénéfice de l'entreprise, dont on attend en retour la restauration du plein emploi. Mais cette conséquence s'avère illusoire (chapitre VII).

Il faut cependant reconnaître que le nouveau style de pouvoir plaît davantage à l'opinion que celui, plus idéologique, de Pierre Mauroy. La jeunesse du Premier ministre, son modernisme séduisent. L'image de compétence au niveau de la gestion économique, la mise en sourdine des grands thèmes de rupture avec le capitalisme au profit de la recherche pragmatique de solutions accroissant l'efficacité des structures en place, le sérieux de la nouvelle équipe sont bien accueillis par l'opinion. La cote de confiance du Premier ministre est considérable, s'établissant à près de 60 % des personnes interrogées. La cote de satisfaction du président de la République ne suit pas immédiatement puisqu'il touche le fond en novembre 1984 avec seulement 26 % de satisfaits, mais ensuite, sa popularité connaît une remontée lente et continue, bloquée toutefois en 1985-1986 autour d'un tiers de satisfaits. « L'état de grâce » de Laurent Fabius permet ainsi aux socialistes d'espérer, sinon une victoire aux élections de 1986 qui semble hors de portée compte tenu du faible délai qui subsiste, du moins une limitation de la défaite qui permettrait au chef de l'État d'exercer un rôle d'arbitre face à une majorité exiguë.

Il est vrai que les difficultés politiques n'épargnent pas le gouvernement de Laurent Fabius, donnant souvent le sentiment d'une impuissance du pouvoir à trancher, voire d'une maladresse ou d'un amateurisme face aux problèmes qui se posent au pays. La question la plus grave est celle de la Nouvelle-Calédonie, l'un des territoires d'outre-mer, vestige d'un empire colonial désormais disparu. Confrontés au développement d'un courant indépendantiste en Nouvelle-Calédonie, les gouvernements socialistes réagissent par la proposition d'un statut d'autonomie interne en 1984, puis, devant le boycott des élections qui suivent, en envisageant en 1985 un statut provisoire avec découpage en quatre régions et décentralisation des pouvoirs. Mais, sur le terrain, les violences se multiplient entre les indépendantistes qui barrent les routes, incendient les mairies, s'attaquent aux Européens et ces derniers, concentrés pour

472

l'essentiel à Nouméa, qui réclament le maintien dans la République. Le débat épouse vite le clivage droite-gauche, la majorité envisageant un statut d'indépendance par étapes, l'opposition défendant la « Nouvelle-Calédonie française ». À l'automne 1985 ont lieu des élections qui révèlent que les anti-indépendantistes sont majoritaires en voix, mais ne dominent que la région de Nouméa, les indépendantistes ne disposant que de 29 % des suffrages, mais rassemblant 80 % des voix mélanésiennes et conquérant la majorité dans les trois autres régions. À l'évidence, le problème n'est qu'ajourné d'autant que se pose la question d'une réforme foncière difficile à mettre en œuvre et que la tension entre communautés demeure très forte. Beaucoup plus dommageable encore pour l'image du gouvernement est l'affaire « Greenpeace ». En juillet 1985, un bateau, le *Rainbow Warrior*, appartenant à cette organisation écologiste internationale, a fait l'objet d'un attentat entraînant la mort d'un homme en Nouvelle-Zélande, alors qu'il s'apprêtait à tenter d'empêcher des expériences nucléaires françaises dans le Pacifique. L'enquête de la police néo-zélandaise aboutit à l'arrestation d'agents des services secrets français qui sont emprisonnés. Outre la tension internationale qui en résulte avec la Nouvelle-Zélande, la volonté du gouvernement français d'étouffer l'affaire se heurte aux révélations de la presse. Le Premier ministre tente d'esquiver toute responsabilité en faisant porter celle-ci sur le ministre de la Défense nationale Charles Hernu et sur le directeur général de la Direction générale de la sécurité extérieure, l'amiral Lacoste qui sont conduits, l'un et l'autre, à démissionner. Mais l'opinion conserve les plus grands doutes sur l'ignorance des faits par les plus hautes autorités de l'État. Enfin, la visite officielle en France en décembre 1985 du chef de l'État polonais, le général Jaruzelski, qui a proclamé l'état de siège et dissout le syndicat *Solidarité* en 1981 provoque une vive émotion dans l'opinion, à droite comme à gauche, et conduit le Premier ministre à se désolidariser du chef de l'État en se déclarant, à l'Assemblée nationale, « troublé » par cette décision présidentielle.

C'est donc dans un contexte politique défavorable que le gouvernement socialiste va aborder les élections de 1986. La dernière consultation avant les législatives, les élections cantonales de mars 1985, confirme les enseignements des élections européennes de 1984 : la gauche est écrasée (41 %) alors que la droite réunit 58 % des suffrages. Cette défaite qui laisse mal augurer pour la majorité de la future consultation est cependant due pour l'essentiel à l'effondrement du parti communiste qui rassemble moins de 13 % des suffrages, cependant que la poussée à droite doit tenir compte des voix du Front national (8,85 %, mais il n'est pas présent dans toutes les circonscriptions). Tout le problème de la gauche est donc de savoir comment limiter la victoire probable de la droite, d'abord dans les urnes, puis au pouvoir, si, comme il est vraisemblable, elle l'emporte.

Les élections de 1986 : l'alternance dans l'alternance

La perspective d'une victoire de la droite aux législatives représente pour la Ve République un véritable saut dans l'inconnu. Depuis la fondation du régime en 1958, la majorité législative a toujours coïncidé avec la majorité présidentielle, même lorsqu'il a existé des tensions entre les deux comme ce fut le cas lors du septennat de Valéry Giscard d'Estaing. Au demeurant, cette dernière expérience conduit au pessimisme sur les effets d'une distorsion entre les deux majorités, l'opposition larvée du RPR ayant contraint le président à modérer ses velléités réformatrices. Or là, l'enjeu s'avère plus redoutable encore : que va-t-il se passer si on trouve face à face une majorité législative de droite et un président de gauche ? L'un des pouvoirs ne va-t-il pas annuler l'autre, et lequel l'emportera ? Bien que François Mitterrand ait fait valoir qu'il ne resterait pas inerte, le risque est cependant grand de voir le pouvoir présidentiel amoindri. C'est l'hypothèse qui conduit l'ancien Premier ministre Raymond Barre à refuser toute idée de « cohabitation » qui, à ses yeux, mettrait fin à ce qui fait l'essence même de la Ve République et à préconiser une pression sur le président pour le contraindre à la démission. Jugeant qu'il est difficile de solliciter les suffrages des électeurs pour déclencher une crise de régime, Jacques Chirac et le RPR prônent au contraire une pratique sans concession de la Constitution qui stipule que le gouvernement « détermine et conduit la politique de la nation », ce qui permettrait de cantonner le chef de l'État dans des fonctions représentatives et au futur Premier ministre (poste pour lequel Jacques Chirac pose sa candidature) de se prévaloir de son bilan gouvernemental pour remporter en 1988 les élections présidentielles qui ramèneraient la droite au pouvoir. Quelle que soit la stratégie mise en œuvre, son objet est à coup sûr de mettre fin à l'expérience socialiste.

Or, malgré leur déception des élections cantonales de 1985, les socialistes constatent que leur audience remonte dans l'opinion. D'où la tentation de modifier le mode de scrutin pour limiter la victoire de la droite, voire pour lui interdire de réunir une majorité absolue, surtout si la poussée du Front national se confirmant, la droite était placée dans la situation impossible de n'avoir de majorité qu'en incluant l'extrême droite, ce qui provoquerait *ipso facto* une crise profonde dans ses rangs, ou de ne réunir qu'une majorité relative qui l'empêcherait pratiquement de gouverner. Telles sont les raisons fondamentales qui expliquent l'adoption en 1985 du scrutin proportionnel pour les futures législatives. Cette décision provoque le retrait du gouvernement de Michel Rocard au motif que le nouveau scrutin favorisera l'extrême droite en lui donnant une représentation au Parlement, mais aussi qu'il risque d'interdire à tout jamais le retour du pouvoir du Parti socialiste qui a fort peu de chances de pouvoir rassembler assez largement pour disposer d'une majorité à la proportionnelle.

Telles sont les conditions qui prévalent lors des élections législatives du 16 mars 1986 dont les résultats coïncident assez largement avec ce qu'annonçaient les sondages pré-électoraux.

Élections législatives du 16 mars 1986

Forces politiques	% des suffrages exprimés	Élus
Parti communiste	9,78 %	35
Parti socialiste et radicaux de gauche	32,65 %	215
UDF	41 %	129
RPR		145
Divers droite	3,90 %	14
Front national	9,65 %	35

Ces résultats permettent de tirer un certain nombre d'enseignements qui dessinent l'état de l'opinion française. En premier lieu, on constate un pourcentage relativement élevé d'abstentions (21,2 %) et une proportion inhabituellement importante de bulletins blancs et nuls (3,37 %). Or l'analyse du scrutin montre que ce phénomène a touché plus spécialement les électeurs de gauche et spécifiquement ceux du parti communiste. Comme en 1981, les élections voient leur résultat déterminé davantage par les déceptions de l'électorat vis-à-vis de la majorité sortante que par une lame de fond portant la nouvelle majorité.

En second lieu, les espoirs socialistes ont été déçus par les électeurs qui ont donné une majorité relative des voix aux partis de la droite parlementaire (RPR et UDF), mais la majorité absolue des sièges, de justesse puisque deux voix seulement permettent à la coalition victorieuse de franchir la barre. De surcroît, au sein de l'équipe majoritaire, si le RPR s'assure un léger avantage de 16 sièges qui permet à son président Jacques Chirac de revendiquer le poste de Premier ministre, les rivalités demeurent, surtout dans la perspective des élections présidentielles de 1988, l'ancien Premier ministre Raymond Barre se présentant comme le champion de l'UDF. Enfin, le mode de scrutin a fait naître, sur la droite de la nouvelle majorité, un groupe de 35 députés du Front national dont l'appoint n'est pas nécessaire à celle-ci, mais dont on peut être assuré qu'il va jouer la surenchère et placer les vainqueurs du scrutin en position difficile. En d'autres termes, la remontée socialiste et les effets du scrutin proportionnel ont brisé la vague montante de la droite en limitant son ampleur et en la fragilisant face au pouvoir présidentiel et à la gauche.

Car, paradoxalement, si le Parti communiste enregistre un nouveau recul, tombant sous la barre des 10 % des suffrages exprimés et faisant jeu égal avec le Front national, naguère encore un simple groupuscule, le Parti socialiste peut tirer satisfaction de ce résultat. Avec 32,65 % des suffrages exprimés et 215 députés, il fait figure de premier parti de France et peut espérer reconquérir le pouvoir qu'il vient de perdre, d'autant que son chef demeure à l'Élysée et que le score atteint renforce la position de la gauche comme force d'alternance crédible.

Si bien que les élections de 1986 qui ouvrent la période originale de la cohabitation entre un président de gauche et une droite majoritaire au Parlement apparaissent moins comme le coup de tonnerre annoncé, qui devait changer la nature du régime, que comme le premier acte de l'élection présidentielle de 1988, principale préoccupation des forces politiques, du chef de l'État et du gouvernement formé au lendemain des élections.

La cohabitation : une rupture libérale ?

C'est sous le signe du retour au dogme libéral que se met en place la cohabitation. D'abord dans la formation du gouvernement. Comme on pouvait s'y attendre, et comme l'imposent les résultats des élections et l'arithmétique parlementaire, le président de la République nomme Premier ministre Jacques Chirac. Il prouve ainsi sa volonté de respecter le verdict du suffrage universel et montre qu'il n'entend nullement ruser avec la nouvelle majorité. Mais certains s'interrogent déjà sur le fait de savoir, si en agissant ainsi, le président n'entend pas mettre au pied du mur face à l'exercice du pouvoir celui qui se présente comme son principal rival lors du futur scrutin de 1988. Toutefois, l'homme qui prend ainsi en charge la direction du gouvernement n'est plus l'ancien Premier ministre de Valéry Giscard d'Estaing qui prônait une action volontariste contre la crise. Désormais convaincu, comme son parti, que la solution à la crise réside dans les thérapies libérales que mettent en œuvre au même moment Ronald Reagan aux États-Unis, Margaret Thatcher au Royaume-Uni, il brûle d'appliquer à la France les recettes nouvelles. Le « Projet pour la France » qui sert de plate-forme au RPR se réclame d'un libéralisme pur et dur qui traduit une foi de néophytes et suscite l'ironie de l'ancien Premier ministre Raymond Barre, partisan d'un libéralisme corrigé par l'intervention de l'État, garant de la cohésion sociale et des conquêtes de l'État-providence, qui ne cache pas son scepticisme devant

478

le « reaganisme à la française ». Dénationalisations, baisse des prélèvements obligatoires, déréglementation, défense de l'enseignement privé… constituent le programme que le Premier ministre entend mettre en œuvre.

Avec qui ? La formation du gouvernement relève en effet pour l'essentiel des choix du Premier ministre, le président n'intervenant que pour récuser des noms qui lui déplaisent dans les domaines relevant de son autorité où seront finalement nommés deux techniciens, l'ambassadeur Jean-Bernard Raimond aux Affaires étrangères, et l'ancien Commissaire à l'Énergie atomique, André Giraud, à la Défense. Pour le reste, l'axe du gouvernement est résolument libéral avec la nomination comme (seul) ministre d'État, ministre de l'Économie, des Finances et de la Privatisation du RPR Édouard Balladur, collaborateur de Georges Pompidou à divers postes et tenant au sein du mouvement gaulliste d'une ligne libérale qui ne fait pas l'unanimité. Par ailleurs, d'autres membres du RPR, représentant diverses tendances du mouvement héritent de ministères-clés, comme Charles Pasqua à l'Intérieur, Philippe Séguin aux Affaires sociales, Bernard Pons aux départements et territoires d'outre-mer, Albin Chalandon à la Justice. De même, si au sein de l'UDF, les portefeuilles sont répartis de manière à satisfaire les diverses composantes avec la nomination de deux CDS (René Monory à l'Éducation nationale, Pierre Méhaignerie à l'Équipement, logement, aménagement du territoire et transports), d'un radical (André Rossinot), le choix du Premier ministre se porte prioritairement sur la tendance des jeunes libéraux du parti républicain comme François Léotard, ministre de la Culture et de la Communication et Alain Madelin, ministre de l'Industrie, au détriment des giscardiens qui sont écartés.

Non sans analogie avec le dogmatisme et la précipitation de la politique socialiste en 1981, la nouvelle équipe entend mettre en œuvre le libéralisme dont elle fait son slogan avec un esprit de système qui va la conduire à prendre en tous domaines le contre-pied de l'ancienne majorité. Utilisant la procédure des ordonnances pour gagner du temps, le gouvernement multiplie les mesures symboliques et spectaculaires. Le domaine privilégié est évidemment celui de la politique économique. Une loi d'habilitation de juillet 1986 prévoit la privatisation en cinq ans de soixante-cinq entreprises financières et industrielles, non seulement celles qui ont été nationalisées en 1982, mais aussi certaines dont la nationalisation date de 1945, comme la Société générale. Dès la première année, vingt entreprises sont ainsi promises à la privatisation. La mise en œuvre de celle-ci constituera un incontestable succès du gouvernement, la vente d'actions dans le public étant accueillie avec une grande faveur et faisant naître un « capitalisme populaire ». En revanche, la constitution de « noyaux durs » qui possèdent la majorité du capital sera vivement critiquée, l'opposition, mais aussi les barristes, reprochant au ministre de l'Économie et des Finances de favoriser des dirigeants de grandes entreprises proches du RPR. Ajoutées à la libération des prix et des produits industriels et à la suppression du contrôle des changes, ces mesures témoignent de la volonté de retour au libéralisme de la nouvelle majorité. Il en ira de même de la réduction des impôts décidée par Édouard Balladur et de la diminution des dépenses publiques dans le budget de 1987 qui semble attester la volonté de désengagement de l'État.

La même inspiration concerne le domaine social. Le libéralisme inspire la suppression de l'autorisation administrative de licenciement ou l'aménagement du temps de travail, mesures réclamées de longue date par les chefs d'entreprise, qui sont destinées à rétablir leur confiance et leur autorité et dont on espère une reprise de l'embauche. Enfin, l'électorat de la majorité applaudit bruyamment à toute une série de mesures particulièrement symboliques comme la suppression de l'Impôt sur les grandes fortunes, l'amnistie pour la fuite des capitaux, le rétablissement de l'anonymat sur les achats d'or, l'abrogation de la loi Quilliot, très favorable aux locataires. Toutes ces mesures seront dénoncées par l'opposition comme témoignant de la volonté du pouvoir de défendre les intérêts des riches, des spéculateurs, des propriétaires et feront apparaître le gouvernement Chirac comme celui des « gros ».

C'est tout simplement pour répondre aux vœux de la clientèle électorale de la majorité que sont prises des mesures fiscales favorables aux agriculteurs, aux professions libérales et aux commerçants. C'est encore pour tenter de ramener à la droite parlementaire les électeurs tentés par le Front national et ses thèmes sécuritaires et hostiles à l'immigration que le ministre de la Justice et celui de l'Intérieur rétablissent les contrôles et vérifications d'identité, renforcent le contrôle de l'immigration en faisant expulser sur décision administrative des étrangers en situation irrégulière, en renforçant les mesures pénales contre le terrorisme, en faisant construire de nouveaux établissements pénitentiaires. Enfin, un nouveau Code de la nationalité, beaucoup plus restrictif dans l'attribution de la nationalité française est étudié.

Dans le domaine de l'information, les mesures prises par les socialistes pour tenter d'empêcher la constitution de monopoles de presse (mesures qui visent en particulier le groupe Hersant, proche du RPR) sont abrogées, de même que la loi de 1982 sur la communication audiovisuelle. La Haute-Autorité de l'Audiovisuel est supprimée et remplacée par une Commission nationale de la Communication et des Libertés dont les membres sont généralement proches de la nouvelle majorité et qui va procéder à des changements de caractère politique dans la direction des chaînes de radio et de télévision, cependant que les concessions des trois chaînes privées (TF1 et les 5ᵉ et 6ᵉ chaînes) accordées par le précédent gouvernement sont annulées.

Il faudrait encore ajouter à cette volonté de rupture avec les pratiques précédentes le vote d'un mode de scrutin rétablissant le système électoral majoritaire à deux tours, assorti d'un nouveau découpage des circonscriptions, dénoncé par l'opposition comme destiné à favoriser la droite et la mise à l'étude, sous la pression des universitaires proches de la droite, d'une nouvelle loi sur les universités destinée à remettre en cause les mesures décidées par Alain Savary.

En d'autres termes, la période 1986-1987 n'est pas sans évoquer un dogmatisme libéral et conservateur qui constitue l'exact contrepoint du dogmatisme socialiste de 1981-1982. Comme 5 ans plus tôt, la France devient un immense chantier où la nouvelle majorité s'applique à remettre en cause tout ce qu'avait fait la majorité précédente. Et comme en 1981-1982, cette politique va échouer face à son inefficacité, à l'exaspération d'une partie de l'opinion et à la renaissance de l'opposition socialiste.

La cohabitation : l'échec de l'expérience Chirac

Le pari du gouvernement Chirac était, grâce à la politique d'Édouard Balladur, d'obtenir un redressement significatif de l'économie française au prix d'une logique libérale supposée résoudre tous les problèmes du pays : le rôle de l'État dans l'économie doit être diminué par une réduction des dépenses publiques, permettant de mettre fin au déficit budgétaire, de diminuer la pression fiscale, d'alléger la dette. Il en résultera une baisse des taux d'intérêt permettant aux entreprises d'emprunter pour investir, relançant ainsi la croissance. La rupture apparaît ainsi davantage dans les intentions proclamées haut et fort que dans des pratiques dont la plupart ont été mises en œuvre en 1984 par le gouvernement Fabius.

Les résultats sont-ils à la hauteur des espérances du nouveau pouvoir ? Partiellement sans doute. La croissance économique qui n'avait été que de 1,6 % en 1985, remonte en 1986 à 2,2 % et en 1987 à 2,3 %. C'est plus une consolation à un niveau médiocre que la grande relance attendue. Et ce d'autant plus que la forte reprise du commerce mondial (6,4 % en volume en 1987) ne profite que très partiellement à l'économie française dont les exportations ne progressent que de 1,8 %. Le déficit du commerce extérieur (314 milliards de francs en 1987) mesure l'affaiblissement commercial de la France dans le monde, surtout si l'on prend en compte le déficit de la balance des produits manufacturés qui permet de juger de la compétivité de l'industrie nationale. Cette situation entraîne un déficit de la balance des paiements courants de 25 milliards en 1987. Il en résulte une menace sur la monnaie française, gênée en permanence par une inflation qui dépasse celle de la République fédérale d'Allemagne et qui contraint au maintien de taux d'intérêt élevés, interdisant toute véritable relance économique. Cet échec relatif est mesuré par les deux réajustements monétaires d'avril 1986 et de janvier 1987, aboutissant chacun à une dévaluation de 3 % par rapport au Deutsche Mark. Les résultats sont-ils du moins plus favorables en matière d'emploi, qui constitue désormais une préoccupation quotidienne des Français ? Sans doute la progression du chômage connaît-elle un coup d'arrêt en 1986. Mais dès le début de 1987, la progression reprend et la baisse sensible de ses chiffres du début de 1988 (10,3 % de la population active en mars 1988 contre 10,7 % un an plus tôt) semble davantage due à un dégonflement des statistiques qu'à une inversion de tendance : multiplication des

stages pour les chômeurs de longue durée ou de préparation à l'emploi des jeunes (dont le nombre croît de plus
de 80 % en 1987-1988), radiations des listes, nouvelle
comptabilisation des contrats d'intérim de courte durée etc.
Il faudrait y ajouter un fait de conjoncture qui échappe à
la maîtrise du gouvernement mais a des conséquences sur
sa politique : le krach boursier de l'automne 1987 (chapitre VII) qui provoque une chute des cours spectaculaire,
d'importantes pertes financières pour les souscripteurs des
actions des sociétés privatisées et contraint le gouvernement à renvoyer à des temps meilleurs la suite de son programme de privatisations. Si on y ajoute le fait que la
politique d'allègement des prélèvements obligatoires qui
est au cœur du dispositif gouvernemental est contredite par
la hausse des prélèvements sociaux nécessitée par l'importance du déficit de la Sécurité sociale, force est de
constater que, même si le gouvernement se targue d'avoir
entamé un redressement qu'il promet de poursuivre si les
Français lui font à nouveau confiance lors de l'élection
présidentielle de 1988, la médecine libérale n'a nullement
réussi à guérir le pays de la crise.

Si le contexte économique et social demeure morose,
c'est cependant le contexte politique qui va conduire à
l'échec l'expérience Chirac. Le gouvernement doit en effet
affronter la résistance active à ses projets du président de
la République qui trouve son prolongement dans l'opposition du Parti socialiste, une vigoureuse fronde sociale et,
peut-être plus encore, les attaques ouvertes de l'extrême
droite qui exerce un effet attractif sur son électorat et la
concurrence feutrée de l'UDF dont le champion, l'ancien
Premier ministre Raymond Barre, se porte candidat à l'élection présidentielle.

La principale difficulté du gouvernement provient à coup
sûr du président de la République qui, sans interférer sur
les prérogatives du gouvernement, va utiliser toutes les res-

sources de ses fonctions pour faire entendre sa voix. En premier lieu, il refuse de se laisser confiner dans le rôle strictement représentatif où tente de l'enfermer le Premier ministre et va s'appuyer sur la Constitution, les textes législatifs et réglementaires pour affirmer son autorité dans les domaines de la politique étrangère comme de la défense. Les tentatives de Jacques Chirac pour jouer à cet égard le premier rôle échoueront, qu'il s'agisse de la décision des opérations militaires (c'est l'Élysée qui décide de l'intervention au Tchad en 1986), de la loi de programmation militaire pour la rédaction de laquelle les choix présidentiels prévalent ou de la représentation de la France dans les grandes conférences internationales où Jacques Chirac ne parvient pas à évincer le chef de l'État ni à le cantonner dans un rôle honorifique.

En revanche, en politique intérieure le gouvernement dispose d'une prééminence que lui reconnaît la Constitution. Cependant, là encore, le président montre qu'il dispose de réels atouts dont il n'hésite pas à se servir. Ainsi refuse-t-il de signer les ordonnances portant sur la suppression de l'autorisation administrative de licenciement, sur les privatisations, sur l'aménagement du temps de travail ou sur le découpage des circonscriptions électorales, contraignant ainsi le gouvernement à passer par la voie parlementaire beaucoup plus longue et se présentant du même coup, face au Premier ministre, comme le gardien vigilant des acquis sociaux, des intérêts nationaux ou des droits du Parlement. De même ne se prive-t-il pas de faire connaître ses réserves sur le recours systématique au vote bloqué ou à la procédure de l'article 49-3 de la Constitution, ni de s'interroger sur la constitutionnalité de certains textes, poussant ainsi les parlementaires socialistes à les déférer au Conseil constitutionnel, dont le président, nommé en 1986, est l'ancien Garde des Sceaux, Robert Badinter. Si bien que le président finit par jouer le rôle d'un porte-parole des Français, critiquant le gouvernement au nom des divers groupes qui « pourraient souffrir d'un manque de justice ». On se trouve donc dans la situation inédite d'un chef de l'État portant l'opposition au cœur même de l'Exécutif, refusant des nominations, exigeant des compensations en faveur des personnalités révoquées de leur fonction, critiquant le fonctionnement d'instances comme la Commission nationale de la Communication et des libertés, voire n'hésitant pas à prendre le parti de l'opinion contre le gouvernement lorsqu'il apparaît que des fractures s'installent entre eux. Ainsi en va-t-il en novembre 1986 lorsque le projet de loi du Secrétaire d'État aux Universités, Alain Devaquet, est soupçonné de rétablir insidieusement la sélection à l'Université. Les manifestations d'étudiants et de lycéens qui se déroulent en novembre-décembre 1986 se terminent tragiquement par la mort d'un étudiant et contraignent le gouvernement à retirer son projet, non sans que le chef de l'État ait fait savoir qu'il comprenait l'émotion de la jeunesse étudiante. De même, le gouvernement est-il fragilisé par la vague de grèves qui éclatent à la mi-décembre et donnent le sentiment d'un pouvoir débordé, incapable d'assurer la vie quotidienne du pays. Tour à tour, le personnel des ports, les journalistes de l'AFP, la SNCF, la RATP, les enseignants cessent le travail, rendant la vie des Français difficile en cette fin d'année 1986. Quelques mois après les élections, une partie des Français manifeste à l'égard de la nouvelle majorité une exaspération qui rappelle celle dont les socialistes ont été l'objet en 1982-1984. L'indice de popularité du Premier ministre dans les sondages s'effondre. Dès la fin 1986, l'expérience Chirac paraît avoir échoué, d'autant que si le chef de l'État prend ostensiblement ses distances par rapport aux décisions les plus impopulaires du gouvernement, le président du RPR doit également compter avec une opposition de droite et une fronde au sein même de la coalition majoritaire.

Mis en cause plus ou moins directement par le président, le Premier ministre est soumis à la surenchère de l'extrême droite dont le principal dirigeant, Jean-Marie Le Pen, qui a annoncé dès le printemps 1987 sa candidature à l'élection présidentielle, l'accuse de mollesse. Lorsque pour tenter de capter l'électorat du Front national dont les voix lui sont indispensables pour l'élection présidentielle de 1988, le chef du gouvernement propose un nouveau code de la nationalité, rendant plus restrictives les conditions d'acquisition de la nationalité française, il se heurte à une mobilisation de la gauche antiraciste qui le contraint à retirer son projet. Ainsi pris entre deux feux, il doit en outre affronter les dissensions au sein de sa propre majorité. Les relations avec le Front national en sont une des causes. Conscient que ce sont les reports éventuels des voix qui se seront portées au premier tour sur Jean-Marie Le Pen qui feront la décision au scrutin présidentiel, le président du RPR hésite sur la tactique à suivre, partagé entre ceux qui lui conseillent le compromis et la modération à l'égard de l'extrême droite et les jeunes ministres de son gouvernement, Michèle Barzach (Santé), Michel Noir (Commerce extérieur), Claude Malhuret (Droits de l'Homme) qui refusent toute concession au Front national. Ce débat, non totalement tranché, demeure récurrent jusqu'en 1988, entretenant une atmosphère délétère au sein de la majorité. Il s'y ajoute la rivalité qui s'esquisse en vue de l'élection présidentielle entre Jacques Chirac et Raymond Barre. L'ancien Premier ministre, très soutenu par le CDS et influençant largement l'UDF, marque nettement son désaveu de la politique gouvernementale dans tous les domaines, qu'il s'agisse du budget, des privatisations et de la composition des « noyaux durs », du Code de la nationalité etc.

Attaqué sur sa gauche et sur sa droite, contesté au sein de son propre camp, en chute libre dans les sondages alors que la popularité du président de la République est à son zénith (60 % d'opinions favorables en janvier 1988), le Premier ministre a perdu son pari qui consistait à se faire élire chef de l'État sur son bilan gouvernemental. C'est sous les plus mauvais auspices que débute pour lui le scrutin présidentiel de 1988.

La réélection de François Mitterrand et le retour des socialistes au pouvoir

Rarement scrutin présidentiel aura été aussi peu marqué par la surprise que l'élection de 1988. La remontée de la cote de popularité du président, le fait qu'éloigné de la gestion quotidienne, il ait pu prendre du recul et apparaître comme incarnant, au-delà des clivages partisans, l'unité nationale, ses nombreux voyages en province en 1987 font qu'avant même qu'il ait déclaré sa candidature (ce qui sera fait le 22 mars 1988), les sondages le donnent gagnant, lui accordant de 35 à 37 % des suffrages au premier tour et la victoire au second dans tous les cas de figure. Si bien que sa campagne électorale apparaît comme le simple prolongement de son action de 1986-1988, autour du thème de la « France unie », son programme se trouvant détaillé début avril par une « Lettre à tous les Français ». Sa sérénité contraste avec l'agitation qui marque la droite au sein de laquelle Jacques Chirac et Raymond Barre se livrent une lutte difficile pour figurer au second tour, l'enjeu consistant en outre à montrer en quoi ils se distinguent sans toutefois s'aliéner l'électorat du rival, indispensable au second tour. De surcroît, la campagne est rendue encore plus difficile par la concurrence de Jean-Marie Le Pen sans les voix duquel la droite ne peut espérer l'emporter. En fait, le véritable enjeu du premier tour est de savoir qui, de Raymond Barre ou de Jacques Chirac, sera opposé au second tour à François Mitterrand. Parti avec une sérieuse avance dans les sondages, Raymond Barre va voir celle-ci rognée par les incertitudes de sa stratégie (est-il, comme il l'affirme un candidat au-dessus des partis ou est-il le champion de l'UDF ?) et par le choix comme cible privilégiée de Jacques Chirac par François Mitterrand qui se sent assurément plus à l'aise face à son Premier ministre que face au centrisme de Raymond Barre.

Dès le soir du premier tour, le 24 avril, la victoire de François Mitterrand paraît acquise. Avec 34,09 % des suffrages, il fait presque jeu égal avec ses deux adversaires de droite qui, réunis, n'atteignent pas 37 % des suffrages. Jacques Chirac (19,90 %) devance certes Raymond Barre (16,54 %), mais il est fort loin du chef de l'État qui peut compter sur les 10 % des suffrages rassemblés par les divers candidats d'extrême gauche et sans doute sur une partie des suffrages écologistes. De son côté, Jacques Chirac ne peut espérer l'emporter que s'il réunit sur son nom à la fois les suffrages qui se sont portés sur Raymond Barre et la quasi-totalité des voix du candidat du Front national Jean-Marie Le Pen, qui a créé la surprise en opérant une percée qui le porte à 14,4 %. Or, précisément, cette conjonction apparaît impossible, Raymond Barre n'acceptant de se désister en faveur du Premier ministre que si aucune concession, aussi faible soit-elle, n'est faite au Front national. Les déclarations de Charles Pasqua sur l'identité de valeurs entre le Front national et la majorité provoquent un réflexe de rejet dans une partie de l'électorat centriste, qui profite au président. Les tentatives de Jacques Chirac pour forcer le destin en multipliant les coups de théâtre spectaculaires à la veille du second tour, en obtenant la libération d'otages français détenus au Liban ou en libérant par la force (au prix de 22 morts) des gendarmes retenus par les indépendantistes de Nouvelle-Calédonie, donnent le sentiment d'une fiévreuse ambition qui ne recule devant rien et contrastent avec la sérénité qu'affiche le président. Le 8 mai 1988, comme l'annonçaient tous les sondages, il est réélu pour un second mandat par 54,02 % des suffrages contre moins de 46 % au président du RPR qui échoue pour la seconde fois dans la course à l'Élysée.

Cette écrasante victoire atteste que le thème de la France unie sur lequel le président a axé sa campagne a fait recette. Il est évident que François Mitterrand a rassemblé bien au-delà de la gauche, recueillant les suffrages d'électeurs de Raymond Barre, voire une partie de ceux du Front national. Cohérent avec lui-même, le président réélu préconise l'ouverture de la majorité aux centristes et nomme Premier ministre le socialiste Michel Rocard qui incarne au sein de son parti une voie réformiste et forme un gouvernement où les fidèles de François Mitterrand sont en position de force avec rang de ministres d'État : Lionel Jospin à l'Éducation nationale, Pierre Bérégovoy à l'Économie et aux Finances, Roland Dumas aux Affaires étrangères, voire le radical de gauche Maurice Faure à l'Équipement. Quant à l'ouverture annoncée, elle se réduit dans un premier temps à l'entrée au gouvernement de deux centristes, Michel Durafour et Jacques Pelletier et de l'ancien giscardien Lionel Stoléru. Mais des négociations ont lieu avec le CDS de Pierre Méhaignerie, dont l'éventuel ralliement permettrait au chef de l'État de faire l'économie d'une dissolution.

Les centristes hésitant à sauter le pas, le chef de l'État désireux de pouvoir compter sur une majorité stable, décide la dissolution de l'Assemblée, les nouvelles élections devant avoir lieu les 5 et 12 juin, au scrutin majoritaire rétabli par la droite. Or, paradoxalement, à la différence de ce qui s'était passé en 1981, le Parti socialiste se présente à ces élections en état de faiblesse. Alors que la droite fait campagne contre le retour de l'« État-PS » des années 1981-1982, le chef de l'État met en garde l'électorat contre le fait de confier le pouvoir à un unique parti, semblant aller ainsi dans le sens des adversaires du PS. En outre, la succession de Lionel Jospin au premier secrétariat du Parti socialiste a donné lieu à une lutte sévère entre Laurent Fabius qui dissimule à peine qu'il voit dans ce poste un tremplin présidentiel et ses adversaires qui imposent finalement l'élection de Pierre Mauroy.

Dans ces conditions, et en dépit de l'ardeur de Michel Rocard qui conduit la bataille des législatives, le premier tour est une déception pour les socialistes qui font moins bien que leurs adversaires de la droite parlementaire, rassemblés dans l'Union du Rassemblement et du Centre (URC) sous la houlette de Valéry Giscard d'Estaing. Il est vrai que ces élections ont peu mobilisé, le total des abstentions s'élevant à 34,4 %. Au second tour, les efforts de Michel Rocard permettront un sursaut de l'électorat de gauche, donnant une légère avance en sièges aux socialistes. On aboutit ainsi à un résultat inédit sous la Ve République : la droite, majoritaire en voix, perd la majorité absolue qu'elle détenait à l'Assemblée depuis 1986 sans que, pour autant, le Parti socialiste parvienne à conquérir celle-ci (il lui manque 13 sièges). Le gouvernement n'est donc assuré que d'une majorité relative des députés et doit compter avec la bonne volonté des centristes ou des communistes pour gouverner. Toutefois, la procédure parlementaire de la Ve République lui permet de demeurer au pouvoir, puisqu'il ne peut en être écarté que par une motion de censure rassemblant l'ensemble des voix de la droite et du parti communiste, hypothèse que M. Marchais exclut au lendemain du second tour.

Élections législatives des 5 et 12 juin 1988

Partis	% des suffrages exprimés (1ᵉʳ tour)	Élus
Parti communiste	11,31 %	27
Parti socialiste et divers gauche	37,54 %	279
Union du Rassemblement et du Centre	40,44 %	
dont :		
– UDF		130
– RPR		128
– divers droite		13
Front national	9,78 %	1

Le second septennat s'ouvre ainsi dans un cadre et avec des perspectives bien différents du premier. Les socialistes au pouvoir n'envisagent plus la rupture avec le capitalisme, mais une gestion sociale de l'économie de marché, ouvertement réformiste, et dont le modèle est celui des social-démocraties de l'Europe du nord. La politique gouvernementale ne s'opère plus droite contre gauche, mais recherche un consensus qu'imposent de toutes manières l'étroitesse de la majorité parlementaire et la recherche de la neutralité ou de l'appui des centristes du CDS. Cette tentative originale bénéficie en outre d'un redressement (provisoire) de la conjoncture économique ; les effets conjugués du contre-choc pétrolier et de la baisse du dollar semblent marquer une sortie de crise qui va colorer d'optimisme les débuts du gouvernement Rocard.

Le gouvernement Rocard : une tentative de gestion sociale réformiste et consensuelle (1988-1991)

Formé au lendemain des élections législatives, le second gouvernement Rocard traduit la volonté d'ouverture et la recherche du consensus qui vont être l'obsession du Premier ministre. Aux côtés des socialistes, on voit en effet entrer au gouvernement quelques centristes ralliés comme Jean-Pierre Soisson, Théo Braun ou Jean-Marie Rausch, mais surtout une quinzaine de ministres, supposés représenter la « société civile », savants, sportifs, économistes dont le trait commun est leur caractère médiatique.

À peine le gouvernement est-il formé qu'il remporte un succès spectaculaire avec la signature à l'Hôtel Matignon d'un accord entre les diverses parties du conflit néo-calédonien, écartant ainsi le risque d'une nouvelle guerre coloniale dans ce territoire d'outre-mer, ensanglanté par le drame des derniers jours de la cohabitation. L'accord de juin 1988 rétablit durablement la paix dans la région.

Toutefois, le trait essentiel du gouvernement Rocard réside dans sa volonté de donner la préférence à la solution des grands problèmes fondamentaux qui se posent à la société française sur les événements conjoncturels qui ne sont que la manifestation de ces derniers. Il en résulte un style de gouvernement où le sérieux l'emporte sur le spectaculaire, le long terme sur l'événement, mais qui, de ce fait, déçoit parfois l'opinion qui apprécie peu le « devoir de grisaille » qu'évoque le Premier ministre.

Michel Rocard n'est guère épargné par les mouvements sociaux qui contestent l'action de son gouvernement et qui donnent lieu à de multiples manifestations de rue qui rencontrent le soutien de l'opinion publique, des forces politiques (y compris le Parti socialiste), voire du président de la République lui-même qui paraît parfois être un opposant à son propre gouvernement. Les années 1988-1991 verront ainsi se déployer les mouvements protestataires des infirmières, des gardiens de prison, des centres de tri des PTT, de la RATP, des fonctionnaires corses, des personnels de justice, des lycéens, des fonctionnaires, des enseignants… Plus grave est sans doute la révolte des banlieues qui met en évidence les dysfonctionnements sociaux et les clivages d'une société où un fossé se creuse entre ceux qui disposent d'un emploi et ceux qui se trouvent marginalisés, en particulier les jeunes, et spécifiquement les immigrés de la seconde génération, rejetés dans les banlieues défavorisées, véritables ghettos de pauvreté.

Or, face à ces mouvements, la « méthode Rocard », tout en maintenant le dialogue social, propose des solutions qui consistent moins à traiter le court terme dans l'urgence qu'à poser les problèmes de fond qui sont à l'origine des malaises constatés. Ainsi en va-t-il du problème de la pauvreté : refusant aides et subventions qui conduiraient au laxisme financier et au déficit budgétaire, le Premier ministre vise à réinsérer dans les circuits du travail les Français en voie de marginalisation. C'est pourquoi, à l'automne 1988, il fait voter le « Revenu minimum d'insertion » offrant une garantie de ressource aux plus défavorisés pour leur donner les moyens de trouver un emploi et finançant ces dépenses à l'aide du rétablissement d'un impôt sur les grandes fortunes, « l'Impôt de solidarité sur la fortune », remplaçant celui supprimé par Jacques Chirac en 1986. De même entend-il répondre aux manifestations des fonctionnaires, non par de simples solutions quantitatives, mais par une rénovation des entreprises publiques et une réforme du fonctionnement de la fonction publique permettant sa modernisation, en particulier par la refonte d'une grille de salaires jugée trop rigide. Enfin, seront abordés de 1988 à

494

1991 toute une série de problèmes de fond, témoignant d'une volonté d'adapter à son temps la société française : amélioration du système éducatif, adaptation du système universitaire avec le plan « Universités 2 000 », institution, en dépit de l'opposition syndicale, de la « Contribution sociale généralisée » destinée à permettre le financement du déficit permanent de la Sécurité sociale, étude du problème du financement des retraites que l'évolution démographique de la France rend préoccupant etc. Dans cette manière de gérer le pays, tout en assurant l'expansion économique dans le respect des grands équilibres, on retrouve les lignes directrices de la politique suivie en 1984-1986, politique qui exclut les grands débats idéologiques et recherche le consensus sur les grands problèmes nationaux en dehors des clivages partisans traditionnels. Cette volonté est sans doute dans le droit fil de la campagne présidentielle de 1988 et elle fait du Premier ministre le porte-parole de la « France unie », lui valant d'incontestables sympathies dans les rangs centristes et lui assurant une popularité considérable dans l'opinion.

Mais la « méthode Rocard » en estompant les clivages politiques traditionnels va avoir des conséquences importantes sur l'opinion et les forces politiques. Paradoxalement, c'est du côté du Parti socialiste que l'opposition est la plus forte. Inquiets de voir l'image de leur parti s'affadir dans une pratique consensuelle, les dirigeants socialistes s'irritent de la timidité du Premier ministre à prendre des mesures sociales à court terme et des vagues successives de mouvements sociaux dans la fonction publique et le secteur privé qui risquent de leur faire perdre leur clientèle électorale. Cette mauvaise humeur envers le gouvernement trouve un chef de file dans l'ancien Premier ministre Laurent Fabius qui, avec l'appui du président, se réclame de la tradition de gauche du Parti socialiste et se pose en rival de Michel Rocard. Sa décision de se porter candidat contre Pierre Mauroy au poste de Premier secrétaire du Parti socialiste va dresser contre lui ses rivaux et aboutir au désastreux congrès de Rennes de 1990 où les dirigeants du Parti socialiste se déchirent dans une lutte sans merci qui affaiblit à la fois leur parti et le gouvernement. La droite est déconcertée par une politique modérée, qui a l'aval de l'opinion, mais qui lui ôte une partie de sa raison d'être et exerce une incontestable attraction sur le centrisme. Mais sa seule alternative est une radicalisation sur les thèmes du Front national qui risque d'aggraver son isolement et de la faire entrer dans une crise interne profonde.

Quant à l'opinion, si elle approuve la politique du gouvernement, elle apparaît désorientée par la disparition des grands débats idéologiques et réagit par une abstention massive lors des consultations électorales (51 % aux élections cantonales de 1988, 63 % lors du référendum de novembre 1988 sur la Nouvelle-Calédonie...) ou par le vote en faveur des forces qui paraissent étrangères au jeu politique traditionnel comme le Front national dont l'implantation se renforce ou les écologistes qui effectuent une timide percée.

Vers l'automne 1990, la détérioration de la situation économique, jointe à ces multiples critiques ou à l'indifférence électorale des Français, aboutit à un tassement de la courbe de popularité du Premier ministre (qui demeure cependant positive). Le déclenchement de la Guerre du Golfe (voir chapitre XIII) en janvier 1991 en renforçant le consensus national permettra un regain de popularité de Michel Rocard comme du président, en dépit de la démission du ministre de la Défense Jean-Pierre Chevènement qui désapprouve la participation de la France à l'opération. Mais dès la fin du printemps 1991, cette brève période d'euphorie s'achève et la morosité de l'opinion, affrontée à une recrudescence de la crise, s'affirme.

Il en résulte une tension à peine dissimulée entre l'Élysée et Matignon. Si le chef de l'État a nommé Premier ministre son ancien rival, c'est à coup sûr que le profil de celui-ci correspondait à la volonté politique d'ouverture qui avait constitué sa plate-forme électorale de 1988. De surcroît, la politique suivie, approuvée par l'opinion, répondait à la ligne tracée par le chef de l'État, dont Michel Rocard, par des déclarations réitérées d'allégeance, renforçait la primauté. Pour autant, le président de la République ne laisse pas d'être irrité par son Premier ministre dont la forte popularité dans l'opinion contraste avec l'effritement de sa propre cote, et qui apparaît comme son dauphin au sein du Parti socialiste, rôle qu'il attribuerait plus volontiers à Laurent Fabius. Si bien qu'en 1990-1991, le président ne ménage à son Premier ministre ni les critiques indirectes, ni les attaques directes provenant de son entourage, de ses familiers, parfois des ministres dont il a imposé la présence au gouvernement. On voit le chef de l'État apporter son soutien aux manifestants qui contestent le pouvoir, par exemple aux lycéens qui, en novembre 1990, réclament du Premier ministre et du ministre de l'Éducation nationale Lionel Jospin des crédits pour la rénovation des locaux et l'extension des droits des élèves. En d'autres termes, le problème du remplacement de Michel Rocard à Matignon se pose dès l'automne 1990 et la vie politique française paraît se résumer aux manifestations de mauvaise humeur du président à l'égard de son Premier ministre et aux supputations sur le nom de son successeur éventuel. La chute de popularité du président et du gouvernement après la Guerre du Golfe paraît fournir l'occasion cherchée depuis longtemps : en mai 1991 le président révoque le Premier ministre dans un style qui évoque plus le congédiement d'un subordonné désavoué que la pratique fondée sur l'apparence d'un accord tacite des deux protagonistes qui est d'usage sous la Ve République.

La crise du pouvoir socialiste (1991-1993)

Décidée pour reprendre en main une situation qui paraît se dégrader, la révocation de Michel Rocard va au contraire accentuer la crise du socialisme au pouvoir. Le président avait cru pouvoir interpréter le début de désaffection de l'opinion à l'égard du gouvernement comme résultant de la politique consensuelle recherchée par Michel Rocard et de l'absence de grande mesure sociale capable de mobiliser l'opinion et de satisfaire la gauche. En fait, la cause du désenchantement est tout autre. Elle tient d'une part à la détérioration de la conjoncture économique qui fait replonger le pays dans la crise lors du 2ᵉ semestre 1990. La croissance se ralentit, les entreprises tentent de rétablir leur situation financière en diminuant systématiquement leurs effectifs, le chômage augmente et, dès 1992, plus de 10 % de la population active sont sans emploi, le gouvernement vivant dans la hantise de voir dépassée la barre symbolique des trois millions de chômeurs (chapitre VII). Mais d'autre part, le mécontentement résultant de cette détérioration de la situation dont le pouvoir fait les frais est aggravé à gauche par le fait que les socialistes se sont ralliés à la logique du marché et considèrent désormais que la reconstitution de la marge de profit des entreprises est la priorité de la gestion économique, si bien qu'ils ne représentent plus l'espoir d'une politique différente qui donnerait la première place au social et lutterait contre la fatalité des lois du marché. La crise économique qui fragilise la société française se double donc d'une crise d'identité du socialisme. Celle-ci est d'autant plus forte que le chef de l'État, au pouvoir depuis plus de dix ans, connaît un phénomène d'usure et que le Parti socialiste se trouve déconsidéré à la fois par les divisions inexpiables qui opposent ses chefs et par une série de scandales qui l'atteignent dans la rigueur morale qui a longtemps constitué l'un de ses atouts. Quelques élus sont convaincus d'escroqueries ayant pour objet leur enrichissement individuel. Mais surtout, la justice dévoile les procédés illégaux de financement du PS par le biais de bureaux d'études et de fausses factures, procédés largement utilisés par toutes les forces politiques en l'absence de loi sur le financement des partis, mais qui va atteindre plus durement le Parti socialiste dans la mesure où il s'est efforcé de tenir une comptabilité en règle de ces pratiques illégales. Enfin, les retombées du scandale lié à la transfusion du sang contaminé par le virus du sida et injecté aux hémophiles jusqu'en 1985, vont conduire à poser le problème des responsabilités politiques des gouvernants de l'époque et à dénoncer, sans preuve très convaincantes à l'appui, l'action de Laurent Fabius, alors Premier ministre et devenu entre temps Premier secrétaire du Parti socialiste et de deux anciens ministres, hauts dirigeants de ce parti, Edmond Hervé et Georgina Dufoix. L'affaire restera sans suite, la convocation de la Haute Cour de justice étant jugée impossible par la Cour de cassation qui déclare les faits prescrits, mais elle aggrave la crise du pouvoir socialiste.

Dans ces conditions, les tentatives du chef de l'État pour redresser la situation paraissent vouées à l'échec. En donnant comme successeur à Michel Rocard Mme Édith Cresson, première femme Premier ministre de l'histoire française, le président de la République espère provoquer un mouvement de sympathie de l'opinion publique, d'autant qu'à ses côtés le gouvernement comprend six femmes. Par ailleurs, la réputation de courage, d'énergie et d'autorité du nouveau Premier ministre, qui n'avait pas ménagé ses critiques envers son prédécesseur, paraît de nature à provoquer ce sursaut que les socialistes appellent de leurs vœux après la cure de sérieux sans coup d'éclat que leur a imposée

Michel Rocard. Au demeurant, le chef de l'État assigne à Mme Cresson la double mission de préparer le pays à l'échéance du Marché unique européen qui doit s'ouvrir le 1er janvier 1993 et de reconquérir une opinion dont la désaffection pourrait être catastrophique pour les socialistes aux élections de 1993, en particulier en proposant un projet social mobilisateur. Or sur toute la ligne, l'opération est un fiasco, moins en raison d'une misogynie supposée de l'opinion française que pour des motifs de fond : depuis le choix de mars 1983 et le ralliement des socialistes à l'économie de marché, il n'est pas de nouvelle politique possible. En dépit d'annonces non suivies d'effets comme la valorisation des petites et moyennes entreprises, décrétées créatrices d'emploi, le gouvernement Cresson poursuit la politique de rigueur dans les finances publiques et le financement de la Sécurité sociale, et, en l'absence d'une évolution favorable de la conjoncture économique mondiale, ne parvient ni à provoquer la moindre reprise économique, ni à enrayer la progression du chômage.

Mais à ces contraintes extérieures qui échappent en grande partie à la volonté du Premier ministre s'ajoutent des raisons plus personnelles qui expliquent son échec : un mépris peu dissimulé pour le personnel politique, la haute administration et les dirigeants de son parti, une affectation de langage direct qui tourne volontiers à la verdeur et qui choque l'opinion et le monde politique comme peu compatible avec la fonction de Premier ministre, une brutalité dans la décision qui contraste avec la recherche de consensus d'un Michel Rocard, une méthode de travail qui ignore les réalités administratives et les compétences au profit de la toute-puissance de conseillers directs. Les résultats ne se font pas attendre. Le Premier ministre dresse contre elle la fonction publique, choquée par la brutalité de la « délocalisation » en province ou en banlieue d'une vingtaine d'établissements publics (l'École nationale d'Administration est exilée à Strasbourg), sans que la moindre concertation ait eu lieu sur le sujet. Elle se heurte à la résistance de ses ministres qui n'acceptent pas de mettre en œuvre une politique qui n'a pas leur aval et, au premier rang d'entre eux, de Pierre Bérégovoy, ministre d'État en charge de l'ensemble des secteurs économiques et financiers qui fait prévaloir la rigueur et le maintien des grands équilibres sur les demandes de financement du Premier ministre. De même devra-t-elle enregistrer le refus du ministre de l'Éducation nationale, Lionel Jospin, de remettre en cause le principe de la scolarité obligatoire jusqu'à 16 ans et ses réticences sur le développement de l'apprentissage. Enfin, elle doit faire front à l'hostilité quasiment déclarée des principaux dirigeants socialistes et du groupe parlementaire du PS qui ne soutient son action que du bout des lèvres, sur injonction du président de la République, seul appui indéfectible du Premier ministre.

Mme Cresson aurait sans doute pu, dans le système institutionnel de la Ve République, surmonter cette levée de boucliers si elle avait réussi à obtenir le soutien de l'opinion. Or c'est le contraire qui se produit. Passé le premier moment de surprise que constitue la nomination d'une femme à l'Hôtel Matignon, le Premier ministre va enregistrer les plus mauvais indices de popularité de la Ve République, fortement négatifs moins d'un mois après sa nomination et qui ne cessent de descendre en chute libre, battant largement les records de Raymond Barre en ce domaine. En mars 1992, 10 mois après sa nomination, 19 % des Français se déclarent satisfaits de son action, 59 % mécontents, ces derniers se recrutant aussi bien à droite que chez les communistes et les socialistes. Le soutien du président, dernier atout de Mme Cresson, ne va pas résister à la déroute enregistrée par la gauche aux élections régionales et cantonales de mars 1992. Aux régionales, le Parti socialiste tombe à 18,2 % des suffrages et les communistes à 8,1 %, la gauche dans son ensemble réunissant moins de

30 % des voix, chute qui profite d'ailleurs moins à la droite parlementaire (33 %) qu'aux forces politiques en marge du système, Front national (13,6 %), écologistes (14,7 %), voire chasseurs et pêcheurs ! Les élections cantonales, en revanche, apparaissent comme un succès considérable pour la droite qui écrase le Parti socialiste et ses alliés. Déjà largement dominante dans les régions et les conseils généraux, la droite renforce encore son emprise, ne laissant à la gauche qu'une région et une vingtaine de départements. La leçon du scrutin est claire : le Parti socialiste au pouvoir a été condamné par le suffrage universel et son éviction du pouvoir semble annoncée par les élections de 1993. Cette fois, le chef de l'État n'a plus le choix et doit se séparer de son Premier ministre dont l'échec est patent. C'est chose faite le 2 avril, Mme Cresson quittant le pouvoir moins de onze mois après sa nomination.

Comme on s'y attendait, c'est le ministre de l'Économie et des Finances Pierre Bérégovoy qui succède à Édith Cresson, en dépit des réserves de cette dernière qui lui reproche (comme aux dirigeants du Parti socialiste) d'avoir beaucoup fait pour assurer son échec. L'accession au poste de Premier ministre de M. Bérégovoy a incontestablement la signification d'un nouveau renforcement de l'emprise du président et de ses choix sur le gouvernement. Il est d'ailleurs significatif que ce sont des proches du chef de l'État qui accèdent à tous les postes ministériels importants, ce qui entraîne par exemple la mise à l'écart de Lionel Jospin, remplacé au ministère de l'Éducation nationale (qu'il cumule avec la Culture) par Jack Lang et qui paie sans doute ainsi son hostilité marquée aux ambitions de Laurent Fabius.

Accueilli avec faveur par l'opinion publique, Pierre Bérégovoy bénéficie d'un bref état de grâce, résultant en grande partie du contraste parfait qu'il présente par rapport à Mme Cresson. Ne disposant que de moins d'une année pour tenter de remonter la pente avec les législatives de 1993, il se garde de toute déclaration tonitruante, de tout grand projet susceptible de mobiliser l'opinion contre le pouvoir et se présente comme le gestionnaire prudent et modeste d'une France en difficulté. Le problème est de savoir si, comme Laurent Fabius en 1984-1986, il pourra rendre aux socialistes les faveurs de l'opinion avant l'échéance de 1993.

Or, il s'avère très vite que la tâche est impossible. Pierre Bérégovoy est devenu, au fil des années, l'incarnation au sein du Parti socialiste de l'orthodoxie budgétaire, de la défense de la monnaie et du maintien des grands équilibres économiques. Chargé depuis 1988 (après une première expérience au sein du gouvernement Fabius) de la politique économique et financière de la France, on ne peut attendre de lui que la poursuite de celle-ci. Or, dans le cadre de la crise mondiale en pleine recrudescence, celle-ci signifie la chute de la croissance et la poursuite de la montée du chômage qui, sous son gouvernement, dépassera la barre des trois millions en février 1993. Si bien que, très vite, l'initiative lui échappe et que sa popularité chute dès l'automne 1992. Désormais la dégradation de la situation sociale, la multiplication des « affaires » politico-financières dans lesquelles sont impliqués les socialistes et leurs alliés, et surtout le sentiment que le pouvoir est à bout de course en attendant la sanction des élections de 1993 dont les sondages font pressentir qu'elle sera d'une ampleur sans égale, condamnent le gouvernement à gérer le quotidien en attendant l'inéluctable désastre.

On le voit bien avec le problème de la ratification du traité de Maastricht à propos duquel le chef de l'État tente sans succès de reprendre l'initiative. Ayant fait de la construction de l'Europe l'axe majeur de son second septennat, ardent promoteur du traité de Maastricht signé en décembre 1991 et créant une Union européenne, étape essentielle de l'approfondissement de la construction européenne (chapitre 8), il propose et obtient en juin 1992 une révision constitutionnelle par la voie parlementaire (les parlementaires RPR refusant de siéger pour ne pas étaler leurs divisions sur la question) afin de rendre le traité compatible avec la Constitution française. Mais lorsque le chef de l'État décide de soumettre à référendum la ratification du traité de Maastricht (peut-être afin de mettre en évidence les divisions sur le sujet du RPR et de l'UDF), les limites de la marge d'action d'un pouvoir paralysé vont apparaître au grand jour. L'opération paraît sans danger puisque les sondages révèlent que 70 % de l'opinion sont favorables à l'approfondissement de la construction européenne. Mais la campagne hostile à Maastricht conduite par des dirigeants du RPR, MM. Pasqua et Séguin et un membre de l'UDF, le député Philippe de Villiers, va se nourrir de la volonté d'une partie de l'opinion de sanctionner le gouvernement socialiste en émettant un vote négatif. Il faut que le Premier ministre sollicite les dirigeants de l'opposition parlementaire partisans de la ratification et qui n'avaient jusqu'alors mené qu'une campagne assez molle pour éviter que la chute des intentions de vote favorables n'aboutisse à un désastre. Ce n'est que d'extrême justesse que, le 20 septembre, 51,04 % des Français approuvent finalement le traité.

Lorsque le président voudra aller plus loin et procéder à une large révision de la Constitution destinée à la remettre à jour et à réduire la durée du mandat présidentiel, il se heurte au veto d'une opposition qui considère qu'un pouvoir condamné ne possède plus la légitimité nécessaire pour entreprendre une réforme de cette ampleur. Les élections de mars 1993 apparaissent ainsi, avant même que leurs résultats ne soient connus, comme le fond de l'abîme d'un pouvoir socialiste qui vit depuis 1993 une forme de crise permanente. La seule question est celle de l'ampleur du désastre électoral qui s'annonce.

Les élections législatives de mars 1993 et les débuts de la seconde cohabitation

Comme il devient de règle dans le contexte de crise que connaît la France, le scrutin législatif de mars 1993 annonce donc une nouvelle alternance. À cet égard, la période pré-électorale ne fait qu'amplifier les prévisions. Les sondages ne cessent d'enregistrer la chute des intentions de vote en faveur des socialistes, au point que certains d'entre eux prévoient même qu'ils seront devancés par les écologistes. Alors que ces derniers refusent toutes les avances du Parti socialiste dans la conviction qui est la leur qu'ils sont appelés à lui succéder, le parti gouvernemental achève de se déchirer. Une vive polémique oppose le Premier ministre, Pierre Bérégovoy au Premier secrétaire du Parti socialiste Laurent Fabius afin de savoir qui dirigera la campagne électorale, et ce alors que l'un et l'autre sont affaiblis par les accusations lancées contre eux, celle d'avoir bénéficié d'un prêt sans intérêt d'un million pour l'achat de son appartement de la part d'un financier par ailleurs compromis dans des délits d'initiés en ce qui concerne le Premier ministre et les séquelles de l'affaire du sang contaminé pour le Premier secrétaire. Par ailleurs, Michel Rocard, considéré comme le futur candidat socialiste à l'élection présidentielle, préconise un bouleversement du paysage politique (le « big bang ») qui ferait disparaître le PS au profit d'un large regroupement de gauche incluant les écologistes et les contestataires communistes. De surcroît, il fait d'avance retomber la responsabilité de l'échec électoral sur le chef de l'État en déclarant qu'il sera le résultat d'« un réglement de comptes personnels entre beaucoup de Français et le président de la République ».

Face à un Parti socialiste vaincu d'avance, la droite est moins préoccupée par la recherche d'une victoire qui ne peut lui échapper que par la gestion de celle-ci, avec en ligne de mire, les futures élections présidentielles de 1995 et la renaissance dans cette perspective de l'éternelle concurrence entre Jacques Chirac et Valéry Giscard d'Estaing. Le problème se cristallise autour des conséquences à tirer de l'effondrement électoral des socialistes, interprété comme un vote de méfiance envers le président : faut-il exiger sa démission, provoquant ainsi des présidentielles anticipées comme le préconise Valéry Giscard d'Estaing qui souhaite précipiter les échéances, ou respecter les délais constitutionnels comme le pense Jacques Chirac qui compte sur l'organisation de primaires qui feraient de lui le candidat unique de la droite ? Par ailleurs, ce dernier juge que les élections placeront le RPR en position de force par rapport à l'UDF, permettant ainsi au mouvement néo-gaulliste de revendiquer la direction du gouvernement que Jacques Chirac, échaudé par son échec de 1986-1988, songe à confier à Édouard Balladur, son ancien ministre d'État à l'Économie et aux Finances, considéré comme son fidèle lieutenant. Au demeurant, la polémique sur l'éventuel départ du président tourne court, ce dernier ayant fait savoir qu'il entendait exercer son mandat jusqu'au bout et que rien dans la Constitution ne peut le contraindre à quitter l'Élysée.

Les élections législatives des 21 et 28 mars 1993 enregistrent comme prévu la défaite sans appel du Parti socialiste qui perd 4 millions de suffrages par rapport à 1988 et ne parvient à sauver qu'une soixantaine de sièges. Bien que le parti communiste connaisse aussi un recul, plus limité il est vrai (il perd 2 % des suffrages), la régionalisation de son implantation dans un nombre limité de départements lui permet de faire élire 24 députés. Mais au total, avec 91 élus sur 577 députés, la gauche est écrasée.

Élections législatives des 21-28 mars 1993

Partis	% des suffrages exprimés (1er tour)	Élus
Parti communiste	9,18 %	24
Parti socialiste et majorité présidentielle	19,20 %	67
Écologistes	7,60 %	–
RPR	19,83 %	242
UDF	18,64 %	207
Divers droite	4,40 %	36
Front national	12,42 %	–

La principale surprise des élections vient du score médiocre des écologistes qui ne bénéficient nullement de l'effondrement socialiste. En ne rassemblant que 7,60 % des suffrages au lieu des 15 ou 20 % que leur promettaient les sondages, ils se trouvent ramenés à une fonction d'exutoire d'un mécontentement diffus plutôt que de réelle force politique fondée sur une culture spécifique susceptible de fixer un électorat. De surcroît, aucun de leurs dirigeants ne parvient à se faire élire au Parlement.

Cette écrasante défaite de la gauche explique par contre-point la spectaculaire victoire de la droite en terme d'élus, qui est davantage l'effet du scrutin majoritaire que d'une réelle dynamique. Bien que disposant d'une imposante majorité de 449 députés (et même de 485 élus si on ajoute les « divers droite »), elle n'a cependant réuni que 40 % des voix en faveur de l'Union pour la France, formée de l'addition du RPR et de l'UDF. Bien que les 12,42 % du

Front national ne lui aient permis d'avoir aucun député, il fait cependant peu de doute que l'implantation de l'extrême droite constitue pour la droite parlementaire un sujet de préoccupation. Si bien que, comme pour la plupart des élections du temps de crise, l'alternance de 1993 est davantage née d'une défaite de la gauche que d'une victoire de la droite.

Pour autant, elle met en œuvre une seconde cohabitation, bien différente de la première. D'abord parce que la défaite du PS étant largement la sienne, François Mitterrand se trouve affaibli et sa marge de manœuvre réduite. Ensuite parce que, cette fois, le président n'étant pas candidat à sa propre succession, l'intérêt d'un jeu personnel pour préparer l'échéance de 1995 a disparu. Enfin, parce que le Premier ministre va prendre le plus grand soin d'éviter tout heurt avec le chef de l'État et que le souci des deux dirigeants de l'Exécutif de se ménager et de ne pas empiéter sur leurs prérogatives réciproques aboutit au paradoxe d'une cohabitation beaucoup plus harmonieuse qu'on ne l'attendait.

Comme prévu, le chef de l'État nomme en effet Premier ministre au lendemain des élections l'homme que Jacques Chirac, peu désireux de jouer à nouveau son destin présidentiel sur une expérience de gouvernement, a désigné à cette fin, Édouard Balladur. Or, contre toute attente, celui-ci constitue un gouvernement qui comprend certes toutes les sensibilités de la majorité, de Charles Pasqua, ministre d'État, ministre de l'Intérieur à François Léotard, ministre d'État, ministre de la défense nationale en passant par le secrétaire général du RPR, Alain Juppé, ministre des Affaires étrangères et par celui de l'UDF François Bayrou, ministre de l'Éducation nationale, mais dont la caractéristique que retient l'opinion est sa forte composante centriste marquée par deux ministres d'État représentant cette tendance, Mme Veil (Affaires sociales) et

M. Méhaignerie (Justice) alors que le CDS a enregistré un relatif échec électoral.

Ce n'est pas le seul paradoxe du gouvernement Balladur. Au-delà d'un effort de courtoisie réciproque du président et du Premier ministre, le premier veillant à laisser le gouvernement déterminer et conduire la politique de la nation, le second prenant grand soin d'informer le président des grands dossiers, de ne pas remettre en cause sa primauté en matière de défense et de politique internationale et réglant par la négociation les conflits qui surgissent, une véritable connivence s'instaure entre les deux hommes.

Le troisième paradoxe tient à l'extraordinaire popularité du Premier ministre durant les premiers mois de son gouvernement, popularité qui paraît plus tenir à sa personne qu'à la politique qu'il conduit. Celle-ci apparaît en effet comme la mise en œuvre de la politique traditionnelle de la droite qui, en d'autres temps, aurait provoqué de vives réactions de l'opinion. Dans le domaine économique, on ne saurait dire que la politique d'Édouard Balladur rompt avec celle de ses prédécesseurs. Tout au plus, prenant en compte l'importance des déficits publics (350 milliards au moins de déficit budgétaire, 100 milliards de déficit de la Sécurité sociale, 36 milliards de déficit de l'assurance-chômage), le Premier ministre annonce-t-il un rigoureux plan de redressement qui met l'accent sur la réduction des déficits : économies budgétaires, en particulier par la diminution des dépenses de l'État, hausse des taxes, augmentation de la Contribution sociale généralisée, réforme du régime des retraites, modifications du financement du système de santé. Devant les réactions des parlementaires et des syndicats à un plan qui ne prend en compte que les aspects financiers de la situation, le Premier ministre lance un grand emprunt national pour financer un soutien à l'emploi et aux équipements publics.

Celui-ci sera d'ailleurs un succès, rapportant près de trois fois le montant prévu et témoignant de la confiance de l'opinion dans le Premier ministre.

La politique de retour au libéralisme total amorcée durant la première cohabitation se poursuit avec la réforme du statut de la Banque de France assurant l'autonomie de celle-ci par rapport au gouvernement et par la loi de privatisations qui relance celles-ci, pratiquement arrêtées depuis 1988, et qui vont donner lieu à quelques opérations couronnées de succès comme la privatisation de la BNP ou celle d'Elf-Aquitaine.

C'est également la politique sécuritaire et hostile à l'immigration souhaitée par la droite que met en œuvre le ministre de l'Intérieur Charles Pasqua. Une loi vise à réduire les possibilités de regroupement familial et les demandes d'asile (elle sera en partie annulée par le Conseil constitutionnel, contraignant le gouvernement à la réviser et même à modifier la Constitution) ; une autre renforce les moyens mis à la disposition de la police pour les contrôles d'identité ; une troisième rend plus difficile l'acquisition de la nationalité française.

Non moins caractéristiques de la volonté du pouvoir de tirer les conséquences de sa victoire électorale sont les mesures concernant l'enseignement. La majorité vote un texte autorisant les universités à déroger à la loi d'orientation universitaire de 1984 en matière de statut et de financement des universités, ce qui est une manière d'abroger cette loi, mais le Conseil constitutionnel annulera ce texte qu'il juge contraire à la Constitution. De même, pour satisfaire sa clientèle, le gouvernement fait voter en décembre, en fin de session d'automne, une révision de la loi Falloux autorisant les collectivités locales à financer l'enseignement privé sous contrat, disposition que le président de la République avait refusé d'inscrire à l'ordre du jour de la session extraordinaire de juillet 1993.

Si le Premier ministre peut ainsi mener sans entrave la politique de la droite, c'est qu'il rencontre dans l'opinion un accueil extraordinairement favorable. Les indices de popularité dont il bénéficie sont en tous points comparables à ceux de Jacques Chaban-Delmas en 1969-1970 ou de Pierre Mauroy en 1981. 60 à 70 % des Français jugent son action positive et apprécient un « parler vrai » qui se garde bien de farder la réalité de la situation de la France. Le calme, le sérieux, la pondération du Premier ministre rassurent les Français qui tablent sur sa compétence pour sortir le pays de l'ornière. Ils apprécient également son apparente objectivité qui rejette toute chasse aux sorcières, le caractère mesuré de ses propos, les relations apaisées qu'il a su nouer avec le chef de l'État qui ne manque aucune occasion de prononcer l'éloge de son Premier ministre. De surcroît, il tire bénéfice de la solution qu'il apporte, en accord avec le chef de l'État, à une série de crises qui secouent le pays. Ainsi en va-t-il de la spéculation monétaire déclenchée contre le franc en juillet 1993, en raison des baisses répétées de taux d'intérêt pratiquées par le gouvernement français pour stimuler l'économie. Malgré la tempête, le Premier ministre, en liaison avec le président, réussit à maintenir le principe de la solidarité des monnaies européennes pour l'avenir même si, dans l'immédiat, l'élargissement des marges de fluctuation des monnaies vide de tout contenu réel le système monétaire européen. Le Premier ministre fera preuve de la même maîtrise à l'automne 1993 lorsque les négociations commerciales du GATT entrant dans leur phase finale, il obtient le soutien de ses partenaires européens pour renégocier des accords agricoles jugés défavorables à la France et pour négocier un compromis avec les États-Unis qui, pour l'essentiel, répond aux vœux du gouvernement français. Ces qualités politiques se retrouvent encore lorsque le ministre de l'Intérieur Charles Pasqua exige une révision constitutionnelle qui permette de passer outre à l'annulation par le Conseil constitutionnel de certaines dispositions de la loi réglementant les conditions de séjour des étrangers en France. Face au risque d'un conflit majeur avec le chef de l'État, Édouard Balladur choisit la voie du compromis, proposant un texte qui comporte une adaptation limitée de la Constitution et que l'Élysée amende avant son adoption. Si le Premier ministre accepte, pour satisfaire la majorité, de prononcer une sévère mise en garde au Conseil constitutionnel, accusé de faire obstruction à la volonté du peuple souverain, il a une nouvelle fois évité l'affrontement ouvert au sein de l'Exécutif.

Si bien que, jusqu'à l'automne 1993, le Premier ministre conforte son image d'homme responsable, compétent, apte à piloter avec prudence et sagacité la France au milieu des tempêtes. Porté par des sondages flatteurs, il est d'autant plus à l'aise que l'opposition socialiste, traumatisée par son écrasante défaite de mars paraît s'enfoncer dans le néant. Les retombées de l'échec socialiste conduisent à une crise profonde qu'illustre de manière dramatique le 1er mai 1993 le suicide de l'ancien Premier ministre Pierre Bérégovoy. Au lendemain des élections, alors que Lionel Jospin abandonne provisoirement toute responsabilité au sein du PS, Michel Rocard, appuyé par les amis de Lionel Jospin, met en minorité le Premier secrétaire du parti, Laurent Fabius et prend la tête du PS. Celui-ci paraît menacé d'une scission entre les nouveaux dirigeants d'une part, les partisans de Laurent Fabius appuyés par le président de la République et ses proches de l'autre. Ce n'est donc pas de l'opposition, mais des rangs de la majorité qu'Édouard Balladur peut redouter des difficultés. La voie centriste et apparemment modérée qu'il a choisie mécontente une partie du RPR et, au sein de l'UDF, un parti républicain qui s'estime mal représenté au gouvernement. Mais surtout, la grande popularité dont jouit Édouard Balladur pousse une partie des parlementaires de la majorité à juger qu'il serait le meilleur présidentiable de la droite pour 1995, ce que confirment les sondages opérés sur ce sujet. Bien que le Premier ministre s'impose et impose à ses ministres de ne pas évoquer la présidentielle avant le début de 1995, cette situation de favori des sondages en fait le rival potentiel de Jacques Chirac dont les ambitions risquent de se trouver une nouvelle fois déçues. Sous les dehors d'un accord parfait et d'une amitié indéfectible, nourris de part et d'autre par des protestations de fidélité et une volonté d'unité, s'instaure une rivalité larvée entre le président du RPR et le Premier ministre, sans compter celle qui oppose à l'un et à l'autre Valéry Giscard d'Estaing.

Mais surtout, à partir de l'automne 1993 se multiplient les signes d'une éclipse de l'« état de grâce » dont a bénéficié jusqu'alors le Premier ministre. Les facteurs politiques y jouent leur rôle comme la forte mobilisation des défenseurs de l'école publique contre les faveurs consenties au privé sous contrat par la modification de la loi Falloux votée en décembre 1993. Devant l'ampleur des manifestations, le gouvernement doit faire précipitamment machine arrière en janvier 1994 et retirer le texte, au grand dam d'une partie de sa majorité. Mais l'essentiel demeure les effets de la crise que, pas plus que ses prédécesseurs et en dépit de ses déclarations optimistes, le Premier ministre ne semble en mesure de combattre. À l'automne, le gouvernement fait voter une loi quinquennale sur l'emploi qui insiste sur la flexibilité du temps de travail, mesure demandée depuis longtemps par le patronat. Mais les plans de réduction d'effectifs ou les mesures de « restructuration » dont nul n'ignore plus que la traduction concrète consiste en une vague de licenciements, provoquent une grande agitation et des grèves répétées dans le secteur public, à Air France, à la SNECMA, à France Telecom, à la RATP ou à la SNCF. Lorsque le gouvernement, en application de la loi quinquennale sur l'emploi, décide au début de 1994 de prendre un décret instituant un « Contrat d'insertion professionnelle » permettant de payer au-dessous du SMIC des jeunes qui postulent un premier emploi, une série de violentes manifestations de lycéens et d'étudiants contraint le gouvernement à faire machine arrière malgré sa volonté de ne pas perdre la face. Mais les critiques se multiplient contre l'action d'Édouard Balladur au sein même de la majorité. Les sondages d'opinion enregistrent ce tournant. Pour la première fois, en mars 1994, le Premier ministre enregistre des sondages négatifs, le nombre des mécontents dépassant celui des satisfaits. Si les intentions de vote pour les présidentielles lui demeurent favorables, c'est largement parce que la crise de confiance qui a frappé le Parti socialiste perdure. Elle s'aggrave, même au lendemain des élections européennes de juin 1994, avec l'éviction de Michel Rocard de la direction du Parti socialiste, qui montre que celui-ci n'en finit pas de régler ses difficultés internes.

En fait, la perspective de l'élection présidentielle de 1995 domine l'horizon politique. C'est à coup sûr une époque qui s'achève avec la retraite annoncée de François Mitterrand, alors qu'à gauche comme à droite se dessinent des problèmes de succession dans un climat qui demeure obscurci par le poids d'un chômage qui mine la cohésion sociale du pays. De surcroît, la multiplication des « affaires » qui touchent successivement des hommes de gauche et de droite convaincus d'actes délictueux, soit pour financer leurs campagnes électorales, soit pour assurer leur enrichissement personnel, le développement des enquêtes qui révèlent les procédés de financement du Parti socialiste, du Parti républicain, du RPR, à base de fausses factures et d'échanges de subventions contre l'attribution des marchés publics, minent la démocratie, et font suspecter l'ensemble du monde politique de corruption généralisée. Enfin, la tension qui règne au sein du RPR du fait des ambitions rivales de MM. Balladur et Chirac, le refus de M. Delors, porté par les sondages, d'être le candidat du PS aux présidentielles font que l'élection de 1995 s'inscrit dans le contexte d'une démocratie malade, menacée d'une déstabilisation identique à celle qui affecte l'Italie voisine.

Les faux-semblants de l'élection présidentielle de 1995 et l'échec du gouvernement Juppé

Rien n'illustre mieux le fossé qui paraît se creuser entre l'électorat et les hommes politiques que le contexte qui se met en place au début de l'année 1995. Tous les sondages jusqu'au mois de février prédisent une victoire nette du Premier ministre qui ne paraît plus avoir en face de lui d'adversaire à sa taille, la gauche se trouvant privée de champion en raison de la renonciation de Jacques Delors, et Jacques Chirac, au sein du RPR, paraissant abandonné de tous, à l'exception d'une fraction du RPR emmenée par Alain Juppé, ministre des Affaires étrangères, et de quelques individualités de la droite libérale telles que Alain Madelin, Charles Millon ou Hervé de Charrette. Or cette situation va se trouver bouleversée dans les premières semaines de 1995.

D'abord par l'entrée en lice de Lionel Jospin. L'ancien Premier secrétaire et rival de Laurent Fabius sort de la retraite politique qu'il s'était imposée après l'échec socialiste de 1993, et décide de se porter candidat à l'investiture socialiste pour l'élection présidentielle. S'il ne trouve aucun appui à l'Élysée, il rencontre la franche hostilité des amis de Laurent Fabius qui lui opposent le Premier secrétaire Henri Emmanuelli. Mais le choix des militants est sans appel et une forte majorité fait de Lionel Jospin le candidat socialiste à l'Élysée. D'abord accueillie avec scepticisme, cette candidature prend rapidement de la consistance au fil d'une campagne électorale au cours de laquelle la conviction du candidat accroît sa crédibilité et réveille un Parti socialiste déjà résigné à son échec.

Mais la surprise vient surtout de la véritable résurrection de Jacques Chirac. Celui-ci se lance dans une campagne électorale dynamique, organisée par deux hommes aux vues contradictoires, le libéral Alain Madelin et le président de l'Assemblée nationale Philippe Séguin qui se réclame d'un « gaullisme populaire ». C'est ce dernier qui inspire à Jacques Chirac une posture d'opposant de gauche à Édouard Balladur. Dénonçant l'immobilisme du Premier ministre, il l'accuse de s'accommoder de la « fracture sociale » qui affecterait la société française, au nom d'une « pensée unique », fondée sur le franc fort, la rigueur budgétaire et l'observance des critères de Maastricht. L'opinion est visiblement sensible aux promesses de Jacques Chirac d'une action énergique pour relancer la croissance, faire reculer le chômage et réduire la « fracture sociale ». En revanche, elle demeure sourde à la dénonciation par Édouard Balladur et la plupart de ses ministres du caractère démagogique des propositions de Jacques Chirac dont les promesses inconsidérées ne pourront guère, affirment-ils, être financées. Dès février 1995, Jacques Chirac fait jeu égal avec Édouard Balladur dans les sondages, avant de le dépasser dans les semaines qui suivent.

Toutefois, le scrutin présidentiel de 1995 comporte d'autres inconnues. Quelle place les résultats du premier tour réserveront-ils au président du Front national Jean-Marie Le Pen qui, comme d'ordinaire, a mené une habile campagne ? La gauche sera-t-elle présente au second tour et Lionel Jospin pourra-t-il combler le handicap que constitue la passivité de François Mitterrand à son égard ou bien le tour décisif se jouera-t-il entre les deux candidats de la droite ?

À ces questions, les résultats du premier tour, le 23 avril 1995, apportent des réponses sans équivoque. La première est le succès inattendu de Lionel Jospin qui, avec 23,30 % des suffrages arrive en tête, témoignant ainsi de la permanence d'un électorat de gauche que le candidat a su redynamiser et qui garantit que le second tour se jouera autour d'un affrontement droite-gauche. La seconde réside dans la victoire à droite de Jacques Chirac sur Édouard Balladur, courte victoire puisque le maire de Paris ne l'emporte sur son rival que par 20,84 % des suffrages contre 18,58 %. Enfin, en rassemblant 15 % des voix, Jean-Marie Le Pen confirme l'implantation du Front national dans le paysage politique français avec des zones de force dans l'Est alsacien, le Midi méditerranéen et les banlieues populaires des grandes villes. Globalement, malgré son score décevant du premier tour qui ne lui permet guère de dépasser de beaucoup la barre des 20 % à laquelle se trouve fixée son audience dans l'opinion, Jacques Chirac peut arithmétiquement espérer l'emporter au second tour. Prise dans son ensemble (Front national compris), la droite rassemble 58 % des suffrages, mais avec de fortes divisions en son sein, alors que la gauche ne dépasse pas un total de 42 % avec, il est vrai, la puissante dynamique qu'a créée la campagne de Lionel Jospin. Mais les réalités mathématiques l'emportent en dernière analyse. Le 7 mai au soir, Jacques Chirac est élu président de la République avec 52,63 % des voix contre 47,37 % à Lionel Jospin.

La question qui se pose alors est de savoir quelle ligne entend suivre le nouvel élu et en quoi consistera l'« autre politique » promise durant la campagne, pour rompre avec la « pensée unique » imputée à Édouard Balladur. S'incarnera-t-elle dans le gaullisme populaire à visée sociale défendu par Philippe Séguin ou dans l'ultralibéralisme prôné par Alain Madelin ? La nomination au poste de Premier ministre d'Alain Juppé dont la froideur technocratique ne paraît guère conduire à la première solution fournit une première indication, confirmée d'ailleurs par la décision de Philippe Séguin de ne pas entrer au gouvernement. Mais lorsqu'Alain Madelin, nommé ministre de l'Économie et des Finances, annonce son intention de remettre en cause les avantages acquis des fonctionnaires et des agents des services publics durant l'été 1995, le Premier ministre le contraint à la démission. À dire vrai, jusqu'à l'automne 1995, Alain Juppé paraît hésiter sur la conduite à tenir, laissant les membres de la pléthorique équipe gouvernementale qu'il a constituée multiplier les déclarations contradictoires. Le remaniement du gouvernement à la rentrée 1995 (et le limogeage de huit des douze femmes qui en faisaient partie) révèlent la volonté de substituer à un ministère fondé sur l'effet d'image une équipe plus resserrée et plus efficace.

Ce n'est qu'à l'automne 1995 que la ligne politique du gouvernement est enfin fixée. Elle paraît tourner radicalement le dos aux promesses électorales de Jacques Chirac sur la réduction de la fracture sociale et en revenir à la politique d'Édouard Balladur de lutte contre les déficits publics. À la baisse des impôts promise par Jacques Chirac pour relancer la consommation se substitue la hausse des prélèvements fiscaux. Au lieu des augmentations de salaires envisagées par le candidat, c'est le gel des traitements des fonctionnaires qui est institué. La promesse de réduire le déficit de la Sécurité sociale sans rationner les soins se mue en un nouveau prélèvement social et en l'adoption d'ordonnances destinées à placer sous le contrôle du gouvernement le système de protection sociale afin de diminuer les dépenses de santé. Le « plan Juppé » comporte enfin un volet de remise en cause des retraites des fonctionnaires et des agents des services publics. Ce vaste plan d'assainissement des finances publiques et des dépenses de l'État qui tente de régler à la fois tous les problèmes qui bloquent aux yeux du gouvernement les marges de manœuvre de l'économie française va dresser contre lui les catégories les plus immédiatement menacées par ses effets. Le mois de décembre 1995 est le théâtre d'une mobilisation massive des fonctionnaires et des agents des services publics contre le plan Juppé : grèves, manifestations, défilés se multiplient, cependant que les débrayages dans les transports publics débouchent sur une paralysie économique du pays. En dépit des difficultés subies par les usagers des services publics, l'opinion approuve massivement le mouvement dans lequel elle voit une réaction légitime contre les sacrifices sans contrepartie demandés par le gouvernement aux salariés. Plus généralement, ce vaste mouvement social qui n'est pas sans évoquer celui de mai 1968 est interprété comme un rejet massif par l'opinion de la logique libérale imposée par la mondialisation de l'économie et les critères de convergence définis par le traité de Maastricht pour la mise en place en 1999 de la monnaie unique européenne.

Sur le plan politique, sept mois après l'arrivée au pouvoir de Jacques Chirac, le mouvement de décembre 1995 a la signification de l'échec programmé du septennat qui vient de s'ouvrir. Alors qu'en mai, l'équipe exécutive bénéficiait dans les sondages de deux tiers d'opinions positives, en décembre ce sont deux tiers d'opinions négatives qui marquent la cote du président et de son Premier ministre.

Or, si ce dernier parvient tant bien que mal à sortir de la crise de 1995 au prix d'un certain nombre de concessions ou de reculs sur plusieurs aspects de son plan, la situation va plutôt en s'aggravant en 1996. La politique suivie par le gouvernement demeure pour l'essentiel inchangée, entraînant une profonde impopularité du Premier ministre qui rejaillit sur le chef de l'État. Au sein de la majorité, les critiques se multiplient contre la politique d'Alain Juppé qui paraît conduire droit à l'échec lors des élections prévues en 1998. D'autant que, dans une conjoncture économique morose, la nécessité de réduire les déficits fin 1997 pour respecter les critères de convergence de Maastricht, conduit inéluctablement à une aggravation de la politique de rigueur, très mal admise par l'opinion publique. Aussi le Premier ministre, s'appuyant sur des sondages des Renseignements généraux qui prévoient une victoire de la majorité si des élections avaient lieu au début de l'année 1997, propose-t-il au président de la République de prendre les devants, de dissoudre l'Assemblée nationale et de provoquer de nouvelles élections avant qu'une nouvelle phase de rigueur ne compromette irrémédiablement le sort de la majorité. Le 21 avril 1997, Jacques Chirac prononce la dissolution de l'Assemblée nationale.

Les élections de 1997 et le retour de la gauche au pouvoir

Décidée pour éviter une défaite de la droite en 1998, la dissolution d'avril 1997 va en fait précipiter celle-ci et entraîner une nouvelle alternance au sommet de l'État. Jacques Chirac en attend un réflexe de rassemblement de la majorité pour soutenir le Premier ministre qui conduit la campagne électorale. Or celle-ci aboutit à une paralysie du pouvoir et à une division persistante au sein de la droite. Le Premier ministre qui attend d'être confirmé pour accroître la politique de rigueur ne peut mettre en avant cet objectif au moment où 64 % des Français considèrent comme négative la politique suivie depuis 1995 ; mais, d'autre part, il ne peut non plus promettre d'y mettre un terme puisqu'il s'apprête au contraire à la renforcer. Privé de véritable argument de campagne, il lui faut d'autre part subir les critiques, voire les sarcasmes de son propre camp qui s'efforce de faire pression sur le chef de l'État pour qu'il se sépare de son Premier ministre. Les résultats du premier tour vont l'y contraindre pour tenter d'éviter le désastre électoral qui se profile à l'horizon.

En effet, le 25 mai, la droite est sévèrement battue, rassemblant à peine 36 % des suffrages, alors que les voix de gauche en totalisent 45 %. Quant à l'extrême droite, créditée de 15 %, elle est en position de se maintenir au second tour dans 130 circonscriptions et d'arbitrer ainsi les duels droite-gauche en privant la droite du report d'une partie des voix de ses électeurs. En toute hâte, pour éviter le naufrage, le président de la République demande à son Premier ministre d'annoncer publiquement qu'il ne demeurera pas à son poste si la droite l'emporte. Et s'efforçant de renouveler l'opération de 1995, il demande aux deux inspirateurs de sa campagne présidentielle, Philippe Séguin et Alain Madelin, de prendre en main la campagne du second tour, au risque de brouiller encore un peu plus les cartes, puisque les deux hommes défendent des politiques antagonistes.

Peine perdue. Le 1er juin 1997, le second tour de scrutin sanctionne une lourde défaite de la droite deux ans après l'élection à l'Élysée de Jacques Chirac. Avec 257 députés, la majorité présidentielle est largement battue par la gauche qui totalise 319 sièges, dont 245 au seul Parti socialiste.

Le 2 juin, le président de la République, s'inclinant devant le verdict des urnes, nomme Premier ministre Lionel Jospin, Premier secrétaire du Parti socialiste et grand vainqueur du scrutin de 1997. Celui-ci forme dans les jours qui suivent un gouvernement appuyé sur la majorité de la « gauche plurielle » et incluant les cinq composantes de celle-ci, dont le poids politique est évidemment différent. Autour d'une ossature de ministres socialistes (dont tous les titulaires des grands postes ministériels des gouvernements de François Mitterrand ont été écartés, à l'exception de Martine Aubry, ministre de l'Emploi et de la Solidarité) figurent ainsi dans le gouvernement trois ministres communistes, trois membres du Parti radical de gauche, la secrétaire nationale des Verts, Dominique Voynet, nommée comme il se doit ministre de l'Environnement et de l'Aménagement du Territoire et le chef de file du Mouvement des citoyens, Jean-Pierre Chevènement, titulaire du portefeuille important de l'Intérieur.

Les élections des 25 mai - 1ᵉʳ juin 1997

Partis	% des suffrages exprimés	Nombre de députés
Parti communiste	9,91	37
Parti socialiste	25,50	245
Citoyens/Divers gauche	3,12	29
Verts	3,59	8
Extrême gauche	2,18	–
RPR	16,81	140
UDF	14,70	109
Indépendants	2,80	–
Divers droite	1,85	8
Front national	15,09	(1)
Divers	4,47	–

C'est donc une troisième cohabitation entre un président de la République et un Premier ministre d'opinions opposées qui s'ouvre en juin 1997, avec une différence fondamentale par rapport aux deux premières. Celles-ci s'étaient produites deux ans avant une présidentielle et pouvaient donc être considérées comme des solutions transitoires en attendant que le futur scrutin rétablisse l'unité entre majorité présidentielle et majorité parlementaire. Or cette nouvelle cohabitation doit durer cinq années, le temps du mandat législatif, puisque le septennat de Jacques Chirac se prolonge jusqu'en 2002 et que, sauf nouvelle dissolution de l'Assemblée nationale que le président paraît pour l'heure hors d'état de risquer, compte tenu de l'affaiblissement que lui vaut sa défaite électorale, il devra accepter durant cinq années de perdre une grande partie de ses prérogatives au profit de son Premier ministre.

Une cohabitation institutionnalisée (1997-2002)

Pour Lionel Jospin, la perspective de disposer de la durée d'une législature sans avoir raisonnablement à craindre de voir son action interrompue, puisque le président ne peut le révoquer (ce qui serait anticonstitutionnel) et qu'il dispose d'une majorité solide qui ne saurait l'abandonner sans favoriser un retour de la droite, constitue un atout de taille qui lui permet d'annoncer un programme de gouvernement conforme à ses promesses électorales.

De surcroît, il va bénéficier dès son arrivée au pouvoir d'une évolution favorable de la conjoncture économique. Non que la France retrouve les taux de croissance spectaculaires de l'époque des « trente glorieuses », mais à partir du second semestre de 1997 et jusqu'en 2000, la croissance est régulière et soutenue. Il en résulte une atmosphère d'optimisme et de renouveau qui tranche avec la morosité des années antérieures et permet au gouvernement d'obtenir des résultats sociaux et économiques conformes aux promesses électorales de la gauche, permettant au Premier ministre de retrouver l'élan et les principes du modèle républicain.

D'abord sur le plan social. La reprise d'activité favorisée par la croissance, jointe à une politique volontariste en matière de création d'emplois et à la réduction de la semaine de travail à 35 heures sans diminution de salaire (imposée par Martine Aubry, ministre de l'Emploi et de la Solidarité à un patronat réticent) permet, pour la première fois en trente ans, d'obtenir une sensible diminution du chômage. Fin 2000, celui-ci est repassé sous la barre symbolique des 10 % et le nombre des chômeurs a décru de près d'un million depuis 1997. Situation qui conduit à une reprise de la politique de l'État-providence, par exemple par le vote de lois contre l'exclusion ou l'institution de la couverture maladie universelle (CMU) qui étend le bénéfice de la Sécurité sociale à tous les résidents dont les revenus ne permettent pas qu'ils y soient assujettis par le paiement de cotisations.

Or cette politique sociale généreuse n'est pas exclusive d'un redressement financier spectaculaire. La reprise de l'activité accroît les rentrées fiscales et le ministre de l'Économie et des Finances, Dominique Strauss-Kahn, peut aisément remplir, sans le recours à la rigueur prévu par Alain Juppé, les critères de convergence prévus par le traité de Maastricht pour l'accès à la monnaie unique. Aussi la France peut-elle participer de plein droit à la mise en place de la Banque centrale européenne et à l'entrée dans l'euro le 1er janvier 2002. Cette relative aisance de la trésorerie conduit en 2000 à l'équilibre des comptes de la Sécurité sociale dont le déficit semblait depuis de nombreuses années impossible à combler. Ravissant à la droite un de ses thèmes favoris, Laurent Fabius, successeur de Dominique Strauss-Kahn au ministère de l'Économie et des Finances, peut même se payer le luxe d'annoncer un plan pluriannuel de baisses d'impôts, soulignant ainsi que la gauche au pouvoir réalise les promesses faites par le chef de l'État, mais que le gouvernement Juppé avait été impuissant à mettre en œuvre.

Cette réussite du gouvernement de la « gauche plurielle » qui contraste avec la cascade d'échecs des gouvernements précédents est porteuse d'une grande popularité pour le Premier ministre. Bien qu'il s'efforce d'éluder toute allusion à ses projets futurs, se bornant à affirmer que son ambition se limite à bien gouverner le pays jusqu'en 2002, Lionel Jospin fait figure, dès 1997, de futur champion de la gauche pour les élections de 2002. Aussi apparaît-il comme un rival potentiel du chef de l'État Jacques Chirac dont nul ne doute qu'il compte se représenter.

Mais, entre 1997 et 2000, les circonstances contraignent ce dernier à adopter un profil bas. Le fiasco de la dissolution de 1997, dont lui-même et ses proches conseillers (le Premier ministre Alain Juppé, le secrétaire général de l'Élysée Dominique de Villepin) apparaissent comme les premiers responsables, suscite des critiques virulentes au sein de la droite. D'autant que le président feint de considérer que l'échec aux législatives de 1997 est dû aux querelles internes de l'ancienne majorité et qu'elle n'affecte en rien sa propre légitimité fondée sur le scrutin de 1995. Aussi se désintéresse-t-il des partis vaincus dans le scrutin législatif pour ne se préoccuper que de sa réélection en 2002. Toutefois, il est trop conscient de la nécessité d'avoir, s'il veut l'emporter à cette date, l'appui de la formation politique qu'il a créée, pour demeurer véritablement indifférent au destin de celle-ci. Aussi, tout en restant sourd aux appels des responsables du RPR qui lui demandent de prendre hardiment la tête d'une opposition déterminée à la gauche plurielle et au Premier ministre, comme François Mitterrand l'avait fait contre la droite entre 1986 et 1988, veille-t-il à décourager tous ceux qui s'efforcent de prendre la tête du principal parti de droite en le rendant autonome à l'égard du chef de l'État. Philippe Séguin, élu président du RPR en remplacement d'Alain Juppé après la défaite de 1997 en fait le premier l'expérience. Conduisant la liste du RPR aux élections européennes de 1999, il démissionne avec éclat de son poste en constatant que le président, loin de le soutenir, considère d'un œil égal, comme représentant la majorité présidentielle, la liste conduite par l'UDF François

Bayrou et celle des souverainistes Charles Pasqua et Philippe de Villiers. Son successeur Nicolas Sarkozy, ancien lieutenant d'Édouard Balladur, devenu président par intérim, doit démissionner de ses fonctions après la défaite de la liste de la majorité aux élections européennes, puis se voit interdire par le chef de l'État à l'automne 1999 de se présenter au suffrage des militants pour briguer la présidence. Jacques Chirac propose finalement aux militants la candidature d'un sénateur peu connu, notable discret mais respecté, Jean-Paul Delevoye, président de l'Association des maires de France. Celui-ci sera finalement battu en décembre 1999 par des militants excédés des injonctions venues du « château », au profit de Mme Alliot-Marie, maire de Saint-Jean-de-Luz, qui l'emporte par 62 % des suffrages. La nouvelle présidente du RPR annonce son intention d'être « autonome et indépendante » de Jacques Chirac. Après quelques velléités de cet ordre au début de 2001 qui contraindront Jacques Chirac à renoncer à une réforme de la justice qu'il avait soutenue, elle rentre rapidement dans le rang. Le président a administré la preuve qu'on ne pouvait prétendre diriger le RPR en ignorant ses directives, fussent-elles tacites et indirectes. En revanche, s'il continue à régner sur le parti qu'il a fondé, il ne peut empêcher les autres forces de droite de prendre leurs distances vis-à-vis de lui et leurs dirigeants de manifester des ambitions présidentielles rivales des siennes. C'est ainsi que François Bayrou président des centristes de l'UDF et le libéral Alain Madelin, président de Démocratie libérale, issue d'une scission de droite de l'UDF, annoncent l'un et l'autre leur intention de se porter candidats à l'élection présidentielle de 2002.

Il paraît en effet évident que la perspective de l'élection présidentielle de 2002, même si elle semble lointaine en 1997, est au cœur de la cohabitation qui occupe la législature. Celle-ci ne quitte pas l'esprit des deux têtes de l'exécutif et, derrière le paravent d'une cohabitation courtoise, c'est en réalité une rivalité impitoyable qui se prépare. Sans doute le chef de l'État juge-t-il longtemps nécessaire d'adopter un profil bas, laissant le Premier ministre gouverner à sa guise, au grand dépit de l'opposition de droite. Affaibli personnellement par l'échec de 1997, conscient que les divisions de la droite rendent impossible une nouvelle dissolution, jugeant périlleux d'affronter ouvertement un gouvernement populaire et que Lionel Jospin tient bien en main, il fait contre mauvaise fortune bon cœur et se prête au rôle qui avait si bien réussi jadis à François Mitterrand lors de la première cohabitation, celui de père de la nation. Au demeurant, les échecs électoraux subis par la droite l'incitent à la prudence. Aux élections européennes de 1999, les trois listes de droite ne dépassent pas 35 % des suffrages dont 13 % pour la liste officielle RPR/Démocratie libérale. Les résultats des municipales de 2001 sont plus encourageants, puisque la droite reprend à la gauche une quarantaine de villes, mais ce succès est éclipsé par la perte des deux bastions de droite que sont Paris et Lyon. Enfin, la liberté de manœuvre de Jacques Chirac est limitée par les multiples enquêtes judiciaires qui le visent concernant la présomption d'emplois fictifs à la Ville de Paris du temps où il en était le maire, le soupçon de mise en œuvre d'un système de financement des partis politiques par des commissions occultes versées par des entreprises en échange de l'attribution de marchés publics à Paris ou dans la région Île-de-France ou encore l'accusation d'utilisation des fonds publics à des fins personnelles. Des décisions du Conseil constitutionnel et de la Cour de cassation le mettent à l'abri de toute poursuite pendant la durée de son mandat en lui assurant une immunité totale mais, en même temps, s'il peut refuser de déférer aux convocations de la justice, il lui est impossible de se justifier.

La tactique du président de la République consiste donc à attendre que la conjoncture se retourne, à guetter les faux pas de son Premier ministre pour prendre ses distances à l'égard de ses décisions, et critiquer ponctuellement telle ou telle mesure gouvernementale. En attendant, la cohabitation apparemment courtoise entre les deux têtes de l'Exécutif qui paraissent collaborer efficacement à la gestion du pays, défendre en commun les intérêts nationaux, parler d'une seule voix à l'étranger et dégager des zones de consensus politique assez larges a pour effet de permettre au président auquel les Français paraissent reconnaissants de laisser gouverner le Premier ministre, de sortir des sondages catastrophiques où l'avait entraîné Alain Juppé. Toutefois, il est clair que ce jeu du chat et de la souris auquel se livrent les deux têtes de l'exécutif ne saurait se poursuivre sans dommage pour l'un comme pour l'autre à mesure que se rapproche l'échéance électorale de 2002.

C'est en 2001 que le retournement de conjoncture attendu de longue date par le président se produit. Il résulte en premier lieu d'un ralentissement de la croissance qui met fin à la période d'expansion des années 1997-2000. Le chômage repart à la hausse et, avec lui, les difficultés et le mécontentement des Français. La globalisation économique entraîne délocalisations d'entreprises, dépôts de bilan, licenciements face auxquels le gouvernement se montre impuissant. Du même coup, manifestations, revendications, grèves font renaître l'agitation sociale et fragilisent le gouvernement. En même temps, une vaste campagne sécuritaire est lancée dans le pays par la droite, qui rencontre les préoccupations des Français et conforte l'accusation de laxisme lancée contre la « gauche plurielle ». S'appuyant sur ce retournement de l'opinion, le président de la République déclenche les hostilités contre son Premier ministre lors de son entretien radiotélévisé du 14 juillet 2001, contestant point par point le bilan du gouvernement et donnant ainsi le ton à une offensive reprise par le RPR dans le pays. Désormais, et jusqu'aux élections de 2002, chacun des actes du gouvernement fera l'objet de critiques acerbes de la part de l'opposition. À cet assaut venu de la droite s'ajoute la volonté des partis de la « gauche plurielle » de bénéficier des difficultés du Parti socialiste pour se libérer de la tutelle de celui-ci et tenter d'engranger un mécontentement populaire qui s'exprime par la multiplication des associations d'extrême gauche se réclamant du trotskisme, d'une culture politique alternative ou de la défense des plus démunis ou des marginaux. Dès 2000, Jean-Pierre Chevènement, en désaccord avec la volonté du Premier ministre de donner à la Corse un statut particulier, a quitté le gouvernement. Les radicaux de gauche, les Verts, le parti communiste décident les uns et les autres de présenter un candidat à l'élection présidentielle.

Or l'élection présidentielle de 2002, loin de ressembler aux consultations qui l'ont précédée, paraît bien tourner une page de l'histoire politique de la France et ouvrir à tous égards une période nouvelle.

XI

L'INSTITUTION DU QUINQUENNAT :
UNE NOUVELLE PHASE DE L'HISTOIRE
DE LA Vᵉ RÉPUBLIQUE (DEPUIS 2002)

La décision prise par les dirigeants de l'Exécutif de remettre en cause à partir de 2002 l'institution plus que centenaire du septennat pour la durée du mandat présidentiel, si elle s'explique surtout par des raisons d'opportunité, va s'avérer lourde de conséquences pour le régime de la Vᵉ République dont elle modifie en fait la nature. Or cette remise en cause coïncide avec toute une série de modifications structurelles des institutions politiques françaises et avec une crise profonde des cultures politiques traditionnelles. Si bien que l'entrée dans le XXIᵉ siècle annonce aussi le début d'un nouvel âge de la politique française.

Les élections de 2002 :
une nouvelle règle du jeu et un séisme politique

De 1986 à 2002, non seulement la France a vécu une succession d'alternances lors de chaque consultation électorale nationale (législative ou présidentielle), mais, sur un total de seize années, elle a connu neuf ans de cohabitation entre un président et un Premier ministre d'opinions opposées, à telle enseigne que ce système, de simple palliatif provisoire au départ, paraissait s'institutionnaliser. Or, si l'opinion publique semble assez largement apprécier l'association des partis de gouvernement de gauche et de droite à l'Exécutif qui permet de dégager sans conflit des solutions acceptables, il n'en est pas de même des hommes politiques qui s'irritent de constater que leur pouvoir se trouve en partie limité par la nécessité de passer des compromis avec leurs adversaires politiques, ni des observateurs et des journalistes qui apprécient les situations tranchées. Les uns et les autres dénoncent à qui mieux mieux le risque de confusion résultant de la cohabitation, la perte de prestige de la France à l'étranger ou dans les conférences internationales où nul ne sait exactement qui parle au nom du pays et l'impossibilité de pratiquer des politiques claires en fonction de la nécessité d'éviter des crises institutionnelles. Sans doute une grande partie de ces critiques sont-elles excessives, la cohabitation n'ayant nullement empêché le Premier ministre de gouverner le pays, ni le président de représenter celui-ci ni de gérer les problèmes diplomatiques et la politique de défense qui demeurent dans ses attributions. Mais il est vrai qu'à droite comme à gauche, on espère bien que les élections de 2002 mettront fin à une pratique que les hommes au pouvoir supportent impatiemment.

De fait l'échéance de 2002 offre une opportunité qui paraît permettre de résoudre le problème : elle marque à la fois le terme du septennat de Jacques Chirac, élu en 1995, et celui du mandat de l'Assemblée nationale désignée en 1997. L'idée que la simultanéité des deux scrutins devrait permettre que les Français, consultés à quelques semaines d'intervalle, élisent un président et une Assemblée de même sensibilité politique paraît fondée. Or il devrait être possible de pérenniser cette situation en ressortant des cartons la vieille idée de réduire à cinq ans la durée du mandat présidentiel, de manière à ce que, désormais, celui-ci coïncide avec la durée de la législature. Votée par l'Assemblée nationale à l'époque de Georges Pompidou, mais non inscrite dans la Constitution puisque le Congrès qui aurait dû réviser celle-ci n'avait jamais été convoqué, la réforme du quinquennat est réactivée par Valéry Giscard d'Estaing, approuvée par le Parti socialiste et, à la surprise générale, acceptée par Jacques Chirac qui s'y refusait jusqu'alors. L'âge du président (68 ans en 2000) et son intention de briguer un nouveau mandat en 2002 ne sont probablement pas étrangers à ce revirement, fondé sur l'idée que l'opinion réélirait plus volontiers pour cinq ans que pour sept un candidat qui sera septuagénaire en 2002. Adoptée par le Congrès en 2000, la réforme est approuvée par un référendum organisé en septembre 2000 qui rassemble 73 % de « oui », mais dans l'indifférence générale de l'opinion (les abstentions frôlant les 70 %).

Fin 2000, le Premier ministre, répondant à l'appel de l'ancien président Valéry Giscard d'Estaing et des anciens Premiers ministres Michel Rocard et Raymond Barre, fait voter par l'Assemblée nationale une inversion du calendrier électoral. Alors que la date d'échéance normale des mandats respectifs de l'Assemblée nationale et du président devrait faire désigner la nouvelle Assemblée avant le chef de l'État, Lionel Jospin, se réclamant de la logique de la

Ve République, fait décider que l'élection présidentielle aura lieu avant celle des députés. C'est redonner à l'élection présidentielle le statut majeur qu'avait voulu lui octroyer Charles de Gaulle. Mais, là encore, la mesure n'est pas exempte d'arrière-pensées. Convaincu que son bilan et sa popularité devraient lui permettre de battre le président sortant, Lionel Jospin est beaucoup moins sûr que la gauche l'emportera si l'élection législative devait intervenir la première, compte tenu de l'affaiblissement de l'extrême droite, désormais coupée en deux courants rivaux autour de Jean-Marie Le Pen et de Bruno Mégret. Dans ces conditions, la disparition prévisible des triangulaires devrait améliorer les résultats de la droite parlementaire et le risque est grand, si l'Assemblée nationale avait une majorité de droite, que les Français choisissent un président de même sensibilité.

À la veille des élections de 2002, la règle du jeu qui régissait la vie politique française est donc modifiée. Si l'élection présidentielle est confirmée dans son statut de scrutin majeur, le nouveau chef d'État sera élu pour cinq ans, et l'Assemblée nationale désignée dans la foulée. Or, à mesure que le scrutin approche, la conjoncture se modifie.

D'une part, le retournement de la situation économique en 2001 et la montée des mécontentements fragilisent la position du Premier ministre, alors que la cote du président qui critique sans retenue la politique gouvernementale depuis juillet se consolide dans les sondages. D'autre part, le président et le Premier ministre choisissent des stratégies électorales très différentes. À droite, Jacques Chirac qui doit affronter la concurrence de François Bayrou et d'Alain Madelin, présidents respectifs de l'UDF et de Démocratie libérale, s'efforce d'isoler ses deux rivaux et d'apparaître comme le seul candidat crédible dans ce secteur de l'opinion. S'appuyant sur une organisation mise sur pied par de jeunes élus de droite appartenant au RPR, à l'UDF et à Démocratie libérale, l'Union en mouvement, destinée à soutenir sa candidature, il va s'efforcer d'attirer à lui des parlementaires de toutes les formations de la majorité, affaiblissant d'autant la base de ses concurrents. Mais le président sortant doit compter avec la présence à l'extrême droite de Jean-Marie Le Pen, président du Front national, qui lui voue une haine farouche, qui draîne avec talent le mécontentement d'une partie non négligeable de la population et qui mord sur son électorat en même temps que sur celui de l'extrême gauche.

C'est une tout autre stratégie qu'adopte la gauche. Chacun des partis qui la composent s'efforce de prouver son existence et de compter son audience dans l'opinion en présentant un candidat, depuis le parti communiste qui lance dans l'arène son principal dirigeant Robert Hue jusqu'aux Verts qui, à l'issue de débats confus, désignent Noël Mamère, député-maire de Bègles, en passant par les radicaux de gauche qui investissent Christine Taubira, députée de la Guyane, laquelle n'est d'ailleurs pas membre de leur formation. En dehors de la « majorité plurielle », Jean-Pierre Chevènement, qui l'a quittée, se lance lui aussi dans la bataille, cependant qu'à l'extrême gauche, trois groupuscules trotskistes rivaux, Lutte ouvrière, la Ligue communiste révolutionnaire et le Parti des travailleurs présentent respectivement Arlette Laguiller, Olivier Besancenot et Daniel Glückstein.

La multiplicité des candidats de la « majorité plurielle » apparaît comme une arme à double tranchant. En vue du second tour, elle permet de ratisser large et de préparer à voter pour le candidat de gauche un maximum d'électeurs qui se seront prononcés au premier tour pour les champions de leur choix. Mais l'expérience va révéler qu'elle fragilise la position du candidat socialiste au premier tour. Celui-ci, qui vient de gouverner la France durant cinq années, est en effet la cible des attaques convergentes de la droite et de l'extrême gauche qui contestent son bilan et, pour cette dernière, l'accusent de pratiquer une politique favorable au capitalisme. En outre, il n'est pas épargné par ses concurrents de la majorité plurielle qui s'efforcent de gagner les faveurs de l'électorat en se désolidarisant d'une politique qu'ils ont jusque-là soutenue et pratiquée au pouvoir.

Les effets de cette configuration politique confuse rendent compte de l'énorme surprise que constitue le résultat du premier tour de scrutin, le 21 avril 2002. Si Jacques Chirac arrive en tête avec le très faible score de 19,88 % des suffrages, le plus mauvais jamais enregistré par un président sortant, inférieur encore à celui déjà faible de 1995, un véritable séisme politique résulte de la personnalité du candidat placé en seconde position, et, par conséquent, qualifié pour le second tour : là où l'on attendait Lionel Jospin qui, en raison de la dispersion des voix de gauche, ne rassemble que 16,18 % des voix, l'électorat désigne le candidat d'extrême droite Jean-Marie Le Pen qui en réunit 16,88 %. Le soir même, Lionel Jospin annonce son retrait de la vie politique, laissant le Parti socialiste sans chef pour affronter les élections législatives qui suivent, malgré la présence, comme Premier secrétaire depuis 1997, de François Hollande qui, dans l'ombre de Lionel Jospin, n'a pas eu le temps de se forger une image publique.

La gauche étant absente du second tour de l'élection présidentielle, le sort de celle-ci paraît scellé. Jacques Chirac, dont le très médiocre résultat du premier tour rendait douteuse la réélection, est désormais sûr de celle-ci dans la mesure où, entre lui et le candidat d'extrême droite, le choix de la très grande majorité de l'électorat ne fait aucun doute. Au soir du 5 mai 2002, le président sortant recueille 82,81 % des suffrages exprimés, cependant que Jean-Marie Le Pen améliore à peine son résultat du premier tour. Par un étonnant paradoxe, Jacques Chirac devient le président le mieux élu de toute l'histoire de la Ve République. Toute la question est désormais de savoir s'il entend gouverner en fonction des aspirations de son électorat du premier tour (moins d'un électeur sur cinq) ou de celui du second (dans lequel les voix de gauche sont probablement majoritaires).

En attendant, comme l'espéraient les promoteurs du quinquennat, l'élection présidentielle détermine le sort des élections législatives qui suivent, les 9 et 16 juin 2002. Sans perdre de temps, dès le lendemain du premier tour de la présidentielle, Jacques Chirac développe la stratégie mise en chantier avant les élections de 2002 et qui consiste à créer autour de sa personne un parti unique de la droite que préfigurait l'Union en mouvement. Il charge son lieutenant Alain Juppé de créer un vaste rassemblement, provisoirement baptisé « Union pour la majorité présidentielle » (UMP), dont l'objectif principal consistera à soutenir son action. Outre la totalité du RPR il y attire nombre de dirigeants de l'UDF, à l'image de Philippe Douste-Blazy ou de Jacques Barrot et la quasi-totalité des adhérents de Démocratie libérale, à commencer par son président Alain Madelin que la faiblesse de son score à l'élection présidentielle (3,91 %) contraint à passer sous les fourches caudines de l'UMP. Toutefois, la détermination de François Bayrou (fort des 6,84 % rassemblés le 21 avril) à conserver l'autonomie de l'UDF empêche Jacques Chirac de réaliser totalement son objectif, même si le parti centriste est amoindri par le départ d'une partie de ses cadres et de ses adhérents.

Comme on pouvait s'y attendre, la droite parlementaire, renforcée par la triomphale réélection de son chef de file, remporte haut la main les élections législatives. Rassemblant 34,23 % des voix au premier tour, elle fait élire 369 députés au second, l'affaiblissement du Front national ne lui permettant pas de jouer le rôle d'arbitre dans des triangulaires. Disposant à elle seule de la majorité absolue, elle peut tenir pour quantité négligeable le petit contingent des 22 députés UDF. Avec 178 élus, la gauche est nettement battue. Mais

le Parti socialiste qui a rassemblé au premier tour 25,28 %
des voix y reste en position de force avec 141 députés et
les autres forces de gauche ne constituent que des groupes
de faible importance (7 radicaux de gauche et 3 Verts), à
l'exception toutefois des 21 communistes.

Les élections législatives de 2002

Partis	% des suffrages exprimés	Nombre de députés
Parti communiste	4,70	21
Socialistes/radicaux de gauche	25,28	148
Verts	4,43	3
Pôle républicain (Chevènement)	1,22	–
Divers gauche	1,85	6
Ligue communiste révolutionnaire	1,27	–
Lutte ouvrière	1,18	–
UMP	34,23	369
UDF	4,19	22
Divers droite	4,35	8
Front national	11,11	–
Mouvement national républicain (Mégret)	1,08	–
Divers	3,52	–

Les consultations électorales de 2002 peuvent donc se
lire à deux niveaux. D'abord, on peut considérer qu'élu par
le suffrage universel avec une écrasante majorité, diposant
d'une majorité absolue à l'Assemblée nationale, libre de
nommer le Premier ministre de son choix, le président de
la République a reconquis la position prééminente dont dispose le chef de l'État dans la conception gaulliste des institutions. De fait, maître absolu des rouages de l'État pour

la durée de son mandat, ne voyant se dresser contre lui aucun contre-pouvoir susceptible de freiner son action, il apparaît bien comme un monarque temporaire bénéficiant d'une autorité sans partage. Mais il existe un second niveau de lecture qui révèle que le quinquennat a en fait modifié la nature du régime. Dans la mesure où le président est élu pratiquement en même temps que l'Assemblée nationale et pour la même durée qu'elle, il fait figure tout à la fois de chef de la majorité présidentielle et de la majorité parlementaire. Du même coup, le président n'est plus ce personnage hors du commun, soustrait aux aléas de la politique quotidienne, mais le chef désigné de l'exécutif et le principal responsable de la politique du gouvernement. Le quinquennat a ainsi fait disparaître la fiction d'un chef d'État fixant les grandes orientations et laissant son Premier ministre choisir les moyens de les mettre en œuvre. Le problème est que le président est déclaré irresponsable par la Constitution, la responsabilité devant l'Assemblée nationale étant le lot de son Premier ministre.

L'institution du quinquennat révèle ainsi les failles du système constitutionnel français. Le choix d'un Premier ministre peu connu et qui n'a fait jusqu'alors qu'une carrière d'élu local et régional, le sénateur Jean-Pierre Raffarin, président de la région Poitou-Charentes et apparemment dépourvu de toute ambition personnelle, souligne le rôle désormais dévolu à celui qui n'est plus que de nom chef du gouvernement, celui d'un simple auxiliaire du président, chargé d'arbitrer entre les ministres et de servir de fusible, devant l'Assemblée nationale et l'opinion, au président irresponsable au cas où sa politique ferait l'objet d'une vive contestation. Il est d'ailleurs caractéristique que l'image que s'efforce de donner de lui-même le Premier ministre est celui d'un représentant de la « France d'en bas », c'est-à-dire des aspirations concrètes des Français affrontés aux aléas de la vie quotidienne, loin des élites qui, les élections l'ont montré, font l'objet d'un large rejet de l'opinion. Mais cette image implique aussi qu'il appartient au président de gérer les grands problèmes politiques pendant que son Premier ministre sera préposé aux contingences de moindre niveau.

Les ambiguïtés de la réforme et l'échec du gouvernement Raffarin (2002-2005)

Une triple volonté marque l'action du gouvernement Raffarin durant les trois premières années du quinquennat de Jacques Chirac : répondre aux attentes des Français telles qu'elles se sont manifestées lors de l'élection présidentielle, satisfaire les aspirations libérales de la clientèle électorale de la droite, résoudre les graves dysfonctionnements porteurs de menaces sur l'avenir qui affectent le régime des retraites comme la Sécurité sociale et limitent par leur coût les marges d'initiative du pouvoir.

Sur le premier point, Jacques Chirac qui avait inauguré sa présidence en 1995 de manière désastreuse pour son image comme pour la majorité qui le soutenait en prenant le contre-pied de ses promesses électorales, au point de dissiper en quelques semaines le capital de confiance dont il disposait au moment de son élection, est résolu cette fois à exiger du gouvernement qu'il tienne les engagements pris pendant la campagne. Le premier, qui est apparu décisif au moment du scrutin de 2002, réside dans l'exaspération des Français devant ce qu'ils perçoivent comme une vague d'insécurité. Aussi des mesures immédiates sont-elles prises par les deux ministres en charge de la question, Nicolas Sarkozy, ministre de la Sécurité intérieure et numéro deux du gouvernement et Dominique Perben, Garde des Sceaux et ministre de la Justice. Le premier met au service de ses ambitions présidentielles qu'il ne dissimule guère, un activisme de tous les instants, obtenant de l'Assemblée nationale l'augmentation massive des crédits alloués à la police et à la gendarmerie, qu'il réunit sous son autorité et réorganise pour en accroître l'efficacité. Le second fait adopter lui aussi une loi de programmation donnant à la justice des moyens financiers accrus et procède à des réformes importantes du code pénal comme de l'ordonnance de 1945 sur la délinquance des mineurs, de manière à permettre la mise en œuvre de mesures plus répressives. Afin de décharger les tribunaux dont l'encombrement entraîne des retards considérables dans le jugement des personnes mises en examen, il décide la création, très controversée dans les milieux judiciaires, de « juges de proximité » chargés de juger les affaires mineures.

À cette action sécuritaire s'ajoute un ensemble de mesures ayant pour objet de relancer la croissance en poussant les Français à consommer davantage. Le principal moteur de cette politique réside dans l'allègement des impôts. Le candidat Chirac s'était engagé à diminuer d'un tiers en cinq ans l'impôt sur le revenu et une première tranche de baisse de 5 % de celui-ci est prévue pour 2002. Mais il est vrai que la persistance d'une faible croissance poussera le gouvernement, dans les années suivantes, à réduire cette baisse, puis à la supprimer en 2005, le maintien d'un fort déficit budgétaire rendant fort malaisée sa poursuite, d'autant qu'elle conduit la France à dépasser assez largement le seuil fixé pour le déficit (3 % du PIB) dans le cadre du respect du pacte de stabilité de la zone euro.

Pour satisfaire sa clientèle électorale, et en particulier le patronat, attaché à la libéralisation de l'économie, le gouvernement va s'efforcer de relancer l'embauche et de faire reculer un chômage croissant et qui franchit à nouveau en 2005 la barre des 10 % de la population active, par l'assouplissement des règles du droit du travail ou la remise en cause des mesures protectrices des salariés prises par le gouvernement Jospin. Afin d'encourager les entreprises à embaucher, des allègements de charges sont prévus pour les entreprises engageant un jeune de 16 à 22 ans sans qualification. La réglementation des licenciements mise en place par les socialistes est abrogée. Mais la principale mesure exigée par le patronat est la suppression de la loi des 35 heures qui apparaît comme sa bête noire. Toutefois, dans ce domaine, la marge de manœuvre du gouvernement est limitée par l'attachement de la très grande majorité des salariés à une mesure qu'ils apprécient en ce qu'elle est génératrice de possibilité de détente et de loisirs. Aussi le ministre des Affaires sociales François Fillon est-il résolu, sans toucher à la durée légale hebdomadaire du travail qu'elle institue, à la vider progressivement de sa substance. L'accroissement du nombre des heures supplémentaires votée par le Parlement en février 2005 en constitue le moyen essentiel, de même que la multiplication des assouplissements et l'exonération de son application dont bénéficient les petites et moyennes entreprises.

Pour pouvoir poursuivre les baisses d'impôts sans accroître le déficit, tout en répondant aux demandes de libéralisation du patronat, une politique de diminution du nombre des fonctionnaires par non-remplacement intégral des départs à la retraite est mise en œuvre. Les « emplois-jeunes » permettant de diminuer le nombre des chômeurs, mais financés sur le budget de l'État, sont supprimés dans le secteur public et l'Éducation nationale, expliquant en partie le retour en force du chômage. Enfin, la politique de privatisation du secteur public est élargie, touchant des entreprises comme Air France ou Gaz de France. Toutefois, cette politique qui satisfait le patronat et les milieux libéraux, qui ne critiquent que sa lenteur et sa timidité, est fort mal reçue par cette « France d'en bas » dont se réclame le Premier ministre puisqu'elle se traduit par la remontée du chômage, le désengagement de l'État d'une partie croissante du secteur public, la précarisation des emplois, alors que les entreprises privées procèdent à de multiples « plans sociaux » destinés à diminuer leurs charges, même lorsqu'elles font de larges bénéfices, voire à des délocalisations dans les pays où la main-d'œuvre est moins coûteuse.

Ce désengagement de l'État qui correspond à une volonté libérale joue enfin dans le sens de la décentralisation. Celle-ci, qui poursuit le mouvement entamé par les socialistes en 1982, pourrait apparaître comme satisfaisant la revendication des collectivités locales de voir accroître leurs attributions et, plus globalement, de rapprocher des citoyens les centres de décision. La décision du gouvernement Raffarin de transférer aux régions l'ensemble des compétences ne relevant pas du domaine régalien de l'État et de décréter l'autonomie financière des collectivités locales suscite cependant bien des inquiétudes de la part des élus locaux, y compris de ceux qui appartiennent à la majorité. Alarmés par la volonté de l'État de réaliser des économies en supprimant les services de l'État en zone rurale, ils redoutent que la décentralisation ne serve de prétexte au transfert par l'État aux régions ou aux départements de compétences nouvelles, sans transfert équivalent de moyens financiers. L'État pourrait ainsi diminuer les impôts en contraignant les collectivités locales à augmenter les leurs, se donnant du même coup à moindres frais les moyens de se construire une popularité à leur détriment.

Enfin, le gouvernement se montre résolu à profiter du pouvoir sans contrepartie dont il dispose depuis 2002 en résolvant quelques-uns des problèmes de fond qui se posent à la France depuis des décennies sans qu'aucune majorité ait eu le courage de les aborder de front. Il en va ainsi de la question des retraites dont le financement à terme pose d'insolubles problèmes en raison de l'augmentation de la durée de vie et de l'amenuisement numérique de la population active du fait du chômage. Le ministre François Fillon fait voter par le Parlement en 2003 un texte, violemment combattu par les syndicats et les partis de gauche, qui aligne la durée de cotisation des fonctionnaires (jusqu'alors de 37 annuités et demie) sur celle du secteur privé, prévoit de porter progressivement le nombre d'annuités à 42 et pénalise durement, en diminuant le montant des pensions, les salariés dont le nombre d'annuités est insuffisant. Critiquée par l'opposition qui envisage de la remettre en cause si elle revient au pouvoir, suscitant le doute sur son aptitude à assurer à long terme le paiement des retraites, cette mesure donne cependant sur le moment un ballon d'oxygène aux régimes de retraites.

En 2004, c'est un autre problème grave, celui du déficit permanent et croissant de la Sécurité sociale qu'aborde le ministre de la Santé, Philippe Douste-Blazy. Venant après de multiples plans de sauvetage dont l'inefficacité se vérifie chaque année, cette nouvelle réforme met, pour l'essentiel, à la charge des patients, les mesures d'économie qu'elle s'efforce de réaliser. La Contribution sociale généralisée, principale source de financement des régimes de Sécurité sociale est augmentée, des déremboursements de médicaments sont programmés, une partie des dépenses maladie est désormais payée par les malades, cependant que des mesures sont prises pour mieux maîtriser les prescriptions et les parcours de santé. Là encore, le gouvernement doit vaincre les fortes résistances des syndicats et de l'opinion. Toutefois, l'extraordinaire complexité des procédures mises en place rend peu visibles les traits majeurs et les retombées du système sur les patients. En revanche, sa faible efficacité est apparente dès 2005 : les économies réalisées sont inférieures de 40 % au résultat attendu.

Or le prix politique à payer pour la mise en œuvre de cette politique apparaît très lourd. Les réformes, célébrées par la majorité, font figure, aux yeux des Français, non de progrès, mais d'évidentes régressions sociales. Aussi, la réforme de la Sécurité sociale une fois adoptée, constate-t-on une grande prudence gouvernementale dans la gestion des nouvelles réformes promises par Jacques Chirac et que les ministres concernés s'efforcent de reculer, de contourner, d'oublier pour ne pas provoquer de trop vives réactions de l'opinion publique. Ainsi en va-t-il de l'abrogation des 35 heures réclamée par le patronat ou de l'instauration d'un service minimum en cas de grève dans les services publics, susceptibles de provoquer de vives résistances et un profond mécontentement dans la population et une mobilisation des syndicats.

D'autant que la politique gouvernementale, en dépit des sacrifices qu'elle demande aux Français, paraît déboucher sur un échec, au moment où se profilent à l'horizon des consultations électorales qui, sans remettre en cause la légitimité du président et de la majorité élue en 2002, constitueront un révélateur du jugement des Français sur les mesures prises depuis le début de la législature. Or les indicateurs économiques sont peu encourageants. Les réductions d'impôts, les allègements de charges, les aides financières accordées par le gouvernement à un certain nombre de corporations atteintes par des difficultés économiques conduisent à un déficit des finances publiques excédant largement le seuil des 3 % du PIB et mettant la France sous la menace de sanctions prises par la Communauté européenne. La dette publique connaît une croissance exponentielle, franchissant en 2004 les 1 000 milliards d'euros. Les difficultés économiques liées à la faible croissance et à la concurrence internationale dans le cadre de la mondialisation stimulent délocalisations d'entreprises et plans sociaux, faisant d'un chômage en forte hausse la préoccupation primordiale des Français. Enfin, un sourd mécontentement dont témoigne l'effondrement de la cote du

Premier ministre dans les sondages gagne une grande partie de la population qui voit comme autant de remises en cause des acquis sociaux les textes votés sur les retraites, la Sécurité sociale ou les 35 heures. Désormais, la succession de Jean-Pierre Raffarin paraît ouverte et les candidats ne manquent pas pour remplacer un Premier ministre en perdition. Le ministre de la Sécurité intérieure, Nicolas Sarkozy, le ministre des Affaires étrangères, Dominique de Villepin, le ministre des Affaires sociales François Fillon font, plus ou moins discrètement, connaître leurs ambitions. Prudent, le président attend pour trancher de connaître l'issue des deux consultations électorales de 2004.

Les élections régionales et cantonales de mars donnent une première indication. Un véritable vote-sanction se produit qui aboutit à une débâcle pour la majorité de 2002. Alors qu'elle détenait une forte majorité des pouvoirs locaux (14 régions sur 22 en France métropolitaine, une très grande partie des départements), elle est véritablement balayée au profit de la gauche. Les socialistes s'emparent en effet de 20 des 22 régions de métropole (seules l'Alsace et la Corse échappent à la « vague rose ») et conquièrent la majorité de dix nouveaux conseils généraux, faisant jeu égal avec la droite dans les départements.

Malgré l'ampleur de la défaite, et contre toute attente, le président de la République décide de conserver son Premier ministre, geste généralement interprété comme le souhait de lui faire porter la responsabilité de l'échec attendu à la consultation européenne de juin 2004. En revanche, il remanie son gouvernement en lui fixant un double objectif assez contradictoire, celui de mener une politique sociale destinée à reconquérir l'opinion et de redresser les comptes publics afin de faire rentrer la France dans le cadre du pacte de stabilité européen, mis à mal par le laxisme de la politique financière suivie depuis 2002. Pour réaliser le premier objectif, il place le ministre de la Ville Jean-Louis Borloo à la tête d'un vaste ministère de l'Emploi, du Travail et de la Cohésion sociale, à charge pour lui d'élaborer un plan qui sera adopté à la fin de l'année 2004, destiné à agir sur les divers leviers commandant la lutte contre la précarité, l'emploi, l'insertion des jeunes et l'égalité des chances, le logement. En revanche, c'est sur l'activisme et sur l'énergie déployés au ministère de l'Intérieur par Nicolas Sarkozy et qui lui valent une incontestable popularité dans l'opinion, que Jacques Chirac compte pour redresser l'économie en le nommant ministre de l'Économie et des Finances. Il n'est toutefois pas exclu qu'il s'agisse également de lui faire endosser l'impopularité de la rigueur économique nécessaire au redressement des finances publiques, de manière à contrecarrer des ambitions présidentielles avouées, cependant que l'ancien secrétaire général de l'Élysée, Dominique de Villepin, passé du Quai d'Orsay à la place Beauvau, pourrait à son tour percevoir les dividendes d'une politique d'énergie dans le domaine de la sécurité publique. Quoi qu'il en soit, ces modifications de la ligne politique du gouvernement sont impuissantes à provoquer ce redressement de l'audience de la majorité dans l'opinion, si l'on en juge par les médiocres résultats de celle-ci aux élections au Parlement européen de juin 2004. Alors que la gauche remporte une nouvelle victoire en réunissant 43 % des suffrages (dont 29 % pour le seul Parti socialiste), la majorité n'atteint pas les 30 % des suffrages, et l'UMP, pour sa part, parvient péniblement à en rassembler 16,6 %. Après ce nouvel échec, Jean-Pierre Raffarin est-il condamné, comme le pense une grande partie de l'opinion, puisqu'à deux reprises il a été sévèrement désavoué par le suffrage universel ?

Le président décide de rester sourd aux appels à changer de Premier ministre, venus des divers secteurs de l'opinion, y compris de son propre camp. Tout se passe comme si le chef de l'État était décidé à maintenir en place son Premier ministre pour la dernière grande consultation avant les élections de 2007, le référendum sur le traité de Constitution européenne. C'est que, désormais, la perspective de l'échéance électorale et présidentielle de 2007 paraît dominer la vie politique et intégrer, au niveau des partis, l'ensemble des problèmes nationaux mesurés au prisme des ambitions présidentielles.

À droite, la partie se joue entre le chef de l'État et son ministre des Finances, Nicolas Sarkozy, candidat déclaré à l'élection présidentielle, qui ne fait pas mystère de sa volonté de succéder à Jacques Chirac et n'hésite pas à défier ouvertement celui-ci. Pour déjouer ses ambitions, le président laisse planer le doute sur son intention de se représenter ou non en 2007, et s'efforce de lui opposer des rivaux au sein de l'UMP. À défaut d'Alain Juppé qui a visiblement sa préférence, qui détient la présidence du parti présidentiel, l'UMP, baptisée à l'automne 2002 « Union pour un mouvement populaire », mais qui se trouve depuis janvier 2004 sous le coup d'une condamnation à 18 mois de prison avec sursis et à dix ans d'inéligibilité pour création d'emplois fictifs au bénéfice du RPR à la Mairie de Paris, condamnation contre laquelle il a interjeté appel, le président paraît tenir en réserve un autre de ses conseillers, Dominique de Villepin, nouveau ministre de l'Intérieur et qui ne dissimule guère son souhait de succéder à Jean-Pierre Raffarin à l'Hôtel Matignon. Mais l'opération de marginalisation de Nicolas Sarkozy échoue devant les initiatives de celui-ci. Alain Juppé, ayant décidé de se démettre de ses mandats et fonctions politiques avant son procès en appel prévu fin 2004, annonce qu'il abandonnera la présidence de l'UMP à l'automne. Aussitôt Nicolas Sarkozy fait connaître qu'il est candidat à ces fonctions, manière pour lui de poser auprès de ce parti sa candidature pour l'élection présidentielle future. Convaincu que le vote des militants aboutira à un plébiscite en sa faveur, le président tente de le dissuader en faisant connaître qu'il juge incompatible ces fonctions avec celles de ministre. Sommé de choisir entre sa présence au gouvernement et la présidence du parti majoritaire, Nicolas Sarkozy relève le défi. En novembre 2004, il abandonne le ministère des Finances et est élu à une écrasante majorité président de l'UMP. Les grandes manœuvres pour la présidentielle de 2007 sont entamées à droite, Alain Juppé lui-même, condamné en appel à un an d'inéligibilité en décembre 2004 pouvant légalement se remettre sur les rangs dès la fin 2005.

À gauche, la préparation de l'élection présidentielle demeure marquée par le traumatisme du 21 avril 2002 et par l'échec de Lionel Jospin. Loin de conduire les divers partis de gauche à resserrer les rangs pour éviter la réédition de la déconvenue, elle stimule plutôt les appétits des partenaires et concurrents des socialistes qui rêvent de retrouver leur dynamisme au détriment du parti dominant. Aussi communistes, Verts, radicaux de gauche laissent-ils entendre qu'ils auront leur candidat en 2007. Toutefois, deux correctifs obligent à nuancer la portée de ces annonces : la première est l'attitude des électeurs de gauche tentés par le vote utile et qui ne souhaitent pas recommencer l'erreur de 2002 ; la seconde, l'impopularité de la majorité qui donne une grande vraisemblance à l'hypothèse d'une alternance à gauche. Or, précidément, cette opportunité, exacerbe les rivalités au sein du Parti socialiste. Le premier secrétaire François Hollande a vu sa position renforcée par les victoires électorales de la gauche en 2004. Mais outre l'ancien Premier ministre Laurent Fabius qui, de longue date, rêve de l'Élysée, on voit se mettre sur les rangs d'anciens ministres comme Dominique Strauss-Kahn, Martine Aubry, Jack Lang, voire Ségolène Royal qui a arraché la présidence de la région Poitou-Charentes.

C'est dans ces enjeux liés à l'élection présidentielle que va s'intégrer en 2005 le débat sur le traité constitutionnel européen. Longuement négocié au sein d'une convention présidée par Valéry Giscard d'Estaing, ce texte de compromis propose une Constitution à la Communauté européenne qui, depuis mai 2004, comprend 25 membres. Soumis à la pression de l'opposition et d'une partie de sa propre majorité, Jacques Chirac a décidé de soumettre la ratification du traité à un référendum populaire (peut-être avec le secret espoir d'affaiblir la gauche dont une notable fraction demeure réservée ou hostile envers la construction européenne alors que le Parti socialiste en a toujours été partisan). Or, au sein du Parti socialiste, les opposants à François Hollande, réunis dans les tendances Nouveau Monde, dirigée par Henri Emmanuelli et Jean-Luc Mélenchon et Nouveau Parti socialiste, conduite par Arnaud Montebourg et Vincent Peillon, prennent parti pour le « non », au motif que le traité constitutionnel ferait la part trop belle au libéralisme économique. Ils reçoivent l'appui, assez inattendu compte tenu de son attitude pro-européenne, jamais démentie jusque-là, de Laurent Fabius qui trouve là une occasion de se démarquer du Premier secrétaire et, peut-être, de le mettre en minorité. Relevant le défi, François Hollande décide d'organiser un référendum interne auprès des militants du PS afin de donner au référendum national la réponse souhaitée par les militants, tout en préconisant une réponse positive, comme la majorité du parti. La consultation, organisée fin novembre et début décembre 2004, donne une réponse sans équivoque : près de 59 % des adhérents socialistes se prononcent en faveur du traité constitutionnel européen. Encouragé par ce résultat, Jacques Chirac décide alors d'avancer au printemps 2005 la consultation nationale.

La campagne électorale qui s'ouvre va s'avérer un modèle de confusion. En apparence, le « oui », soutenu par les grands partis de gouvernement, l'UMP et l'UDF dans la majorité, le Parti socialiste et les Verts dans l'opposition, semble avoir toutes les chances de l'emporter. De leur côté, les opposants au traité constituent une coalition hétérogène aux motifs contradictoires : nationalisme et refus de l'Europe à l'extrême droite, souverainisme de la droite traditionaliste, d'une partie de l'UMP et des maigres bataillons qui, à gauche, suivent Jean-Pierre Chevènement, anticapitalisme du parti communiste et de l'extrême gauche trotskiste, antilibéralisme d'une partie de l'opposition socialiste qui passe outre au vote des militants pour faire campagne pour le « non » avec Laurent Fabius, Henri Emmanuelli et Jean-Luc Mélenchon et une partie des Verts qui ignorent la décision de leur parti favorable au « oui ». Mais le ciment de cette coalition repose sur le malaise de la population que les partisans du « non » tentent de convaincre que l'Europe est la cause de tous ses maux, à laquelle la complexité du texte proposé ne permet pas de se faire un avis et qui va émettre finalement un vote de protestation contre le président et sa majorité, mais aussi contre les partis de gouvernement. Le 29 mai 2005 près de 55 % des votants rejettent le traité constitutionnel européen. Ce refus sera doublé quelques jours plus tard par un vote négatif des Pays-Bas.

Les conséquences du « non » français du 29 mai 2005 sont considérables et apparaissent à tous égards comme un nouveau séisme politique venant après le 21 avril 2002, et qui dépasse le seul cas français. Pour la construction européenne, ce vote représente un coup d'arrêt de l'approfondissement de la construction européenne, alors que le processus d'élargissement à de nouveaux pays se poursuit, risquant de rendre la communauté européenne totalement ingouvernable. Il s'avère en effet, contrairement à ce qu'affirmaient les partisans du « non », qu'il n'existe pas de plan de rechange et qu'une nouvelle négociation qui prendrait plusieurs années n'est pas à l'ordre du jour. L'Europe demeure ainsi inachevée, réduite à une zone de libre-échange sans réel contrepoids institutionnel et donnant ainsi toute latitude aux pratiques libérales dénoncées par les partisans du « non ». La conception britannique d'une Europe réduite aux acquêts économiques l'a emporté sur la version franco-allemande d'une Europe politique.

En France même, le vote du 29 mai affaiblit le président de la République, désavoué une nouvelle fois par l'électorat et réduit ainsi ses chances de se faire réélire en 2007. Au demeurant, un léger accident vasculaire qui, à la fin de l'été 2005, le contraint à une brève hospitalisation et l'oblige à réduire ses activités, rend cette hypothèse de plus en plus fragile. En attendant, le chef de l'État considère qu'il est temps, pour préserver les chances de la droite en 2007, de provoquer une relance politique. Au lendemain du scrutin référendaire, Jean-Pierre Raffarin, au plus bas dans les sondages d'opinion, donne sa démission et Jacques Chirac lui donne pour successeur Dominique de Villepin, ministre de l'Intérieur jusque-là, lui associant son principal rival, Nicolas Sarkozy qui retrouve la place Beauvau, tout en conservant la présidence de l'UMP. La droite constitue ainsi, après la défaite, l'union sacrée pour remporter le scrutin de 2002.

Au Parti socialiste, l'heure est aux règlements de compte. Tout en annonçant la tenue en novembre 2005 d'un congrès extraordinaire pour clarifier la situation au sein du Parti socialiste, François Hollande et sa majorité excluent de la direction du parti Laurent Fabius, jusqu'alors numéro deux du parti.

Il est clair que, dès le lendemain du référendum, les forces politiques se placent en ordre de bataille pour le scrutin de 2007.

Le gouvernement Villepin, bouée de sauvetage de la droite ?

Nommé Premier ministre en juin 2005, Dominique de Villepin ne bénéficie d'aucun « état de grâce ». Poulain de Jacques Chirac dont il a été depuis de longues années le principal conseiller à l'Élysée, le gouvernement qu'il constitue ne diffère guère par son ossature et ses principaux membres du gouvernement Raffarin, seul un jeu de chaises musicales affectant les principaux portefeuilles. Sa principale originalité est la présence en son sein, aux côtés de Dominique de Villepin, de Nicolas Sarkozy, nommé ministre d'État, ministre de l'Intérieur, accompagné de deux de ses amis qui sont en même temps ses ministres délégués, cependant que ses autres soutiens sont éliminés du gouvernement, de François Fillon, ex-ministre de l'Éducation nationale à Patrick Devedjian qui quitte le ministère de l'Industrie, ce qui renforce l'idée d'une volonté de neutralisation du ministre d'État.

Toutefois, la volonté affirmée du nouveau Premier ministre de faire de la lutte contre le chômage sa priorité, ses qualités de communication, son évidente bonne volonté et sa politique d'omniprésence durant l'été 2005 (sans doute pour faire pièce à celle de Nicolas Sarkozy) lui valent de voir remonter sa cote dans les sondages. L'annonce de mesures pour stimuler l'emploi des jeunes, la création par l'État de postes destinés à remplacer les anciens « emplois-jeunes » supprimés par le gouvernement Raffarin, la mise en place d'une réforme du système fiscal et d'un plafonnement de l'impôt de solidarité sur la fortune contribuent à la consolidation de l'image du Premier ministre qui, en septembre 2005, dépasse pour la première fois Nicolas Sarkozy dans les intentions de vote. Cette bouffée d'oxygène du nouveau pouvoir ne durera guère. Dès la rentrée 2005, les questions sociales reprennent le dessus et placent le gouvernement en difficulté.

Plusieurs incendies dans des immeuble délabrés occupés par des immigrés posent au pouvoir la question du logement social et du sort des populations pauvres qui vivent dans des conditions difficiles. La politique d'emploi des jeunes donne lieu à la création d'un contrat « Nouvelle embauche », critiqué par l'ensemble des syndicats comme institutionnalisant la précarité de l'emploi puisqu'il institue un contrat prévoyant une période d'essai de deux ans durant laquelle le salarié peut être licencié sans justification ni indemnité. La reprise massive des privatisations destinée à alimenter la trésorerie de l'État provoque de fortes résistances des salariés, comme le montre la tentative du gouvernement de privatiser la Société nationale Corse-Méditerranée (SNCM) entraînant une grève dure, le blocus maritime de la Corse et la paralysie du port de Marseille. De plus, la stagnation des salaires, la défense de l'emploi menacé par les délocalisations et les plans sociaux dressent contre le gouvenement la totalité des syndicats qui organisent en octobre 2005 grèves et manifestations. Enfin, en novembre 2005 se produit une véritable révolte des banlieues, faisant régner dans celles-ci une atmosphère de guerre civile, marquée par des incendies de voitures, des agressions contre les pompiers, des attaques de bâtiments publics et de violents affrontements avec la police. La tentative de relance de l'action gouvernementale paraît bien avoir échoué dès le début de l'automne 2005, laissant ouvertes les diverses hypothèses sur la personnalité qui conduira la droite à la bataille de 2007.

L'incertitude n'est pas moindre à gauche. En vue du congrès de novembre 2005, les divers courants qui se partagent le Parti socialiste tentent de se recomposer autour de motions supposées représenter la ligne directrice du parti pour les élections de 2007, mais dont la véritable fonction est de mesurer l'audience des dirigeants et de mettre en place une direction au sein de laquelle sera désigné le candidat du parti à la future élection présidentielle. À dire vrai, le contenu des diverses motions présentées en septembre 2005 au Conseil national du parti est assez peu différent. Mais les recompositions qui s'esquissent définissent des stratégies de prise de pouvoir. Autour de François Hollande qui est candidat à la reconduction de son mandat de premier secrétaire se sont rassemblés les principaux dirigeants du parti, Jack Lang, Martine Aubry, Dominique Strauss-Kahn, Élisabeth Guigou, avec l'appui affirmé de Lionel Jospin. Face à ce bloc compact qui peut compter sur un très large appui au sein des fédérations, se dressent deux oppositions qui, en dépit des efforts de Laurent Fabius, n'ont pas réussi à s'unir, mais pourraient le faire lors du futur congrès. D'une part, le Nouveau Parti socialiste, rejoint par Henri Emmanuelli et ses amis, qui vise à mettre François Hollande en minorité, mais ne souhaite pas encourager les ambitions présidentielles de Laurent Fabius, et, d'autre part, les amis de celui-ci, renforcés par Jean-Luc Mélenchon. C'est finalement sur l'image d'une unité de façade qui laisse subsister les rivalités que s'achèvera le Congrès du Mans.

En fait, ce climat généralisé de morosité, entraînant l'incertitude et la division au sein des partis et une crise de la représentation marquée par le fossé grandissant installé entre les Français et leurs élus, dépasse le cadre anecdotique des aléas partisans et témoigne de profondes mutations structurelles au sein de la vie politique française.

Une mutation des structures de la vie politique française

En fait, depuis 1981, une page de l'histoire française paraît tournée, celle qui a vu les tendances lourdes de la vie politique constituer depuis la Révolution française (et parfois bien auparavant) les cadres de ce que l'on a appelé l'« exception française ». Cette mutation peut s'analyser à au moins quatre niveaux différents et aboutit à un paysage politique bouleversé dont les ruines sont plus apparentes que les structures nouvelles qui pourraient en émerger.

Le premier niveau, qui n'est peut-être pas le plus visible, mais qui constitue une donnée fondamentale, est celui de la place de l'État dans la société. Résultat d'un processus de longue durée commencé sous la monarchie, dès le Moyen Âge, poursuivi par la révolution, consolidé par l'Empire, le renforcement de l'État et sa centralisation ont constitué un axe majeur de l'histoire nationale, au point d'en faire le point de référence de toute vie politique. Or ce mouvement s'inverse dans la seconde moitié du XXe siècle. Dès les années 1960, la mise en place du Marché commun exige des transferts de souveraineté de l'État vers les institutions européennes, d'abord limités, puis de plus en plus étendus à mesure que les attributions de l'Europe s'élargissent et qu'on passe à une Union européenne qui prend la forme d'un embryon d'État confédéral. En matière juridique le droit européen l'emporte désormais sur le droit national. L'institution de la monnaie unique confie la mise en œuvre de la politique monétaire à une Banque centrale européenne. La concurrence, les concentrations d'entreprises, les transports, les subventions, la fiscalité sont soumis au contrôle des commissaires bruxellois. Si l'État conserve certes des attributions et des moyens d'action importants, le périmètre de son champ de compétence s'est singulièrement rétréci et le citoyen voit souvent ses demandes soumises à la décision des autorités européennes.

À cette restriction des pouvoirs de l'État par le supra-national s'ajoutent les effets de la décentralisation. En décidant en 1981 de transférer aux autorités élues des collectivités locales une partie des responsabilités relevant jusqu'alors du pouvoir d'État, le législateur a amorcé un processus inversant le mouvement séculaire de centralisation. Or, depuis cette date, l'État poursuit ce mouvement en donnant des pouvoirs de plus en plus étendus dans un grand nombre de domaines aux communes et, surtout, aux départements et aux régions. Mais, du même coup, pris entre l'autorité supranationale de l'Union européenne et les pouvoirs infranationaux des départements et des régions, l'État-nation se trouve menacé d'effacement, impuissant à répondre aux demandes de la population et contesté dans la légitimité de ses exigences envers des citoyens qui ont le sentiment de n'être plus protégés.

À cette incertitude sur les structures de la vie politique et sur la pérennité de l'État-nation s'ajoute un profond malaise institutionnel. En 1958, l'institution d'un régime semi-présidentiel, reposant sur la prépondérance du pouvoir exécutif dont la clé de voûte était un président de la République à la fois incarnation de l'État et inspirateur des grandes orientations de la politique gouvernementale, avait mis fin à la République parlementaire incarnée successivement par les IIIᵉ et IVᵉ Républiques. Vivement combattue par l'opposition de droite et de gauche, la Vᵉ République dont le caractère présidentiel avait encore été accentué par la révision de 1962 aboutissant à l'élection du chef de l'État au suffrage universel, s'était trouvée pérennisée par l'accession à l'Élysée en 1969 de Georges Pompidou qui, sans avoir la stature historique de Charles de Gaulle, avait néanmoins conservé et même accentué la prééminence présidentielle, puis par l'élection du libéral Valéry Giscard d'Estaing en 1974 et du socialiste François Mitterrand en 1981 qui avaient pratiqué les institutions de la même manière. Pendant vingt années, le débat institutionnel, traditionnel en France, avait paru tranché par le ralliement de tous les partis gouvernementaux aux institutions de la Ve République. Or l'institution du quinquennat, en cessant de mettre le président au-dessus du jeu politique et en faisant de lui le véritable chef du gouvernement, relance le débat sur les institutions en soulignant la contradiction institutionnelle qui en résulte : le président, principal responsable de la politique gouvernementale, est constitutionnellement irresponsable, déléguant sa responsabilité à un Premier ministre dont chacun sait qu'il exécute les décisions présidentielles. Aussi, depuis 2002 et l'institution du quinquennat, l'équilibre des institutions fait un retour en force dans le débat politique. Pour mettre le droit en rapport avec le fait, faut-il instituer un régime présidentiel à l'américaine en supprimant le poste de Premier ministre ou faut-il au contraire conserver celui-ci et, du fait de sa responsabilité devant l'Assemblée nationale, en faire le véritable chef d'un gouvernement parlementaire reléguant le président dans ses fonctions de représentant de la nation ?

Si le malaise institutionnel prend de l'ampleur, c'est que l'État fort que la Ve République avait voulu fonder sur un système électoral majoritaire ne remplit plus sa mission. Pas seulement en raison des limites que lui impose la construction européenne et la décentralisation, mais parce que l'effort permanent entrepris depuis 1958 pour mettre en place une bipolarisation débouche en fait sur une crise de la représentation. Sans doute la multiplicité des partis politiques héritée de l'histoire complexe de la France au XIXe et XXe siècles est-elle en voie de résorption. Autour des deux grandes forces politiques que constituent à droite l'UMP et à gauche le Parti socialiste et qui forment alternativement l'axe de la majorité et celui de l'opposition, les autres partis, anciens ou nouveaux, se trouvent satellisés, sans cependant disparaître, et réduits au rôle de force d'appoint des partis dominants. Mais ces partis dominants qui, depuis 1981, se succèdent au pouvoir ou y collaborent en période de cohabitation ne présentent pas à l'opinion de véritable alternance et le mécontentement social les frappe indistinctement puisqu'ils sont jugés responsables de l'incapacité gouvernementale à résoudre les problèmes du pays. L'élection présidentielle de 2002 a montré que les candidats qui se réclamaient d'eux totalisaient moins de 40 % des suffrages exprimés. Cette crise de la représentation dans un système de bipolarisation imparfaite pousse les électeurs à manifester leur rejet des forces politiques gouvernementales en s'abstenant massivement ou en émettant des votes inutiles en faveur des partis extrêmes de droite ou de gauche ou de petits candidats dont ils n'ignorent pas qu'ils n'ont aucune chance de parvenir au pouvoir et dont ils ne souhaitent d'ailleurs pas la victoire. On assiste ainsi à une perte d'autorité des partis de gouvernement et à un fossé grandissant entre la population et les élites politiques, gros de danger pour l'avenir de la démocratie française.

C'est que les grandes cultures politiques qui, des décennies durant, ont mobilisé l'opinion, cessent de remplir le rôle de médiation qui était le leur entre la population et le pouvoir. Depuis la Révolution française, la vie politique s'est structurée autour d'un affrontement droite-gauche, droite et gauche étant porteuses chacune d'une vision de l'histoire, de conceptions politiques, sociales, idéologiques totalement antagonistes. Sans doute, le contenu des notions de droite et de gauche a-t-il considérablement varié au cours de l'histoire, opposant au XIXe siècle les tenants de l'héritage révolutionnaire à ceux de l'Ancien régime, puis la bourgeoisie libérale aux démocrates, les champions du régime parlementaire aux partisans d'un État césarien de type bonapartiste, les socialistes aux libéraux, la gauche étant globalement porteuse de la notion de progrès tandis que la droite incarnait l'ordre et la stabilité. Entre les deux, aucun compromis ne semblait possible et, de 1958 à 1981, l'opposition entre le gaullisme, fondé sur une forme de démocratie directe, et la gauche socialiste et communiste a reproduit dans ses grandes lignes les configurations classiques. Tout change à partir de 1981 : l'échec de la tentative socialiste de profond changement expérimentée entre 1981 et 1984, les trois cohabitations successives, les alternances qui concluent chaque consultation électorale ont révélé de larges zones de convergence entre les forces politiques opposées, sur les institutions, la politique étrangère, la politique de défense, mais aussi sur l'acceptation de l'économie de marché et sur la défense d'un modèle social fondé sur la solidarité nationale, même si ses modalités de mise en œuvre peuvent varier. Sans doute ne saurait-on en déduire une identité entre droite et gauche, la première considérant que l'allègement des charges des entreprises et la dérégulation laissant une large marge à l'initiative privée sont de nature à relancer la croissance et à réduire le chômage, la seconde jugeant que le contrôle étatique et le volontarisme social sont des armes plus efficaces pour restaurer le plein emploi et améliorer le niveau de vie. Mais le temps des affrontements sur les grands projets antagonistes de société qui avaient marqué les premières décennies du second XXe siècle semble bien passé : l'opposition porte désormais sur les modalités de gestion d'une société dont il n'est plus question de transformer les structures. Du même coup, les grandes cultures politiques mobilisatrices cessent d'être opératoires. Ouverte depuis le milieu des années 1970, la crise du marxisme débouche au début du XXIe siècle sur l'effondrement du communisme qui n'en finit pas de décliner et sur la reconnaissance par le Parti socialiste d'un réformisme accepté jusque là à contrecœur. À droite, gaullisme et libéralisme tendent à se confondre dans un conservatisme modéré teinté de préoccupations sociales. Mais, comme nous l'avons vu, ces grandes cultures politiques héritées de l'histoire ne paraissent plus répondre aux aspirations des citoyens. Sur leurs décombres, on assiste à une pâle renaissance des cultures politiques extrémistes, trotskiste à gauche, nationaliste à droite, dont les illusoires percées électorales traduisent surtout la nostalgie d'une partie de l'opinion devant le déclin des grandes théories d'explication globale du monde. Plus significative est l'apparition dans l'opinion d'une culture républicaine qui témoigne d'un assez large accord de la population autour des principes fondamentaux qui régissent l'accord des partis de gouvernement et que nous avons évoqués, ce qui implique le rejet des extrêmes. Elle se trouve illustrée par les 82 % de suffrages qui se sont portés sur Jacques Chirac lors de l'élection présidentielle de 2002.

En ce début du XXIᵉ siècle, on peut considérer que l'acculturation démocratique en France est un fait accompli, mais cette démocratie consensuelle apparaît comme peu mobilisatrice tant qu'aucun danger immédiat ne la menace. Après deux siècles d'existence, l'exception française a probablement vécu et la France ne se distingue guère des grands pays de démocratie libérale du monde.

L'élection de Nicolas Sarkozy, un tournant dans l'histoire de la Vᵉ République

À la veille des élections de 2007, la situation de la France paraît exiger une profonde rupture dans le cours de la vie politique. Personnellement sympathique à l'opinion, le président Jacques Chirac est cependant taxé d'immobilisme, accusé d'avoir laissé la France glisser sur la pente du déclin sans véritablement réagir et d'avoir consacré son quinquennat à durer et à tenter de pérenniser son clan au pouvoir plutôt que d'aborder de front les réformes nécessaires à l'adaptation du pays à la nouvelle conjoncture internationale. Une telle analyse est précisément de nature à conduire l'électorat à l'abstention ou au vote en faveur des extrêmes. Mais sur ce point, le souvenir du traumatisme de 2002 sert de repoussoir et les sondages préélectoraux témoignent du fait que les électeurs entendent, cette fois, voter « utile » dès le premier tour. Les déceptions provoquées par le jugement très négatif porté par l'opinion sur le quinquennat de Jacques Chirac qui, pour avoir disposé de tous les pouvoirs, n'en a guère fait usage pour réformer le pays, paraissent devoir conduire, comme dans tous les scrutins précédents, à une nouvelle alternance qui serait cette fois favorable à la gauche socialiste. Toutefois, la nouvelle règle du jeu mise en place en 2002 implique que le sort de la législature qui s'ouvre en 2007 repose sur la personnalité des candidats présentés par les grandes forces politiques, le scrutin législatif devant, selon les promoteurs du quinquennat donner au nouvel élu une majorité pour gouverner.

C'est, de manière très significative, autour du thème de la « rupture » avec les pratiques du président sortant que les trois principaux candidats organisent leur campagne électorale. Les sondages d'opinion placent clairement en tête des intentions de vote le candidat UMP Nicolas Sarkozy, la socialiste Ségolène Royal et, de manière très surprenante, le président de l'UDF François Bayrou auquel sont promis 17 ou 18 % des suffrages provenant pour une bonne part d'un électorat qui entend échapper à l'affrontement gauche-droite traditionnel.

Il est cependant clair qu'entre les trois candidats, la situation est très différente. François Bayrou qui conduit une campagne habile et convaincante demeure cependant un homme seul, qui ne peut guère compter sur un parti amputé de la plupart de ses élus qui, soucieux de conserver leur mandat, ont choisi d'appuyer Nicolas Sarkozy. Ségolène Royal doit largement sa présence à son succès des élections régionales de 2004 où elle a conquis la région Poitou-Charentes en battant la candidate soutenue par le Premier ministre Jean-Pierre Raffarin, ancien président de cette région. Portée par l'intérêt des journalistes pour la seule femme présidente de région, soutenue par des sondages favorables qui lui promettent (avant que ne s'engage la campagne électorale) la victoire sur le candidat de la droite, favorisée par un système de désignation interne au parti socialiste qui permet la participation au choix du candidat d'adhérents de fraîche date ayant versé une cotisation au rabais, elle l'emporte très largement sur ses deux rivaux au sein du parti socialiste, Dominique Strauss-Kahn et Laurent Fabius. Mais, en dépit de ralliements massifs de cadres socialistes à sa candidature, celle-ci suscite le scepticisme des principaux dirigeants du parti qui ne l'appuient qu'assez mollement. Il est vrai qu'ils sont déconcertés (comme une bonne partie des électeurs) par une campagne électorale dans laquelle elle évite de mettre en avant son parti et ses dirigeants, et maintient un certain flou sur son programme, affirmant qu'il sera celui que l'opinion lui dictera, à travers des « débats participatifs », fondés sur le postulat de l'infaillibilité supposée du citoyen de base dans l'expertise politique. Le résultat de cette attitude qui surprend, est de convaincre une fraction de l'électorat traditionnel du parti socialiste que la candidate marche à l'aveuglette et qu'elle est, pour le moins, mal préparée à exercer la fonction qu'elle brigue. Cette situation fait évidemment le jeu du candidat de la droite, Nicolas Sarkozy, qui, s'il évoque lui aussi la rupture avec Jacques Chirac, se présente comme le portrait inversé de la candidate socialiste. Ce n'est en effet un mystère pour personne que, dès sa jeunesse, le candidat de l'UMP s'est engagé dans le gaullisme avec la volonté affirmée de parvenir au sommet de l'échelle politique. Devenu très jeune ministre et responsable politique du RPR, il s'est opposé à diverses reprises à Jacques Chirac qui a multiplié les efforts pour l'écarter des fonctions qui pouvaient lui permettre de se présenter comme son successeur éventuel à l'Élysée. En vain d'ailleurs puisque, en 2004, Nicolas Sarkozy conquiert triomphalement la présidence de l'UMP en dépit de l'hostilité du Chef de l'État, n'hésitant pas, dans les mois qui suivent et malgré sa présence au gouvernement, à défier les Premiers ministres successifs, Jean-Pierre Raffarin et Dominique de Villepin. Aussi ne lui est-il guère nécessaire de faire beaucoup d'efforts pour convaincre l'opinion de sa volonté de gouverner autrement. Investi sans aucune difficulté par l'UMP qui se rassemble massivement derrière lui, mis à part quelques fidèles de Jacques Chirac, ralliant à sa candidature la majorité des élus de l'UDF, voire quelques personnalités de gauche hostiles à la candidature de Ségolène Royal, il propose à l'opinion un programme volontariste de réformes, destiné à tirer la France de la stagnation qu'elle connaît depuis plusieurs années, n'hésitant pas au passage à déchirer quelques tabous au nom de la prise en compte des réalités. L'habileté de sa campagne qui contraste fortement avec celle de son adversaire socialiste, lui donne, dès le début de l'année 2007, un avantage dans les sondages d'opinion, en dépit d'inquiétudes sur son caractère autoritaire. Mais la campagne électorale lui permet de convaincre une large partie de l'électorat de sa compétence, de son énergie et de sa sincérité.

Le premier tour de l'élection présidentielle le 22 avril 2007 témoigne à la fois de l'intérêt retrouvé des Français pour le choix présidentiel (la participation électorale est de 84,6 %), de la nette avance de Nicolas Sarkozy (qui l'emporte sur Ségolène Royal par 31,11 % des suffrages contre 25,83 %) et de la percée inattendue du candidat centriste François Bayrou (18, 55 %) qu'on peut interpréter comme marquant le désir de changement des Français qui ne font plus confiance aux deux grands partis de gouvernement. La conséquence en est le recul très net des extrêmes : Jean-Marie Le Pen, candidat du Front national qui avait réussi cinq ans plus tôt à être présent au second tour, ne rassemble plus que 10,5 % des voix, et les multiples candidats d'extrême-gauche (y compris la candidate communiste Marie-Georges Buffet) font des scores inférieurs à 2 % des suffrages, à l'exception du candidat de la Ligue communiste révolutionnaire, Olivier Besancenot, qui considère comme une victoire le fait de dépasser 4 % des voix.

La netteté du résultat, comme le fait que la gauche, tous partis confondus, culmine à 36 % des suffrages, paraît faire du centre l'arbitre du second tour. En dépit des efforts de Ségolène Royal pour obtenir de François Bayrou qu'il appelle ses électeurs à la soutenir, le fait qu'une grande partie de cet électorat vote généralement à droite, comme les réticences du parti socialiste à toute alliance avec les centristes, rend l'hypothèse peu vraisemblable et son éventuel résultat incertain. Au demeurant, les sondages pratiqués entre les deux tours montrent que les Français, dans leur majorité, considèrent le candidat de l'UMP comme le plus propre à mettre en œuvre le changement.

Le 6 mai, à l'issue du second tour, Nicolas Sarkozy l'emporte nettement sur Ségolène Royal en rassemblant sur son nom plus de 53 % des suffrages.

La victoire du candidat de droite à l'élection présidentielle est complétée en juin 2007, comme l'avaient souhaité les promoteurs du quinquennat, par celle des formations politiques qui ont soutenu Nicolas Sarkozy en avril-mai, l'UMP, renforcée par la plupart des députés sortants UDF qui abandonnent François Bayrou pour constituer le « Nouveau Centre », et par quelques divers droites. En remportant le 10 juin lors du premier tour 45,5 % des voix contre 39 % à la gauche, la droite paraît annoncer une « vague bleue », d'autant qu'elle fait élire au premier tour 110 députés contre un seul pour la gauche. Ce premier tour confirme et accentue la bipolarisation de la vie politique française entre les deux grands partis de gouvernement que sont l'UMP et le parti socialiste, le centre se trouvant laminé par les effets du « vote utile » à 7,76 % des voix et les extrêmes voyant leur audience se rétrécir (4,7 % pour l'extrême-droite ; 3,44 % pour l'extrême-gauche ; 4,6 % pour le parti communiste ; 3,25 % pour les Verts).

Sans remettre en cause la domination écrasante de la droite qui acquiert une large majorité absolue (342 sièges sur 577), le second tour tempère quelque peu son triomphe en permettant à un nombre plus important d'élus de gauche de l'emporter, à telle enseigne que le parti socialiste accroît avec ses alliés, radicaux de gauche et membres du Mouvement républicain et citoyen son effectif parlementaire. En revanche, les pertes du parti communiste et des Verts les contraignent à se regrouper pour pouvoir constituer un groupe parlementaire. Quant aux centristes qui suivent François Bayrou, désormais rassemblés dans un nouveau parti, le Mouvement démocrate (Modem), ils n'ont que quatre élus qui siégeront parmi les non-inscrits puisqu'ils n'entendent s'agréger ni à la gauche, ni à la droite.

Si, durant le mandat de Jacques Chirac, la pratique présidentielle n'a guère différé du septennat qu'il avait précédemment exercé, il n'en va pas de même de la nouvelle présidence qui s'ouvre ce 6 mai 2007. Appliquant au pouvoir le volontarisme manifesté durant la campagne électorale, Nicolas Sarkozy entend visiblement faire jouer à plein les virtualités contenues dans l'institution du quinquennat. Disposant d'une majorité massive à l'Assemblée nationale comme au Sénat, il s'applique à marquer de son empreinte la vie de la nation, faisant ainsi évoluer sans complexe le système politique gaullien vers une présidentialisation sans masque.

Partis	% des suffrages exprimés	Nombre de Députés
Extrême-gauche	3,44 %	-
PCF et apparentés	4,62 %	18
PS et apparentés	27,67 %	204
Verts	3,25 %	4
Modem	7,76 %	4
Majorité présidentielle : UMP	45,52 %	321
Nouveau centre		21
Extrême droite	4,7 %	-
Divers	3,04 %	Non-inscrits : 7

C'est qu'il ne se contente pas de mobiliser autour de lui la quasi-totalité des droites comme le montre la géographie de son électorat centré sur la France du nord et de l'est, celle-là même qui avait constitué l'assise électorale du gaullisme, mais comme avait su le faire en son temps le général de Gaulle, il attire à lui la plus grande partie du centre et même certaines franges de la gauche.

Cette volonté de dépasser les frontières de son camp se marque en premier lieu par la constitution de son gouvernement. S'il nomme Premier ministre un gaulliste bon teint, François Fillon, ancien lieutenant de Philippe Séguin, qui avait été son porte-parole durant la campagne électorale et si la plupart des ministères sont détenus par des personnalités politiques déjà présentes dans les gouvernements de Jacques Chirac (Jean-Louis Borloo, Michèle Alliot-Marie, Xavier Darcos, Christine Lagarde), le nouveau président fait une place aux centristes ralliés (comme Hervé Morin, nommé ministre de la Défense) et surtout il témoigne de sa volonté de représenter toute la France du début du XXIe siècle en nommant au gouvernement des femmes issues des minorités immigrées, Rachida Dati qui accède au ministère de la Justice ou Rama Yade nommée secrétaire d'État aux Droits de l'Homme. De manière encore plus nette, et au vif mécontentement des membres de l'UMP qui voient ainsi disparaître des postes ministériels qu'ils ambitionnaient, il n'hésite pas à faire entrer dans son gouvernement, après son élection ou après les législatives, des personnalités de gauche, souvent en délicatesse avec le parti socialiste, comme le populaire Bernard Kouchner, nommé au poste prestigieux de ministre des Affaires étrangères, l'ancien chef de cabinet de Lionel Jospin Jean-Pierre Jouyet qui devient secrétaire d'État aux Affaires européennes, l'ex-secrétaire national du PS Éric Besson qui accède à un secrétariat d'État chargé de la Prospective et de l'Évaluation des politiques publiques ou le dirigeant d'Emmaüs-France, Martin Hirsch, nommé Haut-commissaire aux Solidarités actives contre la pauvreté, sans compter Jean-Marie Bockel, sénateur-maire PS de Mulhouse, nommé à la Coopération, puis aux Anciens combattants et Fadela Amara, présidente de « Ni putes Ni soumises » qui devient secrétaire d'État chargée de la politique de la Ville. Il faudrait ajouter pour faire bonne mesure la nomination de plusieurs collaborateurs de François Mitterrand comme Hubert Védrine ou Jacques Attali à la tête de missions d'études destinées à éclairer les choix du président dans plusieurs domaines des politiques publiques. Or ces femmes et hommes de gauche acceptent d'autant plus aisément les propositions de Nicolas Sarkozy que le président de la République paraît prêt, dans une attitude pragmatique, à reprendre à son compte quelques idées défendues de longue date par la gauche.

Mais, parallèlement à ces mesures d'ouverture, le nouveau Chef de l'État va adopter un style d'activisme volontariste qui donne tout son sens à l'institution du quinquennat et déchire la fiction, maintenue vaille que vaille par le général de Gaulle et ses successeurs, d'un président au-dessus des partis incarnant la nation et laissant au Premier ministre le soin de gérer les « contingences ». Désormais le président s'affirme tout à la fois comme l'élu de la nation tout entière, mais aussi comme le leader du parti majoritaire, l'UMP (dirigée au quotidien par un secrétaire général investi par lui), le dirigeant de la majorité élue sur son nom en juin 2007 et le véritable chef du gouvernement. Du même coup, se trouve abolie la frontière, il est vrai très poreuse depuis 1958, entre les prérogatives du président et les attributions du Premier ministre. Considérant que le couple exécutif forme un tout dans lequel le président décide et le Premier ministre met en œuvre les décisions, Nicolas Sarkozy assume la responsabilité de tous les actes du gouvernement, ce qui le conduit à être présent en permanence sur tous les terrains, à apparaître constamment dans les médias, à se prononcer sur tous les sujets. Gommant définitivement l'idée d'un « président-arbitre », il paraît donner leur véritable signification aux institutions de la Ve République en poussant leur logique jusqu'au terme de son évolution. On est désormais en présence d'une monarchie présidentielle temporaire, octroyée par l'onction du suffrage universel, limitée dans le temps au mandat du Chef de l'État, clairement désigné comme le responsable avoué et reconnu de la politique de la nation.

Or ce président d'un nouveau style, présent sur tous les terrains, prend au sérieux la mission qu'il avait assignée à son quinquennat durant la campagne électorale : réformer la France pour l'adapter au monde du XXIe siècle. Nicolas Sarkozy ne professe-t-il pas, jetant ainsi une pierre dans le jardin de son prédécesseur, que le rôle d'un Chef d'État est d'agir et non pas de durer ? Dès le début de l'été 2007, la France connaît une véritable fièvre de réformes dans tous les domaines de la vie politique.

La France au temps des réformes

Instruit par l'exemple de ses prédécesseurs qui, après avoir profité d'un état de grâce leur permettant de mettre en œuvre une partie des réformes promises ont vu leur marge de manœuvre se réduire et leur capacité d'initiative s'enliser du fait de la montée du mécontentement de l'opinion ou du redressement de l'opposition, Nicolas Sarkozy annonce clairement son intention d'entreprendre toutes les réformes en même temps. De fait, commence dès le mois de juin 2007 et se poursuit sans discontinuer depuis cette date, une rafale de lois et de mesures nouvelles dans tous les compartiments de l'action gouvernementale.

Les mesures les plus urgentes aux yeux du président, concernent le domaine économique, à la fois en raison de ses promesses de campagne et de sa conviction que son bilan sera avant tout jugé sur son aptitude à redonner au pays le point de croissance nécessaire pour lui faire retrouver sa prospérité et gagner la confiance de l'opinion. Tel est l'objet de la première grande loi votée au mois de juillet 2007 sur le travail, l'emploi et le pouvoir d'achat (TEPA), baptisée par les observateurs « paquet fiscal » et qui représente pour l'État un abandon de plus de 13 milliards de recettes en année pleine qui devrait aboutir, comme l'espère Nicolas Sarkozy à une relance de l'activité économique. Près de la moitié de ce montant est consacrée à l'exonération sociale et fiscale des heures supplémentaires qui permettra aux employeurs de recourir en cas de besoin à ce dispositif et aux salariés d'accepter de « travailler plus pour gagner plus », au passage la limitation du temps de travail à 35 heures qui reste la règle se trouve en fait contournée dans son objectif de lutter contre le chômage. Autre mesure phare de cette loi : la limitation à 50 % du revenu (au lieu de 60 %) du « bouclier fiscal » représentant le plafond d'imposition des contribuables à l'impôt direct, mesure qui profite aux détenteurs de gros patrimoines et qui est destinée à éviter leur départ à l'étranger vers des pays à la fiscalité plus légère. Sans aller jusqu'à la suppression de l'Impôt de solidarité sur la fortune, souhaitée par de nombreux membres de la majorité qui font remarquer que l'impôt sur le capital a été supprimé dans la plupart des pays européens, la loi porte de 20 à 30 % l'abattement sur la résidence principale et accorde des réductions sur cet impôt en échange d'investissements dans des PME non cotées et des fondations d'utilité publique. Enfin le « paquet fiscal » concerne également les droits de succession qui sont supprimés pour le conjoint survivant, l'abattement pour les héritiers directs étant porté à 150 000 euros au lieu de 50 000 précédemment, ce qui aboutit en fait à exonérer la plus grande partie des successions. Vivement critiquée par l'opposition qui accuse le gouvernement d'avoir ainsi fait des cadeaux aux plus fortunés en gaspillant les marges de manœuvre de la trésorerie, cette loi est cependant accueillie avec faveur par les milieux économiques et une partie de l'opinion, d'autant qu'elle s'accompagne d'une révision à la baisse des barèmes de l'impôt sur le revenu.

Parallèlement à ces mesures d'allégement de la fiscalité, le gouvernement se préoccupe de mettre en œuvre le redressement des finances publiques et la réduction du budget de l'État et de la dette publique. Pour y parvenir, l'arme fondamentale du gouvernement est de diminuer les dépenses budgétaires par la réduction du nombre des fonctionnaires. Sans aller jusqu'à la théorie du non-remplacement de la moitié des fonctionnaires partant à la retraite mise en avant par Nicolas Sarkozy durant la campagne électorale, le gouvernement tente cependant de s'en approcher. Dès la mise en œuvre du budget 2008, des coupes sombres affectent les effectifs de la fonction publique, touchant principalement l'Éducation nationale (11 000 suppressions de postes), la justice et l'armée. Mais, d'une manière générale, une grande partie des réformes structurelles a pour objet de diminuer les dépenses de l'État.

C'est particulièrement vrai dans le domaine social. En dépit de la résistance des syndicats, le gouvernement décide une profonde réforme des retraites par la suppression des régimes spéciaux permettant à certaines catégories de personnel, par exemple à la SNCF ou à la RATP, de partir à la retraite bien avant les salariés du régime général et impose à tous un droit à la retraite complète à l'issue de 41 années de cotisation. Pour parvenir, sinon à combler, du moins à diminuer le déficit de la Sécurité sociale, il met en œuvre des franchises médicales laissant à la charge des patients une fraction du coût des actes médicaux et des médicaments prescrits. En ce qui concerne le chômage, il institue un contrôle strict des chômeurs pour démasquer les fraudeurs et impose des sanctions contre les chômeurs qui refuseraient deux « offres raisonnables » d'emploi. Pour rendre plus efficace, le retour à l'emploi des chômeurs, il décide la fusion de l'ANPE et de l'UNEDIC, liant ainsi les organismes destinés à aider les chômeurs à retrouver du travail et ceux qui sont chargés de les indemniser.

En bonne pratique libérale, une série de réformes vise à accroître les possibilités d'assurer la flexibilité du temps de travail, afin de permettre aux entreprises d'augmenter leur production. Pour ce faire, sans remettre en cause la durée légale hebdomadaire du travail fixée à 35 heures, une loi autorise la négociation par entreprise pour sortir de ce que le ministre du Travail considère comme un carcan limitant la possibilité de travailler plus. La colère des syndicats et des partis de gauche contre ce démantèlement des 35 heures n'aura finalement aucune autre concrétisation que quelques manifestations dont le gouvernement ne tient aucun compte. Il en ira de même de la réforme qui ulcère les syndicats instituant un service minimum en cas de grève dans les transports en commun, mesure étendue en 2008 sous une forme un peu différente dans l'Éducation nationale par l'obligation faite aux municipalités de prévoir un service d'accueil des enfants dans les écoles en cas de grève des enseignants. Les syndicats se trouvent ainsi privés de l'arme que constituait la gêne des usagers, mais la réforme est largement approuvée par l'opinion publique.

Si le nouveau président met ainsi en œuvre les réformes promises durant la campagne électorale, il s'efforce également d'apporter des solutions à deux des plaies sociales qui marquent le pays depuis plusieurs décennies et qui sont d'ailleurs liées, la question des banlieues et celle de la pauvreté. Un plan « Espoir-banlieues » est préparé en 2008 par la secrétaire d'État chargée de la politique de la Ville, Fadela Amara qui vise, par toute une série de mesures à désenclaver les ghettos suburbains avec leurs poches de chômage, de marginalité et de délinquance. Enfin, à l'automne 2008, en pleine crise financière, le gouvernement fait voter la réforme proposée par le Haut-commissaire aux Solidarités actives contre la pauvreté, Martin Hirsch, qui vise à accroître l'efficacité de l'aide au retour à l'emploi en remplaçant le Revenu minimum d'insertion et les diverses allocations, jugés peu persuasifs pour pousser les chômeurs à retrouver du travail, par un Revenu de Solidarité Active (RSA), financé par un prélèvement de 1,1 % sur les revenus du capital, qui permettra d'accroître les émoluments des travailleurs percevant un faible salaire.

En dehors de ces mesures fondamentales qui visent l'économie et la société, aucun domaine ne semble devoir rester en dehors de cette fièvre réformatrice. Ni la Justice où la Garde des Sceaux Rachida Dati fait passer dans les faits les promesses présidentielles sur la suppression de l'excuse de minorité pour les délinquants et l'instauration de peines plancher pour les récidivistes en même temps qu'un renforcement du suivi des délinquants sexuels. Ni l'Éducation dans ses divers degrés, le Supérieur pour lequel la ministre Valérie Pécresse fait adopter une loi instaurant l'autonomie financière des universités, avec possibilité de recourir à des financements privés, et donnant aux présidents d'université une autorité renforcée, le primaire où, en dépit d'une large opposition des spécialistes de la pédagogie, le ministre Xavier Darcos impose un retour aux enseignements fondamentaux, le français et le calcul, le secondaire qui connaît une diminution des horaires et une réorganisation autour des disciplines de base, français, mathématiques, histoire-géographie, langues vivantes, sport, renforcées par le choix de deux options et d'heures de soutien scolaire. Ni l'Environnement où sous les auspices de Jean-Louis Borloo, nommé en juin 2007 ministre d'État chargé de l'écologie, de l'énergie, du développement durable et de l'aménagement du territoire, se tient en octobre 2007 un vaste colloque intitulé « Grenelle de l'environnement » réunissant des groupes de travail présidés par des experts et composés de représentants de l'État, des collectivités locales, du patronat, des salariés, des syndicats, des associations familiales, de consommateurs et de protection de l'environnement, colloque débouchant sur un plan d'action de quinze à vingt propositions regroupées autour de six axes et dont les principes sont adoptés par voie législative en octobre 2008. Ni enfin l'Immigration pour laquelle le ministre Brice Hortefeux est chargé de la mise en œuvre de « l'immigration choisie », souhaitée par le Chef de l'État, et qui a abouti à l'énumération d'une liste de métiers pour l'exercice desquels les immigrés seraient admis sur le territoire national ; le revers de la médaille est la volonté affirmée de lutter contre l'immigration clandestine, entraînant l'expulsion des « sans-papiers » avec un quota fixé à 25 000 individus chaque année, pratique qui donne lieu à des drames humains parfois insoutenables lorsqu'ils concernent des immigrés installés en France depuis plusieurs années et qui y ont trouvé un emploi et fondé une famille.

Enfin, le président de la République déploie sur le plan international une activité tout aussi soutenue que celle qu'il consacre aux problèmes intérieurs français, non sans résultat. À peine élu, il entreprend une tournée des capitales de l'Union européenne afin de relancer le processus de construction, bloqué depuis 2005 par le rejet français et néerlandais du traité constitutionnel européen. Sa démarche aboutit à la signature du traité de Lisbonne, traité simplifié, mais qui reprend pour l'essentiel les dispositions principales du fonctionnement de l'Union prévu par le traité précédent. Si la plupart des 27 membres de l'Union européenne ratifient le traité par la voie parlementaire, l'Irlande utilise la voie référendaire qui aboutit à une réponse négative et à un nouveau blocage. Pour autant, président en exercice du Conseil européen pour le second semestre 2008, le Chef de l'État réussit à faire adopter par les pays de la zone euro, plus le Royaume-Uni, une démarche commune pour faire front à la crise financière, qui sera ensuite reprise par les 27 (voir chapitre VII). En revanche, ses efforts demeurent vains pour convaincre ses partenaires, dont la plupart sont attachés aux pratiques économiques libérales et à l'orthodoxie financière et monétaire, d'intervenir en commun pour mettre en œuvre une politique de relance face à la récession économique qui s'annonce. C'est encore au titre de président du Conseil européen qu'il intervient, au nom de l'Union, pour obtenir un cessez-le-feu dans le conflit qui oppose la Géorgie à la Russie à la fin de l'été 2008, puis pour convaincre les Russes, non sans difficulté, d'évacuer les portions de territoire géorgien qu'ils occupent militairement, mais non les Républiques autonomes d'Abkhazie et d'Ossétie du sud qui demeurent dans l'orbite russe et dont Moscou reconnaît l'indépendance.

Réalisant une de ses promesses de campagne, il lance un

projet d'Union méditerranéenne associant l'Union européenne à la plupart des pays du sud de la Méditerranée, sans toutefois que son contenu précis apparaisse très clairement.

Enfin, sur le plan des rapports transatlantiques, il se rapproche des États-Unis, soutenant sans ambiguïté les Américains dans leur lutte contre le terrorisme islamique et renforçant, à la grande satisfaction de Washington, le contingent français qui combat en Afghanistan. Rompant très ouvertement avec l'un des éléments de continuité de la politique extérieure française depuis le général de Gaulle, Nicolas Sarkozy envisage le retour de la France dans l'organisation militaire intégrée de l'Alliance atlantique, l'OTAN. Toutefois, il subordonne ce retour à la création d'une Europe de la défense, à laquelle les partenaires européens se montrent rétifs par crainte de se couper de la protection militaire des États-Unis, et à une répartition équitable des postes de commandement qui donnerait aux Européens une influence réelle sur la stratégie de l'Alliance. En outre, la France souhaite une clarification des « frontières » de l'OTAN. Somme toute, force est de remarquer que les conditions françaises à un retour dans le commandement intégré ne sont guère différentes de celles qu'en son temps Charles de Gaulle posait au maintien de la France dans l'OTAN. Il n'en reste pas moins que l'atmosphère entre la France et les États-Unis s'est modifiée. On le constate en octobre 2008 lorsque le président de la République se rend à Washington au titre de sa présidence du Conseil européen, en compagnie du président de la Commission européenne, Juan Manuel Barroso, pour proposer au président Bush de réunir un sommet du G8 en y associant les puissances émergentes, Chine, Inde, Brésil, Mexique, Afrique du sud, afin de « refonder le capitalisme mondial » au lendemain de la tornade financière qui a ébranlé les marchés mondiaux, en obtenant une surveillance et une régulation sous le contrôle des États des activités bancaires et, plus largement, en couplant surveillance bancaire et politique monétaire et économique. Si le président américain, en fin de mandat, n'entend pas engager trop loin son successeur qui sera élu en novembre, il accepte cependant l'idée de réunir un ou plusieurs sommets aux États-Unis afin de mettre en place un nouveau système économique mondial qui, sans abandonner les principes de la liberté des marchés, de la libre entreprise et du libre commerce, les soumettra cependant à un contrôle étatique et tentera de mettre fin à l'existence des « paradis fiscaux » qui interdisent en fait toute régulation financière.

On ne saurait enfin oublier que celui que les médias ont baptisé en raison de son activisme « l'hyper-président » s'était engagé, afin d'instaurer une république « irréprochable », à mettre en œuvre une réforme constitutionnelle. Aussi installe-t-il en juillet 2007 un comité de treize membres, sous la présidence de l'ancien Premier ministre Édouard Balladur et comprenant une majorité de juristes relevant de diverses obédiences politiques, dont des personnalités proches du Parti socialiste, à commencer par l'ancien ministre Jack Lang, afin de faire des propositions destinées à encadrer le pouvoir présidentiel, à accroître les prérogatives du Parlement et à donner de nouveaux droits aux citoyens. C'est à partir des propositions de ce comité, entre lesquelles il opère un choix conforme à ses convictions et à l'état des forces politiques, que Nicolas Sarkozy fait adopter par le Parlement, réuni en congrès à Versailles, à la majorité des 3/5e (qui n'est dépassée que d'une voix), la 24e révision constitutionnelle de la Ve République. Comme prévu, le texte adopté concerne en premier lieu le statut du Chef de l'État.

Si Nicolas Sarkozy a renoncé à modifier l'article 20 de la Constitution pour lui faire stipuler (comme c'est effectivement le cas dans la réalité) que « le président détermine et le gouvernement conduit la politique de la nation » (alors que le texte maintenu dispose que c'est le gouvernement qui « détermine et conduit la politique de la nation »), il a cependant obtenu la possibilité de s'exprimer devant les parlementaires réunis en congrès, ses déclarations pouvant donner lieu à un débat sans vote, ce qu'on peut considérer comme un pas vers un régime présidentiel à l'américaine. Dans le même esprit, le Chef de l'État a imposé la limitation à deux mandats consécutifs du président de la République et il a accepté un encadrement par diverses institutions de ses prérogatives concernant les nominations, le droit de grâce collective, l'exercice des pleins pouvoirs accordés pour des circonstances exceptionnelles et l'envoi de troupes françaises à l'étranger.

Le rééquilibrage des institutions au profit du Parlement constitue le second volet de la réforme constitutionnelle de juillet 2008. Il permet au Parlement, jusque-là étroitement placé sous le contrôle de l'exécutif de reconquérir une marge d'initiative. La principale mesure adoptée consiste dans l'examen en séance plénière de textes législatifs amendés par les commissions (dont le nombre passe de six à huit) et non plus directement transmis par le gouvernement, sauf pour ce qui concerne les lois de finance, le financement de la sécurité sociale et les projets de révision constitutionnelle. Elle est complétée par le fait que l'usage de l'article 49-3 qui permet au gouvernement de faire adopter un texte sans vote, sauf si l'assemblée adopte une motion de censure, est désormais limité aux projets de loi de finances, de financement de la Sécurité sociale et à un seul texte supplémentaire par session. Autre modification essentielle, le Parlement reconquiert la liberté de son ordre du jour pour deux semaines de séance sur quatre. Enfin, un jour de séance par mois est réservé à l'initiative des groupes d'opposition et des groupes minoritaires. De surcroît, le Parlement reçoit les moyens de contrôler plus efficacement la politique gouvernementale en ce qui concerne, par exemple, l'envoi des troupes à l'étranger dont il doit être informé dans les trois jours et pour lequel son autorisation est nécessaire si l'intervention se prolonge au-delà de quatre mois. Par ailleurs, les projets ou propositions d'actes européens devront lui être soumis et pourront faire l'objet de résolutions.

Plus encore que la revalorisation du Parlement qui dépend en fait du bon vouloir du parti majoritaire lié à l'exécutif, ce sont peut être les nouveaux droits des citoyens inclus dans la révision qui constituent l'aspect le plus novateur de la réforme. Elle institue en premier lieu le référendum d'initiative populaire qui peut être organisé à propos de tout projet de loi portant sur l'organisation des pouvoirs publics ou sur des réformes portant sur la politique économique, sociale ou environnementale si un cinquième des membres du Parlement, appuyés par un dixième du corps électoral le demande. Le nouveau texte constitutionnel prévoit également qu'un citoyen puisse contester une loi devant les tribunaux, saisir le Conseil supérieur de la Magistrature (que le Chef de l'État ne préside plus) ou s'adresser à un défenseur des droits en cas de litige avec une administration.

Au total la réforme constitutionnelle de 2008 ne remet pas en cause ce qui fait l'identité de la Constitution de la Ve République, à savoir la prédominance d'un exécutif fort. Elle accentue la présidentialisation du régime sans aller jusqu'au régime présidentiel, le Premier ministre conservant des fonctions de collaborateur du président plus que de chef du gouvernement. Mais elle équilibre davantage le jeu institutionnel en redonnant un peu d'air à un Parlement maintenu sous contrôle depuis 1962, pour peu que la majorité ose se servir de l'initiative que la Constitution lui reconnaît désormais, et elle donne, dans une mesure certes limitée, la possibilité aux citoyens de contester les initiatives gouvernementales.

Une situation politique paradoxale

La frénésie réformatrice qui marque les premiers mois du quinquennat de Nicolas Sarkozy tranche fortement avec l'immobilisme qui a marqué la fin du mandat de Jacques Chirac. Le nouveau Chef de l'État s'applique méthodiquement à mettre en œuvre la plupart de ses promesses électorales, refusant de se laisser détourner de sa volonté de modifier les structures de la France afin de la moderniser par les aléas politiques, les difficultés économiques, les protestations catégorielles. On peut évidemment s'interroger sur les raisons qui expliquent que la mise en œuvre de cette profonde mutation ne paraît susciter que des protestations formelles alors que la moindre initiative de ses prédécesseurs déclenchait, sur des questions de moindre portée que celles qui font l'objet des réformes récentes, des crises interminables, s'achevant presque immanquablement par un recul du gouvernement et l'abandon des projets contestés.

La première réponse réside à l'évidence dans la légitimité incontestable d'un Chef d'État et d'une majorité récemment élus dans des conditions de grande netteté par le corps électoral. Le président avait fait campagne sur un programme de vastes changements dont il avait affirmé qu'il les mettrait en œuvre avec volontarisme. Les Français ont adopté ce programme en élisant le candidat qui l'avait proposé et la majorité qui s'était engagée à le soutenir. Convaincu qu'il réalise la modernisation de la France pour le XXIe siècle, Nicolas Sarkozy entend remplir le mandat qu'il a reçu du peuple, quels que soient les obstacles et les difficultés que la conjoncture lui oppose.

Mais il est évident qu'une autre explication s'impose, c'est celle de la faiblesse de l'opposition. Traumatisé par une défaite électorale alors qu'il s'attendait à une alternance aisée en 2007, le parti socialiste, principale force d'opposition, semble tétanisé par son échec inattendu et par une situation politique qui le laisse déconcerté. La candidature surprise et le déroulement surprenant de la campagne de Ségolène Royal ont dépossédé l'appareil du parti et ses cadres politiques traditionnels de toute initiative. De surcroît, au lendemain de sa défaite, le parti socialiste se trouve confronté à une double perspective qui occupe ses dirigeants et ses militants : d'une part, le premier secrétaire du parti François Hollande a fait connaître sa décision de ne pas solliciter un nouveau mandat lors du congrès de son parti à Reims en novembre 2008 ; d'autre part, en ne dissimulant pas son intention d'être à nouveau candidate à l'élection présidentielle de 2012 tout en laissant entendre qu'elle pourrait en outre se présenter au poste de premier secrétaire, Ségolène Royal a relancé la concurrence des candidats potentiels au sein du parti socialiste. Du même coup, l'échec de 2007 à peine digéré, les énergies des dirigeants socialistes se polarisent sur la conquête du poste de premier secrétaire, considéré comme un tremplin éventuel pour la candidature de 2012. Aux côtés de l'ancienne candidate qui, devant l'opposition de ses pairs, a finalement renoncé à prendre la tête de son parti, mais non à se présenter en 2012, le maire de Paris, Bertrand Delanoë, le maire de Lille, Martine Aubry font connaître leur candidature, s'efforçant de passer des alliances qui leur assureront la majorité au congrès. Absorbé par ses rivalités internes, le parti socialiste paraît impuissant à faire entendre sa voix dans le débat politique français. Sans doute a-t-il adopté le 14 juin 2008 lors de sa convention nationale une « déclaration de principes » qui définit son identité et le présente comme un parti humaniste, laïque, social, écologiste, attaché au progrès et à l'épanouissement de la personne humaine. Au grand dam de son aile gauche, il se déclare ouvertement réformiste et s'il promet la redistribution, c'est dans le cadre d'une économie de marché régulée. Mais ce message, parce qu'il s'en tient aux principes sans aller jusqu'à un programme précis, reste pratiquement sans écho. En fait, le principal parti d'opposition est à la fois paralysé par l'avalanche de réformes du gouvernement qu'il ne parvient pas à combattre, faute de pouvoir lui opposer sur tous les plans des contre-projets crédibles, sans réaction devant un certain nombre de mesures directement empruntées à ses vues comme le RSA mis en œuvre par une personnalité de gauche, et structurellement déchiré entre la perspective d'alliance avec les centristes du Modem, préconisée par Ségolène Royal, et la concurrence d'une extrême gauche anticapitaliste qu'Olivier Besancenot tente de fédérer. Dans ces conditions, il doit se contenter de faibles protestations de pure forme contre les mesures gouvernementales (par exemple face au démantèlement de la loi des 35 heures), de votes d'opposition systématique au Parlement, voire d'une abstention peu glorieuse comme celle pratiquée lors du vote de la révision constitutionnelle au congrès, bien qu'il ait réclamé de longue date certaines des mesures proposées par celle-ci. Or, cette paralysie de l'opposition politique est accompagnée d'une absence de relève par l'opposition syndicale. Étouffés eux aussi par la rafale de nouvelles mesures au rythme quasi-hebdomadaire contre lesquelles il leur est difficile d'organiser une riposte qui risque d'apparaître décalée par rapport aux nouveaux projets surgis entre-temps, les syndicats sont également pris au dépourvu par l'appui donné par l'opinion publique à des projets comme le service minimum dans les transports ou l'accueil scolaire, comme la suppression des régimes spéciaux de retraite ou comme la remise en cause des 35 heures par le jeu des heures supplémentaires défiscalisées. Sans doute peuvent-ils encore mobiliser sur le plan catégoriel pour des « journées d'action », mais le succès de celles-ci est limité, tant par l'usage abusif qui en a été fait dans le passé que par la conviction de leur inutilité face à la volonté affirmée du président de la République de passer outre, pour mettre en œuvre son programme.

Le paradoxe réside dans le fait que, bien qu'il puisse appliquer sans obstacle réel les mesures promises durant sa campagne et que le corps électoral a ratifié, bien qu'il ne connaisse pas d'opposition sérieuse ni sur le plan politique, ni sur le plan syndical, le Chef de l'État subisse une chute brutale de sa popularité. Crédité au lendemain de son élection de 65 % d'opinions favorables, atteignant à la fin de l'été 2007 un indice de satisfaction de 69 %, il voit cette popularité décliner à partir de l'automne pour tomber à 35 % au début d'octobre 2008. Trois éléments concourent à expliquer ce paradoxe. En premier lieu, l'hypermédiatisation de la personne du président, dont il a largement usé comme un moyen de communication au service de son projet politique, mais qu'il a étendu à sa vie privée. En période de difficultés économiques, l'étalage ostentatoire de son goût pour le luxe, ses vacances coûteuses sur le yacht de ses amis milliardaires ou dans de luxueuses villas américaines ont choqué une partie de l'opinion. La médiatisation de ses difficultés conjugales avec son épouse, de son divorce (une première pour un hôte de l'Élysée), de sa liaison avec la chanteuse Carla Bruni, puis de son remariage à l'Élysée et l'exposition de son bonheur privé ont semblé à certains peu dignes d'un chef d'État.

La seconde raison de son décrochage de popularité tient à la multiplicité des réformes entreprises qui, comme toujours en pareil cas, lèsent des situations acquises et provoquent des mécontentements. Enseignants ulcérés par les suppressions massives de postes et les mutations de leur rôle éducatif, magistrats, avocats et personnels de justice atteints par la fermeture d'un certain nombre de tribunaux et par des lois répressives qu'un grand nombre d'entre eux désapprouve, militaires qui voient leurs moyens réduits, une bonne partie des casernes fermées les contraignant à changer de domicile, cependant qu'on leur annonce 6 000 suppressions d'emplois par an durant six ou sept ans, retraités touchés par la hausse des prix due à l'inflation et dont les pensions ne sont réajustées qu'à la portion congrue, salariés qui craignent pour leur emploi face aux délocalisations forment un bloc de mécontentement massif. Il s'y ajoute le fait que ce qui avait été la promesse probablement la plus attendue du candidat, celle d'une hausse du pouvoir d'achat n'a pu être tenue en raison d'une conjoncture économique difficile qui débouche sur la récession de l'année 2008.

Enfin, si, en d'autres temps, un président de la République pouvait tenter de redresser la situation en sacrifiant son Premier ministre, fusible désigné pour préserver la popularité du chef de l'État, Nicolas Sarkozy s'est privé de cette facilité en assumant la totalité des actes du gouvernement et, par conséquent, en subissant de plein fouet l'impopularité qui s'y attache. Il est d'ailleurs caractéristique que le Premier ministre, situé dans l'ombre du président, cultivant la discrétion et le sérieux dans la mise en œuvre de la politique gouvernementale, évitant de se mettre en avant et laissant le Chef de l'État occuper la scène médiatique, bénéficie pour sa part d'une relative popularité, se maintenant, au fil des sondages à un indice de satisfaction oscillant au cours de l'année 2008 autour de 50 %.

Or, si le président et son gouvernement se montrent relativement sereins face à cette chute de popularité, considérant, non sans raison, qu'ils seront jugés en 2012 sur le bilan du quinquennat et non sur celui des quelques premiers mois de leur gestion, il n'en reste pas moins que cette situation n'est pas sans sanction. En dépit de la vacuité de son action, la gauche va bénéficier lors des élections municipales de 2008 de la déception et du mécontentement de l'opinion vis-à-vis du président et de sa majorité. Déjà victorieuse des élections régionales et cantonales de 2004 qui lui ont permis de conquérir la majorité dans 20 des 22 régions métropolitaines et dans la majorité des départements, elle remporte une nouvelle victoire en conservant haut la main Paris et Lyon, conquis lors des municipales de 2001 et en y ajoutant Toulouse, Strasbourg, Reims et Saint-Étienne, s'assurant ainsi la gestion de sept des dix plus grandes villes de France, la droite ne parvenant à conserver que Bordeaux, Nice et (d'extrême justesse) Marseille. La même observation vaut pour les villes de plus de 50 000 habitants dont vingt-deux sont passées à gauche. Au total, ce sont 350 villes de plus de 15 000 habitants qui auront un maire de gauche (dont 250 socialistes) contre 262 conservées ou conquises par la droite.

Dans une France en pleine mutation, on voit donc se mettre en place un scénario inédit, celui d'un pouvoir national détenu par la droite au niveau du gouvernement et du Parlement cohabitant avec un pouvoir local dominé par la gauche.

XII

LA SOCIÉTÉ FRANÇAISE
DEPUIS LE MILIEU DES ANNÉES 1970

La longue dépression qui a commencé au milieu de la décennie 1970 a eu sur la société française des conséquences diverses. Elle a accéléré des processus en cours depuis longtemps, qu'il s'agisse des mutations socio-professionnelles liées aux restructurations de l'économie, voire à la « désindustrialisation » de régions autrefois prospères comme la Lorraine et le Nord, de l'exode rural aboutissant à la désertification de certaines campagnes, des effets de l'urbanisation sauvage sur la vie des populations citadines, ou encore de l'érosion des structures et des valeurs traditionnelles. Mais elle a également inversé certaines tendances caractéristiques des « trente glorieuses ». Au plein-emploi s'est substitué un chômage structurel, générateur d'exclusion sociale et de désespérance. La progression régulière des revenus a subi un fort ralentissement, particulièrement ressenti par les classes moyennes. Les écarts entre les catégories sociales ont eu tendance à se creuser. L'individualisme hédoniste qui s'était répandu à l'époque de la croissance n'a certes pas disparu, mais il coexiste avec des comportements qui tendent à réhabiliter des institutions et des valeurs-pivots de l'ordre social.

Comme nous l'avons observé pour les périodes précédentes, les tendances générales dont rendent compte les statistiques et les sondages démentent bien souvent l'impression qui se dégage de la représentation médiatique de l'actualité sociale, de plus en plus tributaire d'impératifs commerciaux qui privilégient le sensationnel. Même un phénomène aussi répandu et aussi traumatisant pour nos contemporains que la « montée de la violence » doit être relativisé, non pour en nier les effets perturbateurs, mais dans une perspective comparative à l'échelle des cent ou cent cinquante dernières années. La plupart des études menées sur cette question concluent en effet à la régression des crimes de sang et à la relative stabilité des autres délits. Ce qui est nouveau, c'est la sensibilisation croissante de nos sociétés à des formes de violence jusqu'alors plus ou moins occultées, comme le viol, la pédophilie, la violence conjugale, etc., qui avaient bénéficié jusqu'alors de la répugnance des victimes à dénoncer leurs auteurs, ou de la très grande tolérance du corps social à l'égard de certaines pratiques « culturelles », au premier rang desquelles l'abus de boissons alcoolisées et la délinquance routière.

Démographie, immigration et intégration des migrants

Au 1er janvier 2004, la population de la France était estimée à un peu plus de 60 millions de personnes, dont 3 260 000 étrangers. À cet effectif, il convient d'ajouter les 1,8 million de personnes vivant dans les départements et territoires d'outre-mer. Par rapport aux chiffres du recensement de 1946, la population française est donc passée de 40,5 millions à 62 millions d'habitants, ce qui représente une croissance de plus de 50 % : une véritable révolution démographique à l'échelle du siècle dernier.

Tandis que le nombre des décès demeure à peu près stationnaire – 517 000 en 1960, 528 000 en 1993, 560 000 en 2003, soit un taux de mortalité de 9,1 ‰ –, celui des naissances enregistre une sensible progression : 712 000 en 1993, 793 000 en 2003, le taux de natalité passant de 12,3 ‰ à 13 ‰. Le taux d'accroissement naturel s'établit ainsi à 3,9 ‰. L'indice de fécondité des femmes françaises (1,9 contre 1,7 en 1994), quoique comptant parmi les plus élevés d'Europe ne suffit pas toutefois à assurer le remplacement des générations (il devrait être pour cela au moins égal à 2,1). Comparée à la situation des années 1960 (taux de natalité = 18 ‰ ; indice de fécondité = 2,8 ‰), la baisse est nettement affirmée. La question que se posent les démographes est de savoir si cette décrue est le résultat d'un phénomène conjoncturel, lié aux effets de la crise économique, ou de changements structurels qui peuvent d'ailleurs s'interpréter de deux manières différentes : refus de procréer pour un certain nombre de mères ou recul de l'âge de la maternité que peuvent expliquer la prolongation des études, le chômage des jeunes et leur hésitation à s'engager dans la vie de famille, ou encore le souci des femmes de concilier vie familiale et activité professionnelle.

La baisse régulière du taux de mortalité – 13 ‰ en 1950, aux environs de 9 ‰ aujourd'hui – et l'augmentation de l'espérance de vie qui en résulte – 67 ans pour les femmes, 61 pour les hommes en 1950, 83 ans et 76 ans en 2004 – ont eu pour effet d'accuser le vieillissement de la population française. Celle-ci compte à l'heure actuelle plus de 12,5 millions de citoyens de plus de 60 ans. Depuis 1946, la proportion des plus de 65 ans est passée de 11 à 16,5 % de la population totale, tandis que celle des moins de

20 ans reculait de 30 % à 25 %. Ceci n'est pas sans poser de sérieux problèmes de financement des retraites. Pour tenter d'y porter remède, le gouvernement de Jean-Pierre Raffarin a mis en place en 2003 une réforme du régime des retraites dont la principale disposition a consisté à augmenter la durée des cotisations versées, ce qui constitue indirectement un recul de l'âge de la retraite, alors que dans le même temps les contraintes de la lutte contre le chômage militent en faveur de la relève des générations. Il y a là une contradiction majeure que tous les gouvernements auront à affronter au cours des prochaines années.

Si l'accroissement des effectifs du « troisième âge » ne paraît guère propice au dynamisme de la société française, il ne constitue pas nécessairement une calamité. D'abord parce que le vieillissement démographique ne se confond pas avec le vieillissement physiologique et psychologique des individus. On est aujourd'hui à 70 ans moins « vieux » qu'on ne l'était il y a encore une trentaine ou une quarantaine d'années. Ensuite parce qu'une fraction relativement importante des retraités jouit d'une aisance matérielle qui lui permet de satisfaire des besoins et de réaliser des projets jusqu'alors différés, notamment en matière de loisirs (lectures, spectacles, voyages), ou encore d'aider financièrement les plus jeunes à « démarrer dans la vie », se substituant aux carences et à la frilosité qui caractérisent le système bancaire français. Autant et peut-être davantage que les jeunes, les plus de 60 ans se sont ainsi constitués en un marché spécifique sur lequel jouent les divers ressorts de la consommation de masse.

Si la forte diminution de la croissance qui, avec des hauts et des bas, affecte depuis trois décennies l'économie française, n'a eu que des effets marginaux sur la natalité et la mortalité, donc sur l'accroissement naturel de la population, elle a eu en revanche pour conséquence de modifier très sensiblement le phénomène migratoire. Dès 1974 en effet, il a été décidé de fermer les frontières à l'immigration du travail en provenance des pays n'appartenant pas à la CEE : décision continûment reconduite depuis cette date et qui, si elle n'a pu empêcher ni les regroupements familiaux ni la persistance de flux clandestins a tout de même porté un sérieux coup de frein à l'entrée de nouveaux migrants. Le nombre d'étrangers résidant en France, qui était de 3 714 000 en 1982 et de 3 608 000 en 1990, n'atteignait plus que 3 260 000 en 1999, soit 5,6 % de la population. Cette érosion trouve sa cause première dans la naturalisation de nombreuses personnes : plus de 600 000 au cours des dix dernières années. D'autre part, l'INSEE distingue entre les étrangers et les immigrés (personnes nées hors de France, non détentrices de la nationalité française à leur naissance et résidant en métropole). En mars 1999, les services de la statistique comptabilisaient 4 310 000 immigrés, soit 7,2 % de la population totale.

Le tarissement ou le ralentissement des flux (on estime qu'il y a encore entre 50 000 et 60 000 entrées nettes par an en France métropolitaine), conséquence de la désindustrialisation d'une économie jusqu'alors fortement consommatrice de main-d'œuvre destinée aux secteurs primaire et secondaire, a eu des incidences sensibles sur la nature et sur la perception du fait migratoire dans notre pays. Tout d'abord, il a très fortement perturbé le classique mouvement de *turn over* qui caractérisait, depuis toujours, le processus migratoire et qui faisait que nombre d'individus procédaient à des va-et-vient permanents entre le pays de départ et le pays d'accueil, les moins bien adaptés, ou simplement les chômeurs n'hésitant pas à rentrer chez eux dès lors que la possibilité leur était offerte d'une expatriation ultérieure. La fermeture des frontières leur ayant ôté cette perspective, beaucoup ont choisi de prolonger indéfiniment leur séjour, quelles que soient les difficultés rencontrées en matière d'insertion dans la société française, qu'il s'agisse de l'emploi, des conditions de travail et de logement ou des rapports avec les autochtones.

Du coup, le regroupement familial a pris une place prépondérante dans la composition des flux, femmes et enfants rejoignant le migrant ainsi sédentarisé et modifiant de manière sensible la composition par âge et par sexe de la population étrangère. Les conséquences de ce phénomène sont multiples et varient d'ailleurs beaucoup d'une nationalité à l'autre. On constate en premier lieu une forte féminisation des populations immigrées. Déjà avancée en 1975 parmi les étrangers originaires des pays de la CEE (89 femmes pour 100 hommes), celle-ci a fortement crû chez les immigrés en provenance du Maghreb et d'Afrique noire. Au total on dénombrait, en 1999, 47 % de femmes, toutes origines confondues, soit une quasi-parité entre les deux sexes.

Deuxième conséquence, accentuée par le fait que l'immigration récente concerne des pays à natalité élevée : l'augmentation du nombre d'étrangers nés en France et de jeunes issus de l'immigration ayant acquis la nationalité française, soit par naturalisation s'ils sont eux-mêmes nés à l'étranger, soit à leur majorité s'ils sont nés en France. Du moins en a-t-il été ainsi jusqu'au milieu des années 1990. Aujourd'hui, la proportion des moins de 20 ans est en nette régression au sein de la population étrangère. Elle est de 22 % inférieure à ce qu'elle était en 1990. À l'inverse, la part des plus de 40 ans a sensiblement augmenté (+ 17 %), de même que celle des plus de 60 ans (+ 17 %). Ce vieillissement des immigrés est une conséquence directe de la politique de fermeture des frontières. Avec le temps, compte tenu du fait que, l'immigration économique se trouvant stoppée depuis trente ans, les regroupements familiaux concernent de moins en moins de personnes, les différences entre les groupes ne peuvent que s'estomper. La nuptialité et la natalité des populations immigrées tendent à s'aligner sur les normes françaises.

Le changement le plus caractéristique intervenu depuis le milieu de la décennie 1970 réside dans la répartition des groupes nationaux, ou plus exactement dans le rapport entre représentants de l'immigration européenne et migrants venus d'autres parties du monde. En 1975, les premiers représentaient encore un peu plus de 60 % de l'ensemble, contre 49 % en 1982 et à peine plus de 40 % aujourd'hui. Dans l'intervalle, la part des populations venues d'Afrique est passée de 36 % à 45 %, les Maghrébins représentant à eux seuls 40 % de l'ensemble.

La répartition par nationalités s'est un peu modifiée au cours des trois dernières décennies. En 1999, les Portugais venaient encore en première position, mais avec un effectif qui a sensiblement reculé (550 000 contre 650 000 en 1990). Ils devancent les Marocains (506 000 contre 573 000), les Algériens (475 000 contre 606 000), les Turcs (206 000 contre 198 000), les Italiens (201 000 contre 253 000), les Espagnols (160 000 contre 216 000). La composition de la population immigrée a évolué dans le sens d'une présence plus forte des migrants venus des pays les plus lointains. Les personnes originaires d'Asie (hors Turquie) ont augmenté de 35 %, ceux d'Afrique subsaharienne de 37 %. La population de l'Hexagone ne cesse donc de se diversifier.

Pas de changement majeur en revanche dans la répartition géographique de la population immigrée. En dépit des mutations structurelles qui ont surtout affecté les secteurs traditionnellement gros consommateurs de main-d'œuvre (mines, sidérurgie, textile, industries chimiques, constructions navales), la population étrangère demeure concentrée dans la moitié Est de l'Hexagone, plus particulièrement en région parisienne, en Alsace, Franche-Comté, Lorraine, Rhône-Alpes et Midi méditerranéen. Là encore avec de fortes disparités qui tiennent à l'origine des migrants. En Aquitaine, Midi-Pyrénées et Auvergne, les étrangers en provenance de l'Union européenne restent majoritaires, tandis qu'en Île-de-France, Rhône-Alpes, Provence-Alpes-Côte d'Azur, Nord-Pas-de-Calais et Franche-Comté, les deux tiers au moins des étrangers viennent du reste de l'Europe et surtout des pays extra-européens.

Sur les 3 260 000 étrangers recensés en 1999, on comptait 1,587 million d'actifs (qu'ils aient ou non un emploi), parmi lesquels 65 % d'hommes, 52 % de moins de 40 ans et 47,6 % d'ouvriers (56 % en 1990). C'est dire que la structure de la population active immigrée a relativement peu changé depuis les dernières décennies du XIXe siècle. Ce qui a changé, ce sont les possibilités d'insertion professionnelle des jeunes adultes exerçant une activité manuelle n'exigeant qu'une faible qualification. Jusqu'au milieu des années 1970, ils trouvaient tout naturellement leur place dans un système de production qui faisait encore la part belle au travail de force et aux gestes stéréotypés du manœuvre et de l'OS. Or les choses ont beaucoup changé depuis cette date. Les secteurs traditionnellement demandeurs de main-d'œuvre faiblement qualifiée sont ceux qui ont le plus souffert des restructurations économiques. Du coup, moins bien formés en moyenne que leurs homologues français, issus de milieux défavorisés et souvent médiocrement scolarisés – bien que la part des jeunes ayant des diplômes universitaires se soit sensiblement accrue depuis 1974 –, n'ayant que rarement accès à la formation continue, les étrangers ont été particulièrement touchés par la crise et connaissent un taux de chômage nettement plus élevé que celui des autochtones. Les discriminations dont ils sont fréquemment victimes du seul fait de leur nom ou de la couleur de leur peau ne font qu'ajouter à leur exclusion du marché du travail.

À ces difficultés s'ajoutent celles qui résultent de la concentration des populations étrangères, soit dans certains quartiers non encore « réhabilités » des grandes villes, soit dans des zones périurbaines qui constituent de véritables ghettos. Certes, les « bidonvilles » des années 1960 ont partout disparu, remplacés par ces cités-HLM qui, en principe, représentent un progrès par rapport aux îlots insalubres de l'époque des « trente glorieuses ». Mais celles-ci n'ont pas tardé à leur tour à se dégrader, provoquant le départ de familles appartenant à des catégories mieux insérées que les immigrés ou attisant les tensions entre étrangers et autochtones, parfois entre groupes issus de différentes migrations.

Depuis le début des années 1980, le problème de l'intégration des travailleurs étrangers et de leur famille est devenu l'une des préoccupations majeures des Français, en même temps que le principal ressort d'une entreprise politique qui joue sur les réflexes identitaires et sécuritaires de catégories sociales en difficulté. Les scores électoraux obtenus par le Front national de Jean-Marie Le Pen (entre 10 % et 15 % des suffrages et jusqu'à 25 % et plus dans des zones de forte concentration étrangère) s'explique en tout premier lieu par l'instrumentalisation qu'a faite de la « question immigrée » l'ancien député poujadiste, devenu le leader d'une organisation aujourd'hui implantée dans toute la France. En fait, ce sont moins les « immigrés » et les « étrangers » en tant que tels qui sont visés, et auxquels on fait grief de « prendre le travail des Français » et d'être incapables de s'intégrer à la communauté nationale, que les représentants de la « nouvelle immigration », essentiellement maghrébine et africaine, l'accent étant mis sur son appartenance à l'islam et sur un mode de vie incompatible avec les comportements sociaux des autochtones.

De ce discours, dont l'ultra-droite lepéniste n'a pas l'exclusivité et qui imprègne une large fraction de la société française, il ressort que si le creuset français n'est plus aujourd'hui en mesure d'assimiler les éléments allogènes issus de l'immigration économique, c'est parce qu'ils relèvent de cultures trop éloignées de la nôtre pour être digérés et formatés comme l'ont été avant eux les ressortissants d'États européens ayant fourni à la France une partie importante de sa main-d'œuvre industrielle : Belgique, Italie, Espagne, Pologne et Portugal. Or cette opposition entre « ancienne immigration » et « nouvelle immigration » constitue en réalité un thème récurrent de l'argumentaire nationaliste. Appliqué aujourd'hui aux Maghrébins, aux Turcs et aux Africains, il l'a été hier aux Italiens, plus tard aux Polonais ou aux Espagnols, considérés alors comme des corps étrangers dans la Cité, voire des « ennemis de l'intérieur », et traités en conséquence. Des populations – c'est le cas notamment des Italiens – qui nous apparaissent aujourd'hui comme des modèles d'intégration réussie, ont été longtemps perçues comme peu assimilables et ont donné lieu à des réactions de rejet, les unes purement verbales, les autres débouchant sur de véritables violences xénophobes. Dans tous les cas, l'intégration puis l'assimilation des groupes allogènes s'est effectuée dans la longue durée, à l'échelle de deux parfois de trois générations, par le truchement d'un certain nombre d'outils qui, jusqu'à une date relativement récente, ont correctement accompli leur mission. Si le creuset français fonctionne moins bien à l'heure actuelle qu'il y a trente, cinquante ou soixante-dix ans, c'est moins semble-t-il parce que la matière humaine qu'il a à fondre est d'une trempe différente de celle du passé que parce que ces instruments intégrateurs et assimilateurs donnent eux-mêmes des signes de dysfonctionnement.

Sans aucun doute, l'Église catholique a joué, par rapport à des populations immigrées venues de pays de forte pratique religieuse, un rôle intégrateur qu'elle ne joue plus aujourd'hui, non seulement parce que les ressortissants de ces pays ne représentent plus que la moitié de l'effectif des migrants, mais encore et surtout parce qu'une fraction importante d'entre eux est désormais détachée de la pratique, voire de la foi catholique, de même que celle du pays d'accueil. Rappelons d'ailleurs que, même à une époque où les communautés immigrées étaient encore très fortement attachées à leurs traditions religieuses, la façon même dont celles-ci étaient vécues et affichées ne jouait pas toujours, en tout cas à court terme, dans le sens de l'acceptation de la part de populations autochtones elles-mêmes déjà fortement déchristianisées. Les dockers napolitains de Marseille, qui descendaient des bateaux en se signant et en évoquant « *Gesù e Madonna* » à la fin du siècle dernier, en ont fait parfois la cruelle expérience.

L'appartenance de près de la moitié des migrants à une religion différente de celle des autochtones constitue sans doute, par rapport aux décennies qui ont précédé l'arrivée massive d'individus originaires du Maghreb, de Turquie et d'Afrique subsaharienne, un problème qu'il importe toutefois de relativiser. Sans doute les musulmans sont-ils plus nombreux à observer les préceptes de leur religion et le font-ils avec un engagement plus fort que la majorité des chrétiens, Français ou ressortissants des autres populations étrangères. Pour ceux d'autre part qui, parmi eux, adhèrent à une conception intégrale, sinon intégriste, de l'islam, la loi musulmane et avec elle l'observance de certaines règles morales qui en découlent l'emportent sur les lois civiles du pays d'accueil : ce qui ne peut manquer de provoquer des conflits avec ceux qui sont chargés de les faire respecter, comme avec les Français qui admettent mal ce refus de se conformer aux principes et aux lois de la République, de même que certaines dépendances extérieures ou que les allégeances à des États étrangers : Maroc ou Arabie Saoudite (financement des associations, de mosquées, de la première faculté de théologie islamique à Château-Chinon). De là à voir dans les quatre millions et demi de musulmans qui vivent en France un milieu majoritairement réceptif à la propagation du fondamentalisme islamique, peuplé d'autant de terroristes en puissance et formant un môle de résistance quasi inébranlable à l'« assimilation » des migrants, il y a un pas qui ne saurait être franchi aisément.

Il est vrai que, depuis le début des années 1990, l'islam intransigeant a gagné un peu de terrain dans les communautés immigrées, favorisé parfois, notamment parmi les jeunes, par les réactions de rejet des populations autochtones ou par la désespérance inhérente à une situation qui conjugue exclusion sociale et xénophobie, chômage endémique et enfermement en ghettos, malaise identitaire et sentiment d'appartenance à une communauté transcendant les frontières du pays d'origine et du pays d'accueil. Mais le phénomène reste minoritaire. Pour la majeure partie des musulmans qui vivent en France, la tendance est plutôt à la « sécularisation », sinon au détachement des aspects les plus contraignants de la pratique, et ce qui est vrai de la première génération l'est davantage encore de la seconde, et à plus forte raison de la troisième, dans un contexte de déracinement et d'implantation périurbaine peu propice au maintien des traditions religieuses, comme d'ailleurs des structures traditionnelles de la famille et de la société. Aujourd'hui interdit à l'école, le port du « voile islamique » par quelques dizaines ou par quelques centaines de collégiennes, soumises aux pressions du clan familial ou réagissant aux discriminations dont sont victimes leurs parents ou leurs frères, ne doit pas dissimuler cette réalité autrement significative que des centaines de milliers de jeunes musulmans s'abstiennent de toute marque ostentatoire d'appartenance à la religion de leur père.

L'essentiel, s'agissant des dysfonctionnements du creuset hexagonal, est donc à rechercher ailleurs, dans la crise qui, au-delà du simple contexte conjoncturel, affecte la société française dans son ensemble et avec elle les instruments privilégiés de l'intégration. Crise de l'institution scolaire qui, pour des raisons diverses, remplit moins bien sa fonction assimilatrice. Crise du modèle culturel produit par l'école, et dont s'est nourrie pendant près d'un siècle, une identité nationale aisément adoptée par les enfants d'immigrés. Crise enfin liée aux mutations en cours de la société postindustrielle.

L'une des principales raisons du bon fonctionnement du *melting pot*, jusqu'au milieu des années 1970, a été, compte tenu de la nature même du fait migratoire dans notre pays, le maintien et la reproduction d'une culture ouvrière fournissant aux nouveaux venus et à leur descendance directe, majoritairement employés aux mêmes tâches, un système de valeurs aujourd'hui en voie de disparition. Y entraient, outre ce qui faisait directement partie du champ politique, des éléments découlant du savoir et des pratiques professionnels, et d'autres se rattachant aux comportements socio-culturels du monde ouvrier (violence, culte de la virilité et de la lutte, mépris pour les « intellectuels » et les « bourgeois », etc.). Autant d'éléments d'intégration à la classe ouvrière en tant que telle et, à travers les organisations qui structurent celle-ci, à la société du pays d'accueil. Or cette culture ouvrière traditionnelle est en crise, et ceci pour des raisons qui ne touchent pas toutes à la conjoncture économique. Y concourent très largement les mutations du monde du travail – recul de l'usine classique et, à l'intérieur de l'usine, de l'instrument humain –, la dilution de la culture spécifiquement ouvrière dans une culture de masse beaucoup plus uniforme et, plus nettement encore, la crise des organisations politiques et syndicales du monde ouvrier, en particulier de celles qui se rattachent au Parti communiste français.

À la limite, c'est le travail industriel lui-même qui paraît, à moyen terme, en voie de dépérissement. Et, avec lui, la possibilité pour les migrants de s'intégrer au corps social et de franchir les premières étapes d'un parcours plus ou moins long, plus ou moins difficile, selon les conditions de temps, de lieu et dans une certaine mesure d'origine. Probablement est-ce à ce niveau que se définit le plus clairement une situation nouvelle, par rapport à l'histoire plus que séculaire de l'immigration économique dans notre pays.

Ces difficultés d'insertion des populations issues de l'immigration dans un tissu social en proie aux tensions, aux déchirements, aux interrogations identitaires, à la peur du métissage et de l'« invasion » qui caractérisent le dernier quart de ce siècle, ont eu pour effet de provoquer dans diverses couches de la population française des réactions de rejet de l'étranger qui prennent souvent le visage du racisme, et provoquent épisodiquement des manifestations de violence. Certes, la France n'a pas connu depuis le début de cette vague xénophobe des heurts aussi graves que ceux qui ont eu lieu à la fin du siècle à Aigues-Mortes (août 1893) ou à Lyon (juin 1894), aux dépens des Italiens. Les migrants qui vivent sur son sol ont jusqu'à présent échappé aux « ratonnades » massives, comparables à celles qui se sont déroulées en Allemagne depuis la réunification. Il n'en reste pas moins que depuis le début de la décennie 1970, on dénombre en moyenne un assassinat xénophobe par mois, généralement perpétré contre un Maghrébin, et que les incendies criminels contre des immeubles abritant des immigrés ou contre des lieux de culte sont devenus monnaie courante.

Au-delà de ces réactions brutales, peu conformes aux traditions d'un peuple qui fait du respect des droits de l'Homme le fondement même de son identité, la question de l'immigration a donné lieu, depuis un quart de siècle, à un débat passionné. À ceux qui estiment que l'identité française se trouve menacée par l'afflux d'immigrés que l'on considère comme « inassimilables », répondent les partisans d'une France ouverte au monde extérieure et qui, en dépit des difficultés rencontrées, a toujours su intégrer ses hôtes. Pour eux, les ratés du creuset ne sauraient empêcher qu'il en soit de même pour les 4,3 millions d'immigrés qui résident aujourd'hui dans notre pays. Tous cependant n'envisagent pas de la même manière le processus d'intégration à la française. Les partisans d'une France « plurielle » défendent l'idée d'une intégration qui respecterait l'identité culturelle de chaque groupe. Rassemblés autour de l'association SOS-Racisme, fondée en 1984, ils ont eu le vent en poupe au début de l'ère socialiste, pesant sur les orientations du pouvoir et bénéficiant du soutien d'une partie de l'opinion (le slogan « Touche pas à mon pote ! » répondait aux mots d'ordre xénophobes du Front national). Bientôt, il est apparu cependant qu'en prônant une société multiculturelle, un mouvement comme SOS-Racisme pouvait avoir pour effet d'encourager, consciemment ou non, ceux qui, du côté des autochtones – souvent eux-mêmes de souche étrangère – justifiaient les discriminations par une altérité irréductible, et ceux qui, côté immigrés, refusaient l'intégration en évoquant la tradition.

Dès lors, la balance a penché dans le sens des thèses assimilationnistes. Celles-ci mettent l'accent sur le danger que ferait courir à la cohésion sociale et à la paix civile le maintien de noyaux communautaires privilégiant leur culture et la solidarité entre leurs membres aux dépens des liens entre citoyens d'origine diverse. Ils font remarquer qu'en France, l'intégration des immigrés s'est toujours faite par une lente acculturation et par l'adhésion des individus aux valeurs de la République. Ce mode d'agrégation des étrangers à la société du pays d'accueil n'implique pas que soient gommées toutes les « différences », mais elle suppose dès la première génération un minimum de références communes et, de la part de la seconde, une volonté affirmée d'appartenance à la nation française.

Si les zones à forte concentration de populations issues de l'immigration sont également celles où sévissent avec le plus d'acuité l'insécurité et la délinquance, la faute en incombe très largement à une situation d'exclusion sociale qui résulte elle-même de la mutation économique qui caractérise la fin de ce siècle, et en particulier du chômage. Pour le reste, on s'aperçoit à l'examen des enquêtes de l'INED qu'en dépit des problèmes de toutes sortes que les grands bouleversements de l'ère postindustrielle et la mondialisation de l'économie posent à notre société – crise de l'école, crise de l'engagement politique, syndical, religieux, associatif, crise des valeurs civiques, de la conscience identitaire, du mode d'intégration et de mobilité sociale qui passait par le travail industriel et la conscience ouvrière, crise enfin du modèle micro-communautaire (focalisation en un même lieu d'individus originaires de la même région, parfois du même village) de lente acclimatation aux normes françaises, dans un monde urbain et périurbain éclaté qui conjugue tous les handicaps et nourrit toutes les exclusions –, nombre de signes indiquent que l'assimilation est à l'œuvre.

Contrairement aux idées reçues et aux présupposés qu'elles révèlent, abondamment diffusés par les médias qui cherchent souvent à accroître leur audience en jouant sur la peur et sur la crispation identitaire de bon nombre de nos contemporains, les indices de cette évolution sont loin d'être négligeables. On constate par exemple, selon les termes du rapport Tribalat (*Faire France, une enquête sur les immigrés et leurs enfants*, Paris, La Découverte, 1995), que « les migrants d'Afrique noire sont les plus nombreux à savoir écrire notre langue », que « les pratiques matrimoniales, élément déterminant de l'organisation des sociétés, subissent une déstructuration importante dans les populations originaires d'Algérie et du Maroc », que « la moitié des garçons et le quart des fillles d'origine algérienne vivent avec un conjoint français de souche », que « les immigrés d'Algérie se révèlent les moins pratiquants des musulmans », que leurs enfants nés en France montrent « une indifférence religieuse égale à celle des autres Français du même âge », qu'en dépit de difficultés importantes pour s'insérer sur le marché du travail, « les enfants des familles immigrées élevés en France connaissent une certaine mobilité sociale », etc. Autant de signes – mais on pourrait en citer beaucoup d'autres – qui disent que l'intégration des nouveaux migrants et de leur descendance, si elle n'emprunte pas les mêmes voies qu'il y a quarante, cinquante ou cent ans, s'effectue sous nos yeux, comme s'est effectuée celle de leurs prédécesseurs, et au même rythme qui est celui du temps long.

La peur des dérives communautaristes n'en demeure pas moins très forte au sein d'une population pour laquelle la laïcité constitue l'une des valeurs clés de la République et qui s'inquiète de l'apparente montée en puissance du fondamentalisme musulman. En témoigne l'intensité du débat qui a eu lieu en 2003 et a abouti à la loi interdisant le port de signes « ostentatoires » d'appartenance religieuse à l'école. Entrée en application à la rentrée 2004, cette loi semble avoir été finalement bien acceptée. Du moins à l'intérieur de l'Hexagone. Dans certains pays musulmans, elle a au contraire donné lieu à de vives réactions anti-françaises, les islamistes radicaux faisant valoir auprès des populations locales que la France avait purement et simplement interdit le port du voile sur son territoire. La création, en avril 2003, à l'initiative du ministre de l'Intérieur Nicolas Sarkozy, d'une institution chargée de représenter les musulmans de France auprès des pouvoirs publics, a sans aucun doute facilité l'apaisement des tensions relatives à cette question. Élu indirectement par des « délégués » régionaux, le Conseil français du culte musulman (CFCM) rassemble les représentants des principales fédérations, associations et mosquées indépendantes qui structurent l'islam dans notre pays.

Migrations internes et urbanisation

Le fait migratoire ne concerne pas seulement les travailleurs étrangers et leurs familles. Aux transferts de populations à l'échelle internationale s'ajoutent en effet les déplacements dûs à l'exode rural et les mouvements interrégionaux liés aux restructurations économiques et au changement de comportement de certaines catégories, notamment les retraités et les jeunes.

Depuis le début des années 1970, ces déplacements interrégionaux se sont fortement amplifiés et ont cessé de s'opérer prioritairement au profit de la région parisienne. Durant les « trente glorieuses », l'Île-de-France occupait en effet, et de loin, la tête des régions les plus attractives, avec un solde positif de plus de 10 000 personnes en fin de période qu'expliquait notamment l'afflux de jeunes adultes en quête d'un emploi dans le secondaire et le tertiaire. Dans le même temps, l'exode rural se poursuivait et s'accélérait, provoquant dans certaines régions de l'Hexagone – le Sud-Ouest, le Centre, les Alpes du Sud – une véritable désertification des campagnes. Pour tenter de renverser la tendance, ou du moins de freiner l'hémorragie dans les zones les plus menacées, la Délégation à l'aménagement du territoire et à l'action régionale (DATAR) a mené dans les années 1960 une active politique de rééquilibrage, favorisant l'émergence de métropoles d'équilibre destinées à contrebalancer le poids de l'agglomération parisienne, poussant les entreprises et les administrations à se décentraliser, ou aidant à l'industrialisation des régions à dominante agricole. Non sans résultats. Dès la fin de la décennie 1960, on constate en effet que les effectifs concernés par l'exode agricole se réduisent, que les jeunes ruraux qui quittent la terre trouvent à s'employer sur place, dans les nouvelles industries et le tertiaire, que des régions de forte émigration, comme l'Ouest et le Sud-Ouest, voient leur population se stabiliser, tandis qu'avec le déclin des mines, de la sidérurgie et du textile, s'amorce un mouvement inverse dans les régions de vieille tradition industrielle.

Ces mouvements se sont accentués au cours des années 1970, sauf en ce qui concerne la région parisienne, passée d'une situation d'excédent au cours de la période précédente à un déficit de plus en plus marqué : 24 000 personnes en moyenne par an pour les années 1968-1975, 64 000 pour les sept années suivantes. Durant la même période, l'Ouest et le Sud-Ouest passent au contraire d'un solde migratoire déficitaire à un excédent, particulièrement marqué en Bretagne, et les régions de vieille industrie – Lorraine, Nord-Pas-de-Calais, Franche-Comté, Champagne-Ardenne – particulièrement touchées par la crise, deviennent des zones de forte émigration.

Nouvelle inflexion depuis le début des années 1980, avec un solde migratoire qui reste positif mais qui tend à se réduire dans la moitié ouest de la France, tandis que s'aggrave le déficit des vieilles régions industrielles et que diminue au contraire très sensiblement celui de l'Île-de-France (30 000 personnes par an). La région parisienne a retrouvé en effet une bonne partie de son attrait. Sans doute les départs y sont-ils nombreux, qu'il s'agisse des retraités qui font retour au pays, ou de ceux des 30/40 ans qui, une fois les études achevées ou à la suite d'une promotion (fonctionnaires, cadres d'entreprise), vont accomplir en province l'essentiel de leur carrière. Mais ils sont en partie compensés par l'arrivée de jeunes adultes, pour la plupart des moins de trente ans, venus pour étudier ou pour chercher leur premier emploi. La région parisienne a bénéficié en effet au cours des deux dernières décennies du XXe siècle d'une croissance plus forte que celle des autres régions en matière de création de postes de travail – 5,5 % au lieu de 1,5 % –, conséquence à la fois de la nature de ses activités, plus nettement orientées vers les industries de pointe et le tertiaire, de l'élargissement de l'Europe et de l'ouverture du « Grand Marché », de la place occupée par Paris dans le réseau, présent et futur, des communications transeuropéennes à grande vitesse, et aussi du caractère moins directif d'une planification qui s'était appliquée jusqu'alors à orienter vers la province les créations d'entreprises. Pour tenter de corriger, sinon d'inverser, la tendance, les gouvernements Rocard, Cresson et Bérégovoy ont procédé, entre 1988 et 1993, à des « délocalisations » administratives et universitaires (l'École nationale d'administration a été tranférée à Strasbourg) plus symboliques qu'efficaces. Les dispositions adoptées en 2004 par le gouvernement de Jean-Pierre Raffarin visent à transférer aux régions – dont on estime qu'elles sont appelées à devenir l'unité territoriale et administrative fondamentale au sein d'une Europe intégrée et élargie – un certain nombre de compétences qui incombaient jusqu'alors à l'État. Il s'agit en quelque sorte de « l'acte II » de la politique de décentralisation engagée en 1982 par le gouvernement socaliste de Pierre Mauroy.

Cette délégation aux régions et aux autres collectivités territoriales de responsabilités diverses (enseignement secondaire, entretien du réseau routier, etc.) devrait théoriquement s'accompagner des dotations financières correspondantes, mais rien n'est véritablement assuré sur ce point, si bien que, par crainte de ne pouvoir financer les nouvelles charges qui pèsent sur leur budget, régions et départements ont commencé à fortement augmenter les impôts locaux.

Ces divers mouvements s'expliquent à la fois par les effets des restructurations économiques, qui chassent les chômeurs des régions sinistrées du Nord et de l'Est, au profit de zones plus dynamiques, et par des raisons psychologiques qui tiennent également à l'évolution de notre société. Chez les jeunes provinciaux, la volonté de « vivre au pays », affirmée avec véhémence dans la foulée de 68 et qui pousse nombre d'entre eux (20 % de la classe d'âge des 30/39 ans) à réintégrer leur région d'origine après plusieurs années passées dans un autre secteur de l'Hexagone. Chez les plus âgés, le choix du retour au pays au moment de la retraite, surtout s'ils sont originaires du Midi méditerranéen, de l'Aquitaine ou des départements bretons. Ainsi, parmi les 5 millions de personnes qui ont changé de région entre le recensement de 1982 et celui de 1990, 1 150 000 ont regagné leur région de naissance.

Au total, on le voit, une mobilité interrégionale qui affecte près de 10 % de la population, ce qui est loin d'être négligeable et paraît indiquer que le Français n'est pas aussi casanier qu'on le pense. En fait, il ne faut pas trop se leurrer sur la signification des mouvements enregistrés. Sauf chez les plus jeunes, sauf dans les régions qui ont subi le plus durement les effets de la crise – ce sont souvent celles qui, du fait de leur morphologie et de leur climat, étaient au départ les moins attractives (Nord, Lorraine, Centre) –, les migrations intérieures sont dans la majorité des cas dues à des raisons qui n'ont rien à voir avec l'adaptation aux contraintes de l'économie et qui tiennent au contraire à l'attachement au pays natal et au désir qu'ont les migrants de retrouver un cadre et un mode de vie familiers, plus proches de la nature et plus humains que ceux de la grande ville.

S'agissant toujours des migrations internes, la carte des soldes migratoires (différence entre les entrées et les sorties) oppose nettement aujourd'hui les régions du Nord de la France, de la Basse-Normandie à la Franche-Comté, où les départs sont plus nombreux que les entrées, à l'Ouest et au Sud qui connaissent une situation inverse. Sur les 14 régions qui ont enregistré entre 1990 et 1999 un solde excédentaire, les plus attractives sont le Languedoc-Roussillon, l'Aquitaine, le Midi-Pyrénées, la région PACA, la Bretagne et la Corse. Parmi les 8 régions déficitaires, les plus touchées sont l'Île-de-France, la Lorraine, la Champagne-Ardenne et le Nord-Pas-de-Calais.

La croissance urbaine, qui avait connu jusqu'à la fin des années 1960 un rythme particulièrement rapide (2 % par an pour les grandes agglomérations), a subi depuis 1975 un sensible ralentissement. À cette date, la part des citadins dans la population de la France dépassait 72 % contre 53 % au lendemain de la guerre. Cette montée en puissance des villes avait provoqué d'une part une fièvre de construction immobilière telle que la France n'en avait pas connue depuis le Second Empire – près de 9 millions de logements construits entre 1954 et 1975, soit la moitié du parc total d'habitations –, d'autre part, favorisée par le développement des moyens de communication, l'extension du modèle et des comportements incarnés par le monde citadin. Démographes, spécialistes de la géographie urbaine et futurologues s'accordaient alors pour penser qu'à l'aube du XXIe siècle 80 % au moins de la population française vivraient en ville.

Or les deux derniers recensements ont fait apparaître une réalité toute différente. Entre 1975 et 1982, pour la première fois depuis le milieu du XIXe siècle, la croissance des campagnes a été plus forte que celle des communes urbaines. Seules les agglomérations de petites dimensions ont maintenu un taux de croissance rapide, tandis que celui des villes de plus de 20 000 habitants fléchissait de manière sensible et que près du tiers des communes de plus de 50 000 habitants (36 sur 112) voyait leur population diminuer. Au total, entre 1975 et 1990, le taux de croissance, qui était de l'ordre de 3 % pour l'ensemble de la population hexagonale, atteignait 7 % dans les communes rurales et 1 % seulement dans les villes.

Faut-il en conclure que, comme l'écrit le sociologue Henri Mendras, « malgré trente ans d'urbanisation, la France est restée le plus rural de tous les pays industrialisés »

(*La Seconde Révolution française, 1965-1984*, Paris, Gallimard, «folio essais», éd. 1994, p. 15)? Sans doute, mais il
faut préciser ce que l'on entend par rural. Les changements
récents ne signifient pas en effet qu'il y ait eu un véritable
«retour à la terre» entraînant la revitalisation des communes rurales traditionnelles. Certes, les pertes enregistrées
par ces dernières au cours des trente années précédentes ont
connu un fléchissement non négligeable. Mais la croissance
proprement dite concerne essentiellement les communes
rurales des périphéries urbaines, celles qui, avec la ville qui
en forme le noyau, constituent une «zone de peuplement
industriel ou urbain» (ZPIU). Le fort accroissement de leur
population n'est que la contrepartie du recul de l'effectif des
villes-centres, conséquence en tout premier lieu de la forte
hausse du marché immobilier qui caractérise la décennie
1980. Nombreuses sont en effet les familles, notamment
parmi les 20/30 ans, qui ont dû quitter les zones les plus
anciennement urbanisées pour se loger à moindre coût dans
de lointaines communes dont la population s'est ainsi fortement accrue au cours des quinze ou vingt dernières années.
   Après une sensible reprise entre 1982 et 1990, la population des pôles urbains (on désigne par ce terme les unités
urbaines offrant au moins 5 000 emplois sur leur territoire)
et de leurs couronnes a progressé deux fois moins vite
depuis 1990 que par le passé. Si des agglomérations comme
Montpellier, Toulouse, Nantes ou Rennes conservent un
rythme de croissance largement positif, nombre de villes
moyennes, celles notamment qui abritaient une intense
activité industrielle, sont en perte de vitesse. En revanche,
les zones à dominante rurale qui enregistraient jusqu'en
1975 un recul important ont progressivement infléchi leur
situation et connaissent désormais un taux de croissance
voisin de celui des pôles urbains. On compte à l'heure
actuelle davantage d'arrivées que de départs dans 70 % de
l'espace rural hexagonal, ce qui marque incontestablement

un changement radical dans la répartition des populations, ainsi qu'un effacement progressif de la vieille distinction entre sociétés urbaines et sociétés rurales.

Le problème de la ville et de son environnement, proche ou lointain, se trouve donc au centre des préoccupations des Français et de ceux qui ont à charge de les gouverner ou de les administrer. Aux effets, déjà très prégnants au début des années 1970, de l'urbanisation accélérée et de la croissance des banlieues (cf. *supra*, p. 180-185), sont venus s'ajouter ceux de la crise multidimensionnelle que traverse depuis une vingtaine d'années l'ensemble du monde industrialisé.

Le premier problème est resté celui du logement, principalement dans la région parisienne. Quantitativement, on assiste depuis la fin des années 1970 à une diminution du nombre de logements construits, tant à des fins locatives que dans la perspective d'accession à la propriété. De 546 000 en 1972, leur nombre est tombé à 440 000 en 1978, 400 000 en 1981, 295 000 en 1984, et il plafonne depuis cette date autour de ce chiffre, conséquence à bien des égards de la saturation du marché. En effet, le déficit annuel en unités d'habitation peut être considéré globalement comme marginal par rapport au stock existant de 24,5 millions de résidences principales. D'autre part, si le nombre des mises en chantier de HLM destinés à la location a lui-même fortement chuté (environ 100 000 par an entre 1967 et 1975, moins de 60 000 aujourd'hui), l'aide de l'État continue, sous des formes diverses – prêts directs du Trésor aux sociétés HLM, prêts locatifs aidés, prêts d'accession à la propriété, aide personnalisée au logement, incitations fiscales – a entretenir la demande et à satisfaire les besoins de catégories modestes.

En 1990, 56 % des ménages français étaient propriétaires de leur résidence principale. Bien que la France ne vienne qu'en dixième position au sein de l'Europe des Douze, devant les Pays-Bas et l'Allemagne, la progression au cours du dernier quart de siècle a donc été considérable, de même qu'en matière d'espace occupé et de confort. La surface moyenne des logements est passée en effet de 68 m² en 1970, à 72 m² en 1973, 82 m² en 1984 et 85 m² à la fin des années 1980, soit une augmentation de la surface par personne de l'ordre de 50 % qui s'est notamment effectuée au profit des enfants (3 sur 5 disposent à l'heure actuelle d'une chambre personnelle). Le nombre des logements ne comportant ni baignoire ni douche est en recul constant, même à Paris où a longtemps pesé le handicap de l'ancienneté (50 % des logements recensés en 1990 avaient été construits avant 1915) et où la proportion est passée de 57 % en 1968 à 13 % aujourd'hui.

Ces repères statistiques plutôt favorables, si on les compare à ceux des années 1950 ou 1960, ne doivent pas dissimuler les fortes disparités qui subsistent, selon les régions, les catégories sociales concernées, la localisation et la nature des sites résidentiels. Pas de déficit grave, avons-nous dit, en matière de constructions neuves, à l'échelle de l'Hexagone, mais d'incontestables carences dans les zones les plus densément peuplées et qui ne tiennent pas toutes aux difficultés économiques. Si celles-ci en effet ont eu des incidences directes sur les possibilités d'accès à la propriété, voire à la location dans les quartiers anciennement urbanisés ou les banlieues proches, si l'aggravation et la pérennisation du chômage ont augmenté, dans des proportions considérables encore que mal connues, le nombre des « sans domicile fixe » (de 100 000 à 200 000 selon les services administratifs, un million selon l'abbé Pierre), la crise actuelle du logement paraît relever davantage du dysfonctionnement des modes de régulation du marché. Pendant une trentaine d'années en effet, le système a fonctionné selon un modèle simple, reliant le statut social au type de logement occupé : logement social locatif pour les jeunes ménages modestes, puis accession au secteur locatif privé et finalement accession à la propriété ou à la copropriété. Or le bouleversement des mœurs, la diversification des modes de vie et des trajectoires individuelles (moins souvent linéaires et ascendantes que dans le passé) ont largement brouillé les cartes, multipliant le nombre des personnes isolées, des ménages monoparentaux, des familles « recomposées », etc., et entretenant une demande locative persistante.

Les carences quantitatives et l'inadaptation du parc immobilier aux nouvelles demandes sociales ne constituent cependant qu'un aspect du problème de l'habitat urbain et surtout périurbain. Dans le région parisienne, comme à la périphérie des grandes métropoles régionales (Lyon, Marseille) et de villes situées dans les zones économiquement sinistrées, les effets de la crise se sont conjugués avec ceux d'une urbanisation sauvage, opérée pour des raisons d'urgence et sans grand souci de la qualité de la vie offerte aux populations intéressées. Les plus graves sont ceux qui affectent les « grands ensembles » composés de cités HLM, mal reliées au noyau urbain et largement dépourvues d'installations autonomes leur permettant d'échapper au statut de « villes-dortoirs ». Nous avons vu (cf. *supra*) que, dès les années 1960, ces zones d'habitat populaire concentré connaissaient un certain nombre de problèmes liés à leur isolement et à l'indigence de leurs équipements collectifs, tant en matière de transports que de loisirs. Ces problèmes se sont aggravés depuis le début des années 1990 avec la montée du chômage, qui frappe avec une acuité particulière les jeunes sans qualification, surtout nombreux dans les banlieues-dortoirs, la place croissante des ménages à revenus modestes et des ménages étrangers logés en HLM (plus de 30 % d'entre eux occupent un logement de ce type, contre 23,6 % en 1982), la forte augmentation de la proportion des inactifs et notamment des retraités, celle du nombre de loyers impayés ou payés avec retard. Ils ont pour conséquences la rapide dégradation de nombreux immeubles, la multiplication des nuisances, la montée de l'insécurité et des formes diverses de la délinquance (vols, incendies criminels, destructions matérielles, violences physiques contre les personnes, trafic de stupéfiants, etc.), provoquant en retour la généralisation des comportements sécuritaires, de la xénophobie et du racisme.

Pour tenter d'enrayer cette dégradation des conditions de vie dans les ghettos des périphéries urbaines, l'État et les collectivités publiques ont expérimenté diverses formes d'intervention. Un ministère de la ville a été créé sous le gouvernement de Pierre Bérégovoy, avec pour mission de coordonner les efforts entrepris aux échelons régional et local et d'impulser une politique cohérente en matière de gestion des espaces urbains et périurbains. Entre 1984 et 1993, plus de 500 quartiers ont bénéficié de procédures de développement social urbain visant à leur réhabilitation, à leur équipement (installations sportives et culturelles, aménagement d'espaces verts et de lieux de sociabilité, notamment pour les jeunes, etc.) et à leur désenclavement. On s'est efforcé à la fois de « changer l'image des cités » et d'associer les populations locales au développement de leur environnement. Sans réussir à modifier radicalement l'idée très négative que la majorité des Français s'est forgée à distance – on s'y aventure peu en effet et on ne les connaît guère que par les représentations qu'en donnent la presse et la télévision – des banlieues-dortoirs et autres grands ensembles édifiés dans la fièvre constructrice des « trente glorieuses ». Si bien que la solution passe parfois par leur destruction pure et simple, comme cela a été fait par exemple pour le « Bloc des 4 000 » à la Courneuve, en février 1986. Les véritables émeutes qui se sont déroulées à la fin de 2005 dans les banlieues de nombreuses agglomérations, principalement dans la région parisienne, et qui ont donné lieu à de graves détériorations matérielles, n'ont fait que rendre plus manifeste l'acuité des problèmes liés à la ghettoïsation des périphéries urbaines.

Déclin et mutations du monde agricole

Dès 1967, dans un ouvrage devenu classique – *La Fin des paysans*, Paris, Colin –, Henri Mendras montrait comment la France s'était transformée en un peu plus de vingt ans de pays encore fortement relié à la terre (45 % de la population habitant en 1945 dans des communes « rurales » et 35 % « vivant de l'agriculture ») en pays industrialisé comparable à ses grands voisins européens. Depuis le début des années 1970, cette évolution s'est poursuivie et même fortement accentuée, conséquence à la fois des gains de productivité liés à la mécanisation du matériel agricole (1,5 million de tracteurs en 1988 contre 20 000 en 1945), à l'emploi massif des engrais chimiques (1 million de tonnes en 1946, 6 millions de tonnes en 1985), aux progrès de l'agronomie et de l'enseignement agricole, mais aussi à la stagnation ou à la diminution du revenu des exploitants les plus modestes, incapables de s'adapter aux contraintes de l'économie de marché et amenés de ce fait à quitter la terre et à grossir les flux de l'exode rural.

L'évolution de la population agricole au cours du dernier quart de siècle traduit très clairement le bouleversement majeur de notre société. On comptait encore environ 3 millions de « paysans » en 1968. Ils ne sont pas plus d'un million aujourd'hui, soit moins de 4 % de la population active, contre 20 % en 1962, 30 % des agriculteurs vivant désormais en zone urbaine d'où ils se rendent chaque matin à leurs champs en voiture. Le changement est donc considérable, mais il l'est encore davantage si, au-delà des effectifs employés dans ce secteur, on considère les modifications structurelles et comportementales du monde paysan. Tout d'abord, celui-ci comporte une proportion moins forte d'actifs âgés (3 % de plus de 64 ans en 1990 contre 12 % en 1962) et de femmes. De 1979 à 1988, le nombre d'épouses d'agriculteurs exerçant l'activité agricole comme profession principale a été divisé par deux, passant de 600 000 à 300 000. Parmi celles qui ont moins de 35 ans, la moitié est employée dans un autre secteur que l'agriculture et celles qui acceptent d'y travailler refusent le statut traditionnel d'aide familiale et revendiquent celui d'exploitante à part entière.

Les départs à la retraite, facilités par l'instauration en 1960 de l'indemnité viagère de départ (IVD), se sont multipliés au cours des quinze dernières années, libérant les terres pour les jeunes qui acceptent de reprendre l'exploitation familiale.

Ceux-ci sont aujourd'hui fortement minoritaires et ne représentent plus que 35 % de l'effectif des fils d'agriculteurs dans la catégorie des 40/59 ans, 25 % dans celle des 25/39 ans. Les autres, même lorsqu'ils conservent une domiciliation « rurale », exercent une autre profession que celle de leurs parents. Parmi les moins de 40 ans, plus de la moitié des fils d'agriculteurs sont ouvriers, 11 % sont employés et 19 % exercent une autre activité dans le tertiaire (petits commerçants, artisans, fonctionnaires, etc.).

Ceux qui ont repris l'exploitation paternelle ont en général un niveau de formation supérieur à celui de la génération précédente. Certes, 16 % seulement des jeunes agriculteurs (moins de 35 ans) possèdent le Brevet de technicien agricole, c'est-à-dire le diplôme qui leur permet en principe – selon la réglementation européenne – de postuler l'aide à l'installation. Cette proportion n'en a pas moins doublé depuis 1984 et ne cesse de croître d'année en année. On évalue aujourd'hui à plus de 75 % la proportion des moins de 25 ans qui ont suivi une formation professionnelle hors du cadre familial, ce qui modifie profondément le rôle et l'image du père dans la structure du monde paysan.

Disposant d'un bagage technique plus élevé que celui de ses parents, le jeune agriculteur a adopté au cours des deux dernières décennies un comportement d'entreprise qui tranche avec celui de la génération précédente. Il a, aussi souvent que possible, augmenté la surface de son exploitation, achetant ou louant les terres disponibles. Il s'est endetté, parfois au-delà de ses possibilités de remboursement, pour acquérir terres et cheptel, ou pour achever d'équiper son entreprise en hangars, silos, et engins mécaniques divers : au point qu'en 1982, il a fallu par la « procédure Cresson » mettre en place un système de sauvetage des exploitations en difficulté – on en dénombrait 82 000 en 1988 – les chefs d'entreprise les plus touchés étant des moins de 35 ans ayant acquis une formation professionnelle se situant au moins au niveau du baccalauréat.

Le mode de vie et la mentalité des agriculteurs ont également fortement changé depuis la fin des années 1960, se rapprochant toujours de ceux des autres représentants du monde rural et des populations citadines. À la ferme, comme dans la maison neuve voisine qu'ont fait construire les enfants (avant de prendre le relais) ou les parents (dans la perspective de la retraite), et qui ressemble comme une sœur à un pavillon de banlieue, la télévision, le réfrigérateur, la cuisinière électrique, la machine à laver, voisinent avec les meubles rustiques et la pendule à balancier. Le fils n'est plus soumis comme un domestique au « père-patron ». La bru élève ses enfants à sa guise. La totalité de la journée n'est pas consacrée aux tâches agricoles, car il faut gérer l'entreprise, recevoir les représentants, les réparateurs de matériel agricole, le vétérinaire, se rendre aux réunions du syndicat et de la coopérative, aller au bourg ou à la ville voisine pour les achats, les réparations, les rendez-vous avec le banquier. On sort peu, sauf pour les fêtes familiales, les mariages, les enterrements, les baptêmes. On prend, dans le meilleur des cas, quelques jours de vacances et de rares week-ends. On accueille en « gîte rural » des citadins en quête de nature et de contacts avec ce qu'il subsiste de vie rustique dans la France hyper-urbanisée de cette fin de siècle ainsi décrite par Henri Mendras :

> « Cette extraordinaire mutation a duré moins de trente ans et marque une révolution historique à l'échelle des siècles, et même des millénaires. En 1940, le paysan breton ou rouergat vivait, travaillait et mourait comme le paysan d'Hésiode ou d'Olivier de Serres : il était l'incarnation d'un type humain qui paraissait éternel. On parlait de l'âme paysanne, de l'éternel paysan, comme de l'éternel féminin. Le jeune agriculteur d'aujourd'hui n'a plus rien de commun avec son grand-père. C'est un producteur urbanisé qui vit à la campagne, regarde la télévision, et fait ses comptes ou les confie à un expert, comme un cadre ou un commerçant des villes. La vie dans un village est aujourd'hui si différente de celle d'hier, qu'on s'interroge pour savoir si ce sont les mêmes maisons, la même église, la même école qui sont peuplées par les enfants des villageois d'hier. La civilisation paysanne est morte en France avec la dernière génération de paysans » (*La Seconde Révolution française, 1965-1984, op. cit.*, p. 39).

Cette profonde mutation ne s'est pas faite sans turbulences, provoquées par les difficultés d'écoulement des produits agricoles. Pendant une vingtaine d'années, du milieu des années 1960 à 1983, la politique de débouchés garantis à prix élevés de la politique agricole commune, le faible coût du crédit (vite amorti par l'inflation), l'accroissement de la demande mondiale, ont encouragé les agriculteurs à investir et à emprunter massivement, assurant à la majorité d'entre eux un revenu décent. Cela n'a pas empêché les

moins bien adaptés aux contraintes du marché de subir durement la loi de la concurrence et de devoir quitter la terre.
Depuis 1984, la crise du monde agricole a pris une tout autre
envergure, conséquence du contrechoc pétrolier de 1986,
qui a provoqué une baisse sensible de la demande solvable
mondiale et un regain de la concurrence internationale,
caractérisée notamment par la « guerre commerciale » entre
les États-Unis et la CEE. La forte hausse du coût budgétaire
des politiques agricoles a entraîné dès 1984 une première
réforme de la PAC impliquant discipline budgétaire et instauration de quotas pour les produits laitiers. En 1992, une
nouvelle réforme, plus radicale, a été adoptée par les Douze :
elle réduit le soutien des prix et les remplace par des aides
directes aux agriculteurs pour les céréales, les oléo-protéa-
gineux, la viande bovine, la viande ovine et le tabac, pro-
logue à la conclusion des accords du GATT, signés l'année
suivante et qui, comme l'explique Édouard Balladur dans
son *Dictionnaire de la réforme*, doit aboutir à « une accélération de la mutation de notre agriculture ».

Dans le droit fil des précédentes, la réforme adoptée en
mars 1999 par le Conseil européen de Berlin assure le
maintien de la plupart des mécanismes de régulation de
l'offre et prévoit une baisse sensible des prix d'intervention (-15 % pour les céréales, -20 % pour la viande bovine),
partiellement compensée par le versement d'aides directes
aux agriculteurs.

La dernière en date des réformes de la PAC a été décidée en juin 2003. Elle marque une volonté croissante de
rupture avec la politique d'aide systématique aux exploitants. Si les quotas laitiers sont prorogés jusqu'en 2015,
une baisse des prix est opérée pour la première fois dans
ce secteur (-25 % pour le beurre), assortie de paiements
compensatoires. Cette diminution du prix du lait est mal
acceptée par les producteurs, trop souvent accusés de percevoir des subventions abusives et qui préféreraient de

beaucoup que le maintien de leur revenu soit assuré par la vente de leurs produits : d'où de nombreuses et bruyantes manifestations en France en 2004.

Cette politique, visant à rentabiliser un secteur qui constitue l'un des points forts de notre commerce extérieur, a été menée avec une constance à peu près identique depuis dix ans par les gouvernements de la gauche et de la droite. Incontestablement favorable à l'équilibre de la balance des comptes, et au maintien global du revenu agricole, elle ne peut en revanche qu'accentuer la disparité entre une agriculture rentable, adaptée à la demande et qui permet à ceux qui la pratiquent de dégager des gains appréciables, et la masse des petits agriculteurs-éleveurs qui souffrent à la fois de la baisse des produits excédentaires et du relatif désengagement de l'État. Ainsi, sur les 526 197 exploitations (56 % du nombre total) qui, selon le Réseau d'information comptable européen, réalisent 94 % du « chiffre d'affaires » de l'agriculture française, on observe que 11 % ont un revenu négatif et 38,4 % un revenu inférieur au SMIC. 60 000 agriculteurs sont considérés comme « en difficulté » et 20 000 bénéficient du RMI.

Certes, ces chiffres doivent être pondérés et mis en relation avec d'autres sources de revenus, ceux notamment de l'épouse ou d'autres membres de la famille qui travaillent en dehors de l'exploitation. Selon l'INSEE, le revenu global des ménages agricoles serait supérieur de quelques points à la moyenne nationale. Il reste que, compte tenu du fort endettement des exploitations, leur survie en tant que petites unités autonomes demeure, pour beaucoup d'entre elles, hautement problématique. Quant aux entreprises plus rentables, productrices par exemple de porcs, de fruits, de vins de qualité, si elles peuvent compter sur des revenus élevés quand la conjoncture est bonne, il leur arrive également de voir ceux-ci s'effondrer avec les prix ou à la suite d'un accident imprévu, climatique ou autre (par exemple la grève des camionneurs de l'été 1992).

Les mêmes problèmes se posent pour les marins-pêcheurs soumis eux aussi aux effets non seulement de la concurrence des États maritimes de la CEE, mais à celle d'autres pays, européens et extra-européens, et aux politiques de quotas mises en place par Bruxelles. On conçoit que, dans ces conditions, ce qu'il subsiste du monde paysan et maritime soit enclin aux fièvres récurrentes, les syndicats agricoles ayant de plus en plus de mal à contenir la colère d'une catégorie sociale qui se sent abandonnée, et dont la désespérance est d'autant plus grande qu'elle a été longtemps érigée en modèle de la francité profonde. De là des manifestations fréquentes (barrages de tracteurs, marches sur les préfectures, fruits et autres produits déchargés sur la voie publique) et des violences sporadiques, qui peuvent éventuellement tourner à l'émeute, l'incident le plus grave étant celui qui a indirectement provoqué à Rennes, à la suite d'une manifestation de marins-pêcheurs en décembre 1993, l'incendie du Parlement de Bretagne.

La fin de la « classe ouvrière »

Avec un effectif de 8 millions de personnes, constituant, en valeur absolue, leur maximum historique, les travailleurs de l'industrie représentent encore en 1975 près de 40 % de la population active, contre un peu plus de 50 % pour les services. En 2003, le taux est tombé à 23,4 %, tandis que le tertiaire occupe 72,2 % des actifs. Pour la seule période qui sépare le recensement de 1982 de celui de 1990, l'industrie a perdu 798 000 emplois, répartis de la manière suivante :

bâtiment et travaux publics	:	122 000
textiles et habillement	:	108 000
automobile, transports terrestres	:	62 000
construction mécanique	:	55 000
sidérurgie	:	53 000
construction navale, aéronautique, armements	:	37 000
construction électrique	:	30 000
charbonnages	:	27 000
matériaux de construction	:	25 000
chimie de base	:	23 000
cuir, chaussures	:	21 000
mines et métaux non ferreux	:	14 000
électricité, gaz, eau	:	13 000
		etc.

Ces chiffres sont éloquents. Ils soulignent en premier lieu la crise des industries traditionnelles – mines, sidérurgie, textiles, constructions navales –, dont le déclin est antérieur à 1975. Mais ils montrent en même temps que des secteurs qui ont été à bien des égards les moteurs de la croissance dans les années 1960, comme l'automobile, les constructions mécaniques et électriques, le bâtiment, l'aéronautique, l'armement, ont subi également de plein fouet les effets des restructurations industrielles. On préférera ce terme à celui de « désindustrialisation », dans la mesure où, pour un certain nombre de branches, la diminution du nombre des ouvriers s'est trouvée compensée par l'augmentation de celui des employés, techniciens et cadres. Ainsi, si l'on considère l'évolution de la structure globale de l'emploi industriel entre 1982 et 1990, on constate que la part des ouvriers est passée de 62 % à 58 %, celle des cadres de 6 % à 8,1 % et celle des « professions intermédiaires » de 14,4 % à 16,7 %.

Deux raisons principales expliquent cette décrue. D'une part la baisse de la demande mondiale pour des produits tels que le charbon, le fer, l'acier, les textiles traditionnels, sur lesquels avait reposé la première révolution industrielle. D'autre part la nécessité pour les entreprises de réduire leurs coûts pour résister à une concurrence internationale de plus en plus forte, donc d'utiliser au maximum les possibilités de substitution de la machine à l'homme qu'offrent les progrès de l'informatisation et de l'automatisation. Ce qui implique, outre la réduction des effectifs, y compris dans des secteurs de pointe tels que l'automobile, l'aéronautique, la construction électrique et l'électronique professionnelle, une transformation de la nature des emplois industriels. On a moins besoin de manœuvres et d'ouvriers «spécialisés», alors que croît la demande en personnel qualifié, ayant reçu une formation générale et technique plus élevée que dans le passé. On comptait en 1990 42 % d'ouvriers titulaires d'un diplôme du niveau CAP ou BEP, contre seulement 29 % en 1982.

Cette diminution globale du nombre des ouvriers s'accompagne d'un transfert massif vers les activités du tertiaire : 37 % d'entre eux étaient employés dans ce secteur en 1990 contre 31 % en 1982. Ce n'est donc pas seulement en termes d'effectifs que se mesure le déclin de la «classe ouvrière», longtemps assimilée au prolétariat de la grande industrie. Aux tâches proprement industrielles, à la concentration en grandes unités de production, au sentiment d'appartenance à un groupe social cohérent que favorise cette focalisation des sites et qui a nourri une véritable culture ouvrière, se substituent des formes d'activité moins directement liées à la production – manutention, gardiennage, entretien, nettoyage, etc. –, des localisations plus dispersées relevant d'entreprises aux destinées souvent éphémères, un émiettement du personnel fourni par les entreprises d'intérim, une forte mobilité de l'emploi (en 1993 23 % des ouvriers du tertiaire avaient moins d'un an d'ancienneté dans leur emploi). Autant de données qui se traduisent chez les travailleurs employés dans ce secteur par une perte d'identité par rapport aux générations de l'industrialisation triomphante, par la forte érosion de la culture ouvrière, et bien sûr par une désaffection croissante à l'égard des modes traditionnels de représentation et de revendication du monde prolétaire.

Depuis le début des années 1980, le syndicalisme français connaît en effet une crise grave, sans commune mesure avec celle qui sévit dans les autres pays occidentaux. L'effectif des syndiqués a chuté. Il ne dépasse pas aujourd'hui 2 millions d'adhérents, soit 8,2 % des salariés contre 40,8 % en 1950 et 21,8 % en 1980. Si les organisations représentatives des agents de la fonction publique ont mieux résisté que les autres, les grandes centrales ont subi de plein fouet le choc d'une désaffection dont les causes sont multiples. Les restructurations industrielles ont entraîné le déclin des secteurs à forte tradition syndicale, comme les mines, la métallurgie, l'imprimerie, les ouvriers des ports, etc. Le chômage et la précarité de l'emploi ont démobilisé la masse des travailleurs et émoussé leur combativité. Bien que les directions centrales se soient renouvelées, l'encadrement a vieilli et n'a pas su s'adapter à la demande et aux problèmes spécifiques de certaines catégories de salariés, les femmes notamment – beaucoup plus nombreuses dans les entreprises qu'à la fin des années 1960 –, les jeunes et les travailleurs immigrés.

Façonné par des décennies de rudes batailles menées dans un contexte de «lutte des classes», le mouvement syndical n'a pas perçu que les changements de notre société impliquaient la remise en cause de certaines méthodes, voire de certaines dispositions qui avaient pu, en d'autres temps, constituer d'indubitables acquis, mais qui font un peu aujourd'hui figure d'archaïsmes aux yeux de l'ensemble du corps social, qu'il s'agisse du dogme du septième jour chômé – contesté, avec l'appui du personnel, par certaines entreprises comme le disquaire *Virgin*, condamné à de lourdes amendes en 1993 pour avoir ouvert son magasin des Champs-Élysées le dimanche –, ou de l'interdiction (sauf cas dûment répertoriés) du travail de nuit des femmes.

Ont également concouru au déclin du syndicalisme français les fortes divisions qui affectent les principales centrales et leur politisation marquée. Très liée depuis les années 1920 à un PCF désormais très affaibli, la CGT n'a pas réussi à prendre clairement ses distances à l'égard du « parti de la classe ouvrière » et a été emportée comme lui dans la tourmente produite par l'effondrement du communisme. Sa stratégie jusqu'au-boutiste et son refus du compromis de classe, autant que la très forte bureaucratisation de ses structures (la fonction de permanent, comme au PC, est devenue une carrière) et l'absence de véritable démocratie dans son fonctionnement ont éloigné d'elle, en vingt ans, plus de la moitié de ses adhérents. Si elle compte aujourd'hui moins d'inscrits que la CFDT (702 000 contre 825 000), elle n'en reste pas moins la plus représentative des organisations du syndicalisme français avec 32,1 % des voix aux élections prud'homales de 2002, contre 25,2 % à la CFDT, 18,3 % à FO et 9 % à la CFTC. Sous la direction de Bernard Thibault, en charge du Secrétariat général depuis 1999, la CGT s'est efforcée de modifier un peu son image et de mettre l'accent sur, outre la question de salaires, des revendications telles que la lutte contre les délocalisations d'entreprises et la défense du secteur public. Mais, poussée par une base militante combative, la direction nationale reste prisonnière d'une culture d'opposition radicale qui s'est notamment manifestée en 2005 à l'occasion de la campagne pour le référendum sur la Constitution européenne et lors de la grève de CNCM (Compagne nationale Corse-Méditerranée).

La CFDT, après une phase de radicalisation (1966-1977), a cessé au début des années 1980 de se réclamer de la « rupture avec le capitalisme » pour s'engager dans la voie du réformisme et de la pratique contractuelle, autrement dit d'un syndicalisme inspiré, toutes proportions gardées, des modèles allemand ou nordique. Elle n'en a pas moins subi une érosion due au fait que, comme la Fédération de l'Éducation nationale (FEN), elle est longtemps apparue aux yeux de nombreux adhérents comme la courroie de transmission du PS. Les deux premiers successeurs d'Edmond Maire, Jean Caspar (1988-1992), puis Nicole Notat (1992-2002), ont poussé dans la voie de la collaboration avec le pouvoir socialiste, soutenant des réformes gouvernementales telles que le RMI (Revenu minimum d'insertion) et la CSG (Contribution sociale généralisée). Ce qui a valu au premier d'être écarté de son poste, et à la seconde de se heurter à une vive opposition de la part des éléments les plus radicaux de la centrale. François Chérèque, qui occupe le secrétariat national depuis 2002, a dû faire face en début de mandat à une grave crise interne, conséquence de l'aval donné par la direction nationale à la réforme des retraites des fonctionnaires. Plusieurs organisations membres de la Confédération ont fait sécession ou ont subi une forte hémorragie d'adhérents, passés pour la plupart à la CGT : telles la Fédération des cheminots et celle des banques. Depuis, les élections professionnelles ont vu la CFDT essuyer plusieurs revers, ce qui a incliné ses dirigeants à se montrer plus combatifs tout en affirmant leur volonté de pragmatisme et d'autonomie à l'égard du politique.

Si elle a dans une certaine mesure bénéficié, dans un premier temps, des difficultés de ses deux concurrentes, la CGT-FO a connu elle aussi des problèmes liés aux incertitudes de sa ligne politique. Sous la houlette d'André Bergeron (1963-1989), elle s'est longtemps distinguée de la CGT et de la CFDT par sa modération, par son souci de se démarquer des formations partisanes et par son attachement à une politique contractuelle. À partir de 1989, le successeur de Bergeron, Marc Blondel, a imprimé une orientation plus engagée à la centrale réformiste, appelant à la grève, refusant certains accords, prenant l'initiative de revendications audacieuses, comme la semaine de 35 heures. Cette ligne activiste, qui tranchait avec la modération traditionnelle de Force ouvrière, a suscité des réactions hostiles de la part de militants qui reprochaient au Secrétaire général de s'appuyer sur la minorité trotskiste, de négliger la politique contractuelle et de ne pas être assez « européen ». Un certain nombre d'entre eux, notamment parmi les cadres, ont ainsi rejoint l'UNSA (Union nationale des syndicats autonomes). Le 20ᵉ Congrès de FO, en février 2004, a porté au Secrétariat général le « bras droit » de Marc Blondel, Jean-Claude Mailly, lequel s'efforce depuis cette date de recentrer la stratégie de la centrale.

La crise que traverse depuis un quart de siècle le syndicalisme français a fortement et durablement affecté sa représentativité. Lors des scrutins pour les comités d'entreprise, les listes des non-syndiqués n'ont cessé de gagner du terrain. Aux élections prud'homales de 2002, plus de 67 % des salariés du secteur privé n'ont pas pris part au vote. Surtout, la désaffection des travailleurs pour les organisations classiques, jugées tantôt trop politisées, tantôt trop attachées au consensus social, et de toute manière incapables de répondre à la demande des salariés, notamment en termes de défense de l'emploi, se traduit depuis une vingtaine d'années par la multiplication des initiatives à la base, sous la forme de coordinations extra-syndicales qui affectent aussi bien le secteur public (infirmières, cheminots) que le privé. La contestation des organisations traditionnelles s'est accompagnée de l'apparition de formations nouvelles, les unes d'inspiration réformiste comme l'UNSA, d'autres au contraire nettement orientées vers des positions d'extrême gauche comme le syndicat SUD (Solidaires, Unitaires, Démocratiques). Il en résulte sinon une augmentation globale des conflits sociaux – à l'exception des services publics, en particulier des transports et de l'enseignement – du moins un durcissement de ces conflits, plus longs, plus spontanés et surtout plus étroitement localisés que dans le passé. Aux solidarités larges, qui ont longtemps caractérisé l'action revendicative du mouvement ouvrier – à l'échelle d'une branche, voire au niveau interprofessionnel – se substituent de plus en plus des solidarité locales, génératrices de conflits qui ne concernent dans l'usine qu'un atelier ou une catégorie de travailleurs : les OS, les immigrés, les femmes, telle ou telle catégorie de spécialistes. À l'émiettement du travail, qui caractérise largement aujourd'hui l'activité ouvrière, coïncide ainsi un émiettement des revendications et des formes de représentativité.

Tout n'est pas absolument négatif dans cette évolution qui correspond en fait à une progressive adaptation du syndicalisme français aux changements et aux contraintes du temps. Ni les responsables politiques, qu'ils soient de droite ou de gauche, ni les dirigeants patronaux ne souhaitent que se substituent aux syndicats – qui constituent des interlocuteurs avec lesquels on peut toujours négocier – des formes de contestation « sauvage » pouvant déboucher sur de graves troubles sociaux. Conscients du danger qu'il y avait à voir s'aggraver le dépérissement des syndicats, les gouvernements socialistes ont, depuis 1981, multiplié les initiatives visant à accroître leur représentativité dans l'entreprise, donnant aux salariés des possibilités plus nombreuses de choisir leurs représentants et élargissant – par les lois Auroux, Roudy et Rigout – les fonctions des comités d'entreprise. Les organisations syndicales y ont gagné en légitimité auprès des travailleurs et des patrons ce qu'elles ont perdu en termes de militantisme. Certes, le poids du passé demeure très lourd et, jusqu'à présent, ce renouveau encore timide n'a pas renversé la tendance à la désyndicalisation du monde ouvrier. On n'en constate pas moins la naissance d'une véritable

démocratie socioprofessionnelle, première étape d'une intégration des syndicats à la société civile qui devrait, à moyen
terme, rapprocher le syndicalisme français des modèles en
vigueur en Europe du Nord.

Les couches moyennes

Comme dans tous les autres pays industrialisés, les catégories intermédiaires occupent en France, entre la « classe
dirigeante » et le monde ouvrier, une place grandissante.
Dans l'ensemble, les tendances enregistrées au cours de la
période précédente se confirment. Le nombre des petits
patrons de l'artisanat et du commerce a continué de décroître
à un rythme régulier jusqu'au début des années 1990. On
dénombrait en 1962 2 124 000 indépendants n'employant
aucun salarié. Ils n'étaient plus que 1 657 000 en 1975,
1 583 000 en 1982 et 1 271 000 en 1990. Depuis cette date,
l'effectif de cette catégorie s'est stabilisé, ce qui s'explique
par le choix qu'ont fait certains chômeurs disposant d'un
petit capital de tenter leur chance dans l'ouverture d'un commerce n'exigeant pas une qualification particulière. Durant
la même période, l'effectif des employeurs (tous gabarits
mêlés) est resté à peu près constant : 695 000 en 1962,
620 000 en 1975, 650 000 aujourd'hui (dont 130 000 patrons
employant au moins 10 salariés). En même temps, les professions se transforment. Le développement des grandes surfaces a porté un coup très dur aux petits détaillants, qu'il
s'agisse de l'alimentation (épiciers, boulangers, bouchers),
de l'habillement, de l'électro-ménager, du livre, du disque,
etc. Le bâtiment, à la fois parce qu'il s'est modernisé – y
compris dans le secteur de la maison individuelle – et parce
que le marché s'est réduit durant les périodes de très faible

croissance, a également beaucoup souffert, notamment pour le gros œuvre. Depuis quelques années ce secteur enregistre une très sensible pénurie de main-d'œuvre, non compensée par l'embauche de travailleurs étrangers.

En revanche, certains secteurs se sont développés, en relation avec les besoins d'une société qui privilégie les déplacements, professionnels ou touristiques (agences de voyages, agences immobilières, hôtellerie), le transfert des tâches ménagères à des prestataires de service (laveries, nettoyage, restauration rapide) et les loisirs. Souvent dirigées par des individus plus jeunes que dans le commerce traditionnel, mais ne disposant ni d'une couverture financière suffisante ni d'une véritable qualification, ces petites entreprises offrent une grande vulnérabilité aux aléas du marché et sont parmi celles qui, lors des phases de récession, doivent les premières déposer leur bilan.

Déjà largement entamée lors de la période précédente, la montée des cadres s'est poursuivie et accélérée au cours des trois dernières décennies, de même que celle des professions libérales et des professions intellectuelles. Entre 1975 et 2005, le nombre de personnes exerçant leur activité dans ces diverses catégories est passé de 1,6 million à près de 3 millions. Parmi les cadres d'entreprise, dont le nombre a cru de 42 % durant cette période, les gestionnaires, les technico-commerciaux, les informaticiens, les spécialistes des « ressources humaines » et de la communication ont vu leur rôle – et leur rémunération – augmenter dans des proportions beaucoup plus fortes que les ingénieurs de fabrication, ce qui n'a pas manqué de modifier les stratégies de carrière et les filières de formation et de recrutement. Autant et davantage parfois que les prestigieuses « grandes écoles » ayant vocation à former des cadres de production (Centrale, les Mines, les Ponts-et-Chaussées, etc.), des établissements tels que HEC, l'ESSEC, « Sup de Co », attirent les meilleurs élèves des classes scientifiques du lycée.

La catégorie des « cadres », au sens large, embrassant le monde des professions libérales et intellectuelles, continue à bien des égards à donner le la à l'ensemble du corps social. C'est elle qui fait et défait les modes, impose ses goûts, diffuse ses tics linguistiques, empruntés souvent aux marginaux et aux jeunes (voir le succès durable du « verlan ») ou dérivant de pratiques professionnelles qui font la part belle à l'anglais. C'est elle qui façonne le noyau dur d'une culture commune à toute la classe moyenne, diffusée par les médias audio-visuels, par les magazines et par les hebdomadaires politico-culturels (*L'Express, Le Point, Le Nouvel Observateur*). Elle enfin qui s'impose comme modèle de « réussite » et de consommation sophistiquée.

Dans la foulée de cette avant-garde évolue la galaxie des salariés moyens, de loin les plus nombreux. Elle comporte deux groupes principaux : celui des professions dites « intermédiaires » et celui des employés. L'un et l'autre ont connu une progression soutenue au cours des vingt dernières années, moins rapide toutefois que lors de la décennie précédente. Entre 1982 et 1990, les professions intermédiaires – enseignants, fonctionnaires, personnel paramédical et hospitalier, techniciens, contremaîtres, agents de maîtrise, etc. – ont vu leurs effectifs passer de 3,8 à 4,4 millions, tandis que le nombre des employés passait de 5,5 à près de 6 millions, soit une progression respective de 17 % et 7 %. Aucune homogénéité donc dans cette catégorie des salariés moyens, mais la présence en son sein d'un noyau doté d'une identité forte et qui rassemble les enseignants (instituteurs et professeurs du secondaire), les animateurs socio-culturels et les personnels des services médico-sociaux (infirmières, assistantes sociales, kinésithérapeutes, orthophonistes, etc.). Comportant une proportion importante de jeunes et de femmes, issus de catégories sociales très diverses, ce groupe a généré au lendemain de 1968 une idéologie alliant préoccupations égalitaires et esprit libertaire, qui a fortement contribué à la rénovation idéologique du Parti socialiste dans les années 1970 et s'est ensuite diffusée dans l'ensemble du corps social. Les individus qui le composent, explique Henri Mendras, ont été « les inventeurs et les diffuseurs du style de vie post-soixante-huitard, dont le concubinage prémarital a été l'innovation la plus spectaculaire » (*La Seconde Révolution française, 1965-1984, op. cit.*, p. 88).

Aux extrêmes : élites et exclus

On n'enregistre pas de changement majeur, depuis le milieu des années 1970, dans la structure comme dans le mode de vie de la « classe dirigeante ». Dans l'ensemble, la relative homogénéité de cette catégorie sociale a plutôt tendance à se renforcer en même temps que se creusent les inégalités. L'osmose entre le monde des *managers* et celui des « technocrates » et des politiques n'a cessé de s'affirmer au fil des décennies, favorisant la constitution d'une élite dont les membres ont en commun des intérêts et une culture qui les rendent solidaires les uns des autres et qui transcendent parfois les clivages idéologiques et politiques.

Au cours des 25 dernières années, la tendance a plutôt été, après la relative ouverture des deux décennies précédentes, à la refermeture et au repli sur soi. Certes, on compte de plus en plus de jeunes issus des catégories intermédiaires dans les universités. Entre 1981 et 2005, le nombre d'inscrits dans l'enseignement supérieur est passé de 1,2 à 2,54 millions. Mais cette croissance globale des effectifs ne s'accompagne pas, ou très peu, d'un élargissement des filières qui donnent accès aux postes de commande de notre société. Celles-ci demeurent le fait d'un petit nombre d'établissements qui ont maintenu des procédures de sélection extrêmement restrictives et qui, pour l'essentiel, recrutent leurs élèves dans un milieu financièrement et intellectuellement favorisé. Ces pratiques sélectives rigoureuses, jusqu'alors surtout pratiquées par les grandes écoles scientifiques et commerciales, ont gagné du terrain dans certaines disciplines universitaires, notamment le droit, la médecine et l'économie.

Plus généralement, la mobilité sociale conserve en cette fin de XXᵉ siècle des limites relativement strictes. D'une génération à l'autre, les mouvements entre les catégories extrêmes sont à peu près nuls. Selon une enquête menée en 1985 par l'INSEE, 60 % des fils de cadres deviennent eux-mêmes cadres, 27 % sont employés ou exercent une profession intermédiaire, 3 % sont chefs d'entreprise, 4 % seulement deviennent et restent ouvriers. En sens inverse, les fils d'ouvrier conservent, pour la moitié d'entre eux, le statut socio-professionnel de leurs pères ; 32 % accèdent aux professions intermédiaires, 8 % au statut de cadre, 9 % sont artisans ou commerçants, et 1 % deviennent chefs d'entreprises. En général, le passage de la catégorie la moins favorisée (ouvriers et agriculteurs modestes) à celle des cadres demande plus d'une génération, sauf pour des individus particulièrement doués et chanceux, ou par le biais de procédures d'ascension sociale qui font la part belle au vedettariat. Nombreuses on le sait sont les stars du sport professionnel, du cinéma ou du *show business* qui sont directement issues du milieu ouvrier et qui, en peu d'années, ont acquis, en termes de revenus et de prestige social, un capital considérable. Il s'agit néanmoins de parcours exceptionnels.

Si certaines catégories de nantis – celles qui ont bénéficié à certains moments de l'envol des valeurs boursières ou de la flambée des prix dans l'immobilier – ont tiré profit des mutations récentes de l'économie, nombreux sont ceux que la crise a fait régresser socialement : petits commerçants ou patrons de petites et moyennes entreprises emportées par la multiplication des faillites et des dépôts de bilan, cadres dévalués par l'arrivée sur le marché de l'entreprise de jeunes mieux formés, plus dynamiques et moins exigeants en matière de rémunération et de conditions de travail, et surtout victimes innombrables d'un chômage devenu endémique dans les sociétés européennes du début du XXIe siècle. En France, le nombre des chômeurs est passé de 450 000 au début des années 1970 à 900 000 en 1975, 5 millions en 1980, 2,5 millions en 1986, plus de 3 millions à la fin de 1993, soit 12 % des actifs : un taux jamais atteint dans ce pays et qui, en ce domaine, plaçait la France au dernier rang des pays les plus riches. Après un recul très sensible sous le gouvernement Jospin, dû à la fois aux mesures prises par la majorité socialiste et aux bons chiffres de la croissance, le chômage a recommencé à augmenter depuis 2002, avec un effectif de sans-emploi de 2,4 millions de personnes (9,7 % de la population active).

À cet effectif des chômeurs proprement dits, tels qu'ils sont comptabilisés par le ministère du Travail, il faut ajouter les millions d'individus qui occupent un emploi précaire – temps partiel, contrats à durée déterminée, intérim, stages rémunérés, travaux d'activité collective, etc. –, ainsi que les femmes qui désireraient travailler mais qui, conscientes de l'inutilité de la démarche, ne s'inscrivent même pas à l'ANPE. Au total, on estime que 67 % seulement de la population active détient aujourd'hui ce que l'on peut considérer comme un emploi « stable », contre plus de 80 % en 1975.

Comparé à celui de la plupart des principaux États de l'Union européenne, le chômage français présente deux caractères spécifiques. Il est particulièrement élevé parmi les jeunes. En 2003, il touchait en effet 21 % des moins de 25 ans, contre 5 % en Allemagne, où le taux de chômage atteint pourtant aujourd'hui un taux légèrement supérieur à celui de la France, la différence entre les deux pays tenant essentiellement à la qualité de la formation professionnelle. D'autre part, la France a, plus que ses partenaires européens, développé un chômage de longue durée (plus d'un an) qui atteignait en 2003 41 % du nombre total des chômeurs, dont plus de la moitié sont inscrits à l'ANPE depuis au moins deux ans. À cela il faut ajouter que la croissance économique est moins créatrice d'emplois en France que dans d'autres pays, l'Allemagne par exemple qui, avec un taux de croissance à peu près équivalent au taux français, entre 1979 et 1990, a créé deux fois plus d'emplois, ceci pour des raisons qui tiennent à la plus grande « flexibilité » du travail. Il faut, estiment les économistes, un taux de croissance au moins égal à 3,5 % par an pour que les chiffres du chômage commencent en France à diminuer, et il faudrait à ce rythme une quinzaine d'années pour que l'emploi retrouve son niveau de 1974.

Ce sont évidemment les catégories socio-professionnelles les plus fortement menacées par les restructurations économiques qui comptent le plus grand nombre de chômeurs : les ouvriers, principalement dans les secteurs les plus durement touchés par la crise (mines, sidérurgie, textiles, etc.) et les employés du tertiaire dont les emplois sont supprimés du fait de l'informatisation croissante. Si les femmes et les non diplômés paient un tribut particulièrement lourd à la crise, celle-ci affecte depuis quelques années le monde jusqu'alors préservé des cadres d'entreprise. Pas seulement ceux qui ayant dépassé la cinquantaine, ont dû accepter un emploi moins bien rémunéré et une régression, parfois dramatique, toujours traumatisante, de leur niveau de vie, mais aussi les jeunes gens fraîchement sortis de l'université et des écoles de commerce ou de gestion, pour lesquels l'attente du premier poste de travail peut demander plusieurs mois, voire davantage ; sans parler du salaire, de la stabilité de l'emploi et des conditions de travail, très fréquemment orientés à la baisse dans les périodes de forte récession.

Cette situation a donné naissance à un phénomène de marginalisation des catégories les plus vulnérables, la «nouvelle pauvreté» atteignant des individus jusqu'alors bien intégrés à la société de consommation. Elle frappe tout particulièrement les jeunes et les chômeurs de 50 ans et plus en «fin de droits» n'ayant pas encore atteint l'âge de la retraite, mais elle concerne également des ménages dont la modeste ascension sociale s'est trouvée brusquement stoppée par la crise. Endettés par l'accession à la propriété et par les crédits à la consommation, ils ne peuvent faire face à leurs engagements financiers dès que la perte d'un salaire, parfois des deux, réduit leurs ressources au maigre versement des indemnités de chômage. Nombreux sont ceux qui, parmi ces «nouveaux pauvres», se trouvent réduits à fréquenter les «restaurants du cœur» (version modernisée et humanisée des «soupes populaires» de l'avant-guerre), à pratiquer dans les lieux publics des formes variées de mendicité, voire pour les plus démunis – les «sans domicile fixe» (SDF) –, à attendre des pouvoirs publics ou d'organisations caritatives qu'ils mettent à leur disposition un gîte provisoire pour survivre au moment des grands froids. Le comédien Coluche, fondateur des «restaurants du cœur», et l'abbé Pierre, inlassable défenseur des sans-logis, sont ainsi devenus les symboles d'une solidarité dont on n'imaginait pas, il y a seulement quinze ans, à quel point elle aurait à s'exercer pour pallier les effets les plus traumatisants des déséquilibres générés par la crise.

Ces phénomènes d'exclusion et de marginalisation se développent dans un monde où les profits des entreprises qui réduisent leur personnel et se «délocalisent» dans certains pays du Tiers-Monde ne cessent de croître, et où ceux qui bénéficient d'un emploi stable continuent – à des degrés divers – à profiter du bien-être matériel que leur offre la société de consommation. Les frustrations n'en sont que plus fortes pour les victimes des mutations qui caractérisent l'accès à l'ère post-industrielle. Il en résulte une déstabilisation de notre société, en proie aux convulsions sporadiques qui affectent principalement les banlieues des grandes villes, là où s'accumulent les handicaps générés par la crise et par les effets différés de l'urbanisation sauvage : la concentration en ghettos, la médiocrité des équipements collectifs, les effets conjugués de l'échec scolaire et de la pénurie d'emplois non qualifiés, les difficultés d'intégration de populations immigrées en proie à la montée de la xénophobie, etc. De là découlent les réactions d'une jeunesse qui manifeste son désespoir par des explosions de violence incontrôlée, des heurts avec les forces de l'ordre, des pillages de grands magasins et de centres commerciaux, l'usage de plus en plus répandu de la drogue, autant de manifestations sommaires de refus à l'égard d'une société de consommation qui n'en finit pas d'exposer ses produits-symboles et de valoriser l'image de ceux qui ont les moyens de les acquérir.

La montée de la violence et de la délinquance qui, sous des formes très diverses, affecte prioritairement les quartiers et les zones périurbaines les plus défavorisées (quartiers nord de Marseille, cités ouvrières de la périphérie parisienne et lyonnaise), et peut aussi s'étendre sporadiquement à l'ensemble du tissu urbain, voire à certaines zones de contact entre la ville et la campagne, constitue certes un problème majeur de notre société. Il faut cependant la relativiser et faire la part d'une obsession sécuritaire qui rappelle les craintes du XIXᵉ siècle devant les « nouveaux barbares » campant aux portes de la ville, obsession qui est devenue un enjeu politique, en même temps qu'un inépuisable sujet pour les grands médias d'information.

Ainsi, s'il est vrai que le nombre des homicides volontaires a, en France, sensiblement augmenté par rapport aux années 1970, un regard porté sur la longue durée nous montre qu'il est aujourd'hui – proportionnellement à la population de l'Hexagone – deux fois moins élevé qu'au lendemain de la guerre et trois fois plus faible qu'en 1820. Simplement, comparé aux creux des années 1960, le regain de violence, de criminalité, d'« incivilités » qui caractérise le temps présent – on comptait en juillet 2005 aux alentours de 61 000 détenus dans les prisons françaises, pour 51 000 places, chiffre jamais atteint jusqu'alors – frappe davantage les esprits que d'autres formes de violence et d'insécurité : les accidents de la route, par exemple, qui faisaient encore une dizaine de milliers de morts par an en 1995 (mais dont le nombre a presque chuté de moitié depuis cette date) alors que le nombre des homicides volontaires oscille entre 600 et 800.

Plus généralement, on peut dire de la société française à l'aube du XXIe siècle que l'amélioration sensible des conditions d'existence de chacun a fait reculer le seuil de tolérance à l'égard de tares sociales que l'on croyait promises à la disparition ou du moins à la marginalisation : en ce sens que plus un phénomène difficile perd de son intensité, plus ce qu'il en reste devient insupportable. Ceci est vrai de la violence, comme de la pauvreté, définie aujourd'hui par des critères qui situent les « nouveaux pauvres » à un niveau de consommation très supérieur à celui des chômeurs des années 1930. Cela ne signifie pas que le phénomène soit moralement et humainement tolérable dans une société qui s'enorgueillit de son niveau de vie élevé et du souci qu'elle a des droits et de la dignité de l'homme. Mais simplement que les avancées accomplies en ce domaine depuis un demi-siècle ne sauraient être masquées par les retombées, vraisemblablement conjoncturelles, de la crise.

En attendant, c'est une inquiétude croissante devant la multiplication des difficultés présentes et à venir qui caractérise de nombreux secteurs de la société française. Le renchérissement des matières premières, la forte hausse des produits pétroliers et la stagnation des salaires – conséquence de la concurrence des pays émergents – ont eu pour effet de très sensiblement éroder le pouvoir d'achat des catégories les plus modestes, comme celui des classes moyennes. Le chômage, après avoir lentement mais continûment diminué à partir de 2005, est reparti à la hausse au cours du second semestre 2008, de même que l'inflation, dont le taux annuel se situe autour de 3 %. Aussi le « moral des ménages » s'est-il fortement dégradé, et avec lui le principal facteur de la croissance, dans un pays comme la France dont les capacités exportatrices se sont réduites du fait de sa « désindustrialisation » partielle.

Autre sujet d'inquiétude, la menace – désormais palpable – que font courir à la planète les effets du réchauffement climatique, dû lui-même aux émissions excessives de CO_2. L'émergence des immenses marchés asiatiques, gros consommateurs d'énergie non renouvelable, fait craindre que les mesures prises pour remédier, très partiellement, à la pollution croissante de l'atmosphère, à la remontée du niveau des mers et à la désertification de régions entières, demeurent lettre morte. La France est l'un des rares pays, en Europe et dans le monde, à se préoccuper sérieusement de réduire « l'effet de serre », responsable des catastrophes annoncées par l'immense majorité des scientifiques. Des engagements ont été pris à cet égard par les responsables politiques (« Grenelle de l'environnement »), réunis pour examiner les mesures d'urgence qui devront être adoptées pour éviter le pire à l'horizon de 2030 ou de 2050. Mais les intérêts en jeu sont tels, et les besoins de développement des populations à ce point considérables qu'on voit mal comment un accord international véritablement contraignant pourrait, à court terme, freiner la course à l'abîme dans laquelle la fièvre industrialiste a entraîné le monde.

La conjugaison de ces catastrophes annoncées, auxquelles s'ajoutent d'autres perspectives funestes : la prolifération nucléaire et le risque – de plus en plus crédible –

de voir des États ou des minorités irresponsables déclencher un conflit suicidaire, l'aggravation de la menace terroriste à l'échelle de la planète, l'apparition de nouvelles épidémies, etc., ne peut qu'accroître l'angoisse latente de nos contemporains, par ailleurs plus enclins qu'il y a dix ou quinze ans à supporter l'écart grandissant, y compris dans un pays comme le nôtre, entre la richesse insolente d'une poignée de bénéficiaires du système et la paupérisation de pans entiers du corps social. Il y a là un risque sérieux pour la démocratie.

XIII

PRATIQUES SOCIALES, CROYANCES ET CULTURES À LA CHARNIÈRE DU XXᵉ ET DU XXIᵉ SIÈCLE

Depuis le milieu des années 1970, les pratiques sociales et culturelles des Français se trouvent conditionnées à la fois par les tendances lourdes qui caractérisent l'ère de la consommation de masse et par les incidences directes ou indirectes des grandes mutations qui résultent de la « globalisation » de l'économie mondiale. Ces deux phénomènes jouent tantôt dans un sens cumulatif, avec pour résultat d'accélérer le processus de dépérissement des structures et des valeurs traditionnelles, tantôt au contraire en s'opposant, la brutalité même du changement entraînant par réaction chez beaucoup de nos contemporains, y compris parmi les jeunes, une volonté de retour aux sources qui s'accomode tant bien que mal avec l'hédonisme ambiant.

Individualisme et libération des mœurs

Au cours du dernier quart de siècle, la société française a évolué dans le sens d'une affirmation croissante de l'individu. Au terme d'une évolution séculaire, qui n'est pas propre à notre pays – et dont les racines profondes remontent au moins jusqu'à la Renaissance et à la Réforme –, les contraintes sociales liées aux croyances religieuses, aux règles morales véhiculées par la famille, par l'école, par divers groupes d'appartenance (la « classe », le parti, etc.), se sont relâchées en même temps que se transformaient les institutions qui les avaient produites. Le recul de la pratique religieuse, la crise des idéologies globalisantes, l'éclatement de la famille traditionnelle ont eu à la fois pour cause et pour effet de privilégier l'individu par rapport aux formes collectives de la vie sociale et d'ériger la liberté de chacun en valeur absolue.

Certes, comme l'écrit avec talent l'un des dirigeants « gauchistes » de 68, il serait exagéré de parler d'ordre moral pour qualifier le climat culturel des années 1960 : le Club Méditerranée multipliait déjà ses villages de vacances, Roger Vadim avait déjà dénudé B. B., dans les « surboums » les « tricheurs » jouaient au « jeu de la vérité », la libéralisation des mœurs allait bon train » (Henri Weber, *Vingt ans après. Que reste-t-il de 68 ?*, Paris, Seuil, 1988, p. 143-144). La révolte des jeunes n'en a pas moins bousculé une société dont on a un peu vite oublié peut-être qu'elle pratiquait encore la ségrégation des sexes à l'école et dans les cités universitaires, interdisait la publicité sur la contraception, réprimait l'avortement avec une sévérité extrême et considérait l'homosexualité comme un délit. Et il n'a pas fallu beaucoup de temps pour qu'une adéquation s'opère entre l'éthique nouvelle, surgie du grand chambardement soixante-huitard, ou plutôt révélée par lui, et la pratique législative d'une République qui semblait enfin s'apercevoir que les principes de liberté et de laïcité qui étaient au cœur de sa culture pouvaient aussi s'appliquer au domaine des mœurs.

L'affirmation du droit au bonheur et à l'épanouissement personnel s'est ainsi traduite par une révolution morale avec laquelle le législateur a dû compter. Dès 1967, la loi Neuwirth officialisait la contraception. En 1974, la loi Veil autorisait, dans certaines conditions, l'interruption volontaire de grossesse. Tandis que la majorité civile et politique était ramenée de 21 à 18 ans au début du septennat de Giscard, l'école, à tous les niveaux, cessait d'être un lieu de séparation des sexes. À défaut d'être banalisée, l'homosexualité n'est plus considérée par la majorité des Français comme une « tare » indélébile, dont certains préconisaient autrefois qu'elle dût être « guérie » par quelque intervention chirurgicale ou médicamenteuse. La revendication du mariage homosexuel, déjà institutionnalisé dans des pays comme l'Espagne et les Pays-Bas, suscite de moins en moins d'opposition. Quant à la sexualité « ordinaire », non seulement elle a cessé d'être un tabou, mais elle est devenue dans notre société permissive et passablement voyeuriste un thème omniprésent dont se nourrit de manière quasi obsessionnelle l'image cinématographique, télévisuelle ou publicitaire. En témoignent, entre autres exemples, le statut du film « classé X », passé en trente ans de l'officine clandestine des quartiers « chauds » de nos grandes villes, à l'écran de « Canal Plus » et autres chaînes à péage, ou encore la diffusion aux heures de « grande écoute » des confidences intimes de nos contemporains sur les ondes radiophoniques ou à la télévision.

On continue de vivre en couple mais l'on se marie moins. Depuis 1972, le taux de nuptialité a fortement baissé, passant de 9 % à 4,7 % en 2002. En 2002 également, on a célébré 280 000 mariages, pratiquement la moitié du chiffre de

1970. On se marie également plus vieux qu'à cette date : 28 ans au lieu de 22 pour les femmes, 30 ans au lieu de 25 pour les hommes. Les divorces, qui avaient commencé à augmenter à partir de 1965, ont vu leur nombre tripler entre 1970 et 2002, passant de 11,8 % à 38,3 %, ce qui représente pratiquement un couple sur trois. Certes, le divorce est souvent suivi d'un remariage, ou d'un concubinage prolongé s'accompagnant d'une « recomposition familiale », dont les sociologues s'appliquent aujourd'hui à mesurer les effets (pas toujours négatifs) sur les enfants, mais nombre de divorcés, principalement des femmes, restent isolés.

Le culte du corps, signe majeur de l'individualisme ambiant, ne se limite pas à la libération sexuelle. Il constitue, sous des formes diverses, l'une des grandes préoccupations de nos contemporains, et pas seulement dans un sens hédoniste. On fait du *jogging*, de l'*aérobic*, de la « musculation », des arts martiaux, on suit des stages de parachutisme ou de varappe, non seulement pour se faire plaisir, ou pour sacrifier à une mode, mais par souci de dépassement de soi et d'équilibre à la fois personnel et dans les rapports avec les autres. Néanmoins, ce goût renouvelé des Français pour l'activité physique profite essentiellement aux sports individuels – tennis, ski, natation, etc. – aux dépens des sports d'équipe. Il ne constitue d'ailleurs qu'un aspect de la redécouverte du corps, moins narcissique peut-être que ceux qui visent à la recherche de la « beauté », définie en fonction de modèles fournis par le cinéma, la photographie de mode ou la publicité et qui privilégient aujourd'hui encore, malgré les avertissements prodigués par les diététiciens et les cancérologues, la minceur et le bronzage. Sans doute, tout n'est-il pas artificiel et illusoire dans cette religion du corps qui touche aujourd'hui indistinctement les deux sexes et fait les beaux jours des fabricants de « produits de beauté », des « gymnases-clubs », des centres de « régénération » et de thalassothérapie, des inventeurs de recettes-miracles pour « perdre du poids sans effort », etc. La recherche du bien-être et le culte de l'image de soi qui caractérisent nombre de nos contemporains peuvent avoir des effets bénéfiques sur leur santé. Globalement, on fume et on boit moins qu'il y a vingt ans. En revanche, on déplore une forte augmentation du nombre de personnes en surcharge pondérale, l'obésité des enfants progressant avec celle de la consommation de sucreries et des stations prolongées devant la télévision ou la *playstation*. On commence à se préoccuper de son « régime » en termes d'équilibre et de prévention de la maladie et de la vieillesse, et plus seulement pour des raisons esthétiques. Sport et alimentation ne sont pas pour rien d'ailleurs dans ce que l'on aurait appelé sans complexe il y a cent ans « l'amélioration de la race ». La taille moyenne des Français n'a-t-elle pas augmenté depuis un demi-siècle de 7 centimètres pour les hommes et de 5 pour les femmes ?

L'importance des loisirs dans la vie quotidienne, leur diversité, la multiplicité des contacts entretenus à l'occasion des voyages et des séjours de vacances, comme le désir pour chacun d'affirmer son individualité, ont fait reculer les conformismes d'antan, en matière d'« intérieur » et d'habillement, parfois pour en introduire de nouveaux. Depuis plusieurs décennies déjà, la pièce principale des appartements n'est plus la « salle à manger » ou le salon, mais le « séjour », espace par excellence du « temps libre », où l'on célèbre le rite télévisuel. Quant au vêtement, il traduit à la fois un refus d'identification automatique au milieu social, la volonté de gommer les clivages sexuels et l'engouement majoritaire pour les activités de loisir : la vogue persistante du *jean* (on en vend 45 millions par an) en est la manifestation la plus caractéristique.

Les rapports entre les générations et entre les sexes ont également changé. L'une des grandes nouveautés des trente ou quarante dernières années a été, rappelons-le, la constitution de classes d'âge en groupes plus ou moins autonomes, avec leurs manières de consommer, leurs modes de vie, leurs mentalités et leurs choix culturels spécifiques. La vieillesse a reculé, dégageant un espace au « troisième âge », celui des retraités récents, gros consommateurs de loisirs et de voyages organisés, de lecture, de spectacles, voire de recyclage universitaire. Bénéficiant d'un revenu assuré, détenteurs d'un patrimoine accumulé au cours de leur vie active (70 % sont propriétaires de leur logement), dégagés des dettes contractées pour l'acquérir, nombreux sont ceux qui peuvent consacrer une partie relativement importante de leurs gains à la consommation, quand ils ne cherchent pas à accroître encore leurs ressources en intervenant sur le marché financier (par le biais notamment des SICAV). Certes, cette modification du statut des plus de soixante ans ne concerne encore à l'heure actuelle qu'une minorité regroupant principalement les cadres retraités, les anciens fonctionnaires et les représentants des professions libérales ayant cessé leur activité. Pour la masse des personnes âgées, le temps de la retraite ne coïncide pas avec celui des loisirs coûteux. D'abord parce qu'ils n'en ont pas les moyens. Ensuite parce que, pour les plus âgés, les habitudes de consommation ont été prises avant la grande expansion des années 1950 et le bouleversement des modes de vie de la décennie suivante. C'est seulement depuis une date très récente que les sexagénaires et septuagénaires, de surcroît dotés d'un niveau d'instruction très supérieur à celui de leurs prédécesseurs, ont acquis des réflexes qui les rendent perméables à toutes les sollicitations de la consommation moderne.

Les relations entre parents d'une part, enfants et adolescents d'autre part, reposent moins sur l'autorité que par le passé et, avec toutes les difficultés que cela comporte, l'éducation tend à devenir un apprentissage de la liberté. Plus nombreuses qu'autrefois et ayant grandi dans le climat euphorique de la croissance, les générations du *baby boom*, arrivées à l'âge adulte dans la seconde moitié des années 1960, ont beaucoup contribué au changement global de la société. Avec ses excès, 1968 a été à bien des égards, dans cette perspective, un ajustement des valeurs : celles de la modernité, incarnées souvent maladroitement par les jeunes, et celles de la tradition, parfois dégénérées en conformisme.

Plus importante encore a été l'émergence des femmes en tant que catégorie aspirant à jouer un rôle actif dans la société, et pas seulement celui d'épouse et de mère dans lequel elles avaient été cantonnées jusqu'alors. Enfin dotées du droit de vote en 1944, elles ont bénéficié dans leur conquête de l'égalité de fait avec les hommes de plusieurs conditions favorables : outre l'évolution générale des mœurs et les progrès du confort de la maison, qui les a « libérées » de certaines tâches ménagères, la mixité scolaire, le « contrôle des naissances », enfin les effectifs longtemps insuffisants de la population active qui ont poussé à la généralisation du travail féminin. Aux alentours de 1965, les femmes représentaient 33 % de la population active (contre 36 % en 1906 !). Trente ans plus tard, le taux atteint près de 47 %.

La création en 1974 du secrétariat d'État à la condition féminine – confié à Françoise Giroud – a concrétisé une évolution qui ne s'est pas faite sans l'intervention directe et militante d'une minorité de femmes qui ont joué un rôle déterminant dans la prise de conscience par le « Deuxième sexe » (titre du livre pionnier publié en 1949 par Simone de Beauvoir) des aliénations et des inégalités qui pesaient encore sur lui à l'époque de la croissance triomphante, de la société de consommation et de la libération des mœurs. Le féminisme n'est pas né au début des années 1970. Il a eu au XIXᵉ siècle ses temps forts (1830, 1848, les débuts de la IIIᵉ République), suivis de longues périodes d'éclipse.

Mais c'est au lendemain du grand remue-ménage de 1968 qu'il a pris une dimension nouvelle, en s'intégrant à la thématique des mouvements contestataires, en imprégnant peu à peu le discours politique, notamment celui de la gauche non communiste, en trouvant un puissant levier dans la lutte en faveur de la contraception et de l'avortement, en gagnant de proche en proche des fractions de plus en plus larges du monde féminin.

Né à la charnière des années 1960 et 1970, rassemblant des femmes issues des groupes d'extrême gauche – maoïstes ou spontanéistes – le MLF (Mouvement de libération des femmes) a joué un rôle important dans cette prise de conscience. Souvent excessif dans ses manifestations verbales ou gestuelles, brocardé par une opinion majoritaire, et principalement masculine, qui tournait volontiers en dérision ses cortèges bruyants et folkloriques, ses appels à la grève conjugale ou domestique, la virulence de sa presse (*Le torchon brûle*) ou le *look* de ses militantes, le MLF n'a pas été pour rien dans le grand mouvement d'émancipation des femmes qui caractérise les deux dernières décennies et dans la substitution au modèle traditionnel de la « femme au foyer » de celui de la femme « libre », qui mène de front, comme un homme, son activité professionnelle, sa vie personnelle et ses obligations familiales. Se voulant totalement indépendant des forces politiques organisées, fussent-elles de gauche ou d'extrême gauche, et refusant de subordonner la « question des femmes » à celle de l'organisation sociale, il a incontestablement concouru à faire prendre conscience aux femmes, et à beaucoup d'hommes, des retards à combler en matière de pratiques égalitaires entre les sexes. Ce qui ne veut pas dire que les rôles attribués à chacun soient devenus universellement interchangeables dans le couple. Simplement, la vie à deux se construit aujourd'hui sur des bases moins démesurément inégalitaires que dans les années 1950 ou 1960.

Le choc de la crise

Hédonisme, exaltation du moi, refus des contraintes et des interdits, libération des femmes et indépendance des jeunes se heurtent périodiquement aux effets d'une vague en retour qui relève à la fois de la réaction classique à ce que certains considèrent comme symptomatique de la « décadence », et des simples incidences – matérielles ou autres – de la crise que traverse depuis plus de trente ans notre société postindustrielle.

Premier constat : l'hédonisme et l'individualisme ambiants, le naufrage des idéologies globalisantes, la crise de la famille et du couple traditionnels n'ont pas fait disparaître, loin de là, un système de valeurs dont on pouvait croire que certaines étaient devenues obsolètes. Les sondages qui sont régulièrement effectués auprès de la population, notamment parmi les représentants des nouvelles générations, révèlent que des institutions et des valeurs qui peuvent être considérées comme autant de pivots de l'ordre social se portent dans l'ensemble assez bien. On se marie moins et l'on a moins d'enfants que par le passé, mais on place la famille au premier rang des valeurs à défendre. On est favorable à la paix et au désarmement, mais l'attachement à la nation n'est pas nécessairement considéré comme « ringard », d'autant que la France continue d'être perçue comme la « patrie des droits de l'Homme ». Parmi les raisons qui expliquent le refus opposé en mai 2005 par la majorité des Français au référendum sur la Constitution européenne, le sentiment d'un risque de dilution de la nation dans un ensemble multinational aux contours incertains dans lequel le « modèle social français » aurait toute chance de sombrer n'a pas été d'un poids négligeable.

La crise et les menaces extérieures qui l'ont accompagnée à la charnière des années 1970 et 1980, ont eu pour conséquence en effet de marginaliser les idéologies qui affichaient leur hostilité radicale au modèle de société incarné par les démocraties pluralistes. Du coup, l'accent a été mis sur les valeurs qui forment le noyau dur de l'héritage des Lumières et de la « Révolution » – celle de 1789, dont la célébration du bicentenaire a donné lieu à un immense débat sur ces questions – : la liberté, l'égalité des droits et des chances, le respect de la personne humaine, etc.

Ce « consensus » autour de la démocratie et du socle d'idéaux et de principes sur lequel elle repose n'est cependant ni total ni exempt d'ambiguïtés. Les extrémismes de droite et de gauche, qui continuent de lui être hostile sans le dire toujours très clairement, sont minoritaires mais non absents de la scène politique. Quant aux autres, soit en moyenne plus de 80 % de ceux qui émettent une opinion politique ou un jugement sur les valeurs, ils se reconnaissent de plus en plus difficilement dans des familles politiques et dans des idéologies qui privilégient de manière exclusive tantôt la liberté, tantôt l'égalité des chances et la solidarité, et ils recherchent un difficile accommodement entre ces deux parts du patrimoine.

Cette adhésion à un système de valeurs associant liberté individuelle et solidarité, droits de l'Homme et préoccupations égalitaires, est particulièrement forte parmi les jeunes. À la « génération bof » des années 1970, caractérisée par son individualisme hédoniste, son désintérêt pour la politique et son apparente désinvolture, a succédé une « génération morale », façonnée par la crise et par le naufrage des certitudes inculquées naguère par les « maîtres penseurs ». Différence fondamentale avec leurs aînés de 1968, les lycéens et les étudiants qui ont manifesté en masse en 1986 contre la « réforme Devaquet », ne cherchaient pas à détruire la société, mais au contraire à s'y intégrer, le diplôme universitaire, aussi dévalué soit-il, constituant à leurs yeux une sorte de « potion magique » contre le chômage et l'exclusion. Pas plus que ceux qui, tout aussi nombreux, se mobiliseront au début de 1994 contre le projet de salaire d'insertion professionnelle (SIP) du gouvernement Balladur, ils ne contestaient les fondements de la démocratie française. Ils exigeaient simplement que celle-ci se conforme à ses propres principes en donnant à chacun la chance à laquelle il a droit.

Rien de spécifiquement « corporatiste » et « narcissique » dans tout cela, comme l'affirmeront avec la même assurance qu'ils avaient en d'autres temps prêché la révolution nihiliste, d'ex-soixante-huitards devenus les pourfendeurs du « culte crétinisant et démagogique de la jeunesse ». Mais plutôt, et bien que le souci de leur propre avenir ne soit évidemment pas absent de leur démarche, la volonté manifestée par nombre de jeunes appartenant à cette génération d'affirmer des valeurs solidaires qui apparaissent au même moment dans le soutien que nombre d'entre eux apportent aux campagnes menées par l'organisation SOS-Racisme de Harlem Désir, ou encore dans le sondage publié en 1987 par *L'Expansion* à l'occasion de son vingtième anniversaire. 69 % des jeunes interrogés déclarent qu'ils préfèrent que la société privilégie la solidarité au détriment de l'initiative individuelle et 40 % qu'ils souhaitent devenir européens de nationalité (contre 16 % quatre ans plus tôt).

Une nouvelle classe d'âge s'est ainsi constituée au milieu des années 1980 en génération politique, en même temps que s'affirmait une nouvelle culture juvénile dont les figures emblématiques s'appellent Balavoine (mort accidentellement lors du relais automobile Paris-Dakar), Coluche (fondateur des « restaurants du cœur », tué en moto en 1986), Jean-Jacques Goldman, Jean-Luc Lahaye, Bob Geldof, tous engagés dans la cause de l'antiracisme et de la solidarité avec les peuples du Tiers-Monde. Ses représentants se mobilisent contre la faim en Éthiopie, l'apartheid en Afrique du Sud, ou simplement contre la xénophobie et l'exclusion dans l'Hexagone lors des manifestations organisées par SOS-Racisme sur le thème « Touche pas à mon pote » en juin 1985 à la Concorde, en 1986 à la Bastille, ou en 1987 à Vincennes.

Les responsables politiques n'ont pas tardé à saisir la balle au bond, conscients qu'ils étaient de l'enjeu constitué par cette classe d'âge en passe d'investir l'horizon électoral. À gauche, Bernard Kouchner et Bernard Tapie se sont ainsi taillé une popularité parmi les jeunes et peut-être construit un avenir politique, le premier en se posant en champion inlassable de la cause humanitaire, le second en proposant de faire entrer la Bosnie dans l'Union européenne et de rendre le chômage « illégal ». À droite, les gouvernements des deux phases cohabitationnistes se sont, devant la mobilisation des jeunes, empressés de retirer leurs projets les plus impopulaires et de caresser les moins de vingt-cinq ans dans le sens du poil, Jacques Chirac en faisant la promotion du concert de Madonna à Sceaux en 1987, Édouard Balladur en organisant en 1994 des « États généraux » de la jeunesse. Jusqu'à présent, et malgré l'aggravation de la crise et du chômage qui a caractérisé les années 1993-1994, la charge émotionnelle dont est porteuse la nouvelle classe d'âge adolescente-juvénile ne s'est guère manifestée de manière massive qu'épisodiquement, et sans jamais remettre en cause le consensus démocratique. Simplement, à l'optimisme révolutionnaire et utopique de la génération du *baby boom* s'est substitué un pessimisme mesuré, ou, comme l'écrit Henri Weber, « un sentiment aigu de la complexité des choses et du peu de puissance des hommes à les maîtriser » (*Vingt ans après...*, *op. cit.*, p. 209), qui ne compromet pas l'adhésion majoritaire des fils à la société des pères et n'a pas engendré jusqu'alors une contestation radicale de masse comparable à celle de la fin des années 1960. C'est également ce que dit Luc Ferry :

« Il faudrait être aveugle pour ne pas voir qu'aujourd'hui le danger, si danger il y a, ne vient plus du dogmatisme des "maîtres penseurs"… ; s'il est un fait certain, c'est bien l'absence de certitude, s'il est une idéologie unanimement partagée, c'est bien le relativisme des valeurs, l'idée qu'"il n'y a pas de faits mais seulement des interprétations" et que toute prétention à la Vérité est suspecte.

Faut-il s'en réjouir ? Toute la question est là. Il est indéniable que le relativisme spontané, presque viscéral, qui nous entoure, favorise l'adhésion aux valeurs démocratiques et au pluralisme (mou, faut-il le dire, mais à bien des égards inoffensif). Il est clair également que, dans cette optique, la période de l'après-guerre, dominée par la figure de l'intellectuel "critique", si bien incarnée par Sartre, puis par Foucault, est révolue. Peu ou prou, les intellectuels, même s'ils furent les derniers à le faire, se sont réconciliés avec cette démocratie qu'on disait autrefois formelle…

Telle est notre situation : sur les plans politique, éthique, esthétique, scientifique, religieux même, nous avons perdu toute possibilité de nous référer sans autre forme de discussion à des évidences… Le ciel des idées est vide…

L'éthique du XXIᵉ siècle : un humanisme négatif. Pourquoi pas, si l'on entend par là une critique de l'univers démocratique qui, sans s'alimenter à des certitudes serait tout à la fois *argumentée* et interne, je veux dire : s'effectuant au nom de promesses qui furent et restent celles de sociétés démocratiques, même lorsqu'elles s'évertuent à ne pas les tenir. »

(L. Ferry, « La morale du XXIᵉ siècle : un humanisme négatif », *Le Monde*, 21/11/1987)

Cette réponse raisonnable aux effets conjugués de la crise des valeurs et de la dépression économique ne concerne pas la jeunesse dans sa totalité, pas plus que les représentants des autres classes d'âge que le chômage et l'exclusion placent dans une situation de marginalité croissante.

Pour ceux-là, la violence et le rejet agressif des normes sociales constituent un moyen d'exprimer leur désespérance : violence du geste et du vêtement, parodie de la « normalité » chez les *Punks*, agression physique et exaltation de contre-valeurs empruntées par exemple au modèle nazi chez les *Skins-Heads* et qui peut se traduire aussi bien par le hooliganisme sportif – notamment à l'occasion des rencontres de football – que par des actes de vandalisme à forte connotation politique ou raciste, comme les profanations de tombes juives. Violence du son également, et aussi violence du verbe, avec la seconde vague du rock, qui traduit désormais la révolte et le désespoir des ghettos urbains. Déjà, au début des années 1980, faisant écho au chant syncopé et meurtri du Jamaïcain Bob Marley, un Bernard Lavilliers communiait en musique avec les « barbares », poussés à la périphérie du monde civilisé. Depuis quelques années, de nouvelles formes de musique populaire, surgies elles aussi des périphéries urbaines, comme le *rap*, ont pris le relais : elles disent l'impossible réconciliation de toute une fraction de la jeunesse avec une société qui ne lui laisse guère d'autre issue que la délinquance et la toxicomanie.

La culture de notre temps, particulièrement le cinéma, rend compte de cette violence latente, dans ses reportages filmés comme le *Houston Texas* de François Reichenbach (1980) ou des films de fiction à l'image de *Série noire* d'Alain Corneau (1979). Dans cette dernière œuvre apparaît l'anti-héros d'un univers décadent, jeune employé marginalisé poussé au crime à la fois « crapuleux » et « passionnel », sur fond de solitude et d'architecture urbaine déliquescente, tel qu'on le trouve, au plan littéraire, dans le « nouveau polar » français, à travers les livres de Fajardie (*Sniper, Gentil Fathy !*), Demouzon (*Section rouge de l'espoir, Paquebot*) ou ADG (*Cradoque's Band*).

En réaction aux phénomènes de destructuration du corps social et d'érosion des institutions et des valeurs traditionnelles, qui ont commencé à se manifester à l'époque de la croissance triomphante mais que la crise a fortement accélérés, on assiste depuis quelques années à des manifestations qui traduisent, dans toute une fraction de l'opinion, une volonté de « retour à l'ordre ». Celle-ci se traduit sur le plan politique par l'adhésion d'un plus grand nombre de Français aux valeurs affichées par la droite « dure » et à son programme politique : autorité, refus du « laxisme », condamnation des déviances, retour au nationalisme, rétablissement de la peine de mort, interdiction de l'avortement, etc. Aux élections « européennes » de juin 1994, les deux listes qui, avec des nuances, se réclamaient ouvertement de ce courant – celle de Philippe De Villiers et celle de Jean-Marie Le Pen – totalisaient plus de 22 % des suffrages. Mais, au-delà de ce vote militant en faveur de la tradition restaurée, c'est une fraction beaucoup plus large de l'opinion qui aspire, sous des formes diverses, au rétablissement de l'ordre. Le principal d'un collège public du Sud-Ouest de la France n'a-t-il pas en juin 1994, sans soulever de tollé général, y compris parmi les jeunes, interdit dans l'établissement dont il avait la charge le port des chaussures de basket en dehors des séances d'éducation physique ? Signe apparemment anodin, mais en réalité significatif du changement intervenu dans les mentalités, un quart de siècle après le grand défoulement de 1968.

Une nouvelle religiosité

Les incertitudes qui pèsent sur l'avenir de nos sociétés contemporaines et la crise des grandes constructions idéologiques ont suscité, en France comme ailleurs, un certain renouveau religieux. Certes, les statistiques indiquent clairement un recul de l'influence des Églises constituées, à commencer par celle de l'Église catholique. Si plus de 70 % des Français se déclarent aujourd'hui encore « catholiques » (ils étaient 90 % en 1945), 10 % d'entre eux seulement assistent régulièrement à la messe dominicale et 19 % s'y rendent « de temps en temps ». Dans certains quartiers des grandes villes, la pratique régulière ne concerne guère que de 5 à 7 % de la population. Tout aussi spectaculaire est le tarissement des vocations sacerdotales. Entre 1963 et 1975, le nombre des ordinations annuelles est tombé de 610 à 156. Il se situe à l'heure actuelle autour de la centaine, ce qui se traduit par un fort vieillissement du clergé et pose à l'Église un problème majeur qui est celui de sa présence effective dans un certain nombre de paroisses de petites dimensions qui doivent parfois se contenter du passage d'un prêtre itinérant pour assurer l'administration des sacrements. Ce manque d'ecclésiastiques – on comptait 42 000 prêtres diocésains en 1948 pour moins de 20 000 aujourd'hui –, tout aussi manifeste dans le clergé régulier, est dû également au fait que, depuis la fin des années 1960, nombre d'entre eux ont quitté l'état clérical. Réclamé par de nombreux prêtres, l'abandon du célibat a, jusqu'à présent, été refusé de manière catégorique par la hiérarchie catholique, de même que l'admission des femmes aux fonctions sacerdotales.

Autres signes de la perte d'influence de l'Église auprès de la population : le recul du nombre des baptêmes (92 % des naissances en 1958, 52 % en 1999) et de la proportion d'enfants de huit à douze ans fréquentant le catéchisme (35 %), la diminution des effectifs des organisations qui gravitent autour d'elle – Action catholique, mouvements de jeunesse (JOC, JEC, scoutisme), syndicalisme chrétien, etc. – la moindre observance des règles édictées par la hiérarchie, notamment en matière de comportement moral, de sexualité, de contraception, voire d'interruption volontaire de grossesse, ou encore l'adhésion à certains articles du dogme et à des notions aussi fondamentales que celle de la croyance en l'« au-delà ».En 1986 déjà, selon un sondage réalisé par la SOFRES, 60 % seulement des catholiques déclaraient croire à la résurrection du Christ (49 % pour l'ensemble de la population), 47 % au paradis, 27 % à l'enfer. À la question « Qu'y-a-t-il après la mort ? », 25 % des pratiquants répondaient rien, 10 % étaient sans opinion, 46 % pensaient qu'il y avait « quelque chose », mais ne savaient pas quoi et 21 % seulement évoquaient « une nouvelle vie ». Que tout ceci traduise une désaffection des fidèles à l'égard de l'institution religieuse et de l'autorité du clergé, cela ne fait aucun doute. Non seulement la pratique catholique, mais l'observance des enseignements de l'Église et jusqu'aux croyances autrefois les plus consensuelles sont devenues en France des phénomènes minoritaires. La religion est désormais un fait d'ordre personnel et privé.

Il s'agit toutefois d'un recul quantitatif qui affecte des catégories de chrétiens dont la pratique avait eu, de tout temps, un caractère éminemment formel, lié à des considérations sociales ou simplement à la peur du châtiment divin. Des ressorts auxquels l'Église post-conciliaire a de moins en moins recours.

En contrepartie, on constate chez de nombreux fidèles un approfondissement et un enrichissement du sentiment religieux, tourné vers l'action et la spiritualité, engagé socialement et parfois politiquement, plutôt que réduit aux aspects rituels de la parole et du geste. Nombreux sont les chrétiens qui se rassemblent dans des « communautés émotionnelles » affinitaires pratiquant la prière et dont les membres entretiennent entre eux des rapports étroits. À l'instar de ce qui se passe aux États-Unis et au Canada, ce type de convivialité spirituelle a donné naissance au mouvement charismatique, qui recrute principalement ses ouailles dans les classes moyennes et se consacre lui aussi à la prière collective et au chant prophétique. Les monastères ont commencé à retrouver un recrutement parmi les jeunes, et surtout ils ont acquis au cours des dernières années un fort pouvoir d'attraction sur les laïcs en quête de ressourcement, remède au stress et au matérialisme croissants de la vie moderne.

Le retour du religieux, s'il n'affecte qu'une minorité du corps social, constitue pour l'Église catholique un puissant ferment de renouveau. Il s'accompagne toutefois, chez certains croyants, du refus militant de modernisation et d'ajustement à la société contemporaine que l'institution ecclésiastique a imposés à ses fidèles depuis le Concile Vatican II. Une fraction intégriste et ultra-minoritaire de catholiques qui ne reconnaissent plus l'Église de leur jeunesse s'est rassemblée à partir du début des années 1970 autour de Mgr Marcel Lefebvre, lui-même issu d'une famille très catholique et monarchiste de Tourcoing. Au-delà du symbole de la messe en latin, c'est toute l'évolution de l'Église post-conciliaire qui a été mise en cause par ce prélat traditionaliste, fondateur en 1970, à Écône en Suisse, de la Fraternité sacerdotale Saint-Pie X, et avec elle celle d'une société considérée comme « laxiste » et décadente. D'où les liens qui unissent certains de ces catholiques intransigeants, ainsi que les disciples de l'abbé G. de Nantes groupés autour de la Ligue de la Contre-Réforme catholique (également fondée en 1970), à l'ultra-droite politique (par l'intermédiaire du Journal *Présent*). En 1988, le conflit entre Mgr Lefebvre – qui a ordonné un certain nombre de prêtres en dépit des interdictions de Rome – et le pape Jean-Paul II a abouti à un véritable schisme, qui ne concerne il est vrai qu'un nombre extrêmement réduit de fidèles. Cette contestation interne a néanmoins amené l'Église à tenir compte de l'attachement d'une partie des croyants à la tradition. En 1984, sous réserve de la décision de l'évêque, le Saint-Siège a autorisé la célébration de la messe ancienne.

L'intransigeance manifestée par le pape Jean-Paul II en matière de mœurs et de contrôle des naissances, a provoqué en sens inverse des réactions d'éloignement de la part d'un certain nombre de catholiques que le conservatisme de l'Église a déçus, voire d'ecclésiastiques qui réclament leur intégration totale à la vie de la société (abrogation de l'obligation du célibat, droit d'exercer une activité salariale et de s'engager politiquement à gauche, etc.). Certains prélats libéraux et soucieux de répondre aux préoccupations de leur temps – tel est le cas de Mgr Gaillot à Évreux – ont pris parfois des positions qui tranchent avec celles de la hiérarchie, par exemple sur les problèmes de la contraception, du sida, de l'homosexualité, ce qui a entraîné des rappels à l'ordre de la part du Saint-Siège et de l'épiscopat. Ce dernier ne se prive pas cependant d'intervenir dans le débat public lorsque les principes qui fondent à ses yeux l'humanisme chrétien se trouvent bafoués, qu'il s'agisse de la pornographie, des atteintes portées au respect de la chose sacrée (*cf.* les débats qui ont suivi la projection en France du film de Martin Scorsese, *La Dernière Tentation du Christ*, ou la publication des *Versets sataniques* de Salmann Rushdie), de la dénonciation du racisme et de l'exclusion sociale, ou encore de l'attitude bienveillante de certains ecclésiastiques envers des individus convaincus de « crime contre l'humanité » (affaire Touvier).

L'évolution du catholicisme français s'effectue donc sous le signe d'un pluralisme qui n'est pas sans conséquences politiques. Encore que, comparés à leurs homologues des autres religions représentatives, les catholiques pratiquants soient nettement plus orientés à droite. Au premier tour des élections présidentielles de 1988, 15,8 % seulement d'entre eux ont donné leur voix à François Mitterrand (0,5 % au communiste André Lajoinie), contre 33,7 % à Jacques Chirac, 32,7 % à Raymond Barre et 12,2 % à Jean-Marie Le Pen, alors que 51,2 % des protestants, 44,5 % des juifs et 68,9 % des musulmans ont voté pour le candidat de la gauche.

Toujours très fortement minoritaire et enclin de ce fait à prendre le contrepied de l'Église catholique, le protestantisme français rassemble aujourd'hui environ un million de fidèles, dont 450 000 réformés, 270 000 luthériens (surtout présent dans l'Est et notamment en Alsace) et 280 000 évangéliques. La pratique religieuse a évolué de la même façon que celle des catholiques. Au cours des deux derniers siècles, la bourgeoisie protestante a occupé un espace spécifique dans la société française. Plus tolérante, plus ouverte au changement que son homologue catholique, elle a fourni à la République une fraction importante de ses élites, aussi bien au niveau local (à Marseille, Bordeaux, Nîmes, Strasbourg, etc.) que national. Cette spécificité tend aujourd'hui à disparaître, ou du moins à très fortement s'atténuer, même si – majoritairement – les protestants continuent à se montrer plus libéraux que les catholiques en matière de contrôle social et de mœurs, d'afficher des convictions laïques et d'apporter leurs voix aux organisations de la gauche non communiste. En leur sein s'est néanmoins développée depuis une trentaine d'années une minorité intransigeante s'appuyant sur la confession de foi dite de La Rochelle (1559) et sur l'enseignement de la Faculté de théologie réformée qui s'est ouverte à Aix-en-Provence en 1974. Elle dénonce la « catholicisation » du protestantisme –, le « laxisme » des mœurs et l'avortement.

Retour au religieux également, et au conservatisme moral, au sein de la communauté juive. Au lendemain de la guerre, celle-ci se trouvait numériquement réduite à 200 000 personnes, en majorité ashkenazes. À partir du milieu des années 1950, les vagues successives de réfugiés en provenance du Maghreb et d'Égypte ont porté son effectif à plus de 600 000 et modifié sa composition au profit des sépharades, très largement majoritaires. Une fraction importante de la communauté israélite réside en région parisienne, mais ses représentants sont également nombreux à Marseille, Lyon, Toulouse, Strasbourg. Sociologiquement très diverse, elle entretient des liens privilégiés avec l'État d'Israël. Au cours des deux dernières décennies, la tendance a été au retour à une identité affirmée, conséquence à la fois du retentissement en France des événements du Moyen-Orient – parfois chèrement payé par la communauté (attentat contre la synagogue de la rue Copernic en octobre 1980, fusillade de la rue des Rosiers, etc.) – et de la crise des idéologies, en particulier de l'idéologie marxiste, très fortement ancrée dans la population juive et notamment parmi les intellectuels.

Ce sont 36 % des juifs de France, selon l'enquête réalisée en 1987 par Érik Cohen, qui s'affirment « non-observants », contre 49 % qui se rangent parmi les « traditionalistes », respectueux d'un minimum de prescriptions alimentaires ou autres, et 15 % d'observants stricts qui se conforment aux interdits rituels (nourriture, pas de télévision durant le sabbat, etc.). Autrement dit, l'influence des « laïques » a fortement reculé au profit de celle des « religieux » et, parmi ces derniers, des orthodoxes, peu favorables aux conversions effectuées à l'occasion d'un mariage mixte. Les deux derniers Grands Rabbins de France, René-Samuel Sirat et Joseph Sitruk, tous sépharades, relèvent de ce courant. Il existe également une minorité active et conviviale de « juifs pieux », les Loubavitch, qui se rattachent au hassidisme, courant spirituel qui s'est développé en Pologne au XVIIIᵉ siècle, et qui se singularisent au sein de la communauté israélite par leur comportement vestimentaire et leur respect scrupuleux de la tradition.

Conséquence de la forte immigration en provenance du Maghreb, de Turquie et d'Afrique subsaharienne, qui s'est développée depuis la guerre et qui a largement fait souche, l'islam constitue aujourd'hui, avec près de 5 millions d'adeptes, la deuxième des grandes religions pratiquées dans l'Hexagone. Ici également, on constate depuis une trentaine d'années un réveil de la foi et de la pratique qu'expliquent, d'une part, le renouveau de la religion musulmane dans le monde et le prosélytisme auquel se livre sur tous les continents la Ligue islamique mondiale (à commencer par la distribution gratuite du Coran) et, d'autre part, le repli de nombreux migrants, en butte à des réactions de rejet de la part des populations autochtones, sur des valeurs identitaires auxquelles se rattachent également des représentants de la seconde et maintenant de la troisième génération. Il en résulte une demande plus forte que par le passé en matière d'ouvertures de mosquées, de salles de prière sur les lieux de travail et dans les foyers – d'une vingtaine de lieux de prière en 1970, on est passé à 250 en 1980 et à plus de 1 500 en 2000 –, de boucheries rituelles, et une plus grande observance des fêtes religieuses et du Ramadan.

De là à voir dans ce réveil de l'islam populaire une adhésion massive au fondamentalisme en vigueur dans certains pays du Moyen-Orient et du Maghreb, il y a loin. Certes, le retour à la religion a progressé depuis vingt-cinq ans parmi les jeunes issus de l'immigration, mais il s'agit souvent d'un réflexe identitaire à l'exclusion dont nombre d'entre eux se sentent victimes plus que d'une véritable conversion à l'intégrisme musulman. En dépit des efforts prodigués par des associations islamistes ultra-minoritaires, liées souvent à des États étrangers et financées par eux, et de l'action entreprises par des imams extrémistes pour radicaliser leurs jeunes recrues et entraîner une partie d'entre elles sur la voie du terrorisme et de la lutte armée contre l'Occident (en Bosnie, en Tchétchénie, en Afghanistan, etc.), ce mouvement n'affecte qu'une faible partie des familles de migrants. Selon une enquête IFOP-*Le Monde* de 2001, seuls 42 % des musulmans se disent « croyants »,

36 % croyants et pratiquants et 15 % assidus à la prière du vendredi à la mosquée. Beaucoup plus que la « montée » des courants intégristes, dont certaines organisations politiques et certains vecteurs médiatiques font un épouvantail auprès d'une opinion en proie aux interrogations identitaires, c'est la laïcisation des nouvelles générations issues de l'immigration qui est à l'ordre du jour.

L'arrivée massive, à partir des années 1970, de réfugiés en provenance de l'ex-Indochine (Viêtnam, Cambodge, Laos) et d'immigrés chinois a favorisé le développement du bouddhisme en France. Environ 400 000 personnes d'origine asiatique relèvent aujourd'hui de cette confession, auxquelles il convient d'ajouter plusieurs dizaines de milliers de Français convertis au bouddhisme japonais (de type zen) et surtout tibétain. En partie grâce à la médiatisation et aux nombreux voyages en France du dalaï-lama – le chef spirituel et temporel du Tibet – le bouddhisme possède une image très positive dans l'opinion française, 11 % de nos compatriotes déclarant se sentir « proches » de cette religion (sondage BVA, 1999).

C'est également un retour au religieux que traduit le succès durable des sectes et des églises parallèles, les unes poussées sur le terreau du christianisme, les autres importées d'Orient. Parmi les premières, il faut citer les baptistes (on en comptait plus de 20 000 au début des années 1990), les adventistes (8 000), les mormons (15 000), les pentecôtistes (70 000 membres répartis en 500 communautés), les « témoins de Jéhovah » (près de 200 000 adeptes). Parmi les secondes, les plus fréquentées sont l'Église de scientologie (30 000 membres) qui tente d'allier haute technologie moderne, pratique de la méditation transcendale empruntée à l'hindouisme... et sens des affaires, les Enfants de Dieu et la secte Moon, dont la prédication s'est nourrie jusqu'à une date récente d'un anticommunisme virulent. À quoi il faut rattacher les innombrables groupuscules et officines en tout genre qui tirent leur fonds de commerce de l'ésotérisme, de la parapsychologie, de l'astrologie, de la croyance en la réincarnation, etc. Au total un monde de la « nouvelle religiosité » qui mobilise entre 500 000 et 600 000 personnes et dont la pérennisation dans notre société s'explique par la recherche d'une religion individualisée et non structurée qui guide dans leur quête d'absolu un certain nombre de nos contemporains.

Politiques et pratiques culturelles des Français

Inaugurée au début des années 1960 avec la création d'un département ministériel spécifique, confié à André Malraux, la politique culturelle n'a cessé de prendre de l'ampleur depuis cette date, tant au niveau de l'État que des collectivités locales. Disposant d'un budget qui a augmenté trois fois plus vite que celui des autres départements, le ministère de la Culture a orienté ses interventions dans deux directions : politique du « patrimoine » d'une part, axée sur la conservation des biens culturels, la construction et l'entretien des musées, bibliothèques, vidéothèques et autres lieux de diffusion de la culture, l'acquisition de nouvelles œuvres (par exemple *L'Astronome* de Vermeer au Louvre), etc., et soutien d'autre part à la création et à l'animation culturelles. Celui-ci, pratiqué notamment par les gouvernements de gauche et sous l'impulsion de Jack Lang, entre 1981 et 1986, s'est effectué à tous les niveaux, qu'il s'agisse de la commande publique en matière d'œuvres d'art – elle dispose d'un fonds spécifique doté d'un budget qui atteignait 33 millions de francs en 1990 – du financement des Maisons des jeunes et de la Culture, ou des subsides dont bénéficient des initiatives de tous ordres telles qu'expositions, colloques, groupes musicaux, etc.

Mais le budget du ministère de la Culture ne constitue qu'une part très réduite de l'ensemble des sommes consacrées aux activités intellectuelles et artistiques. S'y ajoutent les budgets culturels des autres ministères, d'une ampleur à peu près équivalente, celui des « grands travaux » qui relève directement de la présidence de la République et auquel Paris doit de s'être doté depuis quinze ans d'une nouvelle génération de lieux consacrés à la culture (Musée d'Orsay, Grand Louvre, Bibliothèque François Mitterrand, etc.), et surtout les dépenses des collectivités locales. Parties de rien au début des années 1970, ces dernières augmentent à l'heure actuelle au rythme de 10 % par an et représentent le double de celles de l'État. En 1990, les départements ont dépensé pour la culture plus de 4 milliards de francs, soit 2,5 % de leur budget. Les villes, quelles que soient leurs dimensions, ont multiplié les initiatives qu'il s'agisse de l'animation culturelle, pratiquée à tous les niveaux – de la fête de rue au concert de musique classique, en passant par les spectacles « son et lumière » et les innombrables festivals (musical à Aix-en-Provence, théâtral en Avignon, cinématographiques à Cannes, Deauville ou Avoriaz, de la bande dessinée à Angoulême, etc.) –, ou de l'équipement lourd en bibliothèques, musées ou théâtres. Ce sont généralement les grandes villes (de plus de 150 000 habitants) qui consacrent la proportion la plus forte de leur budget (14 % en moyenne) aux activités culturelles. Partout, la culture est devenue pour les municipalités, les conseils généraux et régionaux, comme pour le pouvoir central, un enjeu politique important.

Cette participation croissante des pouvoirs publics dans le financement de l'activité culturelle des Français ne s'accompagne pas d'un investissement identique de la part des ménages. Toutefois, depuis le début des années 1960, les

665

dépenses culturelles ont augmenté bon an mal an au même rythme que l'ensemble des dépenses et représentent aujourd'hui en moyenne entre 7 et 8 % du budget. Ce sont surtout celles que les individus et les familles consacrent à l'équipement audiovisuel à domicile qui ont augmenté depuis vingt ans. À la fin des années 1970, les achats de téléviseurs, magnétoscopes, chaînes Hi-fi, postes de radio, etc., représentaient 70 % de la « consommation culturelle » des Français. Depuis cette date, cette proportion a sensiblement baissé, suite aux effets conjugués de la récession et du chômage, de la baisse sensible du prix de ces biens et de la saturation du marché ; plus de 95 % des foyers de l'Hexagone sont dotés d'au moins un récepteur de télévision.

La « petite lucarne » est devenue en effet le principal instrument d'information et de récréation des Français. En 1967, un peu plus de 51 % d'entre eux déclaraient regarder la télévision « tous les jours » ou « presque tous les jours » ; en 1992 ils étaient 82,6 % à le faire et l'on estimait que les habitants de l'Hexagone consacraient 43 % de leur temps libre à cette activité et que la moitié d'entre eux stationnaient devant le petit écran plus de 17 heures par semaine.

Est-ce à dire que cette dépendance croissante à l'égard de la subculture télévisuelle a marginalisé les autres pratiques culturelles des Français ? Il ne le semble pas, bien au contraire. La lecture, par exemple, a gagné des adeptes : en 1997, 75 % des personnes interrogées déclaraient avoir lu au moins un livre dans l'année, contre 70 % en 1970, 34 % avoir lu de 1 à 9 livres (24 % en 1973). Si recul il y a, il se situe du côté des gros lecteurs (plus de 25 livres par an), appartenant à la tranche cultivée des populations urbaines, et du côté des jeunes. S'agissant des revues et magazines – tous genres mêlés –, le lectorat a également augmenté de manière sensible, conséquence également de l'élévation du niveau moyen d'instruction de la population française et en dépit de la persistance ou de la résurgence de l'analphabétisme, ou du moins de l'inaptitude à déchiffrer correctement un texte dans les catégories les plus touchées par l'exclusion sociale. La lecture des journaux a au contraire connu une baisse spectaculaire : 36 % des Français de 15 ans et plus lisent tous les jours un quotidien contre 55 % en 1973. Concurrencés à la fois par la télévision, la radio, les journaux distribués gratuitement dans les transports publics et par Internet, les principaux quotidiens d'audience nationale doivent ainsi affronter une baisse régulière de leur lectorat et multiplier les « nouvelles formules » (*Le Figaro* et *Le Monde* ont ainsi radicalement modifié leur présentation et leur structure à l'automne 2005) pour retenir une clientèle de plus en plus séduite par d'autres médias.

Globalement, on lit donc davantage. On sort également davantage. En 1967, une personne sur trois sortait une fois par mois, contre une sur deux à l'heure actuelle. Ces « sorties », qui sont surtout le fait des jeunes adultes citadins, n'ont pas toutes évolué au même rythme. Entre 1973 et 1997, le nombre de personnes ayant fréquenté une salle de cinéma au moins une fois au cours des douze derniers mois est passé de 52 % à 49 %. Sensible progression en revanche pour le théâtre (de 12 % à 16 %), les concerts de rock ou de jazz (de 6 % à 13 %), les expositions temporaires de peinture ou sculpture (de 19 % à 25 %). L'opéra, le music-hall et les variétés, la danse (classique ou moderne), le cirque maintiennent ou améliorent légèrement leurs positions. Les expositions et musées nationaux accueillent aujourd'hui entre 12 et 13 millions de visiteurs, dont plus de 2 millions pour le Louvre et autant pour Versailles. En 1993, l'inauguration du Grand Louvre a été un immense événement populaire. Chaque année, la « journée du patrimoine » permet à des millions de Français de découvrir non seulement les lieux de conservation des richesses artistiques de leur pays, mais également des édifices publics auxquels ils n'ont généralement pas accès.

Il est donc abusif de parler, comme on le fait souvent, d'une accentuation du caractère élitiste de la culture. Certes, le public du concert de musique classique ou « contemporaine », celui qui fréquente les galeries de peinture « branchées » de la rue de Seine ou de l'avenue Matignon, les *happy few* qui disposent de moyens et d'un entregent suffisants pour assister aux prestigieuses soirées où se produit quelque star du *bel canto*, un Ruggiero Raimondi, un Luciano Pavarotti, aujourd'hui un Roberto Alagna, constituent un monde exigu et passablement fermé. Mais à côté de lui s'est développé un public plus large et plus composite qui se presse aux grandes expositions de « Beaubourg », du Grand Palais ou du Musée d'Orsay, aux représentations lyriques de l'« Opéra Bastille » et de Bercy (où se succèdent, dans l'immense salle futuriste du palais omnisport, rencontres de tennis, opéras de Verdi et concerts rocks), voire sur les gradins du Stade de France à Saint-Denis. Comme au TNP des années 1950, on y trouve rassemblés – de même que dans les innombrables manifestations culturelles de province – sinon les représentants du monde ouvrier, du moins, de plus en plus nombreux, ceux des catégories intermédiaires – fonctionnaires, enseignants, membres des professions libérales, cadres moyens, etc. –, drainés jusqu'à ces nouveaux temples de la culture par tout un réseau d'associations et de comités d'entreprise.

Le virus télévisuel n'a donc pas rendu les Français aussi casaniers qu'on le croit. Sans doute sont-ils plus nombreux à écouter quotidiennement chez eux de la musique sur cassette, CD-rom, Internet et à pratiquer, en solo ou en famille, « jeux de société » et jeux vidéo. Mais les loisirs d'extérieur, les voyages (on va de plus en plus loin), les séjours de vacances (plus courts qu'il y a trente ans et répartis sur toute la saison) ont progressé, de même que les pratiques sportives, notamment celles pour lesquelles le temps d'apprentissage est bref et que l'on peut poursuivre plus longtemps : jogging, cyclisme, natation, randonnées pédestres ou gymnastique. On estime que plus de 70 % des hommes et 55 % des femmes (contre moins de 30 % à la fin des années 1960) se livrent, plus ou moins régulièrement, à une activité sportive. Plus de 12 millions de Français sont titulaires d'une licence fédérale, alors qu'ils n'étaient guère plus de 5 millions en 1970. Signe des temps, la disproportion entre sports collectifs et sports individuels s'est fortement accentuée au cours des dernières décennies. Les premiers ne sont pratiqués que par un Français sur quinze, tandis que les seconds en mobilisent un sur trois. Ainsi, le football qui, en tant que spectacle de masse, draine des foules considérables, aussi bien sur les stades que devant le petit écran à l'occasion des finales de coupes et des rencontres du Mondial, ne vient qu'au septième rang des sports pratiqués dans l'Hexagone, ceci en dépit de l'engouement passager qui a suivi la victoire des « bleus » en finale de la coupe du monde 1998 et de l'immense popularité dont jouissent des joueurs comme Zinedine Zidane, Thierry Henry ou Fabien Barthez. Le tennis, en revanche, longtemps considéré comme réservé à une élite, est devenu – largement grâce aux retransmissions télévisées des Internationaux de France à Roland Garros et des tournois de Wimbledon, de Flushing Meadow, de Bercy, etc. – un véritable sport de masse dont le nombre des licenciés est passé de 53 000 en 1950 à plus de 1 500 000 aujourd'hui. Parmi les autres sports qui ont connu un fort développement au cours des trente dernières années, il faut citer le rugby (222 000 licenciés en 2003), le ski et les autres sports de neige, le handball et surtout le judo (plus de 500 000 licenciés dont 25 % de femmes).

Une culture de masse

Les grandes mutations technologiques, économiques et sociales des quarante dernières années ont eu pour effet de fortement éroder la culture populaire et la culture dite « bourgeoise ». Transmise par la famille, le lycée et l'institution religieuse, cette dernière a longtemps conservé une cohérence qui reposait sur un socle commun de références puisées dans les humanités classiques – le grec, le latin, la littérature française, l'histoire, la philosophie – et dans l'enseignement de l'église. Entre l'ingénieur sorti de l'X, le médecin généraliste, le haut fonctionnaire, l'avocat, le gestionnaire de haut niveau, il existait une connivence intellectuelle et esthétique, un sentiment d'appartenance au même système de valeurs qui s'étaient nourris de la fréquentation des « bons auteurs », de la récitation par cœur des « grands textes », de la connaissance des mythes fondateurs de la culture occidentale et de l'admiration vouée aux héros et aux saints. Tout ceci a volé en éclats avec la démocratisation de l'enseignement, la marginalisation des études classiques et le recul de l'éducation religieuse. Comme l'écrit Henri Mendras, « ce qui était patrimoine commun de tout homme cultivé devient érudition de spécialistes. Les humanités s'évanouissent et avec elles l'humanisme qui les inspirait » (*La Seconde Révolution française*, *op. cit.*, p. 346).

Si la culture « savante » a ainsi subi de plein fouet le contrecoup du bouleversement social qui a caractérisé les « trente glorieuses », la culture « populaire » – paysanne et ouvrière – qui s'est constituée au cours des siècles à la fois comme reflet et comme rejet de la première, n'a pas davantage résisté aux mutations de notre temps. Que reste-t-il en cette fin de siècle des cultures régionales, sinon de nostalgiques entreprises d'exhumation d'un folklore dont on oublie trop souvent qu'il n'est pas le produit spontané et mûri d'une très ancienne tradition populaire, mais qu'il a été façonné par des élites locales au XIXe siècle ? Et que reste-t-il de la « culture ouvrière », et plus généralement de la culture populaire urbaine qui s'est, elle aussi, forgée au siècle dernier, et qui a connu son apogée sous la Troisième République ? Les derniers feux d'une culture qui relie dans le temps « Casque d'or » et les héros d'Eugène Sue à ceux des films réalistes de l'immédiat avant-guerre (Gabin, Michel Simon, Arletty, Carette), ont disparu avec les années 1950 et les guinguettes du bord de la Marne, en même temps que s'estompaient les types sociaux qui leur avaient servi de modèles : le « métallo », la « gueule noire », le « titi parisien ».

Sur les ruines de ces deux cultures éclatées, qui coïncidaient avec des groupes clairement délimités, s'est constitué un système de diffusion culturelle qui obéit à des règles toutes différentes, dès lors que la classe dirigeante n'est plus en mesure de légitimer, ou simplement de reproduire sa culture propre. Chaque catégorie peut ainsi sélectionner dans l'immense catalogue de produits culturels qui sont mis à sa disposition par les médias ceux qui correspondent le mieux à ses besoins et à ses goûts, l'impulsion n'étant plus donnée comme dans le passé par une élite bourgeoise rompue aux humanités classiques, mais par ce que les sociologues appellent les « noyaux dynamiques de la constellation centrale » (cadres, diplômés universitaires, enseignants, animateurs sociaux, etc.), principaux innovateurs en matière de goût, de modes et de normes esthétiques.

La presse, principalement les hebdomadaires politico-culturels (*L'Express*, *Le Nouvel Observateur*, *Le Point*, *Le Figaro Magazine*), les supports publicitaires, la radio et bien sûr la télévision constituent les vecteurs privilégiés de cette culture de masse, hétéroclite mais continûment renouvelée, dans laquelle chaque individu ou chaque groupe vient puiser pour se constituer son propre bagage culturel. Le conformisme social et les impératifs économiques aidant, il en est résulté l'irruption d'une « sous-culture » uniformisée et commercialisée, qui n'est pas exclusive toutefois d'une production de qualité. Le « petit écran » peut ainsi être porteur du meilleur ou du pire. Le pire réside dans la toute puissance de l'« audimat » – la technique de sondage qui permet à tout moment de mesurer l'audience d'une émission, donc d'évaluer son impact sur le téléspectateur des « spots publicitaires » qui l'accompagnent, et d'établir les programmes en fonction de la rentabilité des produits offerts au public. Les heures de grande audience se trouvent de ce fait monopolisées par les productions qui répondent le plus au goût d'une population pour laquelle la télévision est essentiellement un outil d'évasion : émissions de « variétés », films, feuilletons, téléfilms, etc. Tout n'est pas uniformément à rejeter dans cette production télévisuelle de loisir qui, après tout, peut familiariser les Français avec les paysages, les pratiques sociales et la culture de leurs voisins européens (*cf.* par exemple les « séries » réalisées en Allemagne et dont les héros sont l'inspecteur Derrick ou le commissaire Schimanski), ou qui fait se côtoyer sur le même plateau tel chanteur de variété et telle ou telle des grandes figures de l'art lyrique : Michele Placido, Pavarotti, Barbara Hendricks ou Jessie Norman. Quant au meilleur, il n'est pas totalement absent de la « petite lucarne », tantôt sous la forme d'une création originale, signée Moatti ou Bluwal et programmée sur une chaîne de grande audience, tantôt d'une émission mêlant reportage et réflexion (comme *Géopolis*), tantôt encore d'une production historique de qualité comme les *Brûlures de l'Histoire* de Laure Adler et Patrick Rotman ou *Histoire parallèle* de Marc Ferro. Des émissions aussi austères dans leur propos que *Shoah* de Claude Lanzmann et *De Nuremberg à Nuremberg* de Frédéric Rossif ont constitué lors de

672

leur premier passage sur le petit écran de véritables événements. La multiplication des réseaux câblés ou transmis par satellite (dont certains spécialisés dans la diffusion des grands classiques du cinéma ou dans le documentaire), la mise en place d'une chaîne culturelle – « Arte » – accessible sans péage et dispensatrice de « soirées thématiques » sur les sujets les plus variés, ainsi que la diffusion du magnétoscope ont permis à un public qui tend aujourd'hui à s'élargir de diversifier sa consommation télévisuelle et de donner à celle-ci un contenu moins strictement récréatif que celui des chaînes ordinaires.

Ce que la télévision a gagné en audience au cours des vingt dernières années, le cinéma l'a-t-il irrémédiablement perdu ? Certes, il existe – et elle se fait de plus en plus pressante – une concurrence du petit écran qui contraint les industriels du septième art et les créateurs à privilégier les critères de rentabilité, et pour cela à attirer par tous les moyens les spectateurs potentiels. Le pari est d'autant plus difficile à relever qu'aux coûts de plus en plus élevés de la production cinématographique s'ajoutent les effets de la crise sur les budgets des ménages. Il en résulte, s'agissant de la production courante, une uniformisation des produits et une baisse globale de la qualité qui doivent cependant être relativisées. Il en est du cinéma comme de la littérature. Les chefs-d'œuvre du passé ne doivent pas nous faire oublier qu'ils sont dans notre mémoire collective la partie émergée d'un immense continent perdu de productions médiocres et à jamais oubliées. La cinématographie que les Français consomment depuis le début des années 1970 n'est statistiquement ni meilleure ni pire que celle de l'avant-guerre ou celle des années 1950. Les ratés de série B font la grosse masse des recettes, comme il y a trente et quarante ans. Les chefs-d'œuvre sont peut-être un peu moins nombreux depuis que quelques géants comme Carné, Renoir, Truffaut ou Melville ont disparu ou ont cessé d'exercer leur art. Mais beaucoup ont conservé intacte leur capacité de création et d'innovation et surtout, quoi qu'en pensent les éternels contempteurs du temps présent, il existe une relève qui conçoit et travaille différemment, vit avec son époque, et ne considère pas toujours la télévision comme le mal absolu.

L'innovation créatrice n'exclut pas le recul de la consommation cinématographique depuis une dizaine d'années. En 1981, on avait enregistré 189 millions d'entrées, soit 14 millions de plus qu'au cours des deux années précédentes, et en 1982 et 1983, des chiffres tournant autour des 200 millions d'entrées. C'est à partir de cette date que la fréquentation a fléchi de manière spectaculaire : 191 millions d'entrées en 1984, 172 millions en 1985, 163 millions en 1986, 122 millions en 1988, 118,9 millions en 1989, 115 millions en 1992. Sur ce total, la part des films français est tombée de 44,3 % en 1981 à 37 % en 1989 et à un peu plus de 30 % en 1991. Durant cette période, ce sont des milliers de salles qui ont fermé, le « ciné de quartier » se transformant en magasin de vêtements, en restaurant ou en succursale de banque. D'autres n'ont survécu qu'en découpant les anciens espaces en petites unités, pas toujours très confortables, de manière à diversifier leurs programmes et à capter des clientèles diverses. Le public a tendance en effet à se segmenter très fortement et rares sont les films français qui, par leurs aspects spectaculaires, s'inscrivent en tête des recettes comme *Le Grand Bleu* de Luc Besson en 1988, *Cyrano de Bergerac* de Jean-Paul Rappenau en 1990, *Germinal* de Claude Berri en 1993 et *La Reine Margot* de Patrice Chéreau en 1994.

Entre le début des années 1970 et le milieu de la décennie suivante, le cinéma français s'est partagé – s'agissant aussi bien du contenu que du style des réalisations – entre quatre courants principaux. Le premier est, au sens large du terme, celui du cinéma politique. En France, la cinématographie militante, d'inspiration soixante-huitarde, n'a eu sur les écrans qu'une présence marginale et éphémère, essentiellement représentée par deux réalisateurs qui, chacun à sa manière, n'ont pas attendu l'explosion de Nanterre pour développer dans leurs œuvres une thématique qui allait, à bien des égards, être celle du mouvement étudiant. Jean-Luc Godard dans *La Chinoise* (1967), Chris Marker dans *Loin du Viêt-Nam* (1967) et dans *À bientôt j'espère,* font ainsi figure de précurseurs du grand chambardement de mai 1968, mais, au moment où celui-ci éclate, personne n'est là pour le filmer en direct, ou du moins pour faire un véritable film avec les séquences prises à chaud par quelques-uns de ses acteurs. Il faudra attendre 1977 pour que Marker replace l'événement dans le contexte de la décennie « révolutionnaire » qui relie le mai européen aux mouvements de libération du Tiers-Monde (*Le Fond de l'air est rouge,* 1977), et 1982 pour que Romain Goupil se hasarde à évoquer dans *Mourir à trente ans* les illusions perdues de la génération des barricades. Quant à l'« esprit de mai », il n'a guère inspiré que quelques œuvres qui auront d'ailleurs du mal à trouver un public au-delà des salles du Quartier Latin, qu'il s'agisse de *L'An 01* de Jacques Doillon, de *On n'arrête pas le printemps* de René Gilson, de *Tout va bien,* de Jean-Luc Godard, tous trois réalisés en 1972, ou de films féministes tels que *L'une chante l'autre pas* d'Agnès Varda, *Mon cœur est rouge* de Michèle Rosier et *Qu'est-ce que tu veux Julie ?* de Charlotte Dubreuil, sortis sur les écrans en 1976.

En revanche, le cinéma politique de grande consommation a connu un immense succès au cours de la décennie 1970, comme si, après l'échec de 1968 et sur fond de blocage de la situation intérieure et internationale, une large fraction du public français avait cherché sur les écrans un exutoire à l'immobilisme de l'ère pompidolo-giscardienne. Le phénomène n'est pas d'ailleurs particulier à la France et affecte sans doute davantage encore le cinéma italien, mais chez nous il constitue une rupture spectaculaire avec la période de l'après-guerre et de la décolonisation, marquée par un désengagement à peu près complet (combien de films par exemple sur la guerre d'Indochine en dehors du très beau *Mort en fraude* de Marcel Camus, sorti sur les écrans trois ans après les accords de Genève ?). Le ton est donné, dès 1969, avec le film de Costa-Gavras, *Z, ou l'anatomie d'un assassinat politique,* dans lequel ce cinéaste d'origine grecque met en scène, sur un scénario de Jorge Semprun, l'élimination d'un dirigeant de l'opposition démocratique (Lambrakis, incarné par Yves Montand) dans la Grèce des colonels. Premier volet d'une trilogie que complèteront en 1970 *L'Aveu* et en 1973 *État de siège* et qui inaugure une véritable mode cinématographique (parfois baptisée « série Z » par référence au modèle du genre) à laquelle sacrifient nombre de réalisateurs connus : Jean-Pierre Mocky (*Solo,* 1970, *L'Albatros,* 1971), Michel Drach (*Élise ou la vraie vie,* 1970), André Cayatte (*Mourir d'aimer,* qui relate en 1970 l'affaire Gabrielle Russier), *Il n'y a pas de fumée sans feu,* 1972), Alain Corneau (*Police Python 357,* 1976, *La Menace,* 1977), Laurent Heynemann (*La Question,* 1976), et surtout Yves Boisset, lui aussi auteur d'une trilogie comprenant *L'Attentat* (1972, sur l'affaire Ben Barka), *Dupont-Lajoie* (1974, sur le racisme ordinaire) et *Le Juge Fayard, dit le sheriff* (1976, sur l'assassinat du juge Renaud, abattu à Lyon en 1975).

S'il satisfait les consciences de gauche et regorge de bons sentiments, ce qui lui assure un succès appréciable dans la France affairiste des « trente glorieuses » finissantes, ce cinéma politico-policier a tôt fait de lasser par son manichéisme pesant et par la façon caricaturale dont il dépeint les milieux et les types sociaux qu'il a pris pour cibles (*cf.* par exemple *La Femme flic* de Boisset, 1979, avec Miou-Miou dans le rôle d'une jeune inspectrice mutée dans une ville du Nord contrôlée par un riche industriel). L'arrivée au pouvoir des socialistes en 1981 le prive de sa fonction tribunicienne et le condamne à un prompt dépérissement.

La peinture de la société, complaisante, indifférente ou corrosive, suivant les auteurs, constitue le second courant – l'un des plus féconds – de la cinématographie française des années 1970. D'un côté, le cinéma de Lelouch et de Sautet, reflet des états d'âme et du mode de vie de la classe moyenne, peintres du quotidien (Sautet : *Les Choses de la vie*, 1969, Lelouch : *Si c'était à refaire*, 1976), du couple moderne (Lelouch : *Vivre pour vivre*, 1967, Sautet : *César et Rosalie*, 1972), des pratiques sociales des « nouvelles couches » (Sautet : *Vincent, François, Paul et les autres*, 1975, *Une Histoire simple*, 1978) ; de l'autre la critique acerbe, et parfois passablement caricaturale de la société « bourgeoise » qui continue de nourrir la cinématographie d'un Claude Chabrol (*La Femme infidèle*, 1969, *Que la bête meure*, 1969, *Les Innocents aux mains sales*, 1975), la vision à la fois généreuse et pessimiste d'un Bertrand Tavernier (*L'Horloger de Saint-Paul*, 1974, *La Mort en direct*, 1979, *Une semaine de vacances*, 1980), la désespérance qui imprègne l'œuvre cinématographique d'un Pialat (*Nous ne vieillirons pas ensemble*, 1972, *La Gueule ouverte*, 1973, *Loulou*, 1980), d'un Alain Corneau (*Série noire*, 1979) ou d'un Téchiné (*Barocco*, 1976), ou encore le traitement par la provocation, la caricature et la dérision dont font usage des réalisateurs aussi différents que Jean Yanne (*Tout le monde il est beau, tout le monde il est gentil*, 1972, *Moi y en a vouloir des sous*, 1973) et Bertrand Blier (*Les Valseuses*, 1973, *Buffet froid*, 1979).

C'est moins la société, en tant que telle, que la psychologie et le comportement des individus, ainsi que leurs rapports – souvent difficiles – avec les autres qui constituent le matériau du troisième courant, celui d'un romanesque cinématographique aux multiples facettes, tel qu'il se développe par exemple chez Jean Eustache, auteur avec *La Maman et la putain* (1973), *Mes petites amoureuses* (1974), *Une sale histoire* (1977), d'une œuvre qui symbolise à bien des égards les années 1970 et l'esprit post-soixante-huitard qui continue d'habiter nombre de jeunes cinéastes français, Jacques Doillon (*Les Doigts dans la tête,* 1974, *La femme qui pleure,* 1978), André Téchiné (*Hôtel des Amériques,* 1982), Philippe Garrel (*Le Lit de la Vierge,* 1969, *L'Enfant secret,* 1983) et bien sûr François Truffaut. Après les œuvres à fortes résonances autobiographiques qui ont caractérisé chez lui la période de la « nouvelle vague », et auxquelles il donne une suite durant la décennie 1970 (*Domicile conjugal,* 1970, *L'Amour en fuite,* 1978), ce dernier abandonne son double – le personnage gauche et déphasé d'Antoine Doisnel, incarné par Jean-Pierre Léaud – pour un univers purement romanesque auquel son regard confère une intense vérité : *Deux Anglaises et le continent* (1971), *Adèle H* (1975), *La Nuit américaine* (1973), *Le dernier métro* (1980), *La Femme d'à côté* (1981). Au même filon d'un cinéma intimiste, d'une limpidité et d'une retenue toutes classiques, on peut rattacher le cycle des « Contes moraux » d'Éric Rohmer : *Ma nuit chez Maud* (1969), *Le Genou de Claire* (1970), *L'Amour l'après-midi* (1972), ainsi que des films comme *La Maison des bories* de Jacques Doniol-Valcroze (1970), *Une femme douce* de Robert Bresson (1969), ou *Le Soleil en face* (1979), pour ne citer que ces échantillons d'une production multiforme et de grande qualité.

Tandis que les cinéastes de la « Nouvelle Vague » continuent de filmer, chacun poursuivant sa propre trajectoire – Chabrol on l'a vu dans la peinture sociale corrosive, Truffaut dans le romanesque intimiste, Godard dans l'évocation de la folie du monde (*Sauve qui peut la vie,* 1980, *Prénom Carmen,* 1983, *Soigne ta droite,* 1987), Rivette dans le cinéma littéraire (*Out One,* 1970, *Céline et Julie vont en bateau,* 1974), tout comme Marguerite Duras (*La Femme du Gange,* 1973, *Indiana Song,* 1974), Agnès Varda dans la saisie de l'air du temps (*Sans toit ni loi,* 1985), Louis Malle dans un éclectisme toujours prompt à s'emparer de « grands sujets » et à leur imprimer sa marque (*Lacombe Lucien,* 1974, *Le Souffle au cœur,* 1971, *Au revoir les enfants,* 1987) – l'essentiel (en termes quantitatifs) de la production française nourrit un quatrième courant qui est, si l'on peut dire, celui du cinéma « récréatif » lequel rassemble un certain nombre de genres dans lesquels les producteurs ont depuis toujours risqué les plus gros budgets, assurés qu'ils étaient du résultat commercial.

Le cinéma burlesque continue d'attirer un public nombreux, particulièrement sensible aux efforts de renouvellement que prodiguent des réalisateurs tels que Gérard Oury (*La Folie des grandeurs,* 1971, *Les Aventures de Rabbi Jacob,* 1973, *La Carapate,* 1978), Claude Zidi (la série des « Charlots » à partir de 1972, *L'Aile ou la cuisse,* 1976, *La Zizanie,* 1978, *Inspecteur La Bavure,* 1980), Yves Robert (*Le Grand Blond avec une chaussure noire,* 1972, *Nous irons tous au paradis,* 1977), Jean Giraut (*L'Avare,* 1979) et Georges Lautner, le succès du genre reposant sur une mise en scène rapide, sur l'inventivité et le rythme en matière de gags et sur un échantillon de comédiens parfaitement adaptés aux diverses facettes du comique : Louis de Funès, Bourvil, Coluche, Pierre Richard, Gérard Depardieu, Yves Montand, Alice Sapritch, Mireille Darc, etc., bientôt suivis d'une nouvelle génération issue du café-théâtre et notamment du « Splendid » dont les vedettes s'appellent Michel Blanc, Gérard Jugnot, Thierry Lhermitte, Dominique Lavanant ou Josiane Balasko.

À mi-chemin du burlesque pur, que peuvent pratiquer épisodiquement des réalisateurs dont l'œuvre se situe généralement dans un autre registre (Lelouch dans *L'Aventure c'est l'aventure* par exemple), et de la comédie légère ou du « film d'action », on rencontre un certain nombre de cinéastes dont les œuvres trouvent également une audience très large, et pour les mêmes raisons que les précédents, à savoir le rythme de la mise en scène, le recours au spectaculaire et l'appel systématique à des vedettes dont la présence au générique assure à elle seule le succès du film. Se rattachent à ce versant du cinéma d'évasion des réalisateurs tels que Jean-Paul Rappenau (*Le Sauvage*, 1975, avec Yves Montand et Catherine Deneuve, *Tout feu tout flamme*, 1981, avec le même Yves Montand et Isabelle Adjani), Philippe de Broca (*Le Magnifique*, 1973, avec J. P. Belmondo, *L'Africain*, 1982, avec le couple Noiret/Deneuve), Michel Boisrond, Jean-Daniel Pollet, Gérard Pirès, Michel Lang, pour ne citer que les plus connus.

Enfin, toujours dans le domaine de l'évasion, le *thriller* à la française continue de faire recette, que ce soit dans la forme classique que cultivent Jean-Pierre Melville jusqu'à sa mort survenue en 1973 (*Le Cercle rouge*, 1970, *Un flic*, 1972), Henri Verneuil (*Peur sur la ville*, 1974, *Le Corps de mon ennemi*, 1976, *I comme Icare*, 1979), Robert Enrico (*Pile ou face*, 1980), Lautner (*Mort d'un pourri*, 1977) Granier-Deferre (*Adieu poulet*, 1976) ou José Giovanni (*Deux hommes dans la ville*, 1973, *Les Égouts du paradis*, 1978), ou dans un style qui se rapproche davantage des modèles américains contemporains, tant par la nervosité de la mise en scène que par la violence des images. Dans les rôles quasi interchangeables de « voyous » et de « flics », les « quadras » du cinéma français des années 1980 (Gérard Lanvin, Bernard Giraudeau, Richard Berry, etc.), succèdent peu à peu aux stars des deux décennies précédentes : Gabin, Ventura, Trintignant, Delon, Belmondo, mais les archétypes demeurent.

La disparition prématurée de François Truffaut, mort d'un cancer au cerveau en 1984, marque à bien des égards la fin d'une époque au cours de laquelle un certain nombre de réalisateurs de talent avaient réussi à concilier les ambitions du cinéma « d'auteur » et les impératifs du cinéma « commercial ». Désormais, les deux versants du septième art vont s'écarter de plus en plus, le premier cherchant désespérément à rencontrer un public, ou du moins à le fidéliser, le second jouant sur les recettes classiques du *star system* à la française pour conserver ses parts de marché, face à la concurrence étrangère (essentiellement américaine).

Cinéma commercial ne signifie d'ailleurs pas nécessairement cinéma de qualité médiocre, comme en témoignent le classement annuel des films ayant fourni les plus grosses recettes. En effet, si le genre policier et le comique continuent globalement d'attirer les publics les plus nombreux, les réalisateurs qui bénéficient de cet engouement des Français pour une cinématographie récréative, qu'ils s'appellent Gérard Oury (*Lévy et Goliath,* 1987), Claude Zidi (*Ripoux contre Ripoux,* 1990), Francis Veber (*Les Fugitifs,* 1986), Étienne Chatiliez (*La Vie est un long fleuve tranquille,* 1989, *Tatie Danielle,* 1991), ou Georges Lautner (*Joyeuses Pâques,* 1984), ont à cœur d'entretenir l'image d'une production soignée, conforme au label de la « qualité française ». On constate d'autre part que, parmi les productions qui viennent en tête du *box office*, figurent des films qui n'ont rien à voir avec ces deux genres quantitativement dominants, et qui fondent leur succès soit sur l'attrait exercé par quelques stars du grand écran (Yves Montand et Daniel Auteuil dans l'adaptation qu'a faite Claude Berri en 1986 de deux œuvres de Marcel Pagnol, *Jean de Florette* et *Manon des sources,* Gérard Depardieu dans *Tenue de Soirée,* 1986, et dans *Trop belle pour toi,* 1989, de Bertrand Blier, Catherine Deneuve dans *Indochine* de Régis Wargnier, 1991, etc.), soit sur le caractère spectaculaire ou insolite de la mise en scène (*Le Grand Bleu* de Luc Besson, 1989, *Cyrano de Bergerac* de J.-P. Rappeneau, 1990, *L'Ours* de J.-J. Annaud), soit sur la conjugaison de ces deux facteurs (*Itinéraire d'un enfant gâté* de Claude Lelouch, avec Jean-Paul Belmondo, en 1989, *Germinal* de Claude Berri, avec Depardieu, Renaud et Miou-Miou, en 1993 ou *La Reine Margot* de Patrice Chéreau, avec Isabelle Adjani, en 1994), soit enfin sur l'intérêt que porte le public à certaines périodes de l'histoire contemporaine qui servent de toile de fond à toute une partie de la production filmique, qu'il s'agisse de la Révolution française (*Les Chouans* de Philippe de Broca, 1989), de la « Belle Époque » (*Camille Claudel* de Br. Nuytten, 1989, *La Gloire de mon père* et *Le Château de ma mère* d'Yves Robert, 1990) ou de la Deuxième Guerre mondiale (*Au Revoir les enfants* de Louis Malle, 1987, *L'Œil de Vichy* de Claude Chabrol, 1993).

Face à cette cinématographie destinée à un public large, transcendant les catégories sociales et les classes d'âge, s'est développé, dans le contexte de la crise multidimensionnelle qui affecte nos sociétés post-industrielles, un « jeune cinéma français », qui peut éventuellement faire recette (*Le Grand Bleu* de Besson a attiré près de 9 millions de spectateurs, ce qui le place au huitième rang des *best sellers* depuis 1956), mais qui est d'abord un cinéma « d'auteur », intimiste et personnel, dans la postérité de ce que fut il y a trente ans la Nouvelle Vague.

Parmi les représentants de ce courant parfois qualifié de « néo-baroque », et dont le trait principal est de privilégier la technique et l'image (à la différence d'un Godard qui donne la priorité au plan, ou de cinéastes tels que Rohmer et Doillon qui s'attachent surtout aux personnages), émergent trois personnalités très différentes l'une de l'autre, mais que la critique et le public « branché » associent comme ils le faisaient il y a trente ans pour Godard, Chabrol et Truffaut. Tous trois fondent leur esthétique sur un panachage d'expressions culturelles, les unes majeures et classiques (musique, peinture), les autres mineures et modernes (BD, images publicitaires, graffiti, TV). Tous trois cherchent à exprimer le désarroi de leur époque, l'étouffement et la quête d'absolu d'une génération qui a de plus en plus de mal à communiquer et à vivre ses passions. Tous trois ont le goût de composer de belles séquences, sans trop se préoccuper du lien logique qui est censé leur conférer une cohérence dramatique. Luc Besson oscille ainsi entre deux univers oniriques dans lesquels s'égarent ses personnages suicidaires : l'infini marin du *Grand Bleu* (1988) et d'*Atlantis* (1990) et les coulisses poisseuses et angoissantes de la métropole post-moderne (*Subway*, 1986, *Nikita*, 1989). Jean-Jacques Beineix évoque avec *Diva* (1981), et surtout avec *La Lune dans le caniveau* (1983), *37°2 le matin* (1985) et *Roselyne et les lions* (1988), le retour désespéré à la passion amoureuse d'une génération qui, sur fond de crise du couple et de sida, ne se reconnaît pas plus dans le marivaudage des années 1960 et 1970 que dans la sexualité pure de la décennie suivante. Leos Carax avec *Boy Meets Girl* (1984), *Mauvais Sang* (1986) et *Les Amants du Pont-Neuf* (1991) exprime dans un langage filmique expressionniste et poétique, la subjectivité d'un auteur qui vibre à l'unisson de la jeunesse d'aujourd'hui. Il en est de même de cinéastes tels qu'Éric Rochant (*Un Monde sans pitié*, 1989), Philippe Faucon (*L'Amour*), Cédric Kahn (*Bar des rails*, 1990), et surtout Cyril Collard, dont le destin tragique – il est mort du sida en 1993, comme le personnage de son film, *Les Nuits fauves* – symbolise le mal de vivre d'une génération sacrifiée, comme celui de James Dean avait incarné, quarante ans plus tôt, la révolte des *teenagers* de l'après-guerre.

Les quinze dernières années ont vu à la fois s'accentuer la tendance à la marchandisation croissante de la production cinématographique, fondée sur des recettes classiques – films à gros budget dont on attend des retombées juteuses, complaisance à l'égard du goût supposé du public pour la violence, le sexe, les acteurs à la mode, etc. – et l'émergence d'une nouvelle génération de réalisateurs, héritiers de cinéastes comme Robert Bresson, Jean Eustache, Maurice Pialat ou André Téchiné, dont les œuvres ont souvent un caractère autobiographique, à l'échelle tantôt d'un individu, tantôt d'un groupe représentatif d'une classe d'âge ou de catégories particulièrement malmenées par les effets ravageurs du chômage et de l'exclusion. Relèvent de cette veine qui replace le social au cœur de l'œuvre cinématographique un Mathieu Kassovitz (*La Haine*, 1995), un Laurent Cantet (*Ressources humaines*, 2000), un Robert Guédiguian (*Marius et Jeannette*, *La ville est tranquille*, 2000), un Erik Zonka (*Gauche-droite*, 2000), ou un Arnaud Desplechin. Si les représentants de cette « nouvelle vague » ont souvent connu de grandes difficultés pour trouver un public, c'est néanmoins l'un d'entre eux, Jean-Pierre Jeunet qui, après une carrière de réalisateur de films publicitaires et de vidéo-clips, a obtenu avec *Le Fabuleux Destin d'Amélie Poulain* (2000), l'un des plus grands succès populaires des vingt dernières années, avec *Bienvenue chez les Ch'tis* de Dany Boon (2008).

La vie intellectuelle et artistique

À l'autre pôle de la production d'objets symboliques, celui de la culture dite des élites, le dernier quart de siècle se caractérise par une réduction de la distance qui séparait traditionnellement les créateurs du « grand public », conséquence des progrès accomplis depuis trente ans en matière d'éducation et de communication, de la médiatisation croissante des faits culturels, et aussi semble-t-il de la désacralisation, voire de la banalisation de la fonction intellectuelle et artistique dans notre société. Démocratisation si l'on veut, mais qui n'est pas sans conséquence sur la nature même de l'objet concerné.

Il en est ainsi du « débat intellectuel », longtemps cantonné dans la sphère exiguë des cénacles philosophico-littéraires, aujourd'hui diffusé à grande échelle, digéré par les médias et livré au public sous une forme assimilable, sinon par le plus grand nombre, du moins par ce qu'il est convenu d'appeler le « public cultivé », lecteur de revues et de magazines politico-culturels, d'ouvrages « savants » présentés dans les pages spécialisées de ces périodiques, et spectateurs assidus des rencontres télévisuelles concoctées par Bernard Pivot ou Bernard Rapp. De cette médiatisation, et de la pratique du vedettariat qui en résulte, découle – le mirage du *scoop* éditorial aidant – une transformation radicale de l'objectif poursuivi par les spécialistes des sciences de l'homme et de la société, bien mis en évidence par Raymond Boudon. « Le philosophe, l'historien, le sociologue, l'économiste, écrit ce dernier, ne peuvent officiellement – ce serait contradictoire avec les objectifs traditionnels de ces disciplines – annoncer que leur but est de plaire et de toucher. Or, si l'on veut avoir accès au vedettariat, il faut plaire et toucher. Il faut donc se comporter comme un littérateur, mais tenter de passer pour un scientifique. Comment ? par exemple en faisant œuvre d'imagination, mais en laissant entendre que cette réalité invisible que l'on décrit n'est pas une fiction, mais au contraire la « réalité » dans ce qu'elle a de plus profond et de plus essentiel. (« L'intellectuel et ses marchés », *Universalia 1988*, p. 331-334).

Le résultat ? Dans le champ des idées, une importance croissante donnée au « divertissement » – au sens pascalien du terme – au dépens de l'approfondissement du savoir. Déjà, avec ces deux figures de proue de l'intelligentsia contemporaine que furent Roland Barthes et Michel Foucault, disparus respectivement en 1980 et 1984, l'esthétisme et l'imagination l'emportent souvent sur la Science, dans l'acception ordinaire du terme. Encore ont-ils, chacun dans son domaine, apporté des matériaux neufs aux disciplines de l'esprit et cultivé des terrains jusqu'alors demeurés en jachère (par exemple l'histoire de l'enfermement, de la folie ou de la sexualité chez Foucault, les rapports entre sémiologie et littérature chez Roland Barthes). Mais à côté de ces défricheurs talentueux et féconds, combien de chercheurs détournés de leur tâche par le goût du vedettariat, combien de questions austères et de branches entières du savoir délaissées au profit de sujets à la mode, censés répondre à la curiosité du grand public ?

Mais la crise de l'intelligentsia française n'est pas seulement liée au phénomène médiatique. Elle est aussi le produit d'une configuration historique qui, à partir du milieu des années 1970, a ruiné les certitudes offertes par les idéologies globalisantes. Celles-ci triomphent encore au lendemain des événements de mai, tantôt sous l'étiquette multiforme du « structuralisme », appliquée à des destinées et à des magistères intellectuels aussi différents que ceux d'un Lacan, d'un Lévi-Strauss et d'un Foucault, tantôt dans la mouvance d'un marxisme que beaucoup tentent de concilier avec l'enseignement de Freud, voire avec l'esprit libertaire qui a animé nombre de groupuscules gauchistes (à commencer par le Mouvement du 22 mars, initiateur de la révolte nanterroise). Dans l'immense bouillonnement d'idées et d'actions qui suit l'explosion de 1968, nombre d'intellectuels vont s'engager, à des degrés divers, les uns en participant de manière militante au combat des groupes contestataires, d'autres en utilisant la quasi-impunité que leur confère leur célébrité pour soutenir les premiers et pour mener, au bénéfice des révolutions du Tiers-Monde, une inépuisable activité pétitionnaire – c'est le cas de Jean-Paul Sartre bien sûr, cautionnaire de périodiques gauchistes tels que *La Cause du Peuple, J'Accuse !, Les Cahiers prolétariens*, mais aussi de Michel Leiris, de Bernard Clavel et de Jean Genet –, d'autres encore pour se livrer, comme Foucault et Barthes, comme Gilles

Deleuze et Félix Guattari (*L'Anti-Œdipe*, 1970), ou comme Ivan Illitch (*Libérer l'avenir* 1970, *Une société sans école*, 1971, *La Convivialité*, 1973), à un formidable travail de sape de l'idéologie dominante.

Pourtant, dès le début des années 1970 – on retient généralement la date symbolique des obsèques de Pierre Overney, tué par un vigile à l'entrée des usines Renault à Billancourt, en février 1972 –, s'amorce un recul du « gauchisme généraliste » (P. Ory et J.-F. Sirinelli, *Les Intellectuels en France de l'affaire Dreyfus à nos jours*, Paris, Colin éd., 1992, p. 223) au profit de mouvements contestataires ciblés sur tel ou tel problème de société : la dénonciation de la société de consommation, l'écologie (Pierre Fournier fonde en novembre 1972 *La Gueule ouverte*), la défense de l'enracinement au pays contre les effets de l'industrialisation sauvage et de la désertification imposée par le pouvoir (Michel Le Bris, ex-directeur avec Jean-Pierre Le Dantec du journal maoïste *La Cause du Peuple* s'investit complètement dans cette cause qui conduira nombre de militants et d'intellectuels à appuyer la résistance des paysans du Larzac, menacés d'expropriation par l'armée), la défense des travailleurs immigrés, des homosexuels, des marginaux et des prisonniers (avec la fondation en février 1971, à l'initiative de Sartre, de Foucault et de Pierre Vidal-Naquet, du Groupe d'information sur les prisons). Celle enfin des droits de la femme dans une société qui continue d'appliquer au « Deuxième sexe » des pratiques discriminatoires en matière d'emploi, de salaire, de distribution des rôles à l'intérieur du couple, et surtout de répression de l'avortement. Largement tributaire de l'impulsion donnée dès 1949 par la publication du *Deuxième Sexe*, de Simone de Beauvoir, le mouvement féministe va trouver un second souffle vingt ans plus tard, avec la diffusion en France des écrits de militantes américaines – notamment *La Politique du mâle* de Kate Millet –, puis avec les immenses succès éditoriaux d'ouvrages tels que *Les Mots pour le dire* de Marie Cardinal (1974), *Parole de femme* d'Annie Leclerc (1974), *Ainsi soit-elle* de Benoîte Groult. Avec les résultats que l'on sait (*cf. supra*) sur la rapide et spectaculaire évolution des rapports entre les sexes et sur la légalisation de l'interruption volontaire de grossesse.

Une rupture profonde va s'opérer au milieu des années 1970, conséquence à la fois d'un renversement de conjoncture qui rend moins crédible la critique du modèle productiviste, et de la crise du marxisme. Les énormes difficultés traversées par les pays de l'Est européen, l'écho en Europe occidentale des événements de Prague et de Gdansk, le véritable traumatisme provoqué à gauche par la publication en 1974 de *L'Archipel du Goulag* d'Alexandre Soljenitsyne, enfin la révélation des crimes commis au nom du « socialisme » en Chine, au Cambogde ou en Afghanistan, font que de nombreux intellectuels qui étaient restés jusqu'alors sourds aux appels de ceux qui, venus du marxisme et parfois ex-militants et intellectuels communistes prestigieux, en dénonçaient depuis longtemps la dérive totalitaire, ont eu la brusque révélation de la « barbarie à visage humain ».

Cet ébranlement des certitudes qui avaient structuré la pensée et l'action de la gauche intellectuelle depuis la Libération a coïncidé avec la disparition de quelques-unes des figures de proue de l'intelligentsia engagée : Sartre (1980) et Aron (1983) pour la génération née avant le premier conflit mondial, Barthes (1980), Lacan (1981), Foucault (1984), Althusser (sombré dans la démence criminelle en 1980), pour la génération surgie dans le champ de la pensée militante dans le courant des années 1960, disparition précédée parfois d'une remise en question au moins partielle du bilan de leur action par les intéressés eux-mêmes. La visite de Sartre à l'Élysée, en compagnie de son ex-condisciple et adversaire Raymond Aron, pour plaider en juin 1979 la cause des *boat people* vietnamiens fait à cet égard figure de symbole.

Avant même que s'effacent les silhouettes des maîtres à penser du deuxième après-guerre, avaient surgi, avec l'ambition d'occuper l'espace laissé vacant par le naufrage du marxisme, une nouvelle génération d'« intellocrates », tout droit sortie de la contestation soixante-huitarde et reconvertie dans la conquête du pouvoir médiatique. Baptisés « nouveaux philosophes » par les hebdomadaires politico-littéraires, ses représentants ont constitué pendant quelque temps une petite cohorte dont le point commun a été, à partir de la « découverte » du Goulag, la remise en cause non seulement du stalinisme et du post-stalinisme soviétiques, mais, au-delà de ce modèle déjà fortement dévalorisé en 1968, de modèles marxistes de substitution (la Chine, le Viêtnam, Cuba) au contraire exaltés au temps des grandes espérances révolutionnaires. Se sont ainsi croisés les destins politico-littéraires d'un André Glucksamn (*La Cuisinière et le mangeur d'hommes*, 1975), d'un Jean-Paul Dollé, d'un Jean-Marie Benoist (*Pavane pour une Europe défunte*, 1976), d'un Philippe Nemo (*L'Homme structural*, 1975), de Christian Jambet, de Guy Lardreau (*L'Ange*, 1976), et surtout de Bernard-Henri Lévy, avec *La Barbarie à visage humain* (1977), *Le Testament de Dieu* (1979), *L'Idéologie française* (1981), qui s'est révélé être le principal idéologue de ce groupe éphémère en même temps que son médiateur par le truchement de la presse, de l'édition (Grasset), de la télévision et finalement du cinéma (*Bosnia*, 1994).

De la critique du « socialisme réel », on est vite passé à celle du marxisme en tant qu'idéologie globalisante, porteuse en soi des germes du totalitarisme, et de proche en proche à la dévalorisation du « progressisme ». À partir de là, la « nouvelle philosophie » s'est engagée dans deux directions distinctes : critique de la modernité d'une part (Jean-Paul Dollé : *L'Odeur de la France*, 1979, Jean-François

Lyotard : *La Condition post-moderne*, 1979), réhabilitation d'autre part d'un humanisme fondé sur les principes fondateurs de la démocratie pluraliste : la liberté, l'égalité des droits, le respect de la personne humaine, etc. La France n'a pas le privilège exclusif de ce ralliement à l'idéologie des droits de l'Homme devenue, depuis l'implosion du bloc de l'Est et le naufrage du communisme, la base d'une éthique consensuelle au nom de laquelle les États qui s'en réclament peuvent s'engager parfois dans des entreprises douteuses. Mais elle a joué et elle joue encore à l'heure actuelle dans sa diffusion un rôle moteur – ceci apparaît par exemple dans les positions qu'elle a prises à propos de la situation dans les territoires de l'ex-Yougoslavie –, et il est clair que le mouvement impulsé par la petite légion des « nouveaux philosophes », transfuges ou non du gauchisme soixante-huitard, n'a pas été pour rien dans le retour en force d'une idéologie « républicaine » que l'on aurait pu croire définitivement remisée aux magasins des antiquités. Que cette idéologie soit ou non définie comme « molle », que les prestations médiatiques de ses thuriféraires participent de cette société-spectacle autrefois vilipendée par ceux qui en sont aujourd'hui les vedettes, et qu'il n'y ait finalement pas grand chose de commun entre ceux qui furent les chefs de file de la « nouvelle philosophie » et la philosophie proprement dite ne changent rien à l'affaire.

La critique par des intellectuels venus de la gauche d'une filiation reliant le jacobinisme aux totalitarismes contemporains – également illustrée par l'historien François Furet (*Le Passé d'une illusion*) – ne pouvait que fournir des armes nouvelles à tous ceux qui, à l'autre extrémité du spectre idéologique, n'avaient pas cessé d'affirmer que le déclin de notre société prenait sa source dans la révolution libérale. Au-delà de cette explication classique, qui faisait remonter la longue agonie de la France à la philosophie des Lumières, c'est toute la culture judéo-chrétienne

– humaniste et égalitaire dans son principe – qui était mise en question par les tenants de la « nouvelle droite » intellectuelle, surgie elle aussi dans les années 1977-1978 et constituée d'anciens activistes de la droite extrême reconvertis dans l'action « métapolitique » et de jeunes gens fraîchement sortis de l'X, de l'ENA et des écoles normales supérieures.

Bénéficiaire du grand reflux post soixante-huitard et de la débandade du gauchisme intellectuel, tirant profit elle aussi de la crise du marxisme et de l'image, devenue à peu près universellement insupportable, du modèle constitué par l'URSS et par son « socialisme réel », jouant sur le désarroi causé dans nos démocraties permissives par le sentiment récurrent de la décadence, cette droite idéologique musclée, qualifiée de « nouvelle » par les faiseurs d'opinion, s'est engouffrée dans la brèche avec un objectif bien défini : promouvoir le renouveau de l'Occident en faisant, de l'intérieur, la conquête des élites et de l'appareil d'État, et en substituant à l'hégémonie culturelle de la gauche celle de la pensée droitière rénovée et radicalisée. Révolution culturelle à rebours, si l'on veut, récupérant Gramsci à droite pour faire triompher les idées de ses adversaires.

Des idées qui vont fournir pendant une dizaine d'années les thèmes majeurs des colloques du GRECE (Groupe de recherches et d'études sur la civilisation contemporaine) et du Club de l'Horloge, des séminaires de la Nouvelle École, des articles publiés dans la revue *Éléments* ou dans le *Figaro-Magazine*, des écrits de ses théoriciens et compagnons de route – un Alain de Benoist (*Vu de droite*, 1977, *L'Europe païenne*, 1979, *Les Idées à l'endroit*, 1979), un Jean Mabire, un Louis Pauwels, un Michel Marmin, un Jean-Claude Valla, etc. –, eux-mêmes fortement inspirés des conceptions spirituelles et des fantasmes raciaux et néo-darwiniens développés en d'autres temps par des penseurs comme Spengler ou Julius Evola.

L'influence de la Nouvelle Droite a largement dépassé le cercle exigu des petits cénacles politico-culturels dans lesquels évoluaient les membres du GRECE. Par le truchement de diverses publications, les thèmes qu'elle a mis à la mode se sont répandus dans le « grand public éclairé » où certains ont d'autant plus aisément pris racine qu'ils touchaient au vif des points sensibles de l'opinion conservatrice : problèmes de l'école, crise de l'autorité parentale, menace de métissage ethnique et culturel causé par l'immigration de masse, hantise du nivellement social dont serait porteur l'État-providence, etc. Appelant à la rescousse des données scientifiques soigneusement triées et isolées fournies par des anthropologues, des biologistes ou des généticiens, les penseurs et les vulgarisateurs de la Nouvelle Droite ont élaboré un système où se trouvent réhabilités de façon plus ou moins feutrée le racisme, le darwinisme social, l'anti-égalitarisme, la soumission aux hiérarchies et à l'autorité, et pourfendues, au nom du mythe aryen, les « utopies judéo-chrétiennes ». Prudemment, toutes les conséquences de ce néo-paganisme ne sont pas tirées par les nouveaux admirateurs de la civilisation nordique (germanique ou celte), du moins à haute voix, mais la parenté avec le délire pseudo-scientifique et autojustificateur des années brunes peut difficilement être niée.

De même que la « nouvelle philosophie » s'est transformée en instance de relégitimation des idéaux démocratiques, la Nouvelle Droite a évolué dans le courant des années 1980 dans le sens d'une réhabilitation des postulats libéraux. Dans le climat produit en France par l'arrivée au pouvoir des socialistes en 1981 et par la « reagomania » ambiante, celle-ci a bénéficié du « silence » des clercs supposés par principe favorables au régime et en fait déçus par celui-ci. Par la suite, tandis que la droite libérale et conservatrice achevait d'assimiler et de faire siennnes les moins compromettantes des thèses développées par la Nouvelle Droite, la gauche gouvernementale demeurait en délicatesse avec ses scribes, que ce soit sur le terrain de la politique intérieure et notamment sociale, ou sur celui de la politique étrangère. Ceci, sur fond de dérive médiatique et carriériste des clercs, dénoncée avec force, on l'a vu, par Boudon, mais aussi par Pierre Bourdieu (*Homo academicus*, 1984), Régis Debray (*Le Pouvoir intellectuel en France*, 1979, *Le Scribe*, 1980) et François Negroni (*Le Savoir-vivre intellectuel*, 1985), de réaction antiprogressiste et de retour à la tradition.

L'affadissement du débat d'idées – on a pu parler de *L'Ère du vide* (Gilles de Lipovetsky, 1982) et de *Défaite de la pensée* (Alain Finkielkraut, 1987) –, le recul, en France comme ailleurs, des idéologies et des systèmes globalisants, et les pratiques du *star system* appliquées au secteur des sciences sociales n'impliquent pas que celles-ci aient cessé de produire des travaux et des œuvres de qualité. Certes, les grands noms et les grandes œuvres se font rares dans le domaine proprement philosophique. Vladimir Jankélévitch, moraliste et métaphysicien, a publié son dernier livre (*Le Paradoxe de la morale*) en 1981, quatre ans avant de disparaître. Sartre et Foucault avaient largement délaissé le terrain de la pensée pure avant de mourir à la charnière des années 1980. Les deux dernières décennies du XXᵉ siècle seront encore illustrées par de grands médiateurs comme Gilles Deleuze et Jacques Derrida, disparus respectivement en 1995 et 2005, et par quelques grands maîtres de la philosophie universitaire, qu'ils s'appellent Paul Ricoeur, Michel Serres, Gilles-Gaston Granger, Emmanuel Levinas ou Georges Ganguilhem, pour ne citer que les plus connus, qui ont produit une œuvre considérable et animé des équipes de recherche dont les travaux font autorité à l'étranger.

C'est également dans le giron de l'université et des grandes institutions de recherche (CNRS, Collège de France, École des Hautes Études en sciences sociales, Fondation nationale des sciences politiques, laboratoires des Écoles normales supérieures, grands établissements à l'étranger) que s'effectuent, pour l'essentiel, les travaux qui assurent le renouvellement des champs de recherche dans le domaine des sciences de l'homme et de la société. Dresser une liste des questions abordées et des personnalités universitaires qui illustrent cet immense secteur du champ intellectuel serait fastidieux et nécessairement incomplet. Il suffit de rappeler que l'histoire, la sociologie, la science politique, l'anthropologie, la linguistique, la géographie françaises occupent une place de tout premier plan, comme en témoigne l'écho hors de l'Hexagone des revues, colloques et publications spécialisées produits en France.

Il n'en est pas tout à fait de même dans le domaine des arts plastiques et de l'architecture. En effet, si Paris demeure – avec Londres et Rome mais après New York – un lieu privilégié de consécration, les noms importants de l'art contemporain sont devenus pour l'essentiel étrangers à l'Hexagone. Après la disparition des maîtres du « premier XXᵉ siècle » (Braque, Matisse, Picasso, Rouault, Chagall) – qui ont maintenant leur fondation ou leur musée – échappe à la relative grisaille des dernières décennies l'œuvre picturale d'un Soulages, d'un Bernard Buffet, d'un Vasarély, d'un Nicolas de Staël, d'un Jean Bazaine, d'un Georges Mathieu, d'un Alfred Manessier, plus récemment d'artistes comme Le Gac, Debré, Klossowski, Alberola, Di Rosa, Combas ou Viallat, ou celle de sculpteurs ou d'« architectes-décorateurs » comme César, Boltanski et Buren. Quant à l'architecture proprement dite, si elle a donné lieu à d'incontestables réussites, celles-ci sont souvent le fait de personnalités étrangères : le Brésilien Oscar Niemeyer, le Catalan Ricardo Bofill (Montpellier, Marne-la-Vallée), l'Américain d'origine chinoise Yeoh Minh Peï (la pyramide du Louvre), le Danois Johann Otto von Spreckelsen (l'Arche de la Défense), le Canadien d'origine uruguayenne Carlos Ott (l'Opéra-Bastille), etc. Ceci, il est vrai, dans un contexte d'internationalisation croissante de la création et du marché artistiques.

De même dans le domaine littéraire, les trente dernières années ont été à la fois moins fertiles que les décennies précédentes en œuvres majeures et marquées par les effets pervers de la commercialisation et de la médiation à outrance. Les grands noms comme ceux d'Albert Cohen (*Belle du Seigneur*, 1968, *Les Valeureux*, 1969) et de Marguerite Yourcenar (*Mémoires d'Hadrien*, 1951, *L'Œuvre au Noir*, 1968, *Archives du Nord*, 1977), première femme à entrer à l'Académie française et disparue en 1987, appartiennent à la génération précédente. Les maîtres du « nouveau roman » (Robbe-Grillet, Butor, Nathalie Sarraute) ont pour la plupart déserté le champ romanesque. Georges Pérec est mort en 1982 après avoir publié *La Vie mode d'emploi* (1978) et *Un Cabinet d'amateur* (1979) et si Marguerite Duras a poursuivi jusqu'à sa disparition, en 1996, sa féconde carrière de romancière (*Les Yeux verts*, 1980, *L'Amant*, 1984, *Yann Andréa Steiner*, 1992) et d'auteur dramatique, son écriture et la structure de ses livres ont en partie retrouvé l'ordonnance classique de ses premiers écrits.

En partie seulement car, après le décapage effectué par les « nouveaux romanciers », rares sont les auteurs qui peuvent encore écrire sans tenir compte de leur enseignement. De même que les arts plastiques ont rompu avec la figuration traditionnelle, le romanesque moderne marque une désaffection prononcée pour la fiction pure, l'analyse psychologique linéaire et la caractérisation des personnages. Les préoccupations morales, didactiques et politiques cèdent la place à l'imaginaire et à la subjectivité. La narration et la description s'effacent devant la peinture du paysage intérieur. L'écriture en tant que telle, avec son code de signes bien spécifiques, prend fréquemment le pas sur le suivi et la logique du récit. Derrière ces traits communs au roman « littéraire » – il existe toujours, on s'en doute, un romanesque

« grand public » qui peut être de qualité, qu'il s'agisse de la littérature « policière » (Fred Vargas) ou du récit historique (Max Gallo, Christian Goudineau) –, se dessinent des personnalités et des écritures très diverses. Émergent ainsi d'une production de plus en plus nourrie, entre autres noms, ceux de Michel Tournier (*Le Roi des Aulnes*, 1970), de J.-M.G. Le Clézio (*Le Rêve mexicain*, 1992, *L'Africain*, 2004, Prix Nobel 2008), de Philippe Sollers (*Femmes*, 1983, *Paradis*, 2000), de Patrick Modiano (*Villa triste*, 1975, *La Petite Bijou*, 2001), d'Erik Orsenna (*L'Exposition coloniale*, 1988, *Longtemps*, 1998), de Yann Queffélec (*Les Noces barbares*, 1985, *Moi et toi*, 2004), de Sébastien Japrisot (*Un long dimanche de fiançailles*, 1991), de Philippe Besson (*Un garçon d'Italie*, 2003), d'Emmanuel Carrère (*La Classe de neige*, 1995, *L'Adversaire*, 2000), de Michel Houellebecq (*Les Particules élémentaires*, 1998, *La Possibilité d'une île*, 2005), de Marc Lévy (*La Prochaine fois*, 2004), etc. Auxquels il faut ajouter ceux d'écrivains qui avaient déjà acquis une immense notoriété dans les années 1950 et 1960 comme Françoise Sagan et Christiane Rochefort (disparues respectivement en 2004 et en 1998), Alphonse Boudard, François Nourrissier, Claude Simon (*La Route des Flandres*, 1960, prix Nobel en 1985), et ceux de quelques francs-tireurs de l'écriture, comme François Cavanna, auteur des *Ritals* (1978) et Prix interallié l'année suivante avec *Les Russkoffs*.

Le théâtre enfin se partage entre la tradition, toujours bien vivante, du « Boulevard », la mise en scène d'œuvres du « répertoire », classique ou moderne, dans laquelle s'illustrent des artistes comme Roger Planchon, Patrice Chéreau, Daniel Mesguish, ou Antoine Vitez, et un théâtre d'auteur dont les principaux rénovateurs s'appellent Marguerite Duras, Jean-Claude Grumberg, Loleh Bellon, Jean-Claude Brisville, Michel Vinaver ou Bernard-Marie Koltès.

XIV

LES RELATIONS EXTÉRIEURES

Depuis la disparition de Georges Pompidou, en avril 1974, le problème de la « continuité » ou de la « rupture » avec la politique inaugurée une quinzaine d'années plus tôt par le général de Gaulle s'est posé avec force à chaque changement de titulaire de la charge présidentielle, ainsi qu'au début des deux périodes de « cohabitation » qui ont suivi les victoires électorales de la droite, en 1986 et en 1993. En 1974, le libéral Giscard d'Estaing allait-il faire rentrer la France dans le giron atlantique, autrement dit dans la dépendance plus ou moins affichée des États-Unis d'Amérique ? En 1981, le socialiste Mitterrand pratiquerait-il une politique étrangère conforme aux idéaux de la force politique qui l'avait porté au pouvoir, renonçant aux attributs de la « monarchie nucléaire » et faisant partout triompher les impératifs de la « morale » et des « droits de l'Homme » au dépens de ceux de la *Realpolitik* ?

L'un et l'autre, tout comme le gouvernement de Jacques Chirac entre 1986 et 1988, ont bien essayé de modifier, à la marge, certains choix de politique étrangère, mais les correctifs apportés à la ligne générale adoptée il y a plus

697

de trente-cinq ans par le fondateur de la Ve République sont restés le plus souvent de l'ordre du discours, ou n'ont pas résisté très longtemps à la pression des contraintes intérieures et extérieures.

Nouvelle équipe, nouveau style

Déjà, bien que fortement attaché à la personne et à la politique du général de Gaulle, son successeur immédiat, Georges Pompidou, avait dû tenir compte des pesanteurs internes et externes, qu'il s'agisse de l'ouverture européenne souhaitée par une large fraction de sa majorité ou des effets de la crise énergétique et monétaire sur les relations avec Washington. L'homme qui fait son entrée à l'Élysée au printemps 1974 n'a pas les mêmes attaches avec la tradition gaullienne. Centriste, libéral, européen – il a été membre du Comité d'action de Jean Monnet –, parfaitement anglophone, il ne partage ni l'antiaméricanisme qui imprègne une partie des milieux gaullistes ni la conception étroite et un peu frileuse de la nation qui incline ces derniers à rejeter toute menace, même bénigne, d'abandon de souveraineté, que ce soit dans le cadre européen ou dans celui d'une organisation atlantique dont la France a, depuis 1966, quitté les organismes militaires intégrés. De là à avoir en lui un liquidateur en puissance de l'héritage gaullien, il n'y a qu'un pas aisément franchi par ses partenaires/adversaires, au sein d'une majorité présidentielle dont l'UDR demeure, et de loin, la composante majoritaire.

Pourtant, dès le début de sa campagne présidentielle, Valéry Giscard d'Estaing a annoncé la couleur. « Si je suis élu, déclarait-il dans une circulaire électorale, je maintiendrai la dignité et l'indépendance de la France, que lui ont données ses deux derniers présidents. » Un peu plus tard, lors de sa deuxième conférence de presse tenue à l'Élysée, il définissait en ces termes le style qu'il entendait imprimer à la politique étrangère de la France :

> « D'abord, la souveraineté de décision... bien entendu dans le respect des traités et des accords que la France a conclus. C'est ensuite une politique mondialiste, parce que je suis convaincu, à l'heure actuelle, que les problèmes se posent, en réalité, à l'échelle mondiale, et qu'il faut donc prendre la perspective et la dimension mondiales dans la recherche des solutions. C'est une politique de concertation, donnant le pas à la concertation sur la confrontation. »

Continuité donc, au niveau des principes, ne serait-ce que par l'obligation qui est faite au nouveau président de faire la politique de sa majorité, mais en même temps adoption dans la conduite de cette politique d'un style nouveau, privilégiant le dialogue et la « décrispation », que ce soit dans les rapports avec l'allié américain, dans les relations avec Moscou à l'heure où s'opère, avec la montée en puissance et les actions déstabilisatrices de l'URSS, un sensible refroidissement du climat diplomatique mondial, ou dans la recherche d'un « nouvel ordre économique international ». Pour la mener à bien, Valéry Giscard d'Estaing va s'entourer, conformément à la tradition désormais bien établie de la Ve République, de personnalités entièrement dévouées à sa personne, non impliquées jusqu'alors dans le combat politique, dont la nomination échappe à tout dosage partisan, et qui peuvent de ce fait être révoquées à tout moment sans entraîner de vagues au sein de la majorité.

Il en est ainsi des trois hommes qui se succèdent au Quai d'Orsay entre 1974 et 1981. Tous trois appartiennent à la fois au corps diplomatique – gage en principe de compétence et de discrétion – et au petit clan des « hommes du président ». Le premier, Jean Sauvargnargues est un ancien normalien, agrégé d'allemand, entré dans la « carrière » en 1941, longtemps ambassadeur à Tunis puis directeur des affaires africaines au Quai d'Orsay et en poste à Bonn depuis quatre ans au moment de sa nomination à la tête de la diplomatie française. Par ce choix, l'accent est donc mis par Valéry Giscard d'Estaing sur la continuité d'une politique européenne axée sur le couple franco-allemand et sur la volonté présidentielle d'ouverture en direction du monde arabe et de l'Afrique. Louis de Guiringaud, son successeur dans le gouvernement présidé par Raymond Barre, est un ancien inspecteur des Finances, passé lui aussi aux Affaires étrangères et depuis 1972 représentant permanent de la France à l'Organisation des Nations unies. Expérience des questions économiques et vision mondialiste des affaires internationales se conjuguent ainsi en ce personnage un peu effacé, mais dont les compétences répondent à la fois aux nécessités de l'heure et aux perspectives ambitieuses que le chef de l'État entend imprimer à la diplomatie française.

En novembre 1978, Louis de Guiringaud est remplacé par Jean François-Poncet, fils d'ambassadeur et lui-même entré dans la Carrière à la sortie de l'ENA. Ancien membre de la délégation française chargée de négocier le traité du Marché commun, puis sous-directeur des Affaires européennes au Quai d'Orsay, François-Poncet doit à ses engagements « européens » d'avoir été mis sur la touche par les deux prédécesseurs de Valéry Giscard d'Estaing, au point d'être placé en disponibilité en 1971. Trois ans plus tard, il devient secrétaire de la présidence de la République, et en 1978, c'est lui qui accède à la direction des Affaires étrangères, signes manifestes du souci qu'a le président d'afficher son propre engagement en faveur de la construction européenne. Le choix de Raymond Barre, qui a été de 1967 à 1972 vice-président de la Commission de la CEE à Bruxelles, comme Premier ministre en remplacement de

Jacques Chirac, et celui de Jean-François Deniau, commissaire à Bruxelles de 1967 à 1973, comme éventuel successeur de ce dernier en cas de victoire aux présidentielles de 1981, vont dans le même sens.

Parmi les nombreux acteurs qui assistent le président en matière de politique étrangère et forment le noyau dur d'un « domaine réservé » qui comprend également la Défense et la Coopération, figurent le secrétaire général de la présidence de la République, poste généralement confié à un grand commis de l'État sans stature excessive ni engagement politique trop marqué, et surtout le « conseiller diplomatique » de l'Élysée et le conseiller pour les affaires africaines et malgaches. De 1973 à 1979, la fonction de conseiller technique pour les Affaires étrangères a été assumée par Gabriel Robin, un ancien normalien, agrégé d'histoire puis énarque et diplomate entré en 1969 dans la proche mouvance pompidolienne et en poste à l'Élysée au moment du décès du second président de la Ve République. C'est dire qu'en choisissant de le maintenir dans ses fonctions, Valéry Giscard d'Estaing marque clairement son souci d'afficher une certaine continuité avec la politique extérieure de son prédécesseur. Bien qu'il ait été de 1967 à 1969 conseiller à la représentation auprès des communautés européennes, Gabriel Robin en effet est une personnalité de stricte obédience gaullienne, que préoccupent à la fois les tendances atlantistes d'une partie de la majorité présidentielle et le risque de voir la construction européenne déboucher sur une entité transnationale dominée en fait par l'Allemagne. Aussi est-il favorable à une politique d'équidistance entre Washington et Moscou, difficilement tenable après le « coup de Kaboul » et la décision de l'OTAN d'installer en Europe – pour contrer le déploiement des SS 20 soviétiques – des fusées Pershing II et des missiles de croisière.

L'Afrique constitue, on le sait, un domaine présidentiel propre qui échappe très largement aux hommes du Quai d'Orsay et aux collaborateurs habituels du président. Successeur de Jacques Foccart, René Journiac assume de 1975 à 1980, dans la mouvance directe du chef de l'État, les fonctions de conseiller pour les Affaires africaines et malgaches. En février 1980, à la suite de l'accident aérien dans lequel il a trouvé la mort, il est remplacé par un autre ancien administrateur de la France d'Outremer, Martin Kirsch, secrétaire d'État aux DOM-TOM de 1968 à 1974. L'un et l'autre sont des conseillers écoutés pour leur compétence, en même temps que les *missi dominici* d'une politique qui se décide essentiellement à l'Élysée.

Les dosages effectués par le président dans le choix de ses principaux collaborateurs diplomatiques traduisent la volonté qu'a Valéry Giscard d'Estaing de concilier ses propres penchants européens et atlantistes avec les contraintes que lui imposent la nature de sa majorité et, au-delà de l'arithmétique parlementaire, l'adhésion profonde des Français aux conceptions gaulliennes d'indépendance et de souveraineté nationales. Plus qu'à un changement radical par rapport aux grandes orientations de la politique étrangère du tandem Pompidou/Jobert, on assiste donc au début du septennat Giscard à des retouches partielles qui tiennent principalement au style de la diplomatie française.

Ce style, ce sera celui de la « décrispation ». Il se manifeste tout d'abord dans le souci qu'a Valéry Giscard d'Estaing de multiplier les contacts directs avec ses partenaires internationaux et d'offrir à cette occasion aux médias l'image d'un homme d'État décontracté, moderne et sportif (il se fait volontiers photographier en maillot de bain au bord de la piscine). Surtout, il se traduit par le refus des déclarations et des gestes fracassants, dont le ministre des Affaires étrangères de Georges Pompidou s'était fait une spécialité à la fin du septennat précédent, et par une volonté affichée de conciliation tous azimuts. « C'est pourquoi on peut dire – écrira-t-il plus tard – : vous êtes l'ami de tout le monde, vous êtes l'ami des Américains, vous êtes l'ami des Soviétiques, vous organisez l'Europe politique, vous êtes l'ami des Arabes. Effectivement, je crois que notre rôle, c'est d'être un facteur de conciliation chaque fois que cela est possible, et chaque fois que l'indépendance de notre position nous en donne les moyens. » Cela n'empêchera pas Valéry Giscard d'Estaing de manifester à diverses reprises un gallocentrisme un peu arrogant dont s'irritent, avec plus ou moins d'humour, les autres dirigeants occidentaux, par exemple lorsqu'il lance en octobre 1975 : « La définition de la France, c'est ce qu'il y a de meilleur. »

La France giscardienne
entre Washington et Moscou

Dès son arrivée au pouvoir, les adversaires de Valéry Giscard d'Estaing ont, au sein même de sa propre majorité, dénoncé le risque de dérive atlantiste que paraissait comporter sa politique de conciliation, ainsi que les liens que ce libéral, proche des milieux d'affaires, était censé entretenir avec les représentants du « capitalisme international ». En décembre 1974 à la Martinique, lors de la rencontre avec Gerald Ford, qui venait de remplacer Nixon à la Maison Blanche, les deux hommes avaient dans un communiqué commun déclaré qu'ils considéraient que la coopération entre la France et l'OTAN était « un facteur important pour la sécurité de l'Europe ». Six mois plus tôt, le 26 juin 1974, avait été signée à Bruxelles par les membres de l'Alliance la « Charte d'Ottawa », une déclaration sur les relations atlantiques qui semblait admettre le principe de la prise en compte de la force de frappe française dans le dispositif militaire occidental. Pour les gaullistes de stricte obédience, comme pour toute une partie de la gauche, ces signes indiquaient à n'en pas douter un prochain retour de la France dans le giron de l'OTAN, de même que l'acceptation par Paris des vues américaines concernant l'abandon du prix officiel de l'or et la légalisation des taux de change flottants, lors de la conférence de la Jamaïque en janvier 1976, marquaient dans le domaine monétaire un alignement pur et simple sur les positions de Washington.

Or la France n'a ni réintégré l'OTAN, ni placé sa force de dissuasion nucléaire sous le contrôle des États-Unis, ni renoncé à son indépendance en matière énergétique, technologique ou monétaire. Elle a dû certes adopter parfois un profil bas dans ses rapports avec la superpuissance de l'Ouest, et céder sur des points où, compte tenu des immenses contraintes induites par la crise, elle n'avait aucune chance de faire prévaloir son point de vue. Mais, dans l'ensemble, le cap a été maintenu.

En matière de dissuasion, la doctrine gaullienne a été adaptée aux nouvelles conditions de la situation en Europe, ainsi qu'aux changements intervenus du fait de la sophistication et de la diversification des armes nucléaires stratégiques et tactiques, mais elle n'a pas été abandonnée. Au tout début de son mandat, Valéry Giscard d'Estaing a certes marqué quelque hésitation, parlant de défense « autonome », envisageant d'interrompre les essais nucléaires dans l'atmosphère à Mururoa (c'est Jacques Chirac qui l'aurait fait revenir sur cette décision), s'efforçant de relever le seuil d'utilisation de la dissuasion en soulignant que l'arme atomique ne devait être employée que contre une puissance dotée des mêmes armes. Mais, dès 1975, le non-retour dans l'OTAN était solennellement réaffirmé, de même que l'indépendance de la force de dissuasion. « J'en suis arrivé, écrivait alors Valéry Giscard d'Estaing, aux mêmes conclusions que le général de Gaulle : la France fait partie d'une alliance, mais elle doit assurer sa défense indépendamment.

Ceci veut dire deux choses : d'abord disposer nous-mêmes des moyens nécessaires à notre défense, et deuxièmement, décider seuls dans quelles circonstances ils seraient utilisés » (allocution radiotélévisée du 25 mars 1975).

Défense indépendante donc, mais dans une perspective nouvelle qui n'était plus tout à fait celle de la « sanctuarisation » du seul territoire national. Encore que sur ce point, le chef de l'État a dû tenir compte des fortes résistances de l'opposition et du parti gaulliste. En juin 1976, le général Méry, chef d'état-major des armées, avait, dans un article très controversé de la *Revue de la Défense nationale*, évoqué avec prudence l'éventualité d'une participation de la France à la « bataille de l'avant », autrement dit à une intervention aux côtés de ses alliés dans l'hypothèse d'une attaque soviétique dirigée contre l'Allemagne fédérale. Cela impliquait une sorte d'automaticité de l'intervention française en cas d'agression contre un pays ami et voisin qui n'était nullement dans l'esprit des doctrinaires du « tout ou rien », jusqu'alors maîtres du jeu en matière de dissuasion nucléaire. Dans la polémique qui avait suivi, Valéry Giscard d'Estaing s'était prononcé dans le même sens, estimant comme le général Méry que la menace contre les « intérêts vitaux » de la France ne se limitait pas aux strictes frontières de l'Hexagone, et substituant en quelque sorte à la doctrine établie celle de la « sanctuarisation élargie ». Mais il ne put guère aller plus loin. Parlant en juin 1977 au camp de Mailly, le Premier ministre Raymond Barre dut se contenter d'expliquer que le concept de dissuasion s'appliquait « à la défense de nos intérêts vitaux, c'est-à-dire essentiellement à notre territoire national, cœur de notre existence en tant que nation, mais également à ses approches, c'est-à-dire aux territoires voisins et alliés ».

Bon an mal an, c'est donc l'orthodoxie gaullienne qui continue d'orienter les choix du gouvernement français en matière d'armement et de dissuasion nucléaires. Dans un contexte international qui, dès 1974, n'est plus tout à fait celui de la « détente », et qui ne va cesser de se détériorer jusqu'à la fin du septennat de Valéry Giscard d'Estaing, la France conserve en ce domaine une totale autonomie, n'acceptant d'élargir le champ d'intervention de sa force de frappe que dans l'éventualité d'une menace directe contre ses intérêts vitaux.

La volonté d'indépendance des dirigeants français se heurte toutefois aux contraintes nées de la nouvelle configuration mondiale. En effet, la crise économique qui a commencé à se manifester dans les pays industriels au début de la décennie, et à laquelle le quadruplement du prix du pétrole a donné un brusque coup d'accélérateur, n'a pas frappé avec la même intensité les économies occidentales. Les retombées de la « guerre d'octobre » ont été beaucoup plus fortes dans les pays importateurs de brut, comme la France et comme ses principaux partenaires européens (à l'exception de la Grande-Bretagne), qu'aux États-Unis, offrant à cette puissance des moyens de pressions accrus pour renforcer son *leadership*. La politique de Valéry Giscard d'Estaing doit être jugée en fonction de cet environnement modifié, infiniment moins favorable à l'affirmation de l'indépendance des puissances moyennes que ne l'était celui dans laquelle s'était épanouie pendant quinze ans la diplomatie gaullienne et pompidolienne.

Ainsi, si le climat politique franco-américain s'est un peu réchauffé au début du septennat Giscard, la pesanteur des problèmes économiques et financiers a tôt fait de réveiller les tensions entre Paris et Washington. En novembre 1974, le gouvernement de Jacques Chirac a confirmé la décision prise par l'équipe précédente de ne pas adhérer à l'Agence internationale de l'énergie, la France étant le seul État de l'Europe des Neuf à ne pas s'aligner sur les positions américaines.

Au printemps de l'année suivante, ce sont les États-Unis qui prennent l'initiative d'une épreuve de force dirigée contre les consommateurs européens d'uranium enrichi, au premier rang desquels figurent l'Allemagne fédérale et la France. La Nuclear Energy Regulatory Commission décide en effet l'embargo sur les livraisons à l'Europe de ce produit essentiel à la marche des centrales nucléaires. Quelques années plus tôt, dans une perspective visant à assurer à la France sa pleine indépendance en la matière, le Commissariat à l'énergie atomique avait opté pour la construction d'un réacteur qui, techniquement très performant, avait été un désastre commercial. Il avait fallu se résigner à fabriquer sous brevet US et à acheter outre-Atlantique l'uranium enrichi nécessaire au fonctionnement des centrales nucléaires. L'embargo ne dura que peu de temps, assez toutefois pour que soit mise en évidence la dépendance de la France dans un secteur jugé essentiel au maintien de sa pleine souveraineté.

Deux autres projets spectaculaires et symboliques du savoir faire français ont également subi de graves déconvenues. En premier lieu, le « plan Calcul », qui avait été lancé en 1964 pour faire pièce à l'hégémonie de l'informatique américaine, sans toutefois que soient mis en œuvre les moyens financiers qui auraient permis à la production française d'être compétitive. En mai 1975, le gouvernement annonce la fusion de la CII (Compagnie internationale pour l'informatique), société française née du regroupement en 1966 de plusieurs firmes soutenues par l'État, avec l'entreprise américaine Honeywell-Bull, le but affiché étant de contrer l'hégémonie du groupe IBM. Dans les milieux gaullistes de stricte obédience, autant que dans l'opposition, on s'indigne d'une décision qui est censée livrer aux Américains l'informatique française et dont la responsabilité est entièrement rejetée sur le président de la République et sur le ministre de l'Industrie, Michel d'Ornano, l'un et l'autre relevant de la mouvance libérale. En fait, le choix « américain » du gouvernement (alors présidé par Jacques Chirac) paraît surtout avoir été dicté aux dirigeants français par la crainte d'une domination allemande, jugée plus pesante que celle du lointain allié atlantique, la solution de rechange à la fusion CII/Honeywell-Bull étant un regroupement à l'échelle européenne associant à Unidata et à la firme néerlandaise Philips, le géant allemand Siemens. En optant pour la constitution de la société CII-HB, le gouvernement maintenait en réalité son contrôle sur une entreprise qui était pour 53 % française, dont il assurait partiellement le financement et sur laquelle il pouvait exercer un pouvoir de blocage.

Échec commercial également que celui de l'avion supersonique Concorde, entreprise franco-britannique lancée en 1962 et qui va s'enliser, quinze ans plus tard, pour des raisons qui ne tiennent que secondairement à la mauvaise volonté américaine. Expérimenté en vol dès mars 1969, opérationnel quatre ans plus tard sur un trajet Paris-Washington effectué en un peu plus de trois heures, le Concorde va devoir affronter pendant plusieurs années une guérilla juridique menée par les riverains de l'aéroport Kennedy de New York. Lorsque British Airways et Air-France recevront finalement, en novembre 1977, l'autorisation d'assurer le service commercial avec cette ville, l'énorme déficit d'exploitation du supersonique apparaîtra au grand jour, et avec lui la vanité d'un projet qui, pour des raisons de prestige, avait été préféré à celui du Super-Caravelle et avait lourdement pesé sur les finances publiques. Touchés dans leur amour-propre, les Français dans leur majorité ont vu dans l'échec du Concorde le produit des manœuvres de l'administration et des lobbies d'outre-Atlantique, plutôt que le résultat de choix aventureux effectués à l'apogée de la période gaullienne. L'antiaméricanisme latent d'une opinion qui n'avait encore oublié ni le drame du Viêtnam, ni la façon dont Richard Nixon avait dû quitter le pouvoir, ne pouvait qu'être ravivé par cette blessure.

Les échecs ainsi enregistrés dans le domaine de la compétition technologique internationale sont largement imputables aux effets directs et indirects de la crise. Conçus en un temps d'euphorie économique et d'aspiration générale à la libéralisation des échanges, les grands projets de l'ère gaullo-pompidolienne sont arrivés à maturité à un moment où le dérèglement du système monétaire international et la récession entraînaient un peu partout des réactions protectionnistes. Affrontés successivement aux deux « chocs pétroliers », les gouvernements de l'ère giscardienne ont dû sur ce terrain, comme en matière financière et monétaire, adapter leurs ambitions et leurs choix à une situation mondiale qui permettait aux États-Unis de faire prévaloir leurs propres intérêts dans les grandes négociations internationales.

Initiateur des réunions qui vont, à partir du « sommet » de Rambouillet en novembre 1975, réunir périodiquement les représentants des six, puis sept principaux pays industriels (États-Unis, Canada, Japon, France, RFA, Grande-Bretagne, Italie) – ce que l'on appellera le G7 –, dans le but d'éviter que l'on retombe dans la politique du « chacun pour soi » qui avait aggravé la crise des années 1930, Valéry Giscard d'Estaing ne réussira pas, en dépit de tous ses efforts, à imposer à ses partenaires le maintien des parités fixes. Le 9 janvier 1976, le gouvernement français devra signer l'accord sur la réforme du Fonds monétaire international mis au point à Kingston, à la Jamaïque, par les ministres des Finances de vingt pays : réforme qui légalise la pratique du flottement des taux de change et consacre l'abandon du prix officiel de l'or. Considérés par les gaullistes comme une capitulation devant les exigences américaines, les accords de la Jamaïque vont servir de fer de lance à l'opposition « antigiscardienne » au sein de la majorité, cette dernière obligeant le gouvernement de Raymond

Barre a repousser le débat de ratification jusqu'à la dernière session parlementaire de la législature (1978).

Un peu pour compenser les effets de la pression américaine en matière financière, économique et technologique, beaucoup parce qu'il se voulait un partisan résolu de la détente, Valéry Giscard d'Estaing s'est engagé, dès le début de son septennat, dans une politique de rapprochement avec les pays de l'Est qui lui vaudra bien des critiques à l'heure du « coup de Kaboul » et du déploiement des SS 20. Non par sympathie, on s'en doute, pour le régime communiste, ni – comme on le lui reprochera – du fait d'un penchant neutraliste qui l'aurait incliné à accepter la « finlandisation » de l'Europe. Mais par conviction profonde : Valéry Giscard d'Estaing a été semble-t-il profondément influencé, dans son approche des rapports avec l'URSS, par la lecture du livre de Samuel Pisar, *Les Armes de la paix*, ouvrage dans lequel cet avocat international et président de la Conférence sur le commerce et la coopération Est/Ouest, formule l'idée d'une « convergence » entre les deux systèmes politico-économiques dominants du monde contemporain, et plaide en faveur d'une entente avec le bloc de l'Est, condition à ses yeux d'une rapide évolution des pays communistes dans la voie de la libéralisation et de la paix. Dans *Démocratie française*, le livre-programme qu'il publie en 1976, Valéry Giscard d'Estaing fait sienne l'idée d'un dépérissement des idéologies qui devrait amener les deux camps à rapprocher leurs points de vue. Il en tire la conclusion que seule la détente permettra de désarmer les méfiances résiduelles entre les deux camps et que la France, tout en restant fidèle à ses alliances, a vocation à encourager le rapprochement entre l'Est et l'Ouest :

> « *Sans doute – écrit-il –, le monde reste dominé par des rapports de force, ceux qui s'établissent entre les super-puissances, et ceux qui sont maintenus entre les*

principales alliances. La compétition idéologique revêt, ici et là, un caractère interventionniste. Aussi longtemps que subsisteront ces rapports de force et ces affrontements idéologistes, la France continuera d'exercer ses responsabilités avec vigilance, en respectant ses alliances, dans le sens de la paix et du respect du droit des peuples à disposer d'eux-mêmes.

Elle continuera à œuvrer patiemment pour la détente. Si celle-ci ne résoud pas tous les problèmes, du moins constitue-t-elle la seule voie ouverte à une évolution pacifique. La coopération économique et technique, les relations culturelles, les rencontres périodiques des dirigeants au sommet, permettant d'établir, entre des pays ayant opté pour des systèmes différents, une communication d'informations et d'idées qui facilite la solution des problèmes concrets. La France se félicite de l'état d'esprit qu'elle rencontre chez ses principaux partenaires de la détente. Elle souhaite intensifier son contenu concret par une approche bilatérale et la modération souhaitable des confrontations idéologiques » (*Démocratie française*, Paris, Fayard, 1976, p. 163-164).

Giscard ne croit pas à l'éventualité d'une agression soviétique en Europe. L'équipe de vieillards qui règne au Kremlin lui paraît avant tout préoccupée de maintenir le statu quo hérité de la guerre. Les Russes certes entendent profiter des difficultés de l'Occident, et notamment de la paralysie américaine, consécutive au syndrome vietnamien, pour faire avancer leurs pions à la périphérie – en Afrique, au Proche-Orient, en Extrême-Orient – et pour obtenir quelques-uns de ces « avantages unilatéraux » dont Nixon et Kissinger estimaient qu'ils constituaient une remise en question de la détente. Mais ils sont trop conscients du risque qu'il y aurait pour eux à vouloir rompre l'équilibre instauré en Europe depuis la guerre – et officialisé en août 1975 par les accords d'Helsinki – pour s'engager dans une épreuve de force dont l'enjeu serait la partie occidentale du vieux continent : ceci, à la condition expresse que l'on ne provoque pas le Kremlin en agitant l'épouvantail d'une défense européenne renforcée. En 1975, lors d'un déjeuner de presse à l'Élysée, le président évoque ainsi « les craintes explicables pour l'Union soviétique des projets d'organisation de défense européenne, dans laquelle elle voit, au moins à terme, le risque d'une certaine menace d'une pression militaire européenne vis-à-vis d'elle-même ». « Je comprends, déclare-t-il, cette préoccupation de l'Union soviétique. » Et il ajoute : « Je considère que les dirigeants de l'Union soviétique n'ont pas d'intentions agressives à l'encontre de l'Europe occidentale, et ceci est un des principes de notre politique. D'ailleurs, si nous n'avions pas cette opinion, que signifierait la détente ? Les conversations que j'ai eues avec Leonid Brejnev m'ont confirmé dans cette analyse et cette conviction ».

La pratique de rencontres périodiques avec les dirigeants du Kremlin n'a pas été inventée par Giscard. Le principe en avait été posé dès le septennat de Georges Pompidou et Valéry Giscard d'Estaing n'a fait que l'appliquer, dans un esprit peut-être moins protocolaire que son prédécesseur. En tout, les deux hommes se rencontreront cinq fois entre 1974 et 1981 : deux fois en France, en décembre 1974 et juin 1977, deux fois à Moscou, en octobre 1975 et avril 1979, une fois enfin en Pologne, en mai 1980. À cette date, la détente paraît bel et bien enterrée, suite à l'invasion de l'Afghanistan par les troupes soviétiques et au déploiement des SS 20 – des missiles à portée intermédiaire, d'une extrême précision, capables en une seule frappe d'éliminer les moyens de riposte nucléaire de l'OTAN –, suivi de la décision prise en décembre 1979 par cette dernière d'installer à partir de 1983 des fusées Pershing II et des missiles de croisière sur le territoire de cinq États membres. Effectué en pleine période de retour à la guerre froide, alors que le président Carter a lui-même pris le contrepied de sa propre politique, donnant le coup de pouce aux dépenses militaires, accélérant la mise en place d'une force d'intervention rapide et proclamant sa détermination de ne plus céder un mètre de terrain aux Russes, le voyage de Valéry Giscard d'Estaing à Varsovie a donné lieu à de vives critiques, tant en France que chez nos alliés, et ceci d'autant plus que contrairement à Helmut Schmidt, qui rencontrera lui aussi Brejnev quelques mois plus tard, le président français a omis de tenir ces derniers au courant de sa démarche.

En se rendant en Pologne au printemps 1980, le chef de l'État entendait profiter du rôle d'arbitre qu'étaient censées conférer à la France son indépendance nucléaire et la prudence de sa diplomatie. N'avait-elle pas manifesté beaucoup de réserve en regard de la politique des droits de l'Homme mise en œuvre par le président Carter, s'agissant notamment de l'appui donné aux dissidents soviétiques ? N'avait-elle pas refusé de prendre officiellement position sur l'installation des Pershing dans les pays de l'OTAN ? N'avait-elle pas surtout, tout en proclamant sa « vive préoccupation » devant le « coup de Kaboul », refusé de s'associer aux sanctions américaines, à commencer par le boycott des Jeux olympiques d'été, qui auront lieu à Moscou en juillet 1980 et auxquels la France participera ?

Sans doute Valéry Giscard d'Estaing s'est-il trompé d'histoire en croyant qu'il pourrait, comme aux plus belles heures de l'« équidistance » gaullienne, faire prévaloir le point de vue de la France face à la logique de l'escalade qui était en train de s'imposer dans les deux camps. Ceci moins semble-t-il pour des raisons de charisme et de prestige personnel que parce que le monde avait profondément changé depuis la fin des années 1960. La détente avait fait place à la « paix tiède » sur fond de crise économique mondiale et de montée en puissance de l'URSS. Face à une Amérique en perte de vitesse, Brejnev entendait bien faire avancer ses pions, ne serait-ce que pour imposer à ses adversaires un marchandage global, une sorte de « Yalta planétaire ». Penser dans ces conditions que la France était la mieux placée des nations occidentales pour faire accepter au numéro un soviétique l'idée d'un retour à la case départ en Afghanistan tenait largement de la méthode Coué. L'entrevue de Varsovie n'eut d'autre effet que de conforter le président français dans son optimisme un peu hors de saison, Brejnev ayant promis de retirer une partie de ses troupes, ce qu'il ne fit pas, et surtout d'apporter de l'eau au moulin de ceux qui, en France et tout particulièrement dans les rangs gaullistes, faisaient grief au chef de l'État de vouloir « finlandiser » l'Europe.

La politique européenne à l'heure giscardienne

La situation économique résultant des deux chocs pétroliers de 1974 et 1979 n'a certes pas instauré en Europe un climat favorable à l'approfondissement et à l'élargissement de la CEE. Pourtant, si la politique du « chacun pour soi », pratiquée notamment dans le domaine monétaire et dans celui des approvisionnements énergétiques, a freiné à plusieurs reprises le processus d'intégration conçu en phase de haute conjoncture, l'Europe des « Neuf », puis des « Dix », n'a pas volé en éclats, contrairement aux prévisions des Cassandre de tout poil, issus de familles politiques depuis toujours hostiles à la constitution d'une entité transnationale dotée des attributs de la souveraineté. Bon an mal an, elle a survécu aux effets conjugués du raidissement des blocs et des chocs pétroliers. Dans deux domaines au moins, celui de la monnaie et celui des institutions et de la représentation des peuples, elle a même fortement progressé, et dans cette avancée de « l'Europe », la France et son président ont joué un rôle déterminant.

Hostile à la supranationalité, Georges Pompidou ne souhaitait pas que la Commission de Bruxelles et le Parlement de Strasbourg accroissent leurs pouvoirs. Il était favorable en revanche au principe de « sommets » périodiques réunissant de manière régulière les chefs d'État ou de gouvernement des États membres (en fait un seul chef d'État, celui de la France, et huit chefs de gouvernements). Dès son arrivée à l'Élysée, profitant de la présidence française à la tête de la Commission, son successeur va pousser dans cette voie et faire admettre que ces rencontres soient institutionnalisées, les « conseils européens » ayant pour but de régler les problèmes les plus importants ou les plus urgents.

Deuxième étape, l'acceptation par la France, qui s'y était jusqu'alors opposée avec vigueur, du principe de l'élection du parlement européen au suffrage universel. Européen convaincu et militant – il avait adhéré de bonne heure au Comité d'action de Jean Monnet –, Valéry Giscard d'Estaing s'était prononcé durant la campagne présidentielle pour une relance de la construction européenne impliquant l'accroissement des pouvoirs du parlement de Strasbourg et son élection au suffrage universel. Conformément à cet engagement, il rend sa position officielle lors du sommet des 9 et 10 décembre 1974, soulevant aussitôt de vives critiques de la part des communistes et des gaullistes, unis dans la même condamnation de la supranationalité.

Décidée lors du Conseil européen de septembre 1976, qui en fixe les principales modalités, l'élection du parlement de Strasbourg au suffrage universel va continuer pendant trois ans de susciter en France une opposition résolue de ces deux familles politiques, politique intérieure et politique étrangère interférant continûment dans un débat auquel la majorité des Français demeure largement indifférente. Tandis que le PCF use de l'argument national pour tenter de freiner la montée en force de ses partenaires socialistes, Jacques Chirac lance le 6 décembre 1978, de l'hôpital Cochin où il est alité, un appel véhément à la défense de l'héritage gaullien : « Non à la politique de supranationalité. Non à l'asservissement économique... comme toujours quand il s'agit de l'abaissement de la France, le parti de l'étranger est à l'œuvre avec sa voix paisible et rassurante. »

Les élections européennes ont lieu le 10 juin 1979. Pour apaiser l'aile gaulliste de la majorité et rappeler que la République est une et indivisible, le Premier ministre Raymond Barre a choisi comme mode de scrutin la proportionnelle dans le cadre d'une circonscription unique. Le « parti de l'étranger », qui a d'ailleurs adopté durant la campagne un discours très prudent en matière d'intégration européenne, l'emporte sur les formations hostiles à la supranationalité. La liste Mitterrand bat de trois points celle de Georges Marchais (23,7 % des suffrages exprimés contre 20,6 %) et la liste Veil, qui a le soutien du chef de l'État, l'emporte très largement sur celle de Jacques Chirac (27,4 % contre 16,1 %). L'élection de Simone Veil à la présidence de l'assemblée de Strasbourg symbolise le changement intervenu dans la politique européenne de la France depuis la fin du septennat Pompidou.

La France a également joué un rôle capital dans la mise en place du Système monétaire européen. Affrontée à divers problèmes, la CEE avait dû abandonner au milieu des années 1970 le projet d'union économique et monétaire, envisagé au début de la décennie, pour sauvegarder l'essentiel des acquis communautaires, en particulier l'union douanière, achevée pour les Neuf au début de 1978, et la politique agricole commune. Déjà, à partir de 1972, il avait été établi un instrument de stabilisation des monnaies nationales, le « serpent monétaire », qui établissait à 2,25 % la marge maximale de fluctuation de change pour les monnaies européennes qui flottaient de façon concertée par rapport au dollar. Toutefois, les accords de la Jamaïque ayant entériné la pratique des changes flottants au sein du FMI, l'incertitude planait sur l'avenir du système monétaire international. Il apparaissait donc que les Neuf ne devaient compter que sur eux pour rétablir une stabilité monétaire indispensable aux échanges intérieurs à la Communauté. D'où la proposition faite le 27 octobre 1977 par le président de la Commission en exercice, le Britannique Roy Jenkins, de relancer l'union économique et monétaire. La balle fut reprise au bond par Valéry Giscard d'Estaing et Helmut Schmidt et aboutit à la décision du Conseil en date du 8 avril 1978, instituant le Système monétaire européen et une monnaie de compte, l'ECU, dont la valeur était calculée chaque jour sur la base d'un « panier » de monnaies européennes dont la composition reflétait la part de chaque pays membre dans la production et les échanges intercommunautaires (19,8 % pour le franc français).

Progrès également, lui aussi largement tributaire des initiatives françaises, la timide élaboration d'une politique étrangère commune dont la première manifestation tangible est la « déclaration de Venise », élaborée lors du sommet européen des 12 et 13 juin 1980. S'appliquant à « parler d'une seule voix », les représentants des neuf pays membres de la CEE demandent « la reconnaissance des droits légitimes du peuple palestinien » et l'association de l'OLP aux négociations à venir. Bien que les Neuf se soient engagés dans le même temps à garantir « le droit à l'existence et à la sécurité de tous les États de la région, y compris Israël », la déclaration de Venise sera qualifiée quelques jours plus tard par Menahem Begin de « capitulation semblable à celle de Munich ». Elle ne constitue pas moins aujourd'hui encore le texte de référence pour la Communauté sur les bases d'un règlement pacifique au Proche-Orient.

Ces pas en avant enregistrés dans le domaine de la construction européenne doivent beaucoup aux excellentes relations qu'entretiennent le président français et le chancelier allemand, le social-démocrate Helmut Schmidt. Reçu à l'Élysée dix jours seulement après la victoire de Valéry Giscard d'Estaing aux présidentielles de 1974, ce dernier partage les convictions du successeur de Georges Pompidou quant au déclin de l'influence des États-Unis dans le monde et au risque que fait courir à l'Europe le très hypothétique engagement nucléaire américain dans le cas d'une agression soviétique : craintes que vont accroître les volteface de Jimmy Carter, ainsi que sa décision de renoncer à la fabrication de la bombe à neutrons.

Entre la France et l'Allemagne, ce sont donc des rapports privilégiés qui s'instaurent à partir de 1974, comparables à ceux qui avaient régné aux plus beaux jours de l'ère de Gaulle/Adenauer. Certes, l'intimité n'est pas exclusive de frottements, par exemple dans la question des montants compensatoires monétaires, à propos des difficultés d'application de la politique agricole commune, ou encore de l'attitude adoptée par de larges secteurs de l'opinion française en regard de la répression du terrorisme en RFA (extradition de Klaus Croissant, avocat de la bande à Baader, en novembre 1977). Mais, dans l'ensemble, les deux pays naviguent de concert et les sentiments suivent, comme le montre la belle régularité avec laquelle les personnes interrogées par les instituts de sondage placent l'ancien ennemi héréditaire au tout premier rang des nations pour lesquelles on éprouve de la sympathie.

Il n'en est pas de même du Royaume-Uni, troisième « grand » de l'Europe communautaire, sur lequel Georges Pompidou avait compté pour rééquilibrer l'alliance, un peu trop axée à son goût sur le couple franco-allemand. L'arrivée au pouvoir de Valéry Giscard d'Estaing coïncide avec un refroidissement des relations franco-britanniques, conséquence à la fois des prétentions budgéraires anglaises et de l'idée que le président français – tout comme son homologue allemand – se fait de la Grande-Bretagne, puissance en déclin, en proie au « nombrilisme » politique et économique. La victoire des conservateurs en 1979 et l'arrivée de Margaret Thatcher à Dowing Street n'y changeront rien, bien au contraire, les aspérités de la « dame de fer », son intransigeance dans la question de la contribution britannique au budget communautaire et sa totale imperméabilité au discours mondialiste de Valéry Giscard d'Estaing inclinant celui-ci à une grande réserve dans ses rapports avec le Premier ministre britannique.

L'ouverture au Sud

Inaugurée par le général de Gaulle, la politique de coopération avec les États du Tiers-Monde va trouver un deuxième souffle sous le septennat de Valéry Giscard d'Estaing. Privée de son Empire, exclue du dialogue entre les deux Grands, mais dotée de moyens d'assurer seule sa défense et héritière d'un messianisme planétaire qui constitue l'un des fondements de sa politique étrangère, la France se doit, pour continuer de figurer parmi les puissances mondiales, de jouer un rôle actif dans le Tiers-Monde. Elle dispose pour cela de quelques atouts importants : le maintien de liens étroits avec ses anciennes possessions coloniales, notamment en Afrique francophone, le capital de prestige et de sympathie accumulé par le général de Gaulle, l'utilisation d'un discours qui valorise l'indépendance des nations et conteste le « condominium américano-soviétique ».

L'objectif est double. D'une part il s'agit de donner de la France l'image d'une puissance mondiale désintéressée, dont la spécificité tient à son rôle d'intercesseur entre les pays « en développement » et les riches États industrialisés. De l'autre, cette mission, qui se réclame d'une culture politique issue de la philosophie des Lumières et des principes de la Révolution française, n'est pas exclusive d'intérêts économiques et commerciaux bien compris : à l'heure où la crise mondiale frappe de plein fouet les économies occidentales, de bonnes relations avec les pays du Tiers-Monde ne peuvent qu'aider à limiter les dégâts, qu'il s'agisse de s'assurer des matières premières à bon marché ou des débouchés pour les produits industriels de l'Hexagone.

Affronté aux deux chocs pétroliers de 1974 et 1979 et aux effets ravageurs de la stagflation, Valéry Giscard d'Estaing va se trouver, plus encore que son prédécesseur, tributaire de cette double finalité. Toutefois, si les préoccupations économiques à court terme sont présentes dans le choix qu'il fait, dès le début du septennat, d'une politique ouverte sur le « Sud », interviennent également et très fortement des considérations moins strictement dictées par les nécessités de l'heure. Le système international, estime-t-il, ne saurait reposer très longtemps sur la base des rapports inégaux qui se sont établis entre le « Nord » industrialisé, doté d'un haut niveau de vie et en rapide déclin démographique et les États pauvres d'un « Sud » surpeuplé et endetté. Les décisions prises par les pays arabes exportateurs de pétrole, pendant et après la « guerre d'octobre », ont montré que lorsqu'ils voulaient bien s'unir les détenteurs de produits nécessaires à la survie des économies occidentales avaient le moyen d'imposer leurs vues. Pourquoi dans ces conditions attendre que se nouent d'autres ententes, conduisant à un renchérissement des produits de base décidé de manière unilatérale ? Pourquoi ne pas prendre les devants en répondant à la demande globale des pays du Tiers-Monde, telle qu'elle a été formulée depuis la fin des années 1960 dans le cadre de la CNUCED, du groupe dit des 77 et du mouvement des non-alignés ? Lors du quatrième sommet de cette dernière organisation, qui a réuni à Alger en septembre 1973 les représentants de 84 pays, les thèmes développés quatre ans plus tôt à Lusaka ont été repris sous une forme beaucoup plus radicale et en privilégiant celui du « Nouvel ordre économique international ».

Face à ce véritable consensus des pauvres (6 000 délégués, une soixantaine de chefs d'État), fondé sur l'idée de la « décolonisation économique » et débouchant sur une stratégie offensive – l'action concertée et l'aide mutuelle entre pays producteurs de matières premières – l'Occident n'a-t-il pas intérêt à négocier à froid un rééquilibrage qui, de toute manière, ne pourra être évité, avec le risque qu'il s'opère dans les pires conditions ? Telle est en tout cas l'idée que Valéry Giscard d'Estaing se fait de ce que devrait être la politique de la France à l'égard du Tiers-Monde, et c'est dans cette perspective qu'il lance, dès le début de son septennat, l'idée d'une « conférence Nord-Sud » destinée à promouvoir, par la concertation entre pays riches et pays pauvres, le nouvel ordre économique réclamé par ces derniers.

Cette conférence s'ouvre à Paris en décembre 1975. Elle rassemble à la fois les délégués des grands États industriels, ceux des principaux pays du Tiers-Monde et les représentants d'États membres de l'OPEP qui, sans relever à proprement du « Nord », doivent à la rente pétrolière de ne plus figurer dans la seconde catégorie. Après une longue interruption, la conférence reprend en 1977 sans aboutir à quoi que ce soit de concret. On évoque les grands principes de solidarité et de coopération internationales, on parle de produits de base et de développement, mais la conférence s'enlise vite dans la réthorique et les débats en commission. À la fin de 1978, l'échec est patent. Conscient du peu d'enthousiasme que l'idée de nouvel ordre économique international suscite aux États-Unis, l'Élysée tente de lui donner un objectif moins ambitieux en limitant la concertation et la coopération à l'Europe, au monde arabe et à l'Afrique. Élaborée par le gouvernement français, l'idée du « trilogue » se propose en effet d'associer la capacité de production et le savoir-faire occidental, les matières premières du continent noir et le pétrole du Moyen-Orient. Mais là encore il ne sortira rien de pourparlers qui vont traîner en longueur et achopper sur la question de la participation des Palestiniens.

Plus tangibles ont été les résultats obtenus dans les rapports directs entre les États membres de la CEE et un certain nombre de pays dits ACP (Afrique, Caraïbe, Pacifique). La France en effet a joué un rôle important dans la préparation et la conclusion des accords qui, dans le droit fil de ceux de Yaoundé (1965 et 1969), ont été signés avec 46 d'entre eux à Lomé en février 1975. La convention permet à la quasi-totalité des produits de ces pays d'entrer en franchise dans la Communauté européenne et de n'être soumis à aucune mesure de restrictions quantitative autres que celles que les États membres appliquent entre eux. Par ses fonds de développement, la CEE assure une aide aux 46 États signataires et le STABEX, système de stabilisation des exportations, leur garantit un revenu minimal pour les ventes à l'étranger de leurs principales matières premières. Entrée en vigueur le 1er janvier 1976, pour cinq ans, la convention sera renouvelée le 31 octobre 1979. Incontestablement, elle constitue un succès de la diplomatie française au sein de la CEE.

L'Afrique, et tout particulièrement l'Afrique noire francophone, continue d'occuper une place privilégiée dans la politique tiers-mondiste de la France : une politique qui, en matière d'aide publique au développement, préfère l'action bilatérale aux entreprises multilatérales. À cet égard, il convient de noter que, contrairement à ce que laissent entendre les responsables politiques, cette action est loin d'être la plus importante, si l'on veut bien rapporter les sommes distribuées au produit national brut et omettre d'y inclure celles qui sont destinées aux départements et territoires d'outre-mer. En 1980, avec 0,36 % du PNB, l'aide française au développement ne vient ainsi qu'en neuvième position, devant celles de la Grande-Bretagne et des États-

Unis mais loin derrière des pays tels que les Pays-Bas (0,99 %) et la Norvège (0,82 %).

Très attaché au continent noir, où il a effectué de nombreux séjours, officiels ou privés, Valéry Giscard d'Estaing va apporter sa marque personnelle à la politique africaine de la France. En 1974, celle-ci était entièrement axée sur les rapports avec les anciennes colonies francophones et conservait un caractère paternaliste avec lequel le nouvel hôte de l'Élysée entendait rompre au plus vite. Dès le début du septennat, Valéry Giscard d'Estaing va ainsi supprimer le Haut commissariat pour les affaires africaines, instrument d'une politique d'intervention dans les affaires intérieures des États sur lequel avait longtemps régné Jacques Foccart. Il va ensuite institutionnaliser les « sommets » franco-africains, en leur donnant un rythme annuel et en les tenant alternativement à Paris et en Afrique. Sous sa présidence, une vingtaine de chefs d'État ou de délégués, parmi lesquels figurent de plus en plus nombreux les représentants de l'Afrique anglophone, passent en revue les problèmes de coopération économique et de défense.

Très fortement engagée dans le domaine de la coopération économique, technique, culturelle et militaire avec de nombreux pays africains auxquels elle est liée par des accords signés au début des années 1960, soucieuse d'y maintenir son influence en même temps que la stabilité politique de la région – ce qui suppose en premier lieu que soient préservées les frontières de la décolonisation –, la France va se trouver entraînée à diverses reprises dans des entreprises aventureuses, le plus souvent destinées à sauvegarder le statu quo territorial ou le pouvoir de l'équipe dirigeante, lorsque celle-ci lui est favorable. Ceci, sans se préoccuper à l'excès du comportement des dirigeants en place en matière de droits de l'Homme.

C'est ainsi que la France intervient à Djibouti, en 1976-1977 (opérations Louada et Saphir) contre la menace somalienne, au Sahara occidental en décembre 1977, en faisant attaquer par ses jaguars les troupes du Polisario en lutte contre la Mauritanie, au Tchad en 1978 et 1980, pour empêcher la mainmise libyenne sur ce pays en proie à la lutte des clans depuis le coup d'État d'avril 1975 contre le président Tombalbaye, et surtout au Zaïre. À deux reprises, Valéry Giscard d'Estaing apporte son soutien au régime du maréchal Mobutu : un régime qui ne brille pas par son respect des droits de l'Homme mais qui, aux yeux de l'Occident, a le mérite d'assurer une certaine stabilité de la région et de constituer un barrage contre les risques de contagion communiste en Afrique centrale et australe. Soutien indirect en avril 1977, sous la forme d'une aide logistique apportée aux troupes envoyées par le Maroc pour réprimer les troubles du Shaba, et intervention directe en mai 1978, avec l'envoi de deux compagnies de parachutistes à Kolwezi, à la fois pour sauver les ressortissants européens menacés et pour aider Mobutu à rétablir son autorité dans cette riche province minière.

La politique africaine de Valéry Giscard d'Estaing ne manifeste pas partout la même cohérence. Alliée de Mobutu dans la question du Shaba, conservant malgré l'apartheid des liens avec l'Afrique du Sud, la France a été parmi les premières puissances à reconnaître le régime « marxiste » d'Agostinho Neto en Angola. Surtout, elle va mener en Centrafrique entre 1976 et 1979 une politique de soutien inconditionnel au régime ubuesque de Jean-Bedel Bokassa, qui va très fortement compromettre son image et sa position dans cette partie du monde. Valéry Giscard d'Estaing sera le premier à payer les mécomptes de cette politique, ses adversaires de tous bords utilisant contre lui les « révélations » de la presse concernant les « cadeaux de Bokassa » au président de la République pour le déstabiliser.

Que l'« affaire des diamants » ait été montée en épingle pour des raisons de politique intérieure ne change rien au fait que la diplomatie élyséenne s'est comportée avec une grande légèreté dans son soutien au dictateur centrafricain, les finances de la République étant mises à contribution pour satisfaire ses caprices les plus déments, à commencer par le grotesque sacre impérial du 4 décembre 1977, et les autorités françaises restant muettes à l'annonce des massacres d'enfants perpétrés par le régime. Les échos indignés de ce « pseudo-événement » (dixit le ministre de la Coopération de l'époque) dans l'opinion internationale, les réactions négatives de nombreux chefs d'État africains, et aussi le rapprochement entamé par Bokassa Ier avec la Libye du colonel Kadhafi, vont finalement incliner le gouvernement français à lâcher cet encombrant allié. Profitant du séjour de Bokassa à Tripoli en septembre 1979, la France engage contre ce dernier une opération militaire sur Bangui qui permet de placer à la tête de la république centrafricaine restaurée l'ancien président David Dacko.

Au Proche-Orient, la politique française s'est efforcée sous le septennat de Valéry Giscard d'Estaing de jouer un rôle de médiation entre les deux camps, tout en resserrant les liens avec les pays arabes pour des raisons à la fois géostratégiques (la volonté de la France de conserver son influence en Méditerranée orientale) et économiques (approvisionnements en hydrocarbures et contrats fructueux passés avec les États bénéficiaires de la rente pétrolière). Entreprise difficile, le gouvernement français devant faire passer ses préoccupations tiers-mondistes et les contraintes matérielles liées à la crise avant les inclinations du cœur. Dès 1974, le ministre des Affaires étrangères, Jean Sauvagnargues, rencontre officiellement Yasser Arafat, jusqu'alors dénoncé par les médias comme le chef d'une organisation terroriste. L'année suivante, l'OLP est autorisée à ouvrir à Paris un bureau d'information et de liaison qui va devenir une sorte d'ambassade palestinienne. En mars 1978, la France participe avec le plus fort contingent à la force internationale envoyée par les Nations unies au Liban (FINUL) pour veiller au retrait des forces israéliennes.

L'engagement personnel de Valéry Giscard d'Estaing en vue d'une solution fondée sur un accord d'ensemble entre tous les acteurs concernés, y compris les Palestiniens, sur la base de la résolution 242 du Conseil de sécurité, conduit le président de la République à accueillir avec beaucoup de réserve les accords de Camp David et le traité de paix israélo-égyptien de mars 1979. Sans doute y a-t-il dans cette réaction le résultat d'une certaine déception à voir occupé par Jimmy Carter le rôle d'intercesseur que Valéry Giscard d'Estaing entendait s'attribuer. Mais surtout, le chef de l'État craint de voir son projet de « trilogue » voler en éclats en même temps que l'unité du monde arabe. Aussi, après avoir dans un discours prononcé à Amman, en Jordanie, le 8 mars 1980, reconnu le droit des Palestiniens à l'autodétermination, pousse-t-il ses partenaires européens à adopter, lors du sommet de Venise en juin de la même année, une déclaration commune réclamant la « reconnaissance des droits légitimes du peuple palestinien » et un réglement global assorti d'un système de garanties internationales.

Ces prises de position plutôt favorables aux Palestiniens s'accompagnent du resserrement des relations avec le monde arabe. Amorcée sous le septennat précédent, la coopération se développe avec l'Irak de Saddam Hussein, auquel est livré – conformément aux protocoles signés par le gouvernement Chirac – du matériel nucléaire baptisé « civil » pour les besoins de la cause, ce qui n'empêchera pas l'aviation israélienne de détruire plus tard le réacteur incriminé. En 1980, lorsque profitant de l'affaiblissement de l'Iran – où l'imam Khomeiny, réfugié en France en octobre 1978 et très confortablement installé dans une villa de Neauphle-le-Château, a pris le pouvoir en février 1979 –, l'Irak attaque sa grande voisine du Golfe Persique, Paris se garde bien de dénoncer l'agression et apporte d'entrée de jeu son soutien à Saddam Hussein.

Les adversaires politiques de Valéry Giscard d'Estaing, au sein ou en dehors de sa majorité, lui reprochent sans trop nuancer leurs propos l'inconsistance et les contradictions de sa politique étrangère. On lui fera grief de ses malencontreuses amitiés africaines, du caractère ouvertement pro-arabe de ses engagements au Moyen-Orient, de sa rhétorique tiers-mondiste et plus généralement du désir qu'il a eu d'être l'ami de tout le monde, avec le risque que cela comportait pour la liberté de l'Europe, lorsque l'interlocuteur s'appelait Brejnev et que la volonté de prolonger à tout prix la détente pouvait aboutir à la « finlandisation » de notre continent. Ces critiques, souvent à usage interne, sont pour la plupart excessives et ne doivent faire oublier ni l'ampleur du défi auquel s'est trouvé confronté le troisième président de la Ve République – chocs pétroliers, stagflation et retour à la guerre froide –, ni les véritables succès enregistrés par la diplomatie française, notamment dans le domaine de la construction européenne.

1981 : un tournant ?

Dans un livre publié au terme de la première législature socialiste, François Mitterrand définissait en ces termes les grandes orientations de la diplomatie française :

> « *La politique extérieure de la France s'ordonne autour de quelques idées simples : l'indépendance nationale, l'équilibre des blocs militaires dans le monde, la construction de l'Europe, le droit des peuples à disposer d'eux-mêmes, le développement des pays pauvres.* » (*Réflexions sur la politique extérieure de la France*, Paris, Fayard, 1986, p. 7.)

On ne saurait affirmer plus clairement le souci de continuité avec la politique gaullienne, pourtant combattue par les socialistes lorsqu'ils se trouvaient dans l'opposition, et la distance que le nouveau président de la Ve République a prise vis-à-vis des positions idéologiques des formations sur lesquelles ont reposé sa victoire électorale aux présidentielles de 1981, qu'il s'agisse de son propre parti ou de celui de Georges Marchais.

Déjà, entre les déclarations et décisions qui, en ce domaine, suivent l'élection de 1981, et les textes programmatiques du PS et de la gauche qui avaient émaillé depuis 1972 l'histoire de l'union socialo-communiste, le chemin parcouru est considérable. Le programme commun du 27 juin 1972 exigeait « la renonciation à la force de frappe nucléaire stratégique sous quelque forme que ce soit », la « reconversion de l'industrie nucléaire militaire française en industrie atomique pacifique », « l'arrêt immédiat des expériences nucléaires », « la stricte réglementation des ventes éventuelles d'armements à l'étranger ». Fortement influencé sur ce point par le CERES de Jean-Pierre Chevènement, le programme du Parti socialiste mettait l'accent sur la nécessaire rupture avec l'impérialisme, sur l'appui qui devait être apporté aux mouvements d'émancipation du Tiers-Monde et sur le refus, sinon de l'alliance atlantique, « contrepoids nécessaire à la puissance soviétique », du moins d'un « alignement de la France sur les positions de l'impérialisme dans le monde ».

Or, dans les semaines qui suivent l'installation de François Mitterrand à l'Élysée, les premières options arrêtées par le chef de l'État et par le gouvernement Mauroy marquent, au moins dans le domaine de la défense, un net changement d'orientation. Dès le 3 juin, il est décidé de procéder en Océanie aux essais nucléaires prévus par le gouvernement précédent. Le 16 juillet, Matignon annonce que les engagements de la France en matière de vente d'armes seront honorés, à commencer par celles qui sont destinées à la Libye. Quelques jours plus tard, le président donne connaissance à la presse de sa décision de construire un septième sous-marin nucléaire. On est loin du programme commun et du discours anti-force de frappe, omniprésent dans la culture socialiste d'opposition.

Qu'en est-il du projet « anti-impérialiste » décliné sur tous les registres avant et après le 10 mai 1981 ? Sans doute, durant les deux premières années de l'ère mitter-randienne, le désir sincère de donner un autre contenu au « tiers-mondisme » prôné par l'Élysée à l'époque de Gis-card, en soutenant dans divers secteurs de la planète les luttes révolutionnaires et les mouvements d'émancipation dirigés contre les bourgeoisies réactionnaires et contre leurs alliés américains. Autrement dit, le souci de conduire, au moins dans ce domaine où les éclats du verbe ont peut-être de moindres conséquences qu'ailleurs, une politique étran-gère spécifiquement « socialiste ».

L'Amérique latine a été, au début du septennat, le terrain privilégié de cette politique. Un terrain sur lequel François Mitterrand ne s'est pas aventuré seul. Certes, c'est lui qui, en tout début de règne, donne le ton en faisant de Régis Debray, ancien compagnon d'armes de Che Guevarra en Bolivie à la fin des années 1960, un conseiller technique chargé à l'Élysée de suivre les affaires latino-américaines. Mais si ce dernier joue un rôle non négligeable dans la pré-paration des dossiers et des discours présidentiels, ce n'est pas lui qui *fait* la politique de la France dans cette partie du monde. Il a, explique Samy Cohen, « plus certainement joué un rôle d'épouvantail que de Père Joseph » (*La Monar-chie nucléaire*, Paris, Hachette, 1986, p. 68). Le symbole n'en est pas moins significatif.

Pierre Mauroy et Claude Cheysson, respectivement Pre-mier ministre et ministre des Affaires étrangères jusqu'en 1984, partagent les vues du président sur cette question, et avec eux la très grande majorité des socialistes que les événements du Chili en 1973 ont fortement traumatisés. L'élimination par l'armée d'un gouvernement d'unité populaire dirigé par un socialiste, avec l'appui plus ou moins direct de la CIA, avait réveillé à l'époque, à gauche, le syndrome lointain de la Guerre d'Espagne et nourri un anti-américanisme déjà très vif. Huit ans plus tard, le putsch du général Pinochet n'est pas oublié, et c'est à bien des égards par référence au drame de Santiago que les militants et une partie des sympathisants des partis de la nouvelle majorité considèrent ce qui se passe en Amérique centrale depuis l'arrivée de Ronald Reagan à la Maison Blanche.

Dès le 28 août 1981, le chef de l'État rend publique une déclaration préparée conjointement avec son homologue mexicain, Lopez Portillo, affirmant que le Front d'opposition à la junte salvadorienne constitue « une force politique représentative ». Quelques semaines plus tard, répondant à un journaliste de *Time Magazine*, il explique qu'il faut soutenir les mouvements révolutionnaires latino-américains pour les empêcher de tomber dans l'orbite communiste, comme l'avait fait Fidel Castro deux décennies auparavant. Mais surtout, c'est le discours prononcé devant le monument de la Révolution de Mexico le 20 octobre 1981, deux jours avant l'ouverture de la conférence Nord-Sud de Cancun – discours auquel Régis Debray a prêté la main – qui proclame dans un registre lyrique l'engagement de la France aux côtés de ceux qui « prennent les armes pour défendre les libertés » :

> « *Salut aux humiliés, aux émigrés, aux exilés sur leur propre terre, qui veulent vivre et vivre libres.*
> *Salut à celles et à ceux qu'on bâillonne et qu'on persécute ou qu'on torture, qui veulent vivre et vivre libres.*
> *Salut aux séquestrés, aux disparus et aux assassinés qui voulaient seulement vivre et vivre libres.*
> *Salut aux prêtres, aux syndicalistes emprisonnés, aux chômeurs qui vendent leur sang pour survivre, aux Indiens*

pourchassés dans leur forêt, aux travailleurs sans droits, aux payans sans terre, aux résistants sans armes, qui veulent vivre et vivre libres.

À tous, la France dit : courage, la liberté vaincra !...

... Et si j'en appelle à la liberté pour les peuples qui souffrent de l'espérer encore, je refuse tout autant ses sinistres contrefaçons : il n'y a de liberté que par l'avènement de la démocratie. »

Le problème est de savoir où commence la « contrefaçon », et il ne va pas tarder à se poser de manière insistante à la diplomatie française à propos de l'évolution du régime sandiniste au Nicaragua. Question fondamentale et qui oppose, au sein même de l'Internationale socialiste, ceux qui estiment que les mouvements d'émancipation latino-américains sont dès l'origine à ce point gangrénés par les éléments communistes qu'ils ne peuvent, une fois détenteurs des leviers de commande, que générer un pouvoir totalitaire, et ceux pour lesquels l'adhésion au modèle soviétique et l'alignement sur l'URSS découlent de l'attitude des États-Unis à l'égard de régimes qui menacent directement les intérêts américains dans la région. Ainsi en a-t-il été de Cuba au lendemain de la victoire castriste. Ainsi en est-il vingt ans plus tard du Nicaragua sandiniste. Pour les socialistes français, c'est la seconde interprétation qui est la bonne, et c'est dans cette direction également que penchent le chef de l'État et les principaux responsables politiques.

Pas pour très longtemps il est vrai. Au début de 1982, des armes sont livrées aux sandinistes engagés dans la lutte contre les forces d'opposition, la *contra*, encore largement composée à cette date de partisans de l'ancien dictateur Somoza. En février de la même année, le Parti socialiste dépêche dans les Caraïbes une mission dont l'objectif est d'améliorer les relations avec Cuba et de mettre sur pied une aide multinationale en faveur du Nicaragua, aide qui aurait dû être décidée par le Bureau de l'Internationale socialiste, lors d'une réunion fixée au 24 février à Caracas et qui sera ajournée du fait des désaccords entre pays membres à propos précisément de l'interprétation du régime sandiniste. Dans la foulée, on songe à Paris à inviter Fidel Castro à se rendre en visite officielle en France, dans le but de lui offrir une solution de rechange à l'alliance soviétique et de l'inciter à retirer ses troupes d'Angola.

Dans les interviews données à la presse française, Jeane Kirkpatrick, ambassadeur des États-Unis auprès de l'ONU, qualifiera de « fantaisies romantiques » les initiatives de la diplomatie mitterrandienne, et Ronald Reagan ne se privera pas davantage de critiquer la politique de la France en Amérique centrale. Pourtant, ce sont moins les manifestations de la mauvaise humeur américaine devant ces « coups d'épingle », jugés d'autant plus irritants à Washington qu'ils concernaient des pays constituant l'« arrière-cour » de la République impériale, que l'évolution du régime sandiniste dans le courant de l'année 1982 – tant sur le plan intérieur avec les atteintes très graves aux libertés publiques que dans le domaine international, avec l'alignement de Managua sur les positions soviétiques – qui vont incliner le gouvernement français à modifier sa politique dans les Caraïbes.

On continuera à Paris à plaider pour une attitude conciliante envers les sandinistes, afin de freiner la dérive totalitaire du régime, mais l'on renonce à aider celui-ci dans sa lutte contre une guérilla qui rassemble désormais toutes les composantes de l'opposition. L'ultime manifestation de la politique menée par la France dans cette région au nom de l'« anti-impérialisme » aura lieu en octobre 1983, lorsque François Mitterrand condamnera l'intervention américaine à la Grenade. Elle sera de courte durée, Paris découvrant en même temps le degré de pénétration des influences russes dans cette île, et le danger de subversion castriste dans les Antilles françaises.

Nulle part plus qu'en Afrique noire ne se manifeste le décalage entre un discours affirmant la volonté de rupture avec la politique menée par la droite et la continuité de fait de cette politique, imposée au pouvoir socialiste par des contraintes de tous ordres. Comme son prédécesseur, François Mitterrand cultive, depuis son passage au ministère de la France d'Outre-mer sous la IVe République, une grande affinité envers le monde africain. L'homme à qui il confie en 1981 la charge de la Coopération est de sensibilité tiers-mondiste, tout comme son ministre de tutelle, Claude Cheysson, titulaire du Quai d'Orsay. L'un et l'autre partagent le sentiment de la majorité des socialistes en regard de la politique menée en Afrique par l'équipe sortante à qui l'on reproche son paternalisme néo-colonial, sa propension au soutien des régimes douteux, et surtout la façon dont s'opèrent, en toute majesté, les choix élyséens d'intervention sur le continent noir. Durant la campagne présidentielle, François Mitterrand a annoncé que, dans ce domaine, il ne pouvait « ni dans la forme, ni dans le fond », « y avoir de dénominateur commun avec la politique de faillite de l'ancien régime », et Jean-Pierre Cot a, dès sa nomination au ministère de la Coopération, fait connaître les quelques principes sur lesquels devait à ses yeux reposer la politique de la France dans cette partie du monde : des relations ordinaires d'État à État et non plus fondées sur les rapports personnels entre responsables français et africains, une diplomatie ouverte à l'ensemble du continent et pas au seul bastion francophone, une coopération rationalisée et soucieuse du respect des droits de l'Homme dans les pays concernés, etc. Or, ces velléités de changement ne vont pas résister très longtemps à l'épreuve et aux contraintes du pouvoir.

La continuité s'impose d'abord dans le style. Pas plus que son prédécesseur, François Mitterrand n'entend renoncer aux prérogatives non écrites qui président depuis de

Gaulle à la conduite des affaires africaines. Aussi utilise-t-il dans ses relations avec les gouvernements intéressés les services de personnalités relevant directement de lui, qu'il s'agisse de simples conseillers techniques ou d'amis personnels – comme Roland Dumas, avant sa nomination aux Affaires européennes en décembre 1983 – ou du conseiller spécialisé permanent de l'Élysée, poste qui est également confié à un familier du président, Guy Penne, doyen de la faculté de chirurgie dentaire de Paris et ancien dignitaire du Grand-Orient de France.

Continuité également dans le fond, du fait de la pesanteur des contraintes économiques et géostratégiques. Dès le sommet franco-africain de Paris, en novembre 1981, celle-ci est clairement perceptible. D'où les dissenssions qui opposent, au cours de l'année suivante, les responsables élyséens de la politique africaine et le ministre délégué, chargé de la Coopération et du Développement, Jean-Pierre Cot. Celui-ci ne cache pas en effet son hostilité à l'égard de certains chefs d'État particulièrement répressifs envers leurs opposants, tels Mobutu au Zaïre, Omar Bongo au Gabon et Sekou Touré en Guinée. Lors de la visite de ce dernier à Paris, en septembre 1982, il manifeste de vives réticences pour participer à son accueil, attitude qui n'est pas sans lien avec sa mise à l'écart discrète deux mois plus tard, Jean-Pierre Cot se voyant d'abord proposer par Pierre Mauroy la prestigieuse ambassade de Madrid, ce qu'il refuse, puis négociant directement avec le président une sortie honorable. Son poste, déclaré « vacant » sans qu'il ait donné sa démission, va dès lors échoir à un exécutant sans états d'âme des volontés présidentielles, le député de l'Isère Christian Nucci.

Les critiques formulées par les socialistes lorsqu'ils étaient encore dans l'opposition, en regard des interventions militaires décidées par l'Élysée, ne vont pas empêcher le gouvernement français de s'engager dans des actions du même genre, dès lors que la menace d'une déstabilisation de la région lui impose d'y exercer des fonctions de « gendarme ». Ainsi, en 1983, François Mitterrand doit-il faire face au rebondissement de la crise tchadienne, soutenant l'ancien rebelle Hissène Habré, devenu maître du pouvoir à N'Djamena et appuyé par les États-Unis et les États africains «modérés» (dont Mobutu), contre l'ancien chef du gouvernement légitime Goukouni Ouedeï, protégé de la Libye. Malgré les réticences de Claude Cheysson, peu enclin à voir la France se comporter « comme les États-Unis au Honduras ou au Nicaragua », l'Élysée décidera en août 1983 d'engager 3 000 hommes au Tchad dans l'opération *Manta*, aux côtés de 2 000 soldats zaïrois. Il n'y aura pas d'engagement direct avec les hommes de Goukouni, ni avec leurs alliés libyens, et à la fin de 1984 un accord sera signé entre Paris et Tripoli stipulant le « retrait simultané » des forces en présence, accord non suivi d'effet du côté libyen en dépit des engagements solennels pris par le colonel Kadhafi lors de son entrevue en Crète avec le président français. D'où une nouvelle intervention en 1986.

Dernier point enfin marquant la continuité de la politique française à l'égard du Tiers-Monde, les ventes d'armes sur lesquelles ont faiblement pesé, une fois dissipées les illusions de l'après 10 mai, les considérations d'ordre idéologique ou humanitaire. Visitant le Salon aéronautique du Bourget, peu de temps après son arrivée au pouvoir, François Mitterrand avait tenu à ce que fussent enlevées toutes les armes des appareils près desquels on allait le voir. Trois ou quatre ans plus tard, les exportations battront tous les records préalablement enregistrés, et ceci sans qu'aient été pris en compte de manière excessive les comportements des États bénéficiaires en matière de droits de l'Homme. Même l'Afrique du Sud, soumise à quelques réductions ponctuelles, continuera d'acheter une partie de son armement sophistiqué en France, restée, à la satisfaction des responsables de son commerce extérieur et de la politique de l'emploi, le troisième exportateur mondial d'armes.

Une monarchie nucléaire

On voit que les velléités d'adoption d'une politique étrangère fondée sur l'idéologie et conforme aux engagements du programme commun n'ont pas résisté bien longtemps aux exigences du pouvoir. Dès la fin de 1982, il est clair que la diplomatie mitterrandienne se trouve engagée dans une voie qui, sauf en ce qui concerne la construction communautaire, s'éloigne peu des chemins tracés par le général de Gaulle. Ni la pression directe du PCF jusqu'en 1984, ni l'expérience de la première cohabitation en 1986-1988, ne feront beaucoup dévier l'Élysée des grandes options arrêtées en début de règne, et ceci d'autant moins qu'elles suscitent pour l'essentiel l'acquiescement de la grande majorité des Français.

Jusqu'aux législatives de 1986, perdues par la gauche, puis du printemps 1988 à 1993, soit pendant dix ans, la politique extérieure de la France est demeurée l'apanage, sinon le « domaine réservé » du président, et ceci bien qu'au cours des dix années précédentes François Mitterrand n'ait pas cessé de dénoncer la dérive monarchique de la Vᵉ République. Comme pour ses prédécesseurs, le choix du ministre des Affaires étrangères, comme celui des responsables de la Défense et de la Coopération, s'est effectué le plus souvent en faveur de grands commis de l'État ou de personnalités étroitement liées au président. Au Quai d'Orsay, Claude Cheysson sous les deux gouvernements Mauroy et Jean-Bernard Raimond durant la première cohabitation, relèvent de la première catégorie, tandis que Roland Dumas, chef de la diplomatie française de 1984 à 1986, puis de 1988 à 1993, et ami de longue date du président, appartient à la seconde. À la Défense, Charles Hernu jusqu'en 1985, Paul Quilès en 1985-1988, Pierre Joxe après la démission de Jean-Pierre Chevènement au début de 1991 sont également des familiers du chef de l'État ou des partisans inconditionnels de sa politique. Ceux qui, au sein de l'équipe décisionnelle, se trouveront en opposition avec les grandes orientations de la diplomatie élyséenne – Jean-Pierre Cot au début du premier septennat, Jean-Pierre Chevènement au moment de la guerre du Golfe –, n'auront d'autre alternative que de se soumettre ou de se démettre.

C'est dans le domaine de la Défense que la continuité avec la période qui précède est la plus flagrante. S'appuyant sur un consensus au demeurant équivoque – l'immense majorité des Français se déclare à la fois favorable à la force de frappe nucléaire et opposée à son emploi automatique en cas d'agression caractérisée –, les gouvernements successifs ont, depuis 1981, maintenu et renforcé le système qui fait du chef de l'État la pièce maîtresse de la stratégie de dissuasion et de l'arsenal stratégique à trois composantes (les Mirages IV, les missiles du plateau d'Albion et les sous-marins nucléaires lanceurs d'engins équipés de missiles M4 d'une portée de 4 000 km) le cœur de notre dispositif défensif. C'est le président de la République qui décide, en dernier ressort, de l'utilisation des armements stratégiques contre un agresseur éventuel. C'est lui également qui peut engager, pour enrayer une offensive ennemie, ou comme ultime avertissement avant les représailles massives, les forces nucléaires de portée intermédiaire. Son rôle est donc primordial, au point que l'on parle de *monarchie nucléaire* pour qualifier le système politico-stratégique qui sert de cadre aux initiatives de la diplomatie française. La guerre du Golfe, intervenant il est vrai en dehors des deux périodes de cohabitation, offre une illustration saisissante de son fonctionnement :

> « *Tout au long de cette crise, le Premier ministre joue un rôle de second plan. Ce n'est pas lui qui définit les orientations, même s'il participe à toutes les réunions élyséennes et peut émettre son avis. Ses interventions portent la plupart du temps sur les conséquences intérieures de la crise, conséquences économiques, politiques, et de sécurité. L'orientation diplomatique et militaire relève entièrement du président, qui dose gesticulation militaire et action diplomatique, contrôle au plus près chacune des étapes de l'engrenage militaire, veille à ce que la participation française s'effectue dans le cadre de limites strictes...*
> *... Le ministre de la Défense nationale, Jean-Pierre Chevènement, n'exerce qu'une influence marginale. Ses tentatives pour tenir la France à l'écart sont un échec complet. Il n'est d'ailleurs pas un maillon essentiel dans le processus de décision. Son départ au beau milieu des hostilités n'entravera pas le cours des opérations militaires françaises. Les deux rouages clés sont le chef d'état-major des armées et le chef de l'état-major particulier du président.* » (Samy Cohen, *La Défaite des généraux. Le pouvoir politique et l'armée sous la Ve République*, Paris, Fayard, 1994, p. 129-130.)

Il est clair que la France mitterrandienne entend rester une puissance nucléaire. Il y va de sa sécurité, de son indépendance, et surtout de son influence dans le monde. Détentrice d'une force de frappe crédible et d'un siège permanent au Conseil de sécurité de l'ONU, elle se distingue des autres puissances moyennes, et notamment de l'Allemagne, compensant ainsi son handicap industriel et commercial sur ce pays. Encore faut-il que l'outil stratégique forgé depuis plus de trente ans conserve sa fiabilité, ce qui implique la modernisation continue de l'arsenal atomique et la poursuite des expériences sous-marines. Exclusivement souterraines depuis 1974, celles-ci ont pour théâtre la Polynésie française et ont donné lieu en 1985 à une grave crise dans les relations avec les pays du Pacifique-Sud : Australie et Nouvelle-Zélande. Deux agents secrets français (les « faux époux Thuringe ») ont saboté et coulé dans le port d'Auckland un navire frêté par l'organisation écologiste Greenpaece, le *Rainbow Warrior*, dans le but de faire obstacle aux expériences nucléaires françaises. L'affaire a entraîné de vives réactions de la part du gouvernement néo-zélandais et a eu en France de fortes retombées intérieures : démission du ministre de la Défense Charles Hernu et frictions entre le Premier ministre (Laurent Fabius) et l'Élysée.

Si, dans ses grandes lignes, la doctrine stratégique de la France a peu changé depuis le septennat giscardien – sanctuarisation « élargie », mais refus d'engager à l'avance ses forces dans un dispositif sous commandement de l'OTAN –, il a bien fallu adapter l'outil militaire aux nouvelles données technologiques et géostratégiques. On a donc doté la force de frappe française de missiles Pluton dits « préstratégiques », d'une portée de 120 km, puis de missiles Hadès (350 km de rayon d'action), ce qui n'a pas été sans poser de problèmes dans les rapports avec l'Allemagne, directement visée par l'emploi de ces armes à l'occasion d'une « bataille de l'avant ». On a rénové l'armement des forces terrestres (chars AMX Leclerc, missiles anti-chars et anti-aériens, lance-roquettes), mis sur pied une Force d'action rapide de 50 000 hommes destinée aux interventions hors de l'Hexagone, déployé un réseau de satellites d'observation. S'agissant des forces navales, l'accent a été mis sur les sous-marins (7 SNLE, 18 sous-marins d'attaque dont deux nucléaires) et les navires porteurs d'engins aériens (2 porte-avions de 32 000 t, 1 porte-hélicoptères, en attendant le *Charles de Gaulle*, un porte-avions de 60 000 t à propulsion nucléaire).

Cet effort d'armement coûte cher. Troisième puissance militaire du monde, la France ne consacre que 13 à 14 %

de son budget et 3,7 % de son PNB à sa Défense, soit des pourcentages comparables à ceux de ses principaux partenaires européens. Aussi lui faut-il faire des choix, rendus plus prégnants par la persistance des difficultés économiques. Depuis le début des années 1980, on a procédé à des aménagements ponctuels, sans incidences budgétaires majeures : réduction de la durée du service militaire, évacuation progressive des troupes stationnées en Allemagne, abandon de certains programmes militaires, suspension par le gouvernement de Pierre Bérégovoy des essais nucléaires, etc. Mais l'on n'a pas résolu le dilemme fondamental, lequel réside dans l'impossibilité de concilier les grandes ambitions diplomatiques de la France et les ressources financières relativement modestes consacrées à la modernisation de l'instrument militaire. Ni le président de la République, ni les Premiers ministres socialistes ou cohabitationnistes n'ont su choisir jusqu'à présent entre l'adoption d'un profil international moins ambitieux et un accroissement significatif du budget de la Défense.

La question est d'autant plus compliquée que le contexte international a fortement changé depuis 1989, et que la France, comme tous ses partenaires européens, se trouve affrontée à de nouveaux défis. L'accent mis sur le nucléaire depuis plus de trente ans, alors qu'ont volé en éclats l'URSS et le pacte de Varsovie, la guerre du Golfe, les opérations « humanitaires » ou de maintien de l'ordre aux quatre horizons de la planète, les difficultés de l'intervention des casques bleus français en Bosnie ont souligné les limites et les carences d'une puissance militaire qui n'est plus tout à fait adaptée aux contraintes géopolitiques de cette fin de siècle tourmentée. Et avec elles le relatif isolement d'une « monarchie nucléaire » dont le fonctionnement ne paraît guère compatible avec celui de l'Europe communautaire.

Retour aux grands équilibres

L'attitude de la France dans la question de l'Amérique centrale, au cours des deux premières années de l'ère mitterrandienne, a suscité on l'a vu une certaine irritation à Washington, où l'on s'est inquiété de la présence de ministres communistes dans l'équipe présidée par Pierre Mauroy. Or, on s'est vite rendu compte dans l'entourage du président Reagan que, loin de se rapprocher d'elle, la France socialiste prenait ses distances à l'égard de l'URSS, épousant en quelque sorte l'évolution des relations internationales depuis le « coup de Kaboul », en même temps que celle d'une opinion publique devenue très majoritairement hostile au régime et à la diplomatie du Kremlin.

Sans pour autant engager la politique française dans la voie du retour à l'atlantisme, François Mitterrand s'est appliqué en effet à la rééquilibrer, et pour cela il a, d'entrée de jeu, adopté à l'égard de Moscou, une attitude ferme. Non par souci de « punir » les Russes qui, de toute évidence, auraient préféré voir Valéry Giscard d'Estaing se succéder à lui-même et n'avaient pas fait secret de leur choix durant la campagne présidentielle. Mais parce qu'il partageait – au moins jusqu'à un certain point – les vues des décideurs américains concernant les illusions de la détente et la menace sérieuse que faisait courir à la paix et à l'indépendance des nations européennes la propension des Russes à rechercher, depuis le milieu des années 1970, des « avantages unilatéraux ».

Durant les deux premières années de son mandat, François Mitterrand rencontre six fois le président des États-Unis alors que, rompant avec la pratique des sommets annuels établie par son prédécesseur, il attend trois ans pour se rendre à Moscou. Le 20 janvier 1983, en visite officielle à Bonn pour le 20ᵉ anniversaire du traité de coopération franco-allemand, il prononce devant le Bundestag un discours dans lequel il adjure les parlementaires allemands d'accepter l'installation de fusées Pershing II et de missiles de croisière décidée par le Conseil de l'OTAN en décembre 1979 :

> « *Notre analyse et notre conviction – explique-t-il –, celle de la France, sont que l'arme nucléaire, instrument de cette dissuasion, qu'on le souhaite ou qu'on le déplore, demeure la garantie de la paix, dès lors qu'il existe un équilibre des forces. Seul cet équilibre, au demeurant, peut conduire à de bonnes relations avec les pays de l'Est, nos voisins et nos partenaires historiques. Il a été la base saine de ce qu'on a appelé la détente ; il vous a permis de mettre en œuvre votre 'Ost-Politik'. Il a rendu possible les accords d'Helsinki.*
>
> *Mais le maintien de cet équilibre implique à mes yeux que des régions entières d'Europe ne soient pas dépourvues de parade face à des armes nucléaires dirigées contre elles. Quiconque ferait le pari sur le 'découplage' entre le continent européen et le continent américain mettrait, selon nous, en cause l'équilibre des forces et donc le maintien de la paix. »*

À l'heure où le président français prononce ces paroles l'Europe de l'Ouest et les pays méditerranéens sont la proie d'une immense vague pacifiste. De Rome à Amsterdam, de Londres à Madrid et à Athènes, le « mouvement de paix » rassemble dans les rues des grandes métropoles européennes des centaines de milliers de manifestants. En Allemagne, où ils sont particulièrement nombreux et résolus, on proclame qu'il vaut mieux être « rouge » que « mort » et les adversaires du déploiement des Pershing paraissent en mesure de fortement perturber le résultat des élections législatives. Aussi le discours de François Mitterrand, pour qui « les pacifistes sont à l'Ouest et les missiles à l'Est », ne peut-il que conforter dans sa détermination le chancelier Kohl, dont le parti obtiendra lors du scrutin du 6 mars près de 49 % des suffrages. En France, où il est surtout structuré autour d'un parti communiste embarrassé par sa présence au gouvernement, le courant pacifiste ne rencontre qu'une audience médiocre, conséquence probable du sentiment de sécurité – largement illusoire au demeurant – que la possession de la bombe donne aux habitants de l'Hexagone.

En 1988, à l'heure où s'achève la première cohabitation, Henry Kissinger pourra dire en confidence de François Mitterrand qu'il a été « un très bon allié, le meilleur de tous les présidents français ». Pourtant, le rapprochement franco-américain n'a pas été sans à-coups, et à partir de 1984 l'Élysée a procédé, à petit pas, à un rééquilibrage de sa politique, cette fois en direction de l'Est. Soucieux de diversifier ses approvisionnements énergétiques, le gouvernement français a conclu en janvier 1982 un accord avec les Soviétiques portant sur l'achat de gaz sibérien et sur la participation de la France à la construction de l'oléoduc. Washington manifeste une vive irritation et, en riposte de cette décision, la Réserve fédérale américaine cesse de soutenir le franc ; ce qui contraindra le gouvernement Mauroy à une deuxième dévaluation en juin 1982.

Nouveau coup de barre à l'Ouest en 1983. En février, le ministre des Affaires étrangères Claude Cheysson condamne, lors de la conférence sur la coopération et la sécurité en Europe à Madrid (prolongement de celle d'Helsinki), la destruction par l'aviation soviétique d'un appareil civil sud-coréen égaré au-dessus du territoire de l'URSS. En mai, François Mitterrand se rend en Chine où est signé un contrat portant sur l'achat par ce pays de quatre réacteurs nucléaires français. En août, le gouvernement français décide de procéder à l'expulsion de 47 diplomates et ressortissants soviétiques suspects d'activités d'espionnage.

Le réchauffement des relations avec Moscou s'amorce avant l'arrivée au pouvoir de Mikhaïl Gorbatchev. En juin

1984, François Mitterrand entreprend enfin de rendre visite aux dirigeants du Kremlin, mais sa rencontre avec Tchernenko lui fournit l'occasion d'évoquer sans complaisance le sort des dissidents, en particulier celui d'Andreï Sakharov. Lors d'un dîner offert par le numéro un soviétique, répondant au toast dans lequel Tchernenko a dénié à quiconque le droit de s'ingérer dans les affaires intérieures de l'URSS, le président français réplique en évoquant les libertés, en citant le nom de l'exilé d'Alma-Ata, et en redisant son désaccord sur l'Afghanistan et la Pologne. Son discours est censuré par la *Pravda*, mais lors du Conseil européen qui se réunit quelques jours plus tard à Fontainebleau, les représentants des neuf partenaires de la France lui adressent leurs félicitations, de même que Ronald Reagan qui lui téléphone personnellement de Washington.

En revanche, les réactions sont nettement moins favorables, tant en France qu'à l'étranger, lorsqu'en décembre 1985 le chef de l'État reçoit à Paris le général Jaruzelski, chef du parti et de l'État polonais et responsable de la proclamation de l'« état de guerre » en 1981. L'accueil est certes sans chaleur, le numéro un polonais devant pour entrer à l'Élysée emprunter la grille du jardin. Mais François Mitterrand est tout de même le premier dirigeant occidental à recevoir l'homme qui a mis hors-la-loi le *syndicat Solidarnośċ*, très populaire en France. Venant d'un homme qui, lors de la campagne présidentielle de 1981, avait vertement reproché à Giscard d'Estaing de jouer au « petit télégraphiste », l'initiative choque profondément l'opinion. À l'exclusion du PCF, tous les partis, y compris le PS, critiquent l'attitude du chef de l'État, tandis que répondant à l'assemblée nationale à l'interpellation d'un député socialiste, le Premier ministre Laurent Fabius se déclare « personnellement troublé » par la visite de Jaruzelski.

Deux événements ont concouru à l'amélioration du climat franco-soviétique. En juillet 1984, les ministres communistes ont quitté le gouvernement, donnant indirectement au chef de l'État les coudées plus libres pour amorcer un rapprochement avec l'URSS. Mais surtout, c'est l'arrivée au pouvoir de Gorbatchev qui, dès l'année suivante, va permettre une amélioration des rapports entre les deux pays. En octobre 1985, le numéro un soviétique est reçu à Paris par les principaux dirigeants politiques français. À la proposition qui lui est faite à cette occasion d'ouvrir une négociation directe avec Moscou sur les armements nucléaires de la France, François Mitterrand répond par la négative, en même temps qu'il évoque l'« actualité des dispositions d'Helsinki » concernant aussi bien la sécurité en Europe que « le respect des droits de l'Homme et des libertés fondamentales, y compris la liberté de pensée, de conscience, de religion ou de conviction ». L'atmosphère toutefois est cordiale, et surtout le chef de l'État profite de la circonstance pour confirmer son opposition au projet de « guerre des étoiles » du président Reagan.

La création de ce bouclier antimissiles lui paraît en effet non seulement contraire à l'esprit du traité ABM, par lequel les deux superpuissances s'engageaient en 1972 à ne pas déployer de système d'interception des vecteurs adverses au-dessus de leur propre territoire (à l'exception de deux sites), dans la logique de la dissuasion réciproque, mais de nature à produire effectivement un découplage entre la défense du sanctuaire américain et celle de l'Europe. Dans le discours prononcé à l'Élysée en présence de Gorbatchev, le 2 octobre 1985, François Mitterrand, qui vient de présenter à ses partenaires européens le projet de recherche *Eurêka*, condamne ainsi sans le nommer le programme IDS :

> « C'est dire avec quelle attention nous observons ce qui se passe dans l'espace. Il est normal que l'homme moderne veuille s'en assurer la maîtrise. Et qu'il cherche à connaître les secrets de la nature qui lui échappent encore. Je

n'ignore pas non plus qu'il existe déjà une certaine "mili-
tarisation de l'espace". Mais la sagesse est que les traités
sur les missiles antibalistiques, ou ABM, soient respectés
et qu'à Genève les deux principales puissances trouvent les
voies d'un compromis raisonnable pour tous. »

Qu'il y ait eu un rééquilibrage de la politique de la France à l'égard des deux superpuissances à partir de 1984, cela ne fait guère de doute. Toutefois, de même que l'accusation d'« atlantisme » portée contre François Mitterrand par ses adversaires ou partenaires politiques (gaullistes et communistes) au début du septennat était pour le moins excessive, de même celle de « gorbymania » appliquée à l'*Ostpolitik* élyséenne après 1985 paraît relever du domaine de la polémique franco-française.

Plus difficile a été le rééquilibrage de la politique française au Proche-Orient. Dans l'opposition, François Mitterrand – que certains diplomates arabes considéraient alors comme un « agent sioniste » – n'avait pas ménagé ses critiques à l'encontre de la politique menée par la France depuis 1967. Héritier d'une tradition d'amitié avec l'État hébreu qui avait concouru en 1956 à la décision du gouvernement de Guy Mollet d'intervenir à Suez aux côtés des Britanniques et des Israéliens, il va dans un premier temps multiplier les gestes d'apaisement envers Jérusalem.

Dès juillet 1981, il annule les dispositions prises par le gouvernement précédent concernant les clauses restrictives qui frappaient le commerce israélien. Il répudie la déclaration de Venise et se rend en Israël en mars 1982 : première visite d'un chef d'État français dans ce pays. Pourtant, il est loin d'approuver sans réserve la politique de l'État hébreu, et il ne se prive pas de le dire aux députés de la Knesset :

« Il est donc normal que j'aie, au nom de la France,
une opinion sur les problèmes majeurs de votre région et
que je la fasse connaître, étant admis une fois pour toutes

> *que j'exprime cette opinion dans le respect des droits fondamentaux qui s'imposent à moi comme aux autres et dont le premier, me semble-t-il, est pour chacun l'irréductible droit de vivre.*
>
> *Ce droit, Mesdames et Messieurs, c'est le vôtre. Il est celui des peuples qui vous entourent. Et je pense, bien entendu, prononçant ces mots, aux Palestiniens de Gaza et de Cisjordanie, comme je pense, bien que les réalités juridiques et politiques ne soient pas les mêmes, au peuple du Liban. »*

Ce droit des Palestiniens à vivre, implique ajoute François Mitterrand, qu'ils disposent d'une « patrie », laquelle peut, « le moment venu, signifier un État ». Quoique assorties de propos stigmatisant le refus de l'OLP de reconnaître le droit à l'existence d'Israël, ces paroles ne pouvaient que heurter les dirigeants israéliens. L'attitude adoptée par la France trois mois plus tard, lors de l'opération *Paix en Galilée* dirigée contre les Palestiniens installés au Liban va les conforter dans ce sentiment. Les soldats français de la FINUL participent en effet à deux reprises à l'évacuation des combattants palestiniens de Beyrouth : une première fois en septembre 1982, la seconde en décembre 1983, lorsque Yasser Arafat et ses derniers fidèles, menacés d'extermination par les Israéliens et les Syriens, quittent Tripoli sur un navire français. Dans l'intervalle, la presse française a été unanime à condamner les massacres perpétrés par les dissidents des milices phalangistes dans les camps palestiniens de Sabra et Chatila, avec la complicité tacite des hommes d'Ariel Sharon. Elle sera plus discrète l'année suivante à la suite des assassinats massifs commis contre la population chrétienne du Chouf.

Plus que le désir de voir les Palestiniens dotés d'une patrie, les contraintes énergétiques et géostratégiques font ainsi que la France mitterrandienne, comme celle de Georges Pompidou et de Valéry Giscard d'Estaing, penche plus ou moins nettement du côté des Arabes. Les ventes d'armes à destination de pays modérés, comme l'Arabie Saoudite et l'Égypte, mais aussi d'États plus engagés dans la lutte contre Israël, comme l'Irak de Saddam Hussein, en guerre contre l'Iran depuis 1980, non seulement se poursuivent mais croissent en intensité et mobilisent des matériels de plus en plus sophistiqués. Dans le Maghreb, la France s'est efforcée de tenir la balance égale entre le Maroc, pays avec lequel elle entretient de bonnes relations depuis l'époque gaullienne en dépit des critiques formulées dans certains milieux à l'encontre du sultan Hassan II et de son régime (*cf.* le livre de Gilles Perrault, *Notre ami le roi*), et l'Algérie, où François Mitterrand s'est rendu en visite officielle en décembre 1981 et avec laquelle ont été signés, en juin 1982 et février 1983, un accord de coopération économique et un contrat d'achat de gaz portant sur plus de 9 milliards de m^3 par an qui sera renouvelé pour 12 ans en 1989.

L'enchevêtrement des intérêts et la complexité des allégeances politiques, religieuses, ou simplement clientélistes, dans la plus grande partie de l'aire arabo-islamique, font qu'en dépit de ses options plutôt arabophiles, la France n'a pu éviter de se trouver impliquée dans les réglements de comptes entre les divers acteurs de la région, agissant le plus souvent par minorités religieuses et par organisations terroristes interposées. En octobre 1983, 58 parachutistes français cantonnés à Beyrouth sont tués dans l'explosion d'un camion-suicide : les auteurs de l'attentat appartiennent aux milices chiites pro-iraniennes. La France se trouvant alors engagée par ses livraisons d'armes de plus en plus abondantes aux côtés de Saddam Hussein, dans la guerre qui oppose ce dernier à l'Iran de Khomeyni, on suppose que ce pays est directement impliqué dans l'attentat, comme dans les enlèvements et la séquestration de plusieurs journalistes, diplomates et autres personnalités de nationalité française. Mais ces actions pouvaient tout aussi

bien impliquer un autre « sponsor » du terrorisme international : la Syrie de Hafez el-Assad, elle aussi engagée au
Liban et qui apprécie peu les efforts prodigués par la France
pour l'empêcher de placer ce pays sous sa coupe.

Après les attentats isolés contre la synagogue de la rue
Copernic (octobre 1980), les passants de la rue Marbeuf
(avril 1982), le restaurant Goldenberg de la rue des Rosiers
(août 1982), l'ingénieur général Audran (janvier 1985), dans
lesquels se trouve impliqué tout un faisceau de groupes
extrémistes et d'organisations terroristes (Jihad islamique,
Fraction armée révolutionnaire libanaise, Comité de solidarité avec les prisonniers politiques arabes, Action directe,
etc.), reliés aux dissidents de l'OLP et aux services secrets
iraniens, irakiens, syriens ou libyens, la France fera l'objet
en 1986 d'une vague terroriste sans précédent qui culminera le 17 septembre avec l'attentat de la rue de Rennes
(5 morts, 53 blessés).

Il est difficile de dire de quel poids ont été les entreprises des groupes terroristes dans l'évolution de la politique française au Proche-Orient, et notamment dans les
rapports avec la Syrie et avec l'Iran, dès lors que nous ne
percevons aujourd'hui encore que la partie émergée de
l'iceberg, à savoir les déclarations des responsables politiques français – toujours soucieux d'affirmer qu'ils ne
céderont pas au chantage – et les réactions à chaud d'une
opinion publique qui, même aux pires heures de l'automne
1986, ne s'est pas laissé gagner par la panique sécuritaire.
Nous savons par exemple par les sondages que le Premier
ministre Jacques Chirac n'a jamais eu une image aussi positive dans l'opinion de ses compatriotes qu'au lendemain du
drame de la rue de Rennes. Il est clair néanmoins qu'affronté au problème des otages et aux menaces contre les
populations de l'Hexagone, les responsables de la diplomatie française ont eu tendance à rééquilibrer par petites
touches leur politique au Proche-Orient. La normalisation

au coup par coup des rapports entre Paris et Téhéran, entre 1986 et 1988, dans un contexte où interfèrent constamment politique intérieure et politique étrangère, trouve ici une application évidente, sans que pour autant les grands principes et les intérêts majeurs soient oubliés.

Il est clair également que l'usage indirect de la terreur n'a pas toujours servi le commanditaire maladroit ou négligeant des limites à ne pas franchir. Croyant faire un cadeau à Jacques Chirac, jugé moins défavorable à leur cause que le président en exercice, les « sponsors » du Djihad islamique sont intervenus semble-t-il auprès de leurs protégés libanais pour que Jean-Paul Kauffmann et ses compagnons fussent libérés à la veille du second tour des présidentielles de 1988. Résultat : beaucoup de Français y ont vu une manœuvre électoraliste à laquelle ils n'ont pas voulu se laisser prendre et ont donné leur voix à François Mitterrand.

Ce très relatif réchauffement des relations franco-iraniennes, confirmé après la fin de la première cohabitation et la cessation des hostilités irano-irakiennes par le rétablissement des relations diplomatiques entre les deux pays, sera d'ailleurs de courte durée. Au moment où le président de la République s'apprêtait à entreprendre le voyage à Téhéran, l'assassinat en août 1991 dans sa résidence de la banlieue parisienne de l'ancien Premier ministre Chapur Bakhtiar (qui avait déjà été l'objet d'un attentat sur le territoire français en 1980), assassinat manifestement commandité par le pouvoir iranien, allait remettre en question la visite présidentielle.

La politique européenne
de la France mitterrandienne

Entré tardivement dans une famille politique qui avait continûment œuvré à la construction de l'Europe, François Mitterrand n'a pas manifesté d'entrée de jeu un enthousiasme débordant pour le développement des institutions européennes, de même que pour la coopération économique et politique entre les États membres de la Communauté des Dix. Il faut dire que le Parti socialiste, dont il avait dirigé les destinées depuis le Congrès d'Épinay, n'avait plus grand chose de commun avec la SFIO des années 1950. La présence en son sein d'une forte minorité animée par les amis de Jean-Pierre Chevènement et le rôle charnière joué par le CERES dans l'élaboration de la ligne du parti inclinaient ce dernier à prendre, au moins au niveau du verbe, des positions idéologiques tranchées – par exemple sur la nécessaire « rupture avec le capitalisme » – qui n'étaient guère conciliables avec le type de construction communautaire qui était en train de s'élaborer à Bruxelles.

Les premiers temps du septennat n'ont donc pas été très « européens », la France s'efforçant de rallier ses partenaires à l'idée d'un « espace social » communautaire dont l'un des premiers objectifs serait, entre autres réformes coûteuses, d'adopter la semaine de 35 heures. On conçoit que la proposition ait rencontré peu d'écho dans l'aréopage bruxellois, à un moment où la mode était plutôt au credo monétariste.

Dans ce domaine, comme dans beaucoup d'autres, l'expérience du pouvoir a eu tôt fait de dissiper les illusions des premiers mois. À l'heure de la mondialisation de l'économie, force était de constater que la France ne pouvait appliquer les remèdes keynésiens sur lesquels reposait la

751

politique du gouvernement Mauroy si ses partenaires – qui étaient aussi ses concurrents – pratiquaient un jeu différent : à moins de se fermer au monde extérieur et de s'ériger en bunker face aux autres pays industrialisés. Qu'il y ait eu des voix, à gauche, pour prêcher cette « autre politique », sans jamais la définir très clairement, ne signifie pas qu'elle ait eu la moindre chance de réussite. Ce n'est en tout cas pas dans cette voie que s'est engagé le président de la République, et du coup l'« Europe » – avec ou sans « espace social » – est apparue comme la seule alternative possible à l'alignement pur et simple sur la superpuissance américaine. Confronté en mars 1983, au lendemain de la seconde dévaluation du franc, au dilemme de poursuivre dans la ligne adoptée par le gouvernement Mauroy, donc de devoir sortir du SME, ou de rentrer dans le rang, ce qui impliquait l'adoption par la France d'une politique de rigueur, François Mitterrand a tranché en faveur de la seconde solution, donc de l'Europe.

Au moment où les socialistes arrivent au pouvoir, l'un des problèmes qui se posent à l'Europe des Dix – la Grèce ayant adhéré à la CEE en 1979 – est son élargissement aux deux pays ibériques, sortis l'un et l'autre de la dictature au milieu de la décennie et candidats à l'entrée dans la Communauté. Sur le principe, tous les gouvernements sont d'accord et la France ne fait pas exception à la règle. Mais les décideurs, que ce soit Valéry Giscard d'Estaing ou François Mitterrand, doivent compter avec les réticences d'une partie de la classe politique, et surtout avec la vive résistance du Midi viticole et du monde de la pêche, directement menacés par la concurrence de leurs homologues d'outre-Pyrénées. Ils sont d'autant moins enclins à faire avancer les choses que la presse espagnole exprime sans ménagement les sentiments que lui inspirent les rebuffades françaises, le laxisme avec lequel Paris tolère les activités des terroristes basques, ou encore les actions menées par des commandos d'agriculteurs contre les camions espagnols de fruits ou de légumes.

La victoire du PSOE aux élections d'octobre 1982 et l'arrivée au pouvoir de Felipe Gonzales vont débloquer la situation et permettre à l'Espagne et au Portugal (il n'y avait aucun contentieux avec ce pays mais l'on avait décidé de lier le sort des deux États candidats) d'adhérer à la CEE. Les liens existant entre les deux partis au sein de l'Internationale socialiste ont incontestablement favorisé le rapprochement entre Paris et Madrid. En visite dans la capitale espagnole en juin 1984, le ministre de l'Intérieur Gaston Defferre a déclaré « qu'un terroriste n'était pas un réfugié politique », déclaration suivie d'un certain nombre d'expulsions d'activistes de l'ETA. La presse espagnole ayant fortement modéré ses propos, le gouvernement français cesse de freiner la négociation d'adhésion et se contente d'exiger des garanties qui sont examinées les unes après les autres et pour lesquelles il obtient dans l'ensemble satisfaction, qu'il s'agisse des fruits et légumes, du vin ou de la pêche. En juin 1985, le traité d'adhésion est signé et, le mois suivant, le roi Juan Carlos est accueilli très chaleureusement à Paris où est élaborée une déclaration commune que François Mitterrand qualifiera par la suite de « pacte d'amitié ». Le 1er juillet 1986, les deux pays ibériques entrent officiellement dans la CEE.

Venant après celle de la Grèce, l'adhésion de l'Espagne et du Portugal rendait théoriquement possible un rééquilibrage de l'Europe vers le Sud qui paraissait conforme au projet initial des socialistes. Lorsqu'ils étaient dans l'opposition, ces derniers n'avaient pas manqué en effet de manifester leurs réticences envers une conception de l'Europe fondée de manière quasi exclusive sur l'axe Paris-Bonn. Aussi, des contacts ont-ils été pris au début du premier septennat avec Londres et avec Rome pour tenter de trouver un contrepoids à l'envahissant compagnonnage allemand.

Le fantasme récurrent d'une Allemagne surpuissante, toujours prête à se tourner vers l'Est et à imposer sa loi à une Mitteleuropa économiquement dépendante d'elle n'appartient pas seulement en effet à la culture politique de la droite nationaliste. Il est partagé par de larges secteurs de l'opinion hexagonale, y compris au sein de la famille socialiste. De là cette tentative de rééquilibrage vers le Nord et vers le Sud qui a vite déçu les espoirs de ses promoteurs. Dès 1983, il est clair que les principales avancées européennes se feront une fois encore sous l'égide du couple franco-allemand.

L'arrivée au pouvoir d'un chrétien démocrate à Bonn n'en a pas modifié l'harmonie apparente, les différences politiques entre Helmut Kohl et François Mitterrand n'affectant pas plus les rapports entre les deux États qu'à l'époque où ceux-ci étaient dirigés par le libéral Giscard d'Estaing et le social-démocrate Helmut Schmidt. Paradoxe : le discours prononcé au Bundestag par le président français en janvier 1983 en faveur du déploiement des Pershing sur le territoire de la République fédérale est destiné à conforter les positions du chancelier chrétien démocrate, en butte à une opposition socialiste qui a mis à l'écart son propre leader, Helmut Schmidt, promoteur de la double décision de l'OTAN. Dès lors, la France ayant opté pour une politique économique plus conforme au modèle libéral dominant, le lien privilégié entre Paris et Bonn redevient l'axe majeur de la construction européenne. En 1988, il sera consacré à l'occasion du 25e anniversaire du traité de l'Élysée par la création d'un Conseil franco-allemand de la Défense et d'un Conseil franco-allemand économique et financier.

Le tournant de la politique européenne de François Mitterrand, dans le sens d'un plus grand engagement en faveur de la construction communautaire, se situe au début de 1984, lorsque échoit à la France la présidence – pour six mois – des Conseils européens. En février, le fédéraliste italien

Altiero Spinelli présente un projet de traité d'union qui envisage de confier au Parlement de Strasbourg l'investiture de la Commission, après présentation et approbation d'un programme, et de soumettre les décisions du Conseil au vote de la majorité absolue ou qualifiée. Ce projet n'aboutira pas mais, à la veille des élections européennes, et pour des raisons qui ne sont pas toutes de politique extérieure, le président français lui apporte son soutien. En juin, lors du sommet de Fontainebleau, les derniers obstacles qui, notamment dans le domaine budgétaire, s'opposaient à la conclusion de l'« Acte unique », sont levés grâce à l'action conjuguée d'Helmut Kohl et de François Mitterrand.

C'est toutefois lors du Conseil européen des 3 et 4 décembre à Luxembourg que les Dix sont parvenus à un accord sur la révision du traité de Rome, destiné à établir à la fin de 1992 un « espace économique sans frontières ». Curieusement baptisé « acte unique », le document qui donne naissance à l'« Union européenne » est signé le 17 février 1986. Il prévoit, outre l'ouverture au 1er janvier 1993 d'un marché unique dans lequel circuleront sans aucune entrave les individus, les capitaux, les marchandises et les services, l'extension du champ d'application du traité de Rome à la technologie et à l'environnement, la mise en œuvre d'une politique extérieure commune et l'introduction au Conseil de la procédure du vote à la majorité qualifiée. Objet d'un relatif consensus entre les partis, le traité sera ratifié en France lors de la première cohabitation.

Les années 1986-1992 sont marquées à la fois par la mise en œuvre de l'Acte unique, laquelle impliquait l'adaptation de la France aux contraintes du « grand marché intérieur » (ajustement des taux de TVA, harmonisation des normes techniques et des qualifications professionnelles, atténuation des restrictions s'appliquant aux échanges de la France avec les pays extérieurs à la Communauté, etc.), et par la préparation de l'étape ultérieure instituant une monnaie unique entre les États de l'Europe des Douze. En attendant, l'Assemblée nationale approuve à une large majorité, en juin 1991, la convention d'application des accords de Schengen, signés en 1985 par la France, la RFA et les trois pays du Benelux, et qui doivent en principe supprimer (ils ne le sont toujours pas) les contrôles aux frontières pour les ressortissants de la CEE.

Les événements de 1989 en Europe de l'Est vont avoir un effet contradictoire sur la politique européenne de la France, redevenue « socialiste » après les élections du printemps 1988. L'effondrement du communisme en RDA et la chute du mur de Berlin ont d'abord pris de court les décideurs français. Faisant écho aux propos élyséens, le ministre des Affaires étrangères, Roland Dumas, commence par déclarer devant l'Assemblée nationale, le 15 novembre 1989, que « le problème de la réunification de l'Allemagne » n'est pas, et ne peut être, « en raison des circonstances que vous connaissez un problème d'actualité », et le chef de l'État s'emploie sinon à interdire, du moins à freiner, le processus de réunification. Il rend visite aux dirigeants de la moribonde RDA. À l'approche des élections allemandes, il soutient le SPD, relativement hésitant devant les perspectives de retour à la « Grande Allemagne », contre le chancelier Kohl, qui fait au contraire de la réunification la grande affaire de son règne et qui va finalement l'emporter. Il multiplie les appels du pied du côté de Londres et de Washington, ainsi que de Varsovie et de Moscou. Volonté conservatrice d'un homme qui s'accommode somme toute assez bien de la division bipartite de l'Europe et de l'ordre qui en résulte depuis bientôt un demi-siècle ? Sans doute, mais ce sentiment n'est-il pas celui de la majorité des Français ? Pas tout à fait. Les sondages montrent que l'opinion hexagonale a, sur ce point, considérablement évolué au cours des quinze dernières années, et le pouvoir a tôt fait de prendre la mesure de ce renversement de la conjoncture psychologique à l'égard de l'Allemagne. Dès le 29 novembre, le même Roland Dumas qui considérait quinze jours plus tôt que la réunification n'était pas à l'ordre du jour, déclare devant l'Assemblée nationale que le gouvernement attache « une importance essentielle » aux déclarations du chancelier Kohl « selon lesquelles le processus de recouvrement de l'unité allemande devait être considéré dans le contexte de l'intégration européenne ».

Réunification allemande et relance européenne vont ainsi aller de pair, les dirigeants français ne voyant d'autre alternative à la renaissance d'une Allemagne restaurée dans la plénitude de sa souveraineté et dominant le continent par sa démographie, sa puissance industrielle et financière, son dynamisme commercial, sa situation géographique, que dans l'achèvement d'une intégration communautaire qui devait permettre d'arrimer solidement l'ancien Reich à la CEE renforcée et économiquement prospère. Autrement dit, Paris va s'efforcer d'obtenir qu'en échange de son adhésion au principe de la réunification, Bonn appuie ses initiatives en matière de création d'une monnaie commune et de mise en place de l'union politique.

De ce compromis entre les deux nations-pilotes de la construction européenne découlent les initiatives qui, en moins de deux ans, vont aboutir à la conclusion du traité de Maastricht. Parallèlement aux négociations qui se sont engagées en 1989 dans le but de définir les modalités de réalisation progressive d'une union économique et monétaire, le chancelier Kohl et le président Mitterrand proposent à leurs partenaires de convoquer une deuxième conférence intergouvernementale qui serait chargée de préparer un traité d'union politique. Le 6 décembre 1990, ils exposent dans une lettre commune les grandes lignes de leur projet, lequel insiste notamment sur l'affirmation du Conseil européen en tant qu'instance principale de décision et sur la mise en place du cadre d'une politique étrangère et de sécurité commune. Négocié au cours de l'année 1991, le traité est signé par les représentants des douze États membres le 7 février 1992. Il institue l'écu comme monnaie unique avant le 1er janvier 1999. Cette monnaie sera gérée par une banque centrale européenne, chargée prioritairement de la stabilité des prix et de la discipline budgétaire mais indépendante du pouvoir politique. La participation à l'union monétaire implique au préalable la convergence des politiques économiques et monétaires (dans le sens de la rigueur) et exclut par conséquent les pays qui, au terme du calendrier fixé n'auraient pas réussi à endiguer les tendances inflationnistes. Le traité de Maastricht institue d'autre part une citoyenneté de l'Union et confère le droit de vote et d'éligibilité aux élections municipales dans l'État-membre où réside tout citoyen de l'Union non ressortissant de cet État. Enfin, il dote la Communauté de compétences nouvelles en matière de culture, d'éducation, de santé publique, de police, de justice, de protection des consommateurs, etc., et il pose le principe de la mise en commun des politiques étrangères et de défense, l'UEO devant être développée en tant que matrice de la future défense de l'Union européenne.

François Mitterrand aurait souhaité que le document élaboré à Maastricht comportât un volet social inclus dans le texte même du traité. Mais le gouvernement conservateur britannique s'étant déclaré hostile à une charte sociale dont il répudiait l'inspiration socialiste, on dut se contenter d'introduire cette question en annexe, sous la forme d'un protocole spécifique qui ne liait que les onze États signataires, la Grande-Bretagne se trouvant dispensée d'en appliquer les clauses, parmi lesquelles figurait la procédure du vote à la majorité qualifiée en matière de conditions de travail, de consultation des travailleurs, de lutte contre l'exclusion, de conventions collectives européennes. Incontestablement, la contribution de la France a permis en ce domaine, très sensible chez certains de nos partenaires européens, des progrès non négligeables.

Encore fallait-il que le traité fût ratifié. En France, la question du droit de vote aux municipales impliquait une révision préalable de la Constitution. Celle-ci fut votée à une large majorité par les deux assemblées, mais François Mitterrand voulut que le texte fût soumis au pays par voie de référendum. Il en résulta, dans le courant de l'été 1992, une campagne tardive mais passionnée qui opposa la grande majorité des socialistes et de l'UDF et une large fraction des gaullistes (dont Jacques Chirac), partisans du « oui à Maastricht », aux communistes, à la petite cohorte chevènementiste du PS, au Front national de Jean-Marie Le Pen et à tous ceux qui, au sein du RPR, se réclamaient de l'orthodoxie gaullienne (de Michel Debré à Charles Pasqua et à Philippe Seguin) et refusaient d'introduire le principe de la supranationalité dans le fonctionnement des institutions communautaires.

Le « oui » ne fut acquis qu'à une petite majorité de 51 % des suffrages exprimés lors du scrutin du 20 septembre : ceux d'une France plus « moderniste », plus diplômée, plus citadine, moins touchée par les restructurations et le chômage que celle qui a répondu par la négative aux perspectives d'une union monétaire et politique dont beaucoup de Français se demandent si elle mérite les sacrifices qu'imposent, dans une conjoncture de croissance faible, les contraintes d'adaptation de notre économie.

La fin de l'ère mitterrandienne

La victoire de la droite aux élections législatives de mars 1993 et l'expérience d'une seconde cohabitation n'ont pas modifié les lignes directrices de la politique étrangère de la France. Au-delà des déclarations de principe et d'un discours humanitaire dont les applications se sont avérées sélectives, l'activisme et le mondialisme de la diplomatie française à la fin du second septennat de François Mitterrand s'expliquent, à bien des égards, par le souci qu'ont eu les responsables de préserver l'héritage gaullien, autrement dit de permettre à la France de « tenir son rang » dans un système international en pleine mutation.

Ce « rang » n'est pas seulement une vue de l'esprit, une métaphore destinée à combler sur le terrain de la psychologie collective l'érosion de notre position internationale. Troisième puissance militaire et quatrième puissance industrielle et commerciale du monde, la France dispose, grâce à sa force de dissuasion nucléaire, à son statut de membre permanent du Conseil de sécurité de l'ONU, à la place qu'elle occupe dans une communauté francophone qui rassemble à la fin du XXe siècle près d'une cinquantaine de pays, d'une influence qui n'est pas le simple reflet de sa dimension économique. Du maintien de cette position privilégiée dépend notamment celui de l'équilibre du couple franco-allemand, lequel conditionne largement l'avenir de la construction européenne.

La France mitterrandienne s'est ainsi trouvée conduite à assumer des responsabilités qui ne coïncidaient pas toujours avec l'image qu'elle entendait donner d'elle-même et avec le discours de ses dirigeants : classique distorsion entre la logique realpoliticienne de la puissance et le messianisme forgé par toute une tradition humaniste et républicaine.

L'éclatement du bloc de l'Est a mis en relief la difficulté de la diplomatie française à concilier ces deux paramètres. L'effondrement du communisme en URSS et dans les autres démocraties populaires a été salué avec d'autant plus d'enthousiasme en France qu'il coïncidait avec le bicentenaire de la Révolution française et de la Déclaration des droits de l'Homme. Mais la politique élyséenne a suivi le processus avec quelque retard, privilégiant à chaque étape le souci de maintien d'une certaine stabilité. De là le soutien accordé à Gorbatchev, tant sur le plan économique – avec la création de la Banque européenne pour la reconstruction et le développement et la nomination de Jacques Attali, conseiller spécial de François Mitterrand, à la tête de cette institution – que sur le plan politique. De là la froideur avec laquelle le président français a reçu à l'Élysée son rival Boris Eltsine, la très grande prudence qu'il a manifestée lors du putsch communiste de 1991, son peu d'empressement à soutenir les nationalités en révolte contre le pouvoir soviétique puis russe, et finalement le ralliement à Eltsine après que ce dernier eut écarté Gorbatchev du pouvoir, sans doute parce qu'il représentait le moindre mal, à savoir la seule chance de ne pas voir l'ancien empire soviétique basculer dans le chaos des nationalismes tribaux ou chercher une issue à ses problèmes dans une dérive fascisante grosse de périls pour la paix du monde.

Les mêmes réflexes conservateurs ont fonctionné lors de l'implosion de la fédération yougoslave, l'Élysée jouant son maintien aussi longtemps que l'Allemagne n'eut pas reconnu l'indépendance de la Slovénie et de la Croatie, proclamées en juin 1991, puis se résignant à lui emboîter le pas. Mais c'est surtout à propos de la Bosnie et de la politique de « purification ethnique » pratiquée dans ce pays par les milices serbes à l'encontre de populations musulmanes que la diplomatie française s'est trouvée prise entre les impératifs de la *Realpolitik*, qui inclinaient dans le sens de la non-intervention – la Serbie était à la fois traditionnellement liée à la France et en mesure de constituer un pôle de stabilité dans cette région en pleine effervescence –, et la nécessité d'accorder le comportement international de la France avec la rhétorique des droits de l'Homme. Pas d'intervention directe donc contre les Serbes, mais l'envoi, sous l'égide des Nations unies, de troupes de plusieurs milliers de soldats (de loin le contingent le plus nombreux), déployées principalement dans la région de Sarajevo et investies d'une mission humanitaire qui sera remplie dans des conditions parfois extrêmement difficiles. Il a fallu attendre le début de 1994 pour que, à la suite d'un bombardement au canon qui a fait plusieurs dizaines de morts dans la capitale bosniaque, l'OTAN se décide à adresser un ultimatum aux assiégeants serbes pour qu'ils retirent leur armement lourd des hauteurs dominant la ville.

C'est à un dilemme d'une autre nature que s'est trouvée confrontée la diplomatie française lors de la première guerre du Golfe, au début de 1991. Ici, pas de contradiction fondamentale entre défense des droits de l'Homme d'une part et sauvegarde des intérêts français de l'autre, mais la nécessité de choisir entre deux conceptions de la politique mondialiste : celle qui relève des responsabilités que confère à la France son statut de membre permanent du Conseil de sécurité, et celle qui, dans le droit fil de la tradition gaullienne, privilégie son influence dans le Tiers-Monde. Or, en optant pour l'intervention au Koweït aux côtés des États-Unis, la France a clairement choisi son camp, rompant au nom du respect du droit avec ses traditionnelles amitiés arabes et subordonnant ses intérêts régionaux au souci d'apparaître comme une puissance planétaire, partie prenante dans les négociations à venir sur les problèmes du Moyen-Orient. Elle a donc envoyé dans le golfe Persique une force aéronavale, en appui de la division « Daguet » qui sera engagée, en janvier 1991, dans les combats pour la libération du Koweït. Ceci, avec le soutien des partis de gouvernement et l'adhésion massive d'une opinion publique passablement manipulée par les médias. Seuls les communistes, l'état-major du Front national (mais pas les troupes), l'ultra-gauche tiers-mondiste et pro-palestinienne, la petite légion des amis de Jean-Pierre Chevènement – qui démissionnera de son poste de ministre de la Défense lorsque s'engageront les opérations dans le Golfe –, et aussi quelques voix isolées au centre et dans les rangs gaullistes, prendront le contrepied de la politique gouvernementale, les uns par tradition pacifiste, les autres par anti-américanisme de principe, ou parce qu'ils reprochent à la diplomatie française de s'être purement et simplement alignée sur les positions de Washington.

S'il est excessif de parler d'alignement ou, comme au début du premier septennat, de retour à l'atlantisme, il est vrai que la disparition du bloc de l'Est et l'effacement de la Russie ont privé la France de la possibilité de jouer un rôle de bascule entre l'Est et l'Ouest. De là, la distorsion entre la rhétorique verbale et la gesticulation de ses dirigeants, toujours prompts à dénoncer l'hégémonie américaine en matière de commerce extérieur et de pénétration culturelle, et leur propension à se comporter sur la plupart des points chauds du globe, que ce soit en Irak, en Somalie ou dans l'ex-Yougoslavie, en auxiliaires de la toute-puissante Amérique. C'est là une conséquence de la fin de la guerre froide. Le conflit larvé entre les deux Grands avait permis à la France de faire entendre sa voix sur un registre différent et d'afficher ainsi une vocation mondialiste qui ne correspondait pas tout à fait à son statut de puissance moyenne. L'URSS ayant volé en éclats, elle se doit, pour « maintenir son rang », d'être effectivement présente sur un certain nombre de terrains, et elle ne peut le faire – sauf pour des opérations ponctuelles, comme celle qui a eu lieu au Rwanda en avril 1994 – qu'en collaboration avec les États-Unis.

Sans doute y avait-il des solutions de rechange à cette politique peu conforme au modèle gaullien. Celle qui consistait, par exemple, sinon à adopter un profil bas en matière de politique internationale, du moins à faire coïncider celle-ci avec nos moyens réels, et à compenser ce moindre activisme par un militantisme humanitaire débouchant sur ce que Bernard Kouchner et beaucoup d'autres ont appelé le « devoir d'ingérence » dans les affaires des États qui ne respectaient pas les droits de l'Homme. La France socialiste s'y est appliquée au début de la décennie 1990, non sans effets négatifs pour ses intérêts matériels. En Chine par exemple où, ayant condamné les excès de la répression, elle s'est vue supplantée par ses principales concurrentes (États-Unis, Allemagne, Japon, Royaume-Uni, Italie), moins soucieuses qu'elle du respect des libertés « formelles ». D'où le virage effectué par le gouvernement cohabitationniste d'Édouard Balladur et le double langage adopté par les responsables de la diplomatie française lors de leur visite dans ce pays au printemps 1994 : le « trop c'est trop » d'Alain Juppé, ministre des Affaires étrangères, après l'arrestation de deux dissidents à Shangaï, et les propos apaisants du Premier ministre expliquant à ses interlocuteurs chinois que la France se préoccupait d'entretenir des relations avec les « États », non avec les « régimes ».

L'autre possibilité résidait dans l'arrimage au navire européen, sans la prétention d'en être l'unique pilote, et avec l'espoir de voir celui-ci développer une véritable identité sur la scène internationale. « La France est notre patrie, l'Europe notre avenir », disait François Mitterrand lors de la campagne pour la ratification du traité de Maastricht en 1992. Belle formule que ne désavouera pas son successeur à l'Élysée, mais dont la réalisation ne manquera pas de soulever de fortes résistances, tant à l'intérieur de l'Hexagone que dans d'autres parties de l'espace communautaire.

La politique étrangère de la France
sous la première présidence de Jacques Chirac
(1995-2002)

Élu président de la République en mai 1995, Jacques Chirac va devoir prendre en compte les contraintes d'un ordre international sur lequel pèsent de plus en plus fortement les effets de la mondialisation et de l'effondrement du bloc communiste. La disparition de l'Empire soviétique a laissé le champ libre à la République impériale, puissance victorieuse de la guerre froide et seul pays à pouvoir assumer militairement et financièrement ce rôle, pour maintenir un ordre mondial placé sous le signe de l'« Empire unique ». Tant que les initiatives de leurs alliés ne risqueront pas de remettre en cause leur *leadership* et de nuire à leurs propres intérêts, les États-Unis ne chercheront pas à contrecarrer l'action de dirigeants occidentaux soucieux d'affirmer leur autonomie dans le champ international. Ils pourront même s'y associer lorsque cette action aura pour objectif de stabiliser telle partie de la planète susceptible de générer de graves turbulences. Ou laisser à un « gendarme » régional le soin de rétablir l'ordre.

Dans ce contexte, face à l'« hyperpuissance » américaine, disposant sur le monde, explique Hubert Védrine au cours d'un entretien dans *Jeune Afrique* en 1998, « de pouvoirs sans précédent ni équivalent » et dès lors inclinée à imposer souverainement ses choix en matière de politique internationale, que peut faire une puissance moyenne comme la France pour au moins préserver son image d'acteur autonome et inscrire son action dans la continuité du message gaullien ? Dans son discours d'août 1999 à la conférence des Ambassadeurs, Jacques Chirac définit ainsi les lignes directrices de la politique étrangère française : refus de l'unilatéralisme, organisation d'un monde multipolaire, priorité donnée à l'action des Nations unies, mise sur pied d'une défense européenne, solidarité avec le monde en développement, réunion d'un sommet des dirigeants de tous les pays du pourtour méditerranéen.

Pour mener à bien son projet, le président dispose au début de son premier septennat d'incontestables atouts : une solide majorité parlementaire (la plus forte enregistrée depuis 1958), la désignation comme chef du gouvernement d'un bon connaisseur de la politique étrangère (Alain Juppé a été ministre des Affaires étrangères dans le gouvernement Balladur), sa propre expérience de Premier ministre qui lui assure un certain poids dans les réunions internationales, ainsi que son volontarisme et son pragmatisme. L'activisme présidentiel ne sera pas toutefois sans produire occasionnellement des effets négatifs. Ainsi lorsqu'en juin 1995, quelques semaines seulement après avoir pris en main les rênes de l'État, l'hôte de l'Élysée annonce la reprise des essais nucléaires suspendus un an plus tôt par son prédécesseur. Il s'agit pour Jacques Chirac d'affirmer avec force l'indépendance de la France et d'inscrire sa propre politique dans la continuité de celle du général de Gaulle. Or la décision française soulève une réprobation universelle, y compris de la part des États-Unis. Si bien qu'après le sixième tir de la campagne de 1995-1996, qui devait en comporter huit, le gouvernement français doit faire machine arrière. Paris annonce l'arrêt définitif de tous ses essais nucléaires et la prolongation indéfinie du traité de non-prolifération. Chirac n'en estime pas moins que la France est désormais dotée d'une force de dissuasion suffisante pour qu'elle puisse faire l'économie de la conscription. Le service national est donc supprimé au profit d'une armée de professionnels.

Suite à la dissolution de l'Assemblée nationale et à la victoire de la gauche aux élections de 1997, le gouvernement d'Alain Juppé doit céder la place à celui du socialiste Lionel Jospin, Hubert Védrine, ancien Secrétaire général de la présidence de la République sous Mitterrand devenant ministre des Affaires étrangères. Commence ainsi une nouvelle période de cohabitation qui ne prendra fin qu'après la présidentielle et les législatives de 2002, gagnées l'une et l'autre par la droite, et qui se caractérise par une volonté réciproque d'éviter les heurts et d'offrir au monde extérieur l'image d'une unité de pensée et d'action.

Cette posture se trouve facilitée par la conversion de Jacques Chirac non pas à « l'Europe de Maastricht » – n'avait-il pas appelé à voter oui, avec des réserves, lors du référendum de 1992 ? –, mais à une construction communautaire résolument tournée vers l'avenir. Malgré les résistances opposées par les « souverainistes » groupés autour de Charles Pasqua et de Philippe Seguin, le RPR va désormais emboîter le pas de son leader, désormais acquis sans réserve à l'idée d'une coopération renforcée entre les États les plus engagés dans le processus d'intégration européenne, à commencer par l'Allemagne. Jacques Chirac entretient avec Helmut Kohl des rapports de grande cordialité qui vont permettre au couple franco-allemand de conserver, en dépit de divergences sur la mise en œuvre de la monnaie unique, le rôle moteur qui est le sien depuis l'apogée de l'ère gaullienne. Lors du sommet de Baden-Baden, en décembre 1995, le président français acceptera l'extension de la procédure de vote à la majorité qualifiée au sein du Conseil des ministres de l'UE et, en décembre de l'année suivante, Chirac et Kohl publieront une lettre commune sur la réforme de l'Union. L'arrivée du social-démocrate Gerhard Schröder à la chancellerie, celle de Lionel Jospin à la tête du gouvernement français ne modifieront pas cette orientation. Des avancées importantes en découlent : la signature, en octobre 1997, du traité d'Amsterdam qui crée, entre autres dispositions, un poste de « haut représentant pour la politique étrangère et de sécurité », en décembre 1998, l'initiative franco-britannique de Saint-Malo, qui marque le ralliement du Premier ministre britannique Tony Blair à l'idée d'une défense commune, la décision de mettre sur pied une force de réaction rapide européenne, enfin la création de la Convention pour l'avenir de l'Europe, présidée par Valéry Giscard d'Estaing et destinée à élaborer un projet de Constitution pour l'Union.

Lorsque s'ouvre le troisième millénaire, l'Europe paraît engagée sur la bonne voie. Le 27 juin, au Bundestag, Jacques Chirac se fait l'avocat de la future Constitution européenne et appelle de ses vœux la création d'un « groupe pionnier », en charge de la mise en œuvre des « coopérations renforcées ». On est loin du projet d'une Europe fédérale, dotée d'un gouvernement, d'un parlement de deux chambres et d'un président élu au suffrage universel, tel que le défend le ministre allemand des Affaires étrangères Joschka Fischer, mais un premier pas est néanmoins franchi dans la progressive mise en place d'une Europe politique. En attendant, on se contentera du compromis passablement bancal que constitue le traité de Nice, paraphé par les représentants des Quinze en décembre 2000 et qui renvoie à une date ultérieure les décisions concernant la taille de la future Commission et les règles de vote. En contrepoint, l'Europe monétaire accomplit une avancée décisive avec l'entrée en vigueur de l'euro au 1er janvier 2002.

C'est à propos de la Bosnie que se manifeste de la manière la plus explicite le volontarisme du président de la République. Dès le début de son premier mandat, l'ONU vote à son instigation une résolution portant sur la création d'une Force de réaction rapide (16 juin 1995) dont le déploiement va permettre d'assurer une protection aux Casques bleus, et aux unités de l'OTAN de reprendre l'initiative et de faire plier Milosevic. Et si à la suite du cessez-le-feu d'octobre 1995, c'est à Dayton, aux États-Unis, et à l'invitation de Bill Clinton qu'est élaboré un accord entre les parties intéressées, la signature officielle de ce document a lieu à Paris (11 décembre 1995). Trois ans plus tard, lorsque de nouveaux affrontements interethniques opposent au Kosovo indépendantistes albanais et forces serbes, la France participe à nouveau activement au règlement du conflit, tant sur le plan diplomatique que sur le plan militaire, et c'est un Français, Bernard Kouchner qui, après la défaite serbe, est désigné par l'ONU pour diriger l'autorité de tutelle au Kosovo.

Désireux de voir se constituer, à côté de l'OTAN – dont l'utilité paraît fortement compromise depuis l'effondrement de l'URSS et la disparition du pacte de Varsovie –, un pilier européen de la défense, Jacques Chirac ne peut que constater l'isolement de la France sur cette question. Non seulement Washington voit d'un très mauvais œil l'éventuelle mise en place d'une organisation militaire dont elle n'aurait pas la maîtrise, mais la plupart des États européens y sont hostiles, à commencer par les anciennes démocraties populaires d'Europe de l'Est, pour lesquelles le danger d'un retour en force de la Russie reste présent et qui aspirent à entrer dans l'Alliance atlantique : ce que trois d'entre eux – la Pologne, la Hongrie et la République tchèque – feront en 1999. Dans ces conditions, la France va tenter de se faire, au sein de l'Alliance, l'avocate d'une « identité européenne de défense » dont la reconnaissance permettrait aux Européens d'obtenir une relative autonomie. Elle va donc accepter de rejoindre le Comité militaire de l'OTAN, puis de reprendre sa place au Conseil des ministres de la Défense de l'Organisation atlantique. Sans réussir toutefois à faire fléchir les Américains sur une question à leurs yeux fondamentale : une restructuration du commandement de l'OTAN qui introduirait la rotation du commandement sud de l'Europe au profit d'un général français, italien ou espagnol.

Ce refus opposé par Washington aux demandes françaises marque le début d'un net rafraîchissement dans les relations entre les deux pays. Lors du sommet atlantique de Madrid, en juillet 1997, la France annonce qu'elle maintiendra sa non-participation à la structure militaire intégrée. En octobre de la même année, son représentant à l'ONU s'abstient lors du vote au Conseil de sécurité d'une résolution présentée par les États-Unis et visant à infliger de nouvelles sanctions à l'Irak si celui-ci refuse de coopérer avec les inspecteurs des Nations unies. Une brève détente aura lieu après les attentats du 11 septembre 2001. Affirmant hautement sa solidarité avec son alliée, la France participe à l'intervention militaire en Afghanistan et à l'élimination du régime des talibans, mais elle refuse de s'associer à la croisade prêchée par George W. Bush dans son discours du 29 janvier 2002 sur « l'axe du mal ».

Dans le droit fil de la tradition gaullienne, le refroidissement avec l'« hyperpuissance » américaine a pour contrepartie un rapprochement avec la Russie, d'autant plus facile à faire accepter par une opinion au demeurant très fortement sensibilisée aux crimes du communisme que celle-ci a clairement cessé de représenter une menace pour l'Occident. Les relations très cordiales que le président français entretient avec Boris Eltsine ne peuvent que favoriser le réchauffement des rapports entre Paris et Moscou. Jacques Chirac se déclare partisan de donner à la Russie « la place qui lui revient en Europe » et milite en faveur de son admission dans le club très fermé des pays les plus riches : le G7 qui devient en la circonstance le G8. À la fin de 1997, d'importants contrats commerciaux sont conclus. Avec Vladimir Poutine, qui succède en décembre 1999 à Eltsine, les relations personnelles sont un peu moins chaleureuses, mais l'identité de vues entre les deux dirigeants sur un certain nombre de questions ne fléchit pas, comme va le révéler leur attitude lors du déclenchement de la seconde guerre du Golfe.

Au Proche et au Moyen-Orient, la politique de Jacques Chirac s'éloigne peu de celle de ses prédécesseurs. « La politique arabe de la France, déclare-t-il en avril 1996 dans un discours prononcé à l'université du Caire, doit être une dimension essentielle de sa politique étrangère. » Aussi, lorsque se développe à l'automne 2000 la deuxième intifada, le gouvernement français s'applique-t-il à marquer sa distance à l'égard de la diplomatie américaine, elle-même étroitement solidaire de la politique menée par le Premier ministre israélien Ariel Sharon. Ce qui n'empêchera pas que, en visite au Sud-Liban en février 2000, le Premier ministre Lionel Jospin soit « caillassé » par les étudiants de l'université palestinienne de Bir-Zeit. Vis-à-vis de l'Irak, la position française se démarque également beaucoup de celle des États-Unis, et ceci bien avant l'arrivée de George W. Bush à la Maison Blanche. Tandis que Washington menace périodiquement l'Irak de frappes aériennes si Saddam Hussein ne se prête pas à un contrôle rigoureux des sites susceptibles d'abriter des armes de destructions massives, Paris plaide à l'ONU pour la levée d'un embargo dont le seul résultat est d'affamer la population civile – on parle de centaines de milliers de personnes, des enfants notamment, victimes de la malnutrition – sans affaiblir en quoi que ce soit le régime.

C'est sans doute en Afrique subsaharienne que les tensions résultant de la longue cohabitation entre Matignon et l'Élysée ont eu le plus d'effet. En effet, tandis que le président de la République entend poursuivre dans le « pré carré » que constitue l'Afrique francophone la politique d'intervention héritée de l'ère gaullienne, que ce soit pour maintenir des régimes « amis » menacés ou pour défaire des régimes hostiles, le gouvernement de Lionel Jospin s'applique à faire prévaloir une nouvelle doctrine visant d'une part à globaliser la politique africaine de la France, c'est-à-dire à élargir ses rapports avec des États non francophones, tels que l'Afrique du Sud ou le Nigeria, d'autre part à réhabiliter les acteurs locaux afin de réduire les interventions politiques et militaires de la France dans cette partie du monde, voire d'y mettre fin. En 1998, le gouvernement français a officialisé son désengagement à travers une réforme institutionnelle de la Coopération (désormais rattachée au Quai d'Orsay), la fermeture de ses bases militaires en République centrafricaine et la mise en place d'une mission parlementaire chargée de réexaminer sa politique au Rwanda où, entre 1990 et 1994, les massacres interethniques ont causé la mort de centaines de milliers de personnes et l'exode de populations entières. En mai 1997, la France s'abstient lors de la guerre civile qui aboutit à la chute de Mobutu au Zaïre, renversé par la rébellion de Laurent-Désiré Kabila. En décembre 1999, c'est Matignon qui, contre le souhait de Jacques Chirac, impose sa volonté de non-intervention lors du coup d'État visant à renverser le président ivoirien Henri Konan Bédié. Et lorsque, en 2002, la Côte d'Ivoire sera la proie d'une guerre civile opposant les rebelles du Nord aux forces gouvernementales du président Laurent Gbagbo, l'opération «Licorne» engagée par la France aura pour mission exclusive de séparer les belligérants et de protéger la nombreuse communauté française.

Avec les États du Maghreb, les liens ont plutôt eu tendance à se resserrer, notamment avec le Maroc où le jeune Mohammed VI a succédé à Hassan II en 1999, et avec la Tunisie du président Ben Ali. Les rapports sont plus compliqués avec l'Algérie du président Bouteflika. La France a d'abord diminué son aide financière à ce pays où la guerre civile a souvent pris un caractère antifrançais. Un rapprochement s'est néanmoins opéré à partir de 1999, favorisé par un recul progressif du terrorisme islamique en Algérie et par des échanges de visites entre les chefs d'État et les responsables de la politique étrangère.

La deuxième présidence de Jacques Chirac

Réélu dans un contexte très particulier, mais avec plus de 80 % des suffrages au second tour de la présidentielle d'avril 2002, Jacques Chirac se trouve libéré du cadre contraignant de la cohabitation. Il va pouvoir exercer son action personnelle en matière de politique étrangère avec d'autant plus d'autorité et de liberté de mouvement que l'homme qui prend le relais d'Hubert Védrine, Dominique de Villepin, est un familier, en même temps qu'un conseiller écouté du président. Il sera remplacé en 2004 par Michel Barnier et en juin 2005 par Philippe Douste-Blazy.

Pour mener la politique mondialiste que ses dirigeants estiment de leur devoir de poursuivre, la France ne dispose plus, au début du XXIe siècle, des moyens financiers et militaires qui étaient les siens à l'apogée de l'ère gaullienne. Il lui reste le domaine inépuisable du verbe, ainsi que la possibilité d'entraîner dans son sillage – au nom des principes de respect du droit international et de priorité accordée aux actions multilatérales – des États également soucieux de ne pas se plier aux oukases de Washington. La deuxième guerre du Golfe va ainsi permettre à Paris de réaffirmer sa volonté d'indépendance.

La « guerre contre le terrorisme », prêchée par George W. Bush après les attentats du 11 septembre 2001, a donné lieu, on l'a vu, à une intervention militaire contre le régime des talibans à laquelle la France a accepté de participer. Ont ensuite été désignés par le président américain comme « États voyous », acteurs ou commanditaires des actions terroristes, l'Iran, la Corée du Nord, la Syrie, la Libye et l'Irak, accusés de vouloir se doter d'armes de destruction massive, chimiques, biologiques ou nucléaires. Parmi ces *rogues states*, celui qui répondait le mieux aux objectifs de la Maison Blanche était l'Irak de Saddam Hussein. Militairement plus vulnérable que l'Iran ou la Corée du Nord, considérablement affaibli par la guerre de 1991 et par l'embargo qui avait suivi, déchiré par les oppositions ethniques et religieuses (minorité sunnite contre majorité chiite, arabes contre Kurdes), le régime de Saddam Hussein était responsable de suffisamment de crimes pour être mis aisément au ban de l'humanité. En installant à Bagdad un régime qui leur serait favorable, les Américains comptaient renforcer la sécurité d'Israël en même temps que leur propre hégémonie dans une région absolument vitale pour les approvisionnements énergétiques du monde industrialisé, et pour leurs propres intérêts. Encore fallait-il, pour qu'une intervention apparût légitime aux yeux de la communauté internationale qu'elle s'appuyât sur de sérieuses raisons. Les manœuvres dilatoires du pouvoir irakien à l'égard des inspecteurs chargés par l'ONU de détecter une éventuelle production d'armes de destruction massive sur le sol irakien offraient au président américain l'opportunité d'une action qu'il souhaitait inscrire, comme en 1991, dans le cadre des Nations unies. Dans un premier temps, Washington a donc recherché l'accord du Conseil de sécurité et accepté, en votant avec les autres États membres la résolution 1441, la poursuite des inspections en Irak. Mais, contrairement au gouvernement français, qui estimait que le dernier mot devait revenir à l'ONU, les États-Unis ont interprété cette résolution comme une autorisation d'intervenir si la coopération n'était pas totale.

La France n'est pas seule à s'opposer au projet d'action unilatérale prôné par George Bush. Si, dans la guerre qui s'engage en mars 2003, ce dernier peut compter sur l'appui des gouvernements de plusieurs pays européens (Grande-Bretagne, Italie, Espagne, Pologne) et extra-européens (Japon), Jacques Chirac reçoit pour sa part le soutien de l'Allemagne et de la Russie. Néanmoins, dès lors qu'elle brandit la menace du veto au Conseil de sécurité contre le projet de résolution américaine, c'est la France qui fait figure de principal opposant à la politique de la Maison Blanche, et c'est contre elle que se déchaîne la presse d'outre-Atlantique, ainsi que la majorité de l'opinion et de la classe politique. D'autant que lors d'une séance du Conseil de sécurité, le 14 février 2003, Dominique de Villepin récuse en termes vibrants la légitimité d'une intervention armée. « La France est un vieux pays, déclare-t-il. Fidèle à ses valeurs, il veut agir résolument avec tous les membres de la communauté internationale. Il croit en notre capacité à construire ensemble un monde meilleur. » Fait extrêmement rare, son discours est applaudi par l'assistance.

Bien que chacune des deux parties se soit appliquée à relativiser les divergences qui les opposent, celles-ci existent bel et bien et pas seulement à propos de l'Irak. Hyperpuissance dotée de moyens d'action considérables et habitée par un messianisme qui n'a peut-être jamais été aussi fort que sous le règne des néoconservateurs, l'Amérique se dit prête à intervenir, seule s'il le faut, partout où se trouve menacé un ordre international qui coïncide généralement avec ses intérêts propres. À cet unilatéralisme, la France oppose, par nécessité autant que par conviction, sa vision multilatérale des affaires du monde et se pose en défenseur des victimes de la mondialisation, face à une Amérique qui refuse d'en assumer les charges. De plus en plus, son action tend à s'exercer dans le cadre des organisations internationales existantes et notamment de l'ONU.

Dans cette perspective, l'Union européenne aura été pour la France, jusqu'au référendum sur la ratification de la Constitution communautaire (mai 2005), une sorte de multiplicateur de la puissance : le moyen d'entraîner dans son sillage, grâce à la faculté mobilisatrice du couple franco-allemand, toute une partie des États du vieux continent. Le succès du lancement de l'euro dans douze pays de l'Union en janvier 2002, puis l'officialisation par le sommet de

Copenhague, en décembre de la même année, de l'entrée de dix nouveaux États pour 2004 (Chypre, Estonie, Hongrie, Lettonie, Lituanie, Malte, Pologne, République tchèque, Slovaquie et Slovénie), prélude à l'adhésion en 2007 de la Roumanie et de la Bulgarie, paraissent indiquer que l'organisation mise sur pied une cinquantaine d'années plus tôt par les « pères fondateurs » de l'Europe –au premier rang desquels figurent les Français Schuman et Monnet– conserve toute sa force d'attraction. Nombreux sont toutefois les signes qui témoignent de la difficulté à établir un minimum de consensus entre des États qui n'ont ni les mêmes intérêts, ni les mêmes objectifs, tant politiques que dans le domaine économique et social. Entre la France et nombre de ses partenaires européens, d'importantes divergences apparaissent, s'agissant notamment des modalités d'application du pacte de stabilité régissant les finances publiques, de la politique agricole commune –l'accord signé à Luxembourg en juin 2003 maintient celle-ci jusqu'en 2013 mais en découplant partiellement les aides de la production à partir de 2005-2007–, de l'adhésion de la Turquie et surtout de l'adoption souhaitée par Paris d'une « Europe sociale » inspirée du « modèle français », ce que rejettent la plupart des autres membres de l'Union.

Les réticences manifestées par certains États au projet d'Union politique n'ont pas empêché la Convention pour l'avenir de l'Europe, présidée par Valéry Giscard d'Estaing, d'élaborer un texte constitutionnel qui modifie la pondération des voix au Conseil des ministres, en attribuant plus de voix aux quatre États les plus peuplés (Allemagne, France, Grande-Bretagne, Italie) et qui prévoit la création d'un poste de président du Conseil européen pour une durée de deux ans et demi renouvelable et d'un poste de ministre des Affaires étrangères. Rejetée par l'Espagne et par la Pologne, la Constitution européenne est finalement adoptée par le Conseil européen à la suite d'un changement de majorité en Espagne et de l'arrivée au pouvoir du socialiste Zapatero : elle est signée solennellement à Rome le 29 octobre 2004.

Il reste à faire ratifier le texte constitutionnel, soit par le parlement, soit par un référendum populaire. En France, le président Chirac décide de recourir à la formule référendaire. La campagne qui s'engage au début du printemps 2005 voit la plupart des familles politiques se diviser sur une question qui permet à tous les mécontentements de s'exprimer. L'enjeu est moins de se prononcer pour ou contre le modèle « libéral » que le texte adopté par les Vingt-cinq est censé incarner, que de s'exprimer pour ou contre l'équipe gouvernementale en place à Matignon. Le résultat est en tout cas sans équivoque. En votant « non » à plus de 53 %, les Français rejettent clairement un texte que les Espagnols ont été les premiers à approuver, ouvrant ainsi – bientôt suivis par les Néerlandais – la crise la plus grave que l'Europe communautaire ait connue depuis sa création. C'est précisément à propos des problèmes européens que s'est manifestée en premier lieu, dans le domaine des relations extérieures, la volonté de changement du président Sarkozy. À la suite du rejet du texte constitutionnel par la France et les Pays-Bas, les représentants des 27 États membres de l'UE ont adopté à Bruxelles, en juillet 2007, le texte d'un « traité rectificatif », destiné à remplacer le projet constitutionnel élaboré par la Convention pour l'avenir de l'Europe. Ce document sauvegarde les principales innovations institutionnelles du projet initial : réforme du Conseil, durée de la présidence de l'Union portée à deux ans et demi, nomination d'un haut représentant pour les Affaires étrangères et la politique de sécurité commune, réduction du nombre des commissaires.

Les 18 et 19 octobre 2007, les chefs d'État et de gouvernement des 27 pays de l'Union européenne, réunis en sommet à Lisbonne ont approuvé le texte du nouveau traité institutionnel. Celui-ci a été signé le 13 décembre, également à Lisbonne et ratifié, six semaines plus tard par la France.

Dans cette question fondamentale pour l'avenir de la construction européenne, le président Sarkozy s'est fortement impliqué, comme il le fera – devenu en juillet 2008 président pour six mois du Conseil de l'UE – dans la recherche d'une solution commune à la grave crise financière qui a frappé l'ensemble de la planète à la fin de l'été. Si les relations avec la chancelière allemande n'ont pas toujours été au beau fixe, le président français s'est attaché en revanche à promouvoir un réchauffement dans les rapports avec les États de l'Europe de l'Est, et notamment avec la Pologne. Au total, on peut affirmer à la fin de 2008 que « la France est de retour en Europe ».

Plus caractéristique encore d'une volonté de rupture avec la politique menée par Jacques Chirac, et plus largement avec la tradition gaulliste, le véritable virage à 180 degrés accompli par la diplomatie française dans ses rapports avec Washington. Prenant le contre-pied de la politique adoptée par la France au début de la deuxième guerre d'Irak, Nicolas Sarkozy a multiplié les démarches visant à appuyer concrètement l'action menée par les États-Unis dans leur lutte contre le terrorisme islamique. La France ne s'est pas pour autant engagée militairement dans le conflit irakien, mais elle a renforcé son dispositif en Afghanistan. Le président Sarkozy a d'autre part laissé entendre qu'elle pourrait, dans un avenir proche, rejoindre les organismes intégrés de l'OTAN.

L'activisme tous azimuts du président de la République – souvent qualifié de « désordonné » par ses adversaires politiques, voire par certains membres de sa majorité qu'irrite la « dérive atlantiste » de la France – ne se limite pas à l'Europe et aux États-Unis. On assiste en effet depuis le printemps 1967 à la fois à un recentrage de la politique française à l'égard d'Israël, et à un effort de « réhabilitation » d'États longtemps qualifiés de « voyous » par la communauté internationale en raison de leur complicité réelle ou supposée avec des organisations terroristes. C'est ainsi qu'après avoir obtenu du gouvernement libyen la grâce et la libération d'infirmières bulgares injustement condamnées à mort, le président Sarkozy a reçu à l'Élysée, en décembre 2007, Muammar Kadhafi, « guide de la révolution libyenne ». Il a également amorcé un net rapprochement avec la Syrie, dont le président, Bachar al Assad, qui, accueilli en France en juillet 2008, a assisté au traditionnel défilé militaire sur les Champs-Élysées, continue à soutenir le Hamas et le Hezbollah palestiniens et est fortement suspecté par Washington d'avoir fait assassiner le dirigeant libanais Rafic Hariri.

C'est également dans une perspective – vraisemblablement illusoire – de voir coexister au sein d'un même ensemble géopolitique des États peu enclins à gommer leurs divergences, que le président français a lancé, dès le début de son quinquennat, l'idée de rassembler dans une « Union pour la Méditerranée » les pays riverains de cet espace maritime. Il voit dans une communauté fondée sur les principes qui ont inspiré les pères fondateurs de l'Europe la possibilité de rapprocher, par des réalisations communes concrètes, les pays du Nord et ceux du Sud, sans mesurer peut-être l'acuité des tensions entre certains États de la rive sud, par exemple entre l'Algérie et le Maroc. Il est aujourd'hui plus facile de se rendre de Paris à Alger et à Rabat que de voyager de Rabat à Alger !

La politique menée par le gouvernement français en matière de défense des droits de l'homme et des causes humanitaires a été à plusieurs reprises couronnée de succès, qu'il s'agisse par exemple de la libération des infirmières bulgares en Libye, ou de celle, après six ans de captivité dans la jungle colombienne, d'Ingrid Bétancourt, détenue par la guérilla marxiste. Il n'en est pas toujours ainsi, notamment lorsque les atteintes à la liberté des individus et au droit des peuples à disposer d'eux-mêmes sont le fait d'États avec lesquels la France, comme les autres grands acteurs du jeu international, entend conserver – le plus souvent pour des raisons économiques – des relations apaisées. Avec la Russie, comme avec la Chine, respectivement engagées dans la répression des menées indépendantistes dans le Caucase et au Tibet, la diplomatie française ne s'aventure guère au-delà de la protestation verbale ou de la gesticulation. On reçoit le Dalaï-Lama à Paris durant l'été 2008, pour des échanges d'ordre « rigoureusement religieux », tandis que le président Sarkozy assiste à Pékin à la cérémonie d'ouverture des Jeux olympiques.

En Afrique, longtemps chasse gardée de la politique française dans le tiers-monde, la volonté de rupture paraît au contraire l'emporter sur le poids de la tradition post-coloniale. Nicolas Sarkozy paraît moins sujet que ses prédécesseurs aux tentations des réseaux franco-africains. Il estime d'autre part que la France ne peut plus continuer à prendre en charge les problèmes de l'Afrique au moment où d'autres font la conquête des marchés. Ce sont les Français qui envoient à grands frais avions et chars au Tchad, tandis que les Américains y pompent le pétrole. Présents partout sur le continent, les Chinois doivent prendre leur part de responsabilités dans le maintien de la paix et de l'équilibre dans cette partie du monde. Il s'agit donc d'un désengagement progressif, dans lequel, comme elle l'a fait en Côte d'Ivoire, la France est amenée à passer le relais aux Nations Unies sur le terrain politique et militaire.

CONCLUSION

En ce début du XXIe siècle, après avoir subi de plein fouet deux guerres mondiales, avoir traversé deux crises mondiales, où en est la France affrontée à cette grande aventure de la modernisation autour de laquelle se sont organisés les volumes successifs de cet ouvrage ? À cette question simple, il n'est pas facile de donner une réponse catégorique tant les références du jugement varient selon qu'on se place dans une vision à long terme ou qu'on examine, de manière plus conjoncturelle, les difficultés et les inévitables reclassements subis par le pays. Globalement, toutefois, il apparaît que la déploration permanente sur le déclin ou la décadence française qui alimente le discours national n'est nullement justifié. Sans doute, la France du XXe siècle a-t-elle subi des crises graves : elle s'est enlisée dans les années trente dans une crise aux multiples facettes qui l'a fait douter de la validité de ses choix, exaltés à l'excès au début du siècle, elle a roulé au fond de l'abîme durant la Seconde Guerre mondiale, elle a connu la longue impuissance politique d'une IVe République incapable de surmonter les défis de l'après-guerre, elle subit encore aujourd'hui les effets d'une longue dépression qui dure depuis trois décennies et dont les effets menacent la construction sociale qu'elle élabore depuis l'aube du XXe siècle. Pour autant, peut-on affirmer que le XXe siècle a vu une décadence française ?

S'il est une leçon que le siècle paraît apporter, c'est celle de l'extraordinaire aptitude des Français à surmonter les épreuves que, comme tous les peuples, ils subissent. Et, au total, derrière les crises et les difficultés, la France du XXe siècle a réussi l'aventure de la modernisation, c'est-à-dire la participation aux modèles d'évolution les plus performants dans tous les domaines que fournit chaque période de l'histoire.

Sur le plan international, la France est-elle encore une grande puissance en ce début du XXIe siècle ? Sans doute son poids n'est-il en rien comparable à celui des États-Unis et ne déterminera-t-elle pas le sort du monde, comme elle a pu le faire, concurremment avec d'autres États, dans des périodes antérieures de l'histoire. Il n'en reste pas moins qu'elle compte sur l'échiquier mondial et qu'elle est l'un des États européens qui a le plus précocement pris conscience que, face aux vastes États-continents, l'Europe ne pourrait compter qu'en s'organisant. Le rôle moteur qu'elle joue dans la construction européenne est à cet égard éclairant de sa volonté d'avoir, en collaboration avec les autres membres de l'Union européenne, voix au chapitre de l'organisation du monde, même si ses dirigeants ont été impuissants à convaincre l'opinion de l'avancée représentée par un projet constitutionnel, largement d'inspiration française. Puissance nucléaire, ayant des positions sur tous les continents, cinquième puissance économique du monde, puissance commerciale de premier ordre, la France joue un rôle international important, même s'il n'est plus prépondérant.

Sur le plan intérieur, le bilan n'est pas davantage négligeable. Le modèle politique dont elle se flattait au début du siècle, celui d'une République parlementaire assurant la liberté du citoyen et la prépondérance de la représentation nationale à travers celle de l'Assemblée élue au suffrage universel a subi de plein fouet le choc des crises nées de l'impuissance de l'exécutif à affronter les problèmes du siècle. À beaucoup d'égards, l'histoire de la France du XXe siècle est celle d'un long débat entre République parlementaire et autoritarisme politique, les IIIe et IVe Républiques d'une part, Vichy de l'autre figurant les deux pôles de cette dialectique. Toutefois, l'étrange construction institutionnelle de la Ve République, monstre juridique s'il en est, tentant de juxtaposer l'autorité de l'exécutif et les libertés des citoyens paraît vaille que vaille, et peut-être contre toute attente, avoir résolu la quadrature du cercle, aboutissant après plusieurs décennies à ce fait inédit dans l'histoire française d'institutions que personne ne paraît contester. Sans doute l'institution du quinquennat, en modifiant la nature du régime tel que l'avait institué le général de Gaulle, marque-t-elle une nouvelle étape, mais celle-ci n'est guère différente des évolutions que le temps a imposées à toutes les pratiques constitutionnelles de l'histoire.

Le même diagnostic pourrait s'appliquer à la modernisation économique du pays. Le retard de l'économie française, les lamentations sur les moindres performances de l'économie nationale font partie d'un discours récurrent ; peut-être d'ailleurs ne sont-elles pas dépourvues de fondement sur le court terme. Il reste que l'économie française paraît s'être adaptée mieux que d'autres, du moins à long terme, à l'évolution de la conjoncture et aux innovations technologiques. Sans doute le rôle non négligeable de l'État, en dépit des professions de foi libérales dans les années trente ou aujourd'hui, n'est-il pas pour rien dans ce diagnostic. Il reste que la France fait partie des nations les plus riches du monde, que le travail et la productivité des Français ne sont guère inférieurs à ceux des autres grandes nations industrielles et que, de la seconde révolution industrielle à cette troisième révolution industrielle que les technologies de pointe font naître sous nos yeux, ils n'ont manqué aucun des grands rendez-vous de l'histoire économique moderne.

Or, tout du moins jusqu'aux dernières années du XXᵉ siècle, cette modernisation économique s'est opérée avec le souci de maintenir et de respecter la cohésion sociale. La France a largement participé à la mise sur pied d'un modèle européen de démocratie libérale mariant, grâce à l'intervention d'un État correcteur des inégalités sociales, les principes du libéralisme (propriété privée, initiative individuelle, économie de marché) avec un système de protection sociale tentant de garantir la masse des citoyens contre les aléas de l'existence. À cet égard le solidarisme qui définit, dès la fin du XIXᵉ siècle, le projet social des Républicains continue à inspirer la politique sociale de la France dont l'État-Providence constitue la grande originalité du modèle social, en dépit des pressions vers le libéralisme issues du courant mondialiste.

Peut-être est-ce finalement dans le domaine culturel que le bilan est le moins faste. Sans doute la France participe-t-elle largement à la massification des pratiques culturelles qui est la marque des grands pays industriels modernes, mais c'est très largement du monde anglo-saxon que viennent désormais les modèles qui les nourrissent. La France du XXᵉ siècle a certes eu son lot de grands créateurs dans les domaines de la littérature, de la peinture, de la musique, des sciences exactes, de la biologie, voire de ces sciences humaines dont l'émergence marque l'après-1945 mais son rôle semble se limiter à cette culture de l'élite intellectuelle dont il est vrai que l'influence se mesure sur le long terme plutôt que par les taux d'écoute des médias audiovisuels.

Pour autant, parce qu'elle s'est trouvée, tout au long du siècle, immergée dans une mondialisation croissante, la

France a connu de l'aube à la fin du XXe siècle, toutes les crises et les mises en question qui ont marqué les grands pays du monde et spécifiquement les États européens. La première guerre mondiale l'a saignée à blanc, la seconde a posé la question de sa survivance comme État indépendant. La crise des années trente a paru condamner son économie à un processus de mort par asthénie. Son modèle politique de démocratie libérale a été menacé par le fascisme dans l'entre-deux-guerres, par le contre-modèle communiste après la Seconde Guerre mondiale. Enfin, elle subit aujourd'hui plus que d'autres pays industriels le poids d'un chômage qu'aucune politique ne paraît devoir enrayer. C'est sans doute dans ce dernier défi que réside l'enjeu majeur de ces premières années du XXIe siècle : la France parviendra-t-elle à préserver le modèle social élaboré et consolidé depuis 1945 alors que paraît se profiler une antinomie entre croissance économique et protection sociale. C'est la solution de ce dilemme qui est aujourd'hui le principal problème français de la fin du siècle, la renonciation à l'un de ses termes ne pouvant manquer de précipiter la France dans des convulsions aux conséquences incalculables et sa prolongation entretenant une crise de représentation, génératrice d'alternances politiques en cascade. La France saura-t-elle le surmonter ? La réponse appartient à coup sûr au XXIe siècle.

CHRONOLOGIE SOMMAIRE

1958

2 juin	L'Assemblé investit le général de Gaulle.
4-7 juin	Voyage de De Gaulle à Alger : « Je vous ai compris ».
1ᵉʳ juillet	Nouveau voyage de De Gaulle en Algérie.
4 septembre	De Gaulle présente la nouvelle Constitution place de la République.
24 septembre	Mémorandum sur le directoire à trois de l'OTAN.
28 septembre	Référendum sur l'adoption de la Constitution de la Vᵉ République.
23 octobre	De Gaulle propose la « paix des braves ».
23-30 novembre	Elections législatives – Poussée de l'UNR, fort recul des communistes.
9 décembre	J. Chaban-Delmas président de l'Assemblée nationale.
21 décembre	De Gaulle est élu président de la République et de la Communauté avec 77,5 % des suffrages exprimés.
28 décembre	Dévaluation du franc – Création du « nouveau franc ».
Littérature	Interdiction de *La Question* d'H. Alleg. M. Duras, *Moderato Cantabile*. S. de Beauvoir, *Mémoires d'une jeune fille rangée*. C. Lévi-Strauss, *L'Anthropologie structurale*.

Cinéma	L. Malle, *Les Amants*.
	J. Tati, *Mon oncle*.

1959

6 janvier	Ordonnance prolongeant la scolarité jusqu'à 16 ans. Création d'un cycle d'observation dans les collèges.
9 janvier	Michel Debré Premier ministre.
Mars	Retrait de l'OTAN de la flotte française de Méditerranée.
8-15 mars	Elections municipales : renforcement du PCF.
14 avril	Création de l'Union démocratique du travail (gaullistes de gauche).
19 juin	Saisie du livre *La Gangrène* qui dénonce l'emploi de la torture en Algérie.
16 septembre	Allocution du général de Gaulle favorable à l'autodétermination en Algérie.
19 septembre	G. Bidault et R. Duchet créent à Paris un « Rassemblement pour l'Algérie française ».
15 octobre	Attentat de l'Observatoire contre F. Mitterrand.
2 décembre	Grève des fonctionnaires.
	Rupture du barrage de Malpasset près de Fréjus : 400 morts.
23-24 décembre	Vote de la loi proposant un régime contractuel à l'enseignement privé.
	Démission du ministre de l'Education nationale A. Boulloche.

Littérature	A. Robbe-Grillet, *Dans le Labyrinthe*.
	N. Sarraute, *Le Planétarium*.
	E. Ionesco, *Le Rhinocéros*.

Cinéma	C. Chabrol, *Le Beau Serge – Les Cousins*.
	A. Resnais, *Hiroshima mon amour*.
	F. Truffaut, *Les 400 coups*.

1960

4 janvier	Mort accidentelle d'Albert Camus.
13 janvier	Démission d'A. Pinay que remplace W. Baumgartner.
24 janv.-1er févr.	Semaine des barricades à Alger.
2 février	L'Assemblée vote les pleins pouvoirs au gouvernement pour un an.

5 février	Remaniement ministériel évinçant Soustelle et Cornut-Gentile, partisans de l'Algérie française.
13 février	Première explosion de la bombe A française à Reggane.
3-7 mars	« Tournée des popotes » du général de Gaulle en Algérie.
15-17 mars	De Gaulle refuse de convoquer l'Assemblée nationale en session extraordinaire comme le demandent 300 parlementaires pour discuter des problèmes agricoles.
23 mars-1er avril	Voyage en France de N. Khrouchtchev.
3 avril	Fondation du PSU.
31 mai	Grève des cheminots faisant suite à une vague d'agitation sociale et à de graves manifestations d'agriculteurs.
14 juin	Discours du général de Gaulle réaffirmant sa politique algérienne.
25-29 juin	Entretiens de Melun avec le FLN.
5 septembre	Conférence de presse de De Gaulle sur l'Algérie. Ouverture du procès du réseau Janson d'aide au FLN. « Déclaration des 121 » sur le droit à l'insoumission.
6 octobre	Manifeste des intellectuels favorables à l'Algérie française.
27 octobre	Manifestation des syndicats à la Mutualité pour la paix en Algérie.
4 novembre	De Gaulle évoque à la TV « l'Algérie algérienne » et annonce un référendum sur l'autodétermination.
10-13 novembre	Voyage de De Gaulle en Algérie.
9 décembre	De Gaulle en Algérie.
Juil.-déc.	Indépendance de l'Afrique francophone et de Madagascar.
Littérature	Ph. Sollers crée la revue *Tel Quel*. P. Klossovski, *Le Souffleur*. C. Simon, *La Route des Flandres*. Saint-John Perse, prix Nobel de littérature. J. Genet, *Le Balcon*.
Cinéma	J.-L. Godard, *A Bout de souffle*. P. Kast, *Le Bel Age*. J. Rouch, *Moi un noir*. J. Doniol-Valcroze, *L'eau à la bouche*.

1961

8 janvier	Référendum sur l'autodétermination : 75,26 % de « oui » en métropole.
23 février	Casanova et Servin, membres du bureau politique du PCF limogés.
2 mars	Acquittement des accusés présents au procès des barricades.
22-25 avril	Putsch des généraux à Alger.
15 mai	Jean XXIII publie l'Encyclique *Mater et Magistra*.
31 mai-2 juin	Visite en France du président Kennedy.
19-22 juillet	Bataille de Bizerte.
8 septembre	Attentat contre de Gaulle à Pont-sur-Seine.
11-12 septembre	Graves incidents à Oran et à Bab-el-Oued.
17 octobre	Manifestation musulmane à Paris. Au moins 100 morts.
1er novembre	Ben Bella entame une grève de la faim pour obtenir le statut de prisonnier politique.

Littérature	S. de Beauvoir, *La Force de l'âge*.
	F. Sagan, *Les Merveilleux nuages*.
	Décès de M. Merleau-Ponty.
	A Bourseiller monte *La Soumission et Les Chaises* d'E. Ionesco au Studio des Champs-Elysées.
Philosophie –	M. Foucault, *Histoire de la folie à l'âge classique*.
Sciences sociales	F. Fanon, *Les Damnés de la terre*.
BD	A. Uderzo, R Goscinny, *Astérix le gaulois*.
Cinéma	J. Demy, *Lola*.
	J. Rivette, *Paris nous appartient*.
	A. Resnais, *L'Année dernière à Marienbad*.
	J.-P. Melville, Léon Morin prêtre.
Musique	Grand succès du *Moïse et Aron* d'A. Schönberg au théâtre des Nations.

1962

Janvier	Les attentats de l'OAS se multiplient en métropole.
18 janvier	V. Giscard d'Estaing remplace W. Baumgartner aux Finances.
8 février	Manifestation anti-OAS : 8 morts à Paris au métro Charonne.

13 février	Manifestation de masse de la République au Père-Lachaise pour l'enterrement des morts du métro Charonne.
19 mars	Cessez-le-feu en Algérie au lendemain des Accords d'Evian.
23 mars	Emeutes à Bab-el-oued : 20 morts.
26 mars	Fusillade de la rue de l'Isly à Alger : 46 morts.
8 avril	Référendum sur l'approbation des Accords d'Evian : 90 % de oui.
13 avril	Le général Jouhaud est condamné à mort.
14 avril	Démission de Michel Debré. Georges Pompidou devient Premier ministre.
20 avril	Arrestation du général Salan.
Mai	Terreur en Algérie – 62 morts le 2 mai à Alger dans l'explosion d'une voiture piégée. Procès du général Salan qui est condamné à la détention à perpétuité.
15 mai	Dans une conférence de presse, de Gaulle rejette l'Europe intégrée. Démission des ministres MRP.
1er juillet	L'Algérie accède à l'indépendance.
22 août	Attentat du Petit-Clamart contre le général de Gaulle.
12 septembre	De Gaulle fait l'annonce d'un référendum sur l'élection du président de la République au suffrage universel.
5 octobre	L'Assemblée nationale vote la censure contre le gouvernement Pompidou.
10 octobre	Dissolution de l'Assemblée nationale.
28 octobre	Référendum sur l'élection du président de la République au suffrage universel : 62,25 % de oui (23 % d'abstentions).
18-25 novembre	Elections légistatives. Raz-de-marée gaulliste au premier tour.
7 décembre	Remaniement du gouvernement Pompidou.
Littérature	M. Butor, *Mobile*.
	C. Ollier, *Le Maintien de l'ordre*.
	J.-M. G. Le Clézio, *Le Procès-verbal*.
Cinéma	J.-L. Godard, *Vivre sa vie*.
	A. Varda, *Cléo de 5 à 7*.
	C. Marker, *Cuba si*.

Sciences sociales J. Fourastié, *Machinisme et bien-être*.
J. Dumazedier, *Vers une civilisation du loisir*.
C. Lévi-Strauss, *La Pensée sauvage*.

1963

3-4 janvier	Création de la Cour de Sûreté de l'Etat,
14 janvier	Dans une conférence de presse, de Gaulle rejette la candidature de la Grande-Bretagne au Marché commun.
Mars-avril	Grève des mineurs.
3 juin	Mort du pape Jean XXIII.
22 juin	Nuit de « Salut les copains » place de la Nation.
Juillet	Loi réglementant le droit de grève dans les services publics.
3 août	Décret créant les collèges d'enseignement secondaire.
12 septembre	Annonce du plan de stabilisation.
15 septembre	« Banquet des 1 000 ») (en fait 1 200 hommes politiques allant des communistes au centre droit) pour amorcer un regroupement de l'opposition.
Octobre	*L'Express* lance la campagne en faveur de la candidature de « Monsieur X » (G. Defferre) à l'élection présidentielle.
27 novembre	Manifestation contre la force de frappe.

Littérature R. Barthes, *Sur Racine*.
Ch. Rochefort, *Stances à Sophie*.
J.-L. Barrault monte *Oh ! les beaux jours* de S. Beckett.

Cinéma B. Blier, *Hitler connais pas*.
J.-L. Godard, *Le Petit soldat*.
C. Marker, *Le joli mai*.
A. Resnais, *Murielle*.

Musique et danse M. Béjart triomphe au théâtre des Champs-Elysées en adaptant *Les Contes d'Hoffmann*.

1964

27 janvier	La France reconnaît la Chine communiste.
1ᵉʳ-2 février	Congrès de la SFIO. La candidature Defferre est ratifiée.
8-15 avril	Elections cantonales. Effritement de l'UNR au profit de la gauche.

7-10 mai	Congrès du MRP – J. Lecanuet devient président du mouvement.
14-17 mai	Congrès du PCF : Waldeck-Rochet secrétaire général.
Mai	Vote du statut de l'ORTF.
7 juin	Création de la Convention des institutions républicaines.
12 juillet	Mort de Maurice Thorez.
23 juillet	Conférence de presse du général de Gaulle qui se félicite du succès du plan de stabilisation.
6-7 novembre	Congrès extraordinaire de la CFTC qui devient CFDT.
11 décembre	Grève générale du secteur public.
19 décembre	Transfert des cendres de Jean Moulin au Panthéon.
Littérature	J.-P. Sartre, *Les mots*.
	Ariane Mnouchkine fonde le Théâtre du Soleil.
Philosophie et	C. Lévi-Strauss, *Le Cru et le Cuit* (*Mythologiques*, I).
Sciences sociales	R. Barthes, *Essais critiques*.
	G. Deleuze, *Proust et les signes*.
Cinéma	J. Demy, *Les parapluies de Cherbourg*.
	A. Jessua, *La vie à l'envers*.
	F. Truffaut, *La peau douce*.
Musique et danse	Maria Callas triomphe dans *La Norma* de Bellini à l'Opéra de Paris.
Télévision	« Les femmes aussi » d'Eliane Victor.

1965

14-21 mars	Elections municipales favorables à l'opposition.
25-26 mars	Crise à l'Union des Etudiants communistes reprise en main par le PCF.
8 mai	G. Defferre propose la création d'une Fédération démocrate et socialiste allant des socialistes aux démocrates-chrétiens.
17-18 juin	Echec du projet de FDS.
1er juillet	La France pratique à Bruxelles la « politique de la chaise vide ».
9 septembre	F. Mitterrand candidat à la présidence de la République.
10 septembre	Création de la Fédération de la Gauche démocrate et socialiste (FGDS).

26 septembre	Elections sénatoriales. Confirmation du recul de la droite.
26 octobre	J. Lecanuet candidat à la présidence de la République.
29 octobre	Enlèvement du leader de l'opposition marocaine M. Ben Barka.
4 novembre	De Gaulle annonce sa candidature.
5-19 décembre	Elections présidentielles. De Gaulle en ballottage au premier tour l'emporte au second sur F. Mitterrand.
Littérature	G. Perec, *Les Choses* (prix Renaudot). F. Sagan, *La Chamade*. A. Sarrazin, *L'Astragale*. A. Robbe-Grillet, *La Maison de rendez-vous*.
Philosophie – *Sciences sociales*	P. Bourdieu, J.-C. Passeron, *Les Héritiers* L. Althusser, *Pour Marx*.
Cinéma	P. Schoendorffer, *La 317ᵉ section*. R. Allio, *La Vieille dame indigne*. J.-L. Godard, *Pierrot le fou*.
Musique	O. Messiaen, *Et expecto resurrectionem mortuorum* exécuté en la cathédrale de Chartres en présence du général de Gaulle (20/6).
Variétés	France Gall, « Poupée de cire, poupée de son » Grand prix de l'Eurovision. Triomphe des Beatles au Palais des Sports (20/6).

1966

5 janvier	Remaniement du gouvernement Pompidou. Eviction de V. Giscard d'Estaing.
7 janvier	Création des Instituts universitaires de technologie.
2 février	Naissance du Centre démocrate.
Février	Les Républicains-Indépendants prennent leurs distances vis-à-vis de l'UNR.
12-13 mars	Assises de la Convention des Institutions républicaines. F. Mitterrand propose la constitution d'un contre-gouvernement.
30 avril-1ᵉʳ mai	Colloque de Grenoble.
Mai	F. Mitterrand rend publique la composition du contre-gouvernement.
Juin	Voyage du général de Gaulle en URSS.

22 juin	Réforme Fouchet de l'enseignement supérieur.
1er septembre	Discours de Phnom-Pehn.
Décembre	Accord de désistement FGDS-PC en vue des législatives de 1967.
20 décembre	Manifestations des aviculteurs bretons à Morlaix, qui s'achève en émeute.

| *Littérature* | E. Charles-Roux, *Oublier Palerme* (prix Goncourt). |
| | J. Genêt, *Les Paravents*. |

| *Philosophie –* | M. Foucault, *Les Mots et les choses*. |
| *Sciences sociales* | J. Lacan, *Ecrits*. |

Cinéma	C. Lelouch, *Un homme et une femme*.
	R. Bresson, *Au hasard Balthazar*.
	A. Resnais, *La guerre est finie*.
	J.-P. Melville, *Le deuxième souffle*.
	R. Vadim, *La Curée*.
	J. Rivette, *La Religieuse*.

1967

4-8 janvier	« Congrès de l'ouverture » du PCF.
10 janvier	Conférence de presse de V. Giscard d'Estaing : « Oui, mais... ».
22 février	Débat Mitterrand-Pompidou à Nevers.
27 février	Débat Pompidou-Mendès France à Grenoble.
5-12 mars	Elections législatives. La coalition Ve République n'a qu'une voix de majorité.
6 avril	G. Pompidou se succède à lui-même.
13 avril	Mise en route du Plan Calcul.
26 avril	Le Conseil des ministres demande l'autorisation à l'Assemblée nationale de légiférer par ordonnances. Démission d'E. Pisani.
17 mai	Grève générale et manifestations contre les pouvoirs spéciaux.
5-10 juin	Guerre des Six Jours.
11-16 juin	Congrès de la CGT. G. Séguy secrétaire général.
13 juillet	Création de l'ANPE.
26 juillet	De Gaulle à Montréal : « Vive le Québec libre! ».
17 août	Ordonnances sur l'intéressement des salariés aux bénéfices de l'entreprise.
22 août	Ordonnances et décrets réformant la Sécurité sociale.

24 sept.-1er oct.	Elections cantonales. Progrès de la majorité et du PC.
Octobre	Vive agitation sociale.
23 novembre	V. Giscard d'Estaing, président de la commission des finances, s'abstient dans le vote du collectif budgétaire.
19 décembre	Vote de la loi Neuwirth autorisant la contraception.

Littérature	C. Etcherelli, *Elise ou la vraie vie* (prix Fémina).
	C. Simon, *Histoire* (prix Médicis).
	M. Tournier, *Vendredi ou les limbes du Pacifique*.
	J. Ricardou, *Problèmes du nouveau roman*.
	L. Aragon, *Blanche ou l'oubli*.

Philosophie —	R. Aron, *Les Etapes de la pensée sociologique*.
Sciences sociales	R. Barthes, *Systèmes de la mode*.
	E. Morin, *Une commune en France*.

Cinéma	E. Rohmer, *La Collectionneuse*.
	J. Tati, *Playtime*.
	M. Duras, *La Musica*.
	J.-L. Godard, *La Chinoise*.

| *Musique —* | M. Béjart, *Messe pour un temps présent*. |
| *Danse* | G. Brassens Grand Prix de l'Académie française. |

| *Variétés* | J. Ferrat, *Cuba si* — Début de l'ascension de Mireille Mathieu, vogue de J. Dutronc. |

1968

Janvier	Agitation lycéenne autour des Comités Viêt-nam. Premiers incidents à l'université de Nanterre.
Février	Manifestations contre la guerre du Viêt-nam. Grève des enseignants du secondaire.
22 mars	Occupation de la tour administrative à Nanterre. Le doyen suspend les cours.
Avril	Poursuite de l'agitation dans les universités et les lycées.
2 mai	Départ de G. Pompidou pour l'Iran. Fermeture de Nanterre.
3 mai	La police fait évacuer la Sorbonne.
	SNE-Sup et UNEF décident une grève illimitée.
10-11 mai	Nuit des barricades au Quartier latin. La FEN appelle à une grève générale pour protester contre la répression policière.

13 mai	Défilé des étudiants et des syndicats de la République à Denfert-Rochereau.
14-18 mai	Visite officielle du général de Gaulle en Roumanie.
20 mai	La France est paralysée par le plus vaste mouvement de grèves de son histoire.
25-27 mai	Négociations et accords de Grenelle.
28 mai	F. Mitterrand réclame la formation d'un gouvernement provisoire.
29 mai	De Gaulle « disparu » a rencontré le général Massu à Baden-Baden.
30 mai	Allocution de général de Gaulle. Défilé des gaullistes aux Champs-Elysées.
1er juin	Remaniement du gouvernement Pompidou.
5-7 juin	Reprise du travail à EDF, à la SNCF, à la RATP et aux PTT.
14-16 juin	Evacuation de la Sorbonne et de l'Odéon.
23-30 juin	Elections législatives. Raz-de-marée UDR.
10 juillet	M. Couve de Murville Premier ministre.
21 août	Les troupes du Pacte de Varsovie rétablissent « l'ordre socialiste » à Prague.
Octobre	Nouvelle agitation gauchiste à la Sorbonne et dans les lycées.
12 novembre	Vote de la loi d'orientation de l'enseignement supérieur.
23 novembre	De Gaulle rejette la dévaluation du franc.
5 décembre	Loi sur le droit syndical dans l'entreprise.
Littérature	B. Clavel, *Les Fruits de l'hiver* (prix Goncourt).
	M. Yourcenar, *L'Œuvre au noir.*
	A. Cohen, *Belle du seigneur.*
Philosophie –	M. Dufrenne, *Pour l'Homme.*
Sciences sociales	La traduction en français de *L'Homme unidimensionnel* d'H. Marcuse est le best seller de l'année.
	M. Serres, *Hermès,* T. 1.
Cinéma	F. Truffaut, *Baisers volés.*
	J.-L. Godard, *Week-End.*
Musique	Triomphe de la pop-music en France dans la foulée de la contestation étudiante et de la lutte contre la guerre du Viêt-nam.

1969

Janvier	Agitation étudiante et lycéenne.
17 janvier	En visite privée à Rome, G. Pompidou fait savoir qu'il serait éventuellement candidat à l'élection présidentielle.
22 janvier	De Gaulle se déclare résolu à remplir son mandat jusqu'à son échéance normale.
3 février	A. Poher rejette la réforme du Sénat.
Mars-avril	Développement de la campagne référendaire.
27 avril	Le « non » l'emporte au référendum.
28 avril	Démission du général de Gaulle.
10 mai	Départ de De Gaulle pour l'Irlande.
15 juin	G. Pompidou est élu président de la République avec 57,5 % des suffrages exprimés contre 42,5 % à Poher.
21 juin	J. Chaban-Delmas Premier ministre. V. Giscard d'Estaing revient aux finances.
11-13 juillet	La SFIO devient « Parti socialiste » au congrès d'Issy-les-Moulineaux.
8 août	Dévaluation du franc.
16 septembre	J. Chaban-Delmas expose devant l'Assemblée nationale son projet de « nouvelle société ».
Novembre	Vive agitation sociale.
24 décembre	Affaire des « vedettes de Cherbourg ».
Littérature	F. Marceau, *Creezy* (prix Goncourt).
	R. Vailland, *Ecrits intimes*.
Cinéma	Costa-Gravas, Z.
	E. Rohmer, *Ma Nuit chez Maud*.
	F. Truffaut, *L'enfant sauvage*.
	N. Kaplan, *La Fiancée du pirate*.
Variétés	*Hair* triomphe avec Julien Clerc.

1970

Janvier	L'agitation étudiante persiste, notamment à Nanterre.
4-8 février	Congrès du PCF à Nanterre : Garaudy exclu du Bureau politique. G. Marchais secrétaire général adjoint.
8-15 mars	Elections cantonales : gains de la majorité du PCF (près de 29 % des suffrages au 1er tour) et du PSU.

9 mars	G. Nicoud appelle les commmerçants à la grève de l'impôt.
14 mars	Démission du doyen Ricœur à Nanterre.
19-24 mars	Manifestations des camionneurs et des commerçants.
8 avril	Grève générale des commerçants.
30 avril	L'Assemblée vote la loi « anticasseur ».
Mai	Procès Le Dantec/Le Bris, directeurs de *La Cause du peuple*.
8 mai	Attaque de l'épicerie de luxe Fauchon par un commando maoïste.
27-28 mai	Vive agitation au Quartier latin.
19-20 juin	Invité au congrès du Parti socialiste, F. Mitterrand préconise une union de la gauche.
26 juin	J.-P. Sartre est interpellé en distribuant *La Cause du peuple*. Il est aussitôt relâché.
Septembre	29 gauchistes emprisonnés (dont A. Geismar) font la grève de la faim.
20-22 octobre	A. Geismar condamné à 18 mois de prison.
29 octobre	L'épiscopat français prend position contre le commerce des armes.
9 novembre	Mort du général de Gaulle.
15-20 novembre	*Hara-Kiri*, interdit à la vente aux moins de 18 ans et à l'affichage. La même équipe lance *Charlie-Hebdo*.
13 décembre	La Convention des Institutions républicaines approuve le projet de F. Mitterrand de fusion avec le PS.
Littérature	M. Tournier, *Le Roi des Aulnes* (prix Goncourt).
	M. Déon, *Les Poneys sauvages* (prix Interallié).
	S. de Beauvoir *La Vieillesse*.
	A. London, *L'Aveu*.
Philosophie –	J. Baudrillart, *La Société de consommation*.
Sciences sociales	M. Crozier, *La Société bloquée*.
	F. Jacob, *La Logique du vivant*.
	J. Monod, *Le Hasard et la nécessité*.
	M. Foucault, *L'Ordre du discours*.
Cinéma	C. Sautet, *Les Choses de la vie*.
	E. Rohmer, *Le Genou de Claire*.
	J.-P. Melville, *L'Aveu*.

Musique	P. Henry compose *Ceremony,* première messe électronique avec un groupe anglais de pop-music.

1971

Janvier	Création d'un ministère de l'environnement.
Mars	Journée d'action des policiers dans la rue. Agitation lycéenne.
9 mars	Meeting d'Ordre nouveau au Palais des Sports. Violents affrontements avec les gauchistes.
14-21 mars	Elections municipales. Stabilité en voix.
22 avril	Le Sénat décide de rendre public le rapport de la Commission d'enquête sur La Villette.
11-13 juin	Congrès du Parti socialiste à Epinay. F. Mitterrand est élu Premier secrétaire.
Juillet	La presse rend publics les scandales de la Garantie foncière et du Patrimoine foncier.
26 septembre	Elections sénatoriales favorables à la majorité.
9 octobre	M. Poniatowski propose une « grande fédération » des centristes.
12 octobre	G. Marchais présente le « programme pour un gouvernement démocratique d'union populaire ».
17 octobre	J.-J. Servan-Schreiber président du parti radical.
Novembre	G. Pompidou grâcie Paul Touvier, chef de la Milice de Lyon. L'événement passe inaperçu.
Décembre	Forte agitation dans les lycées.
Littérature	J. Laurent, *Les Bêtises* (prix Goncourt). A. Malraux, *Les Chênes qu'on abat.*
Philosophie – *Sciences sociales*	C. Lévi-Strauss, *L'homme nu.* I.D. Illich, *Une Société sans école.*
Cinéma	J. Ophüls, A. de Sédouy, Harris, *Le Chagrin et la pitié.* M. Drach, *Elise ou la vraie vie.* L. Malle. *Le Souffle au cœur.*

1972

11 janvier	Publication du programme de gouvernement du PS.
19 janvier	*Le Canard enchaîné* publie les déclarations d'impôt de J. Chaban Delmas.
25 février	Le jeune militant gauchiste Pierre Overney est tué d'un coup de revolver par un vigile de la Régie.

	Le 4 mars, ses obsèques rassemblent 100 000 personnes.
23 avril	Référendum sur l'Europe : 40 % d'abstentions et 7 % de bulletins blancs. 67,7 % de « oui ».
26 juin	Accord de programme commun PCF/PS en vue des prochaines législatives.
5 juillet	Démission de J. Chaban-Delmas. P. Messner Premier ministre.
6 septembre	Le gouvernement fait connaître son plan social.
13-17 décembre	Congrès du PCF. G. Marchais secrétaire général.

Littérature	S. de Beauvoir, *Tout compte fait*.
Philosophie – *Sciences sociales*	G. Deleuze, F. Guattari, *Capitalisme et schizophrénie, L'Anti-Œdipe*.
Cinéma	M. Pialat, *Nous ne vieillirons pas ensemble*. C. Sautet, *César et Rosalie*. E. Rohmer, *L'amour l'après-midi*.
Musique	Y. Xenakis, *Polytope*.

1973

1ᵉʳ janvier	P. Messmer présente à Provins le programme de la majorité.
6 février	Incendie du CES Pailleron à Paris : 21 morts.
4-11 mars	Elections législatives. PC et PS font à peu près jeu égal au 1ᵉʳ tour. UDR, RI et CDP ont la majorité des sièges avec une minorité de voix.
Avril	Nombreuses manifestations de lycéens contre la loi Debré (supprimant les sursis longs).
2 avril	Edgar Faure président de l'Assemblée nationale.
3 avril	P. Messmer se succède à lui-même.
5 mai	Manifestation en faveur de la liberté de l'avortement.
22-24 juin	Congrès du PS ; Lutte de tendances menée par le CERES. F. Mitterrand réélu Premier secrétaire.
28 juin	Le gouvernement dissout Ordre nouveau et la Ligue communiste.
14 août	La police fait évacuer l'usine Lip à Besançon.
23-30 septembre	Elections cantonales. Progression du PS au dépens du PC et de la majorité.
Octobre	Assemblée et Sénat optent pour la réduction de 7 ans à 5 ans du mandat présidentiel.

	Mais G. Pompidou annule la convocation du congrès.
19 octobre	Vote de la loi Royer.
15 novembre	Grève générale des commerçants.
4 décembre	Découverte de micros dans les locaux du *Canard Enchaîné*.
14 décembre	Par 255 voix contre 212 l'Assemblée décide de renvoyer en Commission le projet de loi sur l'avortement.

Littérature	M. Déon, *Le Taxi mauve*.
Philosophie – *Sciences sociales*	S. Moscovici, *La Société dénaturée*. E. Morin, *Le Paradigme perdu : la nature humaine*. N. Elias, *La Civilisation des mœurs*.
Cinéma	M. Ferreri, *La Grande Bouffe*. J. Eustache, *La Maman et la putain*. F. Truffaut, *La Nuit américaine*. Y. Boisset, *RAS*.
Musique	R. Liebermann, directeur de l'Opéra de Paris.

1974

26 janvier	La motion de censure déposée par la gauche est repoussée.
4 février	Projet de décentralisation de l'ORTF présenté par Marceau Long.
1er mars	Formation du 3e cabinet Messmer.
8 mars	P. Messmer inaugure l'aéroport Charles de Gaulle. Manifestations étudiantes et lycéennes contre le projet Fontanet.
4 avril	Décès de Georges Pompidou.
5-19 mai	Valéry Giscard d'Estaing est élu président de la République.
27 mai	Jacques Chirac Premier ministre.
28 juin	Loi abaissant à 18 ans la majorité civile et politique.
16 juillet	Création d'un secrétariat d'État à la Condition féminine.
23 juillet	L'ORTF est remplacée par 7 sociétés autonomes.
Juillet-août	Agitation dans les prisons.
21 octobre	La saisine du Conseil constitutionnel est autorisée à 60 sénateurs ou 60 députés.

Oct.-déc.	Grève des PTT.
Décembre	Jacques Chirac élu secrétaire général de l'UDR.
20 décembre	Vote de la loi Veil sur l'Interruption volontaire de grossesse.

1975

10 janvier	Première de l'émission littéraire *Apostrophes* sur Antenne 2, animée par Bernard Pivot.
29 avril	Loi sur la généralisation de la Sécurité sociale à l'ensemble des activités professionnelles.
28 mai	Modification du statut de Paris qui aura désormais un maire.
18 juin	Adoption de la loi facilitant le divorce.
20 juin	Loi Haby réformant l'enseignement secondaire.
21 août	Mort de deux gendarmes mobiles lors d'une prise d'otage à Aleria (Corse).
Novembre	Le nombre des chômeurs dépasse un million.

1976

4 février	Congrès du PCF qui abandonne l'idée de dictature du prolétariat.
15 mars	Retrait du franc français du Serpent monétaire européen.
8 avril	Peugeot prend le contrôle de Citroën.
15 avril	Adoption d'un projet de surrégénateur Super-Phénix.
21 mai	Congrès constitutif du Centre des démocrates-sociaux.
23 juin	Loi sur la taxation des plus-values du Capital.
25 août	Démission de Jacques Chirac ; Raymond Barre Premier ministre.
15 septembre	Impôt de solidarité nationale contre la sécheresse.
22 septembre	Plan Barre de lutte contre l'inflation.
11 octobre	Publication du livre du président Giscard d'Estaing *Démocratie moderne*.
5 décembre	L'UDR se transforme en RPR sous la présidence de Jacques Chirac.
24 décembre	Assassinat à Paris de l'ancien ministre Jean de Broglie.

1977

7 janvier	Roland Barthes inaugure au Collège de France la chaire de sémiologie littéraire.
27 février	Occupation par les catholiques traditionalistes de l'église Saint-Nicolas-du-Chardonnet.
13-20 mars	Élections municipales en France ; Jacques Chirac devient maire de Paris ; poussée de la gauche qui devient majoritaire en voix.
19 mai	Création du parti républicain qui remplace la formation des Républicains-Indépendants.
31 juillet	Heurts violents à Creys-Malville entre des manifestants anti-nucléaires et la police ; un mort, une centaine de blessés.
21-23 septembre	Rupture de l'union de la gauche sur la « réactualisation » du Programme commun.

1978

7 janvier	Programme de Blois de la majorité.
21 janvier	L'Algérie nationalise cinq sociétés pétrolières françaises.
27 janvier	Discours du président de la République à Verdun-sur-le-Doubs « le bon choix ».
1er février	Création de l'Union pour la démocratie française (UDF).
12-19 mars	Élections législatives ; la droite reste majoritaire.
16 mars	Marée noire en Bretagne provoquée par le naufrage du pétrolier *Amoco Cadiz*
31 mars	Raymond Barre confirmé comme Premier ministre.
3 avril	Jacques Chaban-Delmas président de l'Assemblée nationale.
17 mai	Libération des prix industriels en France.
19 mai	La France envoie des parachutistes à Kolwezi (Zaïre) afin d'évacuer les populations civiles après l'attaque de rebelles katangais venus d'Angola.
19 mai	Rapport Nora-Minc sur *L'informatisation de la société*.
10 août	Peugeot-Citroën rachète les usines françaises, britanniques et espagnoles de Chrysler.
20 septembre	Le Conseil des ministres adopte le plan de restructuration de la sidérurgie.
9 octobre	Mort du chanteur et compositeur Jacques Brel.

| 4 décembre | Création du système monétaire européen. |
| 6 décembre | Appel de Cochin de Jacques Chirac dénonçant la politique européenne de Valéry Giscard d'Estaing. |

1979

24 février	Manifestations à Longwy contre le plan de restructuration de la sidérurgie.
17 mars	Accord CNPF-syndicats sur l'indemnisation de chômage.
23 mars	« Marche sur Paris » des sidérurgistes : 200 blessés.
6 avril	Ouverture du congrès de Metz du PS : François Mitterrand l'emporte sur Michel Rocard.
26 juin	Le paquebot *France* est revendu à un armateur norvégien.
1er juillet	Libération du prix du livre.
10 octobre	*Le Canard enchaîné* révèle les dons de diamants de l'ex-empereur Bokassa au président Giscard d'Estaing.
30 octobre	Suicide du ministre du Travail Robert Boulin.
Nov.-déc.	Les députés RPR refusent de voter le budget.

1980

6 mars	Marguerite Yourcenar première femme élue à l'Académie française.
15 avril	Mort de Jean-Paul Sartre.
30 avril	Adoption en Conseil des ministres de la loi « sécurité et liberté » présentée par le garde des sceaux Alain Peyrefitte.
3 octobre	Attentat antisémite contre la synagogue de la rue Copernic à Paris : 4 morts et une vingtaine de blessés.
22 octobre	Mise en liquidation judiciaire de l'entreprise stéphanoise Manufrance.
24 décembre	Le maire et les élus communistes de Vitry-sur-Seine détruisent à l'aide d'une pelleteuse un foyer d'immigrés.

1981

| 2 février | Mgr Lustiger succède au cardinal Marty comme archevêque de Paris. |

26 avril-10 mai	Élection présidentielle : François Mitterrand est élu président de la République.
21 mai	Pierre Mauroy Premier ministre.
22 mai	Dissolution de l'Assemblée nationale.
23 mai	Ouverture au grand Palais du premier Salon du Livre.
3 juin	Augmentation du SMIC, du minimum vieillesse, des allocations familiales.
21 juin	Le Parti socialiste remporte la majorité absolue aux élections législatives.
23 juin	Quatre ministres communistes entrent dans le gouvernement Mauroy.
29 juillet	Suppression de la Cour de sûreté de l'État.
18 septembre	Abolition de la peine de mort.
23 octobre	Ouverture du Congrès socialiste de Valence qui demande une radicalisation de l'action du gouvernement.
26 octobre	Adoption du projet de loi sur les nationalisations.
16 novembre	Yvon Gattaz président du CNPF.
26 novembre	Abrogation de la loi « anticasseurs ».
29 novembre	Le ministre des Finances Jacques Delors demande une « pause » sociale.
10 décembre	Grève des médecins hospitaliers pour exiger le maintien du secteur privé dans les hôpitaux.

1982

13 janvier	Semaine de 39 heures et cinquième semaine de congés payés.
28 janvier	Adoption de la loi sur la décentralisation.
5 février	Adoption du nouveau statut de la Corse.
24 février	Naissance du premier « bébé éprouvette » français par fécondation *in vitro*.
21 mars	Succès de l'opposition aux élections cantonales.
25 mars	Adoption des ordonnances sur la retraite à soixante ans, le travail à temps partiel, l'insertion et la formation professionnelle des jeunes.
12 juin	Réajustement des monnaies européennes ; le franc est dévalué de 5,75 %.
18 juin	Henri Krasucki succède à Georges Séguy comme secrétaire général de la CGT.
29 juillet	Promulgation de la loi sur l'audiovisuel qui met fin au monopole d'État et crée la Haute Autorité.

9 août	Attentat antisémite contre le restaurant Goldenberg rue des Rosiers : six morts et vingt-deux blessés.
13 septembre	Manifestation de 15 000 chefs de petites et moyennes entreprises contre la politique gouvernementale.
12 octobre	Manifestation des commerçants et artisans à Paris contre la politique du gouvernement.

1983

19 janvier	Maurice Papon inculpé de crimes contre l'humanité.
Février-mars	Agitation des étudiants en médecine contre les projets de réforme de leurs études. Grève des internes et chefs de clinique contre le projet de réforme hospitalière.
6-13 mars	Élections municipales ; important recul de la gauche.
21 mars	Crise monétaire ; le franc est dévalué.
25 mars	Plan de rigueur économique qui traduit le choix par la France de la voie libérale et de la poursuite de l'intégration européenne.
24 mai	Manifestation d'étudiants et d'enseignants contre les projets de réforme de l'enseignement supérieur.
3 juin	Manifestation de policiers à Paris après la mort de deux de leurs collègues tués dans une fusillade.
25 septembre	Mise en service du dernier tronçon de la ligne TGV qui met Lyon à deux heures de Paris.
3 décembre	Arrivée à Paris de la marche contre le racisme.

1984

22 janvier	Manifestation de l'enseignement catholique à Bordeaux pour la défense de l'école privée.
21 février	Grève des transporteurs routiers qui bloquent les routes.
4 mars	500 000 à 800 000 personnes manifestent à Versailles pour la défense de l'école privée.
16 mars	Le ministre de l'Éducation nationale fait connaître ses projets de réforme de l'enseignement privé.
13 avril	Manifestations à Paris des sidérurgistes lorrains contre les projets de restructuration du gouvernement.
24 mai	Adoption par l'Assemblée nationale du projet de loi Savary sur l'enseignement privé.
17 juin	Élections européennes : la gauche recule ; percée du Front national.

24 juin	Un million de manifestants à Paris contre la loi gouvernementale sur l'enseignement privé.
12 juillet	François Mitterrand retire la loi sur l'enseignement privé.
17 juillet	Démission de Pierre Mauroy ; Laurent Fabius Premier ministre le 18 ; les communistes quittent le gouvernement.
19 juillet	Jacques Delors devient président de la Commission européenne.
6 septembre	Le parti communiste quitte la majorité.
16 novembre	Le nombre de chômeurs dépasse 2,5 millions.
20 décembre	Les députés communistes votent contre le budget.

1985

25 janvier	Lancement du plan « Informatique pour tous ».
13 février	Plan de réforme de l'enseignement primaire marquant le retour aux méthodes traditionnelles.
3 mars	Adoption du scrutin proportionnel pour les élections législatives entraînant la démission de Michel Rocard du gouvernement.
30 avril	Adoption d'un projet de loi sur la Nouvelle-Calédonie où des troubles se produisent.
22 mai	Edgard Pisani nommé ministre de la Nouvelle-Calédonie.
10 juillet	Explosion du *Rainbow Warrior* dans le port d'Auckland qui aboutit à la mise en cause d'agents des services secrets français.
4 décembre	Visite à Paris du chef de l'État polonais le général Jaruzelski qui provoque de nombreuses critiques et le « trouble » du Premier ministre.
21 décembre	Ouverture par le fantaisiste Coluche du premier « Restaurant du cœur ».

1986

19 février	Robert Badinter nommé président du Conseil constitutionnel en remplacement de Daniel Mayer.
16 mars	L'opposition de droite remporte les élections législatives et les élections régionales.
20 mars	Jacques Chirac Premier ministre d'un gouvernement RPR-UDF. Début de la « cohabitation ».

28 avril	Révélation du scandale du « Carrefour du développement ».
20 mai	Rétablissement du scrutin majoritaire pour les élections législatives.
8 juin	Suppression de l'autorisation administrative de licenciement.
14 juin	Concert de SOS-Racisme place de la Bastille devant 100 000 personnes.
Juillet	Série d'attentats organisés par *Action directe*.
31 juillet	Adoption de la loi sur les privatisations que le président de la République avait refusé de promulguer par ordonnance.
2 août	Le gouvernement résilie les concessions accordées aux chaînes de télévision privée, La 5 et TV6.
7 août	Adoption de trois lois sur la sécurité et de la loi sur les conditions d'entrée et de séjour des étrangers en France.
Septembre	Vague d'attentats terroristes à Paris.
18 octobre	101 Maliens expulsés de France par charter spécial.
24 octobre	Adoption du projet de loi sur le redécoupage électoral que le chef de l'État avait refusé de promulguer par ordonnance.
17 novembre	Assassinat de Georges Besse PDG de la régie Renault.
21 novembre	L'Assemblée nationale autorise le gouvernement à ratifier l'Acte unique européen.
22 novembre	Grève générale des étudiants contre le projet de réforme de l'enseignement supérieur du ministre Alain Devaquet. Violentes manifestations d'étudiants et de lycéens à Paris et en province.
1er décembre	Inauguration du Musée d'Orsay.
5 décembre	Malgré le retrait de certains points de la loi Devaquet nouvelles manifestations d'étudiants à Paris au cours desquelles un étudiant frappé par la police trouve la mort.
17 décembre	Le président de la République refuse de signer une ordonnance sur l'aménagement du temps de travail.

1987

Janvier	Grèves à la SNCF, à la RATP, à EDF qui entraînent, à l'appel du RPR des manifestations d'usagers.
14 février	Lancement de l'Airbus A 320.
21 février	Arrestation des responsables d'*Action directe*.
23 février	Attributions des 5e et 6e chaînes de télévision à des groupes privés.
24 mars	Signature du contrat de construction du parc d'attractions Euro-Disneyland à Marne-la-Vallée.
4 avril	Attribution de la moitié du capital de TF1 au groupe Francis Bouygues.
6 mai	Jean-Marie Le Pen propose d'expulser des milliers d'immigrés pour diminuer le chômage et d'isoler les malades atteints du sida.
11 mai	Ouverture à Lyon du procès de Klaus Barbie, ancien chef de la Gestapo de cette ville.
14 mai	Michel Noir, ministre du Commerce extérieur appelle dans *Le Monde* à s'opposer aux idées de l'extrême-droite, même au risque de perdre les élections.
11 juin	Adoption du projet de loi sur l'aménagement du temps de travail.
4 juillet	Klaus Barbie condamné à la réclusion criminelle à perpétuité.
13 septembre	98,3 % des électeurs de Nouvelle-Calédonie se prononcent pour le maintien du territoire dans la République.
19 octobre	Krach boursier.

1988

7 janvier	Propositions de réforme du Code de la nationalité par la Commission Marceau Long.
24 avril	Premier tour des élections présidentielles : François Mitterrand devance Jacques Chirac ; effondrement du parti communiste et percée de Jean-Marie Le Pen (14,4 % des voix).
4 mai	Libération de quatre otages français au Liban.
5 mai	Épilogue sanglant d'une prise d'otages en Nouvelle-Calédonie.
8 mai	François Mitterrand réélu président de la République.
12 mai	Michel Rocard Premier ministre.
14 mai	Dissolution de l'Assemblée nationale.

12 juin	Les socialistes obtiennent la majorité relative des sièges dans la nouvelle Assemblée nationale.
26 juin	Accord de Matignon sur l'avenir de la Nouvelle-Calédonie.
28 juin	Entrée de centristes et de représentants de la « société civile » dans le gouvernement Rocard.
14 septembre	Adoption d'un ensemble de mesures contre le chômage.
29 septembre	Début des manifestations d'infirmières à Paris.
12 octobre	Adoption du projet de loi sur le Revenu minimum d'insertion (RMI).
6 novembre	Adoption par référendum de la loi sur l'avenir de la Nouvelle-Calédonie.
11 novembre	Extension du mouvement de grève des postes.
28 novembre	Grèves à la RATP.

1989

Janvier	Révélation de scandales d'initiés touchant des milieux proches du pouvoir.
17 janvier	Présentation par le ministre de l'Éducation nationale Lionel Jospin de son plan de revalorisation du métier d'enseignant.
Février	Mouvement de grève du personnel pénitentiaire.
4 février	Marc Blondel élu secrétaire général de Force ouvrière.
Mars	Grève des fonctionnaires corses.
12-19 mars	Élections municipales : progrès de la gauche.
29 mars	Inauguration de la pyramide du Louvre.
12 avril	Fixation près du pont de Tolbiac du site de la future bibliothèque de France.
24 mai	Arrestation de Paul Touvier, chef de la Milice de Lyon.
24 mai	François Mitterrand annonce l'annulation partielle de la dette publique des pays africains à l'égard de la France.
18 juin	Élections européennes ; forte abstention et succès de la liste RPR-UDF conduite par Valéry Giscard d'Estaing.
14 juillet	Fêtes du bicentenaire de la Révolution ; énorme succès des fêtes parisiennes.
6 octobre	Début de l'affaire des « foulards islamiques ».

13 octobre	Michel Rocard présente un plan de réhabilitation de l'Ile-de-France.

1990

10 janvier	Début de la grève des internes et chefs de clinique des hôpitaux qui dure jusqu'en mars.
9 février	Accord sur la modernisation de la grille de la fonction publique.
11 février	Au RPR une motion Chirac-Juppé l'emporte sur une motion Séguin-Pasqua qui réunit 31 % des votes.
15 février	Plan de réorganisation de l'école élémentaire.
23 février	Accord Renault-Volvo.
4 mars	Création par Jean-Pierre Soisson de « France unie ».
15-18 mars	Congrès de Rennes du Parti socialiste qui voit les courants se déchirer.
2 avril	La banque de France abaisse son taux directeur.
10 mai	Profanation des tombes juives au cimetière de Carpentras. Vaste mouvement de protestation.
23 mai	Plan de développement des universités.
15 juin	Plan national pour l'environnement du ministre Brice Lalonde.
30 juin	Adoption de la loi renforçant les sanctions contre le racisme.
7 juillet	Le groupe Bernard Tapie prend le contrôle d'Adidas.
27 août	Le Parlement approuve la fermeté de la position française dans la crise du Golfe déclenchée par l'invasion du Koweit par l'Irak.
3 octobre	Le Conseil des ministres approuve la création d'une Contribution sociale généralisée (CSG).
6 octobre	Scènes d'émeute à Vaulx-en-Velin après la mort d'un jeune motard.
15 octobre	Début des manifestations des lycéens parisiens contre l'insécurité.
12 novembre	Manifestation à Paris de 100 000 lycéens suivie de violences opérées par des « casseurs ». Lionel Jospin et le chef de l'État reçoivent des délégations.
24 novembre	Adoption d'un nouveau statut de la Corse.
4 décembre	Création d'un ministère de la Ville confié à Michel Delebarre.
13 décembre	Mme Hélène Carrère d'Encausse est élue à l'Académie française.

1991

3 janvier	Attentats en Corse.
14 janvier	Rejet par le Conseil de sécurité de l'ONU du plan de paix français pour éviter une guerre dans le Golfe.
16 janvier	Début de l'offensive aérienne des Alliés contre l'Irak.
29 janvier	Démission du ministre de la Défense Jean-Pierre Chevènement opposé à la politique française dans le Golfe. Il est remplacé par Pierre Joxe.
24 février	Début de l'offensive terrestre en Irak qui dure jusqu'au 28 février.
26 mars	Violentes émeutes des jeunes « beurs » à Sartrouville.
15 mai	Démission du Premier ministre Michel Rocard à la demande du président de la République. Il est remplacé par Mme Édith Cresson.
25 mai	Nouvelle flambée de violences dans les banlieues.
8 juin	Émeutes en banlieue parisienne.
9 juillet	Mme Cresson annonce une politique plus ferme à l'égard des demandeurs d'asile.
21 septembre	Valéry Giscard d'Estaing relance le débat sur l'immigration en proposant de substituer le « droit du sang » au « droit du sol ».
Octobre	Violentes manifestations d'agriculteurs atteints par l'effondrement des cours.
10 octobre	Grèves et manifestations à Paris des infirmières, des assistantes sociales et des professionnels du spectacle.
21 octobre	Inculpations dans l'affaire de la contamination d'hémophiles par le virus du sida.
17 novembre	Manifestation à Paris de 400 000 professionnels de la santé.
9 décembre	Signature de l'accord de Maastricht.

1992

9 janvier	Laurent Fabius est élu Premier secrétaire du PS en remplacement de Pierre Mauroy.
15 janvier	Relance de l'affaire Urba-Sages sur le financement clandestin du PS.

22 janvier	Henri Emmanuelli remplace Laurent Fabius à la présidence de l'Assemblée nationale.
29 janvier	Crise politique à la suite de l'hospitalisation à Paris de Georges Habache, chef de l'organisation terroriste FPLP.
31 janvier	Louis Viannet élu secrétaire général de la CGT.
29 février	Les élections cantonales confirment le recul du PS qui perd 6 conseils généraux.
19 mars	Journée de protestation des étudiants contre les projets de réforme universitaire de Lionel Jospin.
22 mars	Élections régionales marquées par un net recul du PS qui ne conserve qu'une présidence de Conseil régional.
2 avril	Démission de Mme Cresson. Pierre Bérégovoy Premier ministre.
12 avril	La Cinq cesse d'émettre. Ouverture du parc Euro-Disneyland.
13 avril	Vive émotion après la décision de non-lieu de la Chambre d'accusation de Paris dans l'affaire Paul Touvier.
6 mai	Scission de la Fédération de l'Éducation nationale.
23 mai	Inculpé « d'abus de biens sociaux et de recel », le ministre de la Ville, Bernard Tapie remet sa démission.
26 mai	Le chômage atteint 10 % de la population active.
29 juin	Projet de réforme des lycées.
29 juin	Manifestations des transporteurs routiers contre le permis à points.
12 juillet	Michel Rocard désigné comme « candidat naturel » du PS à l'élection présidentielle de 1995.
14 septembre	M. Emmanuelli, ancien trésorier du PS inculpé de recel et de complicité de trafic d'influence.
28 septembre	Début des émissions d'Arte chaîne culturelle franco-allemande.
23 octobre	Condamnation de deux des responsables de la transfusion sanguine impliqués dans l'affaire du sang contaminé. Offensive de l'opposition pour faire comparaître en Haute-Cour le Premier ministre de l'époque Laurent Fabius et deux de ses ministres.
1er novembre	Entrée en vigueur de la loi Evin contre le tabagisme.

9 novembre	M. Mitterrand annonce un projet de révision constitutionnelle.
27 novembre	La Cour de Cassation renvoie Paul Touvier devant la justice.
19 décembre	Adoption du nouveau code de procédure pénale et du projet de loi contre la corruption.
23 décembre	Adoption d'un texte annulant les procédures de licenciement non accompagnées d'un plan de reclassement.
24 décembre	Retour de Bernard Tapie au gouvernement.

1993

1er février	Le juge Jean-Pierre révèle l'existence d'un prêt sans intérêt d'un million consenti au Premier ministre Pierre Bérégovoy par le financier Roger-Patrice Pelat.
5 février	La Commission d'instruction de la Haute-Cour déclare prescrits les faits invoqués contre Laurent Fabius et ses ministres dans l'affaire du sang contaminé.
13 février	Le ministre du Travail Martine Aubry lance un débat sur le partage du temps de travail.
17 février	Michel Rocard propose un « big-bang » politique.
15 mars	Le nombre de chômeurs dépasse la barre des trois millions.
21-28 mars	Élections législatives : lourde défaite du PS qui tombe à 17,4 % et 57 députés.
29 mars	Démission de Pierre Bérégovoy. Édouard Balladur Premier ministre d'un gouvernement RPR-UDF.
2 avril	Philippe Séguin élu président de l'Assemblée nationale.
3 avril	Le Comité directeur du PS met en minorité Laurent Fabius et crée une direction provisoire présidée par Michel Rocard.
1er mai	Suicide de l'ancien Premier ministre Pierre Bérégovoy.
10 mai	Programme de redressement économique du gouvernement fondé sur la lutte contre les déficits.
25 mai	Correctif au plan de redressement : mesures de relance financées par un emprunt.

26 mai	Le Conseil des ministres adopte un large plan de privatisations.
2 juin	Le Conseil des ministres adopte un projet de loi tendant vers une « immigration zéro ».
24 juin	Réforme du code de la nationalité.
6 juillet	Première inculpation dans l'affaire de corruption lors du match OM-Valenciennes dont les péripéties vont se prolonger des mois durant.
10 juillet	Adoption du projet de loi sur les contrôles d'identité.
16-17 juillet	Institution d'une journée nationale de commémoration en hommage aux juifs victimes de la rafle du Vel'd'Hiv' en 1942.
19 juillet	Révision constitutionnelle modifiant la Haute-Cour de justice et le Conseil supérieur de la magistrature.
4 octobre	Succès de la privatisation de la BNP.
18-26 octobre	Grève à Air France contre le plan de redressement du PDG Bernard Attali qui démissionne.
22-24 octobre	Michel Rocard élu premier secrétaire du PS.
16-23 novembre	Succès de la privatisation de Rhône-Poulenc.
18 novembre	Inauguration de l'aile Richelieu du Grand Louvre.
19 novembre	Révision de la Constitution sur le problème du droit d'asile.
14-15 décembre	Accord sur le commerce international dans le cadre du GATT entre les États-Unis et l'Union européenne.
20 décembre	Adoption précipitée par le Parlement de la révision de la loi Falloux permettant aux collectivités locales de financer le patrimoine immobilier des établissements privés.

1994

Janvier	Manifestation des défenseurs de l'École publique contre la révision de la loi Falloux.
Mars	Manifestation contre le Contrat d'Insertion professionnelle (Smig jeunes).
Mai	Inauguration du tunnel sous la Manche.
Juin	Intervention française au Rwanda.
	Éviction de Michel Rocard de la direction du Parti socialiste.

Août	Capture du terroriste Carlos.
Septembre	Révélations sur le passé de François Mitterrand.
18-20 novembre	Henri Emmanuelli élu Premier secrétaire du Parti socialiste au congrès de Liévin.
11 décembre	Le socialiste Jacques Delors renonce à être candidat à l'élection présidentielle.
14 décembre	Bernard tapie est mis en liquidation judiciaire.
	Le GIGN s'empare d'un Airbus d'Air France détourné par un commando islamiste sur l'aéroport de Marignane.

1995

1er janvier	L'Autriche, la Finlande et la Suède entrent dans l'Union européenne.
18 janvier	Le Premier ministre Édouard Balladur se porte candidat à l'élection présidentielle.
3 février	Les militants socialistes désignent Lionel Jospin comme leur candidat à l'élection présidentielle contre Henri Emmanuelli.
23 février	Roland Dumas est nommé président du Conseil constitutionnel.
27 fév.-20 mars	Grève générale des fonctionnaires en Corse.
26 mars	Entrée en vigueur des accords de Schengen sur la libre circulation des personnes dans l'Union européenne.
23 avril	Au premier tour de l'élection présidentielle, Lionel Jospin et Jacques Chirac arrivent en tête.
7 mai	Jacques Chirac est élu président de la République.
17 mai	Alain Juppé nommé Premier ministre.
3 juin	La France et la Grande-Bretagne décident de constituer une force d'intervention rapide en Bosnie.
11-18 juin	Élections municipales.
13 juin	Jacques Chirac annonce la reprise des essais nucléaires.
16 juillet	Jacques Chirac reconnaît la responsabilité de l'État français dans la déportation des Juifs durant la Seconde Guerre mondiale.
25 juillet	Attentat dans le métro Saint-Michel, suivi d'autres attentats à Paris, organisés par le GIA algérien.
25 août	Désavoué par le Premier ministre, le ministre

	de l'Économie et des Finances Alain Madelin démissionne.
26 octobre	Jacques Chirac annonce une politique économique de rigueur.
7 novembre	Remaniement du gouvernement Juppé.
18 novembre	Alain Juppé annonce un plan de réforme de la sécurité sociale et des régimes de retraite.
24 nov.-21 déc.	Grèves des services publics qui paralysent l'économie française.

1996

8 janvier	Mort de François Mitterrand.
22 février	Jacques Chirac annonce la fin du service militaire obligatoire.
18 mai	La France intervient militairement en République centrafricaine.
11 juin	Loi de Robien sur le temps de travail.
27 juin	Perquisition du juge Halphen chez Jean Tiberi, maire de Paris.
28 juin	Des sans-papiers occupent l'église Saint-Bernard à Paris.
4 juillet	Loïk Le Floch-Prigent, ancien PDG de la SNCF mis en examen.
23 août	Évacuation par la police de l'église Saint-Bernard.
15-29 novembre	Les routiers bloquent les routes.

1997

3 février	Le Front national conquiert la mairie de Vitrolles (Bouches-du-Rhône).
27 février	Renault annonce la fermeture de son usine de Vilvorde en Belgique.
Mars-avril	Grève des internes et chefs de clinique des hôpitaux.
21 avril	Jacques Chirac décide la dissolution de l'Assemblée nationale.
1er juin	Victoire de la « gauche plurielle » aux élections législatives.
3 juin	Le socialiste Lionel Jospin est nommé Premier ministre. Début de la troisième « cohabitation ».
16-17 juin	Adoption du traité d'Amsterdam modifiant le traité de Maastricht.

24 juin	Alain Madelin est élu président de Démocratie libérale, nouveau nom adopté par le parti républicain.
4 juillet	Condamnation de Bernard Tapie pour les comptes de l'Olympique de Marseille.
6 juillet	Philippe Séguin est élu président du RPR en remplacement d'Alain Juppé.
31 juillet	Rapport du sociologue Patrick Weil sur l'immigration et la nationalité.
19-24 août	Journées mondiales de la jeunesse catholique à Paris.
30 août	Plan « emplois-jeunes ».
8 octobre	Ouverture à Bordeaux du procès de Maurice Papon, accusé de crimes contre l'humanité.
10 octobre	Lionel Jospin annonce une prochaine loi fixant à 35 heures la durée hebdomadaire du travail.
Novembre	Nouveau blocage des routes par les chauffeurs routiers.
21-23 novembre	Le congrès du Parti socialiste de Brest élit François Hollande Premier secrétaire.
1er décembre	Le garde des sceaux Elisabeth Guigou fait voter à l'Assemblée nationale un nouveau code de la nationalité.
15 décembre	Manifestations de chômeurs.
16 décembre	Pour lutter contre les 35 heures, le CNPF porte à sa tête un président de combat, Ernest-Antoine Seillière.

1998

5 février	Assassinat du Préfet de la région Corse, Claude Érignac.
15 mars	Élections régionales.
15-22 mars	Élections cantonales.
6 avril	Dissensions au sein du RPR à la mairie de Paris: Jacques Toubon tente d'évincer le maire Jean Tiberi.
29 avril	Roland Dumas, président du Conseil constitutionnel est mis en examen dans l'affaire Elf.
1er-3 mai	La France remplit les critères d'entrée dans l'euro, ainsi que dix autres pays.
16 mai	Scission de l'UDF, abandonnée par Démocratie libérale.
19 mai	La loi sur les 35 heures est adoptée.

12 juillet	La France remporte la Coupe du monde de football.
16 septembre	François Bayrou est élu président de l'UDF.
27 octobre	Le CNPF prend le nom de MEDEF (Mouvement des entreprises de France).
4 décembre	Invalidation de l'élection de Charles Million comme président de la région Rhône-Alpes, acquise grâce aux voix du Front national.
16 décembre	Vote de la loi sur la parité hommes-femmes aux élections.

1999

24 janvier	Scission du Front national. Bruno Mégret fonde le Mouvement national républicain.
31 janvier	Manifestation contre le PACS.
31 janvier	Bernard Thibault est élu secrétaire général de la CGT.
9 fév.-24 mars	Procès du « sang contaminé » devant la Cour de justice de la République.
20 mars	Les enseignants manifestent contre la politique et la personne du ministre de l'Éducation nationale Claude Allègre.
25 mars	Frappes aériennes de l'OTAN en Serbie.
16 avril	Philippe Séguin démissionne de la présidence du RPR et renonce à conduire la liste RPR-Démocratie libérale aux élections européennes. Il est remplacé dans les deux cas par Nicolas Sarkozy.
3 mai	Le préfet de la région Corse, Bernard Bonnet, est mis en examen après l'incendie d'une paillote par les gendarmes.
9 juin	Accord pour le retrait des forces serbes du Kosovo.
13 juin	Élections européennes. Poussée des listes souverainistes.
14 juin	Charles Pasqua quitte le RPR et fonde le Rassemblement pour la France (RPF).
28 juin	Jean Tiberi, maire de Paris est mis en examen.
3 juillet	Bernard Kouchner est nommé à la tête de la mission des Nations unies au Kosovo.
13 octobre	L'Assemblée nationale adopte définitivement le PACS.

2 novembre	Dominique Strauss-Kahn, ministre de l'Économie et des Finances mis en examen, donne sa démission.
4 décembre	Michèle Alliot-Marie est élue présidente du RPR contre le candidat de Jacques Chirac.
12 décembre	Naufrage de l'Erika, provoquant une pollution-record des côtes bretonnes.
26-27 décembre	La France est frappée par des tempêtes d'une ampleur exceptionnelle.

2000

4 février	L'Union européenne prend des sanctions contre l'Autriche en raison de la présence de l'extrême-droite populiste au gouvernement.
29 février	Roland Dumas donne sa démission de président du Conseil constitutionnel.
27 mars	Remaniement du gouvernement Jospin. Laurent Fabius et Jack Lang redeviennent ministres.
23 mai	Philippe Séguin se porte candidat au nom du RPR à la mairie de Paris.
29 août	En désaccord avec le Premier ministre sur le statut de la Corse, Le ministre de l'Intérieur Jean-Pierre Chevènement donne sa démission.
24 septembre	Les Français adoptent par référendum (avec 73 % d'abstentions) la loi du quinquennat pour la durée du mandat présidentiel.
18 octobre	Martine Aubry quitte le gouvernement.
6-11 décembre	Sommet de Nice prévoyant une réorganisation de l'Union européenne dans la perspective de son ouverture à dix nouveaux membres.

2001

11 janvier	Création de la prime pour l'emploi.
17 janvier	Dominique Baudis est nommé président du CSA.
18 janvier	L'Assemblée nationale reconnaît le génocide arménien.
6 février	Bernard Kouchner est nommé ministre délégué à la Santé.
11-18 mars	Élections municipales. La droite progresse, mais perd Paris et Lyon.
3-25 avril	Jacques Chirac mis en cause dans l'affaire des HLM de Paris.

9-27 avril	Inondations dans la Somme.
24 avril	Adoption de l'inversion du calendrier électoral pour les élections de 2002.
3 mai	Révélations sur la pratique de la torture pendant la guerre d'Algérie.
13-22 mai	Discussion sur le projet de statut de la Corse. Les mouvements nationalistes se regroupent.
5 juin	Révélations sur le passé trotskyste de Lionel Jospin.
11 septembre	Attentat à New-York contre les tours du World Trade Center, revendiqué par l'organisation Al-Qaida, dirigée par le saoudien Ben Laden.
21 septembre	Explosion à l'usine AZF de fertilisants de Toulouse.
1er-24 septembre	Les Verts contestent la désignation d'Alain Lipietz comme candidat à la présidentielle.
1er octobre	Le MEDEF quitte les organismes de gestion de la Sécurité sociale.
3 octobre	Dominique Strauss-Kahn est mis hors de cause dans les affaires pour lesquelles il a été mis en examen.
6 octobre	Incidents lors du match de football France-Algérie.
14-29 octobre	Les Verts désignent Noël Mamère comme leur candidat à la présidentielle.
7 novembre	TotalFina-Elf mise en examen pour le naufrage de l'Erika.

2002

11 janvier	Condamnation à trois ans de prison de l'ancien préfet de Corse, Bernard Bonnet.
17 janvier	Le Conseil constitutionnel censure le projet de loi sur le statut de la Corse.
23-24 janvier	Grève des soins des médecins généralistes.
25 janvier	Condamnation du général Aussaresses pour complicité d'apologie de crimes de guerre.
11 février	Jacques Chirac annonce sa candidature à l'élection présidentielle.
20 février	Lionel Jospin se porte candidat à l'élection présidentielle.
12 mars	Dénonciation d'actes antisémites en France.
21 avril	Au premier tour de l'élection présidentielle, Jacques Chirac et Jean-Marie Le Pen arrivent en

	tête, éliminant le candidat socialiste Lionel Jospin qui annonce son retrait de la vie politique.
5 mai	Jacques Chirac est réélu président de la République avec plus de 82 % des suffrages.
6 mai	Jean-Pierre Raffarin est nommé Premier ministre.
26-27 juin	Visite en France du président américain George W. Bush.
5-16 juin	L'UMP, parti créé par Jacques Chirac pour rassembler la droite derrière lui remporte la majorité absolue aux élections législatives.
17 juin	Remaniement du gouvernement Raffarin.
2 juillet	Jean-Marie Messier, PDG du groupe Vivendi Universal, au bord de l'effondrement financier, donne sa démission.
2-3 juillet	Jacques Chirac annonce un « sursaut politique » dans un message au Parlement.
14 juillet	Jacques Chirac annonce trois chantiers prioritaires pour son quinquennat : la lutte contre l'insécurité routière, la lutte contre le cancer et l'amélioration de l'intégration des handicapés.
19-20 juillet	La France se rallie aux positions de Moscou sur la Tchétchénie.
1er août	Augmentation du traitement des ministres.
3 août	Adoption de la loi d'orientation et de programmation sur la justice.
8 septembre	Inondations meurtrières dans le Sud-Est.
3 octobre	Manifestation pour la défense du service public.
17 novembre	Congrès fondateur de l'UMP qui porte Alain Juppé à sa présidence.
19 décembre	Le Parlement adopte des lois vidant de leur substance les mesures prises par la gauche sur les 35 heures et les dispositions contre les licenciements collectifs.
20 décembre	Accord des organisations musulmanes pour la création d'un Conseil français du culte musulman.

2003

1er janvier	Pollution des côtes françaises par la marée noire du Prestige qui a sombré en novembre 2002 au large de la Galice.
6 janvier	Lancement de la réforme des retraites.

29 janvier	Roland Dumas est relaxé dans l'affaire Elf.
1er février	Manifestation contre la réforme des retraites.
Février	La France, l'Allemagne et la Russie tentent d'éviter une intervention américano-britannique en Irak en privilégiant l'action de l'ONU.
15 février	Réforme des modes de scrutin régional et européen.
Mars	Déclenchement de l'intervention armée américano-britannique en Irak.
8 mars	Manifestation du collectif « Ni putes, ni soumises » contre le sexisme dans les cités de banlieue.
Avril	Chute du régime de Saddam Hussein en Irak.
6-13 avril	Élection du Conseil du culte musulman.
16-18 mai	Congrès de Dijon du Parti socialiste qui réélit François Hollande comme Premier secrétaire.
28 mai	Malgré les manifestations hostiles, le Conseil des ministres approuve le projet de loi sur la réforme des retraites. L'opposition contre celle-ci se poursuit en juin.
27 juin	Mouvement de protestation des intermittents du spectacle qui provoque l'annulation de nombreux festivals durant l'été.
6 juillet	Les électeurs corses rejettent le projet de statut de l'île présenté par le gouvernement.
24 juillet	Adoption du projet de loi sur la réforme des retraites.
10-29 août	La canicule provoque une surmortalité de 15 000 personnes âgées.
Août	Le déficit public de la France estimé à 4 % du PIB pour 2003 provoque un conflit avec Bruxelles.
24 septembre	La mort par euthanasie d'un jeune homme tétraplégique, aveugle et muet, Vincent Humbert, relance le débat public sur le sujet.
11 décembre	Publication du rapport de la Commission Stasi préconisant l'adoption d'une loi qui interdirait les tenues ou les signes manifestant une appartenance religieuse ou politique dans les établissements d'enseignement primaire et secondaire.
17 décembre	Jacques Chirac annonce une loi interdisant les signes religieux ostensibles à l'école.

2004

7 janvier	Des chercheurs lancent sur Internet une pétition « Sauvons la recherche ».
14 janvier	Nomination d'un préfet issu de l'immigration Aïssa Dermouche.
30 janvier	L'ancien Premier ministre Alain Juppé, président de l'UMP, condamné en correctionnelle à dix-huit mois de prison avec sursis et dix ans d'inéligibilité pour le financement illégal du RPR.
10-15 février	Adoption et promulgation de la loi interdisant les signes religieux à l'école.
Mars	Démission de nombreux directeurs d'unités de recherche pour protester contre l'absence de réponse du gouvernement aux revendications des chercheurs.
21-28 mars	Écrasante victoire de l'opposition de gauche aux élections régionales et cantonales.
30 mars	Jacques Chirac reconduit Jean-Pierre Raffarin dans ses fonctions de Premier ministre.
31 mars	Remaniement du gouvernement Raffarin. Nicolas Sarkozy devient ministre d'État, ministre de l'Économie et des Finances.
8 avril	Grève des salariés d'EDF et de GDF contre la transformation de leur entreprise en société anonyme.
21 avril	Expulsion vers l'Algérie d'un imam musulman fondamentaliste.
17 mai	Annonce d'un plan de réforme de l'assurance-maladie.
Juin	Multiplication d'actes racistes.
5 juin	Célébration à Bègles d'un mariage homosexuel déclaré illégal et qui entraîne la suspension pour un mois du maire de Bègles, Noël Mamère.
13 juin	Victoire de la gauche aux élections européennes.
14 juin	Jacques Chirac confirme Jean-Pierre Raffarin au poste de Premier ministre.
24 juin	Le président de la République juge incompatibles l'exercice de fonctions ministérielles et la présidence de l'UMP à laquelle Nicolas Sarkozy s'est déclaré candidat après la démission d'Alain Juppé.
2 juillet	Condamnation de dix accusés dans l'affaire du procès pour pédophilie d'Outreau.

27 juillet	Adoption du projet de loi sur le transfert de compétences aux collectivités locales.
1er septembre	Privatisation de France Télécom.
9 septembre	Le socialiste Laurent Fabius s'oppose au traité portant sur la Constitution européenne.
Octobre	La plupart des partis politiques s'opposent à l'adhésion de la Turquie à l'Union européenne, souhaitée par Jacques Chirac.
28 novembre	Nicolas Sarkozy élu président de l'UMP par 85 % des suffrages.
29 novembre	La démission du gouvernement de Nicolas Sarkozy entraîne un remaniement du gouvernement Raffarin.
1er décembre	Le référendum interne au Parti socialiste sur la Constitution européenne se solde par 58 % de « oui ».
9 décembre	Le Premier ministre annonce un « assouplissement » de la loi des 35 heures.

2005

29 mai	Le traité de Constitution européenne est rejeté par 55 % des votants.
30 mai-2 juin	Démission de Jean-Pierre Raffarin et nomination comme Premier ministre de Dominique de Villepin. Nicolas Sarkozy, président de l'UMP, retourne au ministère de l'Intérieur.
Juin	Conseil national du Parti socialiste qui exlut de la direction Laurent Fabius et les partisans du « non » au référendum.
Août	Série d'incendies dans des immeubles délabrés occupés par des immigrés.
17 septembre	Léger accident vasculaire de Jacques Chirac qui doit interrompre ses activités durant quelques jours.
Novembre	Révolte des banlieues.
17-18 novembre	Congrès du Mans du Parti socialiste qui rétablit une unité de façade.

BIBLIOGRAPHIE

Outils de travail

G. VINCENT, *Les Français, 1945-1975. Chronologie et structures d'une société,* Paris, Masson, 1977.

M. BELLOC et al., *Chronologies, 1946-1973,* Paris, Hachette, 1974.

Annuaire statistique de la France, un volume par an, Paris, Imprimerie nationale.

INSEE, *Le Mouvement économique en France, 1949-1979, séries longues macro-économiques,* Paris, Imprimerie nationale, 1983.

L'Année politique, un volume par an, PUF, puis Editions du Moniteur.

R. LASSERRE (dir.), *La France contemporaine guide bibliographique et thématique,* Tübingen, Niemeyer, 1978.

Ch. DE GAULLE, *Discours et Messages,* Paris, Plon : T. III *Avec le renouveau, mai 1958-juillet 1962,* 1970 – T. IV *Pour l'effort 1962-1965,* 1970 – T. V *Vers le terme, 1966-1969,* 1970.

Ch. DE GAULLE, *Lettres, Notes et Carnets,* Paris, Plon : *Juin 1958-décembre 1960,* 1985 – *1961-1963,* 1986 – *Janvier 1964-juin 1966,* 1987 – *Juillet 1966-avril 1969,* 1987.

Ouvrages généraux sur la France
(de 1958 au milieu des années 1970)

Y. Lequin (dir.), *Histoire des Français XIXᵉ-XXᵉ siècle*. 1. *Un peuple et son pays* – 2. *La société* – 3. *Les Français et la démocratie,* Paris, A. Colin, 1983-1984.

F. Bédarida, J.-M. Mayeur, J.-L. Monneron, A. Prost, *Cent ans d'esprit républicain,* T. V de l'*Histoire du peuple français,* Paris, Nouvelle Librairie de France, 1965.

R. Rémond (avec la collaboration de J.-F. Sirinelli), *Notre siècle, 1918-1991,* T. VI de l'*Histoire de France* sous la direction de J. Favier, Paris, Fayard, 1988.

B. Droz & A. Rowley, *Histoire générale du XXᵉ siècle* – 2. *Depuis 1950* – 3. *Expansion et indépendances, 1950-1973,* Paris, Seuil, « Points Histoire », 1987.

S. Berstein, *La France de l'expansion.* 1. *La République gaullienne, 1958-1969,* Paris, Seuil, T. 17 de la *Nouvelle histoire de la France contemporaine,* 1989.

Ouvrages généraux sur la Vᵉ République

J. Chapsal, *La Vie politique sous la Vᵉ République,* 1. *1958-1974,* Paris, PUF, 1987.

H. Portelli, *La Politique en France sous la Vᵉ République,* Paris, Grasset, 1987.

P. Viansson-Ponté, *Histoire de la République gaullienne.* 1. *La fin d'une époque, mai 1958-juillet 1962* – 2. *Le Temps des orphelins, août 1962-1969,* Paris, Fayard, 1970-1971.

J.-L. Monneron, A. Rowley, *Les 25 ans qui ont transformé la France,* T. VI de l'*Histoire du peuple français,* Nouvelle Librairie de France, 1986.

Les Années de Gaulle, 1958-1974, numéro spécial de *L'Histoire,* n° 102, juillet-août 1987.

Ouvrages généraux

J.-J. Becker (avec la collaboration de Pascal Ory), *Crises et alternances 1974-2000*, Paris, Seuil, 2002 (tome 19 de la *Nouvelle Histoire de la France contemporaine*).

S. Berstein et P. Milza (dir.), *Histoire du XXᵉ siècle*, tome 3, *Vers la mondialisation et le début du XXIᵉ siècle*, Paris, Hatier, 2005.

S. Berstein et M. Winock (dir.), *La République recommencée, de 1914 à nos jours*, Paris, Seuil, 2004 (tome 4 de l'*Histoire de la France politique*).

B. Droz et A. Rowley, *Histoire générale du XXᵉ siècle*, tome IV, *Crises et mutations de 1973 à nos jours*, Paris, Seuil, 1992.

H. Portelli, *La Vᵉ République*, Paris, Grasset, Le Livre de poche, 1994.

R. Rémond (avec la collaboration de J.-F. Sirinelli), *Le Siècle dernier 1918-2002*, Paris, Fayard, 2003.

De Gaulle, le régime, la classe politique

J. Lacouture, *De Gaulle, 2. Le Politique, 3. Le Souverain*, Paris, Seuil, 1985-1986.

L. Noel, *Comprendre de Gaulle*, Paris, Plon, 1972.

J.-R. Tournoux, *La Tragédie du Général*, Paris, Plon, 1967.

A. de Boissieu, *Pour servir le Général, 1946-1970*, Paris, Plon, 1982.

C. Fouchet, *Mémoires d'hier et de demain. 1. Au service du général de Gaulle. – 2. Les Lauriers sont coupés*, Paris, Plon, 1971-1973.

E. Burin des Roziers, *Retour aux sources : 1962, l'année décisive*, Paris, Plon, 1986.

De Gaulle et Malraux, Colloque organisé par l'Institut Charles de Gaulle, 13-15 novembre 1986, Paris, Plon, coll. « Espoir », 1987.

S. Cohen, *Les Conseillers du président : de Charles de Gaulle à Valéry Giscard d'Estaing*, Paris, PUF, 1980.

IFOP, *Les Français et de Gaulle*, présentation et commentaires de Jean Charlot, Paris, Plon, 1971.

O. Duhamel & J.-L. Parodi (dir.), *La Constitution de la Ve République*, Paris, Presses de la FNSP, 1965.

J.-L. Quermonne, *Le Gouvernement de la France sous la Ve République*, Paris, Dalloz, 1980.

S. Sur, *Le Système politique de la Ve République*, Paris, PUF, « Que Sais-je ? », 1983.

D. Maus, *Documents pour servir à l'histoire de l'élaboration de la Constitution*, Paris, La Documentation française, 1987.

P. Avril, *Le Régime politique de la Ve République*, Paris, LGDJ, 1967.

Organisations et forces politiques

R. Rémond, *Les Droites en France*, Paris, Aubier, 1982.

A. Chebel d'Appollonia, *L'Extrême-Droite en France de Maurras à Le Pen*, Bruxelles, Complexe, « Questions au XXe siècle », 1988.

P. Milza, *Fascisme français. Passé et présent*, Paris, Flammarion, 1987 (réédité et complété dans la collection « Champs », 1991).

J.-C. Collard, *Les Républicains-indépendants. Valéry Giscard d'Estaing*, Paris, PUF, 1971.

J. Charlot, *Le Phénomène gaulliste*, Paris, Fayard, 1970.

J. Charlot, *L'UNR, étude du pouvoir au sein d'un parti politique*, Paris, Presses de la FNSP, 1967.

J. Touchard, *Le Gaullisme, 1940-1969*, Paris, Seuil, 1978.

J.-Th. Nordmann, *Histoire des radicaux (1820-1973)*, Paris, La Table Ronde, 1974.

J.-M. Mayeur, *Des partis catholiques à la démocratie chrétienne (XIXe-XXe siècle)*, Paris, A. Colin, coll. « U », 1980.

E.F. Callot, *Un Parti politique de la démocratie chrétienne en France, le MRP*, Paris, Rivière, 1978.

O. Duhamel, *La Gauche et la Ve République*, Paris, PUF, 1980.

H. Portelli, *Le Socialisme français tel qu'il est*, Paris, PUF, 1980.

H. Hamon & P. Rotman, *La Deuxième Gauche, histoire intellectuelle et politique de la CFDT*, Paris, Ramsay, 1982.

M. Rocard *et al.*, *Le PSU et l'avenir socialiste de la France*, Paris, Seuil, 1969.

J.-B. Brunet, *Histoire du PCF,* Paris, PUF, « Que sais-je ? », 1982.

Ph. Robrieux, *Histoire intérieure du parti communiste.* Vol. 2. *1945-1972. De la Libération à l'avènement de Georges Marchais,* Paris, Fayard, 1981.

J.-J. Becker, *Le Parti communiste veut-il prendre le pouvoir?,* Paris, Seuil, 1981.

F.-O. Giesbert, *François Mitterrand ou la Tentation de l'histoire,* Paris, Seuil, 1977.

F. Mitterrand, *Le Coup d'Etat permanent,* Paris, Plon, 1964.

F. Mitterrand, *Ma part de vérité,* Paris, Fayard, 1969.

F. Bédarida & J.-P. Rioux (dir.), *Pierre Mendès France et le mendésisme,* Paris, Fayard, 1985.

P. Mendès France, *Pour une République moderne, 1955-1962,* T. 4 des *Œuvres complètes,* Paris, Gallimard, 1987.

Politique étrangère et défense

S. Cohen, *La Défaite des généraux. Le pouvoir politique et l'armée sous la Ve République,* Paris, Fayard, 1996.

S. Cohen, *La Monarchie nucléaire,* Paris, Hachette, 1986.

R. Dumas, *Le Fil et la pelote. Mémoires,* Paris, Plon, 1997.

P. Milza, *Les Relations internationales de 1973 à nos jours,* Paris, Hachette, 2006.

T. de Montbrial (dir.), *L'Identité de la France et l'Europe,* Bruxelles, Bruylant, 2005.

G.-H. Soutou, *L'Alliance incertaine. Les rapports politico-stratégiques franco-allemands 1954-1996,* Paris, Fayard, 1996.

H. Védrine, *Les Mondes de François Mitterrand. A l'Elysée 1981-1995,* Paris, Fayard, 1997.

Elections

F. Bon, *Les Elections en France, histoire et sociologie,* Paris, Seuil, 1978.

A. Lancelot, *Les Elections sous la Vᵉ République,* Paris, PUF, 1983.

F. Goguel, *Chroniques électorales, 2. La Cinquième République du général de Gaulle, 3. La Cinquième République après de Gaulle,* Paris, Presses de la FNSP, 1983.

Guerre d'Algérie – Décolonisation

B. Droz & E. Lever, *Histoire de la Guerre d'Algérie,* Paris, Seuil, « Points Histoire », 1982.

Ch.-R. Ageron, *Histoire de l'Algérie contemporaine, 1830-1970,* Paris, PUF, 1970.

L. Terrenoire, *De Gaulle et l'Algérie, témoignages pour l'histoire,* Paris, Fayard, 1964.

J. Soustelle, *L'Espérance trahie (1958-1961),* Paris, Ed. de l'Alma, 1962.

B. Tricot, *Les Sentiers de la paix en Algérie (1958-1962),* Paris, Plon, 1972.

R. Buron, *Carnets politiques de la guerre d'Algérie,* Paris, Plon, 1965.

R. Girardet, *La Crise militaire française, 1945-1962,* Paris, A. Colin, 1964.

P.-M. De la Gorce, *La France et son armée,* Paris, Fayard, 1963.

M. Vaisse, *Alger, le putsch des généraux,* Bruxelles, Complexe, 1983.

H. Hamon & P. Rotman, *Les Porteurs de valises. La résistance française à la guerre d'Algérie,* Paris, Albin Michel, 1979.

H. Alleg, *La Question,* Paris, Ed. de Minuit, 1958.

P. Vidal-Naquet, *La Torture dans la République,* Paris, Ed. de Minuit, 1972.

P. Vidal-Naquet, *L'Affaire Audin,* Paris, Ed. de Minuit, 1958.

OAS parle, Paris, Julliard, coll. « Archives », 1964.

F. Bédarida & J.-P. Rioux (dir.), *Les Français et la guerre d'Algérie,* Paris, Fayard, 1991.

J.-P. Rioux et J.F. Sirinelli (dir.), *La guerre d'Algérie et les intellectuels français,* Bruxelles, Complexe, « Questions au XXe siècle », 1991.

Economie et société

F. Braudel & E. Labrousse (dir.), *Histoire économique et sociale de la France,* T. IV, *L'Ere industrielle et la société d'aujourd'hui (siècle 1880-1980),* 3e vol. *Années 1950 à nos jours,* Paris, PUF, 1982.

M. Parodi, *L'Economie et la société française depuis 1945,* Paris, A. Colin, 1981.

H. Bonin, *Histoire économique de la France depuis 1880,* Paris, Masson, 1988.

J.-Ch. Asselain, *Histoire économique de la France du XVIIIe siècle à nos jours,* T. II, *De 1919 à la fin des années 1970,* Paris, Seuil, 1984.

J. Guyard, *Le Miracle français,* Paris, Seuil, 1970.

J. Fourastié, *La civilisation de 1960,* Paris, PUF, « Que sais-je ? », 1949.

J. Fourastié, *Les Trente Glorieuses ou la Révolution invisible de 1946 à 1975,* Paris, Fayard, 1979.

E. Malinvaud, J.-J. Carré, P. Dubois, *La Croissance française,* Paris, Seuil, 1972.

Ph. Brachet, *L'Etat-patron. Théories et réalités. Le rôle des entreprises publiques en France depuis la Libération,* Paris, Skyros, 1974.

H. Rousso (dir.), *De Monnet à Massé,* Paris, IHTP-CNRS, 1986.

J. Chombart de Lauwe, *L'Aventure agricole de la France de 1945 à nos jours,* Paris, PUF, 1979.

A. Cotta, *Inflation et croissance en France depuis 1962,* Paris, PUF, 1974.

A. Prate, *Les Batailles économiques du général de Gaulle*, Paris, Plon, 1978.

P. Sorlin, *La Société française*, T. II, Paris, Arthaud, 1969.

J. Beaujeu-Garnier, *La Population française*, Paris, A. Colin, « U2 », 1982.

M. Gervais, M. Jollivet, Y. Tavernier, *La Fin de la France paysanne*, T. IV de l'*Histoire de la France rurale* (sous la direction de G. Duby), Paris, Seuil, 1985.

M. Roncayolo (dir.), *La Ville d'aujourd'hui*, T. V de l'*Histoire de la France urbaine* (sous la direction de G. Duby), Paris, Seuil, 1985.

J. Dupaquier (dir.), *Histoire de la population française*, T. IV, *De 1914 à nos jours*, Paris, PUF, 1988.

Y. Lequin (dir.), *La Mosaïque France. Histoire des étrangers et de l'immigration en France*, Paris, Larousse, 1988.

P. Milza & M. Amar, *L'immigration en France au XXᵉ siècle*, Paris, A. Colin, 1990.

G. Noiriel, *Le Creuset français. Histoire de l'immigration, XIXᵉ-XXᵉ siècles*, Paris, Seuil, 1988.

O. Milza, *Les Français devant l'immigration*, Bruxelles, Complexe, « Questions au XXᵉ siècle », 1988.

D. Borne, *La Société française depuis 1945*, Paris, A. Colin, 1988.

J. Baudrillard, *La Société de consommation : ses mythes, ses structures*, Paris, Gallimard, 1974 (1ᵉ éd. 1970).

P. Birnbaum, *Les Sommets de l'Etat. Essai sur l'élite du pouvoir en France*, Paris, Seuil, 1977.

P. Birnbaum, *La Classe dirigeante française*, Paris, PUF, 1978.

A. Moulin, *Les Paysans dans la société française. De la Révolution à nos jours*, Paris, Seuil, 1988.

G. Noiriel, *Les Ouvriers dans la société française*, Paris, Seuil, 1988.

H. Weber, *Le Parti des patrons, le CNPF (1946-1986)*, Paris, Seuil, 1986.

J. Capdevielle & R. Mouriaux, *Les Syndicats ouvriers en France*, Paris, A. Colin, 1970.

A. Barjonet, *La CGT*, Paris, Seuil, 1968.

A. Bergounioux, *Force ouvrière*, Paris, PUF, « Que sais-je ? », 1982.

Y. Tavernier, *Le Syndicalisme paysan, FNSEA et CNJA*, Paris, A. Colin, 1969.

L. Boltanski, *Les Cadres*, Paris, Ed. de Minuit, 1982.

A. Prost, *Histoire de l'enseignement en France (1800-1967)*, Paris, A. Colin, coll. « U », 1968.

L. Roussel, *Le Mariage dans la société française*, Paris, INED, 1975.

C. Thelot, *Tel père, tel fils ? Position sociale et origine familiale*, Paris, Dunod, 1982.

M. Winock, *Chronique des années soixante*, Paris, Seuil, 1987.

J.-F. Eck, *La France dans la nouvelle économie mondiale*, Paris, PUF, 1994.

Y. Gauthier, *La Crise mondiale de 1973 à nos jours*, Bruxelles, Éditions Complexe, 1989.

A. Gélédan (dir.), *Le Bilan économique des années Mitterrand 1981-1993*, Paris, Le Monde Éditions, 1993.

J.-M. Jeanneney (dir.), *L'Economie française depuis 1967. La traversée des turbulences mondiales*, Paris, Seuil, 1989.

Politique intérieure

J.-J. Becker et G. Candar, *Histoire des gauches en France*, Paris, La Découverte, 2005, 2 volumes.

A. Bergounioux et G. Grunberg, *L'Ambition et le remords. Le Parti socialiste français 1905-2005*, Paris, Fayard, 2005.

S. Berstein, *Histoire du gaullisme*, Paris, Perrin, 2002.

S. Berstein (dir.), *Les Cultures politiques en France*, Paris, Seuil, 2002.

S. Berstein, P. Milza et J.-L. Bianco (dir.), *François Mitterrand. Les Années du changement 1981-1984*, Paris, Perrin, 2001.

S. Berstein, R. Rémond et J.-F. Sirinelli (dir.) (avec la participation de Valéry Giscard d'Estaing), *Les Années Giscard. Institutions et pratique politique 1974-1978*, Paris, Fayard, 2004.

S. Berstein et J.-F. Sirinelli (dir.) (avec la participation de Valéry

Giscard d'Estaing), *Les Années Giscard. Les réformes de société*, Paris, A. Colin, 2006.

S. COURTOIS et M. LAZAR, *Histoire du PCF*, Paris, PUF, 2000.

N. MAYER et P. PERRINEAU, *Le Front national à découvert*, Paris, Presses de Sciences-Po, 1989.

R. RÉMOND, *Les Droites aujourd'hui*, Paris, Audibert, 2005.

J.-F. SIRINELLI (dir.), *Histoire des droites*, Paris, Gallimard, 1992, 3 volumes.

M. WINOCK (dir.), *Histoire de l'extrême-droite en France*, Paris, Seuil, 1993.

Questions internationales – Défense

A. GROSSER, *Affaires extérieures. La politique de la France 1944-1984*, Paris, Flammarion, 1984.

A. GROSSER, *La Politique extérieure de la Vᵉ République*, Paris, Seuil, 1965.

J.-B. DUROSELLE, *Histoire diplomatique de 1919 à nos jours*, Paris, Dalloz, 1971.

Ph.-G. CERNY, *Une politique de grandeur*, Paris, Flammarion, 1986.

G. DE CARMOY, *Les Politiques extérieures de la France, 1944-1966*, Paris, la Table Ronde, 1967.

L. HAMON (dir.), *L'Elaboration de la politique étrangère*, Paris, PUF, 1969.

P. GERBET, *La Construction de l'Europe*, Paris, Imprimerie nationale, 1983.

E. JOUVE, *Le général de Gaulle et la Construction de l'Europe, 1940-1966*, LGDJ, 1967.

G. GOZARD, *De Gaulle face à l'Europe*, Paris, Plon, 1976.

J. BINOCHE, *De Gaulle et les Allemands*, Bruxelles, Complexe, « Questions au XXᵉ siècle », 1990.

J.-B. DUROSELLE, *La France et les Etats-Unis des origines à nos jours*, Paris, Seuil, 1976.

M. Ferro, *De Gaulle et l'Amérique, une amitié tumultueuse*, Paris, Plon, 1973.

R. Poidevin & J. Bariety, *Les Relations franco-allemandes, 1815-1975*, Paris, A. Colin, 1977.

M. Tacel, *La France et le monde au XXe siècle*, Paris, Masson, 1989.

S. Cohen, *De Gaulle, les gaullistes et Israël*, Paris, A. Moreau, 1974.

M. Couve de Murveille, *Une politique étrangère, 1958-1969*, Paris, Plon, 1971.

J. Doise & M. Vaisse, *Diplomatie et outil militaire, 1871-1969*, Paris, Imprimerie nationale, 1987 (éd. de poche, Seuil, 1991).

R. Lothar, *La Politique militaire de la Ve République*, Paris, Presses de la FNSP, 1976.

1968

A. Dansette, *Mai 68*, Paris, Plon, 1971.

E. Morin, C. Lefort, C. Castoriadis, *Mai 68 : la brèche, suivi de vingt ans après*, Bruxelles, Complexe, 1988.

Mai 68, Numéro spécial de la revue *Pouvoirs*, n° 39, 1986.

H. Hamon & Ph. Rotman, *Génération*, T. I, *Les Années de rêve* – T. II, *Les Années de poudre*, Paris, Seuil, 1987-1988.

R. Aron, *La Révolution introuvable, réflexions sur la révolution de mai*, Paris, Julliard, 1968.

M. Crozier, *La Société bloquée*, Paris, Seuil, 1970.

A. Touraine, *Le Mouvement de mai ou le communisme utopique*, Paris, Seuil, 1968.

Ph. Alexandre, J. Tubiana, *L'Elysée en péril, 2-30 mai 1968*, Paris, Fayard, 1969.

M. Winock, *La Fièvre hexagonale. Les grandes crises politiques, 1871-1968*, Paris, Calmann-Lévy, 1986 (rééd. Seuil, « Points Histoire », 1987).

Les Années Pompidou

Ph. ALEXANDRE, *Le Duel De Gaulle-Pompidou*, Paris, Tallandier, 1970.

G. POMPIDOU, *Pour rétablir une vérité*, Paris, Flammarion, 1982.

E. ROUSSEL, *Pompidou*, Paris, J.-C. Lattès, 1984.

M. JOBERT, *Mémoires d'avenir*, Paris, Grasset, 1976.

Culture et pratiques culturelles de masse

P. ALBERT & A.-J. TUDESQ, *Histoire de la radio-télévision*, Paris, PUF, « Que sais-je ? », 1981.

C. BELLANGER, J. GODECHOT, P. GUIRAL, F. TERROU, *Histoire générale de la presse française*, T. IV et V, Paris, PUF, 1974-1976.

M. CRUBELLIER, *Histoire culturelle de la France, XIXᵉ-XXᵉ siècles*, Paris, A. Colin, 1974.

P. MIQUEL, *Histoire de la radio et de la télévision*, Paris, Perrin, 1984.

P. ORY, *L'Aventure culturelle française, 1945-1989*, Paris, Flammarion, 1989.

P. ORY, *L'Entre-deux-Mai*, Paris, Seuil, 1983.

P. ORY & J.-F. SIRINELLI, *Les Intellectuels en France, de l'Affaire Dreyfus à nos jours*, Paris, A. Colin, 1986 (2ᵉ éd. 1992).

J.-F. SIRINELLI, *Intellectuels et passions françaises : manifestes et pétitions au XXᵉ siècle*, Paris, Fayard, 1990.

J.-P. RIOUX & J.-F. SIRINELLI, *La Guerre d'Algérie et les intellectuels français*, Bruxelles, Complexe, « Questions au XXᵉ siècle », 1991.

M. MARTIN, *Le Cinéma français depuis la guerre*, Paris, Edilig, 1984.

R. PREDAL, *Le Cinéma français depuis 1945*, Paris, Nathan Université, 1991.

J.-P. JEANCOLAS, *Le Cinéma des Français*, Paris, Stock, 1979.

G. VANNIER, *Histoire de la littérature française. Le XXᵉ siècle, 2. 1945-1988*, Paris, Bordas, 1988.

Notre histoire. Matériaux pour servir à l'histoire intellectuelle de la France, 1953-1987, Numéro spécial du *Débat*, n° 50, mai-août 1988.

P. YONNET, *Jeux, modes et masses, 1945-1985*, Paris, Gallimard, 1985.

R. BARTHES, *Mythologies,* Paris, Seuil, 1957.

J. BONIFACE, *Art de masse et grand public. La consommation culturelle en France*, Paris, Les Editions ouvrières, 1961.

L. DOLLOT, *Culture individuelle et culture de masse,* Paris, PUF, « Que sais-je ? », 1974.

J. DUMAZEDIER & C. GUINCHAT, *La Sociologie du loisir. Tendances actuelles et bibliographie (1945-1965)*, La Haye, Mouton, 1969.

J. DUMAZEDIER & M. IMBERT, *Espace et loisir dans la société française d'hier et de demain,* Paris, Centre de recherche d'urbanisme, 1967.

J. DUMAZEDIER, *Révolution culturelle du temps libre, 1968-1988,* Paris, Méridiens/Klincksieck, 1988.

J. DUMAZEDIER, *Vers une civilisation du loisir ?,* Paris, Seuil, 1962 (nouvelle édition, 1972).

E. GILSON, *La société de masse et sa culture,* Paris, Yrin, 1967.

J. GRITTI, *Culture et techniques de masse,* Paris, Casterman, 1967.

E. MORIN, *L'Esprit du temps,* 1. *Névrose* – 2. *Nécrose,* Paris, Grasset, 1962 (nouvelle édition 1975).

E. MORIN, *Journal de Californie,* Paris, Seuil, 1970.

J.-F. REVEL, *Contrecensures : politique, religion, culture de masse,* Paris, J.-J. Pauvert, 1966.

Culture et société

M.-C. BLANC-CHALÉARD, *Histoire de l'immigration*, Paris, La Découverte, 2001.

P. DEWITTE, *Immigration et intégration. L'état des savoirs*, Paris, La Découverte, 1999.

O. GALLAND, *Les Jeunes*, Paris, La Découverte, 1993.

S. PAUGAM, *La Société française et ses pauvres*, Paris, PUF, 1993.

J.-F. SIRINELLI, *Les Baby-boomers*, Paris, Fayard, 2001.

M. TRIBALAT, *Faire France, une enquête sur les immigrés et leurs enfants*, Paris, La Découverte, 1995.

M. WIEVIORKA, *La Différence*, Paris, Balland, 2000.

M. WINOCK, *Le Siècle des intellectuels*, Paris, Seuil, 1997.

Problèmes religieux

J.-M. MAYEUR (dir.), *Histoire religieuse de la France. Problèmes et méthodes*, Paris, 1975.

A. COUTROT & F.-G. DREYFUS, *Les Forces religieuses dans la société française*, Paris, A. Colin, 1965.

G.C. HOLVY, Y.M. HILAIRE, *Histoire religieuse de la France contemporaine*, T. III, 1930-1988, Toulouse, Privat, 1988.

INDEX

Blanchot, Maurice, II, 58.
Blanqui, Auguste, I, 36.
Blériot, Louis, I, 166.
Bleustein, Marcel, II, 78.
Blier, Bertrand, III, 228, 677, 681.
Blin, Roger, III, 234.
Bloc, André, II, 589.
Bloch, Charles, II, 234, 269, 277.
Bloch, Jean-Richard, II, 54.
Blomberg, maréchal Werner von, II, 207, 267.
Blond, Georges, II, 63.
Blondel, Jules, II, 244.
Blondel, Marc, III, 626.
Blondel, Maurice, I, 141.
Blondin, Antoine, II, 585 ; III, 221, 285.
Bloy, Léon, I, 149.
Bluche, François, III, 221.
Blum, Léon, I, 335, 488, 499, 502, 513, 528, 531 ; II, 92, 109, 111, 112, 153, 155, 156, 157, 158, 164, 167, 168, 169, 170, 171, 173, 174, 175, 176, 181, 182, 185, 186, 187, 188, 194, 196, 197, 237, 238, 239, 240, 241, 244, 249, 264, 267, 296, 298, 314, 319, 345, 382, 383, 385, 411, 413, 453, 475, 477, 479, 522, 523, 628, 680, 681, 682, 685, 687.
Bluwal, Marcel, III, 270, 672.
Bobet, Louison, II, 607.
Bofill, Ricardo, III, 694.
Boin, Jean, I, 165.
Bois, I, 444.
Boisrond, Michel, III, 680.
Boisset, Yves, III, 224, 676.
Boiteux, Jean, II, 607.
Bokassa, Jean-Bedel, III, 429, 724, 725
Böll, Heinrich, II, 220.
Bolling, Claude, III, 227.

Boltanski, III, 694.
Bongo, Omar, III, 734.
Bonnal, général, I, 243.
Bonnard, Abel, II, 229.
Bonnard, Pierre, I, 152, 157, 162, 454 ; II, 69, 587.
Bonnaure, Gaston, II, 102.
Bonneau, général, I, 246.
Bonnefous, Edouard, III, 55.
Bonnet, Christian, III, 383.
Bonnet, Georges, II, 183, 184, 193, 269, 272, 273, 274, 275, 276, 277, 280, 281, 284, 286, 288, 289, 290, 298, 307.
Bordeaux, Henry, I, 451 ; II, 567.
Borel, Emile, I, 345.
Borgeaud, Henri, II, 625.
Boris, Georges, II, 474.
Borloo, Jean-Louis, III, 546.
Borne, Dominique, II, 72, 628 ; III, 206, 264.
Borne, Etienne, II, 59.
Borotra, Jean, I, 462 ; II, 80, 328.
Bory, Jean-Louis, III, 221.
Bosch, Juan, III, 329.
Botecchia, II, 79.
Bothorel, Jean, III, 378.
Bouchard, II, 70.
Bouchardeau, Huguette, III, 420, 422.
Boudard, Alphonse, III, 696.
Boudon, Raymond, III, 685, 693.
Bouglione, I, 167.
Bouisson, Fernand, II, 128, 681.
Boukharine, Nicolai Ivanovitch, I, 491 ; II, 105.
Boulanger, général Georges, I, 17.
Boulez, Pierre, III, 241.
Boulganine, maréchal Nikolaï Alexandrovitch, II, 552, 553 ; III, 311, 316.
Boulin, Robert, III, 402, 419.
Boulloche, André, III, 283.

Bourbon-Parme, prince Sixte de, I, 278.

Bourdan, Pierre, II, 605.

Bourdelle, Antoine, I, 154, 157.

Bourderon, Albert, I, 274.

Bourdet, Claude, II, 400, 606 ; III, 216, 219.

Bourdet, Edouard, II, 83.

Bourdieu, Pierre, III, 200, 245, 642.

Bourgeois, Léon, I, 23, 254, 258, 478.

Bourgès-Maunoury, Maurice, II, 550, 551, 559, 621, 626, 636, 653, 657, 658, 672, 692 ; III, 218.

Bourget, Paul, I, 147, 148, 449.

Bourguiba, Habib, I, 338 ; II, 160, 258, 432, 444.

Bourguinat, Henri, III, 357, 367.

Bourvil, André Raimbourg, dit, III, 679.

Boussac, Marcel, I, 369, 430.

Boussard, Isabel, II, 323.

Boutang, Pierre, II, 574.

Bouteflika, Abdelaziz, III, 772.

Bouthillier, Yves, II, 306, 315.

Boutmy, Emile, I, 115.

Boutroux, Emile, I, 138.

Bouvier, Jean, I, 71.

Bouygues, Francis, III, 199.

Bovy, Berthe, I, 164.

Bozon, Gilbert, II, 607, 609.

Bracke, Alexandre Desrousseaux, dit, I, 498 ; II, 109.

Brandt, Willy, III, 341.

Braque, Georges, I, 153, 454 ; II, 68, 72, 587 ; 694.

Brasillach, Robert, II, 52, 53, 58, 61, 63, 229, 347, 375, 567, 568, 679.

Brassens, Georges, II, 601 ; III, 227, 269.

Brasseur, Pierre, II, 84, 593.

Braudel, Fernand, II, 253.

Braun, Théo, III, 693.

Brecht, Bertolt, II, 71, 592, 593, 594.

Brejnev, Léonide Illitch, III, 327, 333, 337, 416, 662, 663, 664, 677.

Brel, Jacques, II, 601.

Bresson, Robert, II, 341 ; III, 235, 678-683.

Breton, André, I, 457, 458 ; II, 55, 65 ; III, 217, 220.

Breuer, Marcel, III, 266.

Brialy, Jean-Claude, III, 236, 237.

Briand, Aristide, I, 22, 36, 37, 42, 43, 47, 53, 242, 256-258, 277, 278, 317, 328-335, 343-346, 479-481, 483, 506, 514, 517, 518, 524, 535, 547 ; II, 14, 87, 88, 89, 113, 199, 218, 225, 537.

Brieux, Eugène, I, 151, 159.

Brinon, Fernand de, II, 230.

Briquet, Georges, II, 78.

Brisson, Henri, I, 201.

Brisville, Jean-Claude, III, 696.

Broca, Philippe de, III, 680, 682.

Brockdorff-Rantzau, I, 305.

Broglie, prince Louis de, I, 48, 455 ; II, 49 ; III, 405, 419.

Bromberger, Merry, II, 665.

Brossolette, Claude-Pierre, III, 385.

Brown, George, III, 320.

Bruant, Aristide, I, 161.

Brugnon, Jacques, I, 462 ; II, 80.

Bruller, Jean, dit Vercors, II, 595.

Brune, Charles, II, 443.

Brunet, Jean Paul, II, 166, 385.

Bruneteau, Bernard, III, 150.

Brunetière, Ferdinand, I, 141.

Brüning, chancelier Heinrich, II, 201, 202, 203, 222.

Bruno, G., I, 168.
Brunschvicg, Léon, II, 51.
Bryen, Camille, II, 588.
Bucard, Marcel, II, 120, 166, 230, 347.
Buchalet, III, 310.
Buffet, Bernard, II, 589 ; III, 694.
Bülow, chancelier von, I, 214, 215, 226, 227, 305.
Buñuel, Luis, I, 457 ; II, 65.
Buren, III, 694.
Burin des Roziers, Etienne, III, 145.
Buron, Robert, II, 614.
Bush, George W., III, 770, 771, 773, 774.
Butor, Michel, II, 586 ; III, 230, 231, 232, 695.

Cachin, Marcel, I, 275, 487, 509.
Caillaux, Henriette, I, 53, 55, 230, 236.
Caillaux, Joseph, I, 33, 45, 50-55, 178, 219-221, 273, 278, 282, 482, 513-515, 521, 524 ; II, 112, 179, 181, 187, 229.
Caillavet, Gaston Arman de, I, 159.
Caillebotte, Gustave, I, 150.
Calas, Raoul, II, 420.
Calder, Alexander, II, 69.
Caldwell, Erskine Preston, II, 576.
Calmette, Albert, I, 79.
Calmette, Gaston, I, 53, 230.
Calvino, Italo, II, 586.
Cambon, Paul, I, 198, 208.
Campinchi, César, II, 289, 306.
Camus, Albert, II, 67, 565, 566, 568, 571, 572, 582, 583, 593, 692.
Camus, Marcel, III, 218, 222, 224, 245, 676.
Canac, Yves, III, 385.

Canguilhem, Georges, III, 693.
Cantet, Laurent, III, 684.
Capitant, René, II, 410, 421 ; III, 94.
Carax, Leos, III, 683.
Carcopino, Jérôme, III, 177.
Cardinal, Marie, III, 688.
Cardot, général, I, 243.
Carette, Julien, III, 671.
Carné, Marcel, I, 463 ; II, 82, 341, 597, 685 ; III, 673.
Carné, Michel, III, 228.
Carnot, Adolphe, I, 32.
Carnot, Sadi, I, 33, 95.
Carol, Martine (Mourer), II, 598.
Caron, Christine, II, 609 ; III, 271.
Carpentier, Georges, I, 461.
Carrère, Emmanuel, III, 696.
Carter, Jimmy, III, 356, 712, 713, 718, 726.
Cartier, Raymond, II, 602.
Casanova, Laurent, II, 581.
Caserio, Santo Jeronimo, I, 105.
Casimir-Perier, Jean, I, 21.
Cassan, Urbain, III, 243.
Cassou, Jean, III, 217.
Castelnau, général de, I, 244, 248, 510, 529.
Castelot, André, III, 270.
Castoriadis, II, 582.
Castro, Fidel, III, 730, 732.
Catroux, général Georges, II, 645.
Cau, Jean, III, 222.
Cavalier, Alain, III, 237.
Cavanna, François, II, 266 ; III, 696.
Cayatte, André, II, 598 ; III, 228, 676.
Cayrol, Jean, III, 232.
Caziot, Pierre, II, 313, 323.
Céline, Louis-Ferdinand, I, 452 ; II, 65, 567, 585.
Célor, Pierre, I, 492 ; II, 107.

Déat, Marcel, I, 528, 531 ; II, 109, 110, 112, 176, 249, 290, 325, 343, 347, 353, 355, 684, 686.

Debatisse, Michel, III, 150.

Debray, Régis, III, 254, 258, 693, 729, 730.

Debré, Michel, II, 422, 664 ; III, 12, 13, 18, 35, 38, 39, 40, 50, 52, 64, 84, 95, 102, 130, 150, 276, 281, 284, 295, 389, 427, 430, 432, 759.

Debré, Olivier, III, 694.

Debury, Roger, dit Georges Rossignol, I, 96.

Debussy, Claude, I, 154.

Decaux, André, III, 270.

Defferre, Gaston, II, 635, 685, 691 ; III, 17, 18, 56, 58, 59, 292, 293, 445, 753.

Deglane, Henry, I, 461.

Dejean, Louis, II, 70.

Dekobra, Maurice, II, 66.

Delaunay, Robert, I, 153 ; II, 70.

Delaunay, Sonia, II, 69.

Delaye, E., I, 427.

Delbecque, Léon, II, 664, 665, 666.

Delbos,Yvon, II, 135, 157, 169, 237, 238, 268, 269, 270.

Delcassé, Théophile, I, 200-203, 205-213, 215, 219, 242, 256.

Deléage, André, II, 59.

Delebarre, Michel, III, 471.

Deleuze, Gilles, III, 687, 693.

Delevoye, Jean-Paul, III, 526.

Delivet, Pierre, II, 427.

Delmas, André, II, 228, 296.

Delon, Alain, III, 680.

Deloncle, Eugène, II, 164, 230, 684.

Delors, Jacques, III, 196, 442, 450, 456, 459, 460, 468, 470, 515.

Delouvrier, Paul, II, 475 ; III, 25, 26.

Delumeau, Jean, III, 218.

Demangeon, Albert, I, 290.

Demouzon, III, 654.

Dempsey, Jack, I, 461.

Demy, Jacques, III, 237.

Deneuve, Catherine Dorléac, dite, III, 680, 681.

Deniau, Jean-François, III, 701.

Denis, Maurice, I, 151, 152, 157.

Déon, Michel, II, 585.

Depardieu, Gérard, III, 679, 681, 682.

Depreux, Edouard, II, 656 ; III, 14.

Depussé, III, 244.

Derain, André, I, 152 ; II, 68, 587.

Déroulède, Paul, I, 19, 27, 223.

Derrida, Jacques, III, 693.

Des Isnards, Charles, II, 129.

Descamps, Eugène, III, 197.

Descaves, Lucien, I, 146, 222.

Deschamps, Christo et Gérard, III, 239.

Deschanel, Paul, I, 118, 480.

Desgranges, Henri, I, 165, 166.

Desgraupes, Pierre, III, 270.

Désir, Harlem, III, 651.

Desnos, Robert, I, 457 ; II, 65.

Despiau, Charles, II, 70.

Desplechin, Arnaud, III, 684.

Dessau, Paul, II, 71.

Deval, Jacques, II, 83.

Devaquet, Alain, III, 486.

Devedjian, Patrick, III, 553.

Dewerpe, A., I, 419.

Dhavernas, Henri, II, 321.

Diaghilev, Serge de, I, 154.

Dides, Jean, II, 667.

Dimitrov, Georges, II, 56.

Dobler, Jean, II, 234.

Doillon, Jacques, III, 675, 678, 682.

Frenay, Henri, II, 358, 361, 537, 684.

French, maréchal de, I, 248.

Fresnay, Pierre, II, 84.

Fresnaye, de La, I, 153.

Freud, Sigmund, I, 48 ; III, 253, 261, 686.

Freundlich, II, 70.

Frey, Roger, II, 658, 664 ; III, 17.

Freycinet, Charles Louis de, I, 113, 256, 258.

Fried, Eugen, I, 492 ; II, 108.

Friedmann, Georges, I, 417 ; II, 54.

Friedmann, Milton, III, 355, 356.

Friesz, Othon, I, 152.

Fritsch, II, 267.

Frossard, Oscar Louis, dit Ludovic-Oscar, I, 275, 487, 488, 490, 491 ; II, 183, 188, 189.

Frot, Eugène, II, 130, 140, 290.

Funès, Louis de, III, 679.

Funk, Walther, II, 267.

Furet, François, III, 690.

Gabin, Moncorgé Jean, dit, III, 671, 680.

Gaillard, Félix, II, 653-655, 657, 664, 672, 692 ; III, 132, 311.

Gaillot, Mgr Jacques, III, 659.

Galey, Louis-Emile, II, 59.

Gallé, Emile, I, 157.

Galley, Robert, III, 392.

Gallieni, général, I, 248, 255, 257.

Galliffet, général de, I, 36.

Gallimard, Gaston, I, 150.

Gallo, Max, II, 231 ; III, 696.

Gallois, général Pierre, III, 315.

Gallouedec, I, 168-170, 175.

Gambetta, Léon, I, 132, 201, 202, 210.

Gambiez, général Fernand, III, 288.

Gamelin, général Maurice, II, 186, 219, 235, 299, 305, 680, 683, 685.

Gance, Abel, I, 463 ; II, 82.

Gandhi, Mahatma, II, 57.

Garat, Henri, II, 84.

Garat, Joseph, II, 102.

Garaud, Marie-France, III, 115, 386, 397, 408, 430, 432.

Garaudy, Roger, II, 574 ; III, 255.

Garden, Maurice, I, 176.

Garin, Maurice, I, 166.

Garrel, Philippe, III, 678.

Garros, Roland, I, 166.

Gary, Romain, III, 247.

Gasnier-Duparc, Alphonse, II, 157.

Gasperi, Alcide de, II, 542.

Gasser, Jules, II, 411.

Gauguin, Paul, I, 152.

Gaulle, général Charles de, II, 37, 306, 339, 356, 357, 361, 362, 363, 364, 365, 366, 369, 370, 371, 372, 373, 374, 379, 380, 383, 386, 388, 389, 391, 392, 393, 394, 395, 396, 397, 401, 403, 404, 412, 416, 418, 421, 422, 423, 436, 439, 440, 441, 452, 453, 462, 464, 466, 474, 511, 514, 515, 516, 517, 518, 519, 520, 521, 522, 525, 561, 568, 612, 634, 652, 661, 663, 664, 666, 667, 668, 669, 671, 678, 683, 685, 688, 690, 692 ; III, 7, 8, 9, 12, 13, 14, 16, 17, 18, 19, 20, 22, 24, 25, 26, 27, 28, 29, 30, 31, 32, 33, 34, 35, 36, 37, 38, 39, 40, 41, 42, 43, 44, 45, 47, 49, 50, 51, 52, 53, 54, 60, 61, 62, 63, 64, 69, 80, 81, 83, 84, 87, 88, 89, 92, 93, 94, 96, 97, 98, 99, 100, 101, 103, 104, 105, 107, 113, 116, 117, 121, 123, 124, 125, 126,

Goethe, Johann Wolfgang von, III, 318.

Goetze, Roger, III, 135.

Gogue, François, II, 423.

Goguel, François, II, 632 ; III, 447.

Gohier, Urbain, I, 222.

Goitschel, Marielle, III, 271.

Goldman, Jean-Jacques, III, 651.

Goldmann, Lucien, III, 232.

Goldmann, Pierre, III, 259.

Gomulka, Wladyslaw, III, 328.

Goncourt, Edmond et Jules Huot de, I, 147 ; II, 572.

Gonzales, Felipe, III, 753.

Gonzalez, Julio, II, 70.

Gorbatchev, Mikhaïl, III, 743, 745, 761.

Gorin, Jean, II, 69, 70.

Gorki, Alexis Maximovitch Pechkov, dit Maxime, I, 151.

Goudineau, Christian, III, 696.

Gouin, Félix, II, 397, 398, 412, 453, 522.

Goupil, Romain, III, 675.

Gouraud, général Henri, Joseph, Eugène, I, 310.

Goy, Jean, II, 229.

Gracq, Julien, III, 247.

Gramsci, Antonio, III, 258, III, 691.

Grandmaison, colonel de, I, 243, 244.

Grandval, Gilbert, II, 529.

Granet, Marie, II, 358.

Granger, Gilles-Gaston, III, 693.

Granier-Deferre, Pierre, III, 680.

Grasset, Eugène, I, 157.

Gravier, Jean-François, II, 509 ; III, 157.

Gréco, Juliette, II, 570, 601 ; III, 265.

Green, Julien, III, 250.

Green, Nancy, I, 106.

Grémillon, Jean, II, 83.

Grévy, Jules, I, 15, 16, 21.

Gribius, général, II, 664.

Griffuelhes, Victor, I, 30, 129-131.

Gris, Juan, I, 153.

Gropius, Walter, III, 242.

Grosser, Alfred, II, 527 ; III, 334, 338.

Groult, Benoîte, III, 688.

Grumberg, Jean-Claude, III, 396.

Guariglia, II, 290.

Guattari, Félix, III, 687.

Guderian, général Heinz, II, 299.

Guédiguian, Robert, III, 684.

Guéhenno, Jean, II, 57, 590, 605 ; III, 217.

Guérin, Camille, I, 79.

Guérin, Jules, I, 19.

Guesde, Jules, I, 36, 37, 43, 50, 108, 240, 256, 488.

Guevarra, Ernesto, dit Che, III, 729.

Guichard, Olivier, II, 664 ; III, 102, 157, 398, 412.

Guigou, Elisabeth, III, 555.

Guillaumat, Pierre, III, 12, 311.

Guillaume II, I, 202, 203, 207, 214, 217, 218, 228, 229, 236, 315.

Guillaume, François, III, 452.

Guillaume, II, 689.

Guillaumet, I, 460.

Guillevic, Eugène, II, 580.

Guimard, Hector, I, 157.

Guimard, Paul, III, 247.

Guiringaud, Louis de, III, 700.

Guitry, Lucien, I, 160.

Guitry, Sacha, I, 160, 455 ; II, 83, 84, 598.

Gurvitch, Georges, III, 217.

Guyot, Yves, I, 94.

Habermas, Jürgen, III, 256, 259.

Habré, Hissène, III, 735.

517, 521, 522, 525, 527, 533, 534, 536, 542, 549, 555, 767, 771.

Jouhaud, Edmond, III, 29, 30, 42, 288, 289.

Jouhaux, Léon, I, 30, 131, 240, 241, 267, 274, 425, 471, 486 ; II, 149, 169, 420, 421.

Journiac, René, III, 702.

Jouvenel, Bertrand de, I, 531, 532 ; II, 76, 112.

Jouvenel, Henry de, II, 168, 212, 216.

Jouvet, Louis, I, 454 ; II, 82, 84, 586, 593.

Joxe, Louis, III, 27, 84.

Joxe, Pierre, III, 442, 458, 737.

Juan-Carlos, roi d'Espagne, III, 753.

Jugnot, Gérard, III, 679.

Juillet, Pierre, III, 115, 386, 397, 408.

Juin, II, 689.

Juin, maréchal Alphonse, II, 432, 445 ; III, 221, 288.

Julien, Charles-André, II, 639.

Julliard, Jacques, II, 403.

July, Serge, 259.

Jünger, Ernst, II, 440.

Juppé, Alain, III, 508, 515, 517, 518, 519, 524, 525, 528, 537, 548, 549, 764, 765, 767.

Kabila, Laurent Désiré, III, 772.

Kadhafi, colonel Muammar al, III, 338, 725, 735.

Kafka, Franz, II, 593.

Kahn, Cédric, III, 683.

Kahnweiler, Daniel-Henri, I, 153.

Kanapa, Jean, II, 574, 582.

Kandinsky, Wassily, II, 75, 588.

Kaspar, Jean, III, 627.

Kassovitz, Mathieu, III, 684.

Kast, Pierre, III, 237.

Kauffmann, Jean-Paul, III, 750.

Kayser, Jacques, II, 112, 146.

Kedward, Harry Roderick, II, 360.

Keir-Hardie, I, 236.

Keita, Mobido, III, 295.

Keitel, Wilhelm, II, 267.

Kellogg, Franck Billings, I, 330, 518.

Kemal, Mustapha, I, 309.

Kennedy, John F., III, 297, 299, 319.

Kerenski, Alexandre Fédorovitch, I, 271, 317 ; II, 164.

Kérillis, Henri de, II, 278.

Kessel, Joseph, II, 66, 76.

Keynes, John Maynard, I, 311, 317 ; III, 355.

Keyser, Jacques, I, 531.

Khomeiny, ayatollah Ruhollah, III, 357, 726, 748.

Khrouchtchev, Nikita S., III, 303, 316.

Kiderlen-Wächter, I, 218.

Kierkegaard, Sören, II, 50.

Killy, Jean-Claude, III, 271.

Kirkpatrick, Jeane, III, 732.

Kirsch, Martin, III, 702.

Kisling, Moïse, I, 155.

Kissinger, Henry A., III, 341, 711, 743.

Kitchener, général, I, 206.

Klee, Paul, I, 152 ; II, 588.

Klein, Yves, III, 239, 240.

Klossowski, III, 694.

Klotz, Louis-Lucien, I, 168, 351, 352.

Kluk, général von, I, 248.

Koechlin, Charles, II, 72.

Koenig, Pierre, II, 614, 621, 626.

Kohl, chancelier Helmut, III, 742, 754, 755, 756, 757, 767.

Koltès, Bernard-Marie, III, 696.

Kouchner, Bernard, III, 259, 652, 764, 769.
Kramer, Erich-Maria, dit Erich Maria Remarque, II, 586.
Krasucki, Henri, III, 550.
Kravchenko, Victor, II, 688.
Krivine, Alain, III, 99, 259, 386, 390.
Kuisel, Richard F., II, 324, 465.
Kun, Bela, I, 472.
Kupla, Frantisek, I, 153.

La Chambre, Guy, II, 130, 275, 289.
La Rocque, François, II, 118, 119, 120, 123, 124, 126, 128, 129, 165, 204, 313, 359, 387.
Laberthonnière, Lucien, I, 138, 140.
Labonne, Erik, II, 432.
Laborie, Pierre, II, 339.
Labro, Jean, III, 266.
Labrousse, Ernest, II, 253.
Lacan, Jacques, III, 253, 254, 686, 688.
Lachelier, Jules, I, 138.
Lacoste, amiral, III, 473.
Lacoste, René, I, 462 ; II, 80.
Lacoste, Robert, II, 635, 645, 646, 657, 662, 666, 691 ; III, 17, 285.
Lacouture, Jean, II, 630.
Lacroix, Jean, II, 59 ; III, 218.
Lacroix-Riz, Annie, II, 416, 533, 596.
Lafay, Bernard, III, 55.
Laffitte, Jean, II, 584.
Laforgue, Jules, I, 159.
Lagaillarde, Pierre, II, 661 ; III, 28, 287.
Lagrange, II, 161, 591.
Laguerre, Bernard, II, 317.

Laguiller, Arlette, III, 386, 390, 430, 432, 535.
Lahaye, Jean-Luc, III, 651.
Lajoinie, André, III, 659.
Lalonde, Brice, III, 430, 432.
Lalou, Etienne, II, 599.
Lambert-Ribot, Alfred, II, 249.
Lambrokis, III, 676.
Lamour, Philippe, II, 59, 510.
Lamoureux, Lucien, II, 178.
Lancelot, Alain, II, 634.
Landini, II, 230.
Landowski, Paul, I, 453.
Landru, Henri, I, 460.
Lang, Jack, III, 442, 502, 664.
Lang, Michel, III, 680.
Langevin, Paul, II, 114.
Langle de Cary, général de, I, 246.
Langlois, général, I, 243.
Laniel, Joseph, II, 440, 441, 444, 447, 448, 449, 451, 454, 690 ; III, 17, 310.
Lanoir, I, 131.
Lanrezac, général, I, 244, 246, 248.
Lansdowne, Henry Charles Keith Petty Fitzmaurice, I, 217.
Lanvin, Gérard, III, 680.
Lanvin, I, 435.
Lanzmann, Claude, III, 220, 672.
Lapie, Pierre-Olivier, II, 59.
Larbaud, Valéry, I, 151.
Lardreau, Guy, III, 689.
Laroque, Pierre, II, 473.
Lasteyrie, Charles de, I, 357.
Lattre de Tassigny, général puis maréchal Jean-Marie Gabriel de, II, 368, 434, 450, 689.
Laubreaux, Alain, II, 63.
Laurencin, Marie, I, 454.
Laurens, J.P., I, 145.
Laurent, Fernand, II, 262.
Laurent, Jacques, II, 585 ; III, 247.

Magnin, I, 33.

Magritte, René, II, 588.

Mahé de La Villeglé, Jacques, III, 239, 240.

Mailly, Jean de, III, 244.

Mailly, Jean-Claude, III, 626.

Maire, Edmond, III, 550, 551.

Mairey, A., I, 168.

Majorelle, Louis, I, 157.

Malec, Ivo, III, 241.

Malhuret, Claude, III, 487.

Mallarmé, Stéphane, I, 154, 159.

Malle, Louis, III, 235, 236, 237, 679, 682.

Mallet, Serge, III, 191.

Mallet-Joris, Françoise, III, 230.

Malraux, André, I, 495 ; II, 52, 53, 56, 63, 66, 565, 576, 579, 584 ; 12, 47, 84, 245, 246, 334, 389, 664.

Malvy, Louis, I, 273, 280, 282.

Mamère, Noël, III, 535.

Mancel, abbé, I, 415.

Mandel, Georges, II, 90, 188, 289, 306, 307, 319, 354, 356, 685, 686.

Mandiargues, André-Pieyre de, III, 220.

Manessier, Alfred, II, 588 ; III, 694.

Mangin, général, I, 183, 285.

Mangin, Louis, II, 550.

Mansholt, III, 151.

Mao-Ze-dong, III, 258.

Marais, Jean, II, 598.

Marc, Alexandre, II, 59, 537.

Marcelin, Albert, I, 46.

Marchais, Georges, III, 426, 429, 430, 431, 432, 491, 716, 728.

Marchand, commandant, I, 206, 208.

Marchandeau, Paul, II, 131, 188, 190, 275, 284, 289.

Marcilhacy, Pierre, III, 60, 62.

Marcoussis, Louis Markus, dit, I, 155.

Marcuse, Herbert, III, 78, 256, 261.

Marette, Jacques, III, 17.

Margueritte, Paul, I, 146.

Margueritte, Victor, I, 223, 437 ; II, 297.

Marie, André, II, 425, 454, 688.

Marie-Barangé, II, 682.

Marin, Louis, I, 517 ; II, 364.

Marinetti, Filippo Tommasso, I, 156.

Marion, Paul, II, 229, 345.

Maritain, Jacques, I, 141 ; II, 60 ; III, 250.

Marjolin, Robert, II, 475 ; III, 317.

Marker, Chris, III, 675.

Marley, Bob, III, 622.

Marmin, Michel, III, 691.

Maroselli, André, II, 412.

Marquet, Adrien, II, 112, 258, 307, 683.

Marquet, Albert, I, 151.

Marrane, Georges, III, 18.

Marrou, Henri, II, 60.

Marrou, Henri-Irénée, III, 218.

Marseille, Jacques, I, 181, 182, 387 ; II, 14, 253, 255 ; III, 370.

Martel, Robert, II, 661 ; III, 286.

Martin du Gard, Roger, I, 186, 452 ; II, 52, 67 ; III, 217.

Martin, Henri, I, 27, 146 ; II, 595.

Martin, Louis-Germain, dit Germain-Martin, II, 96.

Martinaud-Deplat, Léon, II, 130, 443, 629, 631.

Martinet, Gilles, II, 660 ; III, 219.

Martino, II, 557.

Marty, André, I, 473 ; II, 418, 690.

Marx, Karl, III, 254, 261.

Masaryck, Tomas Garrigue, II, 271.

Mascolo, Dionys, III, 217.

Maspero, François, III, 220.

Massé, Pierre, III, 195, 196.

Massigli, René, II, 235, 236.

Massis, Henri, I, 224 ; II, 313, 525.

Massu, général Jacques, II, 647, 666, 692 ; III, 28, 84, 286.

Mathieu, Georges, III, 694.

Mathon, Eugène, I, 428.

Matisse, Henri, I, 151, 152, 454 ; II, 68, 69, 587 ; III, 218, 222, 238, 250, 694.

Maudet, Christian, dit Christian-Jaque, II, 598.

Maufra, Maxime, I, 152.

Maulnier, Thierry, II, 52, 58, 60, 117, II, 581.

Maupassant, Guy de, I, 147.

Mauriac, Claude, II, 582 ; III, 232.

Mauriac, François, I, 453 ; II, 65, 564, 568, 574, 585, 586 ; III, 84, 215, 246.

Maurin, général Joseph, II, 223, 235, 265.

Maurois, Emile Herzog, dit André, I, 452 ; II, 66, 76.

Mauroy, Pierre, III, 426, 438, 442, 448, 457, 459, 460, 462, 464, 467, 471, 491, 496, 511, 606, 728, 729, 734, 741, 743, 752.

Maurras, Charles, I, 27, 28, 223, 530 ; II, 163, 313, 318, 567.

Maxence, Jean-Pierre, II, 117.

Maxence, Robert, II, 58.

Mayer, Daniel, III, 14 ; II, 382, 385, 401, 656.

Mayer, René, II, 426, 431, 440, 441, 447, 454, 486, 487, 489, 498, 536, 625, 631, 658, 690.

Mayeur, Jean-Marie, I, 142.

Mayrisch, Emile, I, 335 ; II, 211.

McNamara, Robert, III, 297, 299.

Medrano, I, 161.

Mégret, Bruno, III, 534.

Méhaignerie, Pierre, III, 479, 490, 509.

Meir, Golda Meyerson, dite Golda, II, 550.

Mélandri, Pierre, II, 533.

Mélenchon, Jean-Luc, III, 550, 551, 555.

Méline, Jules, I, 66, 113, 257, 258.

Melville, Jean-Pierre, III, 673, 680.

Mendès France, Pierre, II, 113, 146, 262, 307, 319, 434, 451, 453, 461, 462, 464, 474, 520, 521, 522, 544, 545, 546, 559, 611, 612, 614, 616, 617, 618, 619, 620, 621, 622, 623, 624, 625, 626, 628, 629, 630, 631, 632, 635, 636, 638, 643, 646, 656, 658, 671, 672, 690, 691 ; III, 14, 17, 46, 65, 68, 83, 99, 105, 157, 218, 310.

Mendras, Henri, III, 608, 614, 617, 631, 670.

Menthon, François de, II, 386, 399, 403.

Mercier, Ernest, I, 265, 528 ; II, 23.

Merleau-Ponty, Maurice, II, 570, 582.

Mermaz, Louis, III, 442.

Mermoz, Jean, I, 460.

Merrheim, Alphonse, I, 129.

Méry, général, III, 409, 705.

Mesguich, Daniel, III, 696.

Messager, André, I, 161.

Messali Hadj, II, 433 ; III, 173.

Messiaen, Olivier, II, 72 ; III, 241.

Messinger, Sylvie, II, 318.

Messmer, Pierre, III, 50, 69, 110, 111, 112, 113, 276, 387, 388, 391.

Monnerville, Gaston, II, 448 ; III, 43.

Monnet, Georges, II, 114, 157, 183.

Monnet, Jean, I, 346 ; II, 364, 412, 430, 459, 474, 478, 523, 540, 541, 555, 556, 557, 687, 691 ; III, 299, 318, 322, 325, 336, 698, 715, 776.

Monnier, Robert, II, 229.

Monory, René, III, 422, 479.

Montagnors, Barthélemy, II, 112.

Montand, Ivo Livi, dit Yves, III, 224, 226, 269, 679, 680 681.

Montebourg, Arnaud, III, 550.

Montehus, I, 161.

Montherlant, Henry Millon de, II, 53, 341, 567, 586, 685 ; III, 246.

Montigny, Jean, II, 229.

Montjoie, III, 153.

Monzie, Anatole de, I, 340, 513 ; II, 258, 275, 284, 289, 298.

Morand, Paul, I, 452 ; II, 66, 567 ; III, 246.

Mordacq, général, I, 282.

Moreau, Emile, I, 515.

Moreau, Gustave, I, 151.

Moreau, Jeanne, III, 237.

Morel, II, 245.

Morgenthau, Henry, II, 526.

Morice, André, II, 658, 659, 692 ; III, 55.

Morin, Edgar, II, 570 ; III, 26, 204, 217, 228.

Morris, II, 603.

Moulay-Hafid, Sultan, I, 217.

Moulin de Labarthète, Henri du, II, 313.

Moulin, Annie, I, 410.

Moulin, Jean, II, 244, 361, 363, 684, 685 ; III, 438.

Mouloudji, Marcel, III, 224.

Moulton, II, 253.

Mounet-Sully, Jean Sully, dit, I, 164.

Mounier, Emmanuel, II, 52, 59, 115, 564, 566, 574.

Mouraviev, I, 205.

Mousnier, Roland, III, 221.

Moutet, Marius, II, 160, 183.

Moutet, Marois, II,475.

Moysset, Henri, II, 314, 325.

Mucha, Alfons, I, 158.

Muller, Émile, III, 387, 390, 391.

Müller, Hermann, I, 305.

Mun, Albert de, I, 31.

Muraire, Jules, dit Raimu, II, 84.

Mussolini, Benito, I, 331, 341-343, 428 ; II, 120, 135, 193, 212, 213, 214, 215, 217, 218, 221, 222, 223, 232, 238, 245, 246, 278, 289, 290, 347.

Mutter, André, II, 667.

Nadolny, II, 208.

Naegelen, Marcel-Edmond, II, 433, 448, 640.

Nantes, abbé G. de, III, 658.

Naquet, I, 95.

Nasser, Gamal Abdel, II, 548, 550, 551, 552, 648 ; III, 331.

Negroni, François de, III, 693.

Nemo, Philippe, III, 689.

Nénot, Henri-Paul, I, 146.

Neto, Agostinho, III, 424.

Neurath, Konstantin, baron von, II, 211, 267.

Nguyen Thai Hoc, I, 338.

Nicholson, Ben, II, 69.

Nicolas II, I, 214, 228, 232.

Nicoud, Gérard, III, 95, 190.

Niemeyer, Oscar, III, 694.

Nietzsche, Friedrich, I, 138.

Nijinski, Vatslav Fomitch, I, 154.

Pelloutier, Fernand, I, 128, 129.
Penne, Guy, III, 734.
Perben, Dominique, III, 540.
Perec, Georges, III, 204, 232.
Peres, Shimon, II, 550, 551.
Péret, Raoul, I, 514 ; II, 90, 101.
Périer, François, II, 593.
Périllier, Louis, II, 432.
Perrault, Gilles, III, 748.
Perret, Auguste, Gustave, Claude, I, 155, 157, 443, 444.
Perreux, G., I, 287.
Perrin, Francis, II, 556.
Perrot, Marguerite, I, 116.
Perrot, Michelle, I, 107.
Peschanski, Yves, II, 312.
Pétain, maréchal Philippe, I, 269, 270, 284, 285, 339, 507 ; II, 165, 186, 215, 219, 244, 303, 306, 307, 308, 309, 310, 311, 312, 313, 315, 325, 326, 338, 339, 349, 350, 353, 354, 356, 362, 375, 378, 683, 687, 689.
Petit-Breton, I, 166.
Petitfils, Christian, III, 395.
Petra, Yvon, II, 607.
Petsche, Maurice, II, 426, 486, 487, 488, 498.
Peugeot, Famille, I, 114.
Peyerimhoff, II, 249.
Peyrefitte, Alain, III, 84, 447, 454.
Peyrouton, II, 364.
Pflimlin, Pierre, II, 626, 635, 658, 665, 669, 672, 692 ; III, 12, 19, 34, 40, 41, 49.
Philip, André, II, 60, 110, 394, 425, 486, 537, 542 ; III, 14.
Philipe, Gérard, II, 592, 594, 595, 598.
Philippot, Michel, III, 241.
Piaf, Edith, Giovanna Gassion, dite, III, 269.
Pialat, Maurice, III, 677, 683.

Picabia, Francis, I, 457, 463.
Picard, Charles, III, 221.
Picard, Gilbert, III, 221.
Picasso, Pablo, I, 153, 454 ; II, 53, 68, 69, 72, 587, 688 ; III, 238, 694.
Pichon, Stephen, I, 217, 226, 281.
Pichot, II, 229.
Picquart, général Georges, I, 45.
Pie X, I, 39, 41, 43, 141.
Pie XI, I, 428.
Pierre II, II, 343.
Pierre, abbé, II, 601, 691 ; III, 635.
Piétri, François, II, 229.
Pignon, Edouard, II, 342, 589.
Pilhes, René-Victor, III, 247.
Pilsudski, maréchal Joseph, II, 226.
Pinay, Antoine, II, 440, 441, 444, 464, 491, 493, 494, 495, 560, 626, 651, 667, 689, 690 ; III, 12, 13, 36, 38, 60, 130, 131, 160.
Pinay, Joseph, II, 442.
Pineau, Christian, II, 361, 550, 560, 635, 637, 684, 685.
Pingaud, Bernard, III, 254.
Pinget, Robert, III, 230, 232.
Pinochet, général Augusto, III, 730.
Piot, Jean, II, 258.
Piou, Jacques, I, 31.
Pirandello, Luigi, I, 455 ; II, 84, 592.
Pirès, Gérard, III, 680.
Pisani, Edgard, III, 54, 150, 151.
Pisar, Samuel, III, 660.
Piscator, II, 594.
Pitoëff, Sacha, I, 454 ; II, 84.
Pivert, Marceau, II, 109, 155, 167, 169, 174, 186, 242.
Pivot, Bernard, III, 685.
Placido, Michele, III, 672.
Planchon, Roger, II, 594 ; III, 696.

Plank, Max, I, 455.

Planquette, Robert, I, 161.

Pleven, René, II, 425, 435, 439, 454, 462, 463, 474, 543, 634, 658, 689, 690 ; III, 49, 99, 103, 310, 336.

Plisnier, Charles, II, 54.

Poher, Alain, III, 97, 98, 99, 100, 335.

Poincaré, Henri, I, 137.

Poincaré, Raymond, I, 33, 50-52, 55, 224, 227-229, 232, 236-238, 241, 277, 280, 317, 318, 321-324, 327, 333, 336, 340, 342, 356-358, 360-364, 479, 480, 503, 506, 515-518, 520, 522-524, 535 ; II, 14, 87, 88, 90, 91, 125, 225, 472.

Poiret, Paul, I, 436, 446.

Poirier, Léon, I, 463.

Poisson, Pierre, II, 70.

Polin, Pierre Paul Marsales, dit, I, 161.

Pollet, Jean-Daniel, III, 680.

Pomaret, Charles, II, 275.

Pompidou, Georges, III, 40, 41, 44, 50, 52, 64, 70, 79, 81, 82, 84, 88, 89, 92, 96, 97, 98, 99, 100, 101, 102, 103, 104, 107, 108, 109, 110, 111, 112, 113, 115, 116, 117, 118, 121, 122, 126, 130, 145, 147, 151, 155, 156, 161, 163, 196, 213, 241, 273, 276, 306, 309, 335, 336, 337, 340, 341, 343, 347, 385, 386, 397, 411, 430, 439, 479, 533, 557, 697, 702, 712, 715, 718, 747.

Poncet, André, II, 59.

Poniatowski, Michel, III, 108, 113, 392, 393, 395, 412, 415, 417.

Pons, Bernard, III, 479.

Ponty, Janine, I, 398 ; II, 265.

Popesco, Elvire, II, 84.

Poquelin, Jean-Baptiste, dit Molière, II, 592.

Portillo, Lopez, III, 730.

Porto-Riche, Georges de, I, 159.

Potemkine, Wladimir, II, 225.

Pottier, Henry, III, 243.

Potut, Georges, II, 113.

Pouget, Emile, I, 129.

Poujade, Pierre, II, 627, 628, 690 ; III, 12, 14, 16.

Poulenc, Francis, I, 453 ; II, 71.

Poulidor, Raymond, III, 271.

Pourrat, Henri, I, 452 ; II, 66.

Poutine, Vladimir, III, 770.

Pradines, Maurice, I, 138.

Prat, Jean, III, 270.

Pratolini, Vasco, II, 586.

Presley, Elvis, III, 226.

Pressard, Georges, II, 103.

Pressemane, Adrien, I, 498.

Prévert, Jacques, II, 65, 83, 564, 570.

Prinetti, I, 211.

Prost, Antoine, I, 466, 468 ; II, 325 ; III, 177, 178.

Proust, Marcel, I, 150, 450.

Prouvé, Jean, III, 243.

Prouve, Victor, I, 158.

Prouvost, Jean, II, 74, 76, 78, 602.

Proux, M., III, 243.

Psichari, Ernest, I, 49, 141, 223, 448.

Pucheu, Pierre, II, 315, 345, 364, 684.

Pujazon, Raphaël, II, 607.

Pujo, Maurice, I, 27.

Puvis de Chavannes, Pierre Cécil, I, 146.

Puymaigre, II, 129.

Queffélec, Henri, III, 250.

Queffélec, Yann, III, 696.

Schacht, Dr Hjalmar, II, 168, 239, 240, 267.

Schacht, Horace Greely Hjalmar, I, 321, 333.

Schaeffer, Pierre, III, 241.

Schiaparelli, Elsa, I, 435.

Schleicher, Kurt von, II, 207, 209.

Schlumberger, Jean, I, 150.

Schmidt, Helmut, III, 713, 717, 754.

Schmitt, Florent, I, 453 ; II, 71.

Schneider, Famille, I, 116, 265, 304 ; II, 23.

Schneider, Heinrich, II, 560.

Schœlcher, Victor, III, 438.

Schönberg, Arnold, I, 453 ; II, 71.

Schor, Ralph, I, 396 ; II, 262.

Schrader, I, 168-170, 175.

Schreiber-Cremieux, Mme, I, 438.

Schröder, Gerhard, III, 324, 767.

Schuckert, S.A., I, 322.

Schuman, Robert, II, 419, 425, 428, 429, 430, 432, 454, 529, 539, 540, 541, 688, 689 ; III, 317, 318, 322, 325, 336, 776.

Schumann, Maurice, II, 386, 396 ; III, 41, 102, 276, 335, 336.

Schuschnigg, Kurt von, II, 268, 269.

Scieur, II, 79.

Scorsese, Martin, III, 659.

Sebag, Jean-Claude, III, 390.

Seguin, Philippe, III, 479, 504, 516, 517, 518, 521, 525, 759, 767.

Séguy, Georges, III, 82, 195.

Sellier, Henri, I, 422 ; II, 157.

Sellier, Louis, II, 107.

Selves, Justin de, I, 319.

Semard, Pierre, I, 424, 491, 492 ; II, 106, 107.

Sembat, Marcel, I, 240.

Semprún, Jorge, III, 676.

Senghor, Léopold Sedar, II, 638 ; III, 293.

Sennep, II, 203.

Sennet, Mack, I, 435.

Serisé, Jean, III, 394.

Serres, Michel, III, 693.

Sérusier, Paul, I, 152.

Servan-Schreiber, Jean-Jacques, II, 616 ; III, 304, 305, 389, 391, 393, 417.

Servin, Marcel, II, 419.

Seuphor, Michel, II, 69.

Seurat, Georges, I, 152.

Séverac, Jean-Baptiste, I, 498 ; II, 109.

Seyss-Inquart, Arthur, II, 268, 269.

Shakespeare, William, II, 592.

Sharon, Ariel, III, 747, 771.

Sheila, III, 268.

Siégel, Maurice, II, 601.

Siegfried, Jules, I, 33.

Siegfried, Mme Jules, I, 438.

Signac, Paul, I, 152.

Signoret, Simone, II, 595 ; III, 220, 285.

Silone, Ignazio, II, 586.

Simon, Claude, III, 220, 230, 232, 696.

Simon, John, II, 268.

Simon, Michel, III, 670.

Simon, Paul, II, 386.

Simon, Pierre-Henri, II, 59 ; III, 222.

Simone, I, 160.

Simonin, Albert, II, 598.

Sirat, René-Samuel, III, 661.

Sirinelli, Jean-François, I, 469 ; II, 82, 196 ; III, 217, 218, 255, 687.

Sitruk, Joseph, III, 661.

Soisson, Jean-Pierre, III, 405, 417, 493.

Soljenitsyne, Alexandre, III, 688.

874

TABLE

collection tempus
Perrin

DÉJÀ PARU

À PARAÎTRE

Cet ouvrage a été imprimé en France par

à Saint-Amand-Montrond (Cher)
en mars 2015
pour le compte des Editions Perrin
12, avenue d'Italie 75013 Paris

N° d'édition : 2475 – N° d'impression : 2014606
Dépôt légal : février 2009
Suite du premier tirage : mars 2015
K02937/07